Markus Ide

J2EE-Programmierhandbuch

Für Kerstin,
Lukas und Julian

Markus Ide

J2EE-Programmierhandbuch

Einführung in die Java 2 Enterprise Edition

Software & Support Verlag 2002

Ide, Markus: J2EE-Programmierhandbuch. Einführung in die Java 2 Enterprise Edition
Frankfurt, 2002
ISBN 3-935042-20-5

http://www.software-support-verlag.de
http://www.javamagazin.de

Die Deutsche Bibliothek – CIP-Einheitsaufnahme
Ein Titeldatensatz für diese Publikation ist bei Der Deutschen Bibliothek erhältlich.

Korrektorat: Angelika Obermayr

Umschlaggestaltung: Tobias Friedberg

Belichtung, Druck und Bindung: M.P. Media-Print Informationstechnologie GmbH, Paderborn.

Inhalt

Vorwort

Dieses Buch soll sowohl als strukturierte Einführung als auch als Nachschlagewerk verwendet werden. Der Leser sollte Java-Kenntnisse besitzen und Erfahrungen mit relationalen Datenbanken haben (JDBC, SQL). Weitergehende Technologien, wie z.B. JMS (Java Message Service), werden in dem Buch beschrieben.

Ich lege sehr viel Wert auf kurze und prägnante Beispiele. Die Beispiele sollten jeweils auf einen Rechner installiert und praktisch nachvollzogen werden. Durch das Experimentieren mit den Quellcodes und den Konfigurationsdateien kann der Leser das Verständnis für die einzelnen Themengebiete vertiefen.

Das Buch ist wie folgt strukturiert: Im ersten Kapitel werden die unterschiedlichen Architekturen von Unternehmensanwendung mit ihren Vor- und Nachteilen beschrieben. Das zweite Kapitel beschreibt die Installation der J2EE-Referenzimplementierung von Sun. Alle Beispiele werden auf diesen J2EE Server installiert und ausgeführt. In den Kapiteln drei bis acht werden die Enterprise Java Beans und ihre Besonderheiten beschrieben. Diese Komponenten werden in einem EJB Container ausgeführt und beinhalten die Businesslogik der J2EE-Anwendung. Die beiden Kapitel neun und zehn beschäftigen sich mit der Erstellung von Web-Anwendungen. Dort werden die Web-Komponenten Servlets und JavaServer Pages beschrieben. Das Kapitel elf behandelt das Thema Sicherheit einer Unternehmensanwendung. Dort wird gezeigt, wie man eine J2EE-Anwendung vor unberechtigtem Zugriff schützen kann, wie nur berechtigte Personen bzw. Gruppen Zugriff auf definierte Ressourcen erhalten. Dieses Verhalten kann in den so genannten Deployment Descriptoren konfiguriert werden, sodass in den Komponenten kein entsprechender Programmcode erforderlich ist.

Konstruktive Kritiken zu diesem Buch können entweder an den Verlag oder direkt an mich gesendet werden (markus.ide@j2eeguru.de).

Ich wünsche dem Leser viel Spaß und viel Erfolg. Abschließend möchte ich mich bei all denen bedanken, die es ermöglicht haben, dieses Buch zu realisieren. Einen besonderen Gruß möchte ich an den Rest der „Schwälmer Gang of Four“ (Bart, Ritze und Speedy) senden. ;-)

Markus Ide
Merzhausen im August 2002

1 Einleitung

Dieses Buch beschäftigt sich mit der Entwicklung von Applikationen, die gleichzeitig von mehreren Anwendern benutzt werden und denen eine gemeinsame Datenbasis zugrunde liegt. Solche Applikationen werden als Enterprise Application (Unternehmensanwendung) bezeichnet. Um eine gemeinsame Datenbasis vielen Anwendern zur Verfügung zu stellen, können Sie zwischen unterschiedlichen Architekturen wählen.

In diesem Kapitel werden die Anforderungen bzw. Eigenschaften von Unternehmensanwendungen beschrieben, danach die Vor- und Nachteile der unterschiedlichen Architekturen, und anschließend werfen wir einen Blick auf die Architektur einer J2EE-Anwendung.

1.1 Anforderungen an Unternehmensanwendungen

An Unternehmensanwendungen werden hohe Anforderungen gestellt. Die Ausweitung des Internets in den letzten Jahren macht es erforderlich, Anwendungen über das Internet zugänglich zu machen. So können Kunden aber auch Lieferanten diese Anwendungen nutzen. Des Weiteren sollen Systeme unterschiedlicher Firmen miteinander kommunizieren können. So könnten z.B. Waren bei einem Lieferanten automatisch bestellt werden, wenn der Lagerbestand einen bestimmten Schwellwert unterschreitet. Es gibt unzählige Anwendungsfälle, die durch standardisierte Schnittstellen zwischen den Unternehmensanwendungen ermöglicht werden.

Anforderungen an Unternehmensanwendungen bezüglich der Entwicklung:

- Wiederverwendung von vorhandenen Komponenten (evtl. von Drittanbietern)
- Die Anwendung soll von mehreren Entwicklern parallel entwickelt werden können. Dazu müssen voneinander unabhängige Module mit definierten Schnittstellen spezifiziert werden können. Im einfachsten Falle realisiert man dies durch eine klare Trennung von Präsentationslogik, Geschäftslogik und Datenhaltung. Bei größeren Anwendungen müssen die einzelnen Module weiter in möglichst unabhängige Komponenten aufgeteilt werden.
- Der Entwickler soll sich nicht mit allgemein erforderlichen Systemdiensten (z.B. Benutzer-Authentifizierung bzw. -Autorisierung, Transaktionen kontrollieren usw.) beschäftigen, sondern seine ganze Energie der eigentlichen Problemstellung widmen.
- Die Anwendung muss einfach erweiterbar sein.
- Die Kommunikation mit anderen Systemen soll einfach sein, d.h. entweder bestehende Funktionalitäten eines anderen Systems nutzen oder einem anderen System Dienste zur Verfügung stellen. Für die Kommunikation müssen standardisierte Schnittstellen verwendet werden.

Anforderungen an Unternehmensanwendungen bezüglich der Installation:

- Die Anwendung sollte portabel sein, d.h. sie sollte nicht von einem Hersteller abhängig sein. Dies betrifft sowohl das Betriebssystem, die Datenbank und auch den Applikations-Server. Im Idealfall entwickelt ein Softwarehaus eine Unternehmensanwendung (z.B. Internet-Shop). Diese Anwendung lässt sich auf den unterschiedlichsten Plattformen mit Produkten unterschiedlicher Hersteller installieren. Die erforderlichen Konfigurationen, z.B. Datenbanktreiber oder Benutzerverwaltung können bei der Installation an die Ablaufumgebung angepasst werden.

- Die Anwendung muss skalierbar sein. Wenn sich z.B. die Zahl der Anwender (z.B. von 20 auf 10.000) erhöht, dann sollte die Anwendung nicht neu entwickelt werden.

Anforderungen an Unternehmensanwendungen bezüglich der Nutzung:

- Die Anwendung muss eine hohe Verfügbarkeit haben (Ziel: 24 Stunden am Tag, sieben Tage in der Woche).
- Sensible Daten müssen vor unberechtigtem Zugriff geschützt werden.
- Das System bzw. die Anwendung müssen wartbar und administrierbar sein. Um z.B. einen neuen Benutzer hinzuzufügen oder die Benutzerrechte zu ändern, sollte kein Neustart der Anwendung erforderlich sein.
- Die Anwendung muss zuverlässig sein.
- Die Daten müssen immer konsistent sein. Dies muss auch in kritischen Fällen gewährleistet werden (z.B. Netzspannung fällt aus, Hardwarefehler, gestörte Netzwerkverbindung usw.).
- Die Anwendung soll ggf. weltweit verfügbar (Internet) sein.

Die hier genannten Anforderungen können nur erfüllt werden, wenn die Anwendung in mehrere Schichten aufgeteilt wird. Jede Schicht besitzt eine definierte Schnittstelle. Die einzelnen Schichten können auf unterschiedlichen Rechnern ausgeführt werden.

In dem folgenden Abschnitt werden die unterschiedlichen Architekturen und ihre Vor- und Nachteile beschrieben.

1.2 Mehrschichtige Architekturen

1.2.1 Zwei-Schichten-Architektur

Abbildung 1.1 zeigt die Struktur einer Zwei-Schichten-Architektur, einer typischen Client-/Server-Anwendung. Der Server ist eine Datenbank. Der Zugriff auf die Daten durch mehrere Benutzer wird durch die Datenbank verwaltet. Die Client-Anwendung beinhaltet in dem Zwei-Schichten-Model die komplette Anwendungslogik (Präsentations- und Geschäftslogik). Sie muss auf dem Rechner installiert werden, bevor sie ausgeführt werden kann.

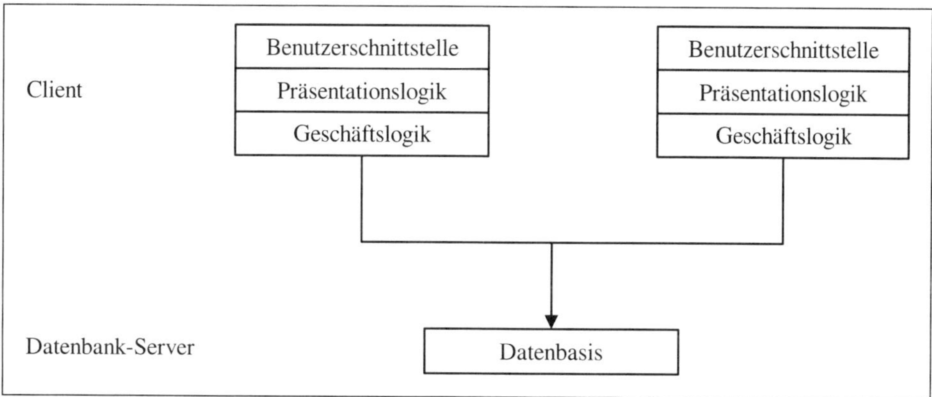

Abbildung 1.1: Zwei-Schichten-Architektur

Vorteile der Zwei-Schichten-Architektur:

- Die Anwendungen sind einfach zu entwickeln. Der Entwickler muss sich nicht darum kümmern, wenn zwei bzw. mehr Anfragen gleichzeitig ausgeführt werden (Multi Threading). Die Datenbank verwaltet dies.

Nachteile der Zwei-Schichten-Architektur:

- Eine Änderung in der Geschäftslogik hat zur Folge, dass alle Programme auf den Clients neu installiert werden müssen. Bei einer Größenordnung von 20 bis 200 Clients wird der Verwaltungs- und Wartungsaufwand sehr groß.
- Jeder Client benötigt eine Datenbankverbindung. Eine Datenbank kann nicht beliebig viele Verbindungen verwalten. Es kann vorkommen, dass nicht alle Clients gleichzeitig die Anwendung benutzen können.
- Falls der Client nicht in einer vom Betriebssystem unabhängigen Programmiersprache, wie z.B. Java, programmiert ist, muss auf allen Client-Rechnern das gleiche Betriebssystem installiert sein, d.h. die Umgebung muss homogen sein.
- Der Entwickler wird nicht gezwungen, die Anwendung zu modularisieren. Dies kann dazu führen, dass die Geschäftslogik und die Präsentationslogik nicht klar voneinander getrennt sind. Dies macht eine Wiederverwendung der Geschäftslogik unmöglich. Wenn eine neue Anwendung entwickelt werden soll, die nur eine andere Präsentationslogik beinhaltet (z.B. sollen die Daten anders dargestellt werden), muss die Geschäftslogik erneut implementiert werden. Eine Portierung auf eine andere Datenbank wird ebenfalls erschwert, wenn die Anwendung nicht modularisiert ist.
- Diese Art von Anwendungen können nicht im Internet zur Verfügung gestellt werden.

1.2.2 Drei-Schichten-Architektur

Um einige Nachteile der Zwei-Schichten-Architektur zu kompensieren, hat man die Geschäftslogik aus der Client-Anwendung herausgenommen. Der Client beinhaltet nur noch die Präsentationslogik. Die Geschäftslogik wird auf einem zentralen Server ausgeführt. So erhält man die Drei-Schichten-Architektur (Abbildung 1.2).

Die Präsentationslogik aus der Client-Anwendung greift über die Geschäftslogik auf die Datenbasis zu. Eine Änderung in der Geschäftslogik kann nun an einer zentralen Stelle durchgeführt werden. Diese Architektur hat immer noch den Nachteil, dass ein anwendungsspezifisches Programm am Client installiert werden muss.

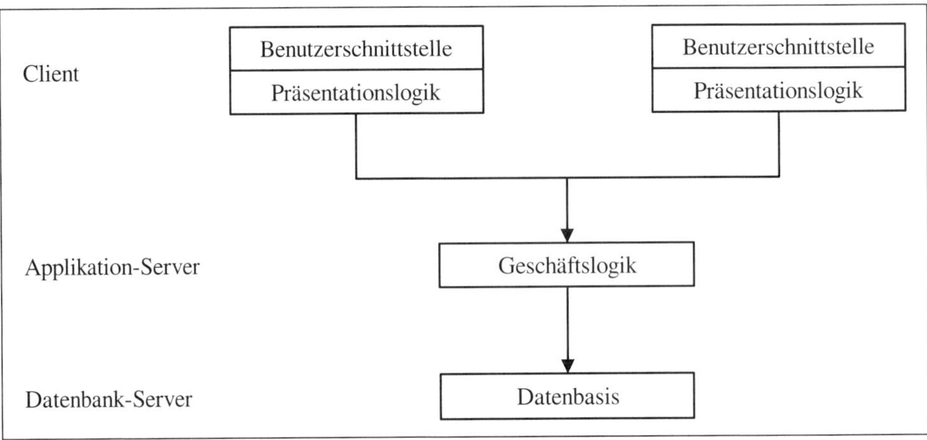

Abbildung 1.2: Drei-Schichten-Architektur

Vorteile der Drei-Schichten-Architektur:

- Die Geschäftslogik ist klar von der Präsentationslogik getrennt. So können Anwendungen mit einer anderen Präsentationslogik die Geschäftslogik wiederverwenden bzw. mitbenutzen.
- Der Applikations-Server kann die Datenbankverbindungen verwalten, so dass nicht jeder Client eine eigene Datenbankverbindung benötigt. Falls die Anzahl der Clients für den Applikations-Server zu groß wird oder die Performanz nicht mehr ausreicht um alle Clients in akzeptabler Zeit zu bedienen, können weitere Applikations-Server parallel betrieben und durch geeignete Verfahren angesteuert werden. Diese Architektur ist also skalierbar.

Nachteile der Drei-Schichten-Architektur:

- Die Geschäftslogik auf dem Server muss gleichzeitig mehrere Anfragen von Anwendungen verarbeiten können. Dies macht die Programmierung wesentlich aufwändiger (Multi-Threading, Multi-User). Aus diesem Grund wird auf einem Applikations-Server häufig ein Framework verwendet, das den Entwickler von diesen komplexen Aufgaben entlastet. Die Verwendung eines Frameworks bringt allerdings auch wieder Nachteile mit sich: Die Anwendung ist z.B. abhängig vom Hersteller des Frameworks, d.h. sie ist nicht mehr portabel.
- Die Anwendung muss auf dem Client installiert werden. Eine Änderung in der Präsentationslogik hat eine Neuinstallation zur Folge.
- Diese Art von Anwendungen können nicht im Internet zur Verfügung gestellt werden.

1.2.3 Vier-Schichten-Architektur (Web-Anwendung)

Damit an einem Client nicht für jede Anwendung eine Installation erforderlich ist, gibt es die Vier-Schichten-Architektur. Auf dem Client ist nur noch die Benutzerschnittstelle vorhanden. Dies ist eine Anwendung, die eine definierte Datenstruktur darstellt, Benutzereingaben entgegennehmen und Anforderungen an einen Server senden kann. In der Praxis ist dies ein Web-Browser, der HTML-Seiten darstellt und Anfragen über HTTP an einen Web-Server sendet. Der Web-Browser ist nicht abhängig von der Anwendung, so dass dieser einmalig auf einem Rechner installiert wird und für alle Web Anwendungen verwendet werden kann.

Diese Art der Client-Anwendungen werden auch Thin Clients genannt. Prinzipiell kann man auch einen Thin Client realisieren, der eine benutzerdefinierte Datenstruktur interpretiert. Dies könnte z.B. eine generische Java-Anwendung sein, die XML Dokumente empfängt und mit Java Swing darstellt. Eine solche Anwendung wäre ebenfalls unabhängig von einer bestimmten Anwendung.

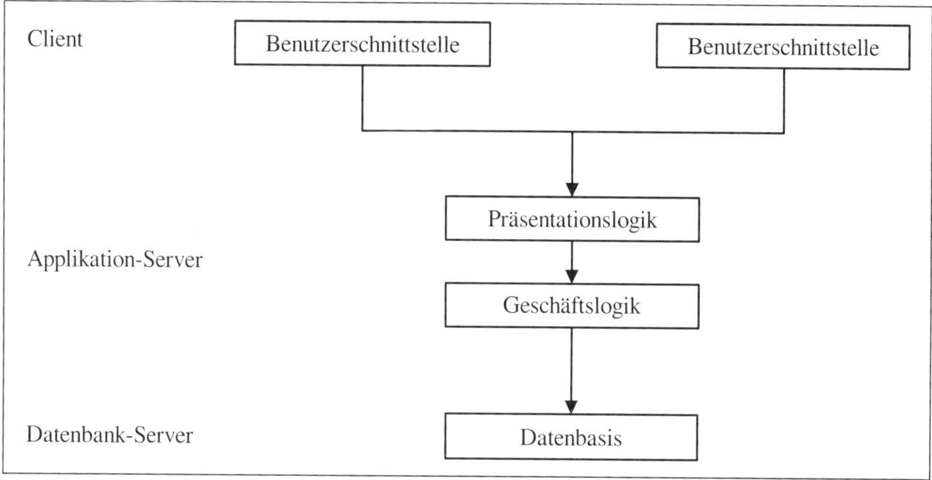

Abbildung 1.3: Vier-Schichten-Architektur

Die Präsentationslogik der Anwendung wird bei der Vier-Schichten-Architektur auf einem zentralen Server ausgeführt. Präsentations- und Geschäftslogik können auf unterschiedlichen Servern ausgeführt werden. In der Praxis ist es häufig so, dass sie auf einem Server ablaufen, was die Performanz erhöht.

Die Vier-Schichten-Architektur wird für Internet- und Intranet-Anwendungen eingesetzt. Die Präsentationslogik wird dann von einem Web-Server ausgeführt. Alle Änderungen an der Anwendung können an einer zentralen Stelle durchgeführt werden. Es sind praktisch keine Installationen am Client erforderlich, da jedes Betriebssystem standardmäßig einen Web-Browser zur Verfügung stellt.

Vorteile der Vier-Schichten-Architektur:

- Die Geschäftslogik ist klar von der Präsentationslogik getrennt. So können Anwendungen mit einer anderen Präsentationslogik die Geschäftslogik wiederverwenden.
- Der Applikations-Server kann die Datenbankverbindungen verwalten, so dass nicht jeder Client eine eigene Datenbankverbindung benötigt. Falls die Anzahl der Clients für den Applikations-Server zu groß wird, können weitere Applikations-Server parallel installiert und durch geeignete Verfahren angesteuert werden. Diese Architektur ist also skalierbar.
- Die Client-Anwendung muss nur einmalig installiert werden. Änderungen in der Präsentationslogik haben keine Neuinstallation zur Folge.
- Die Anwendung ist Internet-fähig.

Nachteile der Vier-Schichten-Architektur:

- Die Präsentations- und Geschäftslogik auf dem Server muss gleichzeitig mehrere Anfragen von Anwendungen verarbeiten können. Dies macht die Programmierung wesentlich aufwändiger (Multi-Threading, Multi-User). Aus diesem Grund wird auf einem Applikations-Server häufig ein Framework verwendet, das den Entwickler von diesen komplexen Aufgaben entlastet. Die Verwendung eines Frameworks bringt allerdings auch wieder Nachteile mit sich. Die Anwendung ist z.B. abhängig vom Hersteller des Frameworks, d.h. sie ist nicht mehr portabel.
- Der Benutzerkomfort ist bei einem Client (Web-Browser), der HTML-Seiten darstellt, nicht sehr groß. Falls z.B. in einem Formular komplexe Prüfungen stattfinden sollen, können diese erst beim Senden des Formulars am Server durchgeführt werden.

1.3 J2EE-Architektur

Die J2EE-Spezifikation definiert eine Architektur für die Entwicklung und Verteilung von serverseitigen Software-Komponenten und eine standardisierte Schnittstelle zu diesen Komponenten, die ein Server erfüllen muss. Durch diese Spezifikation können J2EE-Anwendungen auf Servern von unterschiedlichen Herstellern betrieben werden, sofern die Softwarekomponenten und der Server die Spezifikation erfüllen bzw. nur spezifizierte Dienste in Anspruch nehmen.

1.3.1 Schichten der J2EE-Architektur

Abbildung 1.4 zeigt die Schichten (Layer), die in der J2EE-Architektur definiert sind. Die abgebildeten Architekturen stimmen prinzipiell mit den zuvor beschriebenen überein, d.h. man kann eine Anwendung als Zwei-, Drei oder Vier-Schichten-Architektur realisieren. Eine Sonderstellung nimmt die 2½-Schichten-Architektur ein. Im Web-Layer befindet sich dann die Präsentations- und Geschäftslogik. Diese Architektur hat z.B. den Nachteil, dass andere Anwendungen die Geschäftslogik nicht mitbenutzen können.

Die Client-Anwendung der Zwei-Schichten-Architektur wird als EIS-Client bezeichnet. Sie beinhaltet die Präsentations- und Geschäftslogik. Die Anwendung greift also direkt auf die Datenschicht zu. Das Protokoll ist abhängig vom EIS, z.B. JDBC bei einer relationalen Datenbank. Die Anwendungen mit der Zwei-Schichten-Architektur werden im Intranet eingesetzt.

Bei der Drei-Schichten-Architektur wird die Anwendung im Client Layer als Application Client bezeichnet. Diese Anwendung beinhaltet die Präsentationslogik und ruft die Methoden von Enterprise Java Beans (EJB) auf. Die EJBs befinden sich in dem Business Layer und beinhalten die Geschäftslogik. Die Methoden eines EJBs werden über RMI-IIOP oder RMI-JRMP aufgerufen. In der Regel können die EJB-Methoden nicht über das Internet aufgerufen werden, da sich zwischen dem Internet und dem J2EE-Server eine Firewall befindet. Die Firewall lässt typischerweise nur HTTP-Telegramme passieren. Aus diesem Grund werden Application Clients hauptsächlich im Intranet eingesetzt. Durch geeignete Konfiguration der Firewall können die Funktionalitäten allerdings auch im Internet zur Verfügung gestellt werden. Dies stellt ggf. ein Sicherheitsrisiko dar.

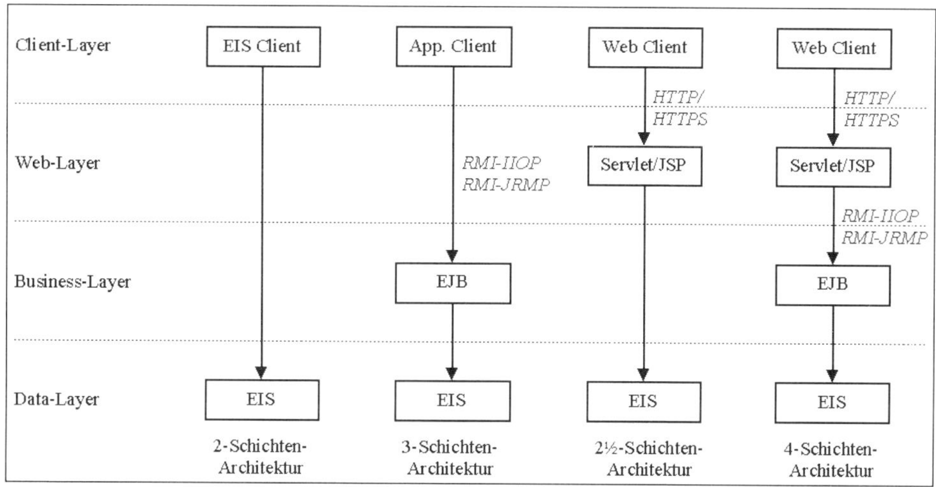

Abbildung 1.4: Schichten einer J2EE-Anwendung

Um eine Anwendung im Internet zur Verfügung zu stellen, wird ein Web Layer benötigt. In dieser Schicht werden die Web Komponenten (Servlet und JSP) ausgeführt. Diese Komponenten beinhalten die Präsentationslogik. Eine Web-Komponente wird prinzipiell über eine HTTP-Anfrage aufgerufen. Als Antwort auf die Anfrage wird in der Regel eine HTML- oder XML-Datei erzeugt. Eine Webkomponente kann entweder die Geschäftslogik selber beinhalten oder sie ruft Methoden von EJBs auf. Falls die Webkomponente sowohl Präsentations- als auch Geschäftslogik beinhaltet, nennt man dies eine 2½-Schichten-Architektur. Das „½" verdeutlicht, dass es sich nicht um eine Drei-Schichten-Architektur handelt. Dies würde eine getrennte Präsentations- und Geschäftslogik erfordern. Es handelt sich aber auch nicht um eine Zwei-Schichten-Architektur, da die Anwendung komplett auf einem Server ausgeführt wird. Der wesentliche Nachteil dieser Architektur ist, dass die Geschäftslogik nicht von anderen Anwendungen wieder- bzw. mitverwendet werden kann. Aus diesem Grund empfiehlt sich die Vier-Schichten-Architektur für eine Anwendung, die im Internet zur Verfügung gestellt werden soll. Die Web-Komponenten beinhalten die Präsentationslogik und die Enterprise Java Beans die

Geschäftslogik. Die Geschäftslogik der EJBs kann gleichzeitig von anderen Anwendungen mitbenutzt werden, z.B. Web-Komponenten einer anderen Anwendung oder ein Application Client.

Ein Web Client ist in der Regel ein Web-Browser. Es besteht jedoch auch die Möglichkeit, die Web-Komponenten von einer Java-Anwendung (Applikation oder EIS Client) oder von einer anderen Web-Komponente aus aufzurufen. Die Web-Komponente wird z.B. von einer Java-Anwendung aufgerufen, um über das Internet auf die Geschäftslogik zuzugreifen.

Data Layer

- Speichert die Daten permanent.
- Stellt Informationen aus anderen Systemen zur Verfügung. Die Daten können z.B. von einer relationalen Datenbank, einem Message Server oder einem Mainframe stammen.
- Die Schnittstelle zu dieser Schicht ist abhängig vom EIS, z.B. JDBC für eine relationale Datenbank oder JMS für einen Message Server.

Business Layer

- Bei einer J2EE-Anwendung wird diese Schicht durch Enterprise Java Beans realisiert.
- Sie beinhaltet die Geschäftslogik, d.h. die eigentliche Funktionalität der Anwendung.

Web Layer

- Die Funktionalität der Anwendung wird im Internet bzw. Intranet zur Verfügung gestellt.
- Bei einer J2EE-Anwendung wird diese Schicht durch Servlets und Java Server Pages realisiert. Dies sind Web-Komponenten, die zur Laufzeit die Antwort einer HTTP-Anfrage erzeugen, z.B. eine HTML-Datei, in der Daten aus einer Datenbank dargestellt werden.
- Die Web-Komponenten werden über HTTP aufgerufen.
- Die Antwort der Anfragen sind typischerweise HTML- oder XML-Dokumente.
- Die Web Komponenten beinhalten die Präsentationslogik der Anwendung und nutzen die Funktionalitäten der Geschäftslogik (EJBs). Es ist prinzipiell auch möglich, dass diese Schicht sowohl die Präsentations- als auch die Geschäftslogik beinhaltet, d.h. die Web Komponenten greifen direkt auf die Datenbank zu (2½-Schichten-Architektur). Dies entspricht dann prinzipiell einer Zwei-Schichten-Architektur mit den entsprechenden Vor- und Nachteilen.

Client Layer

- Darstellung von Datenstrukturen
- Benutzereingaben entgegennehmen und ggf. neue Datenstrukturen anfordern
- kann entweder ein Web-Browser sein, der HTML-Seiten darstellt, eine Java-Anwendung, die Dienste einer anderen Schicht in Anspruch nimmt. Könnte aber auch eine andere Komponente (z.B. EJB) sein.

1.3.2 Überblick J2EE-Architektur

Abbildung 1.5 zeigt einen Überblick der J2EE-Architektur. Auf der linken Seite sind die Client-Anwendungen dargestellt und in der Mitte der J2EE-Server. Er besteht aus einem Web- und einem EJB-Container. In diesen beiden Containern werden die Komponenten mit der Präsentations- und Geschäftslogik ausgeführt. Verteilte Applikationen haben immer wieder die gleichen Anforderungen, z.B. Datenbankzugriff, Mehrbenutzerfähigkeit, Transaktionen verwalten, Daten nur berechtigten Personen zugänglich machen. Der J2EE-Server bzw. die Container stellen den Komponenten die oben genannten Dienste zur Verfügung, so dass sich der Entwickler auf die Realisierung der Aufgabe konzentrieren kann.

Auf der rechten Seite ist die Datenbasis dargestellt. Sie wird als Enterprise Information System (EIS) bezeichnet (z.B. relationale Datenbank).

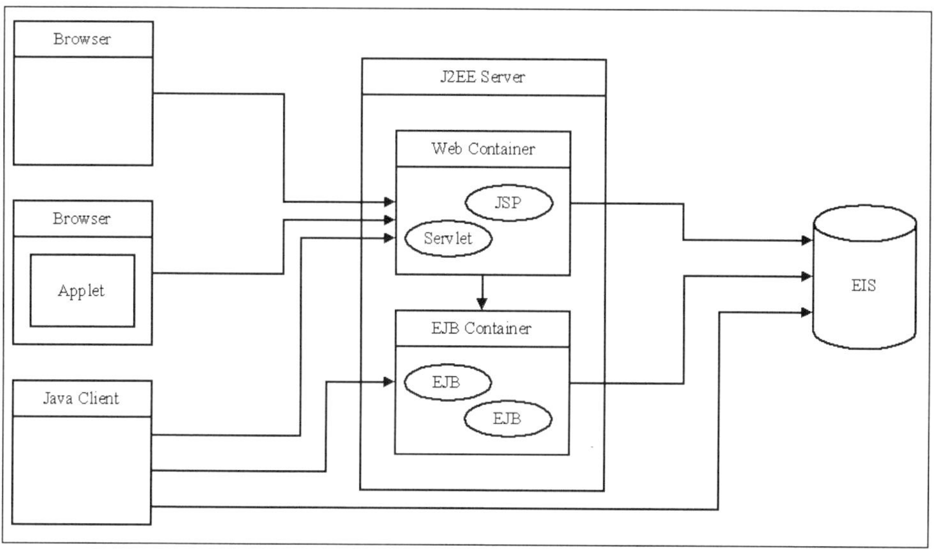

Abbildung 1.5: Überblick J2EE-Architektur

Der EJB-Container ist die Ablaufumgebung für Enterprise Java Beans. Ein Container ist eine Ablaufumgebung, wie sie z.B. ein Betriebsystem für ein Programm ist. Er stellt den Software-Komponenten Dienste zur Verfügung (z.B. Namensdienst, Transaktionsverwaltung usw.) erzeugt Instanzen von den Komponenten und ruft definierte Methoden von diesen Instanzen auf. Ein EJB ist ohne Container nicht ablauf- bzw. funktionsfähig. Der Zugriff auf ein EJB ist nur über den EJB-Container möglich, in dem sich das EJB befindet. Es gibt drei Arten von Enterprise Java Beans, die jeweils in einem separaten Kapitel beschrieben werden. Kapitel 3 beschreibt die allgemeinen Eigenschaften eines EJBs, Kapitel 4 das Session Bean, Kapitel 5 das Entity Bean und Kapitel 6 das Message Driven Bean. In Kapitel 8 werden die Besonderheiten bei der Ausnahmebehandlung (Exception) von Enterprise Java Beans erläutert.

Kapitel 7 befasst sich mit der Transaktionsverwaltung von EJBs. Bei der Installation einer J2EE-Anwendung kann das Transaktionsverhalten der einzelnen Methoden von Enterprise Java Beans definiert werden. Die Komponenten müssen keinen Code beinhalten, um Transaktionen zu verwalten. Dies hat den Vorteil, dass die Komponenten besser wiederverwendet werden können. Der Entwickler muss sich nicht mit dieser Problematik auseinandersetzen.

Der Web-Container ist die Ablaufumgebung für die Web-Komponenten (Servlet, Java Server Page). Er erzeugt Instanzen, ruft definierte Methoden dieser Instanzen auf und stellt den Komponenten Dienste zur Verfügung. Die Web-Komponenten werden in Kapitel 9 (Servlet) und Kapitel 10 (Java Server Page) beschrieben.

Kapitel 11 widmet sich dem Thema Sicherheit von Web-Komponenten und Enterprise Java Beans. Bei der Installation einer J2EE-Anwendung kann definiert werden, welche Web-Komponenten und welche Methoden eines EJBs vor unberechtigtem Zugriff geschützt werden sollen. Bei jedem Zugriff auf eine geschützte Ressource führt der Web- bzw. EJB-Container eine Autorisierung durch, d.h. er prüft, ob der angemeldete Benutzer die entsprechende Berechtigung hat, um auf die Ressource zuzugreifen. Falls der Benutzer noch nicht angemeldet ist, muss er sich am System anmelden (authentifizieren). Dies kann z.B. durch die Eingabe seines Benutzernamen und Passwortes erfolgen. Die Komponenten beinhalten keinen sicherheitsrelevanten Code und können so besser wiederverwendet werden. Dies entlastet außerdem den Entwickler. Er muss sich nicht mit dem Thema Sicherheit auseinandersetzen.

Die Komponenten einer J2EE-Anwendung werden in definierte Archive gespeichert. Jedes Archiv enthält eine XML-Datei, die als eine Installationsanleitung für die Anwendung angesehen werden kann. Abhängig vom Hersteller des J2EE-Servers bzw. des Web- oder EJB-Containers können zusätzliche XML-Dateien in das Archiv hinzugefügt werden. Jedes Kapitel beinhaltet Beispiele, in denen die Struktur der entsprechenden Archive beschrieben wird.

2 Ablaufumgebung installieren

2.1 Java-Entwicklungsumgebung

Um die Beispiele in diesem Buch nachvollziehen zu können, muss eine Java-Entwicklungsumgebung (Software Development Kit) vorliegen. Eine Java-Runtime-Umgebung (JRE) ist nicht ausreichend. Es wird mindestens die Version 1.3.1 des J2SDK benötigt. Die Beispiele auf der CD sind mit der Version 1.3.1_02 entwickelt, kompiliert und getestet worden. Das J2SDK kann von der Homepage von Sun unter der folgenden URL heruntergeladen werden:

```
http://java.sun.com/products/archive/j2se/1.3.1_02/index.html
```

Die Installation erfolgt wie beschrieben. Die Umgebungsvariable `JAVA_HOME` sollte angelegt werden, so dass sie auf das entsprechende Installationsverzeichnis von dem J2SDK zeigt:

```
JAVA_HOME=c:\java\jdk1.3.1_02
    bzw.
JAVA_HOME=/usr/java/jdk1.3.1_02
```

2.2 J2EE-Referenzimplementierung von Sun

Alle Beispiele aus diesem Buch werden auf die J2EE-Referenzimplementierung von Sun installiert. Die Version 1.3.1 der J2SDKEE (Software Development Kit Enterprise Edition) wird benötigt. Diese Entwicklungsumgebung kann von der Homepage von Sun unter der folgenden URL heruntergeladen werden:

```
http://java.sun.com/j2ee/sdk_1.3/
```

Die J2SDKEE 1.3.1 beinhaltet einen J2EE-Server und die relationale Datenbank Cloudscape. Der J2EE-Server besteht aus einem EJB-Container, einem Web-Container und einem Message-Queue-Server. In dem Verzeichnis *bin* befinden sich Startdateien, mit denen der J2EE Server und die Datenbank gestartet und beendet werden können. In Tabelle 2.1 sind die entsprechenden Kommandos beschrieben. Nähere Informationen sind der Dokumentationen der J2SDKEE zu entnehmen.

Die Umgebungsvariable `J2EE_HOME` sollte angelegt werden, so dass sie auf das Installationsverzeichnis der J2SDKEE zeigt. In der Batch- bzw. Skriptdatei *%J2EE_HOME%\bin\userconfig.bat* bzw. *$J2EE_HOME/bin/userconfig* können benutzerspezifische Einstellungen durchgeführt werden, um z.B. einen JDBC-Treiber zum Klassenpfad hinzuzufügen.

```
J2EE_HOME=c:\java\j2sdkee1.3.1
    bzw.
J2EE_HOME=$HOME/java/j2sdkee1.3.1
```

Beschreibung	Kommando
Cloudscape starten	%J2EE_HOME%\bin\cloudscape.bat –start
J2EE Server starten	%J2EE_HOME%\bin\j2ee.bat –verbose
J2EE Server beenden	%J2EE_HOME%\bin\j2ee.bat –stop
Cloudscape beenden	%J2EE_HOME%\bin\cloudscape.bat –stop

Tabelle 2.1: Befehle, um die Datenbank und den J2EE-Server zu starten und zu beenden

Um die Installation zu testen, startet man den J2EE-Server wie oben beschrieben. Abbildung 2.1 zeigt die Konsolenmeldungen des Servers, die einen erfolgreichen Start signalisieren.

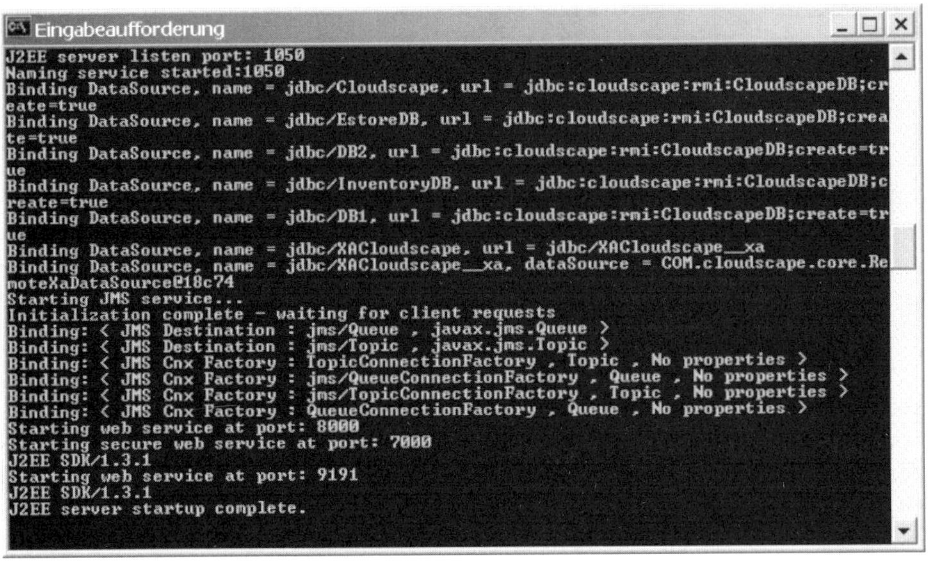

```
Eingabeaufforderung
J2EE server listen port: 1050
Naming service started:1050
Binding DataSource, name = jdbc/Cloudscape, url = jdbc:cloudscape:rmi:CloudscapeDB;cr
eate=true
Binding DataSource, name = jdbc/EstoreDB, url = jdbc:cloudscape:rmi:CloudscapeDB;crea
te=true
Binding DataSource, name = jdbc/DB2, url = jdbc:cloudscape:rmi:CloudscapeDB;create=tr
ue
Binding DataSource, name = jdbc/InventoryDB, url = jdbc:cloudscape:rmi:CloudscapeDB;c
reate=true
Binding DataSource, name = jdbc/DB1, url = jdbc:cloudscape:rmi:CloudscapeDB;create=tr
ue
Binding DataSource, name = jdbc/XACloudscape, url = jdbc/XACloudscape__xa
Binding DataSource, name = jdbc/XACloudscape__xa, dataSource = COM.cloudscape.core.Re
moteXaDataSource@18c74
Starting JMS service...
Initialization complete - waiting for client requests
Binding: < JMS Destination : jms/Queue , javax.jms.Queue >
Binding: < JMS Destination : jms/Topic , javax.jms.Topic >
Binding: < JMS Cnx Factory : TopicConnectionFactory , Topic , No properties >
Binding: < JMS Cnx Factory : jms/QueueConnectionFactory , Queue , No properties >
Binding: < JMS Cnx Factory : jms/TopicConnectionFactory , Topic , No properties >
Binding: < JMS Cnx Factory : QueueConnectionFactory , Queue , No properties >
Starting web service at port: 8000
Starting secure web service at port: 7000
J2EE SDK/1.3.1
Starting web service at port: 9191
J2EE SDK/1.3.1
J2EE server startup complete.
```

Abbildung 2.1: Bildschirmausgabe des J2EE-Servers

Mit einem Web-Browser kann die folgende URL angefordert werden. Es muss eine HTML-Seite angezeigt werden, die anzeigt, dass der Web-Server erfolgreich gestartet wurde.

```
http://localhost:8000/index.html
```

2.3 Beispiele von der CD installieren

Auf der CD zu diesem Buch befinden sich die Beispiele der einzelnen Kapitel. Diese müssen in ein Verzeichnis kopiert werden, in dem kein Leerzeichen enthalten ist. Dies ist erforderlich, da ansonsten die Batch- bzw. Skriptdateien nicht richtig funktionieren.

Die Umgebungsvariable `MYJ2EE_HOME` sollte angelegt werden, so dass sie auf das entsprechende Verzeichnis zeigt. Die Tabellen 2.2 und 2.3 beschreiben die Verzeichnisstruktur der Beispiele.

```
MYJ2EE_HOME=c:\java\MyJ2EE
    bzw.
MYJ2EE_HOME=$HOME/java/MyJ2EE
```

In der Datei *%MYJ2EE_HOME%\bin\setenv.bat* bzw. *$MYJ2EE_HOME/bin/setenv.sh* können die Umgebungsvariablen `JAVA_HOME`, `J2EE_HOME` und `MYJ2EE_HOME` angegeben werden. Wenn diese Variablen bereits global eingerichtet wurden, können die entsprechenden Einträge auskommentiert werden.

Unterverzeichnis	Beschreibung
bin	Allgemeine Batchdateien bzw. Skripte, um den J2EE-Server, die Datenbank und das DeployTool zu starten. In diesem Verzeichnis befindet sich die Datei setenv.bat bzw. setenv.sh. Diese Dateien müssen angepasst werden, damit die Batch- bzw. Skriptdateien ausgeführt werden können.
doc	In dem Unterverzeichnis *api* befindet sich die mit dem Tool javadoc generierte Projektdokumentation.
library	In diesem Verzeichnis befindet sich eine XML-Datei, die vom JBuilder als einen Verweis auf die J2EE-Bibliothek verwendet werden kann.
Projekte	In diesem Verzeichnis befinden sich die Quellcodes und Klassen zu den Beispielen aus dem Buch. Für jedes Kapitel ist ein entsprechendes Unterverzeichnis vorhanden. Jedes dieser Verzeichnisse beinhaltet eine JBuilder-Projektdatei. Die Tabelle 2.3 beschreibt die Verzeichnisstruktur der Projekte.

Tabelle 2.2: Verzeichnisstruktur der Beispiele auf der CD

Unterverzeichnis	Beschreibung
bin	In diesem Verzeichnis befinden sich projektspezifische Batch- bzw. Skriptdateien, mit denen die Anwendung kompiliert (falls kein JBuilder installiert ist), das J2EE-Archiv auf den J2EE-Server installiert und die Client-Anwendungen gestartet werden können.

Unterverzeichnis	Beschreibung
src	Java-Quelldateien
doc	Projekt-Dokumentation
classes	In diesem Verzeichnis befinden sich die erzeugten Klassen.
webapps	Dieses Verzeichnis beinhaltet Verzeichnisse mit Web-Anwendungen (Java Server Pages und HTML-Seiten).
ear	In diesem Verzeichnis befindet sich das Archiv mit der J2EE-Anwendung, das auf einen J2EE-Server installiert wird.
jar	Dieses Unterverzeichnis beinhaltet Java-Archive. In der Regel ist ein Archiv vorhanden, das vom J2EE-Server erzeugt wurde, damit ein Java Client auf ein EJB zugreifen kann.

Tabelle 2.3: Verzeichnisstruktur von Projekten

2.4 Beispielanwendung auf den J2EE-Server installieren

Nachdem die Installation des J2EE-Servers bereits getestet wurde, soll nun ein Beispiel aus dem Buch installiert werden. Dazu muss zunächst die Datenbank und der J2EE-Server gestartet werden (*%MYJ2EE_HOME%\bin\startupServer.bat*). Danach kann die folgende Datei ausgeführt werden:

```
%MYJ2EE_HOME%\Projekte\TransactionExample\bin\deploy.bat
      bzw.
$MYJ2EE_HOME/Projekte/TransactionExample/bin/deploy.sh
```

Mit dieser Batchdatei bzw. Skript wird die J2EE-Anwendung auf den J2EE-Server installiert. Abbildung 2.2 zeigt die Meldungen von dem DeployTool, die auf einen erfolgreichen Installationsvorgang hinweisen.

Mit den folgenden Befehlen kann die Client-Anwendung gestartet werden, die in Abbildung 2.3 dargestellt wird:

```
%MYJ2EE_HOME%\Projekte\TransactionExample\bin\startBankExample.bat
  bzw.
$MYJ2EE_HOME/Projekte/TransactionExample/bin/startBankExample.sh
```

Die Anwendung simuliert eine Bank und greift auf die zuvor installierten Komponenten (EJB) zu. In dem Menü KONTO können Befehle ausgeführt werden, um die Konten einer Bank zu verwalten. Die anderen Menüpunkte sollen an dieser Stelle nicht berücksichtigt werden. Sie werden in dem entsprechenden Kapitel näher beschrieben.

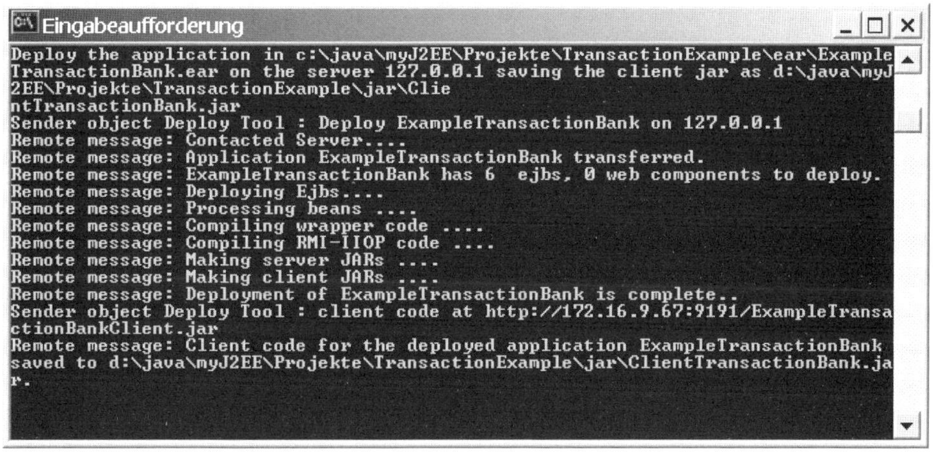

```
Eingabeaufforderung
Deploy the application in c:\java\myJ2EE\Projekte\TransactionExample\ear\Example
TransactionBank.ear on the server 127.0.0.1 saving the client jar as d:\java\myJ
2EE\Projekte\TransactionExample\jar\Clie
ntTransactionBank.jar
Sender object Deploy Tool : Deploy ExampleTransactionBank on 127.0.0.1
Remote message: Contacted Server....
Remote message: Application ExampleTransactionBank transferred.
Remote message: ExampleTransactionBank has 6  ejbs, 0 web components to deploy.
Remote message: Deploying Ejbs....
Remote message: Processing beans ....
Remote message: Compiling wrapper code ....
Remote message: Compiling RMI-IIOP code ....
Remote message: Making server JARs ....
Remote message: Making client JARs ....
Remote message: Deployment of ExampleTransactionBank is complete..
Sender object Deploy Tool : client code at http://172.16.9.67:9191/ExampleTransa
ctionBankClient.jar
Remote message: Client code for the deployed application ExampleTransactionBank
saved to d:\java\myJ2EE\Projekte\TransactionExample\jar\ClientTransactionBank.ja
r.
```

Abbildung 2.2: Bildschirmausgabe bei der Installation eines Beispiels

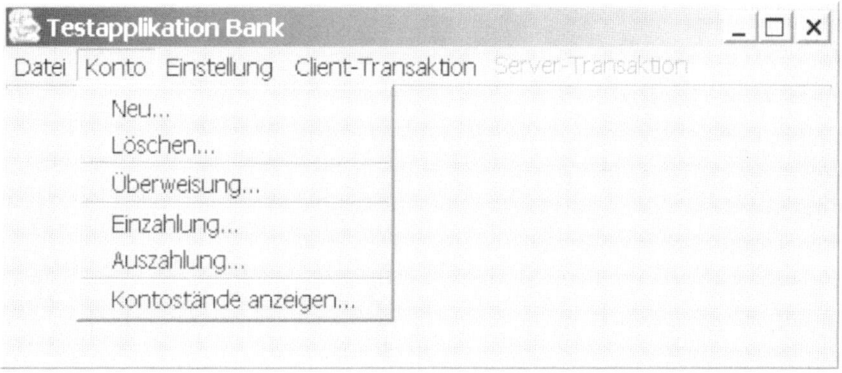

Testapplikation Bank

Datei Konto Einstellung Client-Transaktion Server-Transaktion

Neu...
Löschen...
Überweisung...
Einzahlung...
Auszahlung...
Kontostände anzeigen...

Abbildung 2.3: GUI der Beispielanwendung

3 Enterprise Java Beans

3.1 Einführung

Enterprise Java Beans (EJB) sind Software-Komponenten, die in einem EJB-Container ausgeführt werden. Ein Container ist eine Ablaufumgebung, wie sie z.B. ein Betriebssystem für ein Programm ist. Ein EJB ist ohne Container nicht ablauf- bzw. funktionsfähig. Der Zugriff auf EJBs ist nur über definierte Schnittstellen möglich, d.h. man kann die Methoden des EJB nicht direkt aufrufen.

Der EJB-Container verwaltet die EJBs. Er erzeugt zur Laufzeit Instanzen und ruft definierte Methoden auf, um dem EJB-Zustandsänderungen mitzuteilen. In diesem Buch gibt es für jeden EJB-Typ ein Zustandsdiagramm, in dem die Methoden beschrieben werden, die zu einer Zustandsänderung führen. Diese Methoden werden Container-Callback-Methoden genannt. Der Container informiert z.B. ein EJB durch den Aufruf der Methode `ejbPassivate()` darüber, dass die Instanz auf einen sekundären Speicher (Festplatte) ausgelagert wird.

Tabelle 3.1 stellt alle Enterprise-Java-Bean-Typen und dessen Eigenschaften dar:

Typ	**Beschreibung**
Session Bean	Dieses EJB stellt Dienste zur Verfügung. Die Daten sind nicht permanent, d.h. wenn der Server neu gestartet wird, gehen alle Informationen verloren. Das Session Bean gibt es in zwei Varianten, dem Stateless und dem Stateful Session Bean. Das Letztere kann Informationen zwischen zwei Methodenaufrufen speichern.
Entity Bean	Dieses EJB wird verwendet, um auf permanente Daten zuzugreifen. In der Regel repräsentiert eine Instanz eine Zeile einer relationalen Datenbanktabelle. Eine Instanz wird von mehreren Clients benutzt.
Message Driven Bean	Dieses EJB wird aufgerufen, wenn über Java Message Service Nachrichten eintreffen. Es wird kein interner Zustand verwaltet, die Daten sind nicht permanent. Message Driven Beans haben keinen Client View, d.h. die Methoden des EJBs können nicht von einem Client aufgerufen werden.

Tabelle 3.1: EJB-Typen

Abbildung 3.1 zeigt, welche Schnittstellen ein EJB zur Verfügung stellen muss, um die Dienste entweder im EJB-Container oder im Netzwerk zur Verfügung zu stellen. Ein lokaler Client ist ein beliebiges Java-Objekt, das sich in der gleichen JVM wie das EJB befindet. Ein entfernter Client ist ein beliebiges Java- oder CORBA-Objekt.

Die Kombination von Remote Home Interface und Remote Interface bezeichnet man als Remote Client View. Ein Client, der außerhalb vom EJB-Container auf ein EJB zugreifen will, sieht vom EJB nur diese beiden Interfaces. Die Kombination von Local Home Interface und Local Interface bezeichnet man als Local Client View. Ein Client, der innerhalb vom Container auf ein EJB zugreifen will, kann entweder über den Local Client View oder über den Remote Client View auf das EJB zugreifen. Der erstere Fall ist seit der EJB-Spezifikation 2.0 möglich und ist effektiver. Ein EJB kann beide oder nur einen Client View zur Verfügung stellen.

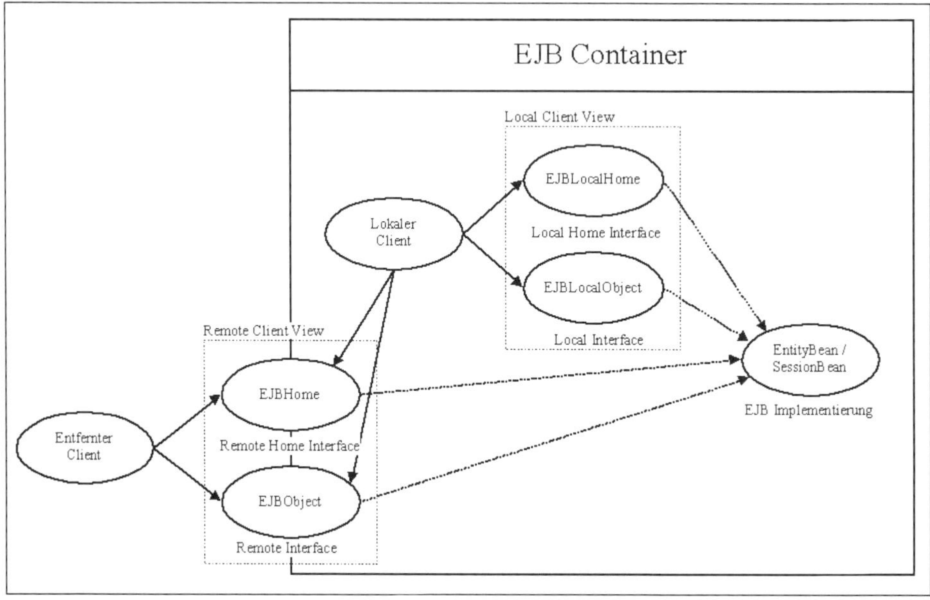

Abbildung 3.1: Zugriff auf ein EJB über Local Client bzw. Remote Client View

Das Local Home Interface und das Remote Home Interface werden als Home-Schnittstelle, das Remote Interface und das Local Interface werden als Komponentenschnittstelle bezeichnet.

Die Home-Schnittstelle referenziert keine EJB-Instanz, sondern es werden Methoden zur Verfügung gestellt, mit denen man Instanzen von EJBs erzeugen und suchen kann. Die Methoden liefern eine Referenz auf die Instanz zurück, die vom Typ der Komponentenschnittstelle ist. Wenn mehrere Instanzen gefunden werden, wird eine Liste zurückgeliefert. Die Objekte in der Liste müssen die Komponentenschnittstelle implementiert haben. Die Liste ist vom Typ `java.util.Collection`.

Die Komponentenschnittstelle definiert die Methoden mit der Programmlogik (Business Methoden). Jede Schnittstelle referenziert eine EJB-Instanz im Container. Es existiert eine Methode, mit der man die Instanz löschen kann.

Die EJB-Implementierung stellt die Methoden zur Verfügung, die in den Client Views definiert wurden. Die Methodendeklarationen (Methodenname, Rückgabewert, Parameter, anwendungsspezifische Exceptions) von der EJB-Implementierung und den Client

Views müssen bestimmte Regeln befolgen. Diese Regeln sind abhängig vom EJB-Typ und werden in den entsprechenden Kapiteln beschrieben.

Parameter und Rückgabewerte werden beim Local Client View als Referenz, beim Remote Client View per Value übergeben. Dabei ist zu beachten, dass die Parameter und Rückgabewerte bei dem Remote Client View gültige RMI/IIOP Typen sein müssen.

Bei der Installation eines EJBs wird eine XML-Datei benötigt, der so genannte Deployment Descriptor. Diese Datei entspricht einer Installationsanleitung und beschreibt jedes EJB, das sich in dem Archiv befindet. Dort wird z.B. der Klassenname der EJB-Implementierung, die Interfacenamen vom Remote Home, Remote, Local Home und Local Interface definiert. Man kann dort für jede einzelne Methode eines EJBs angeben, zu welcher Benutzergruppe der Client gehören muss, damit sie ausgeführt werden darf oder ob die Methode in einer Transaktion ablaufen soll.

Wenn ein EJB in einen EJB-Container installiert wird, erzeugt der Container Klassen, die die Interfaces der Client Views implementieren. In den Klassen werden alle Einstellungen aus dem Deployment Descriptor berücksichtigt und in entsprechenden Java-Code umgesetzt. Wird eine Methode aus dem Client View aufgerufen, dann wird eine Methode aus der generierten Klasse im EJB-Container aufgerufen. In dieser Klasse ist nun die Logik enthalten, welche Methoden von der EJB-Implementierung aufgerufen werden, ob die Methode in einer Transaktionen ablaufen soll oder der Client zu einer bestimmten Benutzergruppen gehören muss.

Methoden aus dem Remote Client View sollten grobgranular definiert werden. Ein Client sollte möglichst wenige Methoden aufrufen, um eine bestimmte Aufgabe zu erledigen, da jeder Aufruf einen Overhead beinhaltet (RMI). Um die Adresse eines Kunden zu ermitteln, sollte es z.B. eine Methode geben, deren Rückgabewert ein Objekt vom Typ `Adresse` ist. Wenn man die Methoden `getVorName()`, `getNachName()`, `getPlz()`, `getWohnort()`, `getStrasse()`, `getHausnr()` über das Netzwerk aufruft, ist die Performance der Applikation nicht akzeptabel.

Abbildung 3.2 zeigt das Klassendiagramm eines EJBs mit Local und Remote Client View. Abhängig vom Typ des EJBs muss die Klasse der EJB-Implementierung eines der folgenden Interfaces implementieren:

- `javax.ejb.SessionBean`
- `javax.ejb.EntityBean`
- `javax.ejb.MessageDrivenBean`

In dem Klassendiagramm sind die Namenskonventionen von Schnittstellen und Klassen dargestellt. Der kursiv dargestellte Bezeichner „Name“ soll durch eine Bezeichnung ersetzt werden, welche die Funktionalität des EJBs beschreibt. In Tabelle 3.2 sind die Klassen- und Interfacenamen von einem Session Bean dargestellt, das eine Konvertierung durchführen soll.

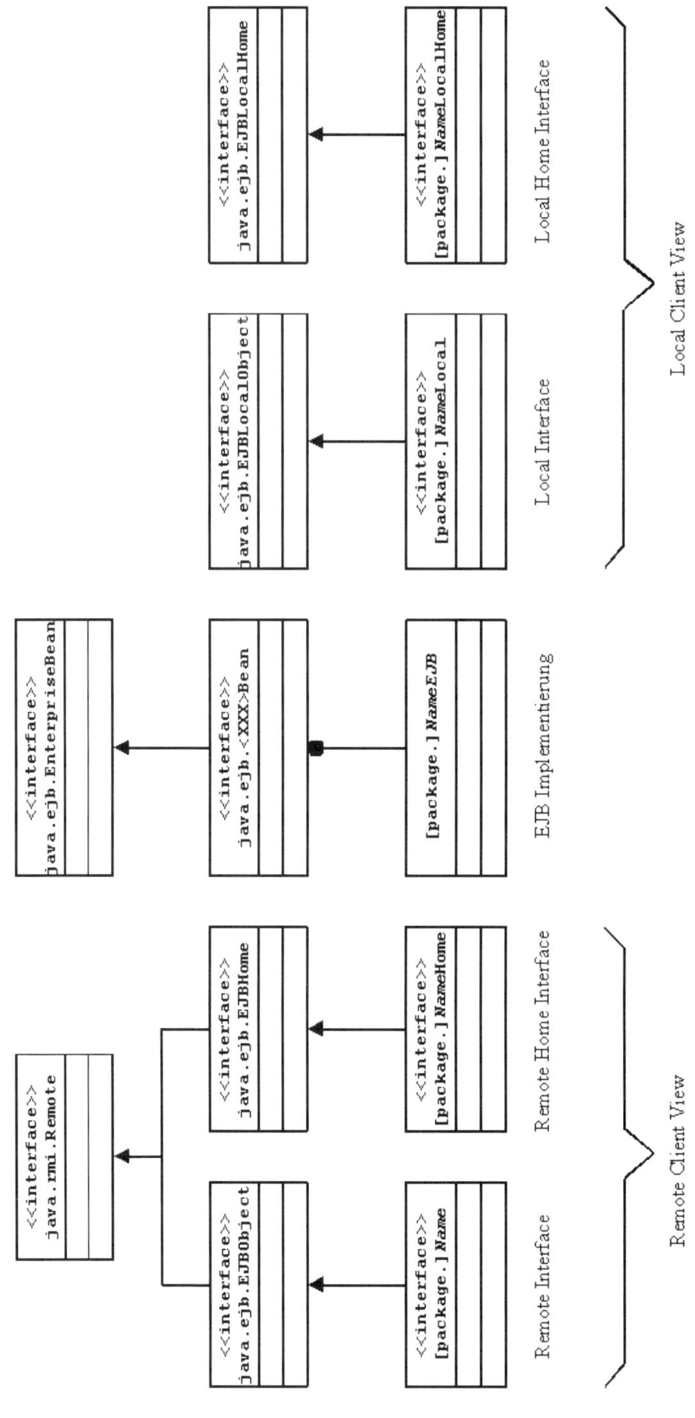

Abbildung 3.2: Klassendiagramm eines EJBs

Klasse/Interface	Bezeichner
Remote Interface	mypackage.Converter
Remote Home Interface	mypackage.ConverterHome
Local Interface	mypackage.ConverterLocal
Local Home Interface	mypackage.ConverterLocalHome
EJB-Implementierung	mypackage.ConverterEJB

Tabelle 3.2: Namenskonventionen von EJB-Klassen und -Schnittstellen

3.2 Home-Schnittstelle

Das Remote Home Interface und das Local Home Interface werden als Home-Schnittstelle bezeichnet. In der Home-Schnittstelle werden Methoden zum Erzeugen und Suchen von EJBs definiert. Welche Arten von Methoden zulässig sind, hängt vom Typ des EJBs ab (Session Bean, Entity Bean). Message Driven Beans haben keine Home-Schnittstelle. Man erhält durch die JNDI-API oder durch das EJB Handle Zugriff auf die Home Schnittstelle. Die Besonderheiten der einzelnen EJBs werden in den entsprechenden Kapiteln beschrieben. Folgende Regeln gelten für die Home-Schnittstelle der Session und Entity Beans.

- Alle Methoden müssen als `public` deklariert werden.
- Keine Methode darf als `final` oder `static` deklariert werden.
- Jede Methodendeklaration muss auch in der Klasse mit der EJB-Implementierung vorhanden sein. Dem Methodennamen der Klasse wird das Präfix `ejb` bzw. `ejbHome` vorangestellt, und der nachfolgende Buchstabe wird groß geschrieben. Die Übergabeparameter müssen übereinstimmen, der Rückgabewert in der Klasse ist abhängig vom EJB-Typ und der Methode.
- Alle Methoden vom Remote Home Interface müssen die Exception `java.rmi.RemoteException` auslösen.
- Die Übergabeparameter und Rückgabewerte von Methoden müssen beim Remote Home Interface gültige RMI/IIOP Typen sein.
- Das Remote Home Interface muss das Interface `javax.ejb.EJBHome` erweitern.
- Das Local Home Interface muss das Interface `javax.ejb.EJBLocalHome` erweitern.

Das folgende Beispiel zeigt das Remote Home Interface und die zugehörige EJB-Implementierung eines Session Beans.

```
public interface ConverterHome extends javax.ejb.EJBHome
{
  public Converter create() throws javax.ejb.CreateException,
                                   java.rmi.RemoteException;
}
```

Listing 3.1: Remote Home Interface eines Session Beans

```
public class ConverterEJB implements javax.ejb.SessionBean
{
  ...
  public void ejbCreate() throws javax.ejb.EJBException,
                                 javax.ejb.CreateException
  {
    ...
  }
  ...
}
```

Listing 3.2: create-Methode in der EJB-Implementierung eines Session Beans

Das folgende Beispiel zeigt, wie man eine Referenz auf das Remote Home Interface ermittelt. Das Remote Home Interface muss mit der Methode `narrow(...)` von der Klasse `PortableRemoteObject` umgewandelt werden. Dies ist seit der EJB Spezifikation 1.1 erforderlich. In dieser Spezifikation ist definiert, dass ein entfernter Methodenaufruf (RMI) mit dem Protokoll IIOP übertragen wird. Über dieses Protokoll können auch CORBA-Objekte angesprochen werden. CORBA-Objekte können aber nicht mit einem Java-Cast umgewandelt werden, sondern man muss die Methode `PortableRemoteObject.narrow(...)` verwenden. Bei dem Local Home Interface ist dies nicht erforderlich, da dies eine Referenz auf ein Java-Objekt ist.

```
  ...
  // JNDI-Kontext ermitteln
  InitialContext ctx = new InitialContext();

  // JNDI-Namen nachschlagen
  Object ref = ctx.lookup("de/j2eeguru/converter");

  // in Home Interface umwandeln
  ConverterHome converterHome = (ConverterHome)
           PortableRemoteObject.narrow(ref, ConverterHome.class);

  // Nun kann man Methoden vom Home Interface aufrufen:
```

```
  Converter converter = converterHome.create();
  ...
```

Listing 3.3: Zugriff auf ein Remote Home Interface

3.3 Komponentenschnittstelle

Das Remote Interface und Local Interface bezeichnet man als Komponentenschnittstelle. Eine EJB-Instanz im Container wird über die Komponentenschnittstelle angesprochen. Diese Schnittstelle definiert die Business-Methoden, die der Client aufrufen kann. Dabei gibt es einige Regeln, die beachtet werden müssen.

- Alle Methoden müssen als `public` deklariert werden.
- Keine Methode darf als `final` oder `static` deklariert werden.
- Jede Methodendeklaration muss auch in der Klasse mit der EJB-Implementierung vorhanden sein.
- Remote Interface:
  - Alle Methoden müssen die Exception `java.rmi.RemoteException` auslösen.
  - Das Interface `javax.ejb.EJBObject` muss erweitert werden.
  - Die Übergabeparameter und Rückgabewerte von Methoden müssen gültige RMI-IIOP Typen sein.
- Local Interface:
  - Das Interface `javax.ejb.EJBLocalObject` muss erweitert werden.
  - Keine Methode darf die Exception `java.rmi.RemoteException` auslösen.

Das folgende Beispiel zeigt das Remote Interface und die zugehörige EJB-Implementierung eines Session Beans.

```
public interface Converter extends javax.ejb.EJBObject
{
  public double dollarToEuro(double dollar)
                              throws java.rmi.RemoteException;
}
```

Listing 3.4: Remote Interface eines Session Beans

```
public class ConverterEJB implements javax.ejb.SessionBean
{
  ...
  public double dollarToEuro(double dollar)
                             throws javax.ejb.EJBException
  {
```

```
        ...
    }
    ...
}
```

Listing 3.5: Implementierung einer Businessmethode eines Session Beans

Der folgende Code Ausschnitt zeigt, wie man eine Referenz auf das Remote Interface ermittelt, wenn man bereits Zugriff auf das Remote Home Interface hat.

```
...
ConverterHome converterHome = ...

// Instanz eines EJB erzeugen
Converter converter = converterHome.create();

// jetzt kann man Methoden von dieser Instanz aufrufen
double euro = converter.dollarToEuro(1.0);
...
```

Listing 3.6: Businessmethode eines Session Beans aufrufen

Das Interface `javax.ejb.EJBObject` bzw. `javax.ejb.EJBLocalObject` definiert Methoden, mit denen man

- das Home Interface vom EJB ermitteln kann,
- die Instanz, die das Interface referenziert, löschen kann,
- prüfen kann, ob die Komponentenschnittstelle die gleiche Instanz referenziert wie eine andere Referenz,
- den Primary Key eines Entity Beans ermitteln kann.

Das Remote Interface bietet zusätzlich eine Methode, mit der man ein Handle von der EJB-Instanz anfordern kann. Dieses Handle kann persistent im Client gespeichert werden. Bei Bedarf kann man über das Handle die Referenz auf die EJB-Instanz ermitteln. Der EJB-Container ist für die Implementierung der genannten Methoden zuständig, d.h. sie müssen nicht in der EJB-Implementierung codiert werden.

3.4 EJB-Implementierung

In dieser Klasse wird die Programmlogik codiert, die in der Komponentenschnittstelle deklariert wurde. Folgende Regeln sind zu beachten:

- Die Klasse hat einen leeren Konstruktor.
- Die Klasse muss als `public` deklariert werden.
- Die Klasse darf nicht als `final` deklariert werden.
- Die Klasse muss alle Methoden von dem Local, Local Home, Remote und Remote Home Interface implementieren, wobei ggf. das Präfix `ejb` bzw. `ejbHome` vorangestellt werden muss.

- Die Methoden sollten im Fehlerfall die Exception `javax.ejb.EJBException` auslösen. Dies ist ab der EJB-Spezifikation 2.0 erforderlich, vorher war es die Exception `java.rmi.RemoteException`.
- Die Methode `finalize()` darf nicht überschrieben werden.
- Abhängig vom Typ des Enterprise Java Bean muss das folgende Interface implementiert werden:
  - Session Bean: `javax.ejb.SessionBean`.
  - Entity Bean: `javax.ejb.EntityBean`.
  - Message Driven Bean: `javax.ejb.MessageDrivenBean`.

3.5 Metadaten-Schnittstelle

Die Metadaten-Schnittstelle wird verwendet, um dynamisch zur Laufzeit auf ein EJB zuzugreifen, dessen Klassen zu dem Zeitpunkt, an dem der Client erzeugt wurde, noch nicht vorhanden waren. Diese Schnittstelle wird in der Regel von Entwicklungsumgebungen genutzt. Der Zugriff auf die Metadaten erfolgt über das Remote Home Interface, d.h. diese Schnittstelle ist nur für den Remote Client View verfügbar.

3.6 Phasen und Aufgaben im Lebenszyklus von EJB

Die EJB-Spezifikation teilt den Lebenszyklus einer Anwendung in Zuständigkeitsbereiche auf. Derzeit sind sechs solcher Bereiche definiert:

1. Hersteller von Softwarekomponenten (EJB)
2. Hersteller von Anwendungen (fügt einzelne Softwarekomponenten zu einer Anwendung zusammen)
3. Fachmann, der die Anwendung auf einen Server installiert
4. Hersteller vom EJB-Server
5. Hersteller vom EJB-Container
6. Systemadministrator

Dieses Buch beschäftigt sich mit den ersten drei Zuständigkeitsbereichen.

4 Session-Bean

4.1 Einführung

In einer Anwendung, die aus drei Schichten besteht, beinhaltet die mittlere Schicht die Programmlogik, d.h. das Wissen, was in bestimmten Fällen zu tun ist. Session Beans werden eingesetzt, um diese Funktionalität zur Verfügung zu stellen. Man nennt die Programmlogik auch Businesslogik oder Geschäftslogik. Es gibt Stateless und Stateful Session Beans. Wie der Name erahnen lässt, verwalten Stateful Session Beans einen internen Zustand, d.h. sie können Daten zwischen zwei Methodenaufrufen zwischenspeichern.

Ein Client kann die Funktionalität eines Session Beans über den Client View ansteuern. Ein Session Bean kann einen Local Client View, einen Remote Client View oder beide zur Verfügung stellen. Der Local Client View besteht aus dem Local Interface und dem Local Home Interface. Der Remote Client View besteht aus dem Remote Interface und dem Remote Home Interface. Der EJB-Container stellt das Home Interface über JNDI zur Verfügung, so dass ein Client darauf zugreifen kann. Die eigentliche Funktionalität des Session Beans wird in einer Klasse implementiert, der so genannten EJB-Implementierung. Diese Klasse muss das Interface `javax.ejb.SessionBean` implementieren.

Ein Session Bean ist nicht permanent, d.h. wenn ein Server beendet wird, werden alle EJB-Instanzen gelöscht.

Alle Methoden einer EJB-Instanz werden vom Container hintereinander ausgeführt. Die Instanz muss nicht reentrant sein. Wenn ein Client eine Methode eines Stateful Session Beans aufruft, während eine andere Methode von der Instanz noch nicht abgeschlossen wurde, löst der Container eine Exception aus. Bei einem Stateless Session Bean kann ein Client dies tun; da der Container aber beim zweiten Methodenaufruf eine andere Instanz verwendet, wird die Methode ohne Fehlermeldung ausgeführt.

4.2 Stateless Session-Bean

Das Stateless Session Bean wird verwendet, um Funktionalitäten zur Verfügung zu stellen, bei denen kein interner Zustand berücksichtigt werden muss. Bei den Methoden müssen alle benötigten Parameter als Übergabeparameter angegeben werden. Listing 4.1 zeigt ein Remote Interface, das eine Methode beinhaltet, mit der eine E-Mail versendet werden kann. Der Methode werden alle erforderlichen Parameter übergeben.

```
public interface SimpleMail extends javax.ejb.EJBObject
{
  public boolean sendEMail( String empfaenger,
                            String sender,
                            String betreff,
                            String nachricht
                          ) throws java.rmi.RemoteException;
}
```

Listing 4.1: Businessmethode vom Remote Interface eines Stateless Session Beans

Eine Instanz eines Stateless Session Beans wird von mehreren Clients verwendet. Der Container verwaltet einen Pool von Instanzen. Alle Instanzen in dem Pool haben keinen clientspezifischen Status. Wenn ein Client eine Businessmethode aufruft, nimmt der Container eine beliebige Instanz aus dem Pool und ruft die entsprechende Methode von dieser Instanz auf. Nach dem Methodenaufruf kommt die Instanz wieder in den Pool.

Wenn mehrere Methoden eines Stateless Session Beans in der gleichen Transaktion ausgeführt werden, kann der Container unterschiedliche Instanzen verwenden. Es ist nicht garantiert, dass alle Methoden von einer einzigen Instanz aufgerufen werden.

Der Container kann eine Instanz verwenden, um Methoden in unterschiedlichen Transaktionen auszuführen. Dies ist alles möglich, da ein Stateless Session Bean keinen Zustand zwischen zwei Methodenaufrufen speichert.

Im Laufe dieses Kapitels wird ein Stateless Session Bean entwickelt, das zwei Businessmethoden für die Umrechnung von Euro nach Dollar und von Dollar nach Euro zur Verfügung stellt.

4.2.1 Home-Schnittstelle

Die Home-Schnittstelle eines Session Beans stellt Methoden zur Verfügung, mit denen EJB-Instanzen im Container erzeugt werden. Bei einem Stateless Session Bean muss in der Home-Schnittstelle eine create-Methode ohne Übergabeparameter deklarieret werden. Der Rückgabewert von der Methode muss vom Typ der Komponentenschnittstelle sein. Im Remote Home Interface muss der Rückgabewert das Remote Interface sein, beim Local Home Interface muss es das Local Interface sein.

Bei einem Stateless Session Bean ist nur diese einzige create-Methode zulässig. Dies folgt aus der Tatsache, dass kein clientspezifischer Zustand gespeichert wird und dass eine Instanz von mehreren Clients verwendet wird. Aus diesem Grund ist eine Initialisierung nicht sinnvoll.

Ein Client erhält durch den Aufruf der create-Methode eine Referenz auf die Komponentenschnittstelle. Diese Schnittstelle definiert die Businessmethoden. Der Container erzeugt nicht für jeden Aufruf einer create-Methode eine neue Instanz, da eine Instanz von mehreren Clients verwendet wird. Wenn eine Businessmethode von dem Stateless Session Bean aufgerufen wird, prüft der Container, ob sich eine Instanz im Pool befindet. Ist dies der Fall, wird sie verwendet, ansonsten wird eine neue Instanz erzeugt. Bei einem Stateful Session Bean wird mit der create-Methode immer eine neue Instanz erzeugt.

Das Home Interface erweitert entweder das Interface `javax.ejb.EJBLocalHome` oder `javax.ejb.EJBHome`. Beide Interfaces definieren die Methode `remove(pk)`. Bei einem Session Bean darf man diese Methode nicht aufrufen, sie ist nur für Entity Beans bestimmt.

Local Home Interface

Die folgenden Regeln gelten für das Local Home Interface eines Stateless Session Beans:

- Das Local Home Interface muss das Interface `javax.ejb.EJBLocalHome` erweitern.
- Keine Methode darf die Exception `java.rmi.RemoteException` auslösen.
- In dem Interface muss eine create-Methode deklariert werden, die keinen Übergabeparameter hat. Die create-Methode muss `public` und darf nicht `static` oder `final` sein. Sie muss die Exception `javax.ejb.CreateException`, kann aber auch weitere anwendungsspezifische Exceptions auslösen. Der Rückgabewert der create-Methode ist vom Typ des Local Interface.

Listing 4.2 zeigt ein Local Home Interface eines Stateless Session Beans.

```
package de.j2eeguru.example.sessionbean.ejb;

import javax.ejb.EJBLocalHome;
import javax.ejb.CreateException;

public interface ConverterLocalHome extends EJBLocalHome
{
  public ConverterLocal create() throws CreateException;
}
```

Listing 4.2: Local Home Interface eines Stateless Session Beans

Remote Home Interface

Die folgenden Regeln gelten für das Remote Home Interface eines Stateless Session Beans:

- Das Remote Home Interface muss das Interface `javax.ejb.EJBHome` erweitern.
- Jede Methode muss die Exception `java.rmi.RemoteException` auslösen.
- In dem Interface muss eine create-Methode deklariert werden, die keinen Übergabeparameter hat. Die create-Methode muss `public` und darf nicht `static` oder `final` sein. Sie muss die beiden Exceptions `javax.ejb.CreateException` und `java.rmi.RemoteException`, kann aber auch weitere anwendungsspezifische Exceptions auslösen. Der Rückgabewert der create-Methode ist vom Typ des Remote Interface.

Listing 4.3 zeigt ein Remote Home Interface eines Stateless Session Beans.

```
package de.j2eeguru.example.sessionbean.ejb;

import java.rmi.RemoteException;
import javax.ejb.EJBHome;
import javax.ejb.CreateException;

public interface ConverterHome extends EJBHome
{
  public Converter create() throws CreateException,
                                   RemoteException;
}
```

Listing 4.3: Remote Home Interface eines Stateless Session Beans

Zugriff von einem Client auf die Home-Schnittstelle

Der Client ermittelt über JNDI das Home Interface. Bei dem Remote Home Interface muss die Typumwandlung mit der Methode `narrow(...)` von der Klasse `PortableRemoteObject` erfolgen. Bei dem Local Home Interface ist eine Typumwandlung mit einem Java-Cast ausreichend.

```
  ...
  // JNDI-Kontext ermitteln
  InitialContext ctx = new InitialContext();

  // JNDI-Namen nachschlagen
  Object ref = ctx.lookup(JndiName.JNDI_NAME_EJB_CONVERTER);

  // in Remote-Home-Interface umwandeln
  ConverterHome theHome = (ConverterHome)
         PortableRemoteObject.narrow(ref, ConverterHome.class);

  // Methode vom Home-Interface aufrufen
  Converter converter = theHome.create();
  ...
```

Listing 4.4: Zugriff auf ein Remote Home Interface

```
  ...
  // JNDI-Kontext ermitteln
  InitialContext ctx = new InitialContext();

  // JNDI-Namen nachschlagen
  Object ref = ctx.lookup(JndiName.JNDI_NAME_EJB_CONVERTER);
```

```
// in Local-Home-Interface umwandeln
ConverterLocalHome theHome = (ConverterLocalHome)ref;

// Methode vom Home-Interface aufrufen
ConverterLocal converter = theHome.create();
...
```

Listing 4.5: Zugriff auf ein Local Home Interface

4.2.2 Komponentenschnittstelle

Die Komponentenschnittstelle eines Session Beans definiert die Methoden mit der Programmlogik (Businessmethoden). Bei einem Stateless Session Bean müssen den Methoden alle Parameter, die sie für die Verarbeitung benötigen, übergeben werden. Sie können keinen clientspezifischen internen Zustand speichern.

Über die Komponentenschnittstelle greift ein Client auf eine Instanz im EJB-Container zu. Der Client ruft die create-Methode aus dem Home Interface auf, um Zugriff auf die Komponentenschnittstelle zu erhalten. Danach kann er die Businessmethoden aufrufen.

Die Komponentenschnittstelle erweitert entweder das Interface `javax.ejb.EJBObject` oder `javax.ejb.EJBLocalObject`. Beide Interfaces definieren die Methode `remove()`. Diese Methode muss der Client aufrufen, wenn er die Komponentenschnittstelle nicht mehr benötigt. Da die Instanz eines Stateless Session Beans von mehreren Clients verwendet wird, löscht der Container die Instanz nicht, wenn sie von einem Client freigegeben wird.

Die Methodennamen in der Komponentenschnittstelle sollten nicht mit dem Präfix `ejb` beginnen, damit sie nicht mit den Container-Callback- oder create-Methoden übereinstimmen.

Die Methoden im Local und Remote Interface können, müssen aber nicht übereinstimmen. Es kann durchaus sinnvoll sein, im Remote Interface andere Methoden zur Verfügung zu stellen als im Local Interface.

Local Interface

Die folgenden Regeln gelten für das Local Interface eines Stateless Session Beans:

- Das Local Interface muss das Interface `javax.ejb.EJBLocalObject` erweitern. Es können weitere Interfaces erweitert werden.
- Keine Methode darf die Exception `java.rmi.RemoteException` auslösen.
- Jede Methode muss `public` und darf nicht `static` oder `final` sein.

Listing 4.6 zeigt ein Local Interface eines Stateless Session Beans.

```
package de.j2eeguru.example.sessionbean.ejb;

import javax.ejb.EJBLocalObject;
```

```
public interface ConverterLocal extends EJBLocalObject
{
  public double dollarToEuro(double dollar);
  public double euroToDollar(double euro);
}
```

Listing 4.6: Local Interface eines Stateless Session Beans

Remote Interface

Die folgenden Regeln gelten für das Remote Interface eines Stateless Session Beans:

- Das Remote Interface muss das Interface `javax.ejb.EJBObject` erweitern. Es können weitere Interfaces erweitert werden. Dabei sind die RMI/IIOP-Regeln für das Erweitern von Remote Interfaces zu beachten.
- Jede Methode muss die Exception `java.rmi.RemoteException` auslösen.
- Jede Methode muss `public` und darf nicht `static` oder `final` sein.
- Die Übergabeparameter und der Rückgabewert der Methoden müssen gültige RMI/IIOP-Typen sein.
- Ein Local Interface, ein Local Home Interface oder eine Collection, die von einem Entity Bean verwaltet wird, darf nicht als Rückgabewert oder Übergabeparameter verwendet werden.

Listing 4.7 zeigt ein Remote Interface eines Stateless Session Beans.

```
package de.j2eeguru.example.sessionbean.ejb;

import java.rmi.RemoteException;
import javax.ejb.EJBObject;

public interface Converter extends EJBObject
{
  public double dollarToEuro(double dollar)
                throws RemoteException;
  public double euroToDollar(double euro)
                throws RemoteException;
}
```

Listing 4.7: Remote Interface eines Stateless Session Beans

Zugriff von einem Client auf die Komponentenschnittstelle

Der Client erhält durch den Aufruf der create-Methode vom Home Interface Zugriff auf die Komponentenschnittstelle. Die Businessmethoden können von dem Komponenteninterface aufgerufen werden. Dabei gibt es keinen Unterschied zwischen dem Local und Remote Interface.

```
...
// Home-Interface ermitteln
ConverterHome theHome = ...

// Zugriff auf das Komponenteninterface ermitteln
Converter converter = theHome.create();

// Hier können die Businessmethoden aufgerufen werden
double dollar = converter.euroToDollar(42.0);
...
```

Listing 4.8: Zugriff auf die Komponentenschnittstelle

4.2.3 Implementierung eines Stateless Session Beans

In der EJB-Implementierung müssen die Methoden codiert werden, die im Client View definiert wurden. Die folgenden Regeln gelten für die Klasse mit der Implementierung eines Stateless Session Beans:

- Die Klasse muss `public` und darf nicht `final` oder `abstract` sein.
- Die Klasse muss das Interface `javax.ejb.SessionBean` direkt oder indirekt implementieren.
- Der Konstruktor von der Klasse muss `public` sein und darf keine Übergabeparameter haben.
- Die Methode `finalize()` darf nicht überschrieben werden.
- Die Klasse muss die create-Methode aus der Home-Schnittstelle implementieren. Der Methodenname in der Klasse bekommt das Präfix `ejb` und der nachfolgende Buchstabe wird groß geschrieben Die Methode darf keinen Übergabeparameter haben. Der Rückgabewert ist `void`.
- Die Klasse muss alle Methoden aus dem Komponenteninterface implementieren. Der Methodenname, der Rückgabewert und die Übergabeparameter müssen übereinstimmen.
- Falls eine Methode im Client View eine anwendungsspezifische Exception auslöst, muss die dazugehörige Methode in der Klasse ebenfalls diese Exception auslösen.
- Die Methoden sollten im Fehlerfall die Exception `javax.ejb.EJBException` auslösen. Da dies eine RuntimeException ist, muss sie in der Methodendeklaration nicht angegeben werden.
- Die Klasse kann eine andere Klasse erweitern. Die erforderlichen Methoden können auch in dieser Klasse implementiert werden.

Zustandsdiagramm

Ein Stateless Session Bean kennt nur zwei Zustände, entweder ist die Instanz nicht vorhanden oder sie ist vorhanden und initialisiert, so dass sie Businessmethoden ausführen kann. Abbildung 4.1 zeigt das Zustandsdiagramm und die Ereignisse, die einen Zustandswechsel auslösen.

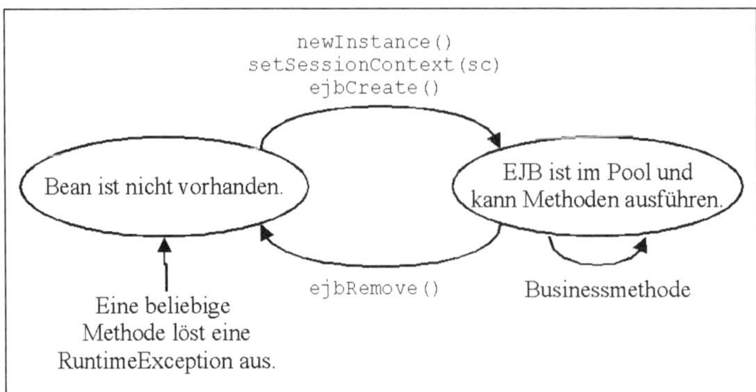

Abbildung 4.1: Zustandsdiagramm Stateless Session Bean

Der EJB-Container erzeugt eine neue Instanz eines Session Beans durch den Aufruf der Methode `newInstance()` von der Klasse. Anschließend übergibt er der Instanz den SessionContext und ruft dann die Methode `ejbCreate()` auf. Wenn diese Methoden fehlerfrei ausgeführt wurden, kann das Stateless Session Bean Businessmethoden ausführen.

Der Container erzeugt nicht bei jedem Aufruf der Methode `create()` aus dem Home Interface eine neue Stateless-Session-Bean-Instanz, da eine Instanz von mehreren Clients verwendet wird. Wie und wann der Container Instanzen erzeugt, ist herstellerspezifisch.

Der Container informiert eine Instanz durch den Aufruf der Methode `ejbRemove()` darüber, dass die Instanz nicht mehr benötigt wird. Wie aus dem Zustandsdiagramm zu erkennen ist, wird diese Methode nicht immer aufgerufen. Falls eine beliebige Methode der Instanz eine RuntimeException auslöst, verwirft der Container die Instanz. Es wird danach keine Methode mehr von dieser Instanz ausgeführt.

Wenn ein Client die Methode `remove()` aus der Komponentenschnittstelle aufruft, veranlasst dies den Container nicht dazu, die Methode `ejbRemove()` aufzurufen. Die Instanz kann noch von anderen Clients verwendet werden.

Container-Callback-Methoden

Die EJB-Implementierung eines Session Beans muss das Interface `javax.ejb.SessionBean` implementieren. Der Container ruft Methoden aus diesem Interface auf, um die Instanz über Ereignisse zu informieren. Tabelle 4.1 beschreibt die Methoden und die dazugehörigen Ereignisse.

Methode	Beschreibung
setSessionContext(sc)	Diese Methode wird von dem EJB-Container aufgerufen, nachdem er die EJB-Instanz erzeugt hat. Die Methode hat einen Parameter, den SessionContext. Falls das EJB diesen benötigt, muss er in einer Instanzvariablen gespeichert werden.
ejbRemove	Diese Methode wird vom EJB-Container aufgerufen, wenn die Instanz nicht mehr benötigt wird.
ejbPassivate	Wird in einem Stateless Session Bean nicht aufgerufen.
ejbActivate	Wird in einem Stateless Session Bean nicht aufgerufen.

Tabelle 4.1: Methoden der Schnittstelle javax.ejb.SessionBean

Die beiden Methoden `ejbActivate()` und `ejbPassivate()` werden bei einem Stateless Session Bean nicht vom Container aufgerufen. Bei diesem EJB kann eine Instanz keinen clientspezifischen Zustand speichern. Aus diesem Grund ist es nicht notwendig, dass der Container eine Instanz in einen sekundären Speicher auslagert. Die Instanz kann einfach gelöscht und bei Bedarf neu erzeugt werden.

Der SessionContext stellt dem EJB-Methoden zur Verfügung, mit denen Transaktionen verwaltet oder Daten von dem Benutzer, der die Methode aufgerufen hat, überprüft werden können. Das Interface stellt zusätzlich Methoden für den Zugriff auf die Home- und Komponentenschnittstelle zur Verfügung.

Zulässige Operationen in den Methoden

Nicht in jeder Methode eines EJBs sind alle Operationen zulässig. Ein Session Bean, dass die Transaktionsverwaltung selbst verwaltet (BMT = Bean Managed Transaction), darf z.B. nicht die Methode `setRollbackOnly()` vom SessionContext aufrufen. Tabelle 4.2. listet die erlaubten Operationen der einzelnen Methoden in Abhängigkeit von der Transaktionsverwaltung auf.

Methode vom EJB	Erlaubte Operationen in der Methode vom EJB	
	CMT	**BMT**
Konstruktor	-	-
setSessionContext	Methoden vom Interface SessionContext: - getEJBHome, - getEJBLocalHome JNDI-Zugriff auf: java:comp/env	Methoden vom Interface SessionContext: - getEJBHome, - getEJBLocalHome JNDI-Zugriff auf: java:comp/env

Methode vom EJB	Erlaubte Operationen in der Methode vom EJB	
	CMT	BMT
ejbCreate ejbRemove	Methoden vom Interface SessionContext: - getEJBHome, - getEJBLocalHome, - getEJBObject, - getEJBLocalObject JNDI-Zugriff auf: java:comp/env	Methoden vom Interface SessionContext: - getEJBHome, - getEJBLocalHome, - getEJBObject, - getEJBLocalObject JNDI-Zugriff auf: java:comp/env
Businessmethoden aus der Komponenten Schnittstelle	Methoden vom Interface SessionContext: - getEJBHome, - getEJBLocalHome, - getEJBObject, - getEJBLocalObject, - getCallerPrincipal, - isCallerInRole, - getRollbackOnly, - setRollbackOnly JNDI-Zugriff auf: java:comp/env Zugriff auf Resource Manager Zugriff auf EJB	Methoden vom Interface SessionContext: - getEJBHome, - getEJBLocalHome, - getEJBObject, - getEJBLocalObject, - getCallerPrincipal, - isCallerInRole, - getUserTransaction Methoden vom Interface UserTransaction JNDI-Zugriff auf: java:comp/env Zugriff auf Resource Manager Zugriff auf EJB

Tabelle 4.2: Zulässige Operationen in den Methoden vom Stateless Session Bean

Methoden zum Erzeugen eines Stateless Session Beans

Der Container ruft die Methode `ejbCreate()` auf, wenn eine Instanz erzeugt wurde. In dieser Methode kann die Instanz initialisiert werden, z.B. Verbindung zu einer Datenbank herstellen.

Die folgenden Regeln gelten für die `ejbCreate<METHOD>` eines Stateless Session Bean:

- Die create-Methode muss `public` und darf nicht `static` oder `final` sein.
- Es darf nur eine create-Methode implementiert werden. Die Methode darf keinen Übergabeparameter haben und der Rückgabewert muss `void` sein.
- Die Methode kann die Exception `javax.ejb.CreateException` auslösen. Diese Exception sollte ausgelöst werden, wenn gegen die Businesslogik verstoßen

wird. Dies könnte z.B. der Fall sein, wenn ein Initialisierungswert aus einer Umgebungsvariablen vom Container benötigt wird und dieser einen ungültigen Wert hat. Es können auch anwendungsspezifische Ausnahmen ausgelöst werden.

- Die Methode muss die Exception `javax.ejb.EJBException` auslösen, wenn benötigte Resourcen nicht angefordert werden können.

Listing 4.9 zeigt eine create-Methode. Die Methode ermittelt aus einer Umgebungsvariablen vom EJB-Container den Umrechnungskurs. Dieser kann bei der Installation von dem EJB parametrisiert werden. Falls der Umrechnungskurs 0 ist, wird eine CreateException ausgelöst, da dieser Wert ungültig ist (Division durch 0). Die Umgebungsvariable könnte man auch als Double deklarieren, das DeployTool unterstützt dummerweise nicht das deutsche Dezimaltrennzeichen.

```
...
public void ejbCreate() throws CreateException
{
  factorEuroDollar = Double.NaN;
  try
  {
    InitialContext ctx = new InitialContext();

    // Umrechnungskurs aus Umgebungsvariable ermitteln
    String val = (String)ctx.lookup(
                "java:comp/env/param/euroDollar");

    if( val != null )
      factorEuroDollar = Double.parseDouble(val);
  }
  catch(Exception ex)
  {
    LogBook.logException(ex);
    throw new EJBException(ex.getClass().getName() + ":" +
                           ex.getMessage());
  }

  if(Double.isNaN(factorEuroDollar) || factorEuroDollar == 0.0)
    throw new CreateException();
}
...
```

Listing 4.9: ejbCreate<METHOD> eines Stateless Session Beans

Methoden zum Löschen eines Stateless Session Beans

Das Interface `javax.ejb.SessionBean` definiert die Methode `ejbRemove()`. Die Methode wird vom Container aufgerufen, wenn die Instanz nicht mehr benötigt wird. In dieser Methode können angeforderte Ressourcen freigeben werden.

Der Container muss diese Methode nicht unbedingt aufrufen. Falls eine Businessmethode eine RuntimeException auslöst, wird die Instanz verworfen, ohne dass die Methode `ejbRemove()` ausgeführt wird.

Wenn ein Client die Methode `remove()` aus der Komponentenschnittstelle aufruft, veranlasst dies den Container nicht dazu, die Methode `ejbRemove()` aufzurufen. Die Instanz kann noch von anderen Clients verwendet werden.

Businessmethoden eines Stateless Session Beans

Die Businessmethoden eines Session Beans werden in der Komponentenschnittstelle deklariert. Wenn ein Client eine Businessmethode aufruft, nimmt der Container diesen Aufruf entgegen. Der Container ruft dann die entsprechende Businessmethode von der EJB-Instanz auf und leitet den Rückgabewert zum Client weiter.

Einer Businessmethode eines Stateless Session Beans müssen alle erforderlichen Parameter übergeben werden, da sie keinen Zustand zwischen Methodenaufrufen verwalten kann.

Die folgenden Regeln gelten für die Businessmethoden der EJB-Implementierung:

- Die Methoden muss `public` und dürfen nicht `static` oder `final` sein.
- Der Methodenname sollte nicht das Präfix `ejb` haben, damit es keine Konflikte mit den Container-Callback-Methoden gibt.
- Falls ein Remote Client View vorhanden ist, müssen die Übergabeparameter und die Rückgabewerte gültige RMI/IIOP-Typen sein.
- Die Methoden können anwendungsspezifische Ausnahmen auslösen. Wenn dies der Fall ist, muss die Exception sowohl in der Klasse als auch in der Komponentenschnittstelle deklariert werden.
- Die Methoden müssen im Fehlerfall die Exception `javax.ejb.EJBException` auslösen.

Listing 4.10 zeigt die Implementierung zweier Businessmethoden.

```
...
public double dollarToEuro(double dollar)
{
  double euro = dollar / factorEuroDollar;
  return euro;
}

public double euroToDollar(double euro)
{
  double dollar = euro * factorEuroDollar;
```

```
    return dollar;
  }
  ...
```

Listing 4.10: Businessmethoden eines Stateless Session Beans

4.2.4 Deployment Descriptor

Der Deployment Descriptor beschreibt die Enterprise Java Beans, so dass sie in einen EJB-Container installiert werden können. Listing 4.11 zeigt einen Ausschnitt, der ein Stateless Session Bean beschreibt. Tabelle 4.3 beschreibt die Elemente eines Session Beans.

```
<ejb-jar>
  <display-name>SessionBeanExampleEJB</display-name>
  <enterprise-beans>
    <session>
      <display-name>ConverterEJB</display-name>
      <ejb-name>ConverterEJB</ejb-name>
      <home>
        de.j2eeguru.example.sessionbean.ejb.ConverterHome
      </home>
      <remote>
        de.j2eeguru.example.sessionbean.ejb.Converter
      </remote>
      <local-home>
        de.j2eeguru.example.sessionbean.ejb.ConverterLocalHome
      </local-home>
      <local>
        de.j2eeguru.example.sessionbean.ejb.ConverterLocal
      </local>
      <ejb-class>
        de.j2eeguru.example.sessionbean.ejb.ConverterEJB
      </ejb-class>
      <session-type>Stateless</session-type>
      <transaction-type>Container</transaction-type>
      <env-entry>
        <env-entry-name>param/euroDollar</env-entry-name>
        <env-entry-type>java.lang.String</env-entry-type>
        <env-entry-value>0.9</env-entry-value>
      </env-entry>
      ...
    </session>
  </enterprise-beans>
```

```
    ...
</ejb-jar>
```

Listing 4.11: Deployment Descriptor eines Stateless Session Beans

Element	M	Beschreibung
<description>	0..1	Kommentar bzw. Beschreibung zum Session Bean
<display-name>	0..1	Name für die Visualisierung
<small-icon>	0..1	Grafik für die Visualisierung
<large-icon>	0..1	Grafik für die Visualisierung
<ejb-name>	1	Hier wird der Name des EJBs definiert. Dieser Name muss innerhalb vom Deployment Descriptor eindeutig sein und wird verwendet, um auf dieses EJB zu referenzieren.
<home>	0..1	Definition vom Remote Home Interface
<remote>	0..1	Definition vom Remote Interface
<local-home>	0..1	Definition vom Local Home Interface
<local>	0..1	Definition vom Local Interface
<ejb-class>	1	Hier wird die Klasse der EJB-Implementierung angegeben.
<session-type>	1	Mit diesem Element wird der Typ vom Session Bean definiert. Gültige Werte sind Stateless und Stateful.
<transaction-type>	1	Mit diesem Element wird definiert, wer die Transaktionen verwaltet. Gültige Werte sind Container und Bean.
<env-entry>	0..n	In diesem Element kann eine Umgebungsvariable definiert werden.
<ejb-ref>	0..n	Mit diesem Element kann eine Referenz auf einen Remote Client View eines EJBs definiert werden.
<ejb-local-ref>	0..n	Mit diesem Element kann eine Referenz auf einen Local Client View eines EJBs definiert werden.
<security-role-ref>	0..n	In diesem Element kann ein Gruppenrecht (*security role*) definiert werden, das im Quelltext durch einen logischen Namen angesprochen wird. Der logische Name kann z.B. der Methode isCallerInRole(String roleName) vom EJB-Context als Parameter übergeben werden.

Element	M	Beschreibung
<security-identity>	0..1	Mit diesem Element kann man festlegen, ob das EJB unter der Identität vom Benutzer oder einer fest definierten Benutzergruppe ausgeführt werden soll.
<resource-ref>	0..n	Hier kann eine Resource Manager Connection Factory definiert werden, die im Quelltext durch einen logischen Namen angesprochen wird:
<resource-env-ref>	0..n	Mit diesem Element können Objekte definiert werden, die von einem Administrator verwaltet werden und die zu einem Resource Manager gehören. Dies sind z.B. Nachrichtenziele (*Destination*) von JMS. Im Quelltext wird ein logischer Name verwendet, um das Objekt über JNDI zu ermitteln. In diesem Element wird dem logischen Namen ein konkretes Objekt zugewiesen.

Tabelle 4.3: Definitionen im Element <session>

Der Deployment Descriptor wird ziemlich schnell unübersichtlich, wenn mehrere EJBs in dem Archiv enthalten sind. Glücklicherweise muss man die XML-Datei nicht mit einem Texteditor schreiben. Die Anbieter von EJB-Containern stellen Programme zur Verfügung, mit denen man ein Archiv erstellen kann.

4.2.5 Beispiel

Umrechnung von Euro nach Dollar

In diesem Beispiel wollen wir ein Stateless Session Bean für die Umrechnung von Euro nach Dollar und von Dollar nach Euro entwickeln, compilieren und auf die J2EE-Referenzimplementierung von Sun installieren. Wir wollen dann mit einer Anwendung die Businessmethoden aufrufen.

Listing 4.12 zeigt die EJB-Implementierung des Stateless Session Beans. In der Klasse sind die Businessmethoden implementiert, die in diesem Kapitel beschrieben wurden. Die Interfaces vom Client View möchte ich an dieser Stelle nicht noch einmal angeben. Es sind die Listings 4.2, 4.3, 4.6 und 4.7.

```
package de.j2eeguru.example.sessionbean.ejb;

import javax.naming.InitialContext;
import javax.ejb.SessionBean;
import javax.ejb.EJBException;
import javax.ejb.CreateException;
import javax.ejb.SessionContext;

public class ConverterEJB implements SessionBean
```

```
{
  private double factorEuroDollar = Double.NaN;

  //--------------------------------------------------------------
  //            Implementierung der Businessmethoden
  //--------------------------------------------------------------
  public double dollarToEuro(double dollar)
  {
    double euro = dollar / factorEuroDollar;
    return euro;
  }

  public double euroToDollar(double euro)
  {
    double dollar = euro * factorEuroDollar;
    return dollar;
  }

  //--------------------------------------------------------------
  //            Implementierung der create-Methode
  //--------------------------------------------------------------
  public void ejbCreate() throws CreateException
  {
    factorEuroDollar = Double.NaN;

    try
    {
      InitialContext ctx = new InitialContext();

      // Umrechnungskurs aus Umgebungsvariable ermitteln
      String val = (String)
                 ctx.lookup(JndiName.JNDI_PARAM_EURO_DOLLAR);

      if( val != null )
        factorEuroDollar = Double.parseDouble(val);
    }
    catch(Exception ex)
    {
      throw new EJBException(ex.getMessage());
    }

    if(Double.isNaN(factorEuroDollar) || factorEuroDollar == 0.0)
      throw new CreateException();
  }
```

```
  //-----------------------------------------------------------------
  //  Implementierung des Interfaces 'javax.ejb.SessionBean'
  //-----------------------------------------------------------------
  public void setSessionContext( SessionContext sctx )  { }
  public void ejbRemove()       { }
  public void ejbActivate()     { }
  public void ejbPassivate()    { }
}
```

Listing 4.12: EJB-Implementierung eines Stateless Session Beans

Im Projektverzeichnis *Projekte\SessionBeanExample* befindet sich eine Datei mit der Endung *jpx*. Diese Datei kann mit dem Borland JBuilder geöffnet werden, um etwas komfortabler die Dateien zu editieren bzw. compilieren. Man muss übrigens keine Enterprise Edition vom JBuilder haben.

Das Compilieren der Quelldateien kann man entweder mit dem JBuilder durchführen oder man startet das Skript *compile.sh* bzw. die Batchdatei *compile.bat* aus dem Unterverzeichnis *bin*. Gegebenenfalls müssen in der Datei *setenv.bat* aus dem projektübergeordnetem Verzeichnis *bin* die Home-Verzeichnisse angegeben werden. Nachdem die Dateien compiliert wurden, kann man nun den Server der J2EE-Referenzimplementierung und das DeployTool starten.

Man kann jetzt entweder die Datei *ear\ExampleSessionBean.ear* mit dem DeployTool öffnen oder man erzeugt die Anwendung selbst. An dieser Stelle soll das Erstellen der J2EE-Anwendung beschrieben werden.

J2EE-Anwendung erstellen

Damit wir ein Session Bean in den EJB-Container der J2EE-Referenzimplementierung von Sun installieren können, müssen wir zunächst eine neue Applikation erzeugen. Dies geschieht über das Menü FILE | NEW | APPLICATION... vom DeployTool. Es erscheint ein Dialog, in dem man den Dateinamen und eine Bezeichnung für die Applikation angeben muss. Wir navigieren zu unserem Projektverzeichnis und speichern die Datei unter *ear\MyExampleSessionBean.ear*. Der Displayname wird mit dem Dateinamen vorbelegt.

Nachdem wir die Applikation erzeugt haben, können wir nun ein neues EJB zu der Applikation hinzufügen. Dies erfolgt über das Menü FILE | NEW | ENTERPRISE BEAN.... Es erscheint der „New Enterprise Bean Wizard“. Dies ist ein Assistent, mit dem ein neues EJB konfiguriert werden kann. Die erste Seite enthält eine kurze Einführung. Mit dem Button NEXT blättern wir weiter.

In diesem Dialog müssen wir das Archiv (EJB JAR) angeben, in das die Klassen und der Deployment Descriptor gespeichert werden sollen. Wir erzeugen ein neues Archiv in der Applikation MyExampleSessionBean. Für den Displaynamen geben wir „MyEjbJar“ ein. Leerzeichen sind für Displaynamen nicht zugelassen. Nun müssen wir die Klassen hinzufügen, die wir für unser Session Bean benötigen. Dazu betätigen wir den Button EDIT... Es erscheint der Dialog „Edit Contents of MyEjbJar“. Wir navigieren das „Starting Directory“ zu unserem Projektverzeichnis. In der Baumdarstellung „Available Files“ müssen wir jetzt in das Verzeichnis *classes* navigieren. Dort selektieren wir nacheinander die folgenden Klassen und fügen sie mit dem Button ADD zu unserem Archiv hinzu.

- de.j2eeguru.tools.LogBook
- de.j2eeguru.tools.DefaultException
- de.j2eeguru.example.sessionbean.ejb.ConverterEJB
- de.j2eeguru.example.sessionbean.ejb.Converter
- de.j2eeguru.example.sessionbean.ejb.ConverterHome
- de.j2eeguru.example.sessionbean.ejb.ConverterLocal
- de.j2eeguru.example.sessionbean.ejb.ConverterLocalHome
- de.j2eeguru.example.sessionbean.ejb.JndiNames

Jetzt können wir den Dialog beenden. Das Archiv enthält jetzt alle Klassen, die wir für unser Session Bean benötigen. Mit dem Button NEXT> gelangen wir zu dem nächsten Dialog.

In dem Dialog „General" muss als erstes der Typ des EJBs bestimmt werden. Wir wählen das Stateless Session Bean aus. Als nächstes muss die Klasse und die Schnittstellen vom EJB definiert werden. Abbildung 4.2 zeigt die erforderlichen Einstellungen.

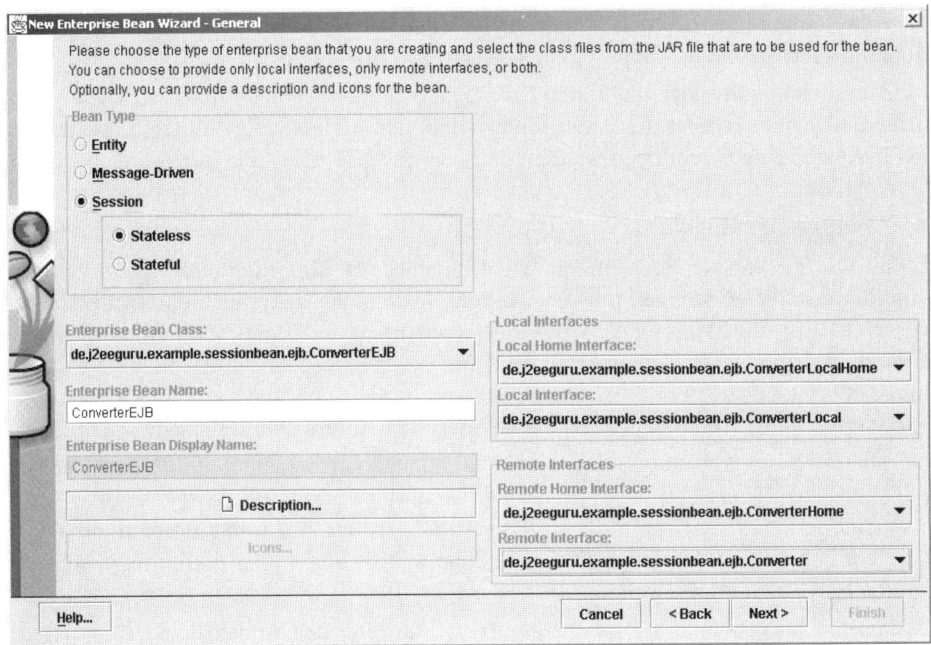

Abbildung 4.2: Klassen vom Stateless Session Bean mit dem Assistenten definieren

Mit dem Button NEXT> kommen wir zu dem nächsten Dialog. Hier kann man das Transaktionsverhalten des EJBs definieren. Wir wählen „Container-Managed" aus und beenden den EJB Wizard mit dem Button FINISH.

In der Baumdarstellung von DeployTool sehen wir, dass sich jetzt ein Archiv (EJB JAR) in unserer Applikation befindet. In diesem Archiv ist das Session Bean ConverterEJB. Wenn das EJB in der Baumdarstellung selektiert wird, erscheinen an der rechten Seite die Daten, die im EJB Wizard definiert wurden. Die Einstellungen für das EJB können hier noch angepasst werden.

Das Session Bean verwendet eine Umgebungsvariable für den Umrechnungskurs Euro – Dollar. Diese definiert man in der Ansicht „Env. Entries" vom Session Bean. Mit dem Button ADD fügt man eine Umgebungsvariable hinzu. In der Spalte „Coded Entry" muss der logische Name eingetragen werden, der im Quelltext verwendet wird (`param/euroDollar`), in „Type" muss „String" und in „Value" kann „0.9" eingetragen werden.

Die Applikation wird mit dem Menü FILE | SAVE gespeichert.

Wir können nun unsere Applikation auf Fehler testen. Dies kann man mit dem Menü TOOLS | VERIFIER... starten. In diesem Dialog stellt man am besten ein, dass nur Fehler und Warnungen angezeigt werden. Mit dem Button OK startet man den Test. Das Ergebnis der Prüfung erscheint in dem unteren Textfeld. Dort sollte der Hinweis erscheinen, dass keine Fehler gefunden wurden. Wurden Fehler gefunden, werden diese einzeln aufgelistet. Durch die Selektion eines Fehlers erscheint eine ausführliche Fehlermeldung in dem unteren Textfeld. Der Dialog wird mit dem Button CLOSE beendet.

J2EE-Anwendung installieren

Um eine Applikation auf eine J2EE-Referenzimplementierung von Sun zu installieren, muss das DeployTool mit dem Server verbunden sein. Falls beide Systeme auf einem Rechner laufen, geschieht das in der Regel beim Starten des DeployTools. Ansonsten muss man das Menü FILE | ADD SERVER... anwählen. In dem Dialog muss man den Rechnernamen oder die TCP/IP-Adresse eingeben. Beim Verlassen des Dialogs mit OK wird die Verbindung zum J2EE-Server aufgebaut. Der Server wird in der Baumdarstellung im Knoten „Server" dargestellt. Wählt man einen Server an, werden alle installierten Anwendungen dargestellt.

Um eine Anwendung zu installieren, muss man diese in der Baumdarstellung selektieren und dann das Menü TOOLS | DEPOLY... anwählen. Es erscheint ein Dialog, in dem man die Anwendung und den Server für die Installation auswählen muss. Da wir mit einem entfernten Client auf das Session Bean zugreifen wollen, benötigen wir Hilfsklassen (*Stubs*), mit denen die Kommunikation durchgeführt wird. Der Container erzeugt diese Klassen und speichert sie auf dem Rechner, wenn man die Check-Box „Return Client Jar" anwählt. Um den Dateinamen einzugeben, navigieren wir zu unserem Projektverzeichnis und speichern die Datei unter *jar\ClientSessionBeanExample.jar*. Dieser Dateiname ist sehr wichtig, da er beim Starten vom Client angegeben wird. Der oben genannte Name ist in den Skripten bzw. Batchdateien und in dem JBuilder-Projekt fest definiert.

Mit dem Button NEXT> blättern wir weiter. In diesem Dialog müssen wir nun den Namen definieren, unter dem der J2EE-Server die Home-Schnittstelle über JNDI verfügbar macht. Dort geben wir den Namen „de/j2eeguru/example/sessionbean/converter" ein. Dieser Name ist ebenfalls sehr wichtig, da der Client diesen verwendet, um auf die Home Schnittstelle vom EJB zuzugreifen. Der Name ist in der Klasse `de.j2ee-`

`guru.example.sessionbean.client.JndiName` definiert und kann dort ggf. geändert werden. Mit dem Button FINISH startet der Installationsvorgang.

Mit einer Swing-Anwendung die Methoden vom Session Bean aufrufen

Das Projekt beinhaltet ein Testprogramm, mit dem man die Businessmethoden vom Session Bean aufrufen kann. Listing 4.13 zeigt einen Ausschnitt aus dem Quelltext. Die Methode `convert(...)` wird aufgerufen, wenn ein Button betätigt wird.

```
package de.j2eeguru.example.sessionbean.client;
...
public class FrmConverter extends JFrame
{
  ...
  public void convert(boolean euro)
  {
    try
    {
      // JNDI-Kontext ermitteln
      InitialContext ctx = new InitialContext();

      // JNDI-Namen nachschlagen
      Object ref = ctx.lookup(JndiName.JNDI_NAME_EJB_CONVERTER);

      // in Remote-Home-Interface umwandeln
      ConverterHome converterHome = (ConverterHome)
           PortableRemoteObject.narrow(ref, ConverterHome.class);

      // EJB erzeugen und Referenz auf Remote-Interface ermitteln
      Converter converter = converterHome.create();

      double amountX=Double.parseDouble(jtxtfldAmount.getText());

      String msg;

      if(euro)
      {
        // Business-Methode vom EJB ausführen
        double amountY = converter.euroToDollar(amountX);
        msg = "" + amountX + "EUR = " + amountY + "$";
      }
      else
      {
        // Business-Methode vom EJB ausführen
        double amountY = converter.dollarToEuro(amountX);
        msg = "" + amountX + "$ = " + amountY + "EUR";
```

```
      }

      // Remote-Interface wird nicht mehr benötigt
      converter.remove();

      JOptionPane.showMessageDialog(this, msg,
                                   "Umrechnung erfolgt",
                                   JOptionPane.INFORMATION_MESSAGE);
    }
    catch(Exception ex)
    {
      SwingTools.showAErrorMsg(this, ex);
    }
  }
}
```

Listing 4.13: Client ruft Businessmethode vom Stateless Session Bean auf

Das Programm kann mit dem Skript *startConverter.sh* bzw. mit dem Batch *startConverter.bat* in dem Unterverzeichnis *bin* gestartet werden. Das Programm kann natürlich auch mehrmals gestartet werden.

Das EJB gibt an der Serverkonsole Meldungen aus, welche Methoden ausgeführt werden. Mit den Ausgaben kann man das Verhalten des Containers mit dem Zustandsdiagramm eines Stateless Session Beans vergleichen. Man stellt fest, dass der Container immer nur einmal die Methode `ejbCreate()` aufruft, auch wenn man mehrere Clients gleichzeitig startet. Die Methode `ejbRemove()` wird nicht aufgerufen, wenn der Client die Methode `remove()` aus dem Remote Interface aufruft.

Die folgenden Tests können durchgeführt werden:

- Der Wert der Umgebungsvariablen mit dem Umrechnungskurs kann verändert werden. Die Anwendung muss dann neu installiert werden. Mit dem Menüpunkt TOOLS | UPDATE AND REDEPLOY... kann man eine erneute Installation der Applikation veranlassen. Das DeployTool überprüft dabei auch, ob sich Klassen verändert haben und aktualisiert diese.
- Was passiert, wenn der Umrechnungskurs 0 ist?
- Im DeployTool kann man sich den Deployment Descriptor von einem EJB-Archiv anzeigen lassen. Dies kann mit dem Menü TOOLS | DESCRIPTOR VIEWER... gestartet werden.
- Die Anwendung wird mehrmals gestartet. Dann wird bei allen Programmen gleichzeitig der Aufruf einer Businessmethode angestoßen. Werden mehrere Session Beans im Container angelegt?
- In einer Businessmethode wird eine Warteschleife eingefügt. Dann greifen wieder mehrere Anwendungen gleichzeitig auf das EJB zu. Werden mehrere Session Beans im Container angelegt?

4.3 Stateful Session Bean

Ein Stateful Session Bean wird verwendet, wenn Informationen zwischen Methodenaufrufen zwischengespeichert werden müssen. Dies könnte z.B. ein virtueller Warenkorb aus einem Internet-Shop sein. Eine Instanz eines Warenkorbs ist einem Kunden zugeordnet. Jedes Mal wenn der Kunde ein Produkt in den Warenkorb legt, wird z.B. die Methode `addProduct(String productId, int cnt)` aufgerufen. Diese Methode speichert die Daten in einer Instanzvariablen. Mit einer weiteren Methode könnte man z.B. den Inhalt des Warenkorbes ermitteln oder die Bestellung durchführen. Listing 4.14 zeigt das Remote Interface eines solchen Stateful Session Beans.

```
public interface ShoppingCart extends javax.ejb.EJBObject
{
  public void addProduct( String productId, int cnt )
                                 throws java.rmi.RemoteException;
  public Collection getProducts() throws java.rmi.RemoteException;
  public void       buyNow()      throws java.rmi.RemoteException;
}
```

Listing 4.14: Businessmethoden eines Stateful Session Beans

Eine Instanz eines Stateful Session Beans ist immer einem Client zugeordnet. Der Client erzeugt eine Instanz durch den Aufruf der create-Methode aus dem Home Interface. Der Rückgabewert ist vom Typ der Komponentenschnittstelle. Dieses Objekt referenziert die erzeugte Instanz im Server. Wenn der Client diese Referenz keinem anderen zur Verfügung stellt, hat nur er Zugriff auf diese Instanz. Über die Komponentenschnittstelle können die Businessmethoden aufgerufen werden. Die Instanz wird im Server gelöscht, wenn die Methode `remove()` aus der Komponentenschnittstelle aufgerufen wird.

In Bezug auf die Zustandsverwaltung kann man ein Stateful Session Bean mit einer Java-Klasse vergleichen. Wenn man eine Instanz von dieser Klasse erzeugt, kann man in den Instanzvariablen Daten speichern. Diese Daten bzw. dieser Zustand wird über mehrere Methodenaufrufe gespeichert. Der Unterschied zwischen den beiden Objekten besteht darin, dass sich die Instanz eines Session Beans im Server befindet. Die Methoden eines Session Beans werden auch auf dem Server ausgeführt.

Im Laufe dieses Kapitels wird ein Stateful Session Bean entwickelt, das die Funktionalität einer Ampel beinhaltet. Ein Client soll eine Instanz erzeugen, den aktuellen Zustand der Ampel abfragen und den nächsten Zustand erzwingen können.

4.3.1 Home-Schnittstelle

Die Home-Schnittstelle eines Session Beans stellt Methoden zur Verfügung, mit denen EJB-Instanzen im Container erzeugt werden. Bei einem Stateful Session Bean muss mindestens eine create-Methode in der Home-Schnittstelle deklariert werden, es können jedoch auch mehrere deklariert werden. Die create-Methoden können Übergabeparameter haben. Mit diesen Parametern kann man die Instanz initialisieren. Der Rückgabewert der Methode muss vom Typ der Komponentenschnittstelle sein. Im Remote Home Interface muss der Rückgabewert das Remote Interface sein, beim Local Home Interface muss es das Local Interface sein.

Ein Client erhält durch den Aufruf der create-Methode eine Referenz auf die Komponentenschnittstelle. Diese Schnittstelle definiert die Businessmethoden. Der Container erzeugt für jeden Aufruf einer create-Methode eine neue Instanz.

Das Home Interface erweitert entweder das Interface `javax.ejb.EJBLocalHome` oder `javax.ejb.EJBHome`. Beide Interfaces definieren die Methode `remove(pk)`. Bei einem Session Bean darf man diese Methode nicht aufrufen, sie ist nur für Entity Beans bestimmt.

Local Home Interface

Die folgenden Regeln gelten für das Local Home Interface eines Stateful Session Beans:

- Das Local Home Interface muss das Interface `javax.ejb.EJBLocalHome` erweitern. Es können weitere Interfaces erweitert werden.
- Keine Methode darf die Exception `java.rmi.RemoteException` auslösen.
- Jede Methode muss `public` und darf nicht `static` oder `final` sein.
- In dem Interface muss mindestens eine create-Methode deklariert werden. Die create-Methoden können Übergabeparameter haben. Der Rückgabewert ist vom Typ des Local Interface. Der Methodenname muss mit `create` beginnen.
- Jede create-Methode muss die Exception `javax.ejb.CreateException`, kann aber auch weitere anwendungsspezifische Exceptions auslösen.

Listing 4.15 zeigt ein Local Home Interface eines Stateful Session Beans, das drei create-Methoden deklariert.

```
package de.j2eeguru.example.sessionbean.ejb;

import javax.ejb.CreateException;
import javax.ejb.EJBLocalHome;
import de.j2eeguru.example.sessionbean.InvalidStateException;

public interface TrafficLightLocalHome extends EJBLocalHome
{
  TrafficLightLocal create()
                    throws CreateException;
  TrafficLightLocal createGreenState()
                    throws CreateException;
  TrafficLightLocal createInitState(int state)
                    throws InvalidStateException,
                           CreateException;
}
```

Listing 4.15: Local Home Interface eines Stateful Session Beans

Remote Home Interface

Die folgenden Regeln gelten für das Remote Home Interface eines Stateful Session Beans:

- Das Remote Home Interface muss das Interface `javax.ejb.EJBHome` erweitern. Es können weitere Interfaces erweitert werden. Dabei sind die RMI/IIOP-Regeln für das Erweitern von Remote Interfaces zu beachten.
- Jede Methode muss `public` und darf nicht `static` oder `final` sein.
- Die Übergabeparameter der Methoden müssen gültige RMI/IIOP-Typen sein.
- In dem Interface muss mindestens eine create-Methode deklariert werden. Es können auch mehrere deklariert werden. Die create-Methoden können Übergabeparameter haben. Der Rückgabewert ist vom Typ des Remote Interface. Der Methodenname muss mit `create` beginnen.
- Jede create-Methode muss die beiden Exceptions `javax.ejb.CreateException` und `java.rmi.RemoteException`, kann aber auch weitere anwendungsspezifische Exceptions auslösen.

Listing 4.16 zeigt ein Remote Home Interface eines Stateful Session Beans, das drei create-Methoden deklariert.

```
package de.j2eeguru.example.sessionbean.ejb;

import java.rmi.RemoteException;
import javax.ejb.CreateException;
import javax.ejb.EJBHome;

import de.j2eeguru.example.sessionbean.InvalidStateException;

public interface TrafficLightHome extends EJBHome
{
  TrafficLight create()
               throws CreateException,
                      RemoteException;
  TrafficLight createGreenState()
               throws CreateException,
                      RemoteException;
  TrafficLight createInitState(int state)
               throws InvalidStateException,
                      CreateException,
                      RemoteException;
}
```

Listing 4.16: Remote Home Interface eines Stateful Session Beans

Zugriff von einem Client auf die Home-Schnittstelle

Der Zugriff von einem Client auf die Home-Schnittstelle eines Stateful und Stateless Session Beans sind identisch. Der Client ermittelt über JNDI das Home Interface. Bei dem Remote Home Interface muss die Typumwandlung mit der Methode `PortableRemoteObject.narrow(...)` erfolgen. Bei dem Local Home Interface ist ein Java-Cast ausreichend.

```
...
// JNDI-Kontext ermitteln
InitialContext ctx = new InitialContext();

// JNDI-Namen nachschlagen
Object ref = ctx.lookup(JndiName.JNDI_NAME_EJB_TRAFFICLIGHT);

// in Remote-Home-Interface umwandeln
TrafficLightHome theHome = (TrafficLightHome)
       PortableRemoteObject.narrow(ref, TrafficLightHome.class);

// create-Methode vom Home-Interface aufrufen
TrafficLight trafficLight= theHome.createGreenState();
...
```

Listing 4.17: Zugriff auf ein Remote Home Interface

```
...
// JNDI-Kontext ermitteln
InitialContext ctx = new InitialContext();

// JNDI-Namen nachschlagen
Object ref = ctx.lookup(JndiName.JNDI_NAME_EJB_TRAFFICLIGHT);

// in Local-Home-Interface umwandeln
TrafficLightLocalHome theHome = (TrafficLightLocalHome)ref;

// create-Methode vom Home-Interface aufrufen
TrafficLightLocal trafficLight= theHome.createGreenState();
...
```

Listing 4.18: Zugriff auf ein Local Home Interface

4.3.2 Komponentenschnittstelle

Die Komponentenschnittstelle eines Session Beans definiert die Methoden mit der Programmlogik (Businessmethoden). Über diese Schnittstelle greift ein Client auf eine Instanz im EJB-Container zu.

Die Komponentenschnittstelle erweitert entweder das Interface `javax.ejb.EJBObject` oder `javax.ejb.EJBLocalObject`. Beide Interfaces definieren die Methode `remove()`. Diese Methode muss der Client aufrufen, wenn er die Komponentenschnittstelle nicht mehr benötigt. Der Container löscht dann die Instanz.

Die Methodennamen in der Komponentenschnittstelle sollten nicht mit dem Präfix `ejb` beginnen, damit sie nicht mit den Container-Callback- oder create-Methoden übereinstimmen.

Die Methoden im Local und Remote Interface können, müssen aber nicht übereinstimmen. Es kann durchaus sinnvoll sein, dass im Remote Interface andere Methoden zur Verfügung gestellt werden als im Local Interface.

Local Interface

Die folgenden Regeln gelten für das Local Interface eines Stateful Session Beans:

- Das Local Interface muss das Interface `javax.ejb.EJBLocalObject` erweitern. Es können weitere Interfaces erweitert werden.
- Keine Methode darf die Exception `java.rmi.RemoteException` auslösen.
- Jede Methode muss `public` und darf nicht `static` oder `final` sein.

Listing 4.19 zeigt ein Local Interface eines Stateful Session Beans.

```
package de.j2eeguru.example.sessionbean.ejb;

import javax.ejb.EJBLocalObject;
import de.j2eeguru.example.sessionbean.TrafficLightState;

public interface TrafficLightLocal
       extends   EJBLocalObject, TrafficLightState
{
  public void nextState();
  public int  getState();
}
```

Listing 4.19: Local Interface eines Stateful Session Beans

Remote Interface

Die folgenden Regeln gelten für das Remote Interface eines Stateful Session Beans:

- Das Remote Interface muss das Interface `javax.ejb.EJBObject` erweitern. Es können weitere Interfaces erweitert werden. Dabei sind die RMI/IIOP-Regeln für das Erweitern von Remote Interfaces zu beachten.
- Jede Methode muss die Exception `java.rmi.RemoteException` auslösen.
- Jede Methode muss `public` und darf nicht `static` oder `final` sein.
- Die Übergabeparameter und der Rückgabewert der Methoden müssen gültige RMI/IIOP-Typen sein.
- Ein Local Interface, ein Local Home Interface oder eine Collection, die von einem Entity Bean verwaltet wird, darf nicht als Rückgabewert oder Übergabeparameter verwendet werden.

Listing 4.20 zeigt ein Remote Interface eines Stateful Session Beans.

```
package de.j2eeguru.example.sessionbean.ejb;

import javax.ejb.EJBObject;
import java.rmi.RemoteException;
import de.j2eeguru.example.sessionbean.TrafficLightState;

public interface TrafficLight extends EJBObject, TrafficLightState
{
  public void nextState() throws RemoteException;
  public int  getState()  throws RemoteException;
}
```

Listing 4.20: Remote Interface eines Stateful Session Beans

Zugriff von einem Client auf die Komponentenschnittstelle

Der Client erhält durch den Aufruf der create-Methode vom Home Interface Zugriff auf die Komponentenschnittstelle. Die Businessmethoden können von dem Komponenteninterface aufgerufen werden. Dabei gibt es keinen Unterschied zwischen dem Local und Remote Interface.

```
  ...
  // Home-Interface ermitteln
  TrafficLightHome theHome = ...

  // Instanz im Server erzeugen
  TrafficLight trafficLight = theHome.createGreenState();

  // Hier können die Businessmethoden aufgerufen werden
  switch( trafficLight.getState() )
```

```
{
  case TrafficLight.STATE_RED :
   ...
}
...
```

Listing 4.21: Zugriff auf die Komponentenschnittstelle

4.3.3 Implementierung eines Stateful Session Beans

Zustandsdiagramm

Beim Zustandsdiagramm eines Stateful Session Beans gibt es Unterschiede, wenn die Transaktionen vom Container (CMT) oder vom Bean (BMT) verwaltet werden. Der Unterschied zwischen BMT und CMT wird in einem separaten Kapitel beschrieben.

Ein Stateful Session Bean, bei dem das Bean die Transaktionen verwaltet, hat drei Zustände: Das Bean ist nicht vorhanden; das Bean ist bereit oder das Bean ist in einen sekundären Speicher ausgelagert worden. Abbildung 4.3 zeigt das Zustandsdiagramm und die Ereignisse, die einen Zustandswechsel auslösen.

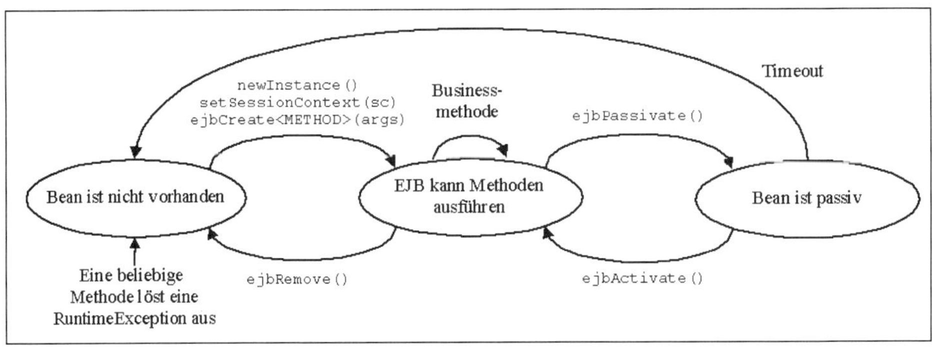

Abbildung 4.3: Zustandsdiagramm Stateful Session Bean mit BMT

Der EJB-Container erzeugt eine neue Instanz eines Session Beans, wenn ein Client eine create-Methode aus dem Home Interface ausführt. Die Instanz wird durch den Aufruf der Methode `newInstance()` von der Klasse erzeugt. Anschließend übergibt der Container der Instanz den SessionContext und ruft dann die Methode `ejbCreate<METHOD>(args)` auf. Wenn diese Methoden fehlerfrei ausgeführt werden, bekommt der Client eine Referenz auf die Komponentenschnittstelle zurückgeliefert. Das Stateful Session Bean kann in diesem Zustand Businessmethoden ausführen.

Der Client ruft die Methode `remove()` aus der Komponentenschnittstelle auf, wenn er die Instanz nicht mehr benötigt. Der Container führt daraufhin die Methode `ejbRemove()` von der Instanz aus und verwirft sie anschließend.

Wie aus dem Zustandsdiagramm zu erkennen ist, wird die Instanz nicht immer durch den Aufruf der Methode `ejbRemove()` darüber informiert, dass sie gelöscht wird. Dieser

Fall tritt ein, wenn eine beliebige Methode der Instanz eine RuntimeException auslöst oder wenn sich eine Instanz zu lange im sekundären Speicher befindet, ohne dass eine Methode aufgerufen wird.

Der EJB-Container hat die Möglichkeit, ein Stateful Session Bean in einen sekundären Speicher auszulagern. Dies kann erfolgen, wenn z.B. Speicher benötigt wird, eine Instanz sehr lange nicht mehr angesprochen oder die max. Anzahl von Instanzen erreicht wurde. Der Container teilt dies der EJB-Instanz mit, indem er die Methode `ejbPassivate()` aufruft und dann das EJB mittels Serialisierung speichert. Wenn ein Client eine Methode von einem passiven EJB aufruft, erzeugt der Container das EJB aus dem sekundären Speicher. Danach wird die Methode `ejbActivate()` aufgerufen. Anschließend kann der Container die Businessmethode des EJBs ausführen.

Ein Stateful Session Bean muss in der Methode `ejbPassivate()` dafür sorgen, dass alle Instanzvariablen gespeichert werden können. Eine offene Datenbankverbindung oder eine Socketverbindung kann z.B. nicht gespeichert werden. Diese Verbindungen müssen geschlossen werden. In der Methode `ejbActivate()` müssen die erforderlichen Ressourcen wieder angefordert werden, damit die Instanz wieder initialisiert ist.

Instanzvariablen können nach der Methode `ejbPassivate()` folgende Objekte bzw. Referenzen haben und somit gespeichert werden.

- Ein serialisierbares Objekt
- `null`
- Eine Referenz auf ein Remote Interface von einem EJB
- Eine Referenz auf ein Remote Home Interface von einem EJB
- Eine Referenz auf ein Local Interface von einem EJB
- Eine Referenz auf ein Local Home Interface von einem EJB
- Eine Referenz auf das Interface `javax.ejb.SessionContext`
- Eine Referenz auf den JNDI-Kontext `java:comp/env`
- Eine Referenz auf das Interface `javax.transaction.UserTransaction`
- Eine Referenz auf eine Connection Factory von einem Resource Manager

Wenn eine Instanzvariable durch das Schlüsselwort `transient` gekennzeichnet ist, wird der Inhalt nicht gespeichert. Diese Instanzvariablen sind in der Methode `ejbActivate()` nicht initialisiert!

Ein Stateful Session Bean, bei dem die Transaktionsverwaltung vom Container durchgeführt wird, hat einen Zustand mehr wie das EJB mit BMT. Das Bean wechselt in diesen Zustand, wenn die Instanz an einer Transaktion teilnimmt. Die Instanz darf in diesem Zustand an keiner anderen Transaktion teilnehmen, ansonsten wird eine Exception ausgelöst. In diesem Zustand wird die Instanz nicht in den sekundären Speicher ausgelagert. Am Ende der Transaktion wird der Zustand wieder verlassen.

Der Container informiert das EJB nur über diesen Zustandswechsel, wenn die Klasse von dem EJB das Interface `javax.ejb.SessionSynchronization` implementiert hat.

Abbildung 4.4 zeigt das Zustandsdiagramm und die Ereignisse, die einen Zustandswechsel auslösen.

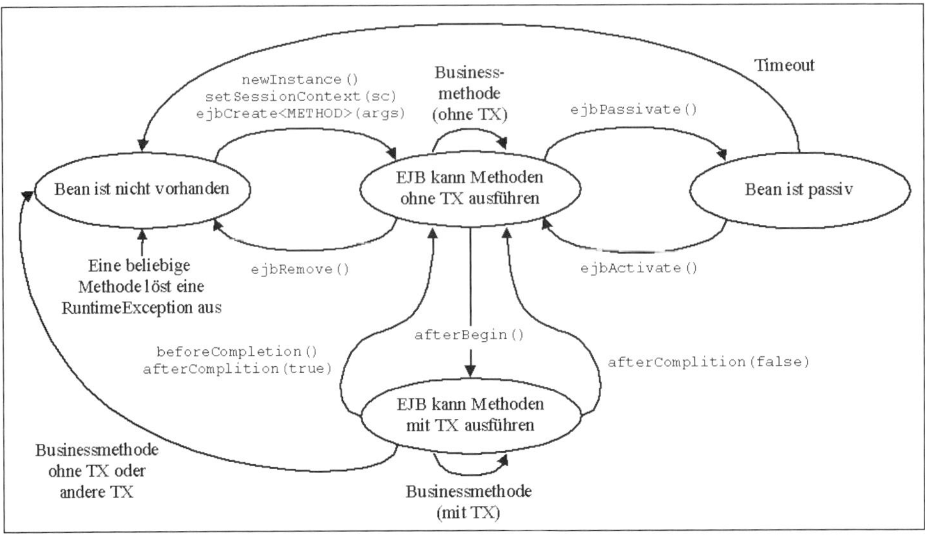

Abbildung 4.4: Zustandsdiagramm Stateful Session Bean mit CMT

Container-Callback-Methoden

Die EJB-Implementierung eines Session Beans muss das Interface `javax.ejb.SessionBean` implementieren. Der Container ruft Methoden aus diesem Interface auf, um die EJB-Instanz über Ereignisse zu informieren. Tabelle 4.4 beschreibt die Methoden und die dazugehörigen Ereignisse.

Methode	**Beschreibung**
setSessionContext(sc)	Diese Methode wird von dem EJB-Container aufgerufen, nachdem er die EJB-Instanz erzeugt hat. Die Methode hat einen Parameter, den SessionContext. Falls das EJB diesen benötigt, muss er in einer Instanzvariable gespeichert werden.
ejbRemove	Diese Methode wird vom EJB-Container aufgerufen, wenn die Instanz nicht mehr benötigt wird.
ejbPassivate	Diese Methode wird vom Container aufgerufen, wenn die EJB-Instanz aus dem Hauptspeicher entfernt werden soll. In dieser Methode müssen alle Resourcen freigegeben werden, die nicht gespeichert werden können. Nachdem der Container die Methode aufgerufen hat, kann er den Zustand der Instanz speichern.

Methode	Beschreibung
ejbActivate	Diese Methode wird vom Container aufgerufen, wenn die EJB-Instanz wieder aktiviert werden muss. In der Methode müssen alle Ressourcen angefordert werden, die das EJB benötigt. Diese Ressourcen wurden in der Methode ejbPassivate() freigegeben.

Tabelle 4.4: Methoden der Schnittstelle javax.ejb.SessionBean

Methode	Beschreibung
afterBegin()	Diese Methode wird von dem Container aufgerufen, um dem EJB mitzuteilen, dass es an einer neuen Transaktion teilnimmt. Die Methode wird vor dem ersten Aufruf einer Businessmethode aufgerufen. In dieser Methode können Instanzvariablen vom Session Bean initialisiert werden. Falls Daten aus einer Datenbank benötigt werden, können diese hier ermittelt und dann für die Dauer der Transaktion verwendet werden.
beforeCompletion()	Diese Methode wird vom Container aufgerufen, bevor die Transaktion durch einen COMMIT beendet wird. In dieser Methode können gepufferte Daten in die Datenbank zurückgeschrieben werden. Dies ist der letzte Zeitpunkt, zu dem das Session Bean verhindern kann, dass die Transaktion durch einen COMMIT beendet wird. Dazu muss die Methode setRollbackOnly() aus dem Interface javax.ejb.EJBContext aufgerufen werden.
afterCompletion(boolean committed)	Diese Methode wird vom Container aufgerufen, wenn die Transaktion entweder durch einen COMMIT oder ROLLBACK beendet wurde. Der Übergabeparameter beinhaltet diese Information (true = COMMIT).

Tabelle 4.5: Methoden vom Interface javax.ejb.SessionSynchronization

Zulässige Operationen in den Methoden

Nicht in jeder Methode eines EJBs sind alle Operationen zulässig. Ein Session Bean, das die Transaktionsverwaltung selbst verwaltet (BMT = Bean Managed Transaction), darf z.B. nicht die Methode `setRollbackOnly()` vom SessionContext aufrufen. Tabelle 4.6 listet die erlaubten Operationen der einzelnen Methoden in Abhängigkeit von der Transaktionsverwaltung auf.

Methode vom EJB	**Erlaubte Operationen in der Methode vom EJB**	
	CMT	**BMT**
Konstruktor	–	–
setSessionContext	Methoden vom Interface SessionContext: - getEJBHome, - getEJBLocalHome JNDI-Zugriff auf: java:comp/env	Methoden vom Interface SessionContext: - getEJBHome, - getEJBLocalHome JNDI-Zugriff auf: java:comp/cnv
ejbCreate ejbRemove ejbActivate ejbPassivate	Methoden vom Interface SessionContext: - getEJBHome, - getEJBLocalHome, - getEJBObject, - getEJBLocalObject, - getCallerPrincipal, - isCallerInRole JNDI-Zugriff auf: java:comp/env Zugriff auf Resource Manager Zugriff auf EJB	Methoden vom Interface SessionContext: - getEJBHome, - getEJBLocalHome, - getEJBObject, - getEJBLocalObject, - getCallerPrincipal, - isCallerInRole, - getUserTransaction Methoden vom Interface UserTransaction JNDI-Zugriff auf: java:comp/env Zugriff auf Resource Manager Zugriff auf EJB
Businessmethoden aus der Komponenten Schnittstelle	Methoden vom Interface SessionContext: - getEJBHome, - getEJBLocalHome, - getEJBObject, - getEJBLocalObject, - getCallerPrincipal, - isCallerInRole, - getRollbackOnly, - setRollbackOnly JNDI-Zugriff auf: java:comp/env Zugriff auf Resource Mana-	Methoden vom Interface SessionContext: - getEJBHome, - getEJBLocalHome, - getEJBObject, - getEJBLocalObject, - getCallerPrincipal, - isCallerInRole, - getUserTransaction Methoden vom Interface UserTransaction JNDI-Zugriff auf: java:comp/env

Methode vom EJB	Erlaubte Operationen in der Methode vom EJB	
	CMT	BMT
	ger Zugriff auf EJB	Zugriff auf Resource Manager Zugriff auf EJB
afterBegin beforeCompletion	Methoden vom Interface SessionContext: - getEJBHome, - getEJBLocalHome, - getEJBObject, - getEJBLocalObject, - getCallerPrincipal, - isCallerInRole, - getRollbackOnly, - setRollbackOnly JNDI-Zugriff auf: java:comp/env Zugriff auf Resource Manager Zugriff auf EJB	nur bei CMT möglich
afterCompletion	Methoden vom Interface SessionContext: - getEJBHome, - getEJBLocalHome, - getEJBObject, - getEJBLocalObject, - getCallerPrincipal, - isCallerInRole JNDI-Zugriff auf: java:comp/env	nur bei CMT möglich

Tabelle 4.6: Zulässige Operationen in den Methoden vom Stateful Session Bean

Methoden zum Erzeugen eines Stateful Session Beans

Der Container ruft die Methode `ejbCreate<METHOD>(args)` auf, wenn eine Instanz erzeugt wurde. In dieser Methode kann die Instanz initialisiert werden, z.B. Verbindung zu einer Datenbank herstellen.

Die folgenden Regeln gelten für die `ejbCreate<METHOD>(args)` eines Stateful Session Beans:

- Die create-Methoden müssen `public` und dürfen nicht `static` oder `final` sein.
- Die Klasse muss die create-Methoden aus der Home-Schnittstelle implementieren. Der Methodennamen in der Klasse bekommt das Präfix `ejb` und der nachfolgende Buchstabe wird groß geschrieben. Die Übergabeparameter müssen vom Typ und von der Anzahl übereinstimmen. Falls eine anwendungsspezifische Exception ausgelöst wird, muss diese sowohl in der Klasse als auch im Home Interface deklariert werden.
- Der Rückgabewert von den create-Methoden muss `void` sein.
- Die create-Methoden können die Exception `javax.ejb.CreateException` auslösen. Diese Exception sollte ausgelöst werden, wenn gegen die Businesslogik verstoßen wird. Dies kann der Fall sein, wenn ein Übergabcparameter einen ungültigen Wert hat. Es können auch anwendungsspezifische Ausnahmen ausgelöst werden.
- Falls die create-Methode im Remote Home Interface deklariert wurde, müssen die Übergabeparameter gültige RMI/IIOP-Typen sein.
- Die Methode muss die Exception `javax.ejb.EJBException` auslösen, wenn benötigte Resourcen nicht angefordert werden können.

Listing 4.22 zeigt drei create-Methoden. Eine Methode hat einen Übergabeparameter. Falls ein ungültiger Wert übergeben wird, löst die Methode eine anwendungsspezifische Exception aus. Die anderen beiden Methoden initialisieren den Zustand der Ampel anhand vom Methodennamen.

```
...
public void ejbCreate()
{
  currentState = TrafficLightState.STATE_RED;
}

public void ejbCreateGreenState()
{
  currentState = TrafficLightState.STATE_GREEN;
}

public void ejbCreateInitState( int state
                              ) throws InvalidStateException
{
  switch(state)
  {
    case TrafficLightState.STATE_RED :
    case TrafficLightState.STATE_YELLOW :
    case TrafficLightState.STATE_GREEN :
    case TrafficLightState.STATE_RED_YELLOW :
      currentState = state;
      break;

    default:
```

```
        throw new InvalidStateException("Unbekannter Zustand");
    }
  }
  ...
```

Listing 4.22: ejbCreate<METHOD>(args) eines Stateful Session Beans

Methoden zum Löschen eines Stateless Session Beans

Das Interface `javax.ejb.SessionBean` definiert die Methode `ejbRemove()`. In dieser Methode können angeforderte Ressourcen freigegeben werden. Wenn ein Client die Methode `remove()` aus der Komponentenschnittstelle aufruft, führt der Container die Methode `ejbRemove()` aus, und die Instanz wird gelöscht.

Businessmethoden eines Stateful Session Beans

Die Businessmethoden eines Session Beans werden in der Komponentenschnittstelle deklariert. Wenn ein Client eine Businessmethode aufruft, nimmt der Container diesen Aufruf entgegen. Der Container ruft dann die entsprechende Businessmethode von der EJB-Instanz auf und leitet den Rückgabewert zum Client weiter.

Die folgenden Regeln gelten für die EJB-Implementierung:

- Die Methoden muss `public` und dürfen nicht `static` oder `final` sein.
- Der Methodenname sollte nicht das Präfix `ejb` haben, damit es keine Konflikte mit den Container-Callback-Methoden gibt.
- Falls ein Remote Client View vorhanden ist, müssen die Übergabeparameter und die Rückgabewerte gültige RMI/IIOP-Typen sein.
- Die Methoden können anwendungsspezifische Ausnahmen auslösen. Wenn dies der Fall ist, muss die Exception sowohl in der Klasse als auch in der Komponentenschnittstelle deklariert werden.
- Die Methoden müssen im Fehlerfall die Exception `javax.ejb.EJBException` auslösen.

Listing 4.23 zeigt die Implementierung zweier Businessmethoden.

```
...
public void nextState()
{
  switch( currentState )
  {
    case TrafficLightState.STATE_GREEN :
      currentState = TrafficLightState.STATE_YELLOW;
      break;

    case TrafficLightState.STATE_YELLOW :
      currentState = TrafficLightState.STATE_RED;
```

```
        break;

      case TrafficLightState.STATE_RED :
        currentState = TrafficLightState.STATE_RED_YELLOW;
        break;

      case TrafficLightState.STATE_RED_YELLOW :
        currentState = TrafficLightState.STATE_GREEN;
        break;
    }
  }

  public int getState()
  {
    return( currentState );
  }
  ...
```

Listing 4.23: Businessmethoden eines Stateful Session Beans

4.3.4 Deployment Descriptor

Listing 4.24 zeigt einen Ausschnitt aus dem Deployment Descriptor. Er unterscheidet kaum zwischen einem Stateless und Stateful Session Bean. Mit dem Attribut `<session-type>` definiert man, ob es ein Stateless oder Stateful Session Bean sein soll.

```
<ejb-jar>
  <display-name>SessionBeanExampleEJB</display-name>
  <enterprise-beans>
    <session>
      <display-name>TrafficLightEJB</display-name>
      <ejb-name>TrafficLightEJB</ejb-name>
      <home>
        de.j2eeguru.example.sessionbean.ejb.TrafficLightHome
      </home>
      <remote>
        de.j2eeguru.example.sessionbean.ejb.TrafficLight
      </remote>
      <local-home>
        de.j2eeguru.example.sessionbean.ejb.TrafficLightLocalHome
      </local-home>
      <local>
        de.j2eeguru.example.sessionbean.ejb.TrafficLightLocal
      </local>
      <ejb-class>
```

```
        de.j2eeguru.example.sessionbean.ejb.TrafficLightEJB
      </ejb-class>
      <session-type>Stateful</session-type>
      <transaction-type>Container</transaction-type>
      ...
    </session>
    ...
  </enterprise-beans>
  ...
<ejb-jar>
```

Listing 4.24: Deployment Descriptor eines Stateful Session Beans

4.3.5 Beispiel

Zustandsautomat für eine Ampel

An dieser Stelle soll ein Stateful Session Bean mit einem Zustandsautomaten für eine Ampel entwickelt werden. Die Interfaces für den Client View wurden in diesem Kapitel bereits abgebildet. Listing 4.25 zeigt die Klasse mit der EJB-Implementierung. Dieses Session Bean soll jetzt compiliert, zu einem EJB-Archiv hinzugefügt und auf einen Server installiert werden.

```
package de.j2eeguru.example.sessionbean.ejb;

import javax.ejb.SessionBean;
import javax.ejb.EJBException;
import javax.ejb.SessionContext;

import de.j2eeguru.example.sessionbean.InvalidStateException;
import de.j2eeguru.example.sessionbean.TrafficLightState;

public class TrafficLightEJB implements SessionBean
{
  private int currentState = TrafficLightState.STATE_RED;

  //----------------------------------------------------------------
  //          Implementierung der Businessmethoden
  //----------------------------------------------------------------
  public void nextState()
  {
    switch( currentState )
    {
      case TrafficLightState.STATE_GREEN :
        currentState = TrafficLightState.STATE_YELLOW;
```

```
      break;

    case TrafficLightState.STATE_YELLOW :
      currentState = TrafficLightState.STATE_RED;
      break;

    case TrafficLightState.STATE_RED :
      currentState = TrafficLightState.STATE_RED_YELLOW;
      break;

    case TrafficLightState.STATE_RED_YELLOW :
      currentState = TrafficLightState.STATE_GREEN;
      break;
  }
}

public int getState()
{
  return( currentState );
}

//------------------------------------------------------------
//            Implementierung der create-Methoden
//------------------------------------------------------------
public void ejbCreate()
{
  currentState = TrafficLightState.STATE_RED;
}

public void ejbCreateGreenState()
{
  currentState = TrafficLightState.STATE_GREEN;
}

public void ejbCreateInitState( int state
                              ) throws InvalidStateException
{
  switch(state)
  {
    case TrafficLightState.STATE_RED :
    case TrafficLightState.STATE_YELLOW :
    case TrafficLightState.STATE_GREEN :
    case TrafficLightState.STATE_RED_YELLOW :
      currentState = state;
      break;
```

```
      default:
        throw new InvalidStateException("Unbekannter Zustand");
    }
  }

  //-----------------------------------------------------------
  //   Implementierung des Interface 'javax.ejb.SessionBean'
  //-----------------------------------------------------------
  public void setSessionContext( SessionContext sctx )  {  }
  public void ejbRemove()       {  }
  public void ejbActivate()     {  }
  public void ejbPassivate()    {  }
}
```

Listing 4.25: EJB-Implementierung eines Stateful Session Beans

Die Quelldateien befinden sich in dem Projekt *SessionBeanExample*. Die Projektstruktur wurde bereits erklärt. In dem Unterverzeichnis *bin* befinden sich Skripte, und in dem Unterverzeichnis *src* befinden sich die Quelldateien. Die Quelldateien können entweder mit dem Skript *bin/compile.sh* bzw. *bin\compile.bat* oder mit dem JBuilder compiliert werden.

J2EE-Anwendung erstellen

Das Session Bean konfigurieren wir wieder mit dem DeployTool. Nachdem wir es gestartet haben, selektieren wir unsere Applikation MyExampleSessionBean in der Baumdarstellung. Danach starten wir über das Menü FILE | NEW | ENTERPRISE BEAN... den Assistenten zum Erstellen eines EJBs. Den ersten Dialog überspringen wir mit dem Button NEXT>. In dem folgenden Dialog müssen wir das Archiv definieren, in dem das Session Bean eingefügt werden soll. Wir selektieren ADD TO EXISTING JAR FILE und wählen dann das Archiv aus unserer Anwendung aus, d.h. MyEjbJar (MyExampleSessionBean). Danach betätigen wir den Button EDIT..., um die Klassen zu dem Archiv hinzuzufügen. In dem gestarteten Dialog navigieren wir das „Start Directory“ zu dem Projektverzeichnis. In dem oberen Dialog selektieren wir nun die folgenden Klassen und fügen sie mit dem Button ADD zu unserem Archiv hinzu. Falls ein Dialog erscheint, dass die Klasse bereits vorhanden ist, kann man ihn mit YES quittieren.

- de.j2eeguru.tools.LogBook
- de.j2eeguru.tools.DefaultException
- de.j2eeguru.example.sessionbean.InvalidStateException
- de.j2eeguru.example.sessionbean.TrafficLightState
- de.j2eeguru.example.sessionbean.ejb.TrafficLightEJB
- de.j2eeguru.example.sessionbean.ejb.TrafficLight
- de.j2eeguru.example.sessionbean.ejb.TrafficLightHome
- de.j2eeguru.example.sessionbean.ejb.TrafficLightLocal

- de.j2eeguru.example.sessionbean.ejb.TrafficLightHome
- de.j2eeguru.example.sessionbean.ejb.JndiNames

Den Auswahldialog bestätigen wir mit OK und dann blättern wir mit dem Button NEXT> zu dem nächsten Dialog vom Assistenten.

In diesem Dialog muss der Typ vom EJB und die Klassen bzw. Interfaces angegeben werden. Abbildung 4.5 zeigt die erforderlichen Einstellungen.

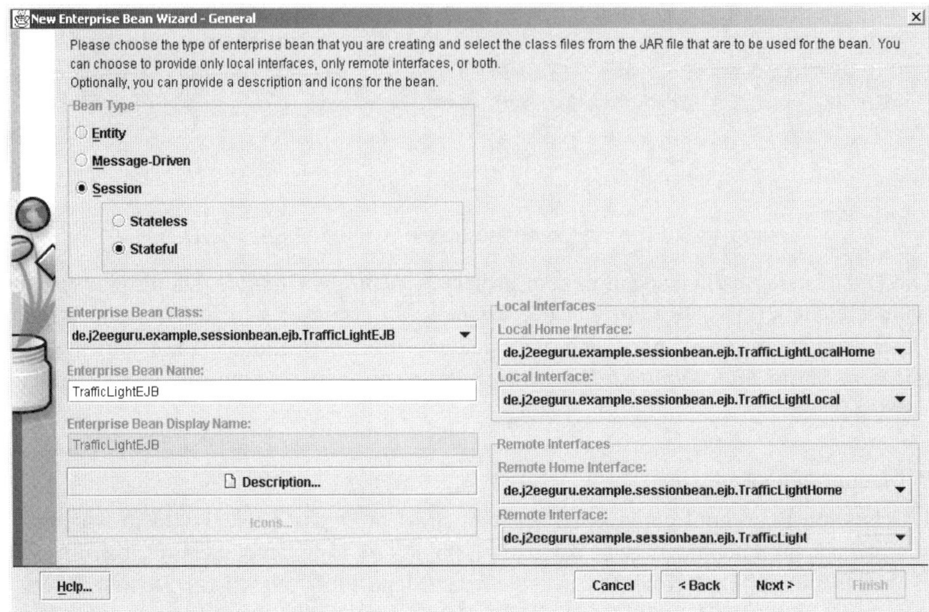

Abbildung 4.5: Klassen vom Stateful Session Bean mit dem Assistenten definieren

Ein Session Bean muss nicht beide Client Views definieren, es ist ausreichend, nur die Local Interfaces oder nur die Remote Interfaces zu definieren. Da wir mit einer Java-Applikation die Businessmethoden vom Session Bean aufrufen werden, benötigen wir den Remote Client View.

Nachdem wir die Klassen definiert haben, blättern wir mit dem Button NEXT> zu dem Dialog mit den Einstellungen für die Transaktionsverwaltung. Dort wählen wir die „Container Managed Transaction“ aus und beenden den Assistenten mit dem Button FINISH.

Um den JNDI-Namen des Session Beans zu definieren, muss man in der Baumdarstellung das EJB-Archiv (MyEjbJar) selektieren. Wenn auf der rechten Seite die Ansicht „JNDI Names“ selektiert wird, kann bei der Komponente TrafficLightEJB der Name „de/j2eeguru/example/sessionbean/converter“ eingetragen werden. Die Applikation muss mit dem Menüpunkt FILE | SAVE gespeichert werden.

Wir können nun unsere Applikation auf Fehler testen. Dies kann man mit dem Menü TOOLS | VERIFIER... starten. In diesem Dialog stellt man am besten ein, dass nur Fehler und Warnungen angezeigt werden. Mit dem Button OK startet man den Test. Das Ergebnis der Prüfung erscheint in dem unteren Textfeld. Dort sollte der Hinweis erscheinen, dass keine Fehler gefunden wurden. Wurden Fehler gefunden, werden diese einzeln aufgelistet. Durch die Selektion eines Fehlers erscheint eine ausführliche Fehlermeldung in dem unteren Textfeld. Der Dialog wird mit dem Button CLOSE beendet.

J2EE-Anwendung installieren

Um die Applikation auf eine J2EE-Referenzimplementierung von Sun zu installieren, muss das DeployTool mit dem Server verbunden sein. Dieser Vorgang wurde bei dem Beispiel vom Stateless Session Bean beschrieben.

Die Anwendung (MyExapleSessionBean) muss in der Baumdarstellung selektiert und dann das Menü TOOLS | DEPOLY... angewählt werden. Es erscheint ein Dialog, in dem man die Anwendung und den Server für die Installation auswählen muss. Da wir mit einem entfernten Client auf das Session Bean zugreifen wollen, benötigen wir Hilfsklassen (*Stubs*), mit denen die Kommunikation durchgeführt wird. Der Container erzeugt diese Klassen und speichert sie auf dem Rechner, wenn man die Check-Box „Return Client Jar" anwählt. Um den Dateinamen einzugeben, navigieren wir zu unserem Projektverzeichnis und speichern die Datei unter *jar\ClientSessionBeanExample.jar*. Dieser Dateiname ist sehr wichtig, da er beim Starten vom Client angegeben wird. Der oben genannte Name ist in den Skripten bzw. Batchdateien und in dem JBuilder-Projekt fest definiert.

Mit dem Button NEXT> blättern wir weiter. In diesem Dialog können die JNDI-Namen der Komponenten editiert werden. Da wir die Namen bereits definiert haben, können wir die Installation mit dem Button FINISH starten.

Mit einer Swing-Anwendung die Methoden vom Session Bean aufrufen

Das Projekt beinhaltet ein Testprogramm, mit dem man die Businessmethoden von dem Stateful Session Bean aufrufen kann. Listing 4.26 zeigt einen Ausschnitt aus dem Quelltext.

Die Methode `ejbInit()` wird im Konstuktor der Klasse aufgerufen. In dieser Methode wird das Stateful Session Bean erzeugt. Die Referenz auf das Remote Interface wird in der Instanzvariablen `trafficLight` gespeichert. Die Klasse überschreibt die Methode `processWindowEvent(...)`, damit beim Schließen des Fensters die Instanz im Container gelöscht wird.

Die Methode `jbtnNextState_actionPerformed(...)` wird ausgeführt, wenn man den Button AMPEL SCHALTEN betätigt.

Die Methode `jbtnUpdate_actionPerformed(...)` wird ausgeführt, wenn man den Button AKTUALISIEREN betätigt.

```
package de.j2eeguru.example.sessionbean.client;

...

public class FrmTrafficLight extends JFrame
```

```
{
  // Referenz für das Remote Interface von dem EJB
  // als Instanzvariable deklarieren
  private TrafficLight trafficLight = null;

  ...

  public FrmTrafficLight()
  {
    ...
    ejbInit();
    updateColorLabel();
    ...
  }

  ...

  private void ejbInit() throws Exception
  {
    // Naming-Kontext ermitteln
    InitialContext ctx = new InitialContext();

    // JNDI-Namen nachschlagen
    Object ref = ctx.lookup(JndiName.JNDI_NAME_EJB_TRAFFICLIGHT);

    // in Home-Interface umwandeln
    TrafficLightHome trafficLightHome = (TrafficLightHome)
         PortableRemoteObject.narrow(ref, TrafficLightHome.class);

    // EJB erzeugen und Referenz auf das Remote-Interface
    // in der Instanzvariablen speichern
    trafficLight = trafficLightHome.createInitState(
                                      TrafficLight.STATE_GREEN);
  }

  protected void processWindowEvent(WindowEvent e)
  {
    ...
    // Session Bean wird nicht mehr benötigt und kann im
    // Container gelöscht werden
    if( trafficLight != null )
      trafficLight.remove();
    ...
  }
```

```
  private void updateColorLabel()
  {
    try
    {
      // aktuellen Zustand vom Session Bean ermitteln
      switch( trafficLight.getState() )
      {
        case TrafficLight.STATE_GREEN :
             jlblRed.setBackground(Color.gray);
             jlblYellow.setBackground(Color.gray);
             jlblGreen.setBackground(Color.green);
             break;
        ...
      }

      jlblStatus.setText("Kommunikation OK");
    }
    catch(Exception ex)
    {
      ex.printStackTrace();
      jlblStatus.setText("Fehler: " + ex.getMessage());
    }
  }

  private void jbtnNextState_actionPerformed(ActionEvent e)
  {
    try
    {
      trafficLight.nextState();
    }
    catch( Exception ex )
    {
      ex.printStackTrace();
    }

    updateColorLabel();
  }

  private void jbtnUpdate_actionPerformed(ActionEvent e)
  {
    updateColorLabel();
  }
}
```

Listing 4.26: Client ruft Businessmethode vom Stateful Session Bean auf

Das Programm kann mit dem Skript *startTrafficLight.sh* bzw. mit dem Batch *startTrafficLight.bat* in dem Unterverzeichnis *bin* gestartet werden. Das Programm kann natürlich auch mehrmals gestartet werden.

Die Applikation soll eine Ampel darstellen. Die Benutzerschnittstelle besitzt zwei Buttons. Der obere Button verändert den Zustand der Ampel und aktualisiert die Lampen. Der untere Button liest nur den aktuellen Zustand vom Server und aktualisiert die Lampen.

Das EJB gibt an der Serverkonsole Meldungen aus, welche Methoden ausgeführt werden. Mit den Ausgaben kann man das Verhalten des Containers mit dem Zustandsdiagramm eines Stateful Session Beans vergleichen. Man stellt fest, dass der Container jedesmal die Methode `ejbCreate()` aufruft, wenn ein Clients gestartet wird. Die Methode `ejbRemove()` wird aufgerufen, wenn ein Client beendet wird.

Die folgenden Tests können durchgeführt werden:

- Die Anwendung starten und die Ampel schalten bzw. aktualisieren. Die Anwendung kann beliebig oft gestartet werden. Jede Anwendung hat ihren eigenen Zustandautomaten, d.h. eine EJB-Instanz ist einem Client zugeordnet.
- Im DeployTool kann man sich den Deployment Descriptor eines EJB-Archivs anzeigen lassen. Dies kann man mit dem Menü TOOLS | DESCRIPTOR VIEWER... starten.
- Die Klasse `TrafficLightEJB` soll erweitert werden. Sie soll das Interface `javax.ejb.SessionSynchronization` implementieren. Im Quelltext ist der Code bereits enthalten. Er muss auskommentiert werden. Die Klasse kann dann compiliert und installiert werden. Mit dem Menüpunkt TOOLS | UPDATE AND REDEPLOY... kann man eine erneute Installation der Applikation veranlassen. Das DeployTool überprüft dabei auch, ob sich Klassen verändert haben und aktualisiert diese.
- Das EJB soll zusätzlich als ein Stateless Session Bean installiert werden. Dazu muss das Interface `SessionSynchronization` wieder aus dem Quelltext entfernt werden, da dieses Interface nur von einem Stateful Session Bean mit CMT verwendet werden darf. Das EJB kann mit dem Menü FILE | NEW | ENTERPRISE BEAN... erzeugt werden. Der Displayname von dem Stateless Session Bean muss ein anderer sein, wie beim Stateful Session Bean. Der JNDI-Name von dem EJB ist „de/j2eeguru/example/sessionbean/trafficlight_stateless“. Wenn die Anwendung mehrmals gestartet wird, stellt man fest, dass sich alle Clients des Stateless Session Beans einen Zustandautomaten teilen. Die Anwendung kann mit der Batchdatei *bin\startStatelessTrafficLight.bat* bzw. *bin/startStatelessTrafficLight.sh* gestartet werden. Der Client ist so ausgelegt, dass man von der Kommandozeile einen Parameter übergeben kann, ob das Stateful Session Bean angesteuert werden soll. Man muss „false“ übergeben, damit das Stateless Session Bean verwendet wird.

4.4 EJB mit Zugriff auf Umgebungsvariablen

In dem Beispiel mit dem Stateless Session Bean für die Umrechnung von Euro nach Dollar ist der Umrechnungskurs in einer Umgebungsvariablen definiert worden. Mit Umgebungsvariablen kann man das Verhalten eines EJBs beeinflussen, ohne den Code vom EJB zu modifizieren und neu zu compilieren. Bei der J2EE-Referenzimplementierung von Sun muss das EJB neu installiert werden, wenn der Wert einer Umgebungsvariablen verändert wird.

Die Umgebungsvariable wird im Deployment Descriptor in dem Element `<env-entry>` deklariert. Dieses Element wird zu einem EJB definiert werden. Tabelle 4.7 definiert die zulässigen Elemente.

Element	M	Beschreibung
<description>	0..1	Kommentar bzw. Beschreibung zu der Umgebungsvariablen
<env-entry-name>	1	Hier muss der logische Name eingetragen werden, der im Quelltext für den Zugriff auf die Umgebungsvariable verwendet wird. Das Präfix java:comp/env/ darf nicht angegeben werden.
<env-entry-type>	1	Hier wird der Typ von der Umgebungsvariable definiert. Die folgende Werte sind gültig: java.lang.Boolean java.lang.Byte java.lang.Character java.lang.String java.lang.Short java.lang.Integer java.lang.Long java.lang.Float java.lang.Double
<env-entry-value>	0..1	In diesem Element kann der Wert für die Umgebungsvariable vorbelegt werden. Falls dieser Eintrag nicht vorhanden ist, muss der Wert bei der Installation eingegeben werden. Der Wert wird als String dem Konstruktor der definierten Klasse übergeben. Es sind nur solche Werte zulässig, die der entsprechende Konstruktor verarbeiten kann.

Tabelle 4.7: Definitionen im Element <env-entry>

Im Quelltext wird ein logischer Name verwendet, um auf die Umgebungsvariable zuzugreifen. Der Zugriff erfolgt über JNDI. Der logische Name wird zum Nachschlagen verwendet und muss ein Subkontext der Komponentenumgebung sein, d.h. `java:comp/env`. Falls zwei EJB den gleichen logischen Namen verwenden, beeinflussen sie sich nicht gegenseitig, weil jede Komponente ihre eigene Umgebung hat. Die Beispiele in diesem Buch verwenden den Subkontext `java:comp/env/param` für Umgebungsvariablen.

Der Zugriff auf eine Umgebungsvariable wird im Listing 4.27 beschrieben.

```
...
// JNDI Kontext ermitteln
InitialContext ctx = new InitialContext();

// Umgebungsvariable ermitteln
String val = (String)
            ctx.lookup("java:comp/env/param/euroDollar");
...
```

Listing 4.27: Zugriff auf eine Umgebungsvariable

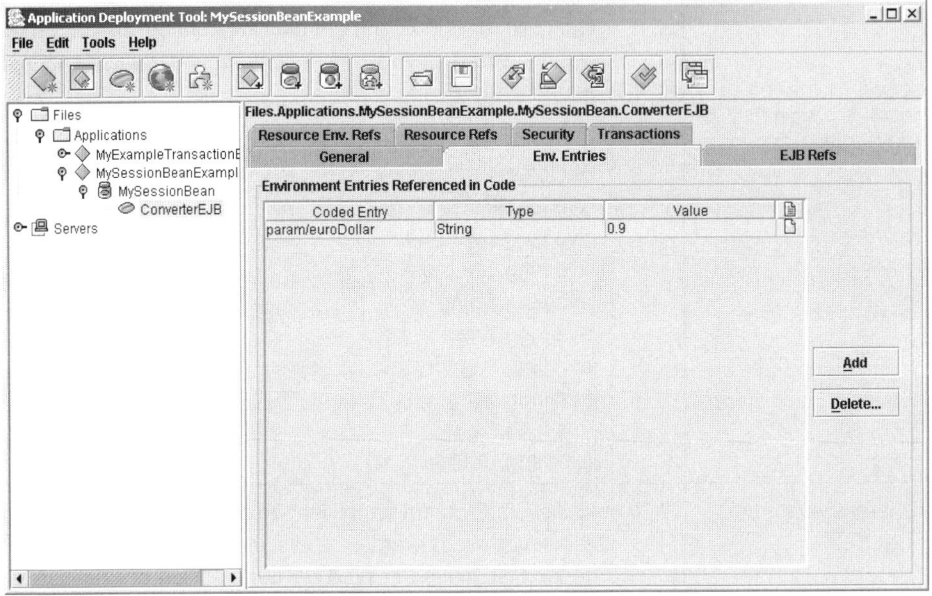

Abbildung 4.6: Definition einer Umgebungsvariable mit dem DeployTool

Listing 4.28 zeigt den relevanten Teil eines Deployment Descriptors, um eine Umgebungsvariable zu definieren.

```
<ejb-jar>
  <enterprise-beans>
    <session>
      ...
      <env-entry>
        <env-entry-name>param/euroDollar</env-entry-name>
        <env-entry-type>java.lang.String</env-entry-type>
        <env-entry-value>0.9</env-entry-value>
      </env-entry>
      ...
```

```
    </session>
  </enterprise-beans>
  ...
</ejb-jar>
```

Listing 4.28: Umgebungsvariable im Deployment Descriptor definieren

Umgebungsvariablen können nicht nur von Session Beans verwendet werden. Sie können von jedem Objekt verwendet werden, die Zugriff auf die Umgebung haben.

4.5 EJB mit Zugriff auf einen Resource Manager

4.5.1 Begriffsdefinitionen

Um den Zugriff auf einen Resource Manager zu beschreiben, sind einige Begriffsdefinitionen erforderlich. Die hier genannten Begriffe werden auch in der EJB-Spezifikation verwendet. Aus diesem Grund werden sie in diesem Kapitel verwendet. Tabelle 4.8 beschreibt diese Begriffe.

Begriff	**Definition**
Resource Manager	z.B. eine Datenbank, Message-Server, URL, ...
Resource Manager Connection	Verbindung zu einem Resource Manager. Dieses Interface bzw. Klasse ist abhängig vom Resource Manager. Eine Verbindung zu einer Datenbank wird anders abgebildet, wie eine Verbindung zu einem Message Server. Eine Datenbankverbindung wird über JDBC mit dem Interface java.sql.Connection abgebildet. Eine Verbindung zu einem Message Server wird über JMS mit dem Interface javax.jms.QueueConnection bzw. javax.jms.TopicConnection abgebildet.
Resource Manager Connection Factory	Ein Objekt, das Verbindungen zu einem Resource Manager erzeugt. Für eine Datenbank kann dies z.B. eine Klasse sein, die das Interface javax.sql.DataSource implementiert. Ein Objekt dieser Klasse erzeugt Objekte vom Typ java.sql.Connection.
Resource Manager Connection Factory Reference	logischer Name für eine Resource Manager Connection Factory

Tabelle 4.8: Begriffe für den Zugriff auf einen Resource Manager

4.5.2 Zugriff auf einen Resource Manager

Ein Session Bean kann Methoden zur Verfügung stellen, die auf einen Resource Manager zugreifen. Dies könnte z.B. ein Datenbank- oder ein Message-Server sein. Wenn man sich mit einem Resource Manager verbinden will, benötigt man eine URL. Diese URL ist eindeutig. Eine Verbindung zu einer Oracle-Datenbank kann z.B. mit der URL `jdbc:oracle:thin:@ORACLE-DB:1521:ORCL` hergestellt werden.

In dieser URL ist unter anderem der Name des Rechners enthalten, auf dem die Datenbank installiert ist (ORACLE-DB). Es wäre sicherlich schlecht, ein EJB zu entwickeln, in dem diese URL fest implementiert ist. Dies würde bedeuten, dass man das EJB nur in einer Umgebung installieren kann, in der eine Oracle-Datenbank auf einem Rechner mit dem Name ORACLE-DB vorhanden ist. Ein großer Vorteil von EJB ist aber, dass die Komponenten auf beliebigen EJB-Containern installiert werden können. Das EJB muss auch nicht wissen, von welchem Hersteller die Datenbank ist.

Um dieses Problem zu lösen, verwendet man im Quelltext vom EJB einen logischen Namen, der eine Verbindung zu einem Resource Manager definiert. Diese logischen Namen bezeichnet man als Resource Manager Connection Factory Reference. Der Zugriff auf eine Resource Manager Connection Factory erfolgt über JNDI. Der logische Name wird zum Nachschlagen verwendet.

Eine Resource Manager Connection Factory Reference sollte ein Subkontext der Komponentenumgebung sein, d.h. `java:comp/env`. Falls zwei EJB den gleichen logischen Namen verwenden, beeinflussen sie sich nicht gegenseitig, weil jede Komponente ihre eigene Umgebung hat. Für die unterschiedlichen Typen von Resource Managern sollte man die Subkontexte aus Tabelle 4.9 verwenden.

Resource Manager	**Subkontext**	**Resource Manager Connection Factory**
Datenbank	java:comp/env/jdbc	javax.sql.DataSource
Message Server	java:comp/env/jms	javax.jms.TopicConnectionFactory javax.jms.QueueConnectionFactory
URL	java:comp/env/url	java.net.URL
Mail	java:comp/env/mail	javax.mail.Session

Tabelle 4.9: Subkontexte für unterschiedliche Resource Manager

Listing 4.29 zeigt, wie man eine Verbindung zu einer Datenbank mit JDBC aufbauen kann. Der Verbindungsaufbau besteht aus drei Teilen. Zuerst muss der JNDI-Kontext ermittelt werden. Danach kann man mit dem logischen Namen (Resource Manager Connection Factory Reference) über JNDI eine Resource Manager Connection Factory ermitteln. Die Resource Manager Connection Factory wird dann verwendet, um eine Resource Manager Connection zu erzeugen (hört sich komplizierter an wie es ist).

```
...
import javax.sql.DataSource ;
import java.sql.Connection ;
import javax.naming.InitialContext ;
...

  ...
  // JNDI-Kontext ermitteln
  InitialContext ctx = new InitialContext() ;

  // Resource Manager Connection Factory über JNDI mit der
  // Resource Manager Connection Factory Reference (logischer
  // Name für die Datenbank) ermitteln
  DataSource ds = (DataSource)
                 ctx.lookup("java:comp/env/jdbc/LogBookDB") ;

  // Mit der Resource Manager Connection Factory wird eine
  // Resource Manager Connection erzeugt.
  Connection conn = ds.getConnection();

  // Hier können Datenbankzugriffe durchgeführt werden
  ...

  // Verbindung muss beendet werden wenn sie nicht mehr
  // benötigt wird
  conn.close();
  ...
```

Listing 4.29: Zugriff auf eine Connection Factory über JNDI

Im Deployment Descriptor eines EJBs muss jede Resource Manager Connection Factory Reference definiert werden. Dies erfolgt in dem Element `<resource-ref>`. Listing 4.30 zeigt den relevanten Teil vom Deployment Descriptor, der eine Resource Manager Connection Factory Reference beinhaltet. Zu beachten ist, dass bei dem logischen Namen das Präfix `java:comp/env` nicht angegeben werden muss.

```
<ejb-jar>
  <display-name>JdbcEJB</display-name>
  <enterprise-beans>
    <session>
      <display-name>LogBookEJB</display-name>
      <ejb-name>LogBookEJB</ejb-name>
      <home>
        de.j2eeguru.example.sessionbean.ejb.LogBookHome
      </home>
```

```
      <remote>
        de.j2eeguru.example.sessionbean.ejb.LogBook
      </remote>
      <local-home>
        de.j2eeguru.example.sessionbean.ejb.LogBookLocalHome
      </local-home>
      <local>
        de.j2eeguru.example.sessionbean.ejb.LogBookLocal
      </local>
      <ejb-class>
        de.j2eeguru.example.sessionbean.ejb.LogBookEJB
      </ejb-class>
      <session-type>Stateless</session-type>
      <transaction-type>Container</transaction-type>
      <resource-ref>
        <res-ref-name>jdbc/LogBookDB</res-ref-name>
        <res-type>javax.sql.DataSource</res-type>
        <res-auth>Container</res-auth>
        <res-sharing-scope>Shareable</res-sharing-scope>
      </resource-ref>
      ...
    </session>
    ...
  </enterprise-beans>
  ...
</ejb-jar>
```

Listing 4.30: Deployment Descriptor mit Resource Referenz

Tabelle 4.10 definiert die gültigen Elemente von `<resource-ref>`.

Element	**M**	**Beschreibung**
<description>	0..1	Hier kann ein Kommentar bzw. eine Beschreibung eingegeben werden.
<res-ref-name>	1	Logischer Name, der im Code verwendet wird, um eine Resource Manager Connection Factory zu ermitteln. Das Präfix java:comp/env/ muss nicht angegeben werden.
<res-type>	1	Hier wird die Klasse bzw. das Interface von der Resource Manager Connection Factory definiert. Der Wert ist abhängig von dem Resource Manager (Datenbank, Message Server, ...). Die folgende Werte sind gültig (Liste ist nicht vollständig):

Element	M	Beschreibung
		javax.sql.DataSource javax.jms.TopicConnectionFactory javax.jms.QueueConnectionFactory javax.mail.Session java.net.URL javax.resource.cci.ConnectionFactory
<res-auth>	1	In diesem Feld kann definiert werden, ob der Container oder das Bean die Authentifizierung beim Resource Manager vornimmt. In der Regel wird dies vom Container durchgeführt. Gültige Werte sind Container oder Application.
<res-sharing-scope>	0..1	Mit diesem Element kann man definieren, ob die Resource Manager Connection, die erzeugt wird, im gleichen Transaktionskontext von anderen EJBs mitverwendet werden kann. Gültige Werte sind Shareable oder Unshareable. Der Defaultwert ist Shareable.

Tabelle 4.10: Definitionen im Element <resource-ref>

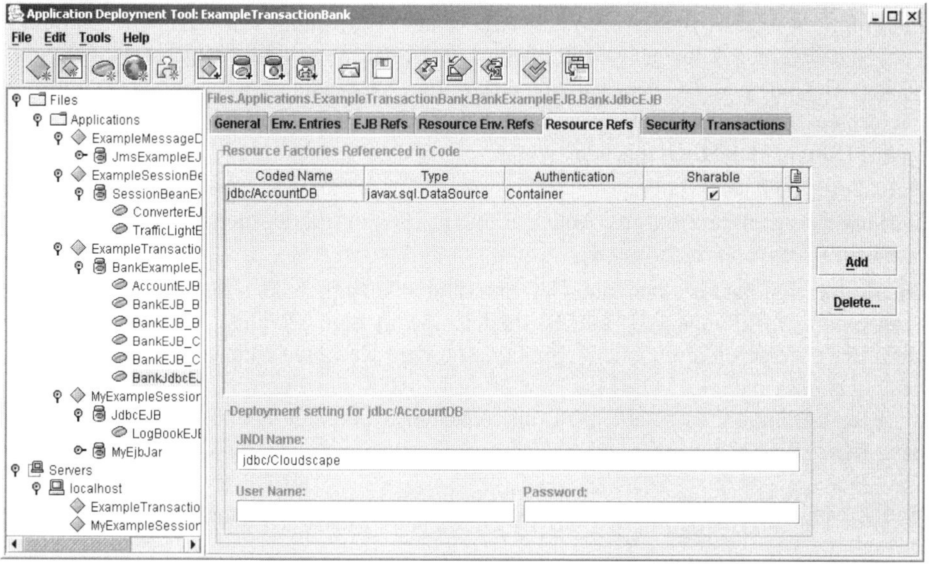

Abbildung 4.7: Definition einer EJB-Referenz mit dem DeployTool

Bei der Installation eines EJBs müssen alle Resource Manager Connection Factory References mit physikalisch vorhandenen Objekten verknüpft werden. Der Namensdienst muss letztendlich wissen, welches Objekt ein EJB erhalten soll, das einen Lookup für `java:comp/env/jdbc/LogBookDB` durchführt.

In der EJB-Spezifikation ist definiert, wie eine Resource Manager Connection Factory Reference im Deployment Descriptor definiert werden muss. Die Zuweisung der Resource Manager Connection Factory zu der Resource Manager Connection Factory Reference ist abhängig vom Hersteller des EJB-Containers.

Mit dem DeployTool der J2EE-Referenzimplementierung von Sun kann man eine Resource Manager Connection Factory Reference in der Ansicht „Resource Refs“ parametrisieren. In der Baumstruktur muss zuvor das EJB selektiert werden. Mit den Buttons ADD und DELETE... können Einträge hinzugefügt bzw. entfernt werden. Durch die Selektion einer Zeile in der Tabelle kann unterhalb der Tabelle der JNDI-Name angegeben werden, der durch die Referenz verwendet werden soll.

4.5.3 Kurzzeitige Verbindung zu einem Resource Manager

Es gibt prinzipiell zwei Möglichkeiten, Verbindungen zu einem Resource Manager aufzubauen: Entweder man baut die Verbindung vor jedem Zugriff auf und danach wieder ab; oder man baut die Verbindung auf, wenn das EJB erzeugt wird; und vor dem Löschen des EJB baut man die Verbindung wieder ab. Beide Varianten haben Vor- und Nachteile.

Wenn eine Verbindung nur kurzzeitig zu einem Resource Manager bestehen bleibt, wird die Verbindung in jeder Methode, in der auf den Resource Manager zugegriffen wird, auf- und abgebaut. Die Verbindung wird von einer Connection Factory erzeugt. Eine Connection Factory verwaltet die Verbindungen zu einem Resource Manager in einem Pool, d.h. es werden immer ein paar aufgebaute Verbindungen erzeugt, die bei Bedarf verwendet werden können. Der Zeitbedarf für einen Verbindungsaufbau ist so relativ gering. Bei einer JDBC Verbindung dauert der Verbindungsaufbau ohne Connection Factory ca. ein bis zwei Sekunden. Dies würde ein Auf- und Abbau der Verbindung in jeder Methode unmöglich machen.

Der Vorteil von kurzzeitigen Verbindungen ist, dass sich mehrere EJB-Instanzen eine Verbindung zu einem Resource Manager teilen. Die Anzahl der gleichzeitig vorhandenen Verbindungen ist so relativ gering.

Die Connection Factory kann auch Optimierungen bezüglich der Transaktionsverwaltung vornehmen. So können z.B. alle Methoden, die in dem gleichen Transaktionskontext ausgeführt werden, die gleiche Verbindung zu dem Resource Manager verwenden. Dies bedeutet, dass nur ein COMMIT bzw. ROLLBACK durchgeführt werden muss. Falls zwanzig Verbindungen zu einem Resource Manager beteiligt sind, müsste der COMMIT bzw. ROLLBACK entsprechend oft durchgeführt werden.

4.5.4 Dauerhafte Verbindung zu einem Resource Manager

Bei einer dauerhaften Verbindung zu einem Resource Manager besteht die Verbindung während dem kompletten Lebenszyklus des EJBs. Die Verbindung muss in geeigneten Methoden auf bzw. abgebaut werden. Tabelle 4.11 zeigt, in welchen Container Callback Methoden die Verbindung zu einem Resource Manager auf- bzw. abgebaut werden muss.

Methode	Stateless Session Bean	Stateful Session Bean
ejbCreate<METHOD>(args)	Verbindung aufbauen	Verbindung aufbauen
ejbRemove()	Verbindung abbauen	Verbindung abbauen
ejbActivate()	–	Verbindung aufbauen
ejbPassivate()	–	Verbindung abbauen

Tabelle 4.11: Verbindungsauf- bzw. -abbau in den Container Callback Methoden

Der Vorteil einer dauerhaften Verbindung zu einem Resource Manager ist, dass die Verbindung nicht bei jedem Methodenaufruf aufgebaut werden muss. Dies erfordert Zeit und Verwaltungsaufwand.

Der Nachteil ist, dass jede Instanz eines Session Beans eine Verbindung zu einem Resource Manager geöffnet hat. Dies verbraucht sowohl im EJB-Container als auch im Resource Manager Resourcen.

Bei einem Stateless Session Bean teilen sich mehrere Clients eine Instanz. Dies bedeutet, dass es nicht allzu viele Instanzen und damit Verbindungen zu einem Resource Manager geben wird. Bei einem Stateful Session Bean ist es abhängig von der Anwendung, wie viele Instanzen durch Clients erzeugt werden. Bei einem Internet Shop sollte man in einem Stateful Session Bean sicherlich keine dauerhafte Verbindung zu einem Resource Manager aufbauen. Prinzipiell sollte man bei Stateful Session Beans immer kurzeitige Datenbankverbindungen vorziehen.

4.6 EJB mit Zugriff auf andere EJBs

Der Zugriff eines EJBs auf ein anderes EJB erfolgt ähnlich wie der Zugriff auf einen Resource Manager über logische Namen. Diese logischen Namen bezeichnet man

als EJB-Referenz. Im Quelltext wird der logische Name verwendet, um über JNDI das Home Interface des EJBs zu ermitteln.

Bei der Installation des EJBs muss definiert werden, welches EJB dem logischen Namen entspricht. Der Namensdienst muss letztendlich wissen, welches Objekt ein EJB erhalten soll, das einen Lookup für `java:comp/env/ejb/LogBookLocal` durchführt.

Der Deployment Descriptor bietet an dieser Stelle die Möglichkeit, dass ein EJB aus dem aktuellen EJB-Archiv bzw. aus einem anderen EJB-Archiv in der gleichen J2EE-Applikation einer EJB-Referenz zugewiesen werden kann. Dies bedeutet, dass bei der Installation des EJBs mit einer EJB-Referenz keine weiteren Angaben erforderlich sind.

Der logische Name für ein EJB sollte in der Komponentenumgebung in dem Subkontext `java:comp/env/ejb` definiert werden. Wenn die Umgebung der Komponente verwendet wird, beeinflussen sich zwei EJBs nicht, die mit dem gleichen logischen Namen unterschiedliche Home Interfaces ansprechen.

Die Listings 4.31 und 4.32 zeigen, wie man eine EJB-Referenz verwendet. Prinzipiell ist die Vorgehensweise identisch mit der, die ein Client benutzt, um das Home Interface eines EJBs zu ermitteln. Zuerst muss der JNDI-Kontext ermittelt werden. Danach kann das Objekt über JNDI ermittelt werden. Das ermittelte Objekt muss nun in das Home

Interface umgewandelt werden. Bei einem Local Home Interface ist eine einfache Java-Typumwandlung (*cast*) ausreichend. Die Typumwandlung muss bei dem Remote Home Interface mit der Methode `narrow(...)` von der Klasse `javax.rmi.PortableRemoteObject` erfolgen.

```
...
// JNDI Kontext ermitteln
InitialContext ic = new InitialContext();

// Local Home Interface über JNDI mit der EJB-Referenz
// (logischer Name für das EJB) ermitteln
Object ref = ic.lookup("java:comp/env/ejb/accountLocal");

// Typumwandlung durchführen
AccountLocalHome accountLocalHome = (AccountLocalHome)ref;
...
```

Listing 4.31: Zugriff über eine EJB-Referenz auf ein Local Home Interface

```
...
// JNDI Kontext ermitteln
InitialContext ic = new InitialContext();

// Remote Home Interface über JNDI mit der EJB-Referenz
// (logischer Name für das EJB) ermitteln
Object ref = ic.lookup("java:comp/env/ejb/accountRemote");

// Typumwandlung muss bei dem Remote Home Interface mit dem
// 'PortableRemoteObject' durchgeführt werden
AccountHome accountHome = (AccountHome)
        PortableRemoteObject.narrow( ref, AccountHome.class);
...
```

Listing 4.32: Zugriff über eine EJB-Referenz auf ein Remote Home Interface

Die Referenz auf das Home Interface vom EJB kann entweder in jeder Methode ermittelt werden, in der es benötigt wird; oder die Referenz wird ermittelt, wenn die Instanz erzeugt und verworfen, wenn sie gelöscht wird. Eine Referenz auf ein Home Interface muss von einem Stateful Session Bean in der Methode `ejbPassivate()` nicht verworfen werden. Der Container kann diese Referenz speichern.

Eine EJB-Referenz wird im Deployment Descriptor durch das Element `<ejb-ref>` definiert, wenn es sich um ein Remote Home Interface handelt. Bei einem Local Home Interface wird das Element `<ejb-local-ref>` verwendet. Tabellen 4.12 und 4.13

beschreiben die zulässigen Eigenschaften der beiden Elemente. Listing 4.33 zeigt den relevanten Teil vom Deployment Descriptor.

```
<ejb-jar>
  <display-name>BankExampleEJB</display-name>
  <enterprise-beans>
    <entity>
      <display-name>AccountEJB</display-name>
      <ejb-name>AccountEJB</ejb-name>
      <home>
        de.j2eeguru.example.transaction.bank.AccountHome
      </home>
      <remote>
        de.j2eeguru.example.transaction.bank.Account
       </remote>
      <local-home>
        de.j2eeguru.example.transaction.bank.AccountLocalHome
      </local-home>
      <local>
        de.j2eeguru.example.transaction.bank.AccountLocal
       </local>
      <ejb-class>
        de.j2eeguru.example.transaction.bank.AccountEJB
      </ejb-class>
      ...
    </entity>
    <session>
      <display-name>BankEJB</display-name>
      <ejb-name>BankEJB</ejb-name>
      <home>de.j2eeguru.example.transaction.bank.BankHome</home>
      <remote>de.j2eeguru.example.transaction.bank.Bank</remote>
      <ejb-class>
        de.j2eeguru.example.transaction.bank.BankEJB
       </ejb-class>
      <session-type>Stateless</session-type>
      <ejb-local-ref>
        <ejb-ref-name>ejb/accountLocal</ejb-ref-name>
        <ejb-ref-type>Entity</ejb-ref-type>
        <local-home>
          de.j2eeguru.example.transaction.bank.AccountLocalHome
        </local-home>
        <local>
          de.j2eeguru.example.transaction.bank.AccountLocal
        </local>
        <ejb-link>ejb-jar-ic.jar#AccountEJB</ejb-link>
```

```
      </ejb-local-ref>
      <ejb-ref>
        <ejb-ref-name>ejb/accountRemote</ejb-ref-name>
        <ejb-ref-type>Entity</ejb-ref-type>
        <home>
          de.j2eeguru.example.transaction.bank.AccountHome
        </home>
        <remote>
          de.j2eeguru.example.transaction.bank.Account
        </remote>
        <ejb-link>ejb-jar-ic.jar#AccountEJB</ejb-link>
      </ejb-ref>
      ...
    </session>
    ...
  </enterprise-beans>
  ...
</ejb-jar>
```

Listing 4.33: Definition einer EJB-Referenz im Deployment Descriptor

Element	**M**	**Beschreibung**
<description>	0..1	In diesem Element kann eine Beschreibung bzw. ein Kommentar zu der EJB-Referenz gespeichert werden.
<ejb-ref-name>	1	Hier muss der logische Name eingetragen werden, der im Quelltext verwendet wird. Das Präfix java:comp/env/ darf nicht angegeben werden.
<ejb-ref-type>	1	Dieses Element definiert, ob das referenzierte EJB ein Session oder ein Entity Bean ist. Die Werte Entity und Session sind erlaubt.
<home>	1	In diesem Element muss das Remote Home Interface von dem referenzierten EJB angegeben werden.
<remote>	1	In diesem Element muss das Remote Interface von dem referenzierten EJB angegeben werden.
<ejb-link>	0..1	Dieses Element kann dazu verwendet werden, um ein EJB im gleichen EJB-Archiv bzw. in der gleichen J2EE-Applikation zu referenzieren. Dies geschieht durch den Namen vom EJB. Falls sich das EJB in einem anderen Archiv innerhalb der J2EE-Applikation befindet, muss der relative Pfad zu diesem EJB angegeben werden. Dies geschieht durch die Angabe vom EJB-JAR-File und dem

Element	M	Beschreibung
		Namen vom EJB. Das Trennzeichen zwischen EJB und JAR-File ist das Hash-Zeichen (#).

Tabelle 4.12: Definitionen im Element <ejb-ref>

Element	M	Beschreibung
<description>	0..1	In diesem Element kann eine Beschreibung bzw. ein Kommentar zu dem Element gespeichert werden.
<ejb-ref-name>	1	Hier muss der logische Name eingetragen werden, der im Quelltext verwendet wird. Das Präfix java:comp/env/ darf nicht angegeben werden.
<ejb-ref-type>	1	Dieses Element definiert, ob das referenzierte EJB ein Session oder ein Entity Bean ist. Die Werte Entity und Session sind erlaubt.
<local-home>	1	In diesem Element muss das Local Home Interface vom referenzierten EJB angegeben werden.
<local>	1	In diesem Element muss das Local Interface vom referenzierten EJB angegeben werden.
<ejb-link>	0..1	Dieses Element kann dazu verwendet werden, um ein EJB im gleichen EJB-Archiv bzw. in der gleichen J2EE-Applikation zu referenzieren. Dies geschieht durch den Namen vom EJB. Falls sich das EJB in einem anderen Archiv innerhalb der J2EE-Applikation befindet, muss der relative Pfad zu diesem EJB angegeben werden. Dies geschieht durch die Angabe vom EJB-JAR-File und dem Namen vom EJB. Das Trennzeichen zwischen EJB und JAR-File ist das Hash-Zeichen (#).

Tabelle 4.13: Definitionen im Element <ejb-local-ref>

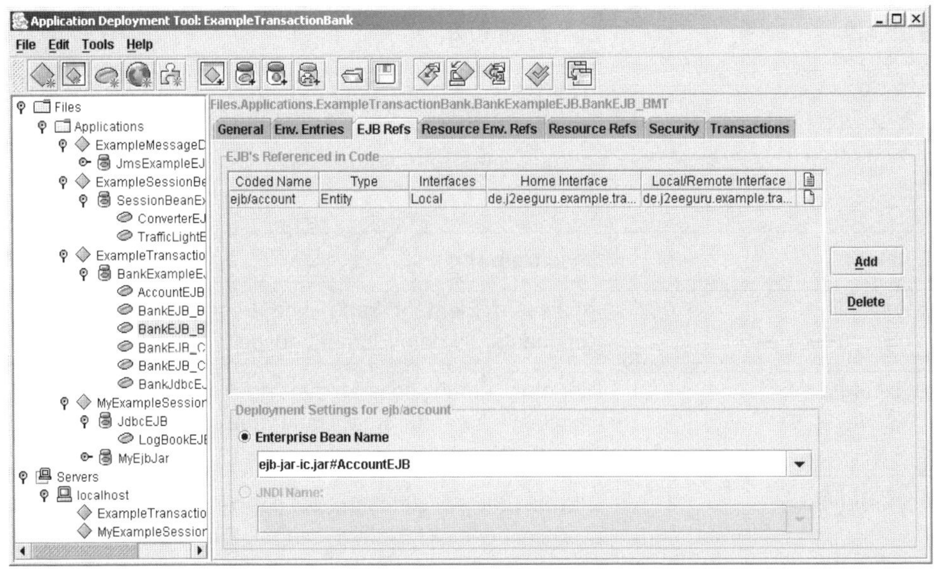

Abbildung 4.8: Definition einer EJB-Referenz mit dem DeployTool

Das Element <ejb-link> wird verwendet, um ein EJB zu referenzieren. Dies geschieht durch den Namen vom EJB. Falls sich das EJB in einem anderen Archiv innerhalb der J2EE-Applikation befindet, muss der relative Pfad zu diesem EJB angegeben werden. Dies geschieht durch die Angabe vom EJB-JAR-File und dem Namen vom EJB. Das Trennzeichen zwischen EJB und JAR-File ist das Zeichen Kreuz (#).

Mit dem DeployTool der J2EE-Referenzimplementierung von Sun kann man eine EJB-Referenz in der Ansicht „EJB Refs" parametrisieren. In der Baumstruktur muss zuvor ein EJB selektiert werden. Mit den Buttons ADD und DELETE können Einträge hinzugefügt bzw. entfernt werden. Durch die Selektion einer Zeile in der Tabelle kann unterhalb der Tabelle das referenzierte EJB definiert werden. Bei einem Local Client View muss ein EJB-Name innerhalb der J2EE-Applikation angegeben werden. Wird ein Remote Client View definiert, kann man das EJB entweder durch einen JNDI-Namen oder durch einen EJB-Namen aus der J2EE-Applikation definieren.

4.7 Value Object

Der Aufruf einer Methode aus dem Remote Client View dauert länger als der aus einem Local Client View, weil die Methoden über das Protokoll RMI/IIOP (Remote Method Invocation) aufgerufen werden. Dies bedeutet, dass bei jedem Methodenaufruf eine Kommunikation über das Netzwerk erfolgt. Dabei werden die Daten von dem aufrufenden Prozess zum EJB-Container gesendet, dort wird die Methode ausgeführt und das Ergebnis wird wiederum über das Netzwerk an den aufrufenden Prozess zurückgeliefert.

Die Anzahl der Bytes von den Übergabeparametern und Rückgabewerten spielt für die Zeit, die ein entfernter Methodenaufruf (RMI) benötigt, eine untergeordnete Rolle. Wenn eine Methode einen Wert vom Typ `String` zurückgibt, dauert der Methodenaufruf prinzipiell genauso lange, wie wenn die Methode ein Objekt mit mehreren Strings zurückliefert. Der größte Anteil der Zeit wird für die Verwaltung bzw. Synchronisation der beteiligten Prozesse benötigt und nicht für die Übertragung der Nutzdaten.

Aus diesem Grund kann es sinnvoll sein, Daten in einer Klasse zu kapseln und diese Klasse als Übergabeparameter oder Rückgabewert einer Methode aus dem Remote Client View zu verwenden. Das folgende Beispiel soll dies deutlich machen.

Wenn man z.B. ein Session Bean hat, das Kundendaten verwaltet, kann man auf unterschiedliche Art und Weise auf diese Daten zugreifen. Listing 4.34 definiert ein Remote Interface mit Zugriffsmethoden auf die einzelnen Attribute. Falls ein Client alle Daten eines Kunden benötigt, sind drei Methodenaufrufe erforderlich.

```
public interface Customer extends EJBObject
{
  public String getName(String id)   throws RemoteException;
  public String getStreet(String id) throws RemoteException;
  public String getCity(String id)   throws RemoteException;

  public void setName( String id, String name
                     ) throws RemoteException;
  public void setStreet( String id, String street
                       ) throws RemoteException;
  public void setCity( String id, String city
                     ) throws RemoteException;
}
```

Listing 4.34: Remote Interface, um Kundendaten zu ermitteln (schlecht)

Im Listing 4.35 wird eine Klasse definiert, die alle Attribute eines Kunden beinhaltet. Listing 4.36 definiert ein weiteres Remote Interface für den Zugriff auf Kundendaten. In diesem Interface gibt es jedoch nur zwei Zugriffsmethoden. Der Übergabeparameter bzw. der Rückgabewert der Methode ist ein Objekt, das alle Attribute eines Kunden beinhaltet. Benötigt ein Client alle Daten eines Kunden, ist bei diesem Remote Interface nur ein einziger Methodenaufruf erforderlich.

```
public class CustomerObj extends Object implements Serializable
{
  public String id;
  public String name;
  public String street;
  public String city;
}
```

Listing 4.35: Value Object für die Datenübergabe

```
public interface Customer extends EJBObject
{
  public CustomerObj getCustomer( String id
                                ) throws RemoteException;

  public void setCustomer( CustomerObj customer
                         ) throws RemoteException;
}
```

Listing 4.36: Remote Interface, um Kundendaten zu ermitteln

Ein Remote Client View sollte immer so definiert werden, dass möglichst wenige Methodenaufrufe (RMI) notwendig sind, um eine bestimmte Funktion auszuführen. Aus diesem Grund sollten für die Rückgabewerte und Übergabeparameter Klassen verwendet werden, welche die erforderlichen Daten kapseln. Eine solche Klasse bezeichnet man als Value Object. Diese Klasse muss die Bedingungen für RMI/IIOP erfüllen, d.h. sie muss unter anderem serialisierbar sein.

Prinzipiell sollte man bei einem Entity Bean nie einen Remote Client View definieren, der Zugriffsmethoden auf die einzelnen Attribute bzw. Spalten definiert. Der Zugriff sollte grundsätzlich über ein Session Bean erfolgen.

5 Entity Bean

5.1 Einführung

Ein Entity Bean ist ein persistentes Objekt, d.h. eine Instanz ist nach dem Neustart des EJB-Containers noch vorhanden. In der Regel stellt eine Instanz eines Entity Beans eine Zeile einer relationalen Datenbanktabelle dar. Eine Instanz eines Entity Beans wird von mehreren Clients benutzt.

Jedem Entity Bean wird eine Primärschlüsselklasse zugeordnet. Jede Instanz eines Entity Beans hat eine eindeutige Objektidentität, die vom Typ der Primärschlüsselklasse ist. Über diese Objektidentität kann eine Instanz angesprochen werden. Bei einer relationalen Datenbank entspricht die Objektidentität dem Primary Key einer Tabelle.

Der EJB-Container kann für die Persistenz von Entity Beans verantwortlich gemacht werden. Er stellt dann die Verbindung zur Datenbank her und setzt die erforderlichen SQL Statements ab, wenn eine Instanz erzeugt, gelöscht, gelesen oder aktualisiert wird. Diese Art von Entity Beans bezeichnet man als Container Managed Persistence (CMP).

Man hat auch die Möglichkeit, die Persistenz eines Entity Beans selber zu verwalten. Diese bezeichnet man als Bean Managed Persistence (BMP). Der Entwickler muss dann den Code schreiben, um die Datenbankverbindung herzustellen oder die SQL Statements über JDBC absetzen.

Der Container ruft zu definierten Zeitpunkten die Methoden von dem Interface `javax.ejb.EntityBean` auf, das jedes Entity Bean implementieren muss. In diesen Methoden müssen die erforderlichen Aktivitäten durchgeführt werden. Diese Methoden bezeichnet man als Container-Callback-Methoden, mit denen der EJB-Container eine EJB-Instanz über eine Zustandsänderung informiert.

Ein BMP Entity Bean kann prinzipiell alle möglichen persistenten Daten verwalten, z.B. die von einer anderen Anwendung, die über die entsprechenden Methoden synchronisiert werden (erzeugen, speichern, löschen, suchen, …).

Ein Entity Bean kann seine Funktionalitäten über einen Remote und/oder einen Local Client View zur Verfügung stellen. Der Local Client View ist seit der EJB-Spezifikation 2.0 möglich. Der Zugriff auf ein Entity Bean sollte immer über ein Session Bean erfolgen. Aus diesem Grund kann man bei Entity Beans in der Regel den Local Client View verwenden.

5.1.1 Home-Schnittstelle

Die Home-Schnittstelle eines Entity Beans wird verwendet, um Instanzen von einem Entity Bean zu erzeugen, zu suchen oder zu löschen. Seit der EJB-Spezifikation 2.0 können auch Businessmethoden (Home-Methoden) in der Home-Schnittstelle definiert werden. Diese Methoden stellen Funktionalitäten zur Verfügung, die keiner Instanz direkt zugeordnet sind. Die folgenden Regeln gelten für die Home-Schnittstelle:

- Alle Methoden müssen `public` deklariert werden.
- Keine Methode darf als `static` oder `final` deklariert werden.
- Es können 0..n Create-Methoden deklariert werden.
- Es können 1..n Find-Methoden deklariert werden.
- Es können 0..n Businessmethoden (Home-Methoden) deklariert werden.
- Die Remove-Methode darf nicht deklariert werden. Sie ist bereits in dem Interface `javax.ejb.EJBLocalHome` bzw. `javax.ejb.EJBHome` deklariert.

Local Home Interface

Zusätzlich zu den allgemeinen Regeln vom Home Interface eines Entity Beans gelten die folgenden Regeln für das Local Home Interface:

- Das Interface `javax.ejb.EJBLocalHome` muss erweitert werden.
- Keine Methode darf die Exception `java.rmi.RemoteException` auslösen.

Listing 5.1 zeigt das Local Home Interface eines Entity Beans.

```
package de.j2eeguru.example.entitybean.ejb.user.cmp20;

import java.util.Collection;

import javax.ejb.EJBLocalHome;
import javax.ejb.FinderException;
import javax.ejb.CreateException;

public interface UserLocalHome extends EJBLocalHome
{
  public UserLocal create(String userName, String pwd)
         throws CreateException;

  public UserLocal findByPrimaryKey(String userName)
         throws FinderException;

  public Collection findAll()
         throws FinderException;
}
```

Listing 5.1: Local Home Interface eines Entity Beans

Remote Home Interface

Zusätzlich zu den allgemeinen Regeln vom Home Interface eines Entity Beans gelten die folgenden Regeln für das Remote Home Interface:

- Das Interface `javax.ejb.EJBHome` muss erweitert werden.
- Jede Methode muss die Exception `java.rmi.RemoteException` auslösen.
- Alle Übergabeparameter, Rückgabeparameter und Exceptions müssen gültige RMI-IIOP-Typen sein.

Listing 5.2 zeigt das Remote Home Interface eines Entity Beans.

```
package de.j2eeguru.example.entitybean.ejb.user;

import java.rmi.RemoteException;
import java.util.Collection;
import javax.ejb.EJBHome;
import javax.ejb.FinderException;
import javax.ejb.CreateException;

public interface UserHome extends EJBHome
{
  public User create( String userName, String pwd )
         throws CreateException, RemoteException;

  public User findByPrimaryKey(String userName)
         throws FinderException, RemoteException;

  public Collection findAll()
         throws FinderException, RemoteException;
}
```

Listing 5.2: Remote Home Interface eines Entity Beans

Zugriff von einem Client auf die Home-Schnittstelle

Der EJB-Container erzeugt bei der Installation eines Entity Beans eine Klasse, die das Home Interface implementiert. Eine Instanz dieser Klasse wird vom Container für den JNDI-Zugriff zur Verfügung gestellt.

Der Client ermittelt über JNDI das Objekt, welches das Home Interface implementiert hat. Bei dem Remote Home Interface muss die Typumwandlung mit der Methode `narrow(...)` von der Klasse `javax.rmiPortableRemoteObject.` erfolgen. Das Local Home Interface ist eine Java Objektreferenz. Hier ist eine einfache Typumwandlung mit einem Java-Cast ausreichend. Nachdem man Zugriff auf das Home Interface hat, kann man die dort deklarierten Methoden aufrufen. Die Listings 5.3 und 5.4 zeigen, wie man den Zugriff auf ein Remote und Local Home Interface ermittelt.

```
  ...
  // JNDI Kontext ermitteln
  InitialContext ctx = new InitialContext();
```

```
// JNDI Namen nachschlagen
Object ref = ctx.lookup("java:comp/env/ejb/user");

// in Remote-Home-Interface umwandeln
UserHome userHome = (UserHome)
      PortableRemoteObject.narrow(ref, UserHome.class);
...
```

Listing 5.3: Zugriff auf ein Remote Home Interface

```
...
// JNDI Kontext ermitteln
InitialContext ctx = new InitialContext();

// JNDI Namen nachschlagen
Object ref = ctx.lookup("java:comp/env/ejb/user");

// in Local Home Interface umwandeln
UserLocalHome userLocalHome = (UserLocalHome)ref;
...
```

Listing 5.4: Zugriff auf ein Local Home Interface

Methoden zum Erzeugen eines Entity Beans

Die create-Methoden eines Entity Beans erzeugen eine persistente Instanz. Bei einer relationalen Datenbank wird der SQL-Befehl INSERT ausgeführt. Der eigentliche Code, der die Instanz erzeugt, befindet sich in der EJB-Implementierung.

In der Home-Schnittstelle können 0..n create-Methoden deklariert werden. Die Methoden müssen alle mit „create" beginnen. Seit der EJB-Spezifikation 2.0 können die create-Methoden ein Suffix haben, das die Methode näher beschreibt.

Der Rückgabewert von den create-Methoden im Home Interface ist immer vom Typ der Komponentenschnittstelle. Sie müssen die Exception `javax.ejb.CreateException` auslösen, es können weitere benutzerspezifische Exceptions ausgelöst werden.

Das Beispiel aus Listing 5.5 zeigt ein Local Home Interface mit mehreren create-Methoden. Das Interface `PlayerLocal` soll die lokale Komponentenschnittstelle sein.

```
...
public interface PlayerLocalHome extends EJBLocalHome
{
  public PlayerLocal create( Integer playerNr,
```

```
                                    String name,
                                    String description
                                ) throws CreateException;

    public PlayerLocal createKeeper(
                                    Integer playerNr,
                                    String name
                                ) throws CreateException;
    ...
}
```

Listing 5.5: Local-Home-Interface/create-Methoden

Listing 5.6 zeigt, wie ein Client Instanzen von einem Entity Bean anlegen kann. Durch den Aufruf einer create-Methode wird jeweils eine Zeile in einer relationalen Datenbank erzeugt. Falls eine Beziehung zu einer anderen Tabelle besteht, werden ggf. mehrere Tabellen modifiziert.

```
    ...
    PlayerLocalHome playerHome = ...

    // Instanz von einem Entity Bean erzeugen
    PlayerLocal player1 = playerHome.create(
                                    new Integer(4711), "Gerd Müller",
                                    "Stürmer" );

    // Noch eine Instanz von einem Entity Bean erzeugen
    PlayerLocal player2 = playerHome.createKeeper(
                                    new Integer(4712), "Sepp Maier" );
    ...
```

Listing 5.6: Client erzeugt Instanzen

Methoden zum Suchen eines Entity Beans

Die find-Methoden eines Entity Beans suchen nach bereits vorhandenen Instanzen. Bei einer relationalen Datenbank wird ein SELECT-Statement ausgeführt, das in der WHERE-Bedingung die Parameter der Methode beinhaltet.

Im Home Interface können 1..n find-Methoden deklariert werden. Die Methoden müssen alle das Präfix `find` haben. Der Rückgabewert der find-Methoden ist immer vom Typ der Komponentenschnittstelle oder eine `java.util.Collection`, die Objekte beinhaltet, die die Komponentenschnittstelle implementiert haben. Eine find-Methode kann nicht die Komponentenschnittstelle von einem anderen Entity Bean zurückliefern.

Die Methode `findByPrimaryKey(pk)` muss in jedem Home Interface deklariert werden. Alle find-Methoden müssen die Ausnahme `javax.ejb.FinderException` auslösen.

Beim Remote Home Interface müssen die Objekte, die von einer find-Methode in einer Collection ermittelt werden, durch den Aufruf von `PortableRemoteObject.narrow(...)` konvertiert werden.

Listing 5.7 zeigt ein Remote Home Interface mit drei find-Methoden, wobei das Interface Coach das Remote Interface sein soll.

```
...
public interface CoachHome extends EJBHome
{
  ...
  public Coach findByPrimaryKey(Integer coachNumber)
        throws FinderException, RemoteException;

  public Collection findAll()
        throws FinderException, RemoteException;

  public Coach findByTeam(Team team)
        throws FinderException, RemoteException;
  ...
}
```

Listing 5.7: Remote-Home-Interface/find-Methoden

Ein Client kann wie folgt Instanzen von Entity Beans suchen:

```
...
CoachHome coachHome = ...
Coach coach = coachHome.findByPrimaryKey(pk);
Collection allCoaches = coachHome.findAll();
Coach coachFromTeam = coachHome.findByTeam(aTeam);
...
```

Listing 5.8: Client sucht Instanzen

Methoden zum Löschen eines Entity Beans

Die remove-Methode eines Entity Beans löscht das Objekt mit der angegebenen Identität (Primärschlüssel oder Handle). Bei einer relationalen Datenbank wird eine Zeile in einer Tabelle gelöscht. Die zugehörige Methode in der EJB-Implementierung muss also ein DELETE-Statement ausführen, das in der WHERE-Bedingung den Primärschlüssel beinhaltet.

Die remove-Methode muss im Home Interface nicht deklariert werden, da sie bereits in dem Interface `javax.ejb.EJBHome` bzw. `javax.ejb.EJBLocalHome` deklariert ist. Das erst genannte Interface bietet zusätzlich die Möglichkeit, anhand eines Handle eine Instanz zu löschen; ansonsten muss der Primärschlüssel übergeben werden.

Ein Client kann wie folgt Instanzen von Entity Beans mit dem Home-Interface löschen.

```
...
CoachHome coachHome = ...
coachHome.remove(pk);          // pk = Primary Key vom Entity Bean
coachHome.remove(handle);      // handle = Handle vom Entity Bean
...
```

Listing 5.9: Client löscht Instanzen

Businessmethoden

Im Home Interface können Methoden deklariert werden, die Programmlogik beinhalten. Diese Methoden greifen nicht auf ein spezielles Entity Bean zu. Wie aus dem Zustandsdiagramm zu erkennen ist, wird die Methode von einem Entity Bean ohne Objektidentität ausgeführt.

Die Namen der Businessmethoden im Home Interface dürfen nicht mit `create`, `find` oder `remove` beginnen. Dies ist erforderlich, damit der Container erkennen kann, dass es sich um eine Businessmethode handelt.

Listing 5.10 zeigt ein Remote Home Interface mit zwei Businessmethoden. Die Methodendeklarationen für das Local Home Interface sind bis auf die RemoteException identisch.

```
...
public interface CoachHome extends EJBHome
{
  ...
  public void initStorage() throws RemoteException;
  public void destroyStorage() throws RemoteException;
  ...
}
```

Listing 5.10: Remote-Home-Interface/home-Methoden

Listing 5.11 zeigt einen Client, der Businessmethoden aus dem Home Interface aufruft.

```
...
CoachHome coachHome = ...   // Home Interface ermitteln
coachHome.initStorage()     // Businessmethode aufrufen
...
```

Listing 5.11: Client ruft home-Methoden auf

5.1.2 Komponentenschnittstelle

In der Komponentenschnittstelle (Remote und Local Interface) werden Methoden mit der Business-Logik von dem Entity Bean definiert. Über diese Schnittstelle kann man auf eine EJB-Instanz im Container zugreifen. Eine EJB-Instanz entspricht einer Zeile von einer Datenbanktabelle.

In der Regel werden in der Komponentenschnittstelle von einem Entity Bean Getter- und Setter-Methoden für die einzelnen Attribute (Datenbankspalten) deklariert. Es können jedoch auch Businessmethoden deklariert werden, die sich auf diese Instanz beziehen.

- Alle Methoden müssen `public` deklariert werden.
- Keine Methode darf als `static` oder `final` deklariert werden.
- Es können 0..n Businessmethoden deklariert werden.

Für das Local Interface gelten zusätzlich die folgenden Regeln:

- Das Interface `javax.ejb.EJBLocalObject` muss erweitert werden.
- Keine Methode darf die Exception `java.rmi.RemoteException` auslösen.

Für das Remote Interface gelten zusätzlich die folgenden Regeln:

- Das Interface `javax.ejb.EJBObject` muss erweitert werden.
- Jede Methode muss die Exception `java.rmi.RemoteException` auslösen.
- Alle Übergabeparameter, Rückgabeparameter und Exceptions müssen gültige RMI-IIOP Typen sein.

Die Methoden des Interfaces `javax.ejb.EJBLocalObject` bzw. `javax.ejb.EJBObject` stellen Funktionen zur Verfügung, mit denen man das zugehörige Home Interface ermitteln kann, mit der man die Instanz löschen und mit der man ihren Primärschlüssel ermitteln kann. Diese Methoden werden vom Container implementiert, sie müssen in der EJB-Implementierung nicht berücksichtigt werden. Das Remote Interface stellt zusätzlich eine Methode zur Verfügung, mit der man ein Handle für die EJB-Instanz ermitteln kann.

```
package de.j2eeguru.example.entitybean.ejb.user;

import java.rmi.RemoteException;
 import javax.ejb.EJBObject;

public interface User extends EJBObject
{
  public String getUserName() throws RemoteException;
  public String getPassword() throws RemoteException;

  public void setPassword(String newPassword)
```

```
        throws RemoteException;
}
```

Listing 5.12: Remote Interface eines Entity Beans

```
package de.j2eeguru.example.entitybean.ejb.user.cmp20;

import javax.ejb.EJBLocalObject;

public interface UserLocal extends EJBLocalObject
{
  public String getUserName();
  public String getPassword();

  public void setPassword(String newPassword);
}
```

Listing 5.13: Local Interface eines Entity Bean

Ein Client kann wie folgt Methoden aus dem Remote Interface aufrufen. Der Aufruf von Methoden aus dem Local Interface ist identisch.

```
  ...
  UserHome userHome = ...
  User user = userHome.findByPrimaryKey("scott");
  user.setPassword("tiger");
  ...
```

Listing 5.14: Client ruft Methode aus dem Remote Interface auf

5.1.3 Implementierung des Entity Beans

In der Home- und Komponentenschnittstelle sind die Methoden von dem EJB deklariert worden, die einem Client zur Verfügung gestellt werden. Bisher wurde jedoch noch keine Funktionalität implementiert. Dies soll in diesem Kapitel beschrieben werden.

Die Businesslogik eines Entity Beans wird in einer Klasse codiert, die das Interface `javax.ejb.EntityBean` implementieren muss. In diesem Interface sind Methoden definiert, die der EJB-Container aufruft, um die Instanz über bestimmte Ereignisse zu informieren. Die Methoden werden Container-Callback-Methoden genannt. Abhängig davon, ob es sich um ein CMP oder BMP Entity Bean handelt, sind die Container-Callback-Methoden umfangreich oder nicht. Falls der Container die Persistenz verwaltet, ist die Implementierung recht einfach.

In der EJB-Implementierung gibt es keinen Unterschied, ob eine Methode von einem Local- oder Remote Interface aufgerufen wurde.

Um die einzelnen Methoden im Interface `javax.ejb.EntityBean` besser verstehen zu können, ist es sinnvoll, das Zustandsdiagramm eines Entity Beans anzusehen.

Zustandsdiagramm

Ein Entity Bean kann drei Zustände annehmen, die in der folgenden Tabelle beschrieben werden.

Zustand	**Beschreibung**
Bean ist nicht vorhanden.	Die EJB-Instanz existiert nicht.
Bean ist im Pool.	Die EJB-Instanz wurde erzeugt, sie beinhaltet aber keine Daten, wie zum Beispiel den Primärschlüssel, d.h. der Instanz ist keine Objektidentität zugewiesen worden.
Bean ist bereit.	Die EJB-Instanz enthält die Daten einer Datenbankzeile mit dem dazugehörigen Primärschlüssel.

Tabelle 5.1: Zustände eines Entity Bean

Anhand des Zustandsdiagramms soll nun beschrieben werden, wann der Container welche Methoden aufruft. Zuerst ist die EJB-Instanz nicht vorhanden. Bei Bedarf erzeugt der Container eine Instanz und ruft dann die Methode `setEntityContext(ec)` auf. Dieser Methode übergibt der Container einen Parameter, den so genannten Entity-Kontext. Über den Entity-Kontext kann das Entity Bean diverse Dienste vom Container in Anspruch nehmen. Nach dem Aufruf dieser Methode ist die Instanz initialisiert und wird in den Pool vom Container hinzugefügt.

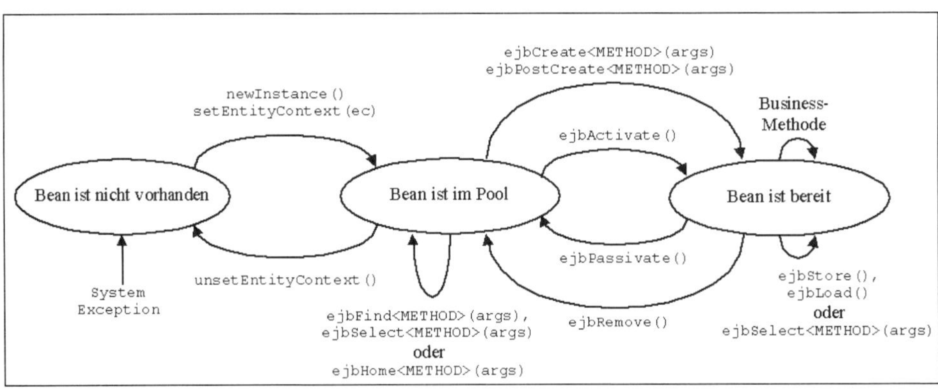

Abbildung 5.1: Zustandsdiagramm Entity Bean

Der Container verwaltet einen Pool mit Entity-Bean-Instanzen. Alle Instanzen, die sich im Pool befinden, sind für den Container gleich (natürlich nur von derselben Klasse). Ruft ein Client z.B. die create-Methode aus dem Home-Interface eines Entity Beans auf, dann kann der Container eine beliebige Instanz aus dem Pool nehmen und ruft dort die

Methode ejbCreate<METHOD>(args) und danach ejbPostCreate<METHOD>(args) auf. Nun ist die Instanz in dem Zustand „Bean ist bereit". Sie hat einen Primärschlüssel und entspricht einer Zeile in einer relationalen Datenbank.

Als Nächstes nehmen wir an, dass der Client die Methode findByPrimaryKey(pk) aus dem Home Interface aufruft. Der Container nimmt erneut eine beliebige Entity Bean Instanz aus dem Pool und ruft dort die Methode ejbFindByPrimaryKey(pk) auf. Der Rückgabewert dieser Methode (Primärschlüssel) wird vom Container in einem Objekt gespeichert, dessen Klasse die Komponentenschnittstelle implementiert hat. Dieses Objekt erhält der Client als Rückgabewert.

Ruft der Client von diesem Objekt eine Businessmethode auf, überprüft der Container zuerst, ob das Entity Bean mit diesem Primärschlüssel bereits in dem Zustand „Bean ist bereit" ist. Ist dies der Fall, ruft der Container ggf. zuerst die Methode ejbLoad() auf, damit sich das Entity Bean mit der Datenbank synchronisieren kann, und anschließend die Businessmethode, die der Client aufgerufen hat. Der Rückgabewert wird zum Client weitergegeben. Wenn die Entity Bean Instanz noch nicht in dem Zustand „Bean ist bereit" ist, nimmt der Container eine beliebige Instanz aus dem Pool und ruft dort die Methode ejbActivate() und danach ejbLoad() auf. Die Instanz ist nun in dem Zustand „Bean ist bereit" und der Container kann die angeforderte Businessmethode aufrufen.

Der Container kann von einem Entity Bean, das sich in dem Zustand „Bean ist bereit" befindet, die Businessmethoden aus dem Komponenteninterface oder die Container-Callback-Methoden ejbRemove(), ejbPassivate(), ejbStore() oder ejbLoad() aufrufen. Die Container-Callback-Methoden werden in dem folgenden Kapitel beschrieben.

Container-Callback-Methoden vom Entity Bean

Die EJB-Implementierung eines Entity Beans muss das Interface javax.ejb.EntityBean implementieren. Der Container ruft Methoden aus diesem Interface auf, um die Instanz über Ereignisse bzw. Zustandsänderungen zu informieren. Tabelle 5.2 beschreibt die Methoden und die dazugehörigen Ereignisse.

Methode	Beschreibung
setEntityContext(ec)	Diese Methode wird von dem Container aufgerufen, nachdem er die EJB-Instanz erzeugt hat. Die Methode hat einen Parameter, den Entity Kontext. Über diesen können Dienste vom Container in Anspruch genommen werden. Der Entity Kontext muss dann in einer Instanzvariablen gesichert werden.
unsetEntityContext()	Diese Methode wird vom Container aufgerufen, wenn die Instanz nicht mehr benötigt wird.
ejbActivate()	Diese Methode wird vom Container aufgerufen, wenn eine EJB-Instanz eine Objektidentität annehmen soll. In dieser Methode können Ressourcen angefordert werden, die in dem Zustand

Methode	Beschreibung
	„Bean ist bereit" benötigt werden. Mit Ressource ist nicht die Datenbankverbindung gemeint. Sie wird bereits in dem Zustand „Bean ist im Pool" benötigt. In dieser Methode dürfen keine Datenbankzugriffe erfolgen. Um die Instanz mit der Datenbank zu synchronisieren, wird vom Container die Methode ejbLoad() ausgeführt. Die Attribute des Entity Beans sind an dieser Stelle noch nicht initialisiert. Der Primärschlüssel kann über den Entity Kontext mit der Methode getPrimaryKey() ermittelt werden.
ejbPassivate()	Diese Methode wird vom Container aufgerufen, wenn die EJB-Instanz mit der Objektidentität (Primärschlüssel) nicht mehr benötigt wird. Die Instanz befindet sich danach in dem Pool und kann ggf. eine andere Objektidentität annehmen. In dieser Methode dürfen keine Datenbankzugriffe erfolgen. Falls die Instanz mit der Datenbank synchronisiert werden muss, ruft der Container zuvor die Methode ejbStore() auf.
ejbStore()	Diese Methode ruft der Container auf, wenn die Instanz ihren Zustand mit der Datenbank synchronisieren soll. Das Entity Bean speichert die Daten (eine Zeile) in der Datenbank.
ejbLoad()	Diese Methode ruft der Container auf, wenn die Instanz ihren Zustand mit der Datenbank synchronisieren soll. Das Entity Bean liest die Daten (eine Zeile) aus der Datenbank.
ejbRemove()	Diese Methode ruft der Container auf, wenn die Instanz mit der Objektidentität gelöscht werden soll. Der Datensatz in der Datenbank wird gelöscht, nicht die EJB-Instanz. Die EJB-Instanz befindet sich danach in dem Pool.

Tabelle 5.2: Methoden vom Interface javax.ejb.EntityBean

Zulässige Operationen in den Methoden

Nicht in jeder Methode eines EJBs sind alle Operationen zulässig. In der Methode `setEntityContext()` kann z.B. nicht der Primärschlüssel vom Entity-Kontext ermittelt werden. Zu diesem Zeitpunkt ist der EJB-Instanz noch keiner zugewiesen worden. Tabelle 5.3. listet die erlaubten Operationen innerhalb der einzelnen Methoden auf.

Methode vom EJB	Erlaubte Operationen in der Methode vom EJB
Konstruktor	–
setEntityContext unsetEntityContext	Methoden vom Interface EntityContext: - getEJBHome, - getEJBLocalHome JNDI-Zugriff auf: java:comp/env
ejbCreate<METHOD>	Methoden vom Interface EntityContext: - getEJBHome, - getEJBLocalHome, - getCallerPrincipal, - isCallerInRole, - getRollbackOnly, - setRollbackOnly JNDI-Zugriff auf: java:comp/env Zugriff auf Resource Manager Zugriff auf EJB
ejbPostCreate<METHOD> ejbRemove ejbLoad ejbStore	Methoden vom Interface EntityContext: - getEJBHome, - getEJBLocalHome, - getEJBObject, - getEJBLocalObject, - getCallerPrincipal, - isCallerInRole, - getRollbackOnly, - setRollbackOnly, - getPrimaryKey JNDI-Zugriff auf: java:comp/env Zugriff auf Resource Manager Zugriff auf EJB
ejbHome<METHOD>	Methoden vom Interface EntityContext: - getEJBHome, - getEJBLocalHome, - getCallerPrincipal, - isCallerInRole, - getRollbackOnly, - setRollbackOnly JNDI-Zugriff auf: java:comp/env

Methode vom EJB	Erlaubte Operationen in der Methode vom EJB
	Zugriff auf Resource Manager Zugriff auf EJB
ejbActivate ejbPassivate	Methoden vom Interface EntityContext: - getEJBHome, - getEJBLocalHome, - getEJBObject, - getEJBLocalObject, - getPrimaryKey JNDI-Zugriff auf: java:comp/env
Businessmethoden aus der Komponentenschnitt-stelle	Methoden vom Interface EntityContext: - getEJBHome, - getEJBLocalHome, - getEJBObject, - getEJBLocalObject, - getCallerPrincipal, - isCallerInRole, - getRollbackOnly, - setRollbackOnly, - getPrimaryKey JNDI-Zugriff auf: java:comp/env Zugriff auf Resource Manager Zugriff auf EJB

Tabelle 5.3: Zulässige Operationen in den Methoden des Entity Beans

Methoden zum Erzeugen eines Entity Beans

In der Beschreibung des Home Interfaces haben wir bereits die create-Methoden kennen gelernt. Dort können 0..n dieser Methoden definiert werden. Die Codierung dieser Methoden erfolgt in der EJB-Implementierung . Der Zugriff auf Instanzen dieser Klasse ist nur durch den Container erlaubt. Ruft ein Client eine create-Methode aus dem Home Interface auf, so nimmt der Container diesen Aufruf entgegen. Damit der Container nun die richtige Methode in der EJB-Implementierung aufrufen kann, gibt es die folgenden Regeln, die zu beachten sind.

- Zu jeder `create<METHOD>(args)` im Home Interface muss es eine `ejb-Create<METHOD>(args)` und eine `ejbPostCreate<METHOD>(args)` in der EJB-Implementierung geben. Die Übergabeparameter müssen identisch sein. Der Methodenname in der Implementierung muss bis auf ein Präfix identisch mit dem aus dem Home Interface sein. Das Präfix `ejb` bzw. `ejbPost` ist dem Methodennamen vorangestellt, wobei der darauf folgende Buchstabe groß geschrieben wird.

- Der Rückgabewert einer ejbCreate-Methode ist immer der Primärschlüssel des Entity Beans.
- Der Rückgabewert der ejbPostCreate-Methode ist immer void.
- Die ejbCreate- und ejbPostCreate-Methoden müssen die Exception `javax.ejb.CreateException` auslösen.

Das folgende Beispiel (Listing 5.15) zeigt die EJB-Implementierung der create-Methoden des Home Interfaces aus Listing 5.5. Die Methodendeklarationen sehen den Deklarationen aus dem Home Interface sehr ähnlich. Man beachte jedoch die Rückgabewerte: Im Home Interface wird die Komponentenschnittstelle zurückgeliefert, die Implementierung liefert den Primärschlüssel bzw. void zurück.

```
...
public abstract class PlayerEJB implements EntityBean
{
  ...
  public Integer ejbCreate( Integer playerNr,
                            String name,
                            String description
                          ) throws CreateException
  { ... }

  public void ejbPostCreate( Integer playerNr,
                             String name,
                             String description
                           ) throws CreateException
  { ... }

  public Integer ejbCreateKeeper(
                             Integer playerNr,
                             String name
                           ) throws CreateException
  { ... }

  public void ejbPostCreateKeeper(
                             Integer playerNr,
                             String name
                           ) throws CreateException
  { ... }
  ...
}
```

Listing 5.15: ejbCreate<METHOD>, ejbPostCreate<METHOD> eines Entity Beans

Nun wissen wir, wie die create-Methoden in der EJB-Implementierung deklariert werden. Welche Funktionalität muss aber in der ejbCreate<METHOD> bzw. ejbPostCreate<METHOD> codiert werden? Im Gegensatz zu den Session Beans stellt ein Entity Bean ein persistentes Objekt dar. Dies ist in der Regel eine Zeile in einer Tabelle einer relationalen Datenbank. Die ejbCreate<METHOD> muss eine persistente Instanz erzeugen, also einen INSERT in die Datenbank absetzen und den Primary Key dieser Zeile zurückliefern. Wenn diese Methode ohne Fehler ausgeführt wird, ruft der Container die Methode ejbPostCreate<METHOD> auf. In ihr können Relationen zu anderen Datenbanktabellen gepflegt werden. Da sich das Objekt bereits in der Datenbank befindet, können weitere Tabellen gepflegt werden, die in einer Beziehung zu diesem Objekt (z.B. Foreign-Key-Constraint) stehen.

Methoden zum Suchen eines Entity Beans

Im Home-Interface werden 1..n Methoden deklariert, mit denen man Instanzen von Entity Beans suchen kann. Diese Methoden müssen ähnlich wie die create-Methoden in der EJB-Implementierung codiert werden. Wird eine find-Methode aus dem Home-Interface aufgerufen, so nimmt der Container diesen Aufruf entgegen und entscheidet anhand vom Methodennamen und Übergabeparameter, welche Methode aus der EJB-Implementierung aufgerufen wird. Folgende Regeln sind für die find-Methoden zu beachten:

- Die ejbFind<METHOD> müssen nur implementiert werden, wenn es sich um ein BMP Entity Bean handelt.
- Handelt es sich um ein CMP Entity Bean, dann werden die Methoden ejbFind<METHOD> bei der Installation von dem Container erzeugt. Die Datenbankabfrage, die von der Methode ausgeführt werden soll, muss im Deployment Descriptor deklariert werden. Die Syntax der Datenbankabfrage ist in der EJB-Spezifikation 2.0 definiert und wird als EJB Query Language (EJB-QL) bezeichnet.
- Zu jeder find<METHOD> im Home-Interface muss es eine ejbFind<METHOD> in der EJB-Implementierung geben. Die Übergabeparameter und die Methodennamen müssen identisch sein, wobei der Methodenname in der Implementierung das Präfix ejb haben muss und der darauf folgende Buchstabe groß geschrieben wird.
- Der Rückgabewert einer ejbFind<METHOD> ist immer der Primärschlüssel oder eine java.util.Collection, die Objekte beinhaltet, die vom Typ des Primärschlüssels sind. Falls mehrere Objekte zurückgeliefert werden, können Instanzen mehrfach in der Liste vorhanden sein, wenn kein SELECT DISTINCT ... in der EJB-QL definiert wurde. Falls der Rückgabewert ein java.util.Set ist, sind die Instanzen (Primärschlüssel) nicht mehrfach in der Liste enthalten.
- Die ejbFind<METHOD> muss die Exception javax.ejb.FinderException auslösen.
- Die Methode ejbFindByPrimaryKey(pk) muss immer implementiert werden.

Das folgende Beispiel (Listing 5.16) zeigt die EJB-Implementierung der find-Methoden des Home Interfaces aus Listing 5.7. Die Methodendeklarationen sehen den Deklarationen aus dem Home-Interface sehr ähnlich. Man beachte jedoch die Rückgabewerte: Im

Home Interface wird die Komponentenschnittstelle zurückgeliefert, die Implementierung liefert den Primärschlüssel zurück.

```
...
public class CoachEJB implements EntityBean
{
  public Integer ejbFindByPrimaryKey(Integer coachNr)
         throws FinderException
  { ... }

  public Collection ejbFindAll()
         throws FinderException
  { ... }

  public Integer ejbFindByTeam(Team theTeam)
         throws FinderException
  { ... }

  ...
}
```

Listing 5.16: ejbFind<METHOD> eines Entity Beans

Businessmethoden vom Entity Bean

Man kann Businessmethoden eines Entity Beans entweder im Home- oder im Komponenten-Interface deklarieren. Die Businessmethoden im Home Interface sind erst seit der EJB-Spezifikation 2.0 verfügbar. Am Zustandsdiagramm des Entity Beans erkennt man den Unterschied zwischen den beiden Methoden.

Die Businessmethoden aus dem Home Interface (`ejbHome<METHOD>`) können von einer Instanz ausgeführt werden, der noch keine Objektidentität zugewiesen wurde, d.h. es können Instanzen im Zustand „Bean ist im Pool" vom Container verwendet werden. Da der Instanz keine Objektidentität zugewiesen wurde, dürfen in einer ejbHome-Methode keine Businessmethoden aus dem Komponenteninterface aufgerufen werden.

Die Businessmethoden, die im Komponenteninterface deklariert wurden, können nur ausgeführt werden, wenn sich das EJB im Zustand „Bean ist bereit" befindet. In diesem Zustand hat das Entity Bean eine Objektidentität.

Die Businessmethoden aus dem Home Interface werden verwendet, um allgemeine Funktionalitäten zur Verfügung zu stellen, die sich nicht auf eine spezielle Entität bezieht. Die folgenden Regeln gelten für die ejbHome-Methoden:

- Die Methoden müssen als `public` deklariert werden.
- Die Methoden dürfen nicht als `static`, `final` oder `abstract` deklariert werden.
- Für jede Businessmethode aus dem Home Interface muss es eine zugehörige Methode in der EJB-Implementierung geben. Dabei müssen der Methodenname, der Rückgabewert und die Übergabeparameter übereinstimmen, wobei der Methoden-

name in der Implementierung das Präfix `ejbHome` haben muss und der nachfolgende Buchstabe groß geschrieben wird.

- Eine `ejbHome<METHOD>` kann eine `ejbSelect<METHOD>` aufrufen.
- Es können benutzerspezifische Exceptions ausgelöst werden.

Das folgende Beispiel (Listing 5.17) zeigt die EJB-Implementierung der Businessmethoden aus dem Home Interface aus Listing 5.10.

```
...
public class CoachEJB implements EntityBean
{
  ...
  public void ejbHomeInitStorage()          { ... }

  public void ejbHomeDestroyStorage()       { ... }
  ...
}
```

Listing 5.17: ejbHome<METHOD> eines Entity Beans

Die Businessmethoden aus dem Komponenteninterface dienen im Allgemeinen dazu, auf die Attribute der Entity Beans zuzugreifen, d.h. Setter- und Getter-Methoden. Es können jedoch auch Methoden mit erweiterten Funktionalitäten definiert werden, die sich auf eine Instanz beziehen. Folgende Regeln gelten für diese Methoden:

- Die Methoden müssen als `public` deklariert werden.
- Die Methoden dürfen nicht als `static` oder `final` deklariert werden.
- Für jede Businessmethode im Komponenteninterface muss es eine zugehörige Methode in der EJB-Implementierung geben. Dabei müssen der Methodenname, der Rückgabewert und die Übergabeparameter übereinstimmen. Diese Methoden haben kein Präfix.
- Bei den Methodendeklarationen gibt es Unterschiede zwischen CMP und BMP Entity Beans bzw. zwischen CMP in der EJB-Spezifikation 1.x und 2.x. Dies soll jedoch in den folgenden Kapiteln beschrieben werden.
- Es können benutzerspezifische Exceptions ausgelöst werden.

Die Businessmethode eines Entity Beans kann sowohl über das Local als auch über das Remote Interface aufgerufen werden. In der Methode kann man nicht feststellen, über welches Interface der Aufruf erfolgte.

Das folgende Beispiel (Listing 5.18) zeigt die EJB-Implementierung von den Businessmethoden aus der Komponentenschnittstelle aus Listing 5.12 bzw. 5.13. Bei der Klasse handelt es sich um ein CMP Entity Bean nach der EJB-Spezifikation 2.0. Mit den Methoden kann man die Attribute der Instanz bzw. die Spalten der Tabellenzeile lesen bzw. schreiben.

```
...
public abstract class UserEJB implements EntityBean
{
  ...
  public abstract String getUserName();
  public abstract String getPassword();

  public abstract void setUserName(String userName);
  public abstract void setPassword(String password);
  ...
}
```

Listing 5.18: Businessmethoden eines Entity Beans

Methoden für interne Datenbankabfragen

Seit der EJB-Spezifikation 2.0 kann man bei Entity Beans mit Container Managed Persistence Methoden definieren, die allgemeine Datenbankabfragen ausführen. Diese Methoden werden nicht in der Home- bzw. Komponentenschnittstelle deklariert, so dass die Methoden nur in der EJB-Implementierung aufgerufen werden können. In der EJB-Implementierung wird die Methode als `abstract` deklariert. Der Container implementiert die Methode bei der Installation des Entity Beans. Im Deployment Descriptor muss man die Datenbankabfrage (EJB-QL) definieren, die von der Methode ausgeführt werden soll. Die folgenden Regeln gelten für select-Methoden:

- Die Methoden müssen das Präfix `ejbSelect` haben. Sie werden als `ejbSelect<METHOD>(args)` bezeichnet.
- Die Methoden müssen als `public abstract` deklariert werden.
- Die Methoden können nur innerhalb der EJB-Implementierung aufgerufen werden. Sie können auch innerhalb einer `ejbHome<METHOD>(args)` aufgerufen werden, d.h. von einer Instanz, die keine Objektidentität besitzt.
- Die Methode kann Objekte ermitteln, die eine Beziehung zu dem Entity Bean haben, d.h. eine Komponentenschnittstelle von einem anderen Entity Bean.
- Die `ejbSelect<METHOD>(args)` muss die Exception `javax.ejb.FinderException` auslösen.

Die select-Methode eines Entity Beans kann entweder einen einfachen Java-Typ (String, Integer, Double, ...), die Komponentenschnittstelle von einem Entity Bean oder eine Liste mit den genannten Typen zurückliefern. Die Komponentenschnittstelle ist typischerweise das Local Interface. Falls das Remote Interface ermittelt werden soll, muss dies explizit im Deployment Descriptor angegeben werden. Anders als die find-Methoden können die select-Methoden auch Komponentenschnittstellen von anderen Entity Beans ermitteln. Zu diesem Entity Bean muss eine Container Managed Relation (CMR) bestehen.

Wenn der Rückgabewert der select-Methode ein einzelnes Objekt ist und die SQL-Anweisung mehrere Objekte liefert, muss der Container die Exception `javax.ejb.FinderException` auslösen.

Soll die select-Methode mehrere Objekte zurückliefern, muss der Rückgabewert entweder eine `java.util.Collection` oder ein `java.util.Set` sein. Wenn der Rückgabewert eine `java.util.Collection` ist und es wurde kein SELECT DISTINCT ausgeführt, dann kann ein Objekt mehrmals in der Liste enthalten sein. Bei dem Rückgabewert `java.util.Set` wird prinzipiell immer ein SELECT DISTINCT ausgeführt.

Die select-Methoden bieten den Vorteil, dass die Datenbank nur die Objekte zurückliefert, die in der WHERE-Bedingung angegeben werden. Die Datenbank führt diese Vergleiche durch. Dies macht einen Datenzugriff wesentlich performanter.

Listing 5.19 zeigt die Deklaration von select-Methoden in der EJB-Implementierung.

```
...
public abstract class GameEJB implements EntityBean
{
  ...
  /**
   * Die Methode soll alle Namen von den Gäste-Spielern ermitteln.
   */
  public abstract Collection ejbSelectGuestPlayerNames(
                 GameLocal game) throws FinderException;
  /**
   * Die Methode soll alle Namen von den Heim-Spielern ermitteln.
   */
  public abstract Collection ejbSelectHomePlayerNames(
                 GameLocal game) throws FinderException;
  ...
}
```

Listing 5.19: select-Methode eines Entity Beans

5.1.4 Primärschlüsselklasse

Jede Instanz eines Entity Beans benötigt eine eindeutige Identität, so dass die EJB-Instanz eindeutig identifiziert werden kann. Diese Identität nennt man Primärschlüssel bzw. Primary Key. Ein Entity Bean benötigt eine Klasse, die den Primärschlüssel abbildet. Dies kann ein einfacher Datentyp, wie z.B. Integer, Double oder String sein. Er kann sich jedoch auch aus einer benutzerdefinierten Klasse zusammensetzen, die z.B. mehrere Attribute hat, weil der Primary Key in der Datenbank ebenfalls mehrere Spalten umfasst. Die Primärschlüsselklasse wird im Deployment Descriptor vom EJB deklariert und muss die folgende Bedingungen erfüllen:

- Die Klasse muss ein gültiger RMI-IIOP-Typ sein (z.B. das Interface `java.io.Serializable` implementieren).
- Die Methoden `Object.equals(Object other)` und `Object.hashCode()` müssen überschrieben werden.
- Die Klasse muss `public` sein.
- Die Klasse muss einen Konstruktor ohne Parameter haben und er muss `public` sein.

Der Rückgabewert der Methode `ejbCreate<METHOD>(args)` ist vom Typ der Primärschlüsselklasse. In der EJB-Implementierung gibt es Zugriffsmethoden für den bzw. die Instanzvariablen des Primärschlüssels. Diese Set-Methoden für den Primärschlüssel dürfen nicht in der Komponentenschnittstelle deklariert werden. Dies würde ein Ändern der Objektidentität ermöglichen. Bei Beziehungen zwischen Entity Beans (*foreign keys*) wären Probleme vorprogrammiert.

Im Deployment Descriptor muss die Primärschlüsselklasse von dem Entity Bean definiert werden. Dort muss der vollständige Klassenname angegeben werden, z.B. `java.lang.String`.

Besonderheiten bei CMP

Bei einem Entity Bean mit Container Managed Persistence müssen bestimmte Regeln eingehalten werden, damit der Container den Primärschlüssel korrekt verwalten und zuordnen kann. An dieser Stelle sollen die möglichen Fälle erläutert werden, wie sich ein Primärschlüssel zusammensetzt und welche Regeln zu beachten sind.

Primärschlüssel enthält ein Attribut

Wenn der Primärschlüssel über eine einzige Spalte in der Datenbank definiert wird, kann eine einfache Java-Klasse als Primärschlüssel verwendet werden. Dies kann z.B. ein String oder ein Integer sein. Der Primärschlüssel muss eine Klasse sein, d.h. die primitiven Datentypen `int`, `double` usw. sind nicht zulässig.

Primärschlüssel mit mehreren Attribute

Erstreckt sich der Primary Key über mehrere Spalten einer Tabelle, muss man eine Klasse mit mehreren Instanzvariablen definieren. Die Instanzvariablen müssen `public` sein und die Namen müssen mit den entsprechenden Instanzvariablen des Entity Beans übereinstimmen.

```
package de.j2eeguru.example.entitybean.ejb.playday;

import java.io.Serializable;

public class PlayDayPK implements Serializable
{
  public int leagueId;
```

```
  public int dayNumber;

  public boolean equals(Object obj)
  {
    if (this.getClass().equals(obj.getClass()))
    {
      PlayDayPK other = (PlayDayPK) obj;
      return( this.leagueId == other.leagueId &&
              this.dayNumber == other.dayNumber );
    }
    return false;
  }

  public int hashCode()
  {
    return( ("" + leagueId + dayNumber).hashCode() );
  }
}
```

Listing 5.20: Benutzerdefinierte Primärschlüsselklasse

Die EJB-Implementierung des Entity Beans, das die benutzerdefinierte Klasse aus dem Listing 5.20 verwendet, ist in Listing 5.21 dargestellt. Die Namen der Instanzvariablen, die der Container verwalten soll, stimmen mit denen aus der Primärschlüsselklasse überein. Der Rückgabewert der Methode `ejbCreate(...)` ist vom Typ der Primärschlüsselklasse.

```
package de.j2eeguru.example.entitybean.ejb.playday;
...
public class PlayDayEJB implements EntityBean
{
  //-----------------------------------------------------------
  //        CMP Instanzvariablen deklarieren
  //-----------------------------------------------------------
  public int leagueId;
  public int dayNumber;

  //-----------------------------------------------------------
  //                    CMP-Getter-Methoden
  //-----------------------------------------------------------
  public int getLeagueId() { return(leagueId); }
  public int getDayNumber(){ return(dayNumber); }

  //-----------------------------------------------------------
  //                    CMP-Setter-Methoden
  //-----------------------------------------------------------
```

```
  public void setLeagueId(int val)  { leagueId = val;  }
  public void setDayNumber(int val) { dayNumber = val; }

  //---------------------------------------------------------------
  //          Implementierung der create-Methode
  //---------------------------------------------------------------
  public PlayDayPK ejbCreate( int leagueId, int dayNumber
                            ) throws CreateException
  {
    setLeagueId(leagueId);
    setDayNumber(dayNumber);
    return(null); // bei CMP muss null zurückgeliefert werden
  }
  ...
}
```

Listing 5.21: EJB-Implementierung mit einer benutzerdefinierten Primärschlüsselklasse

Primärschlüssel soll der Container verwalten

Der Container kann die Verwaltung des Primärschlüssels übernehmen. Dies ist dann sinnvoll, wenn während der Entwicklung nicht feststeht, was der Primärschlüssel eines Entity Beans ist. Der Primary Key ist dann vom Typ `java.lang.Object`, d.h. diese Klasse muss in Deployment Descriptor angegeben werden und der Rückgabewert der ejbCreate-Methoden in der EJB-Implementierung muss ebenfalls diese Klasse sein.

Der Container erzeugt bei der Installation eines Entity Beans eine Unterklasse mit einer zusätzlichen Instanzvariablen, die den Primärschlüssel darstellt. Diese Variable wird vom Container versorgt. Listing 5.22 zeigt einen Ausschnitt eines Entity Beans, bei dem der Container den Primärschlüssel verwaltet. In der Datenbank können mehrere Zeilen mit dem gleichen Wert in der Spalte „Name“ existieren, d.h. diese Spalte ist nicht der Primärschlüssel.

```
package de.j2eeguru.example.entitybean.ejb.referee;
...
public abstract class RefereeEJB implements EntityBean
{
  //---------------------------------------------------------------
  //                CMP Getter-Methoden
  //---------------------------------------------------------------
  public abstract String getName();

  //---------------------------------------------------------------
  //                CMP  Setter-Methoden
  //---------------------------------------------------------------
  public abstract void setName(String name);
```

```
  //--------------------------------------------------------------
  //          Implementierung der create-Methode
  //--------------------------------------------------------------
  public Object ejbCreate( String name
                         ) throws CreateException
  {
    setName( name );
    return(null);
  }
  ...
}
```

Listing 5.22: EJB-Implementierung, bei dem der Container den Primärschlüssel verwaltet

5.1.5 Handle eines Entity Beans

Es kann ein Handle von einem Entity Bean angefordert werden, mit dem das Bean eindeutig referenziert werden kann. Das Handle kann z.B. in einer Datei gespeichert werden. Zu einem späteren Zeitpunkt kann es benutzt werden, um das Entity Bean wieder zu referenzieren. In der gleichen Art und Weise kann man ein Handle vom Home Interface verwenden. Dies ist dann sinnvoll, wenn man den JNDI-Namen vom Home Interface nicht kennt. Das folgende Beispiel zeigt einen Ausschnitt eines Clients, der ein Handle zwischenspeichert, um später über das Handle eine Referenz auf das Entity Bean zu erzeugen.

```
  ...
  public void saveObject( ObjectOutputStream  oos,
                          javax.ejb.EJBObject obj
                        ) throws Exception
  {
    javax.ejb.Handle handle = obj.getHandle();
    oos.writeObject(handle);
  }

  public javax.ejb.EJBObject loadObject( ObjectOutputStream oos,
                                         Class class
                                       ) throws Exception
  {
    javax.ejb.Handle handle = (javax.ejb.Handle) oos.readObject();
    return (javax.ejb.EJBObject)
             javax.rmi.PortableRemoteObject.narrow(
                                  handle.getEJBObject(),
                                  class );
  }
  ...
```

Listing 5.23: Zugriff auf ein Entity Bean über ein Handle

5.1.6 Deployment Descriptor

Der Deployment Descriptor beschreibt ein Entity Bean, so dass es in einen EJB-Container installiert werden kann. Listing 5.24 zeigt einen Ausschnitt eines Entity Beans mit CMP nach der EJB-Spezifikation 2.0. Tabelle 5.4 beschreibt die Elemente eines Entity Beans.

```
<ejb-jar>
  <display-name>EntityBeanExample</display-name>
  <enterprise-beans>
    <entity>
      <display-name>UserEJB_CMP20</display-name>
      <ejb-name>UserEJB_CMP20</ejb-name>
      <home>
        de.j2eeguru.example.entitybean.ejb.user.UserHome
      </home>
      <remote>
        de.j2eeguru.example.entitybean.ejb.user.User
      </remote>
      <ejb-class>
        de.j2eeguru.example.entitybean.ejb.user.cmp20.UserEJB
      </ejb-class>
      <persistence-type>Container</persistence-type>
      <prim-key-class>java.lang.String</prim-key-class>
      <reentrant>False</reentrant>
      <cmp-version>2.x</cmp-version>
      <abstract-schema-name>User</abstract-schema-name>
      <cmp-field>
        <field-name>password</field-name>
      </cmp-field>
      <cmp-field>
        <field-name>userName</field-name>
      </cmp-field>
      <primkey-field>userName</primkey-field>
      <query>
        <query-method>
          <method-name>findAll</method-name>
          <method-params />
        </query-method>
        <result-type-mapping>Local</result-type-mapping>
        <ejb-ql>SELECT OBJECT(U) FROM User U</ejb-ql>
      </query>
      ...
    </entity>
    ...
  <enterprise-beans>
```

```
...
</ejb-jar>
```

Listing 5.24: Deployment Descriptor eines Entity Beans mit CMP

Element	**M**	**Beschreibung**
<description>	0..1	Kommentar bzw. Beschreibung zum Entity Bean
<display-name>	0..1	Name der Visualisierung
<small-icon>	0..1	Grafik der Visualisierung
<large-icon>	0..1	Grafik der Visualisierung
<ejb-name>	1	Hier wird der Name des EJBs definiert. Dieser Name muss innerhalb vom Deployment Descriptor eindeutig sein und wird verwendet, um auf dieses EJB zu referenzieren.
<home>	0..1	Remote Home Interface vom Entity Bean
<remote>	0..1	Remote Interface vom Entity Bean
<local-home>	0..1	Local Home Interface vom Entity Bean
<local>	0..1	Local Interface vom Entity Bean
<ejb-class>	1	Klasse mit der EJB-Implementierung
<persistence-type>	1	Hier wird definiert, wer die Daten speichern soll. Gültige Werte sind Bean und Container.
<prim-key-class>	1	Klasse des Primary Keys
<reentrant>	1	Hier kann definiert werden, ob die Methoden des EJBs reentrant-fähig sind. Gültige Werte sind True oder False.
<cmp-version>	0..1	Version der EJB-Spezifikation, die verwendet werden soll. Gültige Werte sind 1.x oder 2.x . Der Defaultwert ist 2.x.
<abstract-schema-name>	0..1	In diesem Element kann ein Name spezifiziert werden, der in einer EJB QL verwendet wird, um ein Entity Bean von diesem Typ zu referenzieren. Dieses Element kann nur bei cmp-version=2.x und persistence-type=Container verwendet werden.
<cmp-field>	0..n	In diesen Elementen werden die Namen der Instanzvariablen angegeben, bei denen der Container die Persistenz verwalten soll.

Element	M	Beschreibung
<primkey-field>	0..1	In diesem Element kann der Name der Instanzvariablen definiert werden, die den Primärschlüssel des Entity Beans beinhaltet.
<env-entry>	0..n	In diesem Element kann eine Umgebungsvariable definiert werden.
<ejb-ref>	0..n	Mit diesem Element kann eine Referenz auf einen Remote Client View von einem EJB definiert werden.
<ejb-local-ref>	0..n	Mit diesem Element kann eine Referenz auf einen Local Client View von einem EJB definiert werden.
<security-role-ref>	0..n	In diesem Element kann eine logische Gruppe (security role) definiert werden, die im Quelltext durch einen logischen Namen angesprochen wird. Der logische Name kann z.B. der Methode isCallerInRole(String roleName) vom EJBContext als Parameter übergeben werden.
<security-identity>	0..1	Mit diesem Element kann man festlegen, ob das EJB unter der Identität vom Benutzer oder einer fest definierten Benutzergruppe ausgeführt werden soll.
<resource-ref>	0..n	Hier kann eine Resource Manager Connection Factory definiert werden, die im Quelltext durch einen logischen Namen angesprochen wird.
<resource-env-ref>	0..n	Mit diesem Element können Objekte definiert werden, die von einem Administrator verwaltet werden und die zu einem Resource Manager gehören. Dies sind z.B. Nachrichtenziele (Destination) von JMS. Im Quelltext wird ein logischer Name verwendet, um das Objekt über JNDI zu ermitteln. In diesem Element wird dem logischen Namen ein konkretes Objekt zugewiesen.
<query>	0..n	In diesem Element kann eine EJB QL definiert werden. Dieses Element kann nur bei cmp-version=2.x und persistence-type=Container verwendet werden.

Tabelle 5.4: Definitionen im Element <entity>

Für ein Entity Bean kann man im Deployment Descriptor definieren, ob die Methoden reentrant fähig sind. Die bedeutet, dass Methoden von einer Instanz im gleichen Transaktionskontext mehrmals gleichzeitig aufgerufen werden können. Dies kann z.B. auftreten, wenn das Entity Bean X auf ein EJB Y zugreift und dieses wiederum auf X. Dies bezeichnet man als Loopback-Aufruf. Falls das Entity Bean nicht reentrant-fähig ist, muss der Container beim gleichzeitigen Zugriff auf die Instanz eine Exception auslösen. Falls der Zugriff über den Remote Client View erfolgte, wird eine java.rmi.RemoteException ansonsten eine javax.ejb.EJBException ausgelöst.

5.2 Bean Managed Persistence (BMP) EJB 1.x

In diesem Kapitel wollen wir uns genauer mit der Implementierung eines Entity Beans auseinandersetzen. Wie im vorherigen Kapitel kurz angedeutet wurde, hat man bei Entity Beans die Möglichkeit, den Container oder das Bean für das Speichern der Daten verantwortlich zu machen. Hier wollen wir alles in Handarbeit codieren, damit wir in dem späteren Kapitel sehen, wie schön die Welt, zu mindest in der Theorie, sein kann.

5.2.1 Besonderheiten bei der Implementierung

Die EJB-Implementierung muss die komplette Datenbankkommunikation beinhalten, die erforderlich ist, um eine Instanz permanent zu speichern. Zusätzlich zu den allgemeinen Bedingungen gelten die folgenden Regeln:

- Die Klasse darf nicht abstract oder final sein.
- Die Attribute müssen nicht public sein.
- Alle create-Methoden dürfen kein Suffix im Methodennamen haben, d.h. sie müssen im Home Interface create(args) und in der EJB-Implementierung ejbCreate(args) heißen.
- Jede Methode ejbCreate(args) muss den Primärschlüssel der Instanz zurückliefern.
- Die ejbFind<METHOD>(args) müssen implementiert werden.
- Es gibt keine ejbSelect<METHOD>-Methoden.
- Es gibt keine ejbHome<METHOD>-Methoden.

5.2.2 Datenbankzugriffe in den Callback-Methoden

Die Datenbankzugriffe erfolgen in den Container-Callback-Methoden. Diese müssen in der EJB-Implementierung codiert werden. Der Container ruft diese Methoden auf, wenn eine Instanz ihren Zustand mit der Datenbank synchronisieren muss. Tabelle 5.5 beschreibt, welche Datenbankaktivität in welcher Methode durchgeführt werden muss.

Methode	Datenbankaktivität
setEntityContext(ec)	Datenbankverbindung aufbauen
unsetEntityContext()	Datenbankverbindung abbauen
ejbCreate (args)	SQL-Befehl ausführen: INSERT
ejbRemove()	SQL-Befehl ausführen: DELETE
ejbLoad()	SQL-Befehl ausführen: SELECT
ejbStore()	SQL-Befehl ausführen: UPDATE

Methode	Datenbankaktivität
ejbFind<METHOD>(args)	SQL-Befehl ausführen: SELECT
ejbActivate()	
ejbPassivate()	

Tabelle 5.5: Datenbankkommunikation in Container-Callback-Methoden

Die Datenbankverbindung kann in der Methode `setEntityContext()` aufgebaut und in der Methode `unsetEntityContext()` beendet werden. Jede Instanz dieses Entity Beans hat dann eine eigene Datenbankverbindung. Bei 100 Instanzen sind das 100 Datenbankverbindungen.

Man hat auch die Möglichkeit, die Verbindung zur Datenbank bei jedem Zugriff über eine Resource Manager Connection Factory anzufordern. Die Resource Manager Connection Factory Reference muss im Deployment Descriptor als „sharable" deklariert werden. So können mehrere EJB-Instanzen innerhalb einer Transaktion die gleiche Datenbankverbindung verwenden.

5.2.3 Beispiel Entity Bean mit BMP

Remote Client View eines Entity Beans

In diesem Beispiel wollen wir eine Komponente erzeugen, die Benutzerdaten in eine relationale Datenbank speichert. Listing 5.25 zeigt die SQL-Anweisung zur Erzeugung der Datenbanktabelle. Die Tabellen- und die Spaltennamen sind in Anführungszeichen gesetzt, weil die Datenbank so zwischen Groß- und Kleinschreibung unterscheiden kann.

```
CREATE TABLE "UserEJBTable"
(
  "userName" VARCHAR(255),
  "password" VARCHAR(255),
  CONSTRAINT "pk_UserEJBTable" PRIMARY KEY ("userName")
)
```

Listing 5.25: SQL-Befehl zum Erzeugen der Tabelle „Kunde"

Alle Prüfungen bezüglich der Länge der Datenfelder bzw. des Primary Keys überlassen wir der Datenbank, so dass unser Entity Bean diesbezüglich keine Logik enthält.

Der Client View unterscheidet sich nicht zwischen einem Entity Bean mit CMP und BMP. Es sollte dem Client ja auch egal sein, wie die Funktionalität des EJBs realisiert ist. Um die Unterschiede zwischen Entity Beans mit BMP, CMP 1.x und CMP 2.x darzustellen, wird in den Beispielen der Client View aus den Listings 5.2 und 5.12 verwendet.

Das Home Interface definiert die Standardmethoden, die praktisch immer benötigt werden. Eine Methode zum Erzeugen eines Benutzers, eine Methode zum Suchen eines bestimmten Benutzers und eine Methode zum Suchen aller Benutzer. Die Methode `find-`

ByPrimaryKey ist zwingend erforderlich. Wenn keine create-Methode vorhanden ist, müssen die Datenbankzeilen von einer anderen Applikation erzeugt werden.

```
package de.j2eeguru.example.entitybean.ejb.user;

import java.rmi.RemoteException;
import java.util.Collection;
import javax.ejb.EJBHome;
import javax.ejb.FinderException;
import javax.ejb.CreateException;

public interface UserHome extends EJBHome
{
  public User create( String userName, String pwd )
         throws CreateException, RemoteException;

  public User findByPrimaryKey(String userName)
         throws FinderException, RemoteException;

  public Collection findAll()
         throws FinderException, RemoteException;
}
```

Listing 5.26: Remote Home Interface vom Entity Bean UserEJB

Die Komponentenschnittstelle definiert Methoden zum Lesen und Schreiben der einzelnen Instanzvariablen. Es wird keine Methode zur Verfügung gestellt, mit der man den Wert der Objektidentität (Primärschlüssel) verändern kann, d.h. der Benutzername kann nur gelesen werden.

```
package de.j2eeguru.example.entitybean.ejb.user;

import java.rmi.RemoteException;
import javax.ejb.EJBObject;

public interface User extends EJBObject
{
  public String getUserName()
         throws RemoteException;

  public String getPassword()
         throws RemoteException;

  public void setPassword(String newPassword)
```

```
        throws RemoteException;
}
```

Listing 5.27: Remote-Interface vom Entity Bean „Kunde"

Durch die Vorgaben des Client Views kann nun das Entity Bean codiert werden.

EJB-Implementierung

Um Daten in einer relationalen Datenbank verwalten zu können, muss das Entity Bean Zugriff auf die Datenbank haben. Wenn die Verbindung dauerhaft hergestellt werden soll, muss man sie in der Methode `setEntityContext(ec)` aufbauen. Der Entwickler eines Entity Beans weiß nicht, zu welcher Datenbank die Verbindung aufgebaut werden soll. Dieses Wissen erhält man erst, wenn das Entity Bean installiert werden soll. Dieses Problem wird durch die so genannten Resource Manager Connection Factory References gelöst. Der Entwickler des EJBs verwendet im Quellcode einen logischen Namen für die Datenbankverbindung. Im Deployment Descriptor muss dieser logische Name in dem Attribut `<resource-ref>` vom Entity Bean angegeben werden. Bei der Installation des EJBs muss ein Objekt zur Verfügung gestellt werden, das durch diese Referenz angesprochen wird.

Listing 5.28 zeigt die Methode `setEntityContext(ec)` des Entity Beans. Zu dem Verbindungsaufbau ist nicht viel zu sagen. Zuerst wird der JNDI-Kontext ermittelt. Danach holt man über den logischen Namen das Objekt, das durch die Resource Referenz parametrisiert wurde. Der Typ dieses Objekts muss im Deployment Descriptor angegeben werden. Dies sollte bei Datenbankverbindungen immer eine `javax.sql.DataSource` sein. Dieses Objekt ist für das Erzeugen von Datenbankverbindungen vorgesehen. Die Datenbankverbindung wird in einer Instanzvariablen vom Entity Bean gespeichert.

```
...
private EntityContext entityContext; // Entity-Context
private Connection conn;             // Datenbankverbindung
...
public void setEntityContext( EntityContext ec )
{
  try
  {
    entityContext = ec;

    // JNDI Kontext ermitteln
    InitialContext ctx = new InitialContext();

    // Resource Manager Connection Factory über einen logischen
    // Namen ermitteln
    DataSource dataSource = (DataSource)
                    ctx.lookup("java:comp/env/jdbc/UserDB");
```

```
    // Datenbankverbindung aufbauen
    conn = dataSource.getConnection();
  }
  catch(Exception ex)
  {
    throw new EJBException(LogBook.logException(ex));
  }
}
...
```

Listing 5.28: Verbindung zur Datenbank in der Methode setEntityContext() herstellen

Die Datenbankverbindung wird in der Methode `unsetEntityContext()` abgebaut. Diese Methode ruft der Container auf, wenn die Instanz von dem Entity Bean nicht mehr benötigt wird. Nach dem Aufruf dieser Methode kann die Instanz vom Garbage Collector aufgeräumt werden.

Die Verbindung zur Datenbank existiert also solange, wie die Instanz des Entity Beans im Container existiert. Die Instanz kann dabei mehrere Objektidentitäten annehmen und von mehreren Clients verwendet werden. Es wird immer die gleiche Datenbankverbindung von einer Instanz verwendet.

```
...
public void unsetEntityContext()
{
  entityContext = null;
  try
  {
    if( conn != null && !conn.isClosed() )
      conn.close();
  }
  catch(SQLException ex)
  {
    LogBook.logException(ex);
  }
  conn = null;
}
...
```

Listing 5.29: Verbindung zur Datenbank in der Methode unsetEntityContext() abbauen

Wenn die Methode `setEntityContext(ec)` ohne Fehler beendet wird, befindet sich das Entity Bean in dem Zustand „Bean ist im Pool“. Alle Instanzen, die sich in diesem Zustand befinden, sind gleich, d.h. ihnen ist keine Objektidentität zugeordnet. Der Container kann irgendeine dieser Instanzen verwenden, um Anfragen von einem Client zu verarbeiten.

Wie aus dem Zustandsdiagramm von Entity Beans ersichtlich ist, können Entity Beans in dem Zustand „Bean ist im Pool“ dazu verwendet werden, um Find- oder Home-Methoden aufzurufen. Da unser kleines Beispiel keine Home-Methode hat, wollen wir uns eine Find-Methode näher anschauen.

Eine Find-Methode wird von einem Client aufgerufen, wenn eine vorhandene Entität gesucht werden soll. In der Methode muss also eine Datenbankabfrage mit einer SELECT-Anweisung ausgeführt werden. Die SELECT-Anweisung ermittelt dabei immer nur den Primärschlüssel von den Datensätzen und gibt diesen als Rückgabewert an den Container zurück. Die WHERE-Bedingung der SELECT-Anweisung hängt von der Find-Methode ab.

Falls mehr als eine Zeile bei der Datenbankabfrage ermittelt werden kann, muss der Rückgabewert der Find-Methode vom Typ `java.util.Collection` sein. Die Objekte in dieser Liste sind alle vom Typ des Primärschlüssels.

An dieser Stelle sei nochmals darauf hingewiesen, dass der Rückgabewert der Find-Methoden im Home Interface Objekte vom Typ der Komponentenschnittstelle enthält. Der Container ermittelt also den bzw. die Primärschlüssel und muss damit Objekte vom Typ der Komponentenschnittstelle erzeugen.

Listing 5.30 und 5.31 zeigt die beiden Find-Methoden des Entity Beans. Die Methode `ejbFindByPrimaryKey(pk)` ermittelt den Primärschlüssel einer Datenbankzeile. Der Übergabeparameter ist ebenfalls der Primärschlüssel. Dieser wird in der WHERE-Bedingung angegeben. Die Methode ist scheinbar sinnlos, da sie den Übergabeparameter wieder zurückliefert. Die Methode wird verwendet, um festzustellen, ob eine Instanz mit diesem Primärschlüssel in der Datenbank existiert.

Wenn die SELECT-Anweisung mehrere Zeilen zurückliefert und der Rückgabewert keine Collection ist, dann muss die Find-Methode eine `javax.ejb.FinderException` auslösen. Dies ist in dem Listing nicht berücksichtigt, da wir davon ausgehen, dass in der Datenbank ein Primary Key Constraint für die Spalte „userName“ existiert.

```
...
public String ejbFindByPrimaryKey(String name)
       throws FinderException
{
  PreparedStatement stmt = null;
  ResultSet rs = null;

  try
  {
    stmt = conn.prepareStatement(
           "SELECT \"userName\" " + "
           "FROM \"UscrEJBTable\" " +
           "WHERE \"userName\"=?"  );

    stmt.setString( 1, name );
```

```
    rs = stmt.executeQuery();

    if( rs.next() )
      return rs.getString(1);
  }
  catch(SQLException ex)
  {
    throw new EJBException(LogBook.logException(ex));
  }
  finally
  {
    try
    {
      if( rs != null )
        rs.close();

      if( stmt != null )
        stmt.close();
    }
    catch(SQLException ex)
    {
      LogBook.logException(ex);
    }
  }

  throw new FinderException("Datensatz mit PK=" + name +
                            " nicht gefunden." );
}
...
```

Listing 5.30: ejbFindByPrimaryKey(pk) eines Entity Beans mit BMP

Die Methode `ejbFindAll()` ermittelt alle Primärschlüssel aus der Tabelle. In unserem Beispiel ist es die Spalte „userName". Es werden alle Zeilen gelesen und die Werte in ein Objekt vom Typ `java.util.ArrayList` eingefügt. Dieses Objekt implementiert das Interface `java.util.Collection`. Falls in der Tabelle keine Zeilen vorhanden sind, wird eine leere Collection zurückgeliefert.

```
...
public Collection ejbFindAll() throws FinderException
{
  Statement stmt = null;
  ResultSet rs = null;
  ArrayList list = new ArrayList();

  try
```

```
    {
      stmt = conn.createStatement();
      rs = stmt.executeQuery(
              "SELECT \"userName\" " +
              "FROM \"UserEJBTable\"");

      while( rs.next() )
        list.add( rs.getString(1) );
    }
    catch(SQLException ex)
    {
      throw new EJBException(LogBook.logException(ex));
    }
    finally
    {
      try
      {
        if( rs != null )
          rs.close();

        if( stmt != null )
          stmt.close();
      }
      catch(SQLException ex)
      {
        LogBook.logException(ex);
      }
    }

    return( list );
  }
  ...
```

Listing 5.31: ejbFindAll() eines Entity Beans mit BMP

Ein Entity Bean hat zwei Möglichkeiten, um in den Zustand „Bean ist bereit“ zu gelangen. Entweder durch den Aufruf der Methode `ejbActivate()` oder durch die Methodenaufrufe `ejbCreate<METHOD>(args)` und `ejbPostCreate<METHOD>(args)`.

Die Methode `ejbCreate<METHOD>(args)` wird vom Container aufgerufen, wenn eine neue Zeile in die Datenbanktabelle eingefügt werden soll. Dies geschieht, wenn ein Client eine `create<METHOD>(args)` aus dem Home Interface aufruft.

Listing 5.32 zeigt die Methoden `ejbCreate<METHOD>(args)` und `ejbPostCreate<METHOD>(args)`. Der Container ruft die beiden Methoden immer nacheinander auf, sofern keine Exception ausgelöst wird. Die erstgenannte Methode führt eine INSERT Anweisung aus. Die Methode gibt den Primärschlüssel von der Instanz zurück.

Danach ruft der Container die Methode `ejbPostCreate<METHOD>(args)` auf. In dieser Methode können Relationen zu anderen Tabellen gepflegt werden. In ihr kann man bereits über den Entity Kontext den Primärschlüssel der Instanz ermitteln. Dies kann von Interesse sein, wenn der Primary Key vom Container verwaltet wird (CMP) und eine Beziehung zu dieser Instanz hergestellt werden soll. In unserem Beispiel ist die Methode leer, da keine Beziehungen zu anderen Tabellen gepflegt werden müssen.

Im Listing 5.32 werden die Parameter der Methode `ejbCreate<METHOD>(args)` in den Instanzvariablen des Entity Beans gespeichert. In dieser Methode sollten prinzipiell alle Instanzvariablen initialisiert werden, da die Instanz evtl. wiederverwendet wurde und noch einen Wert von der vorherigen Objektidentität enthält.

Nach dem Aufruf der Methode `ejbPostCreate<METHOD>(args)` ist das Entity Bean initialisiert und der Container kann Businessmethoden von dieser Instanz aufrufen.

```
...
public String ejbCreate( String userName,
                         String password
                       ) throws CreateException
{
  setUserName(userName);
  setPassword(password);

  PreparedStatement stmt = null;

  try
  {
    stmt = conn.prepareStatement(
           "INSERT INTO \"UserEJBTable\" " +
           "(\"userName\", \"password\") " +
           "VALUES(?, ?)");

    stmt.setString(1, getUserName());
    stmt.setString(2, getPassword());
    stmt.execute();
  }
  catch(SQLException ex)
  {
    throw new CreateException(LogBook.logException(ex));
  }
  finally
  {
    try
    {
      if( stmt != null )
        stmt.close();
    }
```

```
    catch(SQLException ex)
    {
      LogBook.logException(ex);
    }
  }

  // Der Primary Key muss zurückgeliefert werden
  return(getUserName());
}

public void ejbPostCreate( String userName,
                          String password
                        ) throws CreateException
{
}
...
```

Listing 5.32: ejbCreate und ejbPostCreate eines Entity Beans mit BMP

Wenn eine Businessmethode von einem Entity Bean ausgeführt werden soll, das bereits in der Datenbank vorhanden ist, muss der Container ein Entity Bean aus dem Pool nehmen und die Methode `ejbActivate()` aufrufen, damit das Bean in den Zustand „Bean ist bereit“ wechselt. In dieser Methode darf kein Datenbankzugriff erfolgen, sondern hier können Ressourcen angefordert werden, die das Entity Bean benötigt. In dieser Methode kann bereits die Methode `getPrimaryKey()` vom Entity Kontext aufgerufen werden. Da unser Entity Bean keine zusätzlichen Ressourcen benötigt, ist die Methode leer.

Der Aufruf einer Businessmethode ist nach der Methode `ejbActivate()` natürlich noch nicht sinnvoll, da das Objekt noch nicht initialisiert ist. Aus diesem Grund muss der Container vor dem Aufruf einer Businessmethode zusätzlich die Methode `ejbLoad()` aufrufen. In dieser Methode wird ein Datenbankbefehl ausgeführt, um die Zeile mit dem Primärschlüssel aus der Tabelle zu lesen und damit die Attribute von dem Entity Bean zu initialisieren. Listing 5.33 zeigt die Methode `ejbLoad()`.

```
...
public void ejbLoad()
{
  PreparedStatement stmt = null;
  ResultSet rs = null;

  try
  {
    stmt = conn.prepareStatement(
           "SELECT \"userName\", \"password\" " +
           "FROM \"UserEJBTable\" " +
           "WHERE \"userName\"=?";);
```

```
      // An dieser Stelle darf nicht die Methode getUserName()
      // für den PK verwendet werden, da die Instanzvariablen
      // jetzt erst initialisiert werden.
      stmt.setString(1, (String)entityContext.getPrimaryKey() );
      rs = stmt.executeQuery();

      if( rs.next() )
      {
        setUserName( rs.getString(1) );
        setPassword( rs.getString(2) );
      }
    }
    catch(SQLException ex)
    {
      throw new EJBException(LogBook.logException(ex));
    }
    finally
    {
      try
      {
        if( rs != null )
          rs.close();

        if( stmt != null )
          stmt.close();
      }
      catch(SQLException ex)
      {
        LogBook.logException(ex);
      }
    }
  }
  ...
```

Listing 5.33: ejbLoad() eines Entity Beans mit BMP

Nach dem Aufruf der Methode `ejbLoad()` ist das Entity Bean mit der Datenbank synchronisiert und es können Businessmethoden ausgeführt werden. In unserem Beispiel sind es die Zugriffsmethoden auf die Instanzvariablen (Getter-/Setter-Methoden). Die Businessmethoden verändern ggf. Instanzvariablen des Entity Beans. Diese Änderungen müssen mit der Datenbank abgeglichen werden. Dies geschieht durch die Methode `ejbStore()`, die der Container aufruft. In dieser Methode müssen die Instanzvariablen vom Entity Bean durch einen Datenbankbefehl gespeichert werden. Listing 5.34 zeigt den Quellcode der Methode `ejbStore()`.

```
...
public void ejbStore()
{
  PreparedStatement stmt = null;

  try
  {
    stmt = conn.prepareStatement(
            "UPDATE \"UserEJBTable\" " +
            "SET \"password\"=? " +
            "WHERE \"userName\"=?"; );

    stmt.setString(1, getPassword());
    stmt.setString(2, getUserName());
    stmt.executeUpdate();
  }
  catch(SQLException ex)
  {
    throw new EJBException(LogBook.logException(ex));
  }
  finally
  {
    try
    {
      if( stmt != null )
        stmt.close();
    }
    catch(SQLException ex)
    {
      LogBook.logException(ex);
    }
  }
}
...
```

Listing 5.34: ejbStore() eines Entity Beans mit BMP

Nun stellt sich die Frage, zu welchen Zeitpunkten der Container die Methode `ejbStore()` bzw. `ejbLoad()` aufruft. Der Container synchronisiert ein Entity Bean mit der Datenbank durch den Aufruf der Methode `ejbLoad()`, wenn die Instanz an einer Transaktion teilnehmen soll. Wenn eine Transaktion mit einem COMMIT beendet wird, ruft er bei allen Entity Beans, die an dieser Transaktion teilgenommen haben, die Methode `ejbStore()` auf.

Dies ist erforderlich, da das Entity Bean nicht das einzige Objekt ist, das die Daten modifizieren kann. Der Datenbankzugriff über SQL-Anweisungen muss auch weiterhin möglich sein, sowie der Datenbankzugriff von anderen Anwendungen.

Wie wir in dem Kapitel „Transaktionen“ sehen werden, kann man für die Methoden aus dem Client View das Transaktionsverhalten im Deployment Descriptor konfigurieren. Wenn die Methoden von einem Entity Bean so konfiguriert werden, dass sie nicht an einer Transaktion teilnehmen, dann kann der Container die Methoden `ejbStore()` und `ejbLoad()` nicht systematisch aufrufen. In einem solchen Fall ist lediglich garantiert, dass die Methode `ejbStore()` einmal vor `ejbPassivate()` aufgerufen wird und die Methode `ejbLoad()` einmal nach `ejbActivate()`. Dies macht ein Entity Bean scheinbar performant. Man erkauft sich dies jedoch mit dem Nachteil, dass Änderungen an der Datenbank durch andere Anwendungen nicht bemerkt werden bzw. dass Änderungen durch das Entity Bean anderen Anwendungen nicht sofort zur Verfügung stehen. Prinzipiell sollte man bei einem Entity Bean immer mit Transaktionen arbeiten.

Ein Client kann eine Entität durch den Aufruf der Methode `remove()` aus der Komponentenschnittstelle bzw. der Methode `remove(pk)` oder `remove(handle)` aus dem Home Interface löschen. Der Container ruft dann die Methode `ejbRemove()` von der entsprechenden Entity-Bean-Instanz auf. Listing 5.35 zeigt den Quellcode der Methode `ejbRemove()`. In ihr wird eine DELETE-Anweisung ausgeführt, die in der WHERE-Bedingung den Primärschlüssel der Instanz enthält.

```
...
public void ejbRemove() throws RemoveException
{
  PreparedStatement stmt = null;

  try
  {
    stmt = conn.prepareStatement(
           "DELETE FROM \"UserEJBTable\" " +
           "WHERE \"userName\"=?");

    stmt.setString(1, (String)entityContext.getPrimaryKey());

    if( stmt.executeUpdate() != 1 )
      throw new RemoveException("Fehler beim Löschen.");
  }
  catch(SQLException ex)
  {
    throw new EJBException(LogBook.logException(ex));
  }
  finally
  {
    try
    {
```

```
        if( stmt != null )
          stmt.close();
      }
      catch(SQLException ex)
      {
        LogBook.logException(ex);
      }
    }
  }
  ...
```

Listing 5.35: ejbRemove() eines Entity Beans mit BMP

Der Vollständigkeit halber wird in Listing 5.36 der restliche Teil der EJB-Implementierung dargestellt. Er beinhaltet die Businessmethoden und die Instanzvariablen.

```
package de.j2eeguru.example.entitybean.ejb.user.bmp;

import java.util.Collection;
import java.util.ArrayList;

import javax.naming.InitialContext;
import javax.naming.NamingException;

import java.sql.Connection;
import java.sql.Statement;
import java.sql.PreparedStatement;
import java.sql.ResultSet;
import java.sql.SQLException;

import javax.ejb.EntityBean;
import javax.ejb.EntityContext;
import javax.ejb.EJBException;
import javax.ejb.FinderException;
import javax.ejb.RemoveException;
import javax.ejb.CreateException;

import de.j2eeguru.tools.LogBook;
import de.j2eeguru.tools.sql.SqlTools;
import de.j2eeguru.example.entitybean.JndiName;

public class UserEJB implements EntityBean
{
  //-----------------------------------------------------------------
  //         Konstanten deklarieren (SQL-Anweisungen)
```

```
//------------------------------------------------------------
...
//------------------------------------------------------------
//        Instanzvariable deklarieren
//------------------------------------------------------------
private EntityContext entityContext; // Entity-Context
private Connection conn;             // Datenbankverbindung

// Attribute des Entity Beans, sie entsprechen den Spalten
// der Datenbanktabelle
private String username;
private String password;

//------------------------------------------------------------
//                  Getter-Methoden
//------------------------------------------------------------
public String getUserName() { return(username); }
public String getPassword() { return(password); }

//------------------------------------------------------------
//                  Setter-Methoden
//------------------------------------------------------------
public void setUserName(String name) { username = name; }
public void setPassword(String pwd)  { password = pwd;  }

//------------------------------------------------------------
//           Implementierung der create-Methode
//------------------------------------------------------------
public String ejbCreate( String userName, String password
                       ) throws CreateException
{...}

public void ejbPostCreate( String userName, String password
                         ) throws CreateException
{   }

//------------------------------------------------------------
//           Implementierung der find-Methoden
//------------------------------------------------------------
public String ejbFindByPrimaryKey(String name)
       throws FinderException
{...}

public Collection ejbFindAll() throws FinderException
{...}
```

```
  //-----------------------------------------------------------------
  // Implementierung des Interfaces 'javax.ejb.EntityBean'
  //-----------------------------------------------------------------
  public void setEntityContext( EntityContext ec )
  {...}

  public void unsetEntityContext()
  {...}

  public void ejbRemove() throws RemoveException
  {...}

  public void ejbLoad()
  {...}

  public void ejbStore()
  {...}

  public void ejbActivate()    {  }
  public void ejbPassivate()   {  }
}
```

Listing 5.36: EJB-Implementierung eines Entity Beans mit BMP

Im Quellcode der EJB-Implementierung sind die SQL-Statements für den Datenbankzugriff fest codiert. In der Praxis könnte man dies ggf. durch Umgebungsvariablen parametrisieren, so dass man ggf. auf bestehende Datenbanktabellen zugreifen kann.

Deployment Descriptor

Listing 5.37 stellt einen Ausschnitt aus dem Deployment Descriptor des Entity Beans dar. Das Attribut `<persistence-type>` definiert, ob es sich um ein CMP oder BMP Entity Bean handelt. Hier sind die beiden Werte Bean oder Container zulässig. Das Attribut `<prim-key-class>` definiert den Typ vom Primärschlüssel.

```
<ejb-jar>
  <display-name>EntityBeanExample</display-name>
  <enterprise-beans>
    <entity>
      <display-name>UserEJB_BMP</display-name>
      <ejb-name>UserEJB_BMP</ejb-name>
      <home>
        de.j2eeguru.example.entitybean.ejb.user.UserHome
      </home>
      <remote>
```

```
          de.j2eeguru.example.entitybean.ejb.user.User
        </remote>
        <ejb-class>
          de.j2eeguru.example.entitybean.ejb.user.bmp.UserEJB
        </ejb-class>
        <persistence-type>Bean</persistence-type>
        <prim-key-class>java.lang.String</prim-key-class>
        <reentrant>False</reentrant>
        <security-identity>
          <description></description>
          <use-caller-identity></use-caller-identity>
        </security-identity>
        <resource-ref>
          <res-ref-name>jdbc/UserDB</res-ref-name>
          <res-type>javax.sql.DataSource</res-type>
          <res-auth>Container</res-auth>
          <res-sharing-scope>Shareable</res-sharing-scope>
        </resource-ref>
      </entity>
    </enterprise-beans>
    ...
</ejb-jar>
```

Listing 5.37: Deployment Descriptor eines Entity Beans mit BMP

J2EE-Anwendung erstellen

An dieser Stelle soll nun beschrieben werden, wie ein Entity Bean auf den J2EE-Server der Referenzimplementierung von Sun installiert wird. Dazu muss die Datenbank, der Server und das DeployTool gestartet werden. Ein EJB muss in einem JAR-File gespeichert werden. Das bzw. die JAR-Files sind in einem Enterprise-Archiv enthalten. Ein Enterprise-Archive wird als J2EE-Applikation bezeichnet.

Alle Beispiele in diesem Kapitel sollen in einer J2EE-Applikation gespeichert werden, die jetzt neu erstellt werden soll. Dies geschieht über das Menü FILE | NEW | APPLICATION... vom DeployTool. Es erscheint ein Dialog, in dem man den Dateinamen und eine Bezeichnung für die Applikation angeben muss. Wir navigieren zu unserem Projektverzeichnis und speichern die Datei unter *ear\MyExampleEntityBean.ear*. Der Displayname wird mit dem Dateinamen vorbelegt.

Nachdem wir die Applikation erzeugt haben, können wir nun ein neues EJB zu der Applikation hinzufügen. Dies erfolgt über das Menü FILE | NEW | ENTERPRISE BEAN... Es erscheint der „New Enterprise Bean Wizard". Dies ist ein Assistent, mit dem ein neues EJB konfiguriert werden kann. Die erste Seite enthält eine kurze Einführung. Mit dem Button NEXT blättern wir weiter.

In diesem Dialog müssen wir das Archiv (EJB JAR) angeben, in das die Klassen und der Deployment Descriptor gespeichert werden sollen. Wir erzeugen ein neues Archiv in der

Applikation `MyExampleEntityBean`. Für den Displaynamen geben wir „UserJAR" ein. Nun müssen wir die Klassen hinzufügen, die wir für unser Entity Bean benötigen. Dazu betätigen wir den Button EDIT... Es erscheint der Dialog „Edit Contents of UserJAR". Wir navigieren das „Starting Directory" zu unserem Projektverzeichnis. In der Baumdarstellung „Available Files" müssen wir jetzt in das Verzeichnis *classes* navigieren. Dort selektieren wir nacheinander die folgenden Klassen und fügen sie mit dem Button ADD unserem Archiv hinzu.

- de.j2eeguru.tools.LogBook
- de.j2eeguru.tools.DefaultException
- de.j2eeguru.tools.sql.SqlTools
- de.j2eeguru.example.entitybean.JndiName
- de.j2eeguru.example.entitybean.ejb.user.User
- de.j2eeguru.example.entitybean.ejb.user.UserHome
- de.j2eeguru.example.entitybean.ejb.user.bmp.UserEJB

Jetzt können wir den Dialog beenden. Das Archiv enthält jetzt alle Klassen, die wir für unser Entity Bean benötigen. Mit dem Button NEXT> gelangen wir zum nächsten Dialog.

In dem Dialog „General" muss als Erstes der Typ des EJBs bestimmt werden. Wir wählen das Entity Bean aus. Als Nächstes muss die Klasse und die Schnittstellen vom EJB definiert werden. Abbildung 5.2 zeigt die erforderlichen Einstellungen.

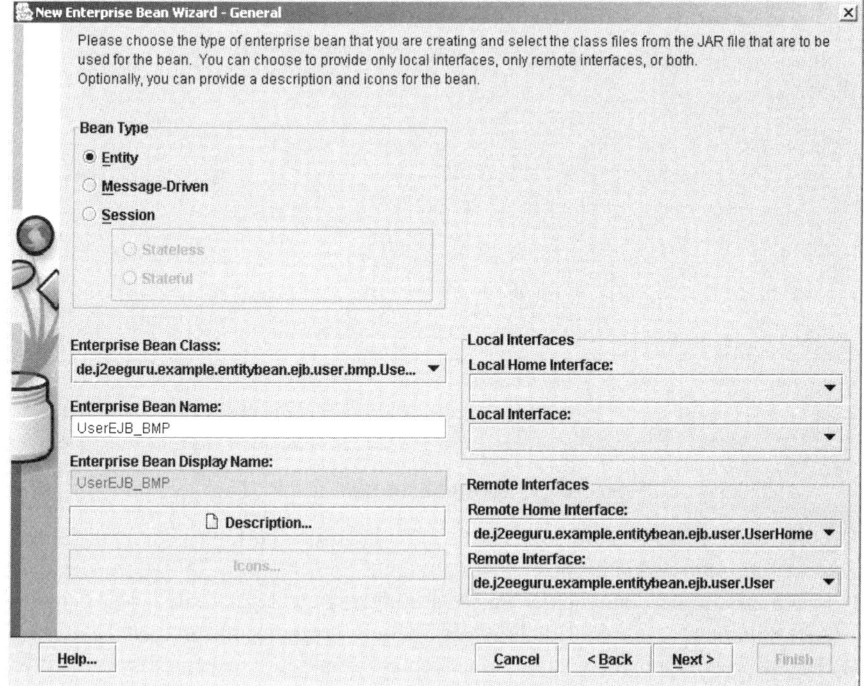

Abbildung 5.2: Client View und EJB-Implementierung eines Entity Beans mit dem DeployTool konfigurieren

Mit dem Button NEXT> kommen wir zum nächsten Dialog. Hier kann definiert werden, wer für die Persistenz des Entity Beans verantwortlich ist. Wir wählen „Bean Managed Persistence“ aus. In dem Feld „Primary Key Class“ muss „java.lang.String“ eingegeben werden. Der Assistent kann nun mit dem Button FINISH beendet werden.

In der Baumdarstellung des DeployTools sehen wir, dass sich jetzt ein Archiv (UserJAR) in unserer Applikation befindet. In diesem Archiv befindet sich das Entity Bean UserEJB_BMP. Wenn das EJB in der Baumdarstellung selektiert wird, erscheinen an der rechten Seite die Daten, die im EJB-Assistenten definiert wurden. Die Einstellungen für das EJB können hier noch angepasst werden.

Das Entity Bean verwendet eine Resource Manager Connection Reference, um eine Verbindung zur Datenbank herzustellen. Dies muss im Deployment Descriptor angegeben werden. Dazu selektieren wir das Entity Bean UserEJB_BMP in der Baumdarstellung und wählen an der rechten Seite das Register „Resource Refs“ an. Abbildung 5.3 zeigt die erforderlichen Einstellungen. In dem unteren Bereich muss der JNDI-Name der DataSource angegeben werden. Diese DataSource wird dann vom Entity Bean verwendet.

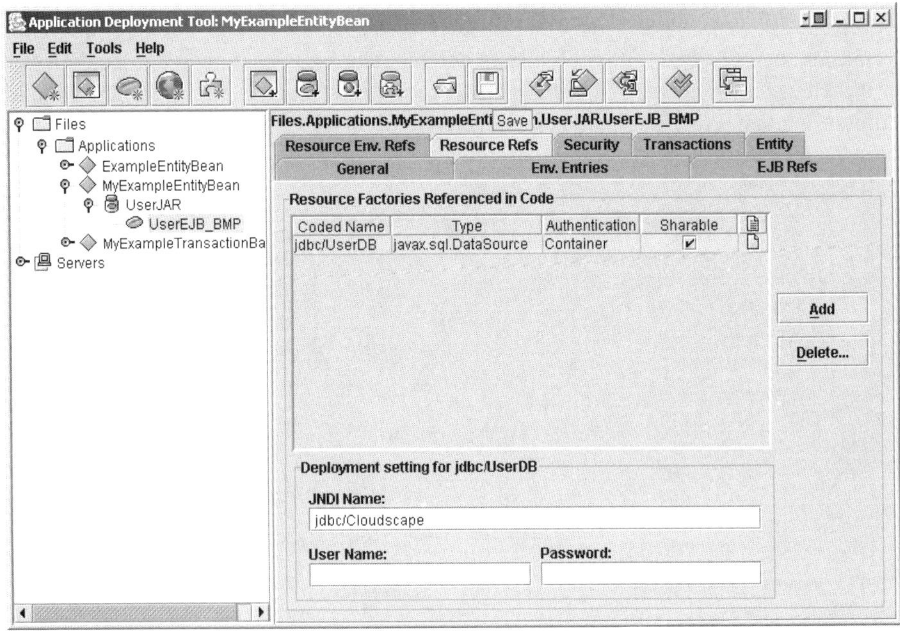

Abbildung 5.3: Ressourcen-Referenz mit dem DeployTool konfigurieren

Die Applikation wird mit dem Menü FILE | SAVE gespeichert. Wir können nun unsere Applikation mit dem Menü TOOLS | VERIFIER... auf Fehler testen. In diesem Dialog stellt man am besten ein, dass nur Fehler und Warnungen angezeigt werden. Mit dem Button OK startet man den Test. Das Ergebnis der Prüfung erscheint im unteren Textfeld. Dort sollte der Hinweis erscheinen, dass keine Fehler gefunden wurden. Wurden Fehler gefunden, werden diese einzeln aufgelistet. Durch die Selektion eines Fehlers erscheint eine ausführliche Fehlermeldung im unteren Textfeld. Der Dialog wird mit dem Button CLOSE beendet.

Falls Fehler bezüglich fehlender Transaktionsattribute oder Security-Definitionen bei der Überprüfung der J2EE-Anwendung angezeigt werden, muss man sich im Register „Security" und „Transactions" ggf. die Methoden der einzelnen Interfaces anzeigen lassen. Das DeployTool aktualisiert dann den Deployment Descriptor.

Nun muss nur noch der JNDI-Name definiert werden, unter dem das Entity Bean angesprochen werden soll. Dazu muss in der Baumdarstellung das Jar-File „UserJAR" angewählt werden. Im Register „JNDI Names" kann man den Namen der Komponente definieren. Es muss der Name „de/j2eeguru/example/entitybean/user_bmp" eingegeben werden, da die Testapplikation diesen verwendet.

J2EE-Anwendung installieren

Um eine Applikation auf eine J2EE Referenzimplementierung von Sun zu installieren, muss das DeployTool mit dem Server verbunden sein. Falls beide Systeme auf einem Rechner laufen, geschieht das in der Regel beim Starten des DeployTools. Ansonsten muss man das Menü FILE | ADD SERVER... anwählen. In dem Dialog geben Sie den Rechnernamen oder die TCP/IP-Adresse ein. Beim Verlassen des Dialoges mit OK wird die Verbindung zum J2EE-Server aufgebaut. Der Server wird in der Baumdarstellung im Knoten „Server" dargestellt. Wählt man einen Server an, werden alle installierten Anwendungen dargestellt.

Um eine Anwendung zu installieren, muss man diese in der Baumdarstellung selektieren und dann das Menü TOOLS | DEPLOY... anwählen. Es erscheint ein Dialog, in dem man die Anwendung und den Server für die Installation auswählen muss. Da wir mit einem entfernten Client auf das Entity Bean zugreifen wollen, benötigen wir Hilfsklassen (Stubs), mit denen die Kommunikation durchgeführt wird. Der Container erzeugt diese Klassen und speichert sie auf dem Rechner, wenn man die Check-Box „Return Client Jar" anwählt. Um den Dateinamen einzugeben, navigieren wir zu unserem Projektverzeichnis und speichern die Datei unter *jar\ExampleEntityBeanClient.jar*. Dieser Dateiname ist wichtig, da er beim Starten vom Client angegeben wird. Der oben genannte Name ist in den Skripten bzw. Batchdateien und im JBuilder-Projekt fest definiert. Mit dem Button FINISH startet der Installationsvorgang.

Das Entity Bean benötigt die Tabelle „UserEJBTable" in der Datenbank, die bei einem Entity Bean mit BMP manuell angelegt werden muss. In dem Projektverzeichnis befindet sich die Datei *bin\createUserTable.sql*. Diese Datei enthält den SQL-Befehl für das Erzeugen der Tabelle. Die Cloudscape-Datenbank beinhaltet eine Anwendung, mit der SQL-Anweisungen manuell ausgeführt werden können. In dem projektübergeordneten Verzeichnis gibt es die Batchdatei *bin\SqlTool.bat*, mit der die Anwendung gestartet und die Tabelle erzeugt werden kann.

Mit einer Swing-Anwendung die Methoden vom Entity Bean aufrufen

Das Projekt beinhaltet ein Anwendung, mit der die Businessmethoden der Entity Bean aufgerufen werden. Im Projektverzeichnis existiert die Batchdatei *bin\startEditUserData.bat*, mit der die Anwendung gestartet werden kann. Die Anwendung besteht aus einer Tabelle mit zwei Spalten, Benutzername und Passwort. In dem Menü EINSTELLUNG muss man das Entity Bean selektieren, dessen Methoden aufgerufen werden sollen. In unserem Fall muss der Menüpunkt EINSTELLUNG | BMP (OHNE DAO) ausgewählt werden. Die anderen Menüeinträge werden später verwendet.

Durch die Auswahl dieses Menüpunktes wird das Home Interface von dem Entity Bean ermittelt. Listing 5.38 zeigt die Methode, die aufgerufen wird. Je nach ausgewähltem Menüpunkt, wird der Methode ein entsprechender JNDI-Name übergeben.

```
package de.j2eeguru.example.entitybean.client.user;
...
public class UserTableModel extends DefaultTableModel
{
  private UserHome userHome = null;
  ...
  public void setEjbType(String jndiName) throws DefaultException
  {
    try
    {
      // JNDI-Namen nachschlagen und in Home-Interface umwandeln
      InitialContext ctx = new InitialContext();
      Object ref = ctx.lookup(jndiName);
      userHome = (UserHome)PortableRemoteObject.narrow(
                                              ref, UserHome.class);
    }
    catch(Exception ex)
    {
      throw new DefaultException(LogBook.logException(ex));
    }

    refresh();
  }
  ...
}
```

Listing 5.38: Home Interface vom Entity Bean ermitteln

Das folgende Listing enthält die Methode `refresh()`, die ausgeführt wird, um die Daten in der Tabelle zu aktualisieren. Diese Methode soll den Aufruf von Businessmethoden eines Entity Beans verdeutlichen. Das Objekt `dataVector` ist eine Instanzvariable der Klasse `DefaultTableModel`.

```
package de.j2eeguru.example.entitybean.client.user;
...
public class UserTableModel extends DefaultTableModel
{
  private UserHome userHome = null;
```

```
  ...
  public void refresh() throws DefaultException
  {
    try
    {
      dataVector.clear(); // alle Tabellenzeilen löschen

      // Referenz auf alle Entity Beans ermitteln
      Iterator it = userHome.findAll().iterator();
      while( it.hasNext() )
      {
        // Entity Bean aus der Liste holen
        User user = (User)PortableRemoteObject.narrow(
                                  it.next(), User.class);

        Vector elem = new Vector();

        // Businessmethoden vom Entity Bean aufrufen
        elem.add( user.getUserName() );
        elem.add( user.getPassword() );
        dataVector.add( elem );  // neue Zeile in der Tabelle
      }
    }
    catch(Exception ex)
    {
      throw new DefaultException(LogBook.logException(ex));
    }

    fireTableDataChanged(); // Tabelle aktualisieren
  }
}
```

Listing 5.39: Methoden vom Client View eines Entity Beans aufrufen

Die folgenden Tests können durchgeführt werden:

- Mit dem Menüpunkt BENUTZER | ERSTELLEN... kann ein neuer Benutzer angelegt werden. Es erscheint ein Dialog, in dem der Benutzername (Primärschlüssel) eingegeben werden muss.
- Die Werte in der Spalte „Passwort“ können direkt in der Tabelle editiert werden. Mit dem Menüpunkt BENUTZER | SPEICHERN werden die Änderungen in der Datenbank übernommen.
- Der Menüpunkt BENUTZER | AKTUALISIEREN aktualisiert die Tabelle. Man kann die Anwendung mehrmals starten, in einer Anwendung die Benutzerdaten verändern und dann die Daten in der anderen Anwendung aktualisieren.

- Ein selektierter Benutzer kann mit dem Menüpunkt BENUTZER | LÖSCHEN aus der Datenbank gelöscht werden.

5.2.4 Data Access Object (DAO)

Relationale Datenbanken von unterschiedlichen Herstellern haben teilweise Ihre eigenen SQL-Dialekte. Dies ist ein Problem bei der Codierung eines Entity Beans mit BMP. Während der Entwicklung des Entity Beans steht noch nicht fest, auf welcher Datenbank es installiert werden soll. Die SQL-Statements dürfen also keine herstellerspezifischen Anweisungen enthalten.

Die SQL-Statements, die eine Zeile in einer Tabelle modifizieren, sind unkritisch, da diese weitgehend dem Standard SQL-92 genügen. Bei den find- bzw. select-Methoden sieht dies schon anders aus. Die SQL-Anweisungen für Standardmethoden `findAll()` oder `findByPrimaryKey(pk)` sind auch kein Problem. Wenn jedoch erweiterte Suchmethoden erforderlich sind, die datenbankspezifische Funktionen (MAX, CONCAT, MONTHS_BETWEEN, ...) benötigen oder Beziehungen zu anderen Tabellen berücksichtigt werden sollen, kann es sinnvoll sein, diese Anweisungen für einen Datenbankhersteller zu optimieren.

Dieses Verhalten kann man mit einem Data Access Object (DAO) erreichen. Ein DAO ist ein Java Bean, das den Zugriff auf eine Datenbank kapselt. Abhängig von der Implementierung des DAO werden unterschiedliche Datenbanken oder sogar Speichermedien verwendet.

Ein Entity Bean mit BMP verwendet das DAO, um auf die Daten zuzugreifen. Die eigentliche Instanz vom DAO wird von einer Factory erzeugt. Die Factory ermittelt z.B. anhand des JDBC-Treibers oder von einer Umgebungsvariablen die Klasse, von der die DAO Instanz erzeugt werden soll.

Ein DAO kann als abstrakte Klasse oder Interface realisiert werden. Die allgemeinen Routinen werden in der Klasse implementiert, datenbankspezifische Routinen werden in speziellen Unterklassen implementiert.

Abbildung 5.4 stellt das Klassendiagramm eines DAO dar. Das Interface `DataAccessObject` beinhaltet die erforderlichen Methoden, um die Persistenz eines Objekts zu verwalten. Die abstrakte Klasse `ObjectDao` implementiert das Interface `DataAccessObject` und definiert alle objektspezifischen Methoden und ggf. Instanzvariablen. In einem Entity Bean wird eine Referenz von dieser Klasse verwendet, um auf das Objekt zuzugreifen. Die Implementierung der eigentlichen Funktionalität wird in den speziellen Unterklassen `ObjectDaoOracle`, `ObjectDaoCloudscape` bzw. `ObjectDaoFileSystem` implementiert. Die letztgenannte Klasse soll die Instanz in einer Datei speichern. Das Entity Bean, das nur auf die Klasse `ObjectDao` zugreift, hat kein Wissen, wie die Daten gespeichert werden. Soll das Entity Bean ein anderes Speichermedium unterstützen, muss eine Klasse `ObjectDaoXXX` codiert werden, welche die entsprechende Funktionalität beinhaltet.

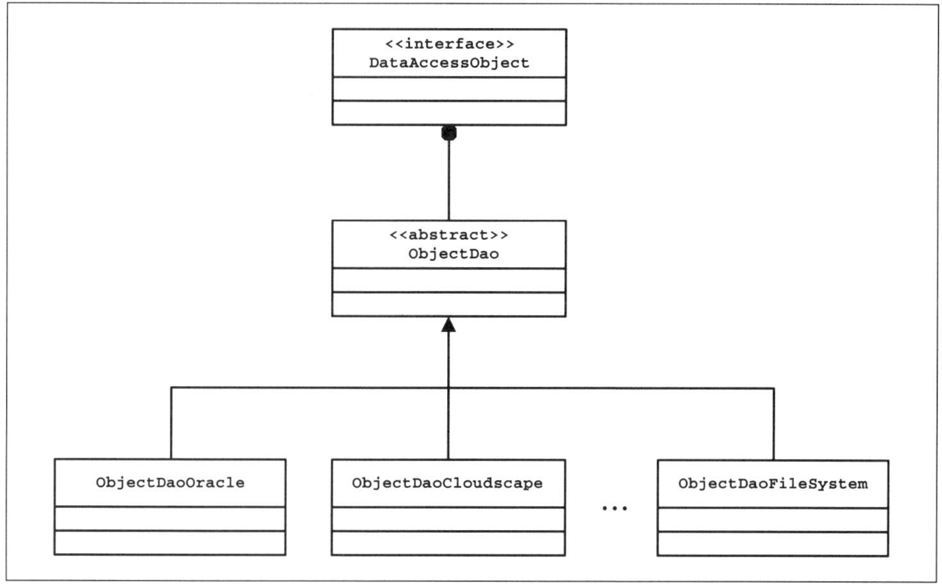

Abbildung 5.4: Klassenhierarchie eines DataAccessObjects

5.2.5 Beispiel Entity Bean mit BMP und DAO

EJB-Implementierung

In diesem Beispiel soll ein Entity Bean mit BMP entwickelt werden, das die Daten über ein Data Access Object speichert. Das EJB soll die gleiche Funktionalität besitzen wie das in dem vorherigen Beispiel und den gleichen Client View verwenden, der in den Listings 5.2 und 5.12 dargestellt wurde.

Die EJB-Implementierung des Entity Beans verwendet ein Data Access Object, das für die Persistenz der Daten verantwortlich ist. In der Methode `setEntityContext(ec)` wird eine Instanz erzeugt. Listing 5.40 zeigt die Methode.

```
...
private UserDao dao = null;
private EntityContext ec = null;
...

public void setEntityContext(EntityContext entityContext)
{
  try
  {
    ec = entityContext;
    dao = DAOFactory.getUserDAO();
```

```
      dao.init(); // Ressourcen anfordern
    }
    catch(DaoException ex)
    {
      throw new EJBException(LogBook.logException(ex));
    }
  }
  ...
```

Listing 5.40: Instanz von einem Data Access Object über eine Factory erzeugen

Das Data Access Object wird von einer Factory erzeugt. Der Quelltext von der Factory ist im Listing 5.41 dargestellt. Abhängig von einer Umgebungsvariablen erzeugt die Factory Instanzen von unterschiedlichen Klassen. Man kann also bei der Installation definieren, welche Klasse die Daten vom Entity Bean speichern soll.

Der Klassennamen des Data Access Object muss in der Umgebungsvariablen „ClassUserDao" von dem Entity Bean definiert werden. Die Daten des Entity Beans sollen in einer relationalen Datenbank gespeichert werden. Diese Funktionalität ist in der Klasse `de.j2eeguru.example.entitybean.dao.user.UserDaoDb` implementiert. Dieser Klassennamen muss als Wert für die Umgebungsvariable eingegeben werden.

Sollten die Daten anders gespeichert werden, muss das Entity Bean nicht modifiziert werden. Man muss lediglich eine Klasse mit der entsprechenden Funktionalität codieren und dem EJB-Archiv hinzufügen. Wenn man bei der Installation diesen Klassennamen in der Umgebungsvariablen einträgt, werden Instanzen von dieser Klasse von dem Entity Bean verwendet, um auf die Daten zuzugreifen.

```
package de.j2eeguru.example.entitybean.dao;

import javax.naming.InitialContext;

import de.j2eeguru.example.entitybean.JndiName;
import de.j2eeguru.example.entitybean.exception.DaoException;
import de.j2eeguru.example.entitybean.dao.user.UserDao;

/**
 * Diese Klasse ist die Factory für Data-Access-Objects. Die
 * Klasse beinhaltet statische Methoden, die eine DAO-Instanz
 * erzeugt.
 */
public class DAOFactory
{
  /**
   * Die Methode erzeugt eine Instanz, die die Persistenz
   * von dem Object UserDao verwaltet.
   */
```

```
  static public UserDao getUserDAO() throws DaoException
  {
    return((UserDao)getDAO("java:comp/env/ClassUserDao"));
  }

  ...

  /**
   * Diese Methode ermittelt per JNDI einen Klassennamen.
   * Von dieser Klasse wird eine Instanz erzeugt.
   */
  static private DataAccessObject getDAO( String lookupClassName
                                       ) throws DaoException
  {
    try
    {
      InitialContext context = new InitialContext();
      String className = (String)context.lookup(lookupClassName);
      DataAccessObject dao = (DataAccessObject)
                           Class.forName(className).newInstance();
      return( dao );
    }
    catch (javax.naming.NamingException ex)
    {
      throw new DaoException("DAOFactory: Das Objekt " +
                             "mit dem Namen '" + lookupClassName +
                             "' wurde nicht gefunden");
    }
    catch (Exception exc)
    {
      throw new DaoException("DAOFactory: Fehler aufgetreten (" +
                             exc.getMessage() + ")");
    }
  }
}
```

Listing 5.41: Factory für ein Data Access Object

Die Methode `DAOFactory.getUserDAO()` liefert ein Objekt vom Typ `UserDao`. Dies ist eine abstrakte Klasse, in der alle Methoden definiert werden müssen um das Objekt zu speichern, zu laden oder zu suchen. Es müssen auch alle Zugriffsmethoden für Instanzvariablen deklariert werden, die vom Entity Bean aufgerufen werden. Falls das Objekt spezielle Datenbankmethoden zur Verfügung stellen würde, müssten diese ebenfalls in dieser Klasse als abstrakte Methoden deklariert werden. Listing 5.42 zeigt die Implementierung der Klasse.

```
package de.j2eeguru.example.entitybean.dao.user;

import de.j2eeguru.example.entitybean.dao.DataAccessObject;

public abstract class UserDao implements DataAccessObject
{
  private String  userName;
  private String  password;

  //-------------------------------------------------------------
  //                  Getter-Methoden
  //-------------------------------------------------------------
  public String  getUserName()    { return(userName); }
  public String  getPassword()    { return(password); }

  //-------------------------------------------------------------
  //                  Setter-Methoden
  //-------------------------------------------------------------
  public void setUserName(String name) { this.userName = name; }
  public void setPassword(String pwd)  { this.password = pwd; }
}
```

Listing 5.42: EJB-Implementierung eines Entity Beans mit BMP und einem DAO

Die Klasse `UserDao` implementiert das Interface `DataAccessObject`, das die allgemeinen Methoden definiert, um die Persistenz eines Objektes zu verwalten. Diese Methoden werden in der Klasse `UserDao` nicht implementiert, sondern müssen in speziellen Unterklassen codiert werden. Listing 5.43 zeigt den Quellcode vom Interface `DataAccessObject`. Die Methoden ähneln denen eines Entity Beans.

```
package de.j2eeguru.example.entitybean.dao;

import java.util.Collection;
import de.j2eeguru.example.entitybean.exception.DaoException;

public interface DataAccessObject
{
  // Methoden für die einmalige Initialisierung bzw. Bereinigung
  // hier kann z.B. eine Datenbanktabelle erzeugt werden
  public void initStorage()    throws DaoException;
  public void destroyStorage() throws DaoException;

  // Methoden für die Initialisierung bzw. Bereinigung von einer
  // Instanz eines DataAccessObjects
  public void init()    throws DaoException;
  public void destroy();
```

```
  // Methoden, die für die Persistenz eines Datensatzes
  // verantwortlich sind
  public void       create()             throws DaoException;
  public void       delete()             throws DaoException;
  public void       load()               throws DaoException;
  public void       store()              throws DaoException;
  public Object     findByPK(Object pk)  throws DaoException;
  public Collection findAll()            throws DaoException;
}
```

Listing 5.43: Interface DataAccessObject

Am Beispiel der Methoden `ejbLoad()` und `ejbStore()` des Entity Beans soll erläutert werden, wie auf das Data Access Object zugegriffen wird. Listing 5.44 zeigt den Quellcode der beiden Methoden.

```
  ...
  private UserDao dao = null;
  ...
  public void ejbLoad() throws EJBException
  {
    try
    {
      dao.setUserName((String)ec.getPrimaryKey());
      dao.load();
    }
    catch(DaoException ex)
    {
      throw new EJBException(LogBook.logException(ex));
    }
  }

  public void ejbStore()
  {
    try
    {
      dao.store();
    }
    catch(DaoException ex)
    {
      throw new EJBException(LogBook.logException(ex));
    }
  }
  ...
```

Listing 5.44: ejbLoad() eines Entity Beans mit BMP und DAO

Die Instanz des Data Access Object (UserDao) wurde bereits in der Methode `setEntityContext()` erzeugt. In der Methode `ejbLoad()` wird dem DAO der Primärschlüssel übergeben und anschließend die Methode `load()` aufgerufen. In dieser Methode muss die Instanz nun die Daten aus dem persistenten Speichermedium laden.

Listing 5.45 zeigt die Implementierung der Methoden `load()` und `store()` von dem Data Access Object, das die Daten in einer relationalen Datenbank speichert. In den beiden Methoden wird zu Beginn die Datenbankverbindung über eine Resource Manager Connection Factory aufgebaut, dann werden die SQL-Anweisungen ausgeführt und am Ende der Methode wird die Datenbankverbindung wieder abgebaut bzw. freigegeben. Die Klasse `SqlTools` kapselt die Funktionalitäten für den Datenbankzugriff.

Wenn man eine Datenbankverbindung in jeder Methode über eine Connection Factory herstellt, muss man im Deployment Descriptor die Resource Reference als Sharable deklarieren. Alle Objekte, die innerhalb einer Transaktion eine Verbindung zu demselben Resource Manager der Connection Factory anfordern, bekommen dieselbe Connection. Dies bedeutet, dass alle Objekte innerhalb einer Transaktion dieselbe Datenbankverbindung nutzen, um auf die Datenbank zuzugreifen.

In dem Entity Bean mit BMP ohne DAO aus dem vorherigen Beispiel wurde die Datenbankverbindung in der Methode `setEntityContext(ec)` aufgebaut und in der Methode `unsetEntityContext()` wieder abgebaut. Die Verbindung zur Datenbank besteht also so lange das Entity Bean existiert. In diesem Entity Bean hätte man auch in jeder Methode die Datenbankverbindung auf- und abbauen können. Beide Varianten sollen an dieser Stelle vorgestellt werden.

```
package de.j2eeguru.example.entitybean.dao.user;
...
/**
 * Dies ist die Implementierung von dem UserDao, bei dem die
 * Daten in einer relationalen Datenbank gespeichert werden.
 */
public class UserDaoDb extends UserDao
{
  ...
  private static final String SQL_UPDATE =
    "UPDATE \"UserEJBTable\" " +
    "SET \"password\"=? " +
    "WHERE \"userName\"=?";

  private static final String SQL_SELECT =
    "SELECT \"password\" " +
    "FROM \"UserEJBTable\" " +
    "WHERE \"userName\"=?";
  ...
  public void load() throws DaoException
  {
    Connection conn = null;
```

```
  PreparedStatement stmt = null;
  ResultSet rs = null;

  try
  {
    conn = SqlTools.getConnection("java:comp/env/jdbc/UserDB");
    stmt = conn.prepareStatement(SQL_SELECT);
    stmt.setString(1, getUserName());
    rs = stmt.executeQuery();

    if( rs.next() )
    {
      setPassword( rs.getString(1) );
    }
    else
      throw new DaoException("UserDaoDb.load(): Datensatz " +
              "wurde nicht gefunden (" + getUserName()  + ")");
  }
  catch(Exception ex)
  {
    throw new DaoException("UserDaoDb.load():" +
                            ex.getMessage());
  }
  finally
  {
    SqlTools.close(rs);
    SqlTools.close(stmt);
    SqlTools.close(conn);
  }
}

public void store() throws DaoException
{
  Connection conn = null;
  PreparedStatement stmt = null;

  try
  {
    conn = SqlTools.getConnection("java:comp/env/jdbc/UserDB");
    stmt = conn.prepareStatement( SQL_UPDATE );
    stmt.setString(1, getPassword() );
    stmt.setString(2, getUserName() );
    stmt.executeUpdate();
  }
  catch(Exception ex)
```

```
    {
      throw new DaoException("UserDaoDb.store():" +
                             ex.getMessage());
    }
    finally
    {
      SqlTools.close(stmt);
      SqlTools.close(conn);
    }
  }
  ...
}
```

Listing 5.45: Implementierung vom UserDao für eine relationale Datenbank

Deployment Descriptor

Listing 5.46 zeigt den relevanten Teil vom Deployment Descriptor. Das Element `<env-entry>` definiert die Umgebungsvariable, die den Klassennamen des DAO beinhaltet. Bis auf die Klasse der EJB-Implementierung und dem Namen des EJBs stimmt der Deployment Descriptor mit dem Entity Bean ohne DAO überein.

```
<ejb-jar>
  <display-name>UserJAR</display-name>
  <enterprise-beans>
    <entity>
      <display-name>UserEJB_BMP_DAO</display-name>
      <ejb-name>UserEJB_BMP_DAO</ejb-name>
      <home>
        de.j2eeguru.example.entitybean.ejb.user.UserHome
      </home>
      <remote>
        de.j2eeguru.example.entitybean.ejb.user.User
      </remote>
      <ejb-class>
        de.j2eeguru.example.entitybean.ejb.user.bmp_dao.UserEJB
      </ejb-class>
      <persistence-type>Bean</persistence-type>
      <prim-key-class>java.lang.String</prim-key-class>
      <reentrant>False</reentrant>
      <env-entry>
        <env-entry-name>ClassUserDao</env-entry-name>
        <env-entry-type>java.lang.String</env-entry-type>
        <env-entry-value>
          de.j2eeguru.example.entitybean.dao.user.UserDaoDb
```

```
      </env-entry-value>
    </env-entry>
    <security-identity>
      <description></description>
      <use-caller-identity></use-caller-identity>
    </security-identity>
    <resource-ref>
      <res-ref-name>jdbc/UserDB</res-ref-name>
      <res-type>javax.sql.DataSource</res-type>
      <res-auth>Container</res-auth>
      <res-sharing-scope>Shareable</res-sharing-scope>
    </resource-ref>
  </entity>
 </enterprise-beans>
</ejb-jar>
```

Listing 5.46: Deployment Descriptor eines Entity Beans mit BMP und einem DAO

J2EE-Anwendung erstellen

Das Entity Bean soll nun zu der J2EE-Anwendung *ear\MyExampleEntityBean.ear* hinzugefügt werden. Dazu muss die Datenbank, der Server und das DeployTool gestartet werden. Danach fügen wir ein neues EJB zu der Applikation hinzu. Dies erfolgt über das Menü FILE | NEW | ENTERPRISE BEAN... Es erscheint der „New Enterprise Bean Wizard". Dies ist ein Assistent, mit dem ein neues EJB konfiguriert werden kann. Die erste Seite enthält eine kurze Einführung. Mit dem Button NEXT blättern wir weiter.

In diesem Dialog müssen wir das Archiv (EJB JAR) angeben, in das die Klassen und der Deployment Descriptor gespeichert werden sollen. Wir wählen das Archiv „UserJAR" in der Applikation MyExampleEntityBean aus. Die folgenden Klassen müssen dem Archiv hinzugefügt werden.

- de.j2eeguru.example.entitybean.ejb.user.bmp_dao.UserEJB
- de.j2eeguru.example.entitybean.exception.DaoException
- de.j2eeguru.example.entitybean.dao.DAOFactory
- de.j2eeguru.example.entitybean.dao.DataAccessObject
- de.j2eeguru.example.entitybean.dao.user.UserDao
- de.j2eeguru.example.entitybean.dao.user.UserDaoDb

Mit dem Button NEXT> gelangen wir zu dem nächsten Dialog, mit dem der Typ des EJBs definiert werden muss. Das EJB ist ein Entity Bean, die EJB-Klasse ist `de.j2eeguru.example.entitybean.ejb.user.bmp_dao.UserEJB` und das Remote und Remote Home Interface ist das gleiche wie in dem vorherigen Beispiel.

Wenn diese Werte eingegeben wurden, kann man zum nächsten Dialog wechseln. Dort definiert man die Persistenz des Entity Beans. Es muss Bean Managed Persistence selektiert werden. Die Primärschlüsselklasse ist `java.lang.String`. Nun kann der Assistent beendet werden. Der JNDI-Name für das Entity Bean lautet „de/j2eeguru/example/entitybean/user_bmp_dao“. In dem Register „Env Entries“ muss die Umgebungsvariable `ClassUserDao` vom Typ „String“ definiert werden. Der Wert der Variablen muss der Klassenname des DAOs sein. Die Installation des Entity Beans und die Tests stimmen mit denen aus dem vorherigen Kapitel überein.

5.2.6 Optimierung eines Entity Beans mit BMP

Ein Entity Bean mit BMP wird am Anfang und am Ende einer Transaktion mit der Datenbank synchronisiert. Die Methode `ejbStore()` wird am Ende der Transaktion aufgerufen, damit das Entity Bean seinen Zustand mit der Datenbank synchronisiert.

An dieser Stelle kann man nun das Entity Bean optimieren. Die Synchronisation mit der Datenbank am Ende einer Transaktion ist nur erforderlich, wenn die Daten innerhalb der Transaktion verändert wurden. In den Set-Methoden des Entity Beans kann man also ein Flag setzen, wenn ein Attribut modifiziert wird. In der Methode `ejbStore()` kann man dieses Flag auswerten und den Datenbankzugriff nur dann ausführen, wenn er wirklich notwendig ist.

Diese Optimierung macht sich besonders bemerkbar, wenn ein Entity Bean für viele lesenden Zugriffe verwendet wird.

5.3 Container Managed Persistence (CMP) EJB 1.x

Im vorherigen Kapitel haben wir ein Entity Bean mit BMP entwickelt. Die Frage stellt sich, ob man den Quellcode nicht durch ein Tool generieren lassen kann, da zumindest in den Container-Callback-Methoden immer die gleichen Aufgaben zu erledigen sind.

Bei einem Entity Bean mit CMP übernimmt der Container das Speichern bzw. Laden der Instanz in bzw. aus der Datenbank. Damit der Container dies verwalten kann, benötigt er Informationen, z.B. welche Instanzvariablen zu verwalten sind. Diese Informationen stehen im Deployment Descriptor.

Bei der Installation von Entity Beans mit CMP erzeugt der Container eine Klasse, die von der EJB-Implementierungsklasse abgeleitet wird. Der Container fügt prinzipiell den Code ein, den wir beim Entity Bean mit BMP entwickelt haben. An der Funktionsweise der Container-Callback-Methoden ändert sich zwischen CMP und BMP nichts.

In der EJB-Spezifikation 2.0 hat sich bei den Entity Beans mit Container Managed Persistence (CMP) sehr viel verändert. In diesem Kapitel wird ein Entity Bean nach der EJB-Spezifikation 1.x entwickelt. Diese Art ist noch sehr verbreitet und man sollte die Besonderheiten dieser Beans kennen.

5.3.1 Besonderheiten bei der Implementierung

Zusätzlich zu den allgemeinen Bedingungen gelten folgende Regeln:

- Die Klasse darf nicht `abstract` oder `final` sein.
- Attribute, die der Container verwaltet, müssen `public` sein.

- Alle create-Methoden dürfen kein Suffix im Methodennamen haben, d.h. sie müssen im Home Interface `create(args)` und in der EJB-Implementierung `ejbCreate(args)` heißen.
- Alle Methoden `ejbCreate(args)` müssen `null` zurückliefern.
- Die `ejbFind<METHOD>`-Methoden dürfen nicht implementiert werden.
- Es gibt keine `ejbSelect<METHOD>`-Methoden.
- Es gibt keine `ejbHome<METHOD>`-Methoden.

5.3.2 Beispiel Entity Bean mit CMP 1.x

Client View

In diesem Beispiel wollen wird das Entity Bean aus dem vorherigen Kapitel mit Container Managed Persistence realisieren. Wir verwenden dasselbe Home- und Komponenten-Interface. Die beiden Schnittstellen werden in den beiden Listings 5.2 und 5.12 dargestellt.

EJB-Implementierung

Die Klasse mit der Implementierung eines Entity Beans mit CMP (nach der EJB-Spezifikation 1.x) ist in Listing 5.47 dargestellt. Die Klasse muss wie jedes Entity Bean das Interface `javax.ejb.EntityBean` implementieren. Die implementierten Methoden von diesem Interface sind jedoch leer (z.B. die Methode `ejbStore`). Der Container generiert bei der Installation von dem Entity Bean eine neue Unterklasse von der EJB-Implementierung. In dieser Klasse enthalten die Methoden von dem Interface EntityBean den entsprechenden Code, um auf eine Datenbank zuzugreifen. Dies nimmt dem Entwickler eine Menge Arbeit ab. Prinzipiell müssen nur die Instanzvariablen mit den entsprechenden Zugriffsmethoden und die create-Methoden codiert werden. Den Rest übernimmt der Container.

In Listing 5.47 ist zu erkennen, dass die Instanzvariablen, die vom Container verwaltet werden, als `public` deklariert wurden. In der create-Methode werden die Instanzvariablen mit den Übergabeparametern initialisiert. Der Rückgabewert von der ejbCreate-Methode muss bei CMP immer `null` sein.

```
package de.j2eeguru.example.entitybean.ejb.user.cmp11;

import java.util.Collection;

import javax.ejb.EntityBean;
import javax.ejb.EntityContext;
import javax.ejb.RemoveException;
import javax.ejb.CreateException;

public class UserEJB implements EntityBean
{
  //------------------------------------------------------------
```

```
//                  Instanzvariablen deklarieren
//-------------------------------------------------------------
public String userName;
public String password;

//-------------------------------------------------------------
//                     Getter-Methoden
//-------------------------------------------------------------
public String getUserName() { return(userName); }
public String getPassword() { return(password); }

//-------------------------------------------------------------
//                     Setter-Methoden
//-------------------------------------------------------------
public void setUserName(String newName) { userName = newName; }
public void setPassword(String newPwd)  { password = newPwd; }

//-------------------------------------------------------------
//          Implementierung der create-Methode
//-------------------------------------------------------------
public String ejbCreate( String userName,
                         String password
                       ) throws CreateException
{
  setUserName(userName);
  setPassword(password);
  return(null); // bei CMP muss null zurückgeliefert werden
}

public void ejbPostCreate( String userName,
                           String password
                         ) throws CreateException  {  }

//-------------------------------------------------------------
// Implementierung des Interfaces 'javax.ejb.EntityBean'
//-------------------------------------------------------------
public void setEntityContext(EntityContext ec)  {  }
public void unsetEntityContext() {  }
public void ejbRemove()     {  }
public void ejbLoad()       {  }
public void ejbStore()      {  }
public void ejbActivate()   {  }
public void ejbPassivate()  {  }
}
```

Listing 5.47: EJB-Implementierung eines Entity Beans mit CMP 1.x

Deployment Descriptor

Listing 5.48 zeigt den Deployment Descriptor von dem Entity Bean mit CMP nach der EJB-Spezifikation 1.x. Die Attribute `<primkey-flied>`, `<cmp-version>` und `<cmp-field>` sind nur vorhanden, wenn die Persistenz vom Container verwaltet wird.

In dem Attribut `<persistence-type>` ist definiert, dass es sich um ein Entity Bean mit CMP handelt. Der Quellcode ist nach der EJB-Spezifikation 1.x codiert. Dies ist im Attribut `<cmp-version>` definiert. In den Attributen `<cmp-field>` werden die Instanzvariablen angegeben, die der Container verwalten soll. Dieses Element wird in der Tabelle 5.6 beschrieben. Falls der Primary Key von einer Instanzvariablen abgebildet wird, kann diese im Attribut `<primkey-flied>` angegeben werden.

```
<ejb-jar>
  <display-name>UserJAR</display-name>
  <enterprise-beans>
    ...
    <entity>
      <display-name>UserEJB_CMP11</display-name>
      <ejb-name>UserEJB_CMP11</ejb-name>
      <home>
        de.j2eeguru.example.entitybean.ejb.user.UserHome
      </home>
      <remote>
        de.j2eeguru.example.entitybean.ejb.user.User
      </remote>
      <ejb-class>
        de.j2eeguru.example.entitybean.ejb.user.cmp11.UserEJB
      </ejb-class>
      <persistence-type>Container</persistence-type>
      <prim-key-class>java.lang.String</prim-key-class>
      <reentrant>False</reentrant>
      <cmp-version>1.x</cmp-version>
      <cmp-field>
        <field-name>password</field-name>
      </cmp-field>
      <cmp-field>
        <field-name>userName</field-name>
      </cmp-field>
      <primkey-field>userName</primkey-field>
      <security-identity>
        <use-caller-identity></use-caller-identity>
      </security-identity>
    </entity>
  </enterprise-beans>
```

```
  ...
</ejb-jar>
```

Listing 5.48: Deployment Descriptor eines Entity Beans mit CMP 1.x

Element	M	Beschreibung
<description>	0..1	Kommentar bzw. Beschreibung zu dem Entity Bean
<field-name>	1	Name von der Instanzvariablen, die der Container verwalten soll.

Tabelle 5.6: Definitionen im Element <cmp-field>

Der Deployment Descriptor enthält keine SQL-Anweisungen. Diese werden erst bei der Installation von dem Entity Bean benötigt. Zu diesem Zeitpunkt steht die Datenbank fest, mit der das EJB kommunizieren soll.

In der Regel werden in dem Archiv von einer J2EE-Applikation herstellerspezifische Dateien hinzugefügt, die z.B. Zusatzinformationen für den Persistenzmanager beinhalten. Dort können z.B. die SQL-Anweisungen gespeichert werden oder Informationen bezüglich einer Umwandlung (Mapping) von Spaltennamen und Instanzvariablen vom Entity Bean. Dies ist sinnvoll, wenn ein Entity Bean von einem anderen Hersteller auf eine bestehende Datenbanktabelle zugreifen soll. Die Namen von den Instanzvariablen stimmen dann mit Sicherheit nicht mit den Spaltennamen überein.

J2EE-Anwendung erstellen

Wir wollen unser Entity Bean nun in die J2EE-Anwendung einfügen. Dazu starten wir die Datenbank, den J2EE-Server und das DeployTool. Wir selektieren die J2EE-Anwendung MyExampleEntityBean und starten den Assistenten für ein neues EJB mit dem Menü FILE | NEW | ENTERPRISE BEAN.... Den ersten Dialog können wir überspringen.

In dem folgenden Dialog muss das JAR-File definiert werden, in dem das EJB eingefügt werden soll. Hier wählen wir das Archiv „UserJAR" aus unsere Anwendung. Die folgenden Klassen müssen in das Archiv eingefügt werden.

- de.j2eeguru.example.entitybean.ejb.user.cmp11.UserEJB

In dem folgenden Dialog wird der EJB-Typ auf Entity Bean eingestellt. Die Klasse des EJBs ist die, die zuvor in das Archiv eingefügt wurde. Die Interfaces für den Remote Client View stimmen mit denen vom Entity Bean mit BMP überein, d.h. `de.j2eeguru.example.entitybean.ejb.user.UserHome` für das Remote Home Interface und `de.j2eeguru.example.entitybean.ejb.user.User` für das Remote Interface.

Der nächste Dialog wird jetzt interessanter. Hier muss definiert werden, wer für die Persistenz des Entity Beans verantwortlich ist. Es muss „Container Managed Persistence

(1.0)“ angewählt werden. In der Liste „Fields To Be Persisted“ müssen die Instanzvariablen angewählt werden, die der Container verwalten soll. In unserem Beispiel sind das „userName“ und „password“. Die Primärschlüsselklasse ist `java.lang.String`. In der unteren ComboBox muss die Instanzvariable ausgewählt werden, die den Primärschlüssel enthält, d.h. „userName“. Abbildung 5.5 zeigt den Dialog mit den erforderlichen Einstellungen. Der Assistent kann nun mit dem Button FINISH beendet werden.

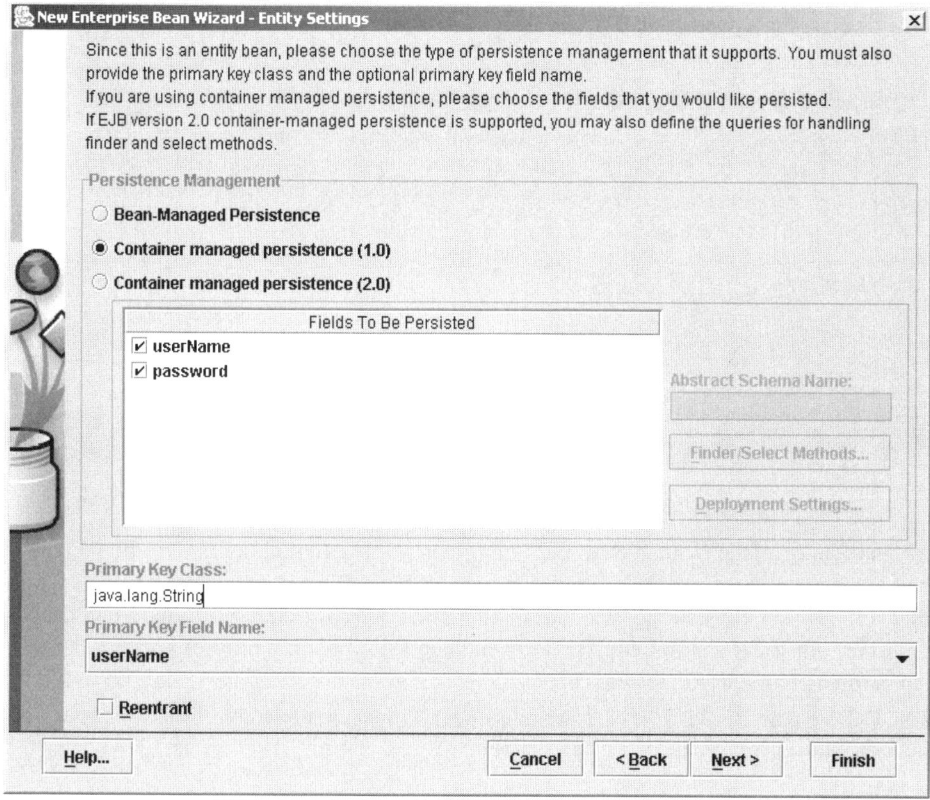

Abbildung 5.5: Persistenz eines Entity Beans CMP mit dem DeployTool konfigurieren

In der Baumdarstellung muss nun das erstellte Entity Bean selektiert werden. In dem Register „Entity“ gelangt man mit dem Button DEPLOYMENT SETTINGS... zu einem Dialog, mit dem die Datenbankverbindung konfiguriert wird und die SQL-Anweisungen erzeugt werden. Zuerst muss mit dem Button DATABASE SETTINGS... die Datenbankverbindung konfiguriert werden. Der JNDI-Name ist `jdbc/Cloudscape`. Benutzername und Passwort sind nicht erforderlich. Dieser Dialog wird mit OK beendet. In dem Dialog „Deployment Settings“ muss man nun den Button GENERATE DEFAULT SQL... betätigen. Die generierten SQL-Anweisungen kann man sich ansehen, indem man eine Methode selektiert.

Abbildung 5.6 zeigt diesen Dialog. An dieser Stelle können die SQL-Anweisungen an bestehende Tabellen angepasst werden. Für spezielle Find-Methoden müssen hier ebenfalls die SQL-Anweisungen angepasst werden, da der Container diese nicht automatisch generieren kann.

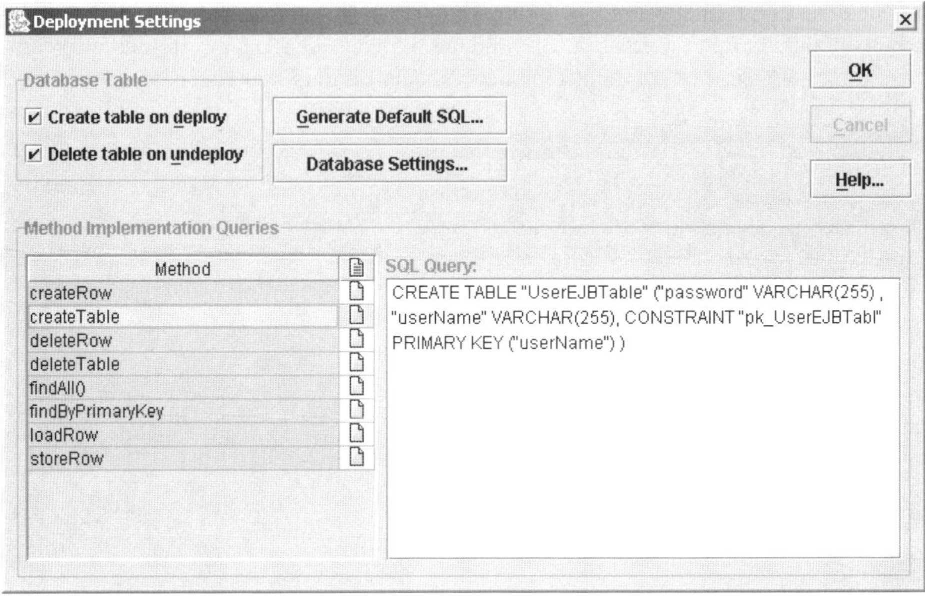

Abbildung 5.6: SQL-Anweisungen von einem Entity Bean CMP konfigurieren

In dem Dialog „Deployment Settings" kann man konfigurieren, ob die Datenbanktabelle bei der Installation von dem Entity Bean erzeugt bzw. beim Deinstallieren gelöscht werden soll. Bei der Einstellung, wie sie in Abbildung 5.6 dargestellt wird, wird die Tabelle gelöscht, d.h. falls zuvor Benutzerdaten eingegeben wurden, sind diese nach der Deinstallation nicht mehr vorhanden.

Der JNDI-Name für das Entity Bean muss noch eingegeben werden. Der Client verwendet den Namen `de/j2eeguru/example/entitybean/user_cmp11`.

J2EE-Anwendung installieren

Das Entity Bean kann nun überprüft und dann installiert werden. Dazu muss die Anwendung in der Baumdarstellung selektiert werden und dann das Menü TOOLS | DEPOLY... angewählt werden. Der Container muss wieder ein JAR-File mit den erforderlichen Klassen zurückliefern. Diese Datei muss im Projektverzeichnis unter *jar\ExampleEntityBeanClient.jar* gespeichert werden.

Funktionalität des Entity Beans testen

Die Funktionalität des Entity Beans mit CMP wird mit der gleichen Anwendung getestet, wie die Entity Beans mit BMP. Im Projektverzeichnis existiert die Batchdatei *bin\startEditUserData.bat*, mit der die Anwendung gestartet werden kann.

Mit dem Menüpunkt EINSTELLUNG | CMP 1.X wird das Entity Bean ausgewählt. Alle Funktionen aus dem Menü BENUTZER werden dann von diesem Entity Bean verarbeitet.

5.4 Container Managed Persistence (CMP) EJB 2.0

In der EJB-Spezifikation 2.0 sind die Fähigkeiten von Entity Beans mit Container Managed Persistence erweitert worden. Der Container kann jetzt die Beziehung zwischen Entity Beans verwalten. Dies bezeichnet man als Container Managed Relation (CMR). Die Zugriffsmethoden auf Felder, bei denen der Container die Beziehung verwaltet, müssen vom Typ der lokalen Komponentenschnittstelle des anderen Entity Beans sein. Falls die Beziehung auf mehrere Objekte verweisen kann, müssen die Zugriffsmethoden entweder das Interface `java.util.Collection` oder `java.util.Set` deklarieren, wobei die Liste Objekte vom Typ der lokalen Komponentenschnittstelle beinhaltet.

Wenn der Primärschlüssel von einem Entity Bean einmal definiert wurde, darf er nicht mehr verändert werden, d.h. in der Komponentenschnittstelle darf keine Setter-Methode für ihn definiert werden. Dies kann zu Problemen führen (Foreign Key in anderer Tabelle).

Im Home Interface eines Entity Beans können nun Businessmethoden definiert werden. Diese Methode müssen in der EJB-Implementierung codiert werden. Sie beziehen sich nicht auf eine einzelne Instanz, sondern stellen allgemeine Funktionalitäten zur Verfügung.

In der EJB-Implementierung können select-Methoden definiert werden. Diese Methoden sind abstrakt und werden vom Container bei der Installation implementiert. Sie führen eine Datenbankabfrage aus, so dass die Datenbank nur die erforderlichen Objekte zurückliefert.

Für Entity Beans ist eine Sprache definiert worden, mit der man Abfragen definieren kann, die so genannte EJB Query Language. Sie ähnelt den SQL-Anweisungen. Für find- und select-Methoden müssen EJB-QL-Anweisungen im Deployment Descriptor angegeben werden. Bei der Installation des Entity Beans erzeugt der Container aus den EJB-QL-Anweisungen die datenbankspezifischen SQL-Anweisungen.

5.4.1 Besonderheiten bei der Implementierung

Zusätzlich zu den allgemeinen Bedingungen gelten folgende Regeln.

- Die Klasse muss `abstract` sein.
- Für alle Attribute, die der Container verwalten soll, müssen abstrakte Getter- und Setter-Methoden definiert werden. Die Namen dieser Methoden sind wie bei JavaBeans zu vergeben. Instanzvariablen für diese Attribute werden nicht benötigt.
- Alle Methoden `ejbCreate<METHOD>(args)` müssen `null` zurückliefern.
- Die `ejbFind<METHOD>`-Methoden dürfen nicht implementiert werden.
- Die `ejbSelect<METHOD>`-Methoden müssen als `abstract` deklariert werden.
- Die `ejbHome<METHOD>`-Methoden müssen implementiert werden.

Die folgenden Regeln gelten für die abstrakten Zugriffsmethoden:

- Die Methoden müssen `public` sein.
- Methoden, die den Wert einer Instanzvariablen ermitteln, haben das Präfix `get`, keinen Übergabeparameter und der Rückgabewert der Methode ist vom gleichen Typ wie die Instanzvariable.

- Methoden, die den Wert einer Instanzvariablen verändern, haben das Präfix `set`, keinen Rückgabewert und einen Übergabeparameter, der vom gleichen Typ wie die Instanzvariable ist.
- Der Methodenname nach dem Präfix `get` bzw. `set` entspricht dem Namen der Instanzvariablen, wobei der erste Buchstabe nach dem Präfix groß geschrieben wird.
- Objekte der Zugriffsmethoden müssen gültige RMI-IIOP-Typen sein. Es kann auch eine Komponentenschnittstelle sein.

5.4.2 Beispiel Entity Bean mit CMP 2.x

Client View

In diesem Beispiel wollen wird das Entity Bean UserEJB mit Container Managed Persistence nach der EJB-Spezifikation 2.0 realisieren. Wir verwenden dasselbe Home- und Komponenten-Interface. Die beiden Schnittstellen sind in den beiden Listings 5.2 und 5.12 dargestellt.

EJB-Implementierung

Die Klasse mit der Implementierung von einem Entity Bean mit CMP (nach der EJB-Spezifikation 2.0) ist in Listing 5.49 dargestellt. Die Klasse muss wie jedes Entity Bean das Interface `javax.ejb.EntityBean` implementieren. Die Methoden dieses Interfaces sind bei CMP leer. Der Container generiert bei der Installation des Entity Beans eine Unterklasse von der EJB-Implementierung. In dieser Klasse enthalten die Methoden von dem Interface `EntityBean` den entsprechenden Code um auf eine Datenbank zuzugreifen.

In dem Listing ist zu erkennen, dass die Klasse keine Instanzvariablen hat. Es wird über abstrakte Zugriffsmethoden auf diese zugegriffen. Die Implementierung der Zugriffsmethoden übernimmt der Container in der generierten Klasse.

In der create-Methode werden die Setter-Methoden mit den Übergabeparametern aufgerufen. Der Rückgabewert von der ejbCreate-Methode muss bei CMP immer null sein.

```
package de.j2eeguru.example.entitybean.ejb.user.cmp20;

import java.util.Collection;

import javax.ejb.EntityBean;
import javax.ejb.EntityContext;
import javax.ejb.RemoveException;
import javax.ejb.CreateException;

public abstract class UserEJB implements EntityBean
{
  //-------------------------------------------------------------
  //                    CMP Getter-Methoden
```

```
  //---------------------------------------------------------------
  public abstract String getUserName();
  public abstract String getPassword();

  //---------------------------------------------------------------
  //                 CMP Setter-Methoden
  //---------------------------------------------------------------
  public abstract void setUserName(String userName);
  public abstract void setPassword(String password);

  //---------------------------------------------------------------
  //           Implementierung der create-Methode
  //---------------------------------------------------------------
  public String ejbCreate( String userName,
                           String password
                         ) throws CreateException
  {
    setUserName(userName);
    setPassword(password);
    return(null);
  }

  public void ejbPostCreate( String userName,
                             String password
                           ) throws CreateException
  {
  }

  //---------------------------------------------------------------
  // Implementierung des Interface 'javax.ejb.EntityBean'
  //---------------------------------------------------------------
  public void setEntityContext(EntityContext ec) {  }
  public void unsetEntityContext()  {  }
  public void ejbRemove() throws RemoveException  {  }
  public void ejbLoad() { }
  public void ejbStore() { }
  public void ejbActivate()  {  }
  public void ejbPassivate()  {  }
}
```

Listing 5.49: EJB-Implementierung eines Entity Beans mit CMP 2.0

Deployment Descriptor

Der Deployment Descriptor des Entity Beans mit CMP 2.0 hat das zusätzliche Attribut <query>, indem die EJB-QL-Anweisung von den Find- und Select-Methoden deklariert werden. Die Syntax der EJB-QL wird zu einem späteren Zeitpunkt beschrieben. Aus der EJB-QL generiert der Container bei der Installation des Entity Beans eine datenbankspezifische SQL-Anweisung.

Bis auf das Attribut <cmp-version>, das den Wert „2.x“ hat, stimmt der Deployment Descriptor mit dem Entity Bean mit CMP 1.x überein.

```
<ejb-jar>
  <display-name>UserJAR</display-name>
  <enterprise-beans>
    <entity>
      <display-name>UserEJB_CMP20</display-name>
      <ejb-name>UserEJB_CMP20</ejb-name>
      <home>
        de.j2eeguru.example.entitybean.ejb.user.UserHome
      </home>
      <remote>
        de.j2eeguru.example.entitybean.ejb.user.User
      </remote>
      <ejb-class>
        de.j2eeguru.example.entitybean.ejb.user.cmp20.UserEJB
      </ejb-class>
      <persistence-type>Container</persistence-type>
      <prim-key-class>java.lang.String</prim-key-class>
      <reentrant>False</reentrant>
      <cmp-version>2.x</cmp-version>
      <abstract-schema-name>User</abstract-schema-name>
      <cmp-field>
        <field-name>password</field-name>
      </cmp-field>
      <cmp-field>
        <field-name>userName</field-name>
      </cmp-field>
      <primkey-field>userName</primkey-field>
      <query>
        <query-method>
          <method-name>findAll</method-name>
          <method-params />
        </query-method>
        <ejb-ql>SELECT OBJECT(U) FROM User U</ejb-ql>
      </query>
      ...
    </entity>
```

```
    ...
  </enterprise-beans>
  ...
</ejb-jar>
```

Listing 5.50: Deployment Descriptor eines Entity Beans mit CMP 2.0

J2EE-Anwendung erstellen

Wir wollen unser Entity Bean nun in die J2EE-Anwendung einfügen. Dazu starten wir die Datenbank, den J2EE-Server und das DeployTool. Wir selektieren die J2EE-Anwendung MyExampleEntityBean und starten den Assistenten für ein neues EJB mit dem Menü FILE | NEW | ENTERPRISE BEAN. Den ersten Dialog können wir überspringen.

In dem folgenden Dialog muss das JAR-File definiert werden, in dem das EJB eingefügt werden soll. Hier wählen wir das Archiv UserJAR aus unsere Anwendung. Die folgenden Klassen müssen in das Archiv eingefügt werden.

- de.j2eeguru.example.entitybean.ejb.user.cmp20.UserEJB

In dem folgenden Dialog wird der EJB-Typ auf Entity Bean eingestellt. Die Klasse des EJBs ist die, die zuvor in das Archiv eingefügt wurde. Die Interfaces für den Remote Client View stimmen mit denen vom Entity Bean mit BMP bzw. CMP 1.x überein, d.h. `de.j2eeguru.example.entitybean.ejb.user.UserHome` für das Remote Home Interface und `de.j2eeguru.example.entitybean.ejb.user.User` für das Remote Interface.

Abbildung 5.7 zeigt den darauf folgenden Dialog, in dem definiert wird, wer für die Persistenz des Entity Beans verantwortlich ist. Es muss „Container Managed Persistence (2.0)“ angewählt werden. In der Liste „Fields To Be Persisted“ müssen die Instanzvariablen angewählt werden, die der Container verwalten soll. In unserem Beispiel sind das „userName“ und „password“.

Die Primärschlüsselklasse ist `java.lang.String`. In der unteren ComboBox muss die Instanzvariable ausgewählt werden, die den Primärschlüssel enthält, d.h. „userName“.

Bei einem Entity Bean mit CMP 2.0 muss ein abstrakter Schemaname definiert werden. Dieser Name wird in den EJB-QL Anweisungen verwendet. Wir verwenden den Namen „User“. Mit dem Button FINDER/SELECT METHODS... wird ein Dialog gestartet, in dem die EJB-QL Anweisungen für die Find- und Select-Methoden eingegeben werden müssen. Dieser Dialog ist in Abbildung 5.8 zu sehen. Da unser Entity Bean keine Select-Methode hat, muss nur die EJB-QL von der Find-Methode `findAll()` definiert werden. Für die Methode `ejbFindByPrimaryKey(pk)` muss keine EJB-QL-Anweisung definiert werden. Die Syntax der EJB-QL wird zu einem späteren Zeitpunkt beschrieben.

Der Assistent kann nun mit dem Button FINISH beendet werden.

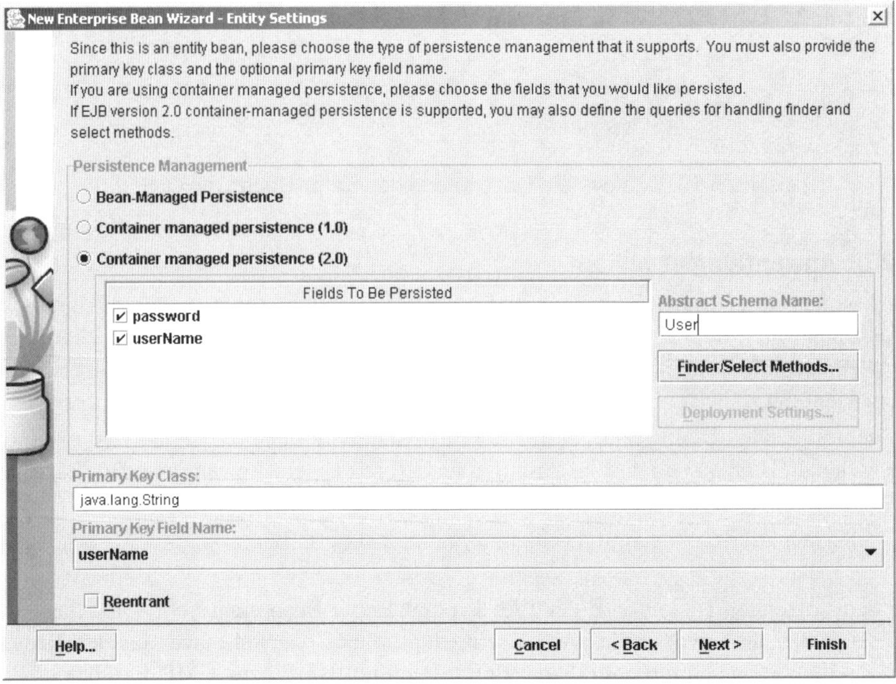

Abbildung 5.7: Persistenz vom Entity Bean CMP 2.0 mit dem DeployTool konfigurieren

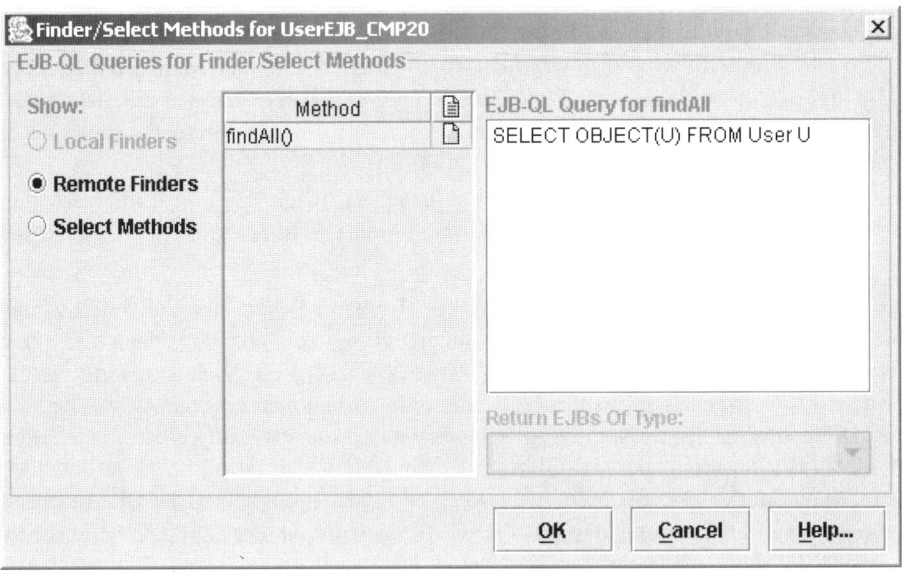

Abbildung 5.8: EJB QL vom Entity Bean CMP 2.0 mit dem DeployTool konfigurieren

In der Baumdarstellung muss nun das erstellte Entity Bean selektiert werden. In dem Register „Entity“ gelangt man mit dem Button DEPLOYMENT SETTINGS.. zu einem Dialog, mit dem die Datenbankverbindung konfiguriert wird und die SQL-Anweisungen erzeugt werden. Zuerst muss mit dem Button DATABASE SETTINGS... die Datenbankverbindung konfiguriert werden. Der JNDI-Name ist „jdbc/Cloudscape“. Ein Benutzername und Passwort sind nicht erforderlich. Dieser Dialog wird mit OK beendet. In dem Dialog „Deployment Settings“ muss man nun den Button GENERATE DEFAULT SQL... betätigen. Das DeployTool erzeugt nun aus den EJB-QL-Anweisungen die datenbankspezifischen SQL-Anweisungen. Die generierten SQL-Anweisungen kann man sich ansehen, indem man eine Methode selektiert. Abbildung 5.9 zeigt diesen Dialog.

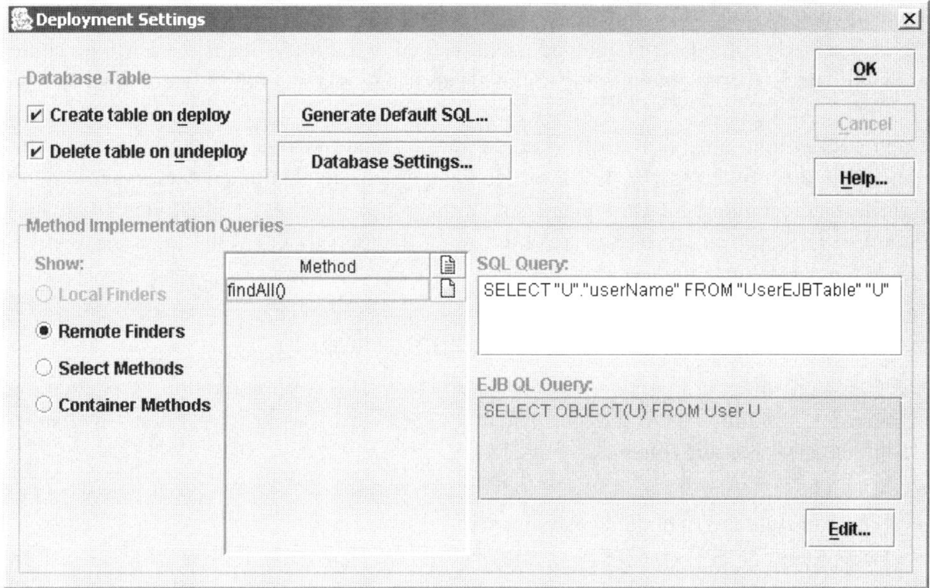

Abbildung 5.9: SQL-Anweisungen vom Entity Bean CMP 2.0 konfigurieren

Der JNDI-Name für das Entity Bean muss noch eingegeben werden. Der Client verwendet den Namen „de/j2eeguru/example/entitybean/user_cmp20“.

J2EE-Anwendung installieren

Das Entity Bean kann nun überprüft und dann installiert werden. Dazu muss die Anwendung in der Baumdarstellung selektiert werden und dann das Menü TOOLS | DEPOLY... angewählt werden. Der Container muss wieder ein JAR-File mit den erforderlichen Klassen zurückliefern. Diese Datei muss im Projektverzeichnis unter *jar\ExampleEntityBeanClient.jar* gespeichert werden.

Funktionalität des Entity Beans testen

Die Funktionalität des Entity Beans mit CMP 2.0 wird mit der gleichen Anwendung getestet, wie die Entity Beans mit BMP und CMP 1.x. Im Projektverzeichnis existiert die Batchdatei *bin\startEditUserData.bat*, mit der die Anwendung gestartet werden kann.

Mit dem Menüpunkt EINSTELLUNG | CMP 2.0 wird das Entity Bean ausgewählt. Alle Funktionen aus dem Menü BENUTZER werden dann von diesem Entity Bean verarbeitet.

5.5 Bean Managed Persistence (BMP) EJB 2.0

Für die Entity Beans mit BMP hat sich nicht viel verändert. In dem Home Interface können Businessmethoden deklariert werden. Die Methoden müssen in der EJB-Implementierung codiert werden. Die Verwendung von EJB QL ist nicht zulässig.

An dieser Stelle soll ein Vorschlag gemacht werden, wie Entity Beans mit BMP zu codieren sind. Die EJB-Implementierung sollte als abstrakte Klasse codiert werden, so dass sie den Anforderungen der CMP 2.0 genügt. In dieser Klasse ist die Businesslogik enthalten. Dann codiert man eine weitere Klasse, die die abstrakte Klasse erweitert. Der Klassenname erhält das Suffix BMP. In dieser Klasse werden die abstrakten Methoden, d.h. die Zugriffsmethoden für die Datenbank sowie die Find- und Select-Methoden implementiert. Ein EJB mit einer solchen Struktur, kann sowohl als CMP als auch als BMP in einem Container installiert werden.

5.5.1 Besonderheiten bei der Implementierung

Die EJB-Implementierung muss die komplette Datenbankkommunikation beinhalten, die erforderlich ist, um eine Instanz permanent zu speichern. Zusätzlich zu den allgemeinen Bedingungen gelten die folgenden Regeln:

- Die Klasse darf nicht `abstract` oder `final` sein.
- Die Attribute müssen nicht `public` sein.
- Jede Methode `ejbCreate<METHOD>(args)` muss den Primärschlüssel der Instanz zurückliefern.
- Die Methoden `ejbFind<METHOD>(args)` müssen implementiert werden.
- Die Methoden `ejbHome<METHOD>(args)` müssen implementiert werden.
- Es gibt keine `ejbSelect<METHOD>` Methoden.

5.6 Beziehungen zwischen Entity Beans verwalten

In diesem Kapitel soll beschrieben werden, wie man Beziehungen zwischen Entity Beans verwaltet. Damit ein Entity Bean eine Beziehung zu einem anderen Entity Bean verwenden bzw. pflegen kann, muss diese im Datenbankmodell abgebildet werden. In der Datenbank können Regeln für diese Beziehungen definiert werden, die Foreign Keys.

In diesem Kapitel soll das Beispiel aus Abbildung 5.10 verwendet werden. Es handelt sich um ein Datenbankmodell, um Spiele einer Saison von Sportarten zu verwalten. Hier sind fast alle möglichen Beziehungen zwischen den einzelnen Objekten enthalten. Jede Datenbanktabelle wird durch ein Entity Bean abgebildet. Die einzelnen Entity Beans sind unterschiedlich realisiert, so dass man nachvollziehen kann wie bei einem Entity Bean mit BMP, CMP 1.x oder CMP 2.0 Beziehungen zu anderen Entity Beans realisiert werden. Tabelle 5.7 beschreibt die Art der Implementierung und Besonderheiten der einzelnen Entity Beans.

Eine Beziehung zwischen zwei Entity Beans (1:1, 1:n, n:1, n:m) kann bidirektional oder unidirektional sein. Bei der letzteren besteht die Beziehung nur von einer Seite, d.h. das andere Objekt kennt die Beziehung nicht.

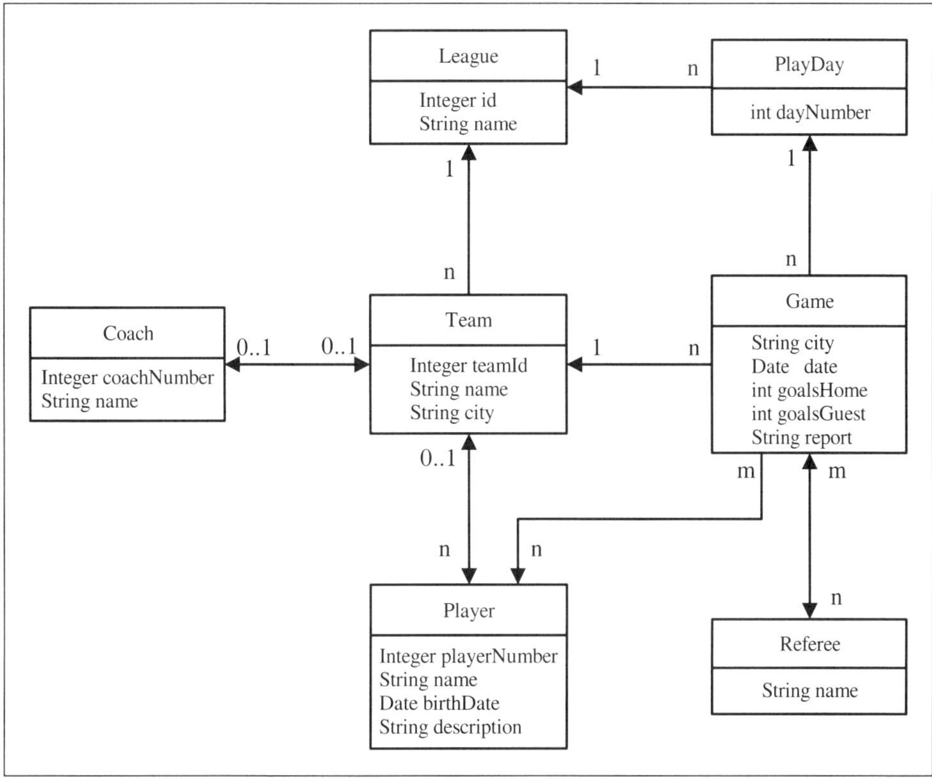

Abbildung 5.10: Objektmodell für eine Beispielanwendung

Entity Bean	**Implementierung**	**Beschreibung bzw. Besonderheiten**
League	BMP mit DAO	Dieses Entity Bean stellt eine Liga dar. Dies kann z.B. die erste Bundesliga im Fußball oder Handball sein. Besonderheit: Entity Bean kann auch als CMP 2.0 installiert werden.
Team	BMP mit DAO	Dieses Entity Bean verwaltet eine Mannschaft. Eine Mannschaft muss immer zu einer Liga gehören und

Entity Bean	Implementierung	Beschreibung bzw. Besonderheiten
		kann einen oder keinen Trainer haben, EJB muss reentrant sein.
Coach	BMP	Dieses Entity Bean verwaltet einen Trainer.
Player	CMP 2.0	Dieses Entity Bean verwaltet einen Spieler.
PlayDay	CMP 1.x	Dieses Objekt stellt einen Spieltag dar. Die Spieltage einer Saison sind durchnummeriert. Zu einem Spieltag gehören mehrere Spiele. Besonderheit: Primärschlüssel über mehrere Zeilen
Game	CMP 2.0	In diesem Objekt wird ein Spiel zweier Mannschaften verwaltet. Ein Spiel gehört immer zu einem Spieltag, hat eine Gast- und eine Heimmannschaft und wird von 1..n Schiedsrichter geleitet. Besonderheit: Primärschlüssel über mehrere Zeilen
Referee	CMP 2.0	Dieses Entity Bean verwaltet die Schiedsrichter. Besonderheit: Primärschlüssel wird vom Container verwaltet.

Tabelle 5.7: Beschreibung von den Entity Beans

5.6.1 Beziehungen von Entity Beans mit BMP

Bei einem Entity Bean mit BMP muss der Entwickler sowohl das Datenbankmodell als auch das Entity Bean codieren, so dass die Beziehung korrekt verwaltet wird. Die beiden Entity Beans TeamEJB und CoachEJB haben eine bidirektionale 1:1-Beziehung, zwischen dem TeamEJB und LeagueEJB besteht eine unidirektionale n:1-Beziehung.

Listing 5.51 zeigt einen Ausschnitt aus dem Home Interface des Entity Beans TeamEJB. Dieses Entity Bean verwaltet eine Beziehung zu den Entity Beans LeagueEJB und CoachEJB. Ein Team kann nur einen Trainer haben und nur zu einer Liga gehören. Beim Erzeugen einer Entität mit der Create-Methode können diese Objekte angegeben werden. Wie aus dem Objektmodell zu erkennen ist, muss dem Team immer ein League-Objekt zugeordnet sein. Ein Trainer ist optional, d.h. er kann den Wert `null` haben.

```
package de.j2eeguru.example.entitybean.ejb.team;

...
import de.j2eeguru.example.entitybean.ejb.league.League;
import de.j2eeguru.example.entitybean.ejb.coach.Coach;
```

```
public interface TeamHome extends EJBHome
{
  public Team create(int id, String name, String city,
                     League league, Coach coach)
         throws CreateException, RemoteException;
  ...
}
```

Listing 5.51: Home Interface eines Entity Beans mit BMP und einer 1:1-Beziehung

Listing 5.52 zeigt die ejbCreate- und ejbPostCreate-Methode aus der EJB-Implementierung. In der Methode `ejbCreate(args)` wird die Beziehung zu dem Entity Bean LeagueEJB und in der Methode `ejbPostCreate(args)` die Beziehung zum Entity Bean CoachEJB gepflegt.

Die Beziehung zum Entity Bean LeagueEJB wird über die Spalte bzw. das Attribut `leagueId` vom Entity Bean TeamEJB hergestellt. Diese Spalte ist mit zwei Datenbank Constraints versehen, NOT NULL und einem FOREIGN KEY zur Tabelle vom LeagueEJB. Da die Spalte „leagueId" nicht NULL sein darf, muss die Methode `setLeague()` in der Methode `ejbCreate(args)` aufgerufen werden. Die Datenbank würde ansonsten den INSERT nicht zulassen.

Die Beziehung zwischen dem Entity Bean TeamEJB und CoachEJB wird in der Tabelle vom CoachEJB verwaltet. In dieser Tabelle gibt es die Spalte „teamId", die mit dem Datenbank Constraint FOREIGN KEY versehen ist. Dies bedeutet, dass einem CoachEJB nur ein TeamEJB zugeordnet werden kann, das bereits in der Datenbank vorhanden ist. In der Methode `ejbCreate(args)` wird der INSERT aber erst ausgeführt. Aus diesem Grund muss die Beziehung zu dem Entity Bean CoachEJB in der Methode `ejbPostCreate(args)` gepflegt werden.

```
package de.j2eeguru.example.entitybean.ejb.team;

...
import de.j2eeguru.example.entitybean.ejb.league.League;
import de.j2eeguru.example.entitybean.ejb.coach.Coach;

public class TeamEJB implements EntityBean
{
  ...
  public Integer ejbCreate( int id, String name, String city,
                            League league, Coach coach
                          ) throws CreateException
  {
    setTeamId(new Integer(id) );
    setName(name);
    setCity(city);
```

```
    // Beziehung zu dem Entity Bean League pflegen
    setLeague(league);

    ...  // INSERT in die Datenbank ausführen

    return(getTeamId());
  }

  public void ejbPostCreate( int id, String name, String city,
                             League league, Coach coach
                           ) throws CreateException
  {
    // Beziehung zu dem Entity Bean Coach pflegen
    setCoach(coach);
  }
  ...
}
```

Listing 5.52: ejbCreate() und ejbPostCreate() Methoden von einem Entity Bean mit BMP und einer 1:1-Beziehung

Die Beziehung zu den beiden Entity Beans CoachEJB und LeagueEJB können auch bei bereits existierenden TeamEJBs gepflegt werden. In der Komponentenschnittstelle sind die entsprechenden Zugriffsmethoden definiert. Listing 5.53 zeigt das Remote Interface des Entity Beans TeamEJB. In diesem Interface werden für die beiden Beziehungen jeweils eine Getter- und eine Setter-Methode deklariert. Der Übergabeparameter bzw. der Rückgabewert von den Zugriffsmethoden ist die Komponentenschnittselle von dem entsprechenden Entity Bean.

```
package de.j2eeguru.example.entitybean.ejb.team;

import java.rmi.RemoteException;
import javax.ejb.EJBObject;

import de.j2eeguru.example.entitybean.ejb.league.League;
import de.j2eeguru.example.entitybean.ejb.coach.Coach;

public interface Team extends EJBObject
{
  public Integer getTeamId() throws RemoteException;
  public String  getName() throws RemoteException;
  public String  getCity() throws RemoteException;
  public League  getLeague() throws RemoteException;
  public Coach   getCoach() throws RemoteException;

  public void setName(String name) throws RemoteException;
```

```
  public void setCity(String city) throws RemoteException;
  public void setLeague(League league) throws RemoteException;
  public void setCoach(Coach coach) throws RemoteException;
}
```

Listing 5.53: Remote Interface eines Entity Beans mit BMP und einer 1:1-Beziehung

Listing 5.54 zeigt die Businessmethoden in der EJB-Implementierung, die die Beziehungen zu den anderen Entity Beans verwalten. In diesen Methoden ist die Logik enthalten, wie die Beziehungen verwaltet werden müssen.

Die beiden Getter-Methoden rufen eine find-Methode von dem zu ermittelnden Entity Bean auf und liefern diesen Wert zurück. Die Methode `getLeague()` ist so implementiert, dass prinzipiell auch der Wert `null` zurückgeliefert werden kann. Falls der NOT NULL Constraint von der Spalte „leagueId" aus der Datenbank entfernt wird, muss der Quellcode nicht modifiziert werden.

In der Methode `getCoach()` sind zwei Besonderheiten zu erwähnen, die nicht sofort ersichtlich sind. Der Übergabeparameter der Methode `findByTeam()` vom CoachEJB ist die Komponentenschnittstelle vom TeamEJB. Die Komponentenschnittstelle wird mit der Methode `getEJBObject()` von dem Entity Kontext ermittelt. Wenn man sich nun in Tabelle 5.3 die zulässigen Operationen eines Entity Beans ansieht, wird man feststellen, dass die Methode `getEJBObject()` nicht in der Methode `ejbCreate()` aufgerufen werden darf.

Weil der Übergabeparameter der Find-Methode vom CoachEJB die Komponentenschnittstelle vom TeamEJB ist, muss innerhalb dieser Find-Methode die „teamId" über die Komponentenschnittstelle gelesen werden. Dieser Zugriff kann nur durchgeführt werden, wenn das TeamEJB als reentrant konfiguriert ist, da die Methode `getTeamId()` von der Instanz aufgerufen wird, während die Methode `getCoach()` noch abgearbeitet wird. Man sollte nach Möglichkeit auf reentrante Entity Beans verzichten, da dies eine Fehlerquelle darstellt, die nicht einfach zu lokalisieren ist. Die Find-Methode vom CoachEJB sollte als Übergabeparameter die teamId haben, so kann man zumindest an dieser Stelle verhindern, dass das TeamEJB reentrant sein muss.

```
package de.j2eeguru.example.entitybean.ejb.team;
...
public class TeamEJB implements EntityBean
{
  ...
  public League getLeague()
  {
    Integer leagueId = dao.getLeagueId();

    if( leagueId == null )
      return null;
    else
    {
```

```
    try
    {
      LeagueHome leagueHome = EjbHomeGetter.getLeagueHome();
      return leagueHome.findByPrimaryKey(leagueId);
    }
    catch(Exception ex)
    {
      throw new EJBException(LogBook.logException(ex));
    }
  }
}

public Coach getCoach()
{
  try
  {
    CoachHome coachHome = EjbHomeGetter.getCoachHome();
    return coachHome.findByTeam((Team)ec.getEJBObject());
  }
  catch(FinderException fex)
  {
    return null;
  }
  catch(Exception ex)
  {
    throw new EJBException(LogBook.logException(ex));
  }
}

public void setLeague(League league)
{
  if( league == null )
    dao.setLeagueId(null);
  else
  {
    try
    {
      dao.setLeagueId(league.getId());
    }
    catch(Exception ex)
    {
      throw new EJBException(LogBook.logException(ex));
    }
  }
}
```

```
  public void setCoach(Coach coach)
  {
    try
    {
      // Falls ein alter Trainer vorhanden ist, muss bei diesem
      // das Team auf null gesetzt werden, dies entspricht einem
      // Rauswurf.
      Coach aktCoach = getCoach();

      if( aktCoach != null )
      {
        if( aktCoach.isIdentical(coach) )
          return; // alter und neuer Trainer sind identisch

        aktCoach.setTeam(null);
      }

      // dann den neuen Trainer einstellen.
      if( coach != null )
        coach.setTeam((Team)ec.getEJBObject());
    }
    catch(Exception ex)
    {
      throw new EJBException(LogBook.logException(ex));
    }
  }
  ...
}
```

Listing 5.54: Zugriffsmethoden die eine 1:1-Beziehung von zwei Entity Beans mit BMP verwalten

In der Methode `setLeague()` wird das Attribut „leagueId" vom Entity Bean TeamEJB gepflegt. Es handelt sich hier um eine unidirektionale n:1-Beziehung zwischen einem Team und einer Liga, d.h. ein Team kann nur einer Liga zugeordnet sein, zu einer Liga können mehrere Teams gehören. Wenn dem Attribut „leagueId" ein neuer Wert zugewiesen wird, ist das Team automatisch nicht mehr der ursprünglichen Liga zugeordnet. Es sind also keine weiteren Verwaltungsaktivitäten erforderlich, um sicherzustellen, dass das Team nur einer Liga zugeordnet ist.

In der Methode `setCoach()` ist dies anders. Die Beziehung zwischen einem Team und einem Coach wird in der Datenbank durch die Spalte „teamId" in der Tabelle „Coach" hergestellt. Dadurch ist prinzipiell eine 1:n-Beziehung zwischen einem Coach und einem Team möglich, d.h. einem Team können mehrere Coaches zugeordnet werden.

Da wir in unserer Anwendung eine 1:1-Beziehung zwischen Coach und Team haben wollen, ist in der Methode `setCoach()` die Businesslogik enthalten, die sicherstellt, dass immer nur ein Coach zu einem Team gehört. In dieser Methode wird auch die Methode `getEJBObject()` vom Entity Kontext aufgerufen, d.h. diese Methode darf nicht innerhalb der Methode `ejbCreate(args)` aufgerufen werden.

In der Methode `setCoach()` wird die Methode `setTeam()` vom Entity Bean CoachEJB aufgerufen. Dieser Methode wird die Komponentenschnittstelle von dem TeamEJB übergeben. In der Methode `setTeam()` vom CoachEJB muss die teamId über die Komponentenschnittstelle vom TeamEJB angefordert werden. Dies ist wiederum ein reentranter Zugriff auf das TeamEJB. Diesen reentranten Zugriff könnte man umgehen, wenn man in dem CoachEJB anstatt der Komponentenschnittstelle die Team-ID übergeben würde. Da die Anwendung jedoch keine Information haben sollte, welche Attribute erforderlich sind, um eine Relation zwischen den Entity Beans zu verwalten, wird die Komponentenschnittstelle verwendet. So enthält nur das Entity Bean CoachEJB die Logik, um die Beziehung zwischen dem TeamEJB und CoachEJB zu pflegen.

5.6.2 Beziehungen von Entity Beans mit CMP 1.x

Die Beziehungen von Entity Beans mit CMP 1.x werden ähnlich verwaltet wie bei einem Entity Bean mit BMP. Der Entwickler muss das Design vom Datenbankmodell so gestalten, dass die geforderten Beziehungen gespeichert werden können und die Methoden codieren, die eine Beziehung zu einem anderen Entity Bean pflegen.

In diesem Kapitel wollen wir uns die Beziehung zwischen den beiden Entity Beans PlayDayEJB und LeagueEJB ansehen. Es handelt sich um eine unidirektionale n:1-Beziehung, d.h. ein Spieltag gehört immer zu einer Liga bzw. einer Liga können mehrere Spieltage zugeordnet werden. Die Verbindung ist unidirektional, weil das Entity Bean LeagueEJB keine Methoden zur Verfügung stellt, um die zugehörigen Entity Beans PlayDayEJB zu ermitteln bzw. zu pflegen. Das Entity Bean LeagueEJB kennt das Entity Bean PlayDayEJB nicht.

Listing 5.55 zeigt das Remote Home Interface des Entity Beans PlayDayEJB. Die Create-Methode bekommt als Übergabeparameter die Komponentenschnittstelle vom League-EJB übergeben. Da jeder Spieltag zu einer Liga gehören muss, ist null als Übergabeparameter nicht zulässig.

Das Home Interface definiert eine Find-Methode, mit der alle Spieltage einer Saison ermittelt werden. Der Übergabeparameter dieser Methode ist die leagueId vom League-EJB. An dieser Stelle kann nicht die Komponentenschnittstelle verwendet werden, da die Find-Methoden von dem Container implementiert werden. Die SQL-Anweisung, die in dieser Methode ausgeführt werden soll, kann nur die Übergabeparameter aus der Methodendeklaration als Parameter verwenden.

```
package de.j2eeguru.example.entitybean.ejb.playday;
...
import de.j2eeguru.example.entitybean.ejb.league.League;

public interface PlayDayHome extends EJBHome
```

```
{
  public PlayDay create(League league, int dayNumber )
         throws CreateException, RemoteException;

  public PlayDay findByPrimaryKey(PlayDayPK pk)
         throws FinderException, RemoteException;

  public Collection findAll()
         throws FinderException, RemoteException;

  public Collection findByLeagueId(int leagueId)
         throws FinderException, RemoteException;
}
```

Listing 5.55: Remote Home Interface eines Entity Beans mit CMP 1.x

Die Komponentenschnittstelle des Entity Beans PlayDayEJB ist in Listing 5.56 abgebildet. Sie enthält die Methode `getLeague()`, mit der das zugehörige Entity Bean LeagueEJB ermittelt werden kann. In dem Interface werden keine Set-Methoden deklariert, weil die beiden Attribute `leagueId` und `dayNumber` den Primärschlüssel bilden, d.h. von der Instanz darf weder das LeagueEJB noch die dayNumber nach dem Erzeugen verändert werden.

```
package de.j2eeguru.example.entitybean.ejb.playday;
...
import de.j2eeguru.example.entitybean.ejb.league.League;

public interface PlayDay extends EJBObject
{
  public int getDayNumber() throws RemoteException;
  public League getLeague() throws RemoteException;
}
```

Listing 5.56: Remote Interface eines Entity Beans mit CMP 1.x

Listing 5.57 zeigt die Implementierung des Entity Beans PlayDayEJB. In der Create-Methode werden die beiden Attribute von dem EJB mit Werten belegt. Dabei wird das Attribut leagueId über der Komponentenschnittstelle vom LeagueEJB ermittelt. Da die Create-Methode nicht von dem LeagueEJB aufgerufen wird, ist dies kein reentranter Methodenaufruf.

Die Methode `getLeague()` enthält die Logik, das LeagueEJB zu ermitteln. Es wird die Find-Methode vom LeagueEJB aufgerufen. Diese benötigt als Übergabeparameter die leagueId.

```
package de.j2eeguru.example.entitybean.ejb.playday;
...
import de.j2eeguru.example.entitybean.ejb.league.League;
import de.j2eeguru.example.entitybean.EjbHomeGetter;
import de.j2eeguru.tools.LogBook;

public class PlayDayEJB implements EntityBean
{
  //---------------------------------------------------------------
  //       Instanzvariablen deklarieren
  //---------------------------------------------------------------
  // Die Instanzvariablen vom Entity Bean, die vom Container
  // verwaltet werden sollen, müssen public sein
  public int leagueId;
  public int dayNumber;

  //---------------------------------------------------------------
  //                 CMP-Getter-Methoden
  //---------------------------------------------------------------
  public int getLeagueId() { return(leagueId); }
  public int getDayNumber(){ return(dayNumber); }

  //---------------------------------------------------------------
  //                 CMP-Setter-Methoden
  //---------------------------------------------------------------
  public void setLeagueId(int lId)  { leagueId = lId; }
  public void setDayNumber(int dNr) { dayNumber = dNr; }

  //---------------------------------------------------------------
  //                 Businessmethoden
  //---------------------------------------------------------------
  public League getLeague()
  {
    try
    {
      return EjbHomeGetter.getLeagueHome().findByPrimaryKey(
                                 new Integer(getLeagueId()));
    }
    catch(Exception ex)
    {
      throw new EJBException( LogBook.logException(ex) );
    }
  }

  //---------------------------------------------------------------
```

```
//          Implementierung der create-Methode
//------------------------------------------------------------
public PlayDayPK ejbCreate( League league, int dayNumber
                          ) throws CreateException
{
  try
  {
    setLeagueId(league.getId().intValue());
    setDayNumber(dayNumber);
    return(null);
  }
  catch(Exception ex)
  {
    throw new EJBException( LogBook.logException(ex) );
  }
}

public void ejbPostCreate( League league, int dayNumber
                         ) throws CreateException  {  }

//------------------------------------------------------------
// Implementierung des Interface 'javax.ejb.EntityBean'
//------------------------------------------------------------
public void setEntityContext(EntityContext ec) {  }
public void unsetEntityContext()  {  }
public void ejbRemove() throws RemoveException  {  }
public void ejbLoad() { }
public void ejbStore() { }
public void ejbActivate()  {  }
public void ejbPassivate()  {  }
}
```

Listing 5.57: Remote Home Interface eines Entity Beans mit CMP 1.x

Die Beziehungen von Entity Beans mit BMP oder CMP 1.x werden nicht im Deployment Descriptor beschrieben.

Abhängige Objekte

Ein abhängiges Objekt ist eine Aggregation: Das heißt, eine Klasse enthält eine Instanzvariable von einer anderen Klasse. Es gibt kein standardisiertes Verhalten, wie abhängige Objekte gespeichert werden. In der Regel werden sie serialisiert und als BLOB gespeichert.

5.6.3 Beziehungen von Entity Beans mit CMP 2.0

Seit der EJB-Spezifikation 2.0 können Beziehungen zwischen Entity Beans vom Container verwaltet werden. Damit der Container die Beziehungen verwalten kann, müssen die folgenden Regeln beachtet werden.

- Die Persistenz vom Entity Bean muss vom Container verwaltet werden. Bei einem Entity Bean mit BMP oder CMP 1.x kann der Container die Beziehungen nicht verwalten.
- Für die in Beziehung stehenden Entity Beans müssen in der EJB-Implementierung abstrakte Zugriffsmethoden definiert werden. Der Übergabeparameter bzw. der Rückgabewert muss die lokale Komponentenschnittstelle bzw. eine Collection mit Objekten, die diese implementieren, sein.
- In der lokalen Komponentenschnittstelle können die erforderlichen Zugriffsmethoden deklariert werden. Sie dürfen nicht in dem Remote Interface deklariert werden.
- Bidirektionale Beziehungen können nur vom Container verwaltet werden, wenn sie im gleichen Deployment Descriptor deklariert und vom gleichen Persistenz-Manager verwaltet werden.

Die folgenden Regeln gelten für den Aufruf der CMR-Zugriffsmethoden.

- Wenn beim Aufruf einer CMR-Getter-Methode, dessen Rückgabewert eine Collection ist, keine Objekte vorhanden sind, dann darf die Methode nicht `null` zurückliefern, sondern eine leere Collection. Das Gleiche gilt für eine CMR-Setter-Methode. Der Übergabeparameter `null` ist nicht zulässig, stattdessen muss eine leere Collection übergeben werden.
- Wenn eine Collection von einer Zugriffsmethode zurückgeliefert wird, darf nur innerhalb der gleichen Transaktion auf diese zugegriffen werden.

Das folgende Beispiel soll die Container Managed Relation näher erläutern. Die Beziehung zwischen dem GameEJB und dem RefereeEJB ist eine bidirektionale n:m-Beziehung. Ein Schiedsrichter kann mehreren Spielen zugeordnet sein (natürlich an unterschiedlichen Spieltagen) und ein Spiel kann von mehreren Schiedsrichtern geleitet werden.

Da der Container nur über den Local Client View die Relationen verwalten kann, müssen wir diesen bei den beiden Entity Beans GameEJB und RefereeEJB verwenden. Listing 5.58 zeigt das Local Home Interface vom RefereeEJB. Da beim Erzeugen von einem Schiedsrichter noch kein Spiel zugewiesen werden soll, ist in dem Home Interface das GameEJB nicht vorhanden.

Das Entity Bean RefereeEJB hat eine Besonderheit, die man an der Methode `findByPrimaryKey()` erkennt. Der Übergabeparameter ist vom Typ `Object`. Diesen Typ setzt man dann ein, wenn der Container den Primärschlüssel verwalten soll. Dies hat nichts mit CMR zu tun. Aber in den einzelnen Beispielen sollten möglichst viele Szenarien erscheinen, die bei einem Entity Bean angewandt werden können.

```
package de.j2eeguru.example.entitybean.ejb.referee;

import java.util.Collection;
import javax.ejb.EJBLocalHome;
import javax.ejb.FinderException;
import javax.ejb.CreateException;

public interface RefereeLocalHome extends EJBLocalHome
{
  public RefereeLocal create(String name)
         throws CreateException;

  public RefereeLocal findByPrimaryKey(Object pk)
         throws FinderException;

  public Collection findAll()
         throws FinderException;
}
```

Listing 5.58: Local Home Interface eines Entity Beans mit CMP 2.0

Listing 5.59 zeigt die lokale Komponentenschnittstelle des Entity Beans RefereeEJB. In dieser Schnittstelle ist nur eine Getter-Methode für das Entity Bean GameEJB enthalten. Man kann über diese Schnittstelle also nur die Spiele eines Schiedsrichters ermitteln und nicht verändern. Man könnte zusätzlich noch die Methode `public void setGames(Collection games)` definieren, wenn man die Spiele für einem Schiedsrichter zuweisen wollte. In unserem Beispiel sollen die Schiedsrichter aber nur über die Komponentenschnittstelle des Entity Beans GameEJB gepflegt werden.

```
package de.j2eeguru.example.entitybean.ejb.referee;

import java.util.Collection;
import javax.ejb.EJBLocalObject;

public interface RefereeLocal extends EJBLocalObject
{
  public String getName();
  public void setName(String name);

  public Collection getGames();
}
```

Listing 5.59: Local Interface eines Entity Beans mit CMP 2.0

Die Implementierung des Entity Beans RefereeEJB wird in Listing 5.60 dargestellt. Die beiden Zugriffsmethoden `getGames()` und `setGames()` müssen als abstrakt deklariert werden. Die Zugriffsmethoden sollten immer paarweise deklariert werden, auch wenn nur eine Methode in der lokalen Komponentenschnittstelle zur Verfügung gestellt wird. Der Container implementiert die CMR-Methoden bei der Installation des Entity Beans. Die notwendigen Informationen, die der Container für die Implementierung benötigt, befinden sich im Deployment Descriptor des Entity Beans.

```
package de.j2eeguru.example.entitybean.ejb.referee;

import java.util.Collection;
import javax.ejb.EntityBean;
import javax.ejb.EntityContext;
import javax.ejb.RemoveException;
import javax.ejb.CreateException;

public abstract class RefereeEJB implements EntityBean
{
  //--------------------------------------------------------------
  //                CMP Methoden
  //--------------------------------------------------------------
  public abstract String getName();
  public abstract void setName(String name);

  //--------------------------------------------------------------
  //                CMR Methoden
  //--------------------------------------------------------------
  public abstract Collection getGames();
  public abstract void setGames(Collection games);

  //--------------------------------------------------------------
  //          Implementierung der create-Methode
  //--------------------------------------------------------------
  public Object ejbCreate(String name) throws CreateException
  {
    setName( name );
    return(null);
  }

  public void ejbPostCreate(String name) throws CreateException
  {
  }

  //--------------------------------------------------------------
  // Implementierung des Interface 'javax.ejb.EntityBean'
  //--------------------------------------------------------------
  public void setEntityContext(EntityContext ec) {  }
```

```
  public void unsetEntityContext()  { }
  public void ejbRemove() throws RemoveException  { }
  public void ejbLoad() { }
  public void ejbStore() { }
  public void ejbActivate()  { }
  public void ejbPassivate()  { }
}
```

Listing 5.60: Implementierung eines Entity Beans mit CMP 2.0

Der Deployment Descriptor, in der die Beziehung zwischen den beiden Entity Beans GameEJB und RefereeEJB deklariert wird, ist in Listing 5.61 dargestellt. Bei der Definition der Entity Beans ist zu beachten, dass die Instanzvariablen, bei denen der Container die Relation pflegen soll, nicht bei den CMP-Felder erscheinen.

```
<ejb-jar>
  <display-name>SportApp</display-name>
  <enterprise-beans>
    <entity>
      <display-name>RefereeEJB</display-name>
      <ejb-name>RefereeEJB</ejb-name>
      <local-home>
      de.j2eeguru.example.entitybean.ejb.referee.RefereeLocalHome
      </local-home>
      <local>
        de.j2eeguru.example.entitybean.ejb.referee.RefereeLocal
      </local>
      <ejb-class>
        de.j2eeguru.example.entitybean.ejb.referee.RefereeEJB
      </ejb-class>
      <persistence-type>Container</persistence-type>
      <prim-key-class>java.lang.Object</prim-key-class>
      <reentrant>False</reentrant>
      <cmp-version>2.x</cmp-version>
      <cmp-field>
        <field-name>name</field-name>
      </cmp-field>
      ...
    </entity>
    <entity>
      <ejb-name>GameEJB</ejb-name>
      <local-home>
        de.j2eeguru.example.entitybean.ejb.game.GameLocalHome
      </local-home>
      <local>
        de.j2eeguru.example.entitybean.ejb.game.GameLocal
```

```
      </local>
      <ejb-class>
        de.j2eeguru.example.entitybean.ejb.game.GameEJB
      </ejb-class>
      <persistence-type>Container</persistence-type>
      <prim-key-class>
        de.j2eeguru.example.entitybean.ejb.game.GamePK
      </prim-key-class>
      <cmp-version>2.x</cmp-version>
      ...
    </entity>
    ...
  </enterprise-beans>
  <relationships>
    <ejb-relation>
      <ejb-relationship-role>
        <multiplicity>Many</multiplicity>
        <relationship-role-source>
          <ejb-name>GameEJB</ejb-name>
        </relationship-role-source>
        <cmr-field>
          <cmr-field-name>referees</cmr-field-name>
          <cmr-field-type>java.util.Collection</cmr-field-type>
        </cmr-field>
      </ejb-relationship-role>
      <ejb-relationship-role>
        <multiplicity>Many</multiplicity>
        <relationship-role-source>
          <ejb-name>RefereeEJB</ejb-name>
        </relationship-role-source>
        <cmr-field>
          <cmr-field-name>games</cmr-field-name>
          <cmr-field-type>java.util.Collection</cmr-field-type>
        </cmr-field>
      </ejb-relationship-role>
    </ejb-relation>
    ...
  </relationships>
  ...
</ejb-jar>
```

Listing 5.61: Deployment Descriptor von Entity Beans mit Container Managed Relation

Die Relation zwischen zwei Entity Beans wird innerhalb des Elements `<relationships>` definiert. Für jede Container Managed Relation muss dort ein Element `<ejb-`

`relation>` deklariert werden. Die Tabellen 5.8–5.11 beschreiben die einzelnen Elemente.

Element	M	Beschreibung
<description>	0..1	Kommentar bzw. Beschreibung für das Element
<ejb-relation>	1..n	In diesem Element wird eine Beziehung von zwei EJBs definiert.

Tabelle 5.8: Definitionen im Element <relationships>

Element	M	Beschreibung
<description>	0..1	Kommentar bzw. Beschreibung für das Element
<ejb-relation-name>	0..1	In diesem Element kann ein eindeutiger Name für die Relation definiert werden.
<ejb-relationship-role>	1	definiert die Beziehung vom ersten EJB zum zweiten EJB.
<ejb-relationship-role>	1	definiert die Beziehung vom zweiten EJB zum ersten EJB.

Tabelle 5.9: Definitionen im Element <ejb-relation>

Element	M	Beschreibung
<description>	0..1	Kommentar bzw. Beschreibung für das Element
<ejb-relationship-role-name>	0..1	Hier kann ein Name für die Relation definiert werden.
<multiplicity>	1	In diesem Element wird die Vielfalt der Relation definiert. Gültige Werte sind One oder Many.
<cascade-delete>	0..1	Dieses Element ist nur gültig, wenn in dem Feld <multiplicity> von dem anderen Element <ejb-relationship-role> One eingetragen ist. Letztendlich wird mit diesem Element eine Abhängigkeit von den beiden EJBs definiert, d.h. wenn eine Instanz gelöscht wird, muss die andere Instanz auch gelöscht werden.
<relationship-role-source>	1	Hier wird das EJB angegeben, für das die Relation definiert wird.
<cmr-field>	0..1	Attributname des Entity Beans, für das der Container die Relation verwalten soll. Bei einer bidirektionalen Relation

Element	M	Beschreibung
		müssen in beiden Elementen <ejb-relationship-role> einer <ejb-relation> die Elemente <cmr-field> vorhanden sein, bei einer unidirektionalen Relation nur in einem.

Tabelle 5.10: Definitionen im Element <ejb-relationship-role>

Element	M	Beschreibung
<description>	0..1	Kommentar bzw. Beschreibung für das Element
<ejb-name>	1	Hier muss der Name des Entity Beans angegeben werden, für das die Relation definiert wird.

Tabelle 5.11: Definitionen im Element <relationship-role-source>

Dic Abbildungen 5.11–5.13 zeigen, wie eine CMR mit dem DeployTool von der Referenzimplementierung von Sun konfiguriert wird. Die Instanzvariable, für die der Container die Relation verwalten soll, darf nicht als ein CMP-Feld angegeben werden (Abbildung 5.11). Hier kann man die Einstellungen erkennen, die notwendig sind, um den Primärschlüssel vom Container verwalten zu lassen. Die Klasse `java.lang.Object` muss als Primärschlüsselklasse definiert werden, und es darf kein Feld angegeben werden, das dem Primärschlüssel entspricht.

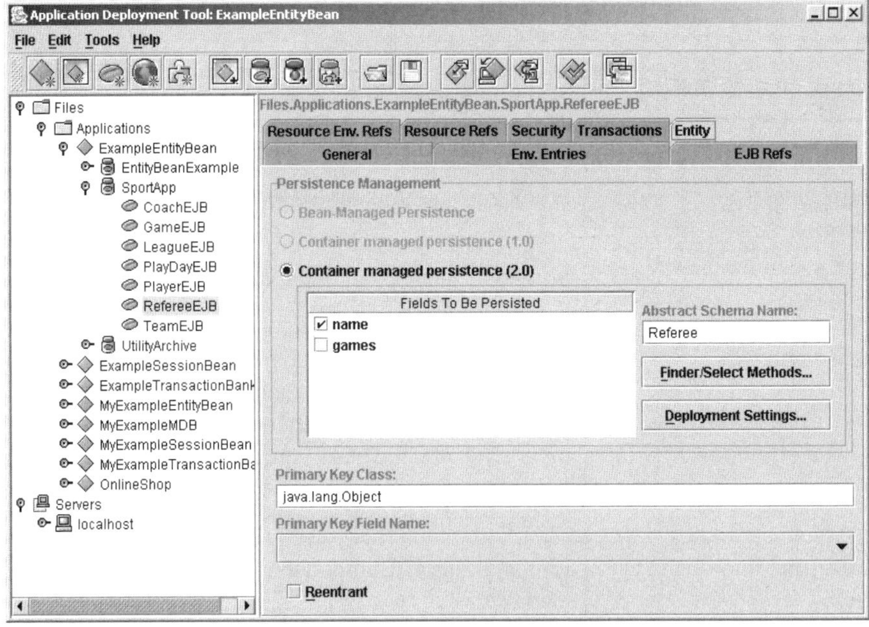

Abbildung 5.11: CMP-Instanzvariablen mit dem DeployTool definieren

Um die Beziehungen zwischen Entity Beans zu definieren, muss das Archiv in der Baumstruktur angewählt werden. Im Register „Relationships“ (Abbildung 5.12) werden alle Beziehungen des Archivs dargestellt. Mit den Buttons neben der Tabelle können die Beziehungen verwaltet werden.

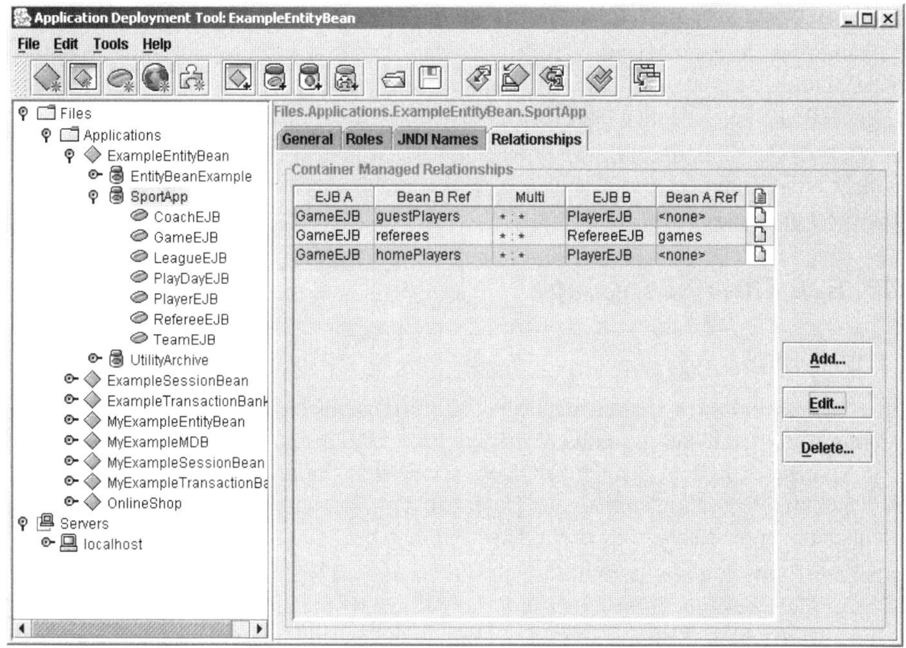

Abbildung 5.12: CMR-Instanzvariablen mit dem DeployTool definieren

Abbildung 5.13 zeigt den Dialog, um eine Beziehung zwischen zwei Entity Beans zu definieren. Dieser Dialog erzeugt im Deployment Descriptor ein Element `<ejb-relation>`. Die Einstellungen von „Enterprise Bean A“ bzw. „Enterprise Bean B“ entsprechen jeweils einem Element `<ejb-relationship-role>`.

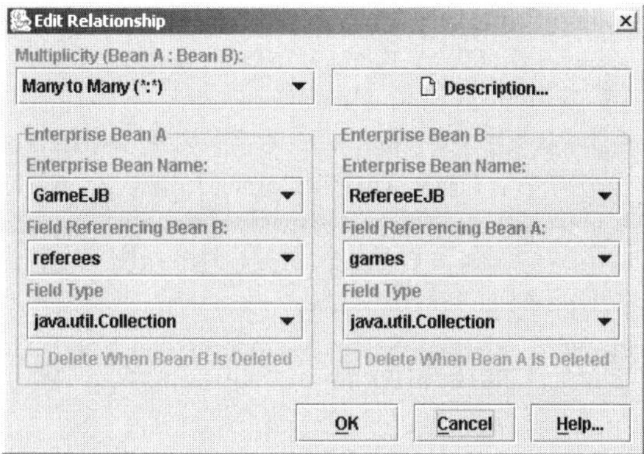

Abbildung 5.13: Relation zwischen zwei Entity Beans mit dem DeployTool definieren

Durch die Definitionen im Deployment Descriptor ist der Container in der Lage, die Beziehung zwischen den Entity Beans zu verwalten. Es müssen keine SQL- bzw. EJB-QL-Anweisungen definiert werden, die diese Beziehung beschreiben.

Der Container stellt sicher, dass die Art der Beziehung (1:1, 1:n, n:1, n:m) eingehalten wird. Die Beziehung zwischen dem CoachEJB und dem TeamEJB ist eine 1:1-Beziehung. In dem Entity Bean mit BMP mussten wir die Logik so programmieren, dass ein Trainer nur zu einer Mannschaft gehören darf. Wenn wir die beiden Entity Beans mit CMP 2.0 realisiert hätten, könnte der Container die Relation verwalten. Wir müssten uns an der Stelle keine Gedanken über reentrante Aufrufe oder Ähnliches machen.

Ein Nachteil der Container Managed Relation ist, dass man bestehende Datenbanktabellen nicht ohne weiteres verwenden kann. Dies ist auch abhängig vom Hersteller des EJB-Containers und dessen Tools.

5.7 EJB-Query-Language

5.7.1 Einführung

Entity Beans verwalten persistente Daten, die in Datenbanken gespeichert werden. Die Kommunikation mit der Datenbank erfolgt über JDBC mit der Abfragesprache SQL. Diese Sprache ist in dem Standard SQL-92 spezifiziert. Es gibt jedoch datenbankspezifische Dialekte. Wer schon einmal eine Datenbankapplikation geschrieben hat, die mehrere Datenbanken unterstützen soll, kennt diese Problematik.

Da bei der Entwicklung von Entity Beans die Datenbank, auf der das EJB installiert werden soll, nicht bekannt ist, ist es nicht sinnvoll, SQL Statements in den Quellcode zu codieren. Einfache INSERT oder UPDATE Statements sind unproblematisch. Interessant wird es, wenn man SQL Statements benötigt, die Beziehungen zu anderen Tabellen berücksichtigen sollen.

Um diese Probleme zu lösen, gibt es seit der EJB-Spezifikation 2.0 eine Abfragesprache (Query Language) für Entity Beans (EJB QL). Diese Sprache stellt eine Untermenge des SQL-Standards SQL-92 dar. Jedes Entity Bean bekommt einen abstrakten Namen, der in der EJB QL verwendet wird. Der abstrakte Name entspricht dem Tabellennamen bei SQL. Die Spaltennamen werden durch die Attribute des EJBs ersetzt. Es können nur Attribute verwendet werden, die vom Container verwaltet werden, entweder CMP oder CMR. Bei der Installation eines Entity Beans wird von dem Persistenz-Manager des EJB-Containers aus der EJB QL eine SQL Statement erzeugt.

Bei der EJB QL hat jeder Ausdruck einen Typ. Gültige Typen sind die abstrakten Schemennamen oder die Typen von CMP Attribute eines Entity Beans. Man kann durch die Angabe eines Punktes auf CMP bzw. CMR Attribute eines Entity Bean zugreifen und so von einem EJB zu einem anderen navigieren. Bei CMR Attributen muss man die Beziehung berücksichtigen, die die beiden EJB haben.

Die EJB QL wird bei den Find- und Select-Methoden von Entity Beans mit CMP verwendet. Der Rückgabewert von Find-Methoden ist immer das Komponenten-Interface bzw. eine Collection mit Objekten, die dieses implementieren. Es kann dasselbe EJB QL Statement sowohl für ein Remote als auch für ein Local Interface verwendet werden.

Select-Methoden liefern entweder eine Komponentenschnittselle (local/remote) oder ein beliebiges CMP-Feld zurück. Sie können auch Komponentenschnittstellen von anderen Entity Beans zurückliefern. Diese müssen aber in dem gleichen Deployment Descriptor deklariert werden.

Ein EJB QL Statement wird im Deployment Descriptor von dem Entity Bean deklariert. Das Statement ist statisch. Es kann vor der Installation geprüft werden, ob die Syntax, die Attribute und dessen Typen korrekt sind, da alle erforderlichen Informationen im Deployment Deskriptor definiert sind.

Eine EJB-QL-Anweisung besteht (wie eine SQL-Anweisung) aus den folgenden Elementen:

- SELECT-Anweisung
- FROM-Anweisung
- WHERE-Bedingung

Abbildung 5.10 zeigt das Objektmodell von Entity Beans, für das EJB QL Statements definiert werden sollen.

In der BNF-Syntax werden die englischen Bezeichnungen verwendet, die in der EJB-Spezifikation 2.0 verwendet werden. Nachfolgend werden die wichtigsten Eigenschaften beschrieben. Die vollständige Definition von EJB QL befindet sich im Anhang.

Element	**Beschreibung**
[...]	optionaler Ausdruck
::=	Zuweisung („ist definiert als“)
*	Ausdruck kann beliebig oft erscheinen.
|	logisches ODER, d.h. Ausdruck X oder Ausdruck Y
{...}	Ausdruck gruppieren
fettdruck	Schlüsselwort

Tabelle 5.12: Elemente der BNF-Syntax

```
EJB QL ::= select_clause from_clause [where_clause]
```

BNF-Syntax einer EJB-QL-Abfrage

Die folgenden Bezeichner sind reserviert und dürfen nicht als Variablenbezeichner verwendet werden. Es wird nicht zwischen Groß- und Kleinschreibung unterschieden.

SELECT, FROM, WHERE, DISTINCT, OBJECT, NULL, TRUE, FALSE, NOT, AND, OR, BETWEEN, LIKE, IN, AS, UNKNOWN, EMPTY, MEMBER, OF, IS

5.7.2 FROM-Anweisung

In der FROM-Anweisung wird angegeben, welche Entity Beans untersucht werden sollen. Hier werden Variablen deklariert, auf denen in dem EJB QL Statement zugegriffen wird. Die Abarbeitung des Ausdrucks erfolgt von links nach rechts.

Die FROM-Anweisung hat die folgende Syntax.

```
from_clause ::= FROM identification_variable_declaration
    [,identification_variable_declaration]*

identification_variable_declaration ::=
    range_variable_declaration | collection_member_declaration

range_variable_declaration ::=
    abstract_schema_name [AS] identifier

collection_member_declaration ::=
    IN (collection_valued_path_expression) [AS] identifier

collection_valued_path_expression ::=
    identification_variable.[single_valued_cmr_field.]*
    collection_valued_cmr_field
```

BNF Syntax der FROM-Anweisung von EJB QL

Element	**Beschreibung**
single_valued_cmr_field	Ein CMR-Attribut eines Entity Beans mit CMP, das ein anderes Entity Bean referenziert. Es muss also eine 1:1- oder eine n:1-Beziehung sein.
collection_valued_cmr_field	Ein CMR Attribut eines Entity Beans mit CMP, das mehrere Entity Beans referenziert. Es muss also eine 1:n- oder eine n:m-Beziehung sein.

Tabelle 5.13: Beschreibung von BNF-Elementen in der FROM Anweisung

Wir wollen anhand eines Beispiels die FROM-Anweisung näher untersuchen. Der folgende Ausdruck verknüpft die beiden EJBs „Game“ und „Referee“. Zwischen ihnen besteht ein n:m-Beziehung.

```
FROM Game AS g, IN (g.referees) AS r
```

Die FROM-Anweisung beinhaltet zwei Variabelendeklarationen. Die erste Deklaration ist vom Typ des Entity Beans mit dem abstrakten Schemanamen „Game“. Der Variablenname ist `g`. Die zweite Deklaration verwendet die Variable `g` aus der ersten Deklaration. Der Typ dieses Ausdrucks ist vom gleichen Typ wie das CMR-Attribut `referees` von dem Entity Bean GameEJB, also vom Typ RefereeEJB. Der Variabelenname der zweiten Deklaration ist r. Die Reihenfolge der beiden Deklarationen ist wichtig.

Die FROM-Anweisung von der EJB QL bildet ein kartesisches Produkt aller vorhandenen Objekte der Variablendeklarationen, d.h. jedes einzelne Objekt einer Deklaration wird mit allen anderen Objekten der anderen Deklarationen verknüpft. Dieses Verhalten ist identisch mit dem einer SQL-Anweisung. Die Variablendeklaration, die mit IN beginnt, generiert eine WHERE-Bedingung, in der die beiden Tabellen mit ihrem Foreign und Primary Key verknüpft werden. Folgender SQL-Ausdruck könnte z.B. bei der Installation des Entity Beans aus der obigen FROM-Anweisung generiert werden.

```
FROM  GameTable, RefereeTable
WHERE GameTable.pkey = RefereeTable.fkey
```

Es besteht prinzipiell auch die Möglichkeit, in der FROM-Anweisung mehrere Variablen vom gleichen Typ zu deklarieren. Dies ermöglicht ein Vergleichen gleicher Objekte. Es wird ein kartesisches Produkt von beiden Ausdrücken gebildet, d.h. jedes Objekt vom Typ Game wird mit allen anderen Objekten vom Typ Game verknüpft.

```
FROM Game AS g1, Game AS g2
```

Das Schlüsselwort „AS" ist bei einer Variablendeklaration optional. Die folgende FROM-Anweisung ist äquivalent zu der oben genannten.

```
FROM Game g1, Game g2
```

5.7.3 SELECT-Anweisung

Die SELECT-Anweisung definiert das Ergebnis, das zurückgeliefert werden soll. Dies sind immer Objekte eines bestimmten Typs. Die Syntax lautet wie folgt:

```
select_clause ::= SELECT [DISTINCT ]
    { single_valued_path_expression |
      OBJECT (identification_variable) }

single_valued_path_expression ::=
    {single_valued_navigation |
     identification_variable
    }.cmp_field |
    single_valued_navigation

single_valued_navigation ::=
    identification_variable.[single_valued_cmr_field.]*
    single_valued_cmr_field
```

BNF-Syntax der SELECT-Anweisung von EJB QL

Hier gibt es einen wesentlichen Unterschied zu SQL. Man kann immer nur einen einzigen Ausdruck in der SELECT-Anweisung angeben. Bei SQL werden Spalten bei EJB QL werden Objekte angegeben.

Falls man eine Variablendeklaration aus der FROM-Anweisung als Ausdruck angibt, muss diese mit der Funktion OBJECT(...) konvertiert werden. Wenn ein Entity Bean durch einen Pfad angegeben wird, ist dies nicht erforderlich. Der Pfad darf nicht auf eine Liste (Collection) verweisen, sondern auf ein einzelnes Entity Bean.

```
SELECT OBJECT(g)   ...
   oder
SELECT r.name  ...
```

Das Schlüsselwort DISTINCT verhindert, dass Objekte mehrfach in der Ergebnismenge enthalten sind. Wenn der Returntyp einer Find- bzw. Select-Methode ein `java.util.Set` ist, dann führt der EJB-Container automatisch einen DISTINCT aus.

Die SELECT-Anweisung von einer Find-Methode muss immer ein Objekt vom Typ des abstrakten Schemennamens zurückliefern, in der die Methode definiert ist. Die gleiche EJB-QL-Anweisung kann für Find-Methoden im Local- und Remote Home-Interface verwendet werden. Der Container stellt sicher, dass die entsprechenden Objekte vom Typ der Local- bzw. Remote Komponentenschnittstelle erzeugt werden.

Eine Select-Methode kann beliebige Entity Beans oder dessen CMP-Felder zurückliefern, die im gleichen Deployment Descriptor definiert sind.

5.7.4 WHERE-Bedingung

In der optionalen WHERE-Bedingung können Suchkriterien definiert werden. Jede Objektkombination aus der FROM-Anweisung, für die die logische Verknüpfung in der WHERE-Bedingung TRUE ist, wird in die Ergebnismenge hinzugefügt.

```
where_clause ::= WHERE conditional_expression
```

BNF-Syntax der WHERE-Bedingung von EJB QL

Die Ausdrücke aus Tabelle 5.14 können in der WHERE-Bedingung verwendet werden.

Ausdruck	Beschreibung
Konstant (Literal)	Es sind konstante Ausdrücke vom Typ String, long, double und boolean zulässig. Strings werden in einfachen Hochkommata gesetzt. Falls ein Hochkomma im String vorkommt, müssen zwei Hochkommata angegeben werden. Für die boolean-Ausdrücke sind die Werte TRUE und FALSE zulässig. Beispiel: 'Hallo'
Variablenbezeichner	Eine Variable, die in der FROM-Anweisung deklariert wurde, kann in der WHERE-Anweisung verwendet werden.

Ausdruck	**Beschreibung**
Pfad Ausdruck	Man kann auf Attribute von Objekten zugreifen, indem man den Punkt als Trennzeichen einsetzt. Beispiel: g.goalsHome
Parameter	In dem EJB QL Statement können Parameter angegeben werden. Diese werden durch ein Fragezeichen, gefolgt von der Position in der Methodendeklaration angegeben. Es dürfen nicht mehr Parameter in der EJB-QL-Anweisung verwendet werden, als in der Methodendeklaration vorhanden sind. Es müssen allerdings nicht alle Parameter in der EJB-QL-Anweisung enthalten sein. Beispiel: r.name = ?1
Vergleiche	=, >, >=, <, <=, <> Beispiel: g.goalsHome > g.goalsGuest
Logische Operationen	NOT, AND, OR
Arithmetische Operationen	*, /, +, -
BETWEEN	Dieser Ausdruck prüft, ob ein Wert zwischen zwei Werten liegt.
[NOT] LIKE	Mit diesem Ausdruck können Vergleiche mit Jokerzeichen (Wildcards) durchgeführt werden. Der Unterstrich (_) entspricht einem beliebigen Zeichen, das Prozentzeichen (%) beliebig vielen Zeichen. Beispiel: Alle Schiedsrichter, bei denen der Name mit „Sch" beginnt. r.name LIKE ('Sch%')
IN	Dieser Ausdruck wird verwendet, wenn man einen String mit 1..n Werten vergleichen will. Beispiel: r.name IN ('Schmitt', 'Schmidt', 'Schmit')
[NOT] MEMBER OF	prüft, ob ein Objekt in einem Listenpfadausdruck (Collection) enthalten ist.
IS [NOT] NULL	Prüfen, ob ein Einzelpfadausdruck existiert.
IS [NOT] EMPTY	Prüfen ob ein Listenpfadausdruck (Collection) leer ist, d.h. kein Objekt referenziert.
Funktionen	Es besteht auch die Möglichkeit, in Ausdrücken vordefinierte Funktionen aufzurufen. Folgende Funktionen stehen zur

Ausdruck	Beschreibung
	Verfügung: • `String CONCAT(String, String)` • `String SUBSTRING(String, start, length)` • `int LOCATE(String, String [, start])` • `int LENGTH(String)` • `double SQRT(double)` • `number ABS(number)` start und length sind Werte vom Typ int number sind Werte vom Typ int, float oder double.

Tabelle 5.14: Ausdrücke einer WHERE-Bedingung

5.7.5 Beispiele

EJB QL für Find-Methoden

EJB QL	Beschreibung
`SELECT OBJECT(p)` `FROM Player p`	Alle Spieler ermitteln

`SELECT OBJECT(g)`
`FROM Game g`
`WHERE ?1 MEMBER OF g.referees`
	Alle Spiele von einem Schiedsrichter ermitteln

`SELECT OBJECT(g)`
`FROM Game g`
`WHERE g.goalsHome = g.goalsGuest`
	Alle Spiele ermitteln, die unentschieden ausgegangen sind

`SELECT OBJECT(p2)`
`FROM Player p1, Player p2`
`WHERE p1 = ?1`
`AND p1 <> p2`
`AND p2.description =`
`p1.description`
	Alle Spieler, die die gleiche Position spielen, wie der angegebene Spieler

`SELECT OBJECT(g)`
`FROM Game g`
`WHERE g.referees IS EMPTY`
	Alle Spiele ermitteln, bei denen noch kein Schiedsrichter definiert worden ist

Tabelle 5.15: Beispiele für EJB QL in Find-Methoden

EJB QL für Select-Methoden

EJB QL	Beschreibung

`SELECT p.name`
`FROM Game g,`
`IN (g.guestPlayes) p`
`WHERE g = ?1`
	Alle Spielernamen der Gastmannschaft von einem Spiel ermitteln. Diese Select-Methode kann auch in dem GameEJB definiert werden.

`SELECT DISTINCT OBJECT(r)`
`FROM Game g,`
`IN (g.homePlayers) ph,`
`IN (g.guestPlayers) pg,`
`IN (g.referees) r`
`WHERE ph = ?1 OR pg = ?1`
	Alle Schiedsrichter ermitteln, die ein Spiel geleitet haben in dem der angegebene Spieler mitgespielt hat. Diese Methode kann z.B. im PlayerEJB verwendet werden.

`SELECT r.name`
`FROM Game g,`
`IN (g.referees) r`
`WHERE g = ?1`
	Alle Schiedsrichternamen von einem Spiel ermitteln.

Tabelle 5.16: Beispiele für EJB QL in Select-Methoden

5.7.6 Definition der EJB QL im Deployment Descriptor

Jetzt wissen wir, wie ein EJB QL Statement aufgebaut ist. Wie wird es aber dem EJB-Container mitgeteilt? Wie alle Installationsanleitungen, steht auch die EJB-QL-Anweisung im Deployment Descriptor des EJBs. An dieser Stelle möchte ich noch einmal darauf hinweisen, dass EJB-QL-Anweisungen nur in Entity Beans mit CMP der Version 2.0 spezifiziert werden dürfen. Wir haben ja bereits ein solches Entity Bean entwickelt. Für dieses EJB wollen wir uns nun die relevanten Stellen im Deployment Descriptor ansehen.

Das Element <query> stellt alle Informationen zur Verfügung, die der Container benötigt, um für eine Find- bzw. Select-Methode des Entity Beans die entsprechende SQL-Anweisung zu generieren. Tabelle 5.17 beschreibt den Inhalt des Elements <query>. Es wird der Methodenname mit den Parametern und die dazugehörige EJB-QL-Anweisung. deklariert. Wenn die Methode Parameter hat, werden diese in dem Element <method-params> deklariert.

```
<ejb-jar>
  <display-name>SportApp</display-name>
  <enterprise-beans>
    <entity>
      <display-name>GameEJB</display-name>
      <ejb-name>GameEJB</ejb-name>
      <local-home>
```

```
    de.j2eeguru.example.entitybean.ejb.game.GameLocalHome
  </local-home>
  <local>
    de.j2eeguru.example.entitybean.ejb.game.GameLocal
  </local>
  <ejb-class>
    de.j2eeguru.example.entitybean.ejb.game.GameEJB
  </ejb-class>
  <persistence-type>Container</persistence-type>
  <cmp-version>2.x</cmp-version>
  <abstract-schema-name>Game</abstract-schema-name>
  ...
  <query>
    <query-method>
      <method-name>ejbSelectGuestPlayerNames</method-name>
      <method-params>
        <method-param>
          de.j2eeguru.example.entitybean.ejb.game.GameLocal
        </method-param>
      </method-params>
    </query-method>
    <result-type-mapping>Local</result-type-mapping>
    <ejb-ql>
      SELECT P.name
      FROM Game G, IN (G.guestPlayers) P
      WHERE G = ?1
    </ejb-ql>
  </query>
  <query>
    <query-method>
      <method-name>ejbSelectHomePlayerNames</method-name>
      <method-params>
        <method-param>
          de.j2eeguru.example.entitybean.ejb.game.GameLocal
        </method-param>
      </method-params>
    </query-method>
    <result-type-mapping>Local</result-type-mapping>
    <ejb-ql>
      SELECT P.name
      FROM Game G, IN (G.homePlayers) P
      WHERE G = ?1
    </ejb-ql>
  </query>
  <query>
```

```
        <query-method>
          <method-name>findAll</method-name>
          <method-params />
        </query-method>
        <ejb-ql>SELECT OBJECT(G) FROM Game G</ejb-ql>
      </query>
    </entity>
    ...
  </enterprise-beans>
  ...
</ejb-jar>
```

Listing 5.62: Definition der EJB QL im Deployment Descriptor

Element	M	Beschreibung
<description>	0..1	In diesem Element kann eine Beschreibung bzw. ein Kommentar zu dem Element gespeichert werden.
<query-method>	1	In diesem Element wird die Methode im EJB definiert, für das die EJB QL verwendet werden soll.
<result-type-mapping>	0..1	Dieses Element darf nur bei einer ejbSelect-Methode verwendet werden, wenn sie ein Entity Bean zurückliefert. Dem Container wird hier mitgeteilt, ob die Local oder Remote-Komponentenschnittstelle ermittelt werden soll. Die Werte Local und Remote sind gültig, wobei Local der Defaultwert ist.
<ejb-ql>	1	In diesem Element wird die EJB QL angegeben.

Tabelle 5.17: Definitionen im Element <query>

Element	M	Beschreibung
<method-name>	1	Name der Methode
<method-params>	1	Liste von den Typen der Übergabeparameter

Tabelle 5.18: Definitionen im Element <query-method>

5.8 Beispiel

Wir wollen nun eine Anwendung entwickeln, die unsere Datenbanktabellen mit Leben füllt. Die Anwendung soll ohne Benutzeroberfläche ausgeführt werden und über ein Session Bean die Entity Beans erzeugen. Listing 5.65 zeigt den Quellcode der Klasse.

Die Komponentenschnittstelle von dem Session Bean PopulateEJB stellt Methoden zur Verfügung, mit denen die Datenbanktabellen gelöscht, erzeugt und dann initialisiert werden. Wenn die Initialisierung erfolgreich durchläuft, wird eine Meldung ausgegeben.

```
package de.j2eeguru.example.entitybean.client.populate;

import de.j2eeguru.example.entitybean.EjbHomeGetter;
import de.j2eeguru.example.entitybean.ejb.populate.Populate;

public class PopulateSportObjects
{
  private void runPopulateMethod()
  {
    try
    {
      Populate populate=EjbHomeGetter.getPopulateHome().create();
      populate.dropSportTables();
      populate.createSportTables();
      populate.populateSportTables();
      System.out.println("Tabellen erfolgreich initialisiert.");
    }
    catch(Exception ex)
    {
      System.out.println(
          "Fehler beim Initialiiseren der Tabellen aufgetreten.");
      ex.printStackTrace();
    }
  }

  public static void main(String[] args)
  {
    PopulateSportObjects obj = new PopulateSportObjects();
    obj.runPopulateMethod();
  }
}
```

Listing 5.63: Client, der Businessmethoden vom Session Bean aufruft

Der Remote Client View von dem Stateless Session Bean PopulateEJB wird in den Listings 5.64 und 5.65 dargestellt. Diese beiden Schnittstellen deklarieren die Methoden, die in der Anwendung aus dem Listing 5.63 aufgerufen werden.

```
package de.j2eeguru.example.entitybean.ejb.populate;

import java.rmi.RemoteException;
import javax.ejb.EJBHome;
```

```
import javax.ejb.CreateException;

public interface PopulateHome extends EJBHome
{
  public Populate create()
        throws CreateException, RemoteException;
}
```

Listing 5.64: Remote Home Interface vom Session Bean, das die Tabellen der Sport-Applikation initialisiert

```
package de.j2eeguru.example.entitybean.ejb.populate;

import java.rmi.RemoteException;
import javax.ejb.EJBObject;

public interface Populate extends EJBObject
{
  public void createSportTables() throws RemoteException;
  public void dropSportTables() throws RemoteException;
  public void populateSportTables() throws RemoteException;
}
```

Listing 5.65: Remote Interface vom Session Bean, das die Tabellen der Sport-Applikation initialisiert

Listing 5.66 stellt den relevanten Teil der EJB-Implementierung dar. Die Methode `populateSportTables()` erzeugt die Entity-Bean-Instanzen. Diese Methode ist nicht sehr elegant codiert. Aber auf diese Weise erkennt man, wie die create-Methoden der Entity Beans mit Komponentenschnittstellen von anderen Entity Beans aufgerufen werden.

Zuerst wird ein Entity Bean LeagueEJB erzeugt. Die Komponentenschnittstelle des Entity Beans LeagueEJB wird der create-Methode beim Erzeugen von TeamEJB-Instanzen übergeben.

Die RefereeEJB-Instanzen werden in Vektoren gespeichert. Die Klasse `java.util.Vector` implementiert die Schnittstelle `java.util.Collection`. Beim Erzeugen von GameEJB-Instanzen wird der Methode `setReferees()` der Vector übergeben und so die Beziehung zwischen den Instanzen definiert.

```
package de.j2eeguru.example.entitybean.ejb.populate;
...
public class PopulateEJB implements SessionBean
{
```

```
public void populateSportTables()
{
  try
  {
    LeagueHome leagueHome = EjbHomeGetter.getLeagueHome();
    League league_1_BL = leagueHome.create(new Integer(1),
                                "1. Bundesliga", "Fussball");

    int firstCoachNr = 1000;
    CoachHome coachHome = EjbHomeGetter.getCoachHome();
    Coach c1 = coachHome.create( firstCoachNr++,
                                "Ottmar Hitzfeld", null);
    Coach c2 = coachHome.create( firstCoachNr++,
                                "Huub Stevens", null);
    Coach c3 = coachHome.create( firstCoachNr++,
                                "Matthias Sammer", null);
    Coach c4 = coachHome.create( firstCoachNr++,
                                "Klaus Toppmöller", null);

    Vector teams = new Vector();
    int firstTeamNr = 100;
    TeamHome teamHome = EjbHomeGetter.getTeamHome();
    teams.add( teamHome.create( firstTeamNr++,
          "Bayern München", "München", league_1_BL, c1) );
    teams.add( teamHome.create( firstTeamNr++,
          "Schalke 04", "Gelsenkirchen", league_1_BL, c2) );
    teams.add( teamHome.create( firstTeamNr++,
          "Borussia Dortmund", "Dortmund", league_1_BL, c3) );
    teams.add( teamHome.create( firstTeamNr++,
          "Bayer Leverkusen", "Leverkusen", league_1_BL, c4) );

    Vector referees_1 = new Vector();
    Vector referees_2 = new Vector();
    RefereeLocalHome refereeHome =
                        EjbHomeGetter.getRefereeLocalHome();

    referees_1.add( refereeHome.create("Dr. Merk") );
    referees_1.add( refereeHome.create("Hr. Krug") );
    referees_1.add( refereeHome.create("Hr. Berg") );
    referees_2.add( refereeHome.create("Hr. Sippel") );
    referees_2.add( refereeHome.create("Hr. Kessler") );
    referees_2.add( refereeHome.create("Hr. Gagelmann") );

    PlayDayHome playDayHome = EjbHomeGetter.getPlayDayHome();
    GameLocalHome gameHome = EjbHomeGetter.getGameLocalHome();
```

```
      // 1. Spieltag
      PlayDay playDay = playDayHome.create(league_1_BL, 1);
      GameLocal game = gameHome.create(playDay, 1);  // 1. Spiel
      game.setHomeTeam((Team)teams.get(0));
      game.setCity(((Team)teams.get(0)).getCity());
      game.setGuestTeam((Team)teams.get(1));
      game.setReferees(referees_1);

      game = gameHome.create(playDay, 2);            // 2. Spiel
      game.setHomeTeam((Team)teams.get(2));
      game.setCity(((Team)teams.get(2)).getCity());
      game.setGuestTeam((Team)teams.get(3));
      game.setReferees(referees_2);

      // 2. Spieltag
      playDay = playDayHome.create(league_1_BL, 2);
      game = gameHome.create(playDay, 1);            // 1. Spiel
      game.setHomeTeam((Team)teams.get(1));
      game.setCity(((Team)teams.get(1)).getCity());
      game.setGuestTeam((Team)teams.get(2));
      game.setReferees(referees_1);

      // usw.
      ...
    }
    catch(Exception ex)
    {
      throw new EJBException( LogBook.logException(ex) );
    }
  }

  public void createSportTables()
  {
    try
    {
      EjbHomeGetter.getLeagueHome().initStorage();
      EjbHomeGetter.getTeamHome().initStorage();
      EjbHomeGetter.getCoachHome().initStorage();
    }
    catch(Exception ex)
    {
      throw new EJBException( LogBook.logException(ex) );
    }
  }
```

```
public void dropSportTables()
{
  try
  {
    EjbHomeGetter.getCoachHome().destroyStorage();
    EjbHomeGetter.getTeamHome().destroyStorage();
    EjbHomeGetter.getLeagueHome().destroyStorage();
  }
  catch(Exception ex)
  {
    throw new EJBException( LogBook.logException(ex) );
  }
}

//-------------------------------------------------------------
//           Implementierung der create-Methode
//-------------------------------------------------------------
public void ejbCreate() throws CreateException  {  }

//-------------------------------------------------------------
//   Implementierung des Interface 'javax.ejb.SessionBean'
//-------------------------------------------------------------
public void setSessionContext( SessionContext sctx ) {  }
public void ejbRemove()     {  }
public void ejbActivate()  {  }
public void ejbPassivate() {  }

//-------------------------------------------------------------
//                       Hilfsmethoden
//-------------------------------------------------------------
private void executeSql(String jdbc, String sql)
{
  try
  {
    SqlTools.executeSql(jdbc, sql);
  }
  catch(SQLException ex)
  {
    // Exception ignorieren, die Tabelle wird wohl schon
    // existieren
    LogBook.logException(ex);
  }
  catch(Exception ex)
  {
```

```
        throw new EJBException( LogBook.logException(ex) );
      }
    }
}
```

Listing 5.66: Session Bean, um die Tabellen der Sport-Applikation zu initialisieren

Listing 5.67 enthält einen Teil vom Deployment Descriptor vom Session Bean. Da dieses EJB auf alle Entity Beans über logische Namen zugreift, müssen diese im Deployment Descriptor angegeben werden. In dem Listing ist nur eine Local und eine Remote EJB Reference angegeben, da der Deployment Descriptor ansonsten zu unübersichtlich ist.

```
<ejb-jar>
  <display-name>UtilityArchive</display-name>
  <enterprise-beans>
    <session>
      <display-name>PopulateEJB</display-name>
      <ejb-name>PopulateEJB</ejb-name>
      <home>
        de.j2eeguru.example.entitybean.ejb.populate.PopulateHome
       </home>
      <remote>
        de.j2eeguru.example.entitybean.ejb.populate.Populate
      </remote>
      <ejb-class>
        de.j2eeguru.example.entitybean.ejb.populate.PopulateEJB
      </ejb-class>
      <session-type>Stateless</session-type>
      <transaction-type>Container</transaction-type>
      <ejb-ref>
        <ejb-ref-name>ejb/coach</ejb-ref-name>
        <ejb-ref-type>Entity</ejb-ref-type>
        <home>
          de.j2eeguru.example.entitybean.ejb.coach.CoachHome
        </home>
        <remote>
          de.j2eeguru.example.entitybean.ejb.coach.Coach
         </remote>
        <ejb-link>ejb-jar-ic14.jar#CoachEJB</ejb-link>
      </ejb-ref>
      ...
      <ejb-local-ref>
        <ejb-ref-name>ejb/game</ejb-ref-name>
        <ejb-ref-type>Entity</ejb-ref-type>
        <local-home>
```

```
          de.j2eeguru.example.entitybean.ejb.game.GameLocalHome
        </local-home>
        <local>
          de.j2eeguru.example.entitybean.ejb.game.GameLocal
        </local>
        <ejb-link>ejb-jar-ic14.jar#GameEJB</ejb-link>
      </ejb-local-ref>
      ...
    </session>
  </enterprise-beans>
  ...
</ejb-jar>
```

Listing 5.67: Deployment Descriptor des Session Beans

Um die J2EE-Anwendung zu installieren, öffnet man mit dem DeployTool aus dem Projektverzeichnis das Enterprise Archive *ear/ExampleEntityBean.ear*. Dort sind bereits alle Konfigurationen eingestellt und können überprüft werden. Mit dem Menü TOOLS | DEPLOY... werden die Komponenten installiert. Der Container muss ein JAR-File generieren, damit der Client auf das Session Bean zugreifen kann. Dieses muss in dem Projektverzeichnis in der Datei *jar/ExampleEntityBeanClient.jar* gespeichert werden.

Der Client kann mit der Batchdatei *bin/startPopulateSportObjects.bat* gestartet werden. Es sollte nur die Meldung „Tabellen erfolgreich initialisiert." in der Konsole erscheinen.

6 Message Driven Bean

6.1 Einführung in Java Message Service (JMS)

Die Programmierschnittstelle für Java Message Service (JMS) wird verwendet, um mit Systemen zu kommunizieren, die ereignisgesteuert arbeiten. Das Eintreffen einer Nachricht (Message) wird in solchen Systemen als Ereignis bezeichnet. Eintreffende Nachrichten werden vom System weitergeleitet, damit sie verarbeitet werden können. Diese Art von Systemen wird als Message Oriented Middleware (MOM) bezeichnet.

Mit der JMS API kann man Systeme entwickeln, die eine asynchrone Datenverarbeitung durchführen. Session und Entity Beans werden von einem Client synchron aufgerufen. Wenn ein Client eine Businessmethode von einem EJB aufruft, dann setzt der Client seinem Programmcode erst dann fort, wenn die Businessmethode beendet ist. Versendet ein Client eine Nachricht mit JMS, dann wird der Programmcode fortgesetzt, wenn der Message Server die Nachricht entgegengenommen hat. Die Nachricht wurde noch nicht vom Empfänger verarbeitet.

Mit JMS kann man Systeme entkoppeln. Es müssen nicht beide Systeme zur gleichen Zeit verfügbar sein. Man kann z.B. über JMS bei einem Lieferanten einen Artikel bestellen. Dies entkoppelt die Systeme vom Lieferanten und dem Händler. Realisiert man diese Funktionalität mit einem Session Bean, dann müssen immer beide Systeme zur Verfügung stehen.

Die Verteilung der Nachrichten kann mit zwei unterschiedlichen Verfahren erfolgen. Entweder mit dem Verfahren „Point To Point“ oder „Publish/Subscribe“. Da das Verständnis für die beiden Verfahren sehr wichtig ist, werden in einem kurzen Exkurs die wichtigsten Merkmale dargestellt und kurz das JMS-Programmiermodell beschrieben.

6.1.1 Nachrichtenverteilung mit Point To Point

Das Verfahren „Point To Point“ wird verwendet, wenn jede Nachricht von genau einem Empfänger verarbeitet werden muss. Eintreffende Nachrichten werden permanent in eine Warteschlange (Queue) gespeichert. Von dort kann sich ein Client die Nachricht abholen. Die erfolgreiche Verarbeitung der Nachricht muss quittiert werden, danach wird sie aus der Warteschlange gelöscht. Eine Nachricht kann nur von einem einzigen Client erfolgreich verarbeitet werden.

Der Client, der die Nachricht versendet und der, der die Nachricht verarbeitet, müssen nicht gleichzeitig beim Message Server angemeldet sein. Die Nachricht wird solange in der Warteschlange aufbewahrt, bis sie erfolgreich verarbeitet wurde oder sie aufgrund eines Verfalldatums gelöscht wird.

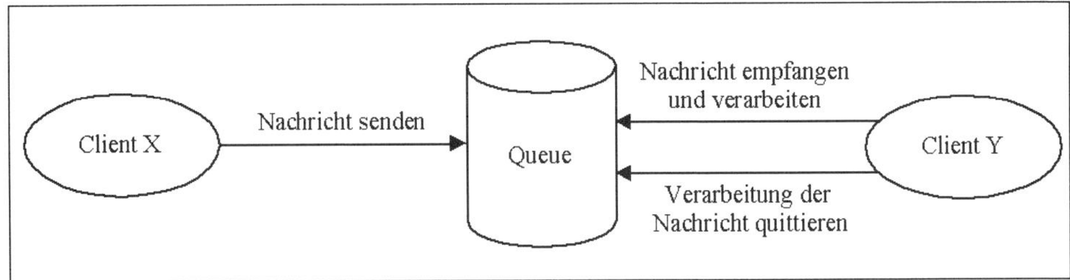

Abbildung 6.1: Verteilung der Nachrichten mit dem Verfahren Point To Point

Dieses Verfahren könnte man z.B. verwenden, um die Bestellung von Artikeln bei einem Lieferanten zu realisieren. Die Bestellung ist eine Nachricht für ein definiertes Ziel. Der Lieferant stellt ein System zur Verfügung, das eintreffende Nachrichten für dieses Ziel verarbeitet. Jede Bestellung muss genau ein einziges Mal verarbeitet werden.

6.1.2 Nachrichtenverteilung mit Publish/Subscribe

Das Verfahren „Publish/Subscribe„ wird verwendet, wenn eine Nachricht von mehreren Empfängern verarbeitet werden kann. Nachrichten, die in einem Themengebiet (Topic) veröffentlicht (publish) werden, werden zu allen Clients weitergeleitet, die dieses Themengebiet abonniert (subscribe) haben. Die Nachricht wird gelöscht, wenn alle Clients informiert wurden.

Der Client, der die Nachricht veröffentlicht, und die Clients, die sich für diese Nachricht interessieren, müssen gleichzeitig beim Message Server angemeldet sein.

Es besteht auch die Möglichkeit, Nachrichten zu einem Themengebiet zu abonnieren, ohne mit dem Message Server verbunden zu sein, wenn die Nachricht veröffentlicht wird. Dies nennt man ein dauerhaftes Abonnement (*durable subscription*). Die Nachrichten werden dann pro Client in einer Warteschlange zwischengespeichert. Verbindet sich der Client mit dem Message Server, so erhält er die Nachrichten in dieser Warteschlange. Dieses Verfahren setzt man ein, wenn ein Client jede Nachricht empfangen muss.

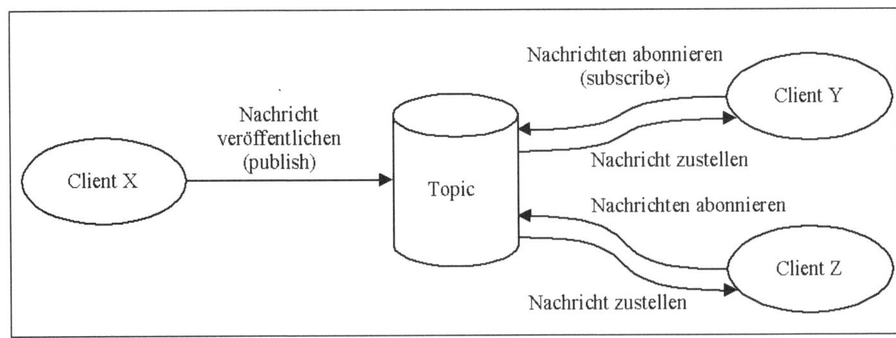

Abbildung 6.2: Verteilung der Nachrichten mit dem Verfahren Publish/Subscribe

Das Verfahren „Publish/Subscribe" könnte man z.B. verwenden, um in einer Swing Applikation eine Liste mit den aktuellen Bestellungen von Lieferanten anzuzeigen. Das

Session Bean, das die Bestellung von Artikeln bei einem Lieferanten durchführt, veröffentlicht eine Nachricht in einem definierten Themengebiet (Topic). Die Nachricht enthält die Information, dass der Artikel X beim Lieferanten Y bestellt wurde. Beliebige Applikationen können sich Nachrichten zu diesem Themengebiet abonnieren. Anhand der Nachricht kann die Applikation eine Bildschirmdarstellung mit allen laufenden Bestellungen automatisch aktualisieren.

6.1.3 JMS-Programmiermodell

Das Prinzip einer JMS-Applikation unterscheidet sich nicht, um eine „Point To Point“- oder eine „Publish/Subscribe“-Kommunikation zu implementieren. Abbildung 6.3 zeigt die Objekte, die für eine Kommunikation benötigt werden. Je nach verwendetem Verfahren, müssen unterschiedliche Interfaces verwendet werden. Tabelle 6.1 beschreibt die benötigten Schnittstellen.

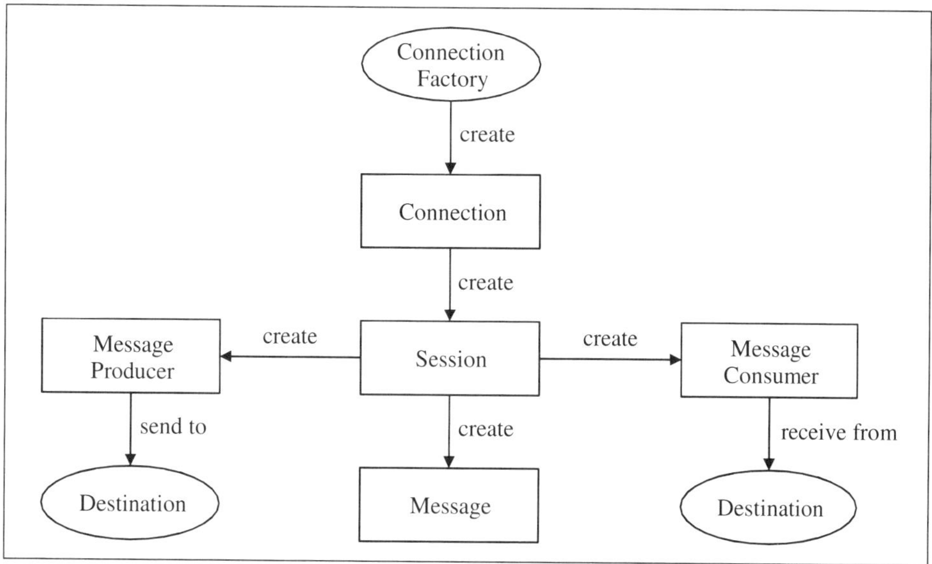

Abbildung 6.3: JMS-Programmiermodell

Eine Connection Factory und eine Destination werden von einem Administrator bereitgestellt. Diese Objekte kann man nicht über die Programmierschnittstelle JMS erzeugen. Bei der J2EE-Referenzimplementierung von Sun kann man diese Objekte mit dem DeployTool verwalten.

Der Zugriff auf die Connection Factory erfolgt über JNDI. Mit einer Connection Factory wird eine Verbindung (Connection) zu einem Message Server aufgebaut. Die Verbindung muss beendet werden, wenn sie nicht mehr benötigt wird, ansonsten werden ggf. Ressourcen im Server nicht freigegeben.

Mit der Verbindung werden Sessions erzeugt. Die Kommunikation mit einem Message Server wird über eine Session serialisiert, d.h. eine Session wird in einem einzelnen

Thread ausgeführt, über den man Nachrichten nacheinander versenden oder empfangen kann.

Eine Session kann in einer Transaktion ausgeführt werden. Beim Erzeugen einer Session muss man dies im ersten Übergabeparameter angeben. Wenn der erste Parameter `true` ist, wird die Session in einer Transaktion verwaltet. Das Interface `javax.jms.Session` enthält die Methoden `commit()` und `rollback()`, um die Transaktion zu beenden. Ähnlich wie bei JDBC muss man eine Transaktion nicht explizit starten. Nach einem COMMIT oder ROLLBACK wird sofort wieder eine Transaktion gestartet. Nachrichten, die in einer Transaktion zu einem Message Server gesendet wurden, werden erst nach einem COMMIT an die potentiellen Empfänger weitergeleitet, bei einem ROLLBACK verwirft sie der Server. Werden Nachrichten in einer Transaktion empfangen, so löscht der Server die Nachrichten erst aus der Warteschlange, wenn ein COMMIT durchgeführt wurde.

Hinweis: Bei einem EJB mit JMS-Funktionalität werden die Transaktionen nicht mit dem Interface `javax.jms.Session` verwaltet. Dies wird mit der Programmierschnittstelle JTA realisiert, was im Kapitel „Transaktionsverwaltung" ausführlich beschrieben wird.

Mit dem Interface `javax.jms.Session` können Nachrichten, Produzenten von Nachrichten und Empfänger von Nachrichten erstellt werden. Ein Nachrichtenproduzent sendet eine Nachricht zu einem Nachrichtenziel (*Destination*). Ein Nachrichtenempfänger empfängt Nachrichten von einem Nachrichtenziel (*Destination*). Das Interface `javax.jms.MessageConsumer` stellt zwei Möglichkeiten zur Verfügung, um Nachrichten zu empfangen. Entweder durch den Aufruf der Methode `receive()` oder durch das Registrieren eines `javax.jms.MessageListener` mit der Methode `setMessageListener(...)`. Wenn ein MessageListener angegeben wird, wird dessen Methode `onMessage(...)` aufgerufen, wenn eine Nachricht empfangen wird.

Der Zugriff auf ein Nachrichtenziel (Destination) erfolgt über JNDI.

Tabelle 6.1 enthält die Namen der Schnittstellen in Abhängigkeit von der Nachrichtenverteilung.

Bezeichnung in der Abbildung „JMS-Programmiermodell"	**Interface aus Package javax.jms bei „Point To Point"**	**Interface aus Package javax.jms bei „Publish/ Subscribe"**
Connection Factory	QueueConnectionFactory	TopicConnectionFactory
Connection	QueueConnection	TopicConnection
Session	QueueSession	TopicSession
Message Producer	QueueSender	TopicPublisher
Message Consumer	QueueReceiver	TopicSubscriber
Destination	Queue	Topic

Tabelle 6.1: Interfacenamen des JMS-Programmiermodells

6.1.4 Beispiele

JMS-Objekte mit der Applikation DeployTool verwalten

Der J2EE-Server der Referenzimplementierung von Sun kann mit der Applikation DeployTool administriert werden. Für die Beispielapplikation benötigen wir je ein Nachrichtenziel (*Destination*) für eine Point-To-Point- bzw. Publish/Subscribe-Kommunikation. Um die Verwaltung der Objekte durchzuführen, muss der J2EE-Server gestartet und die Anwendung DeployTool mit dem Server verbunden sein.

Der Menüpunkt TOOLS | SERVER CONFIGURATION... stellt den Dialog aus Abbildung 6.4 dar.

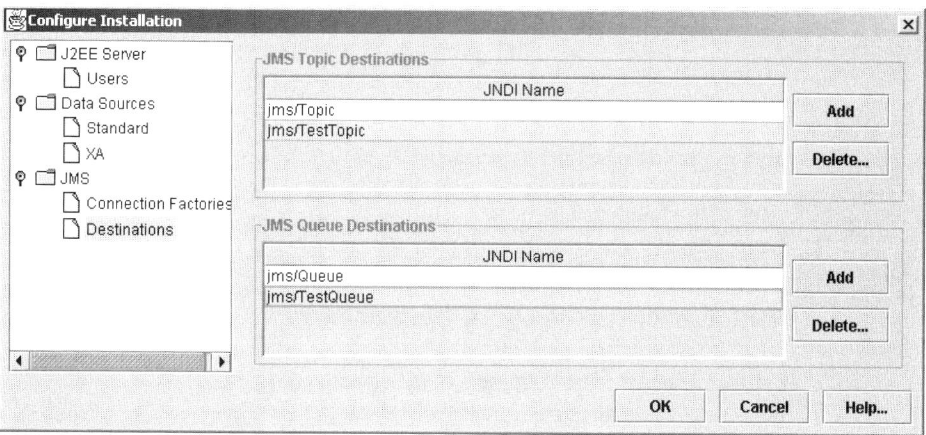

Abbildung 6.4: Verwalten einer Topic und Queue bei der J2EE-Referenzimplementierung

An der linken Seite des Dialoges erscheint eine Baumstruktur. Durch Selektion von JMS | DESTINATIONS erscheinen an der rechten Seite alle vorhandenen Themengebiete (JMS Topic Destinations) und alle Warteschlangen (JMS Queue Destinations). Mit dem Button ADD fügen wir das Themengebiet `jms/TestTopic` und die Warteschlange `jms/TestQueue` ein.

Die beiden Connection Factories `jms/QueueConnectionFactory` und `jms/TopicConnectionFactory` sind bei der J2EE-Referenzimplementierung bereits konfiguriert. Dies kann durch Selektion von JMS | CONNECTION FACTORIES in der Baumstruktur dargestellt werden.

Point To Point

In diesem Beispiel soll ein Client entwickelt werden, der Nachrichten zu einer Warteschlange sendet und ein weiterer Client, der Nachrichten aus dieser Warteschlange empfängt. Es wird nur der Programmcode dargestellt, der für die JMS-Kommunikation zuständig ist.

Client der Nachrichten über Point To Point sendet

Der Client ist eine Swing-Anwendung und besteht aus der Klasse `de.j2eeguru.example.jms.queue.FrmMessageProducer`. Man kann eine Nachricht in dem Textfeld eingeben. Durch Betätigen des Buttons NACHRICHT SENDEN wird die Nachricht zum JMS-Server gesendet und dort in die Warteschlange `jms/TestQueue` eingetragen. Wenn der Button betätigt wird, wird die Methode `jbtnMessage_actionPerformed(...)` ausgeführt.

```
package de.j2eeguru.example.jms.queue;

...

public class FrmMessageProducer extends Frame
{
  ...

  private void jbtnMessage_actionPerformed(ActionEvent e)
  {
    try
    {
      // JNDI Kontext ermitteln
      InitialContext ctx = new InitialContext();

      // Connection Factory über JNDI ermitteln
      QueueConnectionFactory queueConnectionFactory =
                   (QueueConnectionFactory)
                   ctx.lookup("jms/QueueConnectionFactory");

      // Verbindung zum Message Server aufbauen
      QueueConnection queueConnection =
                   queueConnectionFactory.createQueueConnection();

      // Session starten, bei der die Nachrichten automatisch
      // quittiert werden.
      QueueSession queueSession =
                   queueConnection.createQueueSession(false,
                                  Session.AUTO_ACKNOWLEDGE);

      // Nachricht erzeugen
      TextMessage textMessage = queueSession.createTextMessage();
      textMessage.setText(jtxtfldMessage.getText());

      // Nachrichtenziel über JNDI ermitteln
      Queue queue = (Queue) ctx.lookup("jms/TestQueue");
```

```
        // Sender für das Nachrichtenziel erzeugen
        QueueSender queueSender = queueSession.createSender(queue);

        // Nachricht senden
        queueSender.send(textMessage);

        // Verbindung zum Message Server beenden
        queueConnection.close();

        appendMsg("Nachricht wurde erfolgreich gesendet");
      }
      catch(Exception ex)
      {
        // Fehlermeldung ausgeben
        appendMsg(ex.getClass().getName()+":" + ex.getMessage() );
      }
    }
}
```

Listing 6.1: JMS-Message zu einer Warteschlange senden

Der Ablauf in der Methode `jbtnMessage_actionPerformed(...)` erfolgt strikt nach dem JMS-Programmiermodell, das weiter oben besprochen wurde. Über JNDI wird eine Connection Factory ermittelt, mit der dann die Verbindung zum Message Server aufgebaut wird. Anschließend wird eine Session ohne Transaktionsverwaltung erzeugt, wobei die Nachrichten automatisch quittiert werden sollen. Mit der Schnittstelle `QueueSession` wird nun eine Textnachricht erzeugt. Die Warteschlange (`Queue`), zu der die Nachrichten gesendet werden sollen, wird über JNDI ermittelt. Mit der Schnittstelle `QueueSession` wird ein Nachrichtenproduzent (`QueueSender`) für die entsprechende Warteschlange erzeugt. Dieser sendet die Nachricht zu der Warteschlange. Zum Schluss wird die Verbindung zum Message Server beendet.

In diesem Beispiel wird jedes Mal die Verbindung zum Message Server von neuem aufgebaut. Man hat auch die Möglichkeit, die Objekte beim Systemstart zu erzeugen, so dass man in der ActionPerfomed-Methode vom Button nur die Nachricht erzeugen und versenden muss.

Client der Nachrichten über Point To Point empfängt

Der Client ist eine Swing-Anwendung und besteht aus der Klasse `de.j2eeguru.example.jms.queue.FrmMessageConsumer`. Die Klasse implementiert das Interface `javax.jms.MessageListener`. Beim Starten der Applikation wird die Methode `jmsInit()` aufgerufen. In dieser Methode wird die Verbindung zum Message Server aufgebaut und der MessageListener wird registriert. Die Methode `onMessage(...)` wird aufgerufen, wenn eine Nachricht empfangen wird. Beim Beenden der Applikation wird die Methode `jmsExit()` aufgerufen, in der die Verbindung zum Message Server abgebaut wird.

```
package de.j2eeguru.example.jms.queue;
...
public class FrmMessageConsumer extends Frame
                               implements MessageListener
{
  private QueueConnection queueConnection = null;
  ...

  private void jmsInit() throws Exception
  {
    // JNDI Kontext ermitteln
    InitialContext ctx = new InitialContext();

    // Connection Factory über JNDI ermitteln
    QueueConnectionFactory queueConnectionFactory =
              (QueueConnectionFactory)
              ctx.lookup("jms/QueueConnectionFactory");

    // Verbindung zum Message Server aufbauen
    queueConnection =
              queueConnectionFactory.createQueueConnection();

    // Session starten, bei der die Nachrichten automatisch
    // quittiert werden.
    QueueSession queueSession =
              queueConnection.createQueueSession(false,
                                    Session.AUTO_ACKNOWLEDGE);

    // Nachrichtenziel über JNDI ermitteln
    Queue queue = (Queue) ctx.lookup("jms/TestQueue");

    // Empfänger für das Nachrichtenziel erzeugen
    QueueReceiver queueReceiver =
                            queueSession.createReceiver(queue);

    // Beim Emfänger ein MessageListener registrieren, so dass
    // eintreffende Nachrichten über die Methode onMessage(msg)
    // übergeben werden
    queueReceiver.setMessageListener(this);

    // Nachrichten können erst empfangen werden, wenn die Methode
    // start() vom Interface javax.jms.Connection aufgerufen wird.
    queueConnection.start();

    appendMsg("Nachrichtenempfang wurde initialisiert");
```

```
  }

  private void jmsExit()
  {
    try
    {
      if( queueConnection != null )
      {
        // Beim Beenden vom Programm wird die Verbindung zum
        // Message Server abgebaut, damit alle Resourcen im Server
        // freigegeben werden.
        queueConnection.close();
        queueConnection = null;
      }
    }
    catch(JMSException ex)
    {
      // Fehlermeldung ausgeben
      JOptionPane.showMessageDialog(this,
              ex.getClass().getName() + ":" + ex.getMessage(),
              "Fehler aufgetreten", JOptionPane.ERROR_MESSAGE);
    }
  }

  /** Diese Methode wird aufgerufen, wenn eine JMS-Nachricht
   *  empfangen wird. Die empfangene Nachricht wird der Methode
   *  als Parameter übergeben.
   */
  public void onMessage(Message msg)
  {
    try
    {
      if( msg instanceof TextMessage )
        appendMsg( ((TextMessage)msg).getText() );
      else
        appendMsg( "Ungültiger Nachrichtentyp empfangen." );
    }
    catch(Exception ex)
    {
      // Fehlermeldung ausgeben
      appendMsg(ex.getClass().getName()+":" + ex.getMessage() );
    }
  }
}
```

Listing 6.2: JMS-Message aus einer Warteschlange empfangen

Wenn Daten von einem Message Server empfangen werden sollen, muss die Methode `start()` vom Interface `javax.jms.Connection` aufgerufen werden. Nach diesem Aufruf werden Nachrichten zugestellt.

Testszenarien

In dem Verzeichnis *Projekte\MessageDrivenBeanExample\bin* sind Skripte bzw. Batchdateien enthalten, mit denen man die beiden Anwendungen starten kann. Die Datei *startQueueReceiver.bat* startet den Nachrichtenempfänger, die Datei *startQueueSender.bat* startet den Nachrichtenproduzenten.

Um die Nachrichtenverteilung bei dem Verfahren „Point To Point" nachzuvollziehen, kann man folgende Testszenarien durchführen.

Ein Nachrichtenproduzent und ein Nachrichtenempfänger

- Nachrichtenproduzent starten
- Nachrichtenempfänger starten
- Mehrere Nachrichten senden
- Im Meldungsfenster des Nachrichtenempfängers erscheinen die gesendeten Nachrichten.

Ein Nachrichtenproduzent und mehrere Nachrichtenempfänger

- Nachrichtenproduzent starten
- Mehrere Nachrichtenempfänger starten
- Mehrere Nachrichten senden (ggf. kurz hintereinander)
- Eine gesendete Nachricht erscheint nur in einem einzigen Meldungsfenster eines Nachrichtenempfängers, d.h. eine gesendete Nachricht wird nur von einem einzigen Client verarbeitet. Welcher Client eine Nachricht verarbeitet, kann man nicht beeinflussen.

Nachrichtenproduzent und Nachrichtenempfänger sind nicht gleichzeitig mit dem Message Server verbunden

- Nachrichtenproduzent starten
- Mehrere Nachrichten senden
- Nachrichtenproduzent beenden
- Nachrichtenempfänger starten
- Im Meldungsfenster des Nachrichtenempfängers erscheinen die gesendeten Nachrichten. Mit dem Point To Point Verfahren kann man Systeme voneinander entkoppeln.

Publish/Subscribe

In diesem Beispiel soll ein Client entwickelt werden, der Nachrichten in einem Themengebiet veröffentlicht und ein weiterer Client, der Nachrichten aus diesem Themengebiet empfängt. Es wird nur der Programmcode dargestellt, der für die JMS-Kommunikation zuständig ist.

Client der Nachrichten über Publish/Subscribe veröffentlicht

Der Client ist eine Swing-Anwendung und besteht aus der Klasse `de.j2eeguru.example.jms.topic.FrmMessageProducer`. Die Programmstruktur der Applikation ist prinzipiell identisch mit der aus dem „Point To Point"-Beispiel. Man kann eine Nachricht in dem Textfeld eingeben. Durch Betätigen des Buttons NACHRICHT VERÖFFENTLICHEN wird die Nachricht zum JMS-Server gesendet und dort in dem Themengebiet `jms/TestTopic` veröffentlicht. Die Methode `jbtnMessage_actionPerformed(...)` wird ausgeführt, wenn der Button betätigt wird.

```
package de.j2eeguru.example.jms.topic;

...

public class FrmMessageProducer extends Frame
{
  ...

  private void jbtnMessage_actionPerformed(ActionEvent e)
  {
    try
    {
      // JNDI Kontext ermitteln
      InitialContext ctx = new InitialContext();

      // Connection Factory über JNDI ermitteln
      TopicConnectionFactory topicConnectionFactory =
              (TopicConnectionFactory)
               ctx.lookup("jms/TopicConnectionFactory");

      // Verbindung zum Message Server aufbauen
      TopicConnection topicConnection =
               topicConnectionFactory.createTopicConnection();

      // Session starten, bei der die Nachrichten automatisch
      // quittiert werden.
      TopicSession topicSession =
               topicConnection.createTopicSession(false,
                                       Session.AUTO_ACKNOWLEDGE);

      // Nachricht erzeugen
      TextMessage textMessage = topicSession.createTextMessage();
      textMessage.setText(jtxtfldMessage.getText());

      // Nachrichtenziel über JNDI ermitteln
      Topic topic = (Topic) ctx.lookup("jms/TestTopic");
```

```
        // Sender (Veröffentlicher) für das Nachrichtenziel erzeugen
        TopicPublisher topicPublisher =
                  topicSession.createPublisher(topic);

        // Nachricht senden bzw. veröffentlichen
        topicPublisher.publish(textMessage);

        // Verbindung zum Message Server beenden
        topicConnection.close();

        appendMsg("Nachricht wurde erfolgreich veröffentlicht);
      }
      catch(Exception ex)
      {
        // Fehlermeldung ausgeben
        appendMsg(ex.getClass().getName() + ":" + ex.getMessage());
      }
    }
}
```

Listing 6.3: JMS-Message in einem Themengebiet veröffentlichen

Der Ablauf in der Methode `jbtnMessage_actionPerformed(...)` erfolgt strikt nach dem JMS-Programmiermodell und stimmt mit dem aus dem „Point To Point"-Beispiel bis auf die Interfacenamen überein.

Über JNDI wird eine Connection Factory ermittelt, mit der dann die Verbindung zum Message Server aufgebaut wird. Anschließend wird eine Session ohne Transaktionsverwaltung erzeugt, wobei die Nachrichten automatisch quittiert werden sollen. Mit der Schnittstelle `TopicSession` wird nun eine Textnachricht erzeugt. Das Themengebiet (`Topic`), in der die Nachrichten veröffentlicht werden sollen, wird über JNDI ermittelt. Mit der Schnittstelle `TopicSession` wird nun ein Nachrichtenproduzent (`TopicPublisher`) für das entsprechende Themengebiet erzeugt. Dieser veröffentlicht die Nachricht in dem Themengebiet. Zum Schluss wird die Verbindung zum Message Server beendet.

Client der Nachrichten über Publish/Subscribe abonniert

Der Client ist eine Swing-Anwendung und besteht aus der Klasse `de.j2ee-guru.example.jms.topic.FrmMessageConsumer`. Die Progammstruktur ist prinzipiell identisch mit der aus dem „Point To Point"-Beispiel. Die Klasse implementiert ebenfalls das Interface `javax.jms.MessageListener`. Beim Starten der Applikation wird die Methode `jmsInit()` aufgerufen. In dieser Methode wird die Verbindung zum Message Server aufgebaut und der MessageListener wird registriert. Die Methode `onMessage(...)` wird aufgerufen, wenn eine Nachricht empfangen wird. Beim Beenden der Applikation wird die Methode `jmsExit()` aufgerufen, in der die Verbindung zum Message Server abgebaut wird.

```
package de.j2eeguru.example.jms.topic;

...

public class FrmMessageConsumer extends Frame
                                implements MessageListener
{
  private TopicConnection topicConnection = null;

  ...

  private void jmsInit() throws Exception
  {
    // JNDI Kontext ermitteln
    InitialContext ctx = new InitialContext();

    // Connection Factory über JNDI ermitteln
    TopicConnectionFactory topicConnectionFactory =
            (TopicConnectionFactory)
            ctx.lookup("jms/TopicConnectionFactory");

    // Verbindung zum Message Server aufbauen
    topicConnection =
            topicConnectionFactory.createTopicConnection();

    // Session starten, bei der die Nachrichten automatisch
    // quittiert werden.
    TopicSession topicSession =
            topicConnection.createTopicSession(false,
                                        Session.AUTO_ACKNOWLEDGE);

    // Nachrichtenziel über JNDI ermitteln
    Topic topic = (Topic) ctx.lookup("jms/TestTopic");

    // Empfänger für das Nachrichtenziel erzeugen, bzw.
    // Nachrichten zu diesem Themengebiet abbonieren
    TopicSubscriber topicSubscriber =
            topicSession.createSubscriber(topic);

    // MessageListener registrieren, so dass eintreffende
    // Nachrichten der Methode onMessage(msg) übergeben werden
    topicSubscriber.setMessageListener(this);
```

```
    // Nachrichten können erst empfangen werden, wenn die Methode
    // start() vom Interface javax.jms.Connection aufgerufen wird.
    topicConnection.start();

    appendMsg("Nachrichten wurde erfolgreich abboniert");
  }

  private void jmsExit()
  {
    try
    {
      // Beim Beenden vom Programm wird die Verbindung zum
      // Message Server abgebaut, damit alle Resourcen im Server
      // freigegeben werden.
      if( topicConnection != null )
      {
        topicConnection.close();
        topicConnection = null;
      }
    }
    catch(JMSException ex)
    {
      JOptionPane.showMessageDialog(this,
              ex.getClass().getName() + ":" + ex.getMessage(),
              "Fehler aufgetreten", JOptionPane.ERROR_MESSAGE);
    }
  }

  /** Diese Methode wird aufgerufen, wenn eine JMS-Nachricht
   *  empfangen wird. Die empfangene Nachricht wird der Methode
   *  als Parameter übergeben.
   */
  public void onMessage(Message msg)
  {
    try
    {
      if( msg instanceof TextMessage )
        appendMsg( ((TextMessage)msg).getText() );
      else
        appendMsg( "Ungültiger Nachrichtentyp empfangen." );
    }
    catch(Exception ex)
    {
      // Fehlermeldung ausgeben
```

```
        appendMsg(ex.getClass().getName() + ":" + ex.getMessage());
      }
    }
  }
```

Listing 6.4: JMS-Message vom einem Themengebiet empfangen

Testszenarien

In dem Verzeichnis *Projekte\MessageDrivenBeanExample\bin* sind Skripte bzw. Batchdateien enthalten, mit denen man die beiden Anwendungen starten kann. Die Datei *startTopicReceiver.bat* startet den Nachrichtenempfänger, die Datei *startTopicSender.bat* startet den Nachrichtenproduzenten.

Um die Nachrichtenverteilung bei dem Verfahren „Publish/Subscribe" nachzuvollziehen kann man folgende Testszenarien durchführen.

Ein Nachrichtenproduzent und ein Nachrichtenempfänger

- Nachrichtenproduzent starten
- Nachrichtenempfänger starten
- Mehrere Nachrichten senden
- Im Meldungsfenster des Nachrichtenempfängers erscheinen die gesendeten Nachrichten.

Ein Nachrichtenproduzent und mehrere Nachrichtenempfänger

- Nachrichtenproduzent starten
- Mehrere Nachrichtenempfänger starten
- Mehrere Nachrichten senden
- Die gesendeten Nachrichten erscheinen in den Meldungsfenstern bei allen Nachrichtenempfängern, d.h. eine Nachricht wird an alle Clients weitergeleitet, die das Themengebiet abonniert haben.

Nachrichtenproduzent und Nachrichtenempfänger sind nicht gleichzeitig mit dem Message Server verbunden

- Nachrichtenproduzent starten
- Mehrere Nachrichten senden
- Nachrichtenproduzent beenden
- Nachrichtenempfänger starten
- Im Meldungsfenster des Nachrichtenempfängers erscheinen keine Nachrichten. Mit dem Publish/Subscribe-Verfahren müssen beide Systeme mit dem Message Server verbunden sein. Falls der Nachrichtenempfänger auch die Nachrichten empfangen soll, wenn er zwischenzeitlich nicht mit dem Server verbunden ist, muss man eine Durable Subscription verwenden.

6.2 JMS in einem EJB verwenden

Systeme mit einer asynchronen Datenverarbeitung haben den Vorteil, dass man sie voneinander entkoppeln kann, d.h. es müssen nicht beide Systeme gleichzeitig verfügbar sein. Ein Client, der die Nachricht gesendet hat, setzt seinen Programmcode fort und wartet nicht darauf, bis die Nachricht verarbeitet worden ist.

In einem Enterprise Java Bean kann man wie in jedem Java Programm die Funktionalitäten von JMS verwenden. Session bzw. Entity Beans sind Serverkomponenten, die Funktionalitäten für einen Client zur Verfügung stellen. Ihre Methoden werden nur aufgerufen, wenn dies ein Client veranlasst. Aus diesem Grund ist es nicht ohne weiteres möglich, ein Session bzw. Entity Bean als Message Listener zu verwenden, so dass die Nachrichten asynchron empfangen werden. Im vorherigen Beispiel haben wir den asynchronen Datenempfang kennen gelernt, dort werden die Nachrichten mit der Methode `onMessage(msg)` dem registrierten MessageListener als Parameter übergeben.

Die Programmierschnittstelle JMS bietet jedoch auch eine Möglichkeit, Nachrichten synchron zu empfangen. Dies soll in dem folgenden Kapitel beschrieben werden. In diesem Kapitel wird exemplarisch ein Session Bean verwendet, das Nachrichten senden und empfangen kann. Die Funktionalität kann jedoch in jedem EJB verwendet werden.

6.2.1 JMS in einem Session Bean verwenden

Ein EJB, das Nachrichten über JMS senden oder empfangen soll, benötigt eine Resource Manager Connection Factory, um eine Verbindung zu einem Message Server herzustellen und ein Nachrichtenziel (Destination), zu dem die Nachricht gesendet bzw. von dem sie empfangen werden soll. Beide Objekte werden über JNDI ermittelt.

Im Kapitel 4.5 wurde bereits beschrieben, wie eine Resource Manager Connection Factory von einem EJB verwendet wird. Im Quelltext wird ein logischer Name (Resource Manager Connection Factory Reference) verwendet, mit der über JNDI das Objekt ermittelt wird. Im Deployment Descriptor muss die Resource Manager Connection Factory Reference beim EJB deklariert werden. Dies geschieht mit dem Element `<resource-ref>`. Bei der Installation vom EJB muss dieser Referenz ein Objekt zugewiesen werden.

Bei dem Zugriff auf ein Nachrichtenziel ist das Vorgehen ähnlich. Man verwendet ebenfalls einen logischen Namen, um über JNDI das Nachrichtenziel zu ermitteln. Es ist nicht sinnvoll, in einem EJB einen absoluten Namen für einen JNDI-Zugriff zu verwenden, da das EJB dann an diese Umgebung gebunden ist und eine Wiederverwendung in einer anderen Umgebung unmöglich macht. Der logische Name für das Nachrichtenziel muss im Deployment Descriptor zu dem EJB deklariert werden. Dies erfolgt mit dem Element `<resource-env-ref>`. Mit diesem Element werden Objekte definiert, die von einem Administrator verwaltet werden und die zu einem Resource Manager gehören. Dies sind z.B. Nachrichtenziele (*Destination*) von JMS.

Bei einem Stateful Session Bean und bei einem Entity Bean müssen in der Methode `ejbPassivate()` die Instanzvariablen, die Referenzen auf Nachrichtenziele (*Destination*) beinhalten, auf null gesetzt werden. Der Container kann diese Referenzen nicht speichern bzw. automatisch wiederherstellen. In der Methode `ejbActivate()` müssen die Nachrichtenziele wieder über JNDI ermittelt werden. Dies ist für eine Resource Manager Connection Factory nicht erforderlich. Der Container muss solche Objekte speichern und wieder herstellen können.

Session und Entity Beans können Nachrichten nicht asynchron empfangen. Die Programmierschnittstelle JMS bietet aber auch eine Möglichkeit, Nachrichten synchron zu empfangen. Listing 6.5 zeigt einen Ausschnitt, wie man die Nachrichten von einer Queue synchron empfangen kann.

Die Vorgehensweise ist beim synchronen Nachrichtenempfang von einem Themengebiet ähnlich. Falls man keine Durable Subscription verwendet, muss man dort jedoch beachten, dass nur Nachrichten empfangen werden, die abonniert wurden. Für einen solchen Anwendungsfall sollte man ein Stateful Session Bean verwenden, das in der Methode `ejbCreate<METHOD>(args)` Nachrichten abboniert und in der Methode `ejbRemove()` die Verbindung zum Message Server abbaut.

```
...
// JNDI Kontext ermitteln
InitialContext ctx = new InitialContext();

// Resource Manager Connection Factory über einen logischen
// Namen ermitteln
QueueConnectionFactory queueConnectionFactory =
        (QueueConnectionFactory)ctx.lookup(
                "java:comp/env/jms/QueueConnectionFactoryRef");

// Verbindung zu dem Resource Manager herstellen
QueueConnection queueConnection =
        queueConnectionFactory.createQueueConnection();

// Session erzeugen. Die Übergabeparameter werden bei CMT
// ignoriert. Sie sollten jedoch so wie hier angegeben werden,
// um kenntlich zu machen, dass Transaktionen verwendet werden.
QueueSession queueSession =
        queueConnection.createQueueSession(true, 0);

// Nachrichtenziel über einen logischen Namen ermitteln
Queue queue =
        (Queue) ctx.lookup("java:comp/env/jms/TestQueueRef");

// Nachrichtenempfänger für das Ziel erzeugen
QueueReceiver queueRecv = queueSession.createReceiver(queue);

// Die Methode start vom Interface javax.jms.Connection muss
// aufgerufen werden, damit Nachrichten empfangen werden können.
queueConnection.start();
```

```
// An dieser Stelle erfolgt der synchrone Datenempfang. Der
// Methode kann ein Wert übergeben werden, wie lange längstens
// gewartet wird, bis eine Nachricht eingetroffen ist.
Message msg = queueRecv.receive(RECV_TIMEOUT);

// Verbindung abbauen (sollte in einem finally-Block erfolgen)
queueConnection.close();
...
```

Listing 6.5: JMS-Nachricht in einem EJB synchron empfangen

Die Resource Connection Manager Factory wird mit einem logischen Namen über JNDI ermittelt. Danach kann eine Verbindung zum Message Server erzeugt werden. Bein Erzeugen der Session muss man definieren, ob Transaktionen verwendet werden oder nicht. Die Parameter der Methoden `createTopicSession(...)` bzw. `createQueueSession(...)` werden bei EJBs ignoriert. Nachrichten werden immer in einer Transaktion empfangen bzw. gesendet. Der Übersichtlichkeit wegen sollte man den Methoden immer true, 0, übergeben.

Da bei EJBs JMS-Nachrichten immer in einer Transaktion versendet werden, kann man in einer Methode von einem EJB nie eine Nachricht versenden und in der gleichen Transaktion die gleiche Nachricht von diesem Ziel empfangen. Dies kann nie funktionieren, da die Nachricht erst am Ende der Transaktion vom Message Server anderen Empfängern zugestellt wird.

Das Nachrichtenziel (Destination) wird ebenfalls mit einem logischen Namen über JNDI ermittelt. Der logische Name sollte ein Subkontext von der Komponentenumgebung `java:comp/env` sein. Dadurch können zwei unterschiedliche EJBs den gleichen logischen Namen für unterschiedliche Objekte verwenden, ohne dass sie sich beeinflussen. Bei der Installation des EJBs muss dem logischen Namen für das Nachrichtenziel ein physikalisch vorhandenes Objekt zugewiesen werden.

Der Nachrichtenempfänger wird von der QueueSession für die ermittelte Queue erzeugt. Jetzt sind alle Objekte initialisiert, um Daten synchron empfangen zu können. Durch den Aufruf der Methode `start()` vom Interface `javax.jms.Connection` teilt man dies dem Message Server mit.

Die Nachrichten können mit der Methode `receive()` vom Interface `javax.jms.MessageConsumer` synchron empfangen werden. Dieses Interface wird von den beiden Interfaces `javax.jms.QueueReceiver` und `javax.jms.TopicSubscriber` erweitert. Die Methode `receive()` blockiert so lange, bis eine Nachricht eingetroffen ist. Blockierende Aufrufe sollte man nicht in Methoden anstoßen, die auf einem Server ausgeführt werden. Für eine Serveranwendung bieten sich die beiden Methoden `receive(long timeout)` bzw. `receiveNoWait()` des oben genannten Interfaces an, um Nachrichten synchron zu empfangen. Bei der erstgenannten Methode kann man die maximale Wartezeit in Millisekunden übergeben. Falls keine Nachricht eingetroffen ist, liefert sie null zurück. Die zweite Methode wartet nicht. Sie prüft, ob eine Nachricht eingetroffen ist. Wenn ja, wird die Nachricht ansonsten null zurückgegeben.

Ein EJB darf nicht die Methode `acknowledge()` vom Interface `javax.jms.Message` aufrufen, da der Container die Nachrichten quittiert. Nachdem die Nachricht empfangen wurde, wird die Verbindung zum Server wieder abgebaut, damit sie von anderen EJBs verwendet werden kann.

Listing 6.6 zeigt den relevanten Teil vom Deployment Descriptor, wo die Resource Manager Connection Factory Referenz und der logische Name für die Nachrichtenquelle definiert werden. Tabelle 6.2 beschreibt die Subelemente von `<resource-env-ref>`.

```
<ejb-jar>
  <display-name>JmsExampleEJB</display-name>
  <enterprise-beans>
    <session>
      ...
      <resource-ref>
        <res-ref-name>
          jms/QueueConnectionFactoryRef
        </res-ref-name>
        <res-type>javax.jms.QueueConnectionFactory</res-type>
        <res-auth>Container</res-auth>
        <res-sharing-scope>Shareable</res-sharing-scope>
      </resource-ref>
      <resource-env-ref>
        <resource-env-ref-name>
          jms/TestQueueRef
        </resource-env-ref-name>
        <resource-env-ref-type>
          javax.jms.Queue
        </resource-env-ref-type>
      </resource-env-ref>
      ...
    </session>
    ...
  <enterprise-beans>
  ...
<ejb-jar>
```

Listing 6.6: Deployment Descriptor in einem EJB, das JMS-Nachrichten verarbeitet

Element	**M**	**Beschreibung**
<description>	0..1	Hier kann ein Kommentar bzw. eine Beschreibung eingegeben werden.

Element	M	Beschreibung
<resource-env-ref-name>	1	Logischer Name, der im Code verwendet wird, um ein Objekt zu ermitteln. Das Präfix java:comp/env/ darf nicht angegeben werden.
<resource-env-ref-type>	1	Hier wird die Klasse bzw. das Interface des Objekts definiert. Der Wert ist abhängig vom Resource Manager (Datenbank, Message Server, ...). Die folgenden Werte sind gültig (Liste ist nicht vollständig): javax.jms.Queue javax.jms.Topic

Tabelle 6.2: Definitionen im Element <resource-env-ref>

Bei der Installation des EJBs muss dem logischen Namen für das Nachrichtenziel ein physikalisch vorhandenes Objekt zugewiesen werden. Abbildung 6.5 zeigt, wie man dies mit dem DeployTool von der J2EE-Referenzimplementierung von Sun parametrisiert.

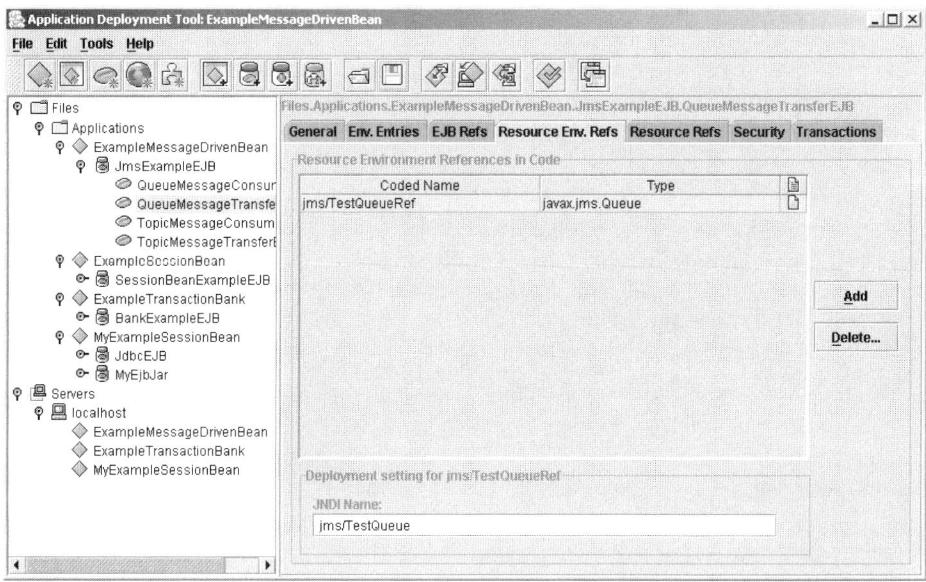

Abbildung 6.5: Definition einer Referenz auf eine JMS-Destination mit dem DeployTool

6.2.2 Beispiel

In diesem Beispiel sollen zwei Session Beans entwickelt werden. Ein Stateful Session Bean soll Nachrichten zu einem Themengebiet senden bzw. davon empfangen, ein Stateless Session Bean soll Nachrichten zu einer Warteschlange senden bzw. davon empfangen.

Beide Session Beans sollen den gleichen Remote Client View verwenden, so dass man den Client einfacher programmieren kann. Der Client soll eine Swing Applikation sein.

Remote Home Interface von den beiden Session Beans

Das Remote Home Interface definiert eine create-Methode. Die Methode erfüllt die Bedingungen für ein Stateless Session Bean.

```
package de.j2eeguru.example.mdb.ejb;

import java.rmi.RemoteException;
import javax.ejb.EJBHome;
import javax.ejb.CreateException;

public interface MessageTransferHome extends EJBHome
{
  public MessageTransfer create()
          throws CreateException, RemoteException;
}
```

Listing 6.7: Remote Home Interface von den beiden Session Beans

Remote Interface von den beiden Session Beans

In dem Remote Interface werden die beiden Businessmethoden deklariert, mit der eine Nachricht gesendet und empfangen werden kann. Die Methode `receiveTextMessage(...)` löst eine anwendungsspezifische Exception aus, wenn ein anderer Nachrichtentyp wie `javax.jms.TextMessage` empfangen wird.

```
package de.j2eeguru.example.mdb.ejb;

import java.rmi.RemoteException;
import javax.ejb.EJBObject;

import de.j2eeguru.tools.DefaultException;

public interface MessageTransfer extends EJBObject
{
  public void sendMessage(String msg)
          throws RemoteException;

  public String receiveTextMessage(boolean wait)
          throws DefaultException, RemoteException;
}
```

Listing 6.8: Remote Interface vom Session Bean

Implementierung des Stateless Session Beans

Das Stateless Session Bean baut in jeder Businessmethode die Verbindung zum Message Server auf, sendet bzw. empfängt eine Nachricht und baut anschließend die Verbindung zum Message Server wieder ab. Dies ist bei der Kommunikation mit einer Warteschlange (*Queue*) möglich, da der Nachrichtenempfänger nicht gleichzeitig wie der Nachrichtensender mit dem Message Server verbunden sein muss.

Die Businessmethode `sendMessage()` sendet eine TextMessage zu einer Warteschlange. Die Methode `receiveTextMessage()` führt einen synchronen Nachrichtenempfang durch. Die Methode kann mit einem Übergabeparameter gesteuert werden, so dass sie sofort zurückkehrt, wenn keine Nachricht vorhanden ist oder eine definierte Zeit (10 s) wartet. Falls ein ungültiger Nachrichtentyp empfangen wird, löst die Methode eine anwendungsspezifische Exception aus und markiert die aktuelle Transaktion für einen ROLLBACK.

```
package de.j2eeguru.example.mdb.ejb;

import javax.ejb.SessionBean;
import javax.ejb.EJBException;
import javax.ejb.CreateException;
import javax.ejb.SessionContext;

import javax.naming.InitialContext;

import javax.jms.Message;
import javax.jms.TextMessage;
import javax.jms.ConnectionFactory;
import javax.jms.QueueConnectionFactory;
import javax.jms.QueueConnection;
import javax.jms.QueueSession;
import javax.jms.QueueSender;
import javax.jms.QueueReceiver;
import javax.jms.Queue;
import javax.jms.JMSException;

import de.j2eeguru.tools.DefaultException;
import de.j2eeguru.tools.LogBook;

public class QueueMessageTransferEJB implements SessionBean
{
  //-------------------------------------------------------------
  //        Konstanten deklarieren
  //-------------------------------------------------------------
  private static final long RECV_TIMEOUT = 10000; // 10 sec.

  //-------------------------------------------------------------
```

```
//        Instanzvariable deklarieren
//--------------------------------------------------------------
private SessionContext sessionContext;

//--------------------------------------------------------------
//        Implementierung der Business-Methoden
//--------------------------------------------------------------

/**
 * Diese Methode sendet eine Textnachricht zu einer Queue.
 */
public void sendMessage(String msg) throws EJBException
{
  QueueConnection queueConnection = null;

  try
  {
    // JNDI-Kontext ermitteln
    InitialContext ctx = new InitialContext();

    // Connection Factory über JNDI ermitteln
    QueueConnectionFactory queueConnectionFactory =
          (QueueConnectionFactory)ctx.lookup(
                "java:comp/env/jms/ConnectionFactoryRef");

    // Nachrichtenziel über JNDI ermitteln
    Queue queue = (Queue)ctx.lookup(
                "java:comp/env/jms/TestDestinationRef");

    // Verbindung zum Message Server aufbauen
    queueConnection =
             queueConnectionFactory.createQueueConnection();

    // Session mit Transaktionsverwaltung erzeugen
    QueueSession queueSession =
             queueConnection.createQueueSession(true, 0);

    // Nachrichtenproduzent für die Queue erzeugen
    QueueSender queueSender = queueSession.createSender(queue);

    // Textnachricht erzeugen
    TextMessage textMessage =
             queueSession.createTextMessage(msg);

    // Nachricht zu der Warteschlange (Queue) senden.
```

```
      queueSender.send(textMessage);
    }
    catch(Exception ex)
    {
      throw new EJBException(LogBook.logException(ex));
    }
    finally
    {
      try
      {
        // Verbindung zum Message Server beenden
        if( queueConnection != null )
          queueConnection.close();
      }
      catch(JMSException jex)
      {
        LogBook.logException(jex);
      }
    }
  }

  /**
   * Diese Methode empfängt eine Textnachricht von einer Queue.
   */
  public String receiveTextMessage(boolean wait)
                throws DefaultException, EJBException
  {
    QueueConnection queueConnection = null;

    try
    {
      // JNDI Kontext ermitteln
      InitialContext ctx = new InitialContext();

      // Connection Factory über JNDI ermitteln
      QueueConnectionFactory queueConnectionFactory =
            (QueueConnectionFactory)ctx.lookup(
                  "java:comp/env/jms/ConnectionFactoryRef");

      // Nachrichtenziel  über JNDI ermitteln
      Queue queue = (Queue)ctx.lookup(
                  "java:comp/env/jms/TestDestinationRef");

      // Verbindung zum Message Server aufbauen
      queueConnection =
```

```
            queueConnectionFactory.createQueueConnection();

      // Session mit Transaktionsverwaltung erzeugen
      QueueSession queueSession =
            queueConnection.createQueueSession(true, 0);

      // Nachrichtenempfänger für Queue erzeugen
      QueueReceiver queueRecv =
            queueSession.createReceiver(queue);

      // Nachrichtenempfang starten
      queueConnection.start();

      Message msg = null;

      if( wait )
        msg = queueRecv.receive(RECV_TIMEOUT);
      else
        msg = queueRecv.receiveNoWait();

      if( msg == null )
        return null;

      if( msg instanceof TextMessage )
        return ((TextMessage)msg).getText();
    }
    catch(Exception ex)
    {
      throw new EJBException(LogBook.logException(ex));
    }
    finally
    {
      try
      {
        // Verbindung zum Message Server beenden
        if( queueConnection != null )
          queueConnection.close();
      }
      catch(JMSException jex)
      {
        LogBook.logException(jex);
      }
    }

    // Falls eine anwendungsspezifische Exception ausgelöst
```

```
    // wird, muss man die Transaktion explizit für einen
    // ROLLBACK kennzeichnen.
    sessionContext.setRollbackOnly();
    throw new DefaultException("Ungültige Nachricht empfangen.");
  }

  //-------------------------------------------------------------
  //          Implementierung der create-Methode
  //-------------------------------------------------------------
  public void ejbCreate()  {  }

  //-------------------------------------------------------------
  // Implementierung des Interface 'javax.ejb.SessionBean'
  //-------------------------------------------------------------
  public void setSessionContext(SessionContext ctx)
  {
    sessionContext = ctx;
  }

  public void ejbRemove()
  {
    sessionContext = null;
  }

  public void ejbActivate()    {  }
  public void ejbPassivate()   {  }
}
```

Listing 6.9: Stateless Session Bean kommuniziert mit einer Warteschlange

Implementierung des Stateful Session Beans

Die EJB Implementierung des Stateful Session Beans beinhaltet Instanzvariablen, in der die Objekte für die JMS-Kommunikation gespeichert werden. Diese Objekte werden in der Methode `jmsInit()` erzeugt und in der Methode `jmsExit()` gelöscht. Die Methode `jmsInit()` wird von den Methoden `ejbCreate()` und `ejbActivate()` aufgerufen. Die Methode `jmsExit()` wird von den beiden Methoden `ejbPassivate()` und `ejbRemove()` aufgerufen. Die Methode `jmsInit()` ermittelt über JNDI die Resource Manager Connection Factory und das Nachrichtenziel (*Topic*).

Für die Kommunikation mit einem Themengebiet muss ein Stateful Session Bean verwendet werden, da der Nachrichtenempfänger zur gleichen Zeit mit dem Message Server verbunden sein muss wie der Nachrichtensender. Wenn das Session Bean erzeugt wird, abonniert es Nachrichten aus dem Themengebiet. Solange das EJB existiert, kann es die veröffentlichten Nachrichten empfangen.

Da das EJB ein Stateful Session Bean ist, kann es vom Container in einen sekundären Speicher ausgelagert werden. Die Verbindung zu einem Message Server kann nicht gespeichert werden. Aus diesem Grund müssen in der Methode `ejbPassivate()` die Referenzen auf die Objekte für die JMS-Kommunikation gelöscht werden. In der Methode `ejbActivate()` werden die entsprechenden Objekte wieder initialisiert. Für die Funktionsweise des Session Beans bedeutet dies, dass keine Nachrichten empfangen werden, die veröffentlicht werden, während das Session Bean ausgelagert ist.

Die Businessmethode `sendMessage()` veröffentlicht eine TextMessage in einem Themengebiet. Die Methode `receiveTextMessage()` führt einen synchronen Nachrichtenempfang durch. Die Methode kann mit einem Übergabeparameter gesteuert werden, so dass sie sofort zurückkehrt, wenn keine Nachricht vorhanden ist oder eine definierte Zeit (10 s) wartet. Falls ein ungültiger Nachrichtentyp empfangen wird, löst die Methode eine anwendungsspezifische Exception aus und markiert die aktuelle Transaktion für einen ROLLBACK.

```
package de.j2eeguru.example.mdb.ejb;

import javax.ejb.SessionBean;
import javax.ejb.EJBException;
import javax.ejb.CreateException;
import javax.ejb.SessionContext;

import javax.naming.InitialContext;

import javax.jms.Message;
import javax.jms.TextMessage;
import javax.jms.TopicConnectionFactory;
import javax.jms.TopicConnection;
import javax.jms.TopicSession;
import javax.jms.TopicPublisher;
import javax.jms.TopicSubscriber;
import javax.jms.Topic;

import de.j2eeguru.tools.DefaultException;
import de.j2eeguru.tools.LogBook;

/*
 * Stateful-Session-Bean 'TopicMessageProducerEJB'
 */
public class TopicMessageTransferEJB implements SessionBean
{
  //----------------------------------------------------------------
  //       Konstanten deklarieren
  //----------------------------------------------------------------
  private static final long RECV_TIMEOUT = 10000; // 10 sec.
```

```
//--------------------------------------------------------------
//       Instanzvariable deklarieren
//--------------------------------------------------------------
private TopicConnectionFactory topicConnectionFactory = null;
private TopicConnection topicConnection = null;
private TopicSession topicSession = null;
private TopicPublisher topicPublisher = null;
private TopicSubscriber topicSubscr = null;
private Topic topic = null;

private SessionContext sessionContext;

//--------------------------------------------------------------
//       Implementierung der Businessmethoden
//--------------------------------------------------------------
/**
 * Diese Methode veröffentlicht eine Textnachricht.
 */
public void sendMessage(String msg) throws EJBException
{
  try
  {
    TextMessage textMessage =
                      topicSession.createTextMessage(msg);
    topicPublisher.publish(textMessage);
  }
  catch(Exception ex)
  {
    throw new EJBException(LogBook.logException(ex));
  }
}

/**
 * Diese Methode empfängt eine Textnachricht von einer Topic.
 */
public String receiveTextMessage(boolean wait)
              throws DefaultException, EJBException
{
  try
  {
    Message msg = null;

    if( wait )
      msg = topicSubscr.receive(RECV_TIMEOUT);
```

```
    else
      msg = topicSubscr.receiveNoWait();

    if( msg == null )
      return null;

    if( msg instanceof TextMessage )
      return ((TextMessage)msg).getText();
  }
  catch(Exception ex)
  {
    throw new EJBException(LogBook.logException(ex));
  }

  // Falls eine anwendungsspezifische Exception ausgelöst
  // wird, muss man die Transaktion explizit für einen
  // ROLLBACK kennzeichnen.
  sessionContext.setRollbackOnly();
  throw new DefaultException("Ungültige Nachricht empfangen.");
}

//-------------------------------------------------------------
//          Implementierung der create-Methode
//-------------------------------------------------------------
public void ejbCreate() throws CreateException
{
  logDebugMsg("TopicMessageTransferEJB.ejbCreate()");
  jmsInit();
}

//-------------------------------------------------------------
// Implementierung des Interfaces 'javax.ejb.SessionBean'
//-------------------------------------------------------------
public void setSessionContext(SessionContext ctx)
{
  sessionContext = ctx;
}

public void ejbRemove() throws EJBException
{
  jmsExit();
  sessionContext = null;
}

public void ejbActivate() throws EJBException
```

```
{
  logDebugMsg("TopicMessageTransferEJB.ejbActivate()");
  jmsInit();
}

public void ejbPassivate() throws EJBException
{
  jmsExit();
}

//-------------------------------------------------------------
//                    Hilfsmethoden
//-------------------------------------------------------------
/**
 * Diese Methode initialisiert alle Objekte, die für die JMS
 * Kommunikation erforderlich sind.
 */
private void jmsInit() throws EJBException
{
  try
  {
    // JNDI-Kontext ermitteln
    InitialContext ctx = new InitialContext();

    // Connection Factory über JNDI ermitteln
    topicConnectionFactory =
          (TopicConnectionFactory)ctx.lookup(
                "java:comp/env/jms/ConnectionFactoryRef");

    // Nachrichtenziel  über JNDI ermitteln
    topic = (Topic)ctx.lookup(
                "java:comp/env/jms/TestDestinationRef");

    // Verbindung zum Message Server aufbauen
    topicConnection =
                topicConnectionFactory.createTopicConnection();

    // Session mit Transaktionsverwaltung erzeugen
    topicSession = topicConnection.createTopicSession(true, 0);

    // Nachrichtenproduzent für Topic erzeugen
    topicPublisher = topicSession.createPublisher(topic);

    // Nachrichtenempfänger für Topic erzeugen
    topicSubscr = topicSession.createSubscriber(topic);
```

```
      // Nachrichtenempfang starten
      topicConnection.start();
    }
    catch(Exception ex)
    {
      throw new EJBException(LogBook.logException(ex));
    }
  }

  /**
   * Diese Methode baut die Verbindung zum Message Server ab und
   * setzt alle Instanzvariablen auf null, so dass sie vom
   * Container in einen sekundären Speicher ausgelagert werden
   * kann.
   */
  private void jmsExit() throws EJBException
  {
    try
    {
      if( topicConnection != null )
        topicConnection.close();

      topicConnectionFactory = null;
      topicConnection = null;
      topicSession = null;
      topicPublisher = null;
      topicSubscr = null;
      topic = null;
    }
    catch(Exception ex)
    {
      throw new EJBException(LogBook.logException(ex));
    }
  }
}
```

Listing 6.10: Stateful Session Bean kommuniziert mit einem Themengebiet

J2EE-Anwendung erzeugen

Die beiden Session Beans sollen nun auf die J2EE-Referenzimplementierung von Sun installiert werden. Dazu starten wir den Server und das DeployTool. Im DeployTool erzeugen wir als erstes eine neue Applikation über den Menüpunkt FILE | NEW |

APPLICATION... Die Applikation soll in dem Verzeichnis *Projekte/MessageDrivenBean-Example/ear* unter dem Namen *MyExampleMDB.ear* gespeichert werden.

Als Nächstes erzeugen wir mit dem EJB-Assistenten ein neues EJB. Der Assistent wird mit FILE | NEW | ENTERPRISE BEAN... gestartet. Dort erzeugen wir ein neues JAR-File mit der Bezeichnung JmsExampleMDB in der Applikation MyExampleMDB und fügen die folgenden Dateien hinzu:

- de.j2eeguru.tools.LogBook
- de.j2eeguru.tools.DefaultException
- de.j2eeguru.example.mdb.ejb.TopicMessageTransferEJB
- de.j2eeguru.example.mdb.ejb.QueueMessageTransferEJB
- de.j2eeguru.example.mdb.ejb.MessageTransferHome
- de.j2eeguru.example.mdb.ejb.MessageTransfer
- de.j2eeguru.example.mdb.ejb.JndiName

In den folgenden Dialogen wird das EJB als Stateful Session Bean mit CMT definiert. Die Klasse TopicMessageTransferEJB wird in der Liste selektiert. Die Einstellungen bezüglich der Resource Manager Connection Factory und der Referenz auf das Nachrichtenziel können zwar auch mit dem Assistenten parametrisiert werden, wir wollen diese Einstellungen jedoch später durchführen.

Als Nächstes starten wir wieder den Assistenten für ein neues EJB. Das neue EJB soll zu dem vorhandenen Archiv JmsExampleMDB hinzugefügt werden. Da die Klassen bereits im Archiv vorhanden sind, müssen wir keine zusätzlichen Klassen hinzufügen. Das EJB wird als Stateless Session Bean mit CMT parametrisiert. Die Enterprise Bean Klasse ist QueueMessageTransferEJB.

Da wir im Quelltext vom EJB logische Namen für eine Resource Manager Connection Factory und für ein Nachrichtenziel verwenden, müssen wir dies im Deployment Descriptor eintragen.

Die Resource Manager Connection Factory wird in dem Register „Resource Ref" vom DeployTool definiert. Für jedes EJB muss eine Zeile mit dem Button ADD hinzugefügt werden. Die erforderlichen Einstellungen für die beiden Session Beans sind in Tabelle 6.3 aufgelistet. In beiden Session Beans werden die gleichen logischen Namen verwendet. Da die Namen in der Komponentenumgebung definiert sind, können unterschiedliche Objekte für jedes EJB definiert werden.

	QueueMessageTransferEJB	**TopicMessageTransferEJB**
Coded Name	jms/ConnectionFactoryRef	jms/ConnectionFactoryRef
Type	javax.jms.QueueConnectionFactory	javax.jms.TopicConnectionFactory
Authentication	Container	Container
Sharable	nein	nein
JNDI Name	jms/QueueConnectionFactory	jms/TopicConnectionFactory

	QueueMessageTransferEJB	TopicMessageTransferEJB
User	j2ee	j2ee
Password	j2ee	j2ee

Tabelle 6.3: Einstellungen im Register Resource Ref

Das Nachrichtenziel wird in dem Register „Resource Env. Refs" definiert. Für jedes EJB muss eine Zeile mit dem Button ADD hinzugefügt werden. Das Präfix `java:comp/env/` darf nicht in der Spalte „Coded Name" angegeben werden. Tabelle 6.4 beschreibt die erforderlichen Einstellungen für die beiden Session Beans.

	QueueMessageTransferEJB	TopicMessageTransferEJB
Coded Name	jms/TestDestinationRef	jms/TestDestinationRef
Type	javax.jms.Queue	javax.jms.Topic
JNDI Name	jms/TestQueue	jms/TestTopic

Tabelle 6.4: Einstellungen in dem Register Resource Env. Refs

Jetzt müssen die beiden Session Beans nur noch einen JNDI-Namen erhalten. Dazu muss man das Archiv (JmsExampleMDB) in der Baumstruktur selektieren. Im Register „JNDI Names" werden die beiden Namen „de/j2eeguru/example/mdb/messageEjbQueue" bzw. „de/j2eeguru/example/mdb/messageEjbTopic" eingegeben. Diese beiden Namen sind wichtig, weil sie vom Client verwendet werden.

Die Applikation muss nun gespeichert werden. Sie kann dann mit dem DeployTool geprüft werden (TOOLS | VERIFIER...). Wenn keine Fehler vorliegen, kann die Applikation mit TOOLS | DEPLOY... auf dem Server installiert werden. Da wir eine Swing-Applikation verwenden, um die beiden Session Beans anzusteuern, benötigen wir das JAR-File, das vom Server generierte Klassen enthält. Diese Datei muss mit dem Namen *ExampleMDBClient.jar* im Verzeichnis *Projekte\MessageDrivenBeanExample\jar* gespeichert werden. Der Name und das Verzeichnis sind wichtig, weil die Startdateien auf diese Datei verweisen.

Client, der die Businessmethoden vom Session Bean aufruft

Die Swing-Applikation besteht aus einer JTextArea, zwei Buttons und einer JCheckBox. Mit der JCheckBox kann eingestellt werden, ob man mit der Queue oder mit der Topic kommunizieren will. Der Text in der JTextArea wird gesendet, wenn man den Button NACHRICHT SENDEN betätigt. Der Button NACHRICHT EMPFANGEN holt eine Nachricht und zeigt diese in einem Dialog an.

Die Methode `ejbInit()` wird im Konstruktor aufgerufen. In dieser Methode wird in Abhängigkeit von der JCheckBox ein Session Bean erzeugt, das entweder mit der Queue oder mit der Topic kommuniziert.

Die Methode `ejbExit()` löscht das referenzierte Session Bean. Die Methode wird aufgerufen, wenn die Applikation beendet wird.

Wenn sich der Wert der JCheckBox ändert, wird die Methode `jchckbxTopic_actionPerformed()` aufgerufen. Dort wird zuerst die Methode `ejbExit()` und danach `ejbInit()` aufgerufen.

Die Methoden `sendMsg()` bzw. `receiveMsg()` werden aufgerufen, wenn der entsprechende Button betätigt wird. Die erste Methode sendet den Text aus der JTextArea, die zweite empfängt eine Nachricht und zeigt diese in einem Dialog an.

```
package de.j2eeguru.example.mdb.client;

...

import de.j2eeguru.example.mdb.ejb.MessageTransfer;
import de.j2eeguru.example.mdb.ejb.MessageTransferHome;
import de.j2eeguru.tools.swing.SwingTools;

public class FrmMessageTransfer extends JFrame
{
  private final String TEST_MSG = "Testnachricht #";
  private int messageCnt = 1;
  private MessageTransfer messageTransfer = null;

  ...

  protected void processWindowEvent(WindowEvent e)
  {
    super.processWindowEvent(e);
    if (e.getID() == WindowEvent.WINDOW_CLOSING)
    {
      ejbExit();
      System.exit(0);
    }
  }

  private void ejbInit()
  {
    try
    {
      // Naming-Kontext ermitteln
      InitialContext ctx = new InitialContext();

      // Remote Home Interface über JNDI ermitteln. Der Name
      // für den Lookup ist abhängig von der JCheckBox.
      Object ref = ctx.lookup(jchckbxTopic.isSelected() ?
```

```
            "de/j2eeguru/example/mdb/messageEjbTopic" :
            "de/j2eeguru/example/mdb/messageEjbQueue"  );

    // Typumwandlung für das Remote Home Interface durchführen
    MessageTransferHome messageTransferHome =
          (MessageTransferHome) PortableRemoteObject.narrow(
                ref, MessageTransferHome.class);

    // Instanz von einem Session Bean erzeugen
    messageTransfer = messageTransferHome.create();
  }
  catch(Exception ex)
  {
    messageTransfer = null;
    SwingTools.showErrorMsg(this, ex);
  }
}

private void ejbExit()
{
  try
  {
    // Falls ein Session Bean referenziert wird, wird
    // es gelöscht.
    if( messageTransfer != null )
      messageTransfer.remove();

    messageTransfer = null;
  }
  catch(Exception ex)
  {
    SwingTools.showErrorMsg(this, ex);
  }
}

void jchckbxTopic_actionPerformed(ActionEvent e)
{
  ejbExit();  // Session Bean löschen
  ejbInit();  // Session Bean erzeugen
}

private void sendMsg()
{
  try
  {
```

```
      // Methode vom Session Bean aufrufen, um eine Nachricht
      // zu senden. Es wird der Text aus der JTextArea gesendet.
      messageTransfer.sendMessage( jtxtrMessage.getText() );

      // laufende Nummer der Nachricht inkrementieren
      if( jtxtrMessage.getText().equals(TEST_MSG + messageCnt) )
        jtxtrMessage.setText(TEST_MSG + ++messageCnt);
    }
    catch(Exception ex)
    {
      SwingTools.showErrorMsg(this, ex);
    }
  }

  void receiveMsg()
  {
    try
    {
      // Methode vom Session Bean aufrufen, um eine Nachricht
      // zu empfangen. Die Methode kehrt sofort zurück.
      String msg = messageTransfer.receiveTextMessage( false );

      if( msg == null )
        SwingTools.showInfoMsg(this, "Keine Nachricht empfangen");
      else
        SwingTools.showInfoMsg(this,
                                "Empfangene Nachricht:\n" + msg );
    }
    catch(Exception ex)
    {
      SwingTools.showErrorMsg(this, ex);
    }
  }
}
```

Listing 6.11: Client, der Businessmethoden vom Session Bean aufruft

Testszenarien

In dem Verzeichnis *Projekte/MessageDrivenBeanExample/bin* ist das Skript *startClient-SessionBean.sh* bzw. die Batchdatei *startClientSessionBean.bat* enthalten, mit denen man die Anwendung starten kann.

Die Anwendung ist prinzipiell mit den beiden JMS-Beispielanwendungen vergleichbar, man kann Nachrichten über eine Queue bzw. Topic senden und empfangen. In dem JMS-Beispiel wurde jedoch ein MessageListener eingesetzt, d.h. eine eintreffende Nachricht wurde durch die Methode `onMessage(msg)` der Anwendung übergeben und wurde automatisch von der Applikation dargestellt. In diesem Kapitel wird ein synchroner Datenempfang durchgeführt, d.h. um eine Nachricht zu empfangen, muss am Client ein Button betätigt werden.

Die Testszenarien können ähnlich zum vorherigen Kapitel durchgeführt werden. Die folgenden Punkte können mit dem „Point To Point"- und dem „Publish/Subscribe"- Verfahren getestet werden. Zwischen den beiden Verfahren kann mit der Check-Box „Topic" umgeschaltet werden:

- ein Nachrichtenproduzent und ein Nachrichtenempfänger
- ein Nachrichtenproduzent und mehrere Nachrichtenempfänger
- Nachrichtenproduzent und Nachrichtenempfänger sind nicht gleichzeitig mit dem Message Server verbunden.

Werden Nachrichten zu einer Warteschlange gesendet (*Queue*), kann die Nachricht nur von einem Client empfangen werden. Der Nachrichtenempfänger muss nicht zur gleichen Zeit mit dem Message Server verbunden sein wie der Sender.

Verwendet man ein Themengebiet, um Nachrichten zu veröffentlichen, empfangen alle Anwendungen die Nachricht, die dieses Themengebiet abonniert haben.

6.3 Message Driven Bean

Session und Entity Beans können JMS-Nachrichten nur empfangen, wenn sie die Methode `receive()` aufrufen. Dieses Verfahren ist nicht sehr effizient, da ein Client in der Regel nicht weiß, wann eine Nachricht eintrifft. Er müsste prinzipiell periodisch die Methode aufrufen, um zu prüfen, ob Nachrichten eingetroffen sind.

Die JMS-Programmierschnittstelle bietet eine elegante Möglichkeit, um beim Eintreffen einer Nachricht die Methode `onMessage()` aufzurufen. Dies haben wir bei der Einführung in JMS bereits kennen gelernt. Die Methode `onMessage()` wird in dem Interface `javax.jms.MessageListener` deklariert. Eine Instanz einer Klasse, die das Interface implementiert hat, kann bei einem QueueReceiver bzw. TopicSubscriber mit der Methode `setMessageListener(...)` registriert werden. Dieses Verfahren ist sehr effizient. Die Methode wird nur aufgerufen, wenn eine Nachricht empfangen wird. In dieser Methode kann die Nachricht dann verarbeitet werden.

Damit dieser Vorteil in einer J2EE-Applikation genutzt werden kann, sind in der EJB-Spezifikation 2.0 die Message Driven Beans (MDB) spezifiziert worden. Dieses EJB implementiert das Interface `javax.jms.MessageListener` und wird vom Container aufgerufen, wenn eine Nachricht empfangen wird. Der Aufruf erfolgt also nicht durch einen Client, wie es bei einem Session und Entity Bean der Fall ist. Das Message Driven Bean ist ein MessageListener.

Da ein Message Driven Bean nicht von einem Client aufgerufen wird, benötigt es auch keinen Client View, d.h. es gibt keine Home- und Komponentenschnittstelle. Ein Client sieht von einem MDB nichts, er kennt nur das Ziel (*Destination*) der Nachricht auf dem Message Server. Von welchem System die Nachricht verarbeitet wird, ist für den Client nicht transparent.

Ein Message Driven Bean speichert keinen internen Zustand. Der Container kann ein beliebiges MDB aus dem Pool nehmen, um eine eintreffende Nachricht zu verarbeiten. In der Klasse eines MDBs können Instanzvariablen deklariert werden, in denen die Verbindung zu einer Datenbank oder die Referenz auf ein EJB gespeichert wird.

Der Lebenszyklus eines MDB bestimmt der Container. Er erzeugt Instanzen, ruft die Methode `onMessage()` auf, wenn eine Nachricht über JMS empfangen wird und löscht die Instanz, wenn sie nicht mehr benötigt wird. Der Server erzeugt die Instanzen in der Regel, wenn der Server gestartet bzw. wenn eine Nachricht empfangen wurde und löscht sie, wenn der Server heruntergefahren wird.

Alle Methoden einer MDB-Instanz werden nacheinander ausgeführt, d.h. eine Instanz verarbeitet zur gleichen Zeit immer nur eine Nachricht. Da der Container mehrere Instanzen einer MDB-Klasse erzeugen kann, können Nachrichten parallel von mehreren Instanzen abgearbeitet werden. Die Reihenfolge, wie die Nachrichten verarbeitet werden, ist daher zufällig.

Wie bei allen EJBs stellt der Container auch dem Message Driven Bean Dienste (Transaktionsverwaltung, Zugriffsberechtigung, JNDI, ...) zur Verfügung die genutzt werden können.

6.3.1 Implementierung eines Message Driven Beans

In der EJB Implementierung müssen die erforderlichen Methoden codiert werden. Die folgenden Regeln gelten für die Klasse mit der Implementierung von einem Message Driven Bean:

- Die Klasse muss `public` und darf nicht `final` oder `abstract` sein.
- Die Klasse muss das Interface `javax.ejb.MessageDrivenBean` direkt oder indirekt implementieren.
- Die Klasse muss das Interface `javax.jms.MessageListener` direkt oder indirekt implementieren.
- Der Konstruktor der Klasse muss `public` sein und darf keine Übergabeparameter haben.
- Die Methode `finalize()` darf nicht überschrieben werden.
- Die Klasse muss eine ejbCreate-Methode implementieren. Die Methode darf keinen Übergabeparameter haben. Der Rückgabewert ist `void`.
- Die Klasse kann eine andere Klasse erweitern. Die erforderlichen Methoden können auch in dieser Klasse implementiert werden.

Zustandsdiagramm

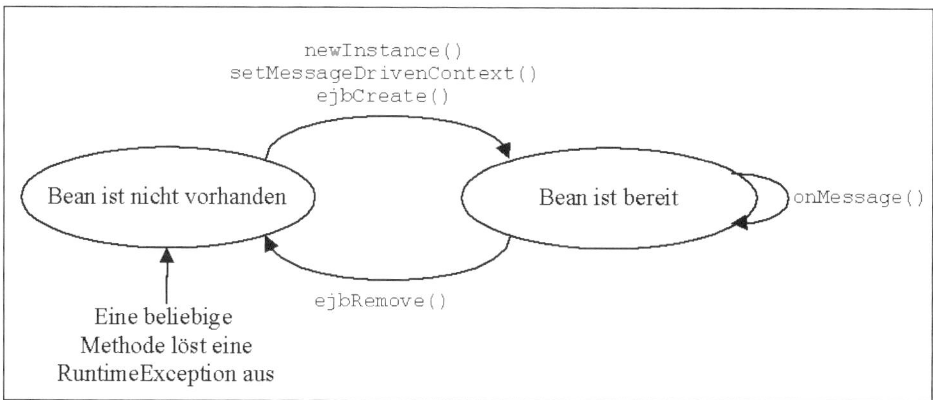

Abbildung 6.6: Zustandsdiagramm vom Message Driven Bean

Der EJB-Container erzeugt eine neue Instanz eines Message Driven Beans durch den Aufruf der Methode `newInstance()` von der Klasse. Anschließend übergibt er der Instanz den MessageDrivenContext und ruft dann die Methode `ejbCreate()` auf. Wenn diese Methoden fehlerfrei ausgeführt wurden, kann die Methode `onMessage(...)` ausgeführt werden.

Der Container informiert eine Instanz durch den Aufruf der Methode `ejbRemove()` darüber, dass die Instanz nicht mehr benötigt wird. Wie aus dem Zustandsdiagramm zu erkennen ist, wird diese Methode nicht immer aufgerufen. Falls eine beliebige Methode der Instanz eine RuntimeException auslöst, verwirft der Container die Instanz. Es wird danach keine Methode mehr von dieser Instanz ausgeführt.

Falls eine Methode eine RuntimeException auslöst, werden die Nachrichten, die das Message Driven Bean verarbeiten soll, trotzdem weiter verarbeitet. Der Container verwendet dafür eine neue bzw. andere Instanz.

Container-Callback-Methoden

Die EJB-Implementierung eines Message Driven Beans muss die beiden Interfaces `javax.ejb.MessageDrivenBean` und `javax.jms.MessageListener` implementieren. Der Container ruft die Methoden des erstgenannten Interfaces auf, um die Instanz über Zustandsänderungen zu informieren. Die andere Schnittstelle definiert prinzipiell die Businessmethode der Instanz. Dies ist die einzige Businessmethode. Sie wird vom Container aufgerufen, wenn die Instanz eine JMS-Nachricht verarbeiten soll.

Methode	Beschreibung
setMessageDrivenContext(mdc)	Diese Methode wird vom EJB-Container aufgerufen, nachdem er die MDB-Instanz erzeugt hat. Die Methode hat einen Parameter, den MessageDrivenContext. Falls

Methode	Beschreibung
	das MDB diesen benötigt, muss er in einer Instanzvariablen gesichert werden.
ejbRemove	Diese Methode wird vom EJB-Container aufgerufen, wenn die Instanz nicht mehr benötigt wird.

Tabelle 6.5: Methoden vom Interface javax.ejb.MessageDrivenBean

Methode	Beschreibung
onMessage(msg)	Diese Methode wird vom EJB-Container aufgerufen, wenn eine Nachricht über JMS empfangen wird, für das sich dieses MDB registriert hat. Die Methode bekommt die empfangene Nachricht als Parameter übergeben.

Tabelle 6.6: Methoden vom Interface javax.jms.MessageListener

In zukünftigen EJB-Spezifikationen ist geplant, Message Driven Beans für andere asynchrone Vorgänge zu erweitern. Ein solches MDB müsste dann anstatt dem Interface MessageListener ein anderes Interface mit den entsprechenden Callback-Methoden implementieren.

Zulässige Operationen in den Methoden

Tabelle 6.7 listet die zulässigen Operationen in den einzelnen Methoden der EJB Implementierung auf. Die zulässigen Operationen sind abhängig davon, ob die Transaktionsverwaltung vom Bean oder vom Container durchgeführt wird.

Methode vom EJB	Erlaubte Operationen in der Methode vom EJB	
	CMT	BMT
Konstruktor	–	–
setMessageDrivenContext	JNDI-Zugriff auf: java:comp/env	JNDI-Zugriff auf: java:comp/env
ejbCreate ejbRemove	JNDI-Zugriff auf: java:comp/env	JNDI-Zugriff auf: java:comp/env
onMessage	Methoden vom Interface MessageDrivenContext: - getRollbackOnly, - setRollbackOnly JNDI-Zugriff auf:	Methoden vom Interface MessageDrivenContext: - getUserTransaction Methoden vom Interface UserTransaction

Methode vom EJB	Erlaubte Operationen in der Methode vom EJB	
	CMT	BMT
	java:comp/env Zugriff auf Resource Manager Zugriff auf EJB	JNDI-Zugriff: java:comp/env Zugriff auf Resource Manager Zugriff auf EJB

Tabelle 6.7: Zulässige Operationen in den Methoden vom Message Driven Bean

Methoden zum Erzeugen eines Message Driven Beans

Der Container ruft die Methode `ejbCreate()` auf, wenn eine Instanz erzeugt wurde. In dieser Methode kann die Instanz initialisiert werden. Es kann z.B. eine Verbindung zu einer Datenbank hergestellt werden. Die folgenden Regeln gelten für die ejbCreate-Methode eines Message Driven Beans:

- Die create-Methode muss `public` und darf nicht `static` oder `final` sein.
- Es darf nur eine ejbCreate-Methode implementiert werden. Die Methode darf keinen Übergabeparameter haben und der Rückgabewert muss `void` sein.
- Die Methode kann die Exception `javax.ejb.CreateException` auslösen. Diese Exception sollte ausgelöst werden, wenn gegen die Businesslogik verstoßen wird. Dies könnte z.B. der Fall sein, wenn ein Initialisierungswert aus einer Umgebungsvariablen vom Container benötigt wird und dieser einen ungültigen Wert hat.
- Es dürfen keine anwendungsspezifische Ausnahmen ausgelöst werden.
- Die Methode muss die Exception `javax.ejb.EJBException` auslösen, wenn benötigte Ressourcen nicht angefordert werden können.

Methoden zum Löschen eines Message Driven Beans

Das Interface `javax.ejb.MessageDrivenBean` definiert die Methode `ejbRemove()`. Die Methode wird vom Container aufgerufen, wenn die Instanz nicht mehr benötigt wird. In dieser Methode können angeforderte Ressourcen freigeben werden.

Der Container muss diese Methode nicht unbedingt aufrufen. Falls eine Methode eine RuntimeException auslöst, wird die Instanz verworfen, ohne dass die Methode `ejbRemove()` ausgeführt wird.

Ein Client hat keinen Einfluss darauf, wann der Container die Methode `ejbRemove()` aufruft.

Businessmethode

Ein Message Driven Bean hat nur eine Businessmethode. Dies ist die Methode `onMessage()`, die vom Container aufgerufen wird, wenn eine Nachricht eintrifft. Die folgenden Regeln gelten für die Methode.

- Die Methodendeklaration muss mit der aus dem Interface `javax.jms.MessageListener` übereinstimmen.
- Die Methode darf keine anwendungsspezifische Exception auslösen.
- Die Methode sollte keine RuntimeException auslösen.

In der Methode `onMessage()` wird die empfangene Nachricht verarbeitet. In ihr hat man alle Möglichkeiten, wie in den Businessmethoden von einem Session und Entity Bean. Man kann auf andere EJBs zugreifen, Nachrichten über JMS versenden, Datenbankzugriffe durchführen usw..

Die Methode kann in einer Transaktion ausgeführt werden, so dass alle durchgeführten Änderungen bei einem ROLLBACK rückgängig gemacht werden bzw. bei einem COMMIT gespeichert werden. Dies wird im Kapitel „Transaktionen“ ausführlich beschrieben.

6.3.2 Deployment Descriptor

Im Deployment Descriptor wird das Message Driven Bean beschrieben, so dass es in einen EJB-Container installiert werden kann. Listing 6.12 zeigt einen Ausschnitt aus der XML-Datei.

```
<ejb-jar>
  <display-name>ExampleMDB</display-name>
  <enterprise-beans>
    <message-driven>
      <display-name>TopicMessageConsumerEJB</display-name>
      <ejb-name>TopicMessageConsumerEJB</ejb-name>
      <ejb-class>
        de.j2eeguru.example.mdb.ejb.MessageConsumerEJB
      </ejb-class>
      <transaction-type>Container</transaction-type>
      <message-driven-destination>
        <destination-type>javax.jms.Topic</destination-type>
        <subscription-durability>
          NonDurable
        </subscription-durability>
      </message-driven-destination>
      ...
    </message-driven>
    ...
  </enterprise-beans>
  ...
<ejb-jar>
```

Listing 6.12: Definition eines Message Driven Beans im Deployment Descriptor

Tabelle 6.8 beschreibt die Elemente, die für ein Message Driven Bean verwendet werden können.

Element	M	Beschreibung
<description>	0..1	Kommentar bzw. Beschreibung zum Message Driven Bean
<display-name>	0..1	Name für die Visualisierung
<small-icon>	0..1	Grafik für die Visualisierung
<large-icon>	0..1	Grafik für die Visualisierung
<ejb-name>	1	Hier wird der Name des EJBs definiert. Dieser Name muss innerhalb vom Deployment Descriptor eindeutig sein und wird verwendet, um auf dieses EJB zu referenzieren.
<ejb-class>	1	Klasse mit der EJB-Implementierung
<transaction-type>	1	Mit diesem Element wird definiert, wer die Transaktionen verwaltet. Gültige Werte sind Container und Bean.
<message-selector>	0..1	In diesem Element kann ein Message Selector definiert werden. Das Message Driven Bean empfängt nur die Nachrichten, auf das die Beschreibung zutrifft.
<acknowledge-mode>	0..1	Dieses Element ist nur bei Bean Managed Transaction relevant. Hier kann definiert werden, wie der Container die Nachrichten quittieren soll. Gültige Werte sind Auto-acknowledge und Dups-ok-acknowledge.
<message-driven-destination>	0..1	In diesem Element wird der Typ des Nachrichtenziels definiert (Topic oder Queue).
<env-entry>	0..n	In diesem Element kann eine Umgebungsvariable definiert werden.
<ejb-ref>	0..n	Mit diesem Element kann eine Referenz auf einen Remote Client View von einem EJB definiert werden.
<ejb-local-ref>	0..n	Mit diesem Element kann eine Referenz auf einen Local Client View von einem EJB definiert werden.
<security-identity>	0..1	Mit diesem Element kann man festlegen, ob das EJB unter der Identität einer fest definierten Benutzergruppe ausgeführt werden soll.
<resource-ref>	0..n	Hier kann eine Resource Manager Connection Factory definiert werden, die im Quelltext durch einen logischen

Element	M	Beschreibung
		Namen angesprochen wird.
<resource-env-ref>	0..n	Mit diesem Element können Objekte definiert werden, die von einem Administrator verwaltet werden und die zu einem Resource Manager gehören. Dies sind z.B. Nachrichtenziele (Destination) von JMS. Im Quelltext wird ein logischer Name verwendet, um das Objekt über JNDI zu ermitteln. Bei der Installation wird dem logischen Namen ein konkretes Objekt zugewiesen.

Tabelle 6.8: Definitionen im Element <message-driven>

Im Deployment Descriptor wird definiert, ob das Message Driven Bean die Nachrichten von einem Themengebiet (*Topic*) oder von einer Warteschlage (*Queue*) empfangen soll. Dies wird in dem Element `<message-driven-destination>` definiert. Tabelle 6.9 beschreibt dieses Element.

Element	M	Beschreibung
destination-type	1	Hier wird der Typ von dem Nachrichtenziel (Destination) definiert, von dem das Message Driven Bean Nachrichten empfängt. Gültige Werte sind javax.jms.Topic oder javax.jms.Queue.
subscription-durability	0..1	Falls bei dem Typ javax.jms.Topic definiert wurde, kann in diesem Element angegeben werden, ob das Abonnement dauerhaft sein soll oder nicht. Gültige Werte sind NonDurable und Durable. Bei Durable gehen keine Nachrichten verloren, wenn der Container nicht verfügbar ist

Tabelle 6.9: Definitionen im Element <message-driven-destination>

6.3.3 Beispiele

In diesem Beispiel soll ein Message Driven Bean entwickelt werden, das Nachrichten von einer Warteschlange und einem Themengebiet empfangen soll. Die empfangenen Nachrichten sollen an der Serverkonsole ausgegeben werden. Der Einfachheit halber werden die beiden Nachrichtenziele (*Destination*) verwendet, die wir in dem JMS-Beispiel angelegt haben.

Message Driven Bean, das Nachrichten empfängt

Die Methode `onMessage()` muss das Transaktionsattribut Required haben, da in dieser Methode die aktuelle Transaktion für einen ROLLBACK markiert wird, wenn eine JMSException ausgelöst wird.

```
package de.j2eeguru.example.mdb.ejb;

import javax.ejb.MessageDrivenBean;
import javax.ejb.MessageDrivenContext;

import javax.jms.Message;
import javax.jms.TextMessage;
import javax.jms.MessageListener;
import javax.jms.JMSException;

import de.j2eeguru.tools.LogBook;

public class MessageConsumerEJB implements MessageDrivenBean,
                                           MessageListener
{
  private MessageDrivenContext mdc;

  //----------------------------------------------------------------
  // Implementierung des Interfaces 'javax.jms.MessageListener'
  //----------------------------------------------------------------
  public void onMessage(Message msg)
  {
    try
    {
      if( msg instanceof TextMessage )
        System.out.println("MessageConsumerEJB.onMessage(" +
                         ((TextMessage)msg).getText() +
                          ") -> empfangen von " +
                          msg.getJMSDestination().toString());
      else
      {
        System.out.println("MessageConsumerEJB.onMessage(): " +
                        "Ungültiger Nachrichtentyp empfangen.");
        mdc.setRollbackOnly();
      }
    }
    catch(JMSException e)
    {
      LogBook.logException(ex);
      mdc.setRollbackOnly();
    }
  }

  //----------------------------------------------------------------
  //          Implementierung der create-Methode
```

```
  //--------------------------------------------------------------
  public void ejbCreate() { }

  //--------------------------------------------------------------
  // Implementierung des Interfaces 'javax.ejb.MessageDrivenBean'
  //--------------------------------------------------------------
  public void setMessageDrivenContext(MessageDrivenContext mdc)
  {
    this.mdc = mdc;
  }

  public void ejbRemove() { mdc = null; }
}
```

Listing 6.13: EJB-Implementierung eines Message Driven Beans

Wenn eine Nachricht empfangen wird, wird eine Meldung an der Serverkonsole ausgegeben. Falls die Nachricht vom Typ javax.jms.TextMessage ist, wird der Inhalt der Nachricht ausgegeben, ansonsten eine Fehlermeldung.

Da das EJB keine weiteren Ressourcen benötigt, ist die Methode `ejbCreate()` leer. In der Methode `ejbRemove()` wird die Referenz auf den MessageDrivenContext gelöscht.

Message Driven Bean installieren

Das Message Driven Bean soll mit dem DeployTool in eine J2EE-Applikation verpackt werden und auf die J2EE-Referenzimplementierung von Sun installiert werden. Der Server und das DeployTool müssen gestartet werden.

Der Assistent für ein neues EJB wird mit FILE | NEW | ENTERPRISE BEAN... gestartet. Für das Message Driven Bean wollen wir ein neues Archiv in der Applikation MyExampleMDB erzeugen. Das Archiv soll den Anzeigenamen ExampleMDB erhalten. In dem neuen Archiv müssen die folgenden Klassen hinzugefügt werden:

- de.j2eeguru.example.mdb.ejb.MessageConsumerEJB
- de.j2eeguru.tools.LogBook

Im nächsten Dialog konfigurieren wir das EJB als ein Message Driven Bean. Die EJB-Implementierung wählen wir als Klasse aus. Das EJB bekommt den Namen TopicMessageConsumerEJB. Im folgenden Dialog wird die Transaktionsverwaltung auf CMT eingestellt.

In dem Dialog für die Message-Konfiguration wird für den Nachrichtentyp „Topic“ angewählt. Das Nachrichtenziel ist „jms/TestTopic“ und die Resource Manager Connection Factory „jms/TopicConnectionFactory“.

In dem Dialog mit den Security-Einstellungen erzeugen wir mit dem Button EDIT ROLES... eine neue Rolle mit dem Namen TestRoleMDB. Diese Rolle wird bei „Run As Specified Role“ selektiert.

Nun haben wir ein Message Driven Bean im Archiv, das Nachrichten von einem Themengebiet abonniert. Wir erzeugen nun auf die gleiche Art noch ein MDB mit dem Assistenten und geben ihm den Namen QueueMessageConsumerEJB. In dem Dialog für die Message-Konfiguration wird für den Nachrichtentyp „Queue" angewählt. Das Nachrichtenziel ist „jms/TestQueue" und die Resource Manager Connection Factory „jms/QueueConnectionFactory".

Die beiden Message Driven Beans können nun geprüft werden. Falls keine Fehler auftreten, können sie installiert werden.

Testszenarien

Damit wir unser Message Driven Bean testen können, müssen wir natürlich Nachrichten versenden. Dies können wir mit den Anwendungen aus den vorherigen Kapiteln durchführen. Im Verzeichnis *Projekte\MessageDrivenBeanExample\bin* sind die Skripte bzw. Batchdateien enthalten. Die Datei *startQueueSender.bat* startet die Applikation, die Nachrichten zu der Warteschlange sendet; die Datei *startTopicPublisher.bat* startet die Applikation, die Nachrichten in dem Themengebiet veröffentlicht.

Prinzipiell können alle Testszenarien, die in den vorherigen Kapiteln durchgeführt wurden, an dieser Stelle auch noch einmal angewandt werden. Die folgende Liste soll ein paar Anregungen geben.

Message Driven Bean „QueueMessageConsumerEJB" testen

- Es können mehrere Nachrichten zu der Warteschlange gesendet werden. Jede Nachricht, die gesendet wurde, wird vom Message Driven Bean empfangen. An der Serverkonsole wird eine entsprechende Meldung angezeigt. Wenn man die Nachrichten sehr schnell nacheinander sendet, erzeugt der Container ggf. mehrere Instanzen. In den Container-Callback-Methoden werden Meldungen an der Serverkonsole ausgegeben, damit man erkennt, wann eine Instanz erzeugt wird.
- Wir starten nun eine zweite Anwendung, die ebenfalls Nachrichten aus der Warteschlange empfängt. Dazu starten wir die Datei *startQueueReceiver.bat.* Wenn wir nun mehrere Nachrichten versenden, werden die Nachrichten vom Message Driven Bean und der Swing Applikation verarbeitet. Jede Nachricht wird nur einmal verarbeitet.

Message Driven Bean „TopicMessageConsumerEJB" testen

- Es können mehrere Nachrichten in dem Themengebiet veröffentlicht werden. Jede Nachricht die gesendet wurde, wird vom Message Driven Bean empfangen. An der Serverkonsole wird eine entsprechende Meldung angezeigt. Wenn man die Nachrichten sehr schnell nacheinander sendet, erzeugt der Container ggf. mehrere Instanzen. In den Container-Callback-Methoden werden Meldungen an der Serverkonsole ausgegeben, damit man erkennt, wann eine Instanz erzeugt wird. Wenn der Server mehrer Instanzen angelegt hat, wird eine Nachricht nur von einer Instanz verarbeitet, d.h. nicht jede MDB Instanz registriert sich bei dem Message Server als Message-Listener, sondern dies macht der Container.

- Wir starten nun eine zweite Anwendung, die ebenfalls Nachrichten aus dem Themengebiet abonniert. Dazu starten wir die Datei *startTopicSubscriber.bat*. Wenn wir nun mehrere Nachrichten versenden, wird jede Nachricht sowohl vom Message Driven Bean als auch von der Swing-Applikation empfangen.

6.4 Erweiterte Funktionalitäten von JMS

6.4.1 Durable Subscription

In dem Kapitel „JMS-Einführung“ wurde schon angedeutet, dass man Nachrichten zu einem Themengebiet auch dauerhaft abonnieren kann. Der Empfänger muss dann nicht zur gleichen Zeit mit dem Message Server verbunden sein, wenn eine Nachricht veröffentlicht wird. Verbindet sich der Empfänger zu diesem Abonnement, empfängt er alle bis dahin veröffentlichten Nachrichten. Man bezeichnet dies als Durable Subscription, ein dauerhaftes Abonnement.

Durable Subscription mit einem Session Bean bzw. Client

Im Kapitel „JMS in einem Session Bean verwenden“ haben wir das Stateful Session Bean TopicMessageTransferEJB entwickelt. Wenn der Container das EJB in einen sekundären Speicher auslagert, wird die Verbindung zum Message Server beendet. Alle Nachrichten, die in dieser Zeit veröffentlicht werden, empfängt das Session Bean nicht. Für den Client, der über das Auslagern des Session Beans nicht informiert wird, ist nicht erkennbar, wieso Nachrichten fehlen. Dieses Problem kann mit einer Durable Subscription gelöst werden.

Um ein dauerhaftes Abonnement zu verwenden, muss man als Erstes eine Resource Manager Connection Factory mit dem Attribut „clientId“ erzeugen. In dem Attribut muss eine eindeutige Kennung für die Verbindung eingetragen werden. Mit dem DeployTool kann man dies mit dem Menü TOOLS | SERVER CONFIGURATION... einrichten. Abbildung 6.7 zeigt die erforderlichen Einstellungen.

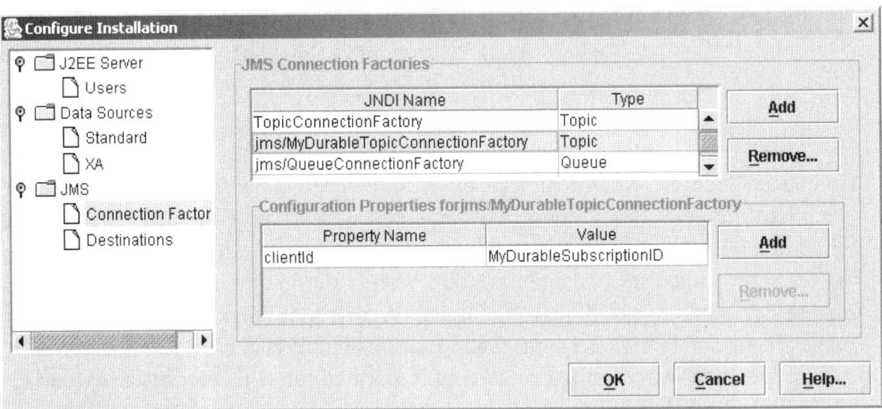

Abbildung 6.7: Connection Factory für Durable Subscription einrichten

Listing 6.14 zeigt, wie man eine Durable Subscription mit der Resource Manager Connection Factory erzeugt. Der Programmablauf ist fast identisch wie beim Erzeugen einer normalen Subscription. Die Durable Subscription wird jedoch mit der Methode `createDurableSubscriber(...)` erzeugt. Dieser Methode muss man das Themengebiet und einem Subscription-Namen übergeben. Der Name muss für alle Durable Subscriptions, die mit der Connection Factory erzeugt werden, eindeutig sein.

Das Listing stammt von einer Swing-Applikation, die veröffentlichte Nachrichten mit der Methode `onMessage(msg)` empfängt, d.h. es wird ein MessageListener für die Durable Subscription registriert. Das Vorgehen ist in einem EJB fast identisch. Die Nachrichten müssen allerdings synchron mit der Methode `receive()` empfangen werden und der JNDI-Zugriff auf die Connection Factory bzw. das Themengebiet erfolgt über logische Namen.

```
...
// JNDI Kontext ermitteln
InitialContext ctx = new InitialContext();

// Connection Factory für eine Durable Subscription über JNDI
// ermitteln. Die Connection Factory hat das Property
// 'clientId'.
TopicConnectionFactory topicConnectionFactory =
      (TopicConnectionFactory)ctx.lookup(
            "jms/DurableTopicConnectionFactory");

// Verbindung zum Message Server aufbauen
topicConnection =
            topicConnectionFactory.createTopicConnection();

// Session mit automatischer Quittierung erzeugen
topicSession = topicConnection.createTopicSession(
                        false, Session.AUTO_ACKNOWLEDGE);

// Nachrichtenziel  über JNDI ermitteln
Topic topic = (Topic) ctx.lookup("jms/TestTopic");

// Durable Subscription (dauerhaftes Abonnement) für ein Topic
// erzeugen. Für alle Verbindungen, die mit der Connection
// Factory (clientId) erzeugt wurden, muss der Subscription-
// name eindeutig sein.
topicSubscriber = topicSession.createDurableSubscriber(
                        topic, "MySubcriptionName");

// Message Listener registieren, so dass eintreffende Nach-
// richten mit der Methode onMessage(msg) empfangen werden.
topicSubscriber.setMessageListener(this);
```

```
// Nachrichtenempfang starten
topicConnection.start();
...
```

Listing 6.14: Durable Subscription erzeugen

Nachdem eine Durable Subscription erzeugt wurde, kann die Verbindung zum Message Server beendet werden. Alle Nachrichten, die zu dem Themengebiet veröffentlicht werden, speichert der Message Server solange zwischen, bis die Durable Subscription gelöscht wird, die Nachrichten abgeholt werden oder das Gültigkeitsdatum der Nachricht abläuft. Listing 6.15 zeigt das Löschen einer Durable Subscription.

```
...
// Der Subscriber muss beendet werden, bevor die Durable
// Subscription gelöscht wird.
topicSubscriber.close();

topicSession.unsubscribe("MySubcriptionName");
...
```

Listing 6.15: Durable Subscription löschen

Die beiden Quellcodes stammen aus einer Beispielanwendung, die auf der CD enthalten ist. Mit der Datei *startDurableTopicSubscriber.bat* aus dem Verzeichnis *Projekte\MessageDrivenBeanExample\bin* kann die Anwendung gestartet werden. Im Textfeld „Eindeutiger Name" muss der Subscription-Namen eingegeben werden. Mit der Checkbox kann die Verbindung zum Message Server auf- bzw. abgebaut werden. Falls eine Durable Subscription erzeugt wurde, wird sie beim Beenden der Applikation gelöscht.

Mit der Datei *startTopicPublisher.bat* wird eine Applikation gestartet, die Nachrichten in dem Themengebiet veröffentlicht. Man kann nun überprüfen, ob Nachrichten von der zuvor gestarteten Applikation empfangen werden. Man sollte mit der Checkbox zuerst die Verbindung aufbauen und dabei ggf. die Durable Subscription erzeugen. Veröffentlichte Nachrichten erscheinen nun in dem Meldungsfenster. Wenn nun die Verbindung („Checkbox ist nicht selektiert") beendet wird und wiederum Nachrichten veröffentlicht werden, erscheinen diese Nachrichte erst in dem Meldungsfenster, wenn die Verbindung wieder aufgebaut wird. Die Nachrichten gehen aber nicht verloren, was man an der Nummerierung der Nachrichten erkennt.

Durable Subscription mit einem Message Driven Bean

Bei einem Message Driven Bean kann im Deployment Descriptor definiert werden, ob das EJB eine Durable Subscription verwendet oder nicht. Dies erfolgt in dem Element `<subscription-durability>`, das bereits beschrieben wurde. Abbildung 6.8 zeigt, wie man mit dem DeployTool eine Durable Subscription konfiguriert.

Der Quelltext vom Message Driven Bean ändert sich bei einer Durable Subscription nicht. Die Nachrichten würden dann gespeichert werden, wenn der Container nicht verfügbar ist. Ein Test ist mit der J2EE-Referenzimplementierung nicht möglich, da keine JMS-Nachricht versendet werden kann, wenn der Server heruntergefahren wird.

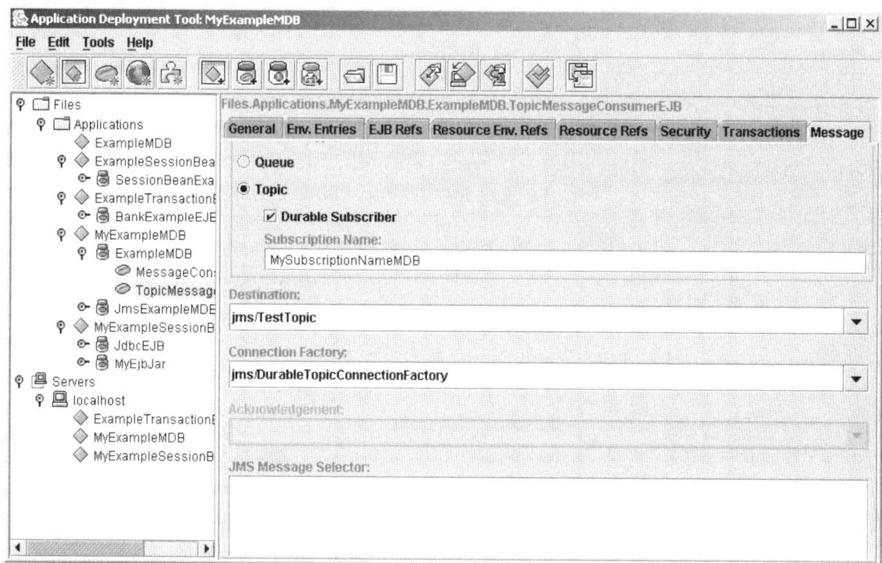

Abbildung 6.8: Message Driven Bean mit Durable Subscription

6.4.2 Aufbau einer JMS-Nachricht

Eine JMS-Nachricht besteht aus einem Telegrammkopf, benutzerdefinierbaren Feldern und den Nutzdaten. Die Felder im Telegrammkopf werden sowohl vom Message Server als auch vom Client verwendet, um Nachrichten zu identifizieren und weiterzuleiten.

Die Nutzdaten von einer Nachricht sind die benutzerspezifischen Daten, die veröffentlicht bzw. gesendet wurden. Es gibt unterschiedliche Nachrichtentypen, die später beschrieben werden.

Die benutzerdefinierbaren Felder von JMS-Nachrichten gehören nicht zu den Nutzdaten. Mit ihnen können anwendungsrelevanten Informationen in eine Nachricht integriert werden.

Telegrammkopf

Die einzelnen Felder, die im Telegrammkopf vorhanden sind, können über Zugriffsmethoden angesprochen werden. Die Zugriffsmethoden stellt das Interface `javax.jms.Message` zur Verfügung. Tabelle 6.10 beschreibt die einzelnen Felder und gibt an, wer für dessen Pflege zuständig ist. Wenn der Message Producer das Feld pflegt, erfolgt dies von der Methode `publish(...)` oder `send(...)`. Der Wert von diesen Feldern kann also erst nach dem Senden bzw. Veröffentlichen gelesen werden.

Feld	gepflegt vom	Beschreibung
JMSCorrelationID	Client	Dieses Feld kann verwendet werden, um zwei zusammengehörige Nachrichten zu verknüpfen. Bei einer Antwortnachricht könnte z.B. die MessageID von der Anfrage eingetragen werden.
JMSDeliveryMode	Message Producer	Hier kann definiert werden, ob die Nachricht einen Neustart des Message Servers überleben soll oder nicht. Dieser Wert kann als Übergabeparameter beim Senden bzw. Veröffentlichen einer Nachricht angegeben werden.
JMSDestination	Message Producer	In diesem Feld ist die javax.jms.Destination eingetragen, zu der die Nachricht gesendet wurde.
JMSExpiration	Message Producer	Hier wird das Verfalldatum der Nachricht eingetragen. Wenn eine Nachricht bis zu diesem Zeitpunkt nicht abgeholt wurde, wird sie gelöscht. Der Zeitpunkt berechnet sich aus der GMT vom Sendedatum und dem Wert „timeToLive", der bei dem Senden bzw. Veröffentlichen einer Nachricht angegeben werden kann.
JMSMessageID	Message Producer	eindeutige Kennung für die Nachricht
JMSPriority	Message Producer	Priorität der Nachricht. Sie ist ein numerischer Wert von 0 bis 9, wobei 9 die höchste Priorität ist, und kann als Übergabeparameter beim Senden bzw. Veröffentlichen einer Nachricht angegeben werden.
JMSRedelivered	Message Server	In diesem Feld informiert der Message Server einen Empfänger, dass diese Nachricht bereits von einem Empfänger verarbeitet aber nicht bestätigt wurde.
JMSReplyTo	Client	In diesem Feld kann eine javax.jms.Destination eingetragen werden, zu der die Antwort auf diese Nachricht gesendet werden soll.
JMSTimestamp	Message Producer	Sendedatum mit Uhrzeit
JMSType	Client	In diesem Feld kann ein Nachrichtentyp eingetragen werden. Das Feld ist vom Typ „String". Es sollte jedoch kein Leerzeichen bzw. Sonderzeichen verwendet werden.

Tabelle 6.10: Felder im Telegrammkopf einer JMS-Nachricht

Listing 6.16 zeigt, wie auf die Felder vom Telegrammkopf zugegriffen werden kann.

```
...
message.setJMSCorrelationID("XYZ");
message.setJMSType("Artikelbestellung");
...
```

Listing 6.16: Zugriff auf Felder vom Telegrammkopf einer JMS-Nachricht

Benutzerdefinierte Felder in einer JMS-Nachricht

Die benutzerdefinierten Felder (Eigenschaft bzw. Property) von JMS-Nachrichten gehören nicht zu den Nutzdaten. Sie haben einen Namen und einen Wert. Der Wert muss vom Typ boolean, byte, short, int, long, float, double oder String sein.

Mit diesen Feldern können Nachrichten gefiltert werden. Ein Nachrichtenempfänger kann z.B. definieren, dass er sich nur für Nachrichten interessiert, bei denen ein benutzerdefiniertes Feld einen bestimmten Wert hat. Dies ist ein sehr effizienter Mechanismus, um einen Empfänger nicht mit allen möglichen Nachrichten zu belasten, für die er sich nicht interessiert.

Das Interface `javax.jms.Message` definiert Zugriffsmethoden auf die benutzerdefinierten Felder. In der JMS-Programmierschnittstelle werden sie Property genannt. Listing 6.17 fügt in eine Nachricht zwei Felder ein.

```
...
message.setIntProperty("NachrichtenNr", 4711);
message.setStringProperty("Typ", "REQUEST");
...
```

Listing 6.17: Benutzerdefinierte Felder in eine JMS-Nachricht einfügen

Nutzdaten

Bisher haben wir nur Textnachrichten gesendet bzw. empfangen. Die Programmierschnittstelle JMS definiert noch andere Nachrichtentypen, die in der Tabelle 6.11 beschrieben werden.

Nachrichtentyp	Beschreibung
BytesMessage	Dieser Nachrichtentyp kann verwendet werden, um beliebige Bytecodierungen zu versenden.
MapMessage	In dieser Nachricht können Werte mit einem Namen gespeichert werden. Der Name ist ein String, der Wert ist vom Typ boolean, byte, byte[], short, char, int, long, float, double oder String.
Message	Diese Nachricht enthält keine Nutzdaten, sondern nur den Tele-

Nachrichtentyp	Beschreibung
	grammkopf und benutzerdefinierte Felder.
ObjectMessage	Diese Nachricht enthält ein beliebiges Java-Objekt, welches das Interface java.io.Serializable implementiert.
StreamMessage	In dieser Nachricht können mehrere Werte gespeichert werden. Die Werte müssen vom Typ boolean, byte, byte[], short, char, int, long, float, double oder String sein. Die Werte werden sequentiell geschrieben und in der gleichen Reihenfolge gelesen.
TextMessage	Diese Nachricht enthält ein Objekt vom Typ String. Der Inhalt ist anwendungsspezifisch und kann z.B. XML sein.

Tabelle 6.11: JMS-Nachrichtentypen

Listing 6.18 zeigt, wie eine MapMessage versendet wird. Zu beachten sind die unterschiedlichen Namen der Zugriffsmethoden, um benutzerspezifische Felder einzufügen, wie z.B. `setStringProperty(...)` und der Methodenname, um ein Feld in die Nutzdaten der Nachricht einzutragen, z.B. `setString(...)`.

```
...
// JMS Nachricht erzeugen
MapMessage message = queueSession.createMapMessage();

// Felder in die Nutzdaten eintragen
message.setString("Objekt", "Artikel");
message.setString("Nachricht", "Bestellung");
message.setString("Bezeichnung", "XYZ");
message.setString("Nummer", "123456");
message.setInt("Menge", 10);

// Nachricht senden
queueSender.send( message, DeliveryMode.PERSISTENT, 4, 10000);
...
```

Listing 6.18: Senden einer javax.jms.MapMessage

6.4.3 Nachrichten filtern

In den bisherigen Beispielen haben die Nachrichtenempfänger immer alle Nachrichten erhalten, die in einem Nachrichtenziel eingetroffen sind. Mit der Programmierschnittstelle JMS kann man die Nachrichten spezifizieren, die man empfangen möchte. Beim Erzeugen von einem `javax.jms.QueueReceiver` bzw. `TopicSubscriber` kann man in dem Parameter „messageSelector" die Nachrichten definieren, die empfangen werden sollen.

In dem Parameter „messageSelector" können bedingte Anweisungen mit Feldern aus dem Telegrammkopf und benutzerdefinierten Feldern verwendet werden. Die Syntax entspricht der WHERE-Anweisung von SQL 92. Der Empfänger erhält die Nachricht, wenn der logische Ausdruck vom Message-Selector TRUE ergibt. Der Message-Selector kann keine Felder aus den Nutzdaten referenzieren.

Bei einem Message Driven Bean kann man den Message-Selector im Deployment Descriptor angeben. Dies erfolgt in dem Element `<message-selector>`. Mit dem DeployTool kann man ihn in dem Register „Message" eingeben.

6.4.4 Beispiel

Wir wollen nun ein Message Driven Bean entwickeln, das alle Felder aus dem Telegrammkopf und alle benutzerspezifischen Felder von empfangenen Nachrichten an der Serverkonsole ausgibt. Das EJB soll alle Nachrichtentypen verarbeiten können und entsprechende Meldungen an der Serverkonsole ausgeben. Die Nachrichten sollen von einer Swing Applikation gesendet werden.

Message Driven Bean

Listing 6.19 zeigt den Quelltext vom Message Driven Bean. Die Methode `onMessage(msg)` gibt an der Serverkonsole die Felder vom Telegrammkopf, alle benutzerdefinierten Felder und den Inhalt der Nutzdaten aus. Die Nutzdaten werden abhängig vom Nachrichtentyp ausgegeben.

```
package de.j2eeguru.example.mdb.ejb;

import javax.ejb.MessageDrivenBean;
import javax.ejb.MessageDrivenContext;

import javax.jms.Message;
import javax.jms.TextMessage;
import javax.jms.MapMessage;
import javax.jms.StreamMessage;
import javax.jms.ObjectMessage;
import javax.jms.BytesMessage;
import javax.jms.MessageListener;
import javax.jms.JMSException;
import javax.jms.MessageEOFException;

import java.util.Date;
import java.util.Enumeration;

import de.j2eeguru.tools.LogBook;

public class AdvancedJMSConsumerEJB implements MessageDrivenBean,
                                               MessageListener
```

```
{
  private MessageDrivenContext mdc;

  //-----------------------------------------------------------
  // Implementierung des Interfaces 'javax.jms.MessageListener'
  //-----------------------------------------------------------
  public void onMessage(Message msg)
  {
    try
    {
      StringBuffer buf = new StringBuffer();

      // Das Verfalldatum wird als long-Wert angegeben. Ein Wert
      // von 0 bedeutet, dass die Nachricht niemals verfällt.
      long expireDate = msg.getJMSExpiration();
      String expire = "--";

      if( expireDate != 0 )
        expire = new Date(expireDate).toString();

      buf.append("\nFolgende Nachricht wurde empfangen:\n");
      buf.append("Telegrammkopf:\n");

      // Die einzelnen Felder aus dem Telegrammkopf können
      // über die Zugriffsmethoden gelesen werden.
      buf.append("JMSCorrelationID=" + msg.getJMSCorrelationID());
      buf.append("\nJMSDeliveryMode=" + msg.getJMSDeliveryMode());
      buf.append("\nJMSDestination=" + msg.getJMSDestination());
      buf.append("\nJMSExpiration=" + expire);
      buf.append("\nJMSMessageID=" + msg.getJMSMessageID());
      buf.append("\nJMSPriority=" + msg.getJMSPriority());
      buf.append("\nJMSRedelivered=" + msg.getJMSRedelivered());
      buf.append("\nJMSReplyTo=" + msg.getJMSReplyTo());
      buf.append("\nJMSTimestamp=" +
                    new Date(msg.getJMSTimestamp()).toString());
      buf.append("\nJMSType=" + msg.getJMSType());

      buf.append("\nBenutzerspezifische Felder:");

      // Die benutzerdefinierten Felder der Nachricht können
      // über den Namen ermittelt werden.
      Enumeration props = msg.getPropertyNames();
      while(props.hasMoreElements())
      {
        String propName = (String)props.nextElement();
```

```
      // Da wir an dieser Stelle den Typ von Property nicht
      // kennen, lesen wir alle als String aus. Eine String-
      // Konvertierung wird von allen zulässigen Typen
      // unterstützt.
      buf.append( "\n" + propName + "=" +
                  msg.getStringProperty(propName));
    }

    buf.append( "\nInhalt der Nachricht (" +
                msg.getClass().getName() + "):");

    if( msg instanceof TextMessage )
      buf.append("\n" + ((TextMessage)msg).getText());
    else if( msg instanceof MapMessage )
    {
      MapMessage mapMsg = (MapMessage)msg;

      Enumeration mapNames = mapMsg.getMapNames();
      while(mapNames.hasMoreElements())
      {
        String propName = (String)mapNames.nextElement();

        // Da wir an dieser Stelle den Typ von Property
        // nicht kennen, lesen wir alle als String aus. Eine
        // String-Konvertierung wird von allen zulässigen Typen
        // unterstützt (Ausnahme: byte[]).
        buf.append("\n" + propName + "=" +
                   mapMsg.getString(propName));
      }
    }
    else if( msg instanceof ObjectMessage )
    {
      ObjectMessage objMsg = (ObjectMessage)msg;

      // Die Klasse, die gesendet wird, muss dem Server
      // natürlich bekannt sein. An dieser Stelle geben wir
      // einfach den Text aus, den die toString()-Methode
      // erzeugt.
      Object obj = objMsg.getObject();

      buf.append("\n" + obj.toString());
    }
    else if( msg instanceof StreamMessage )
    {
```

```
      StreamMessage streamMsg = (StreamMessage)msg;

      try
      {
        // Da wir an dieser Stelle den Typ des Werts
        // nicht kennen, lesen wir alle als String aus. Eine
        // String-Konvertierung wird von allen zulässigen Typen
        // unterstützt (Ausnahme: byte[]).
        // Da wir uns alle Objekte in der Nachricht ansehen
        // wollen, lesen wir so lange die Nachrichten aus,
        // bis die MessageEOFException ausgelöst wird.
        while(true)
          buf.append("\n" + streamMsg.readString());
      }
      catch(MessageEOFException eofEx) { }
    }
    else if( msg instanceof BytesMessage )
    {
      BytesMessage bytesMessage = (BytesMessage)msg;

      try
      {
        buf.append("\nBytes: ");

        // Da wir uns alle Bytes in der Nachricht ansehen
        // wollen, lesen wir solange die Nachricht, bis die
        // MessageEOFException ausgelöst wird.
        while(true)
          buf.append(" " + bytesMessage.readUnsignedByte() );
      }
      catch(MessageEOFException eofEx) { }
    }
    else
      buf.append("--"); // Eine Message hat keine Nutzdaten

    // Daten an der Serverkonsole ausgeben
    System.out.println(buf.toString());
  }
  catch(JMSException ex)
  {
    LogBook.logException(ex);
    mdc.setRollbackOnly();
  }
}
```

```
  //-------------------------------------------------------------
  //          Implementierung der create-Methode
  //-------------------------------------------------------------
  public void ejbCreate()  { }

  //-------------------------------------------------------------
  // Implementierung des Interfaces 'javax.ejb.MessageDrivenBean'
  //-------------------------------------------------------------
  public void setMessageDrivenContext(MessageDrivenContext mdc)
  {
    this.mdc = mdc;
  }

  public void ejbRemove() { mdc = null; }
}
```

Listing 6.19: Message Driven Bean, das mehrere Nachrichtentypen verarbeitet

Message Driven Bean installieren

Das Message Driven Bean soll mit dem DeployTool in eine J2EE-Applikation verpackt werden und auf die J2EE-Referenzimplementierung von Sun installiert werden. Der Server und das DeployTool müssen gestartet werden.

Der Assistent für ein neues EJB wird mit FILE | NEW | ENTERPRISE BEAN... gestartet. Das Message Driven Bean soll zu dem Archiv ExampleMDB hinzugefügt werden. Im Archiv müssen die folgenden Klassen hinzugefügt werden:

- de.j2eeguru.example.mdb.ejb.AdvancedJMSConsumerEJB

Im nächsten Dialog wird das EJB als ein Message Driven Bean selektiert. Die EJB-Implementierung wählen wir als Klasse aus. Das EJB bekommt den Namen Queue-AdvancedJMSConsumerEJB. In dem folgenden Dialog wird die Transaktionsverwaltung auf CMT eingestellt.

In dem Dialog für die Message-Konfiguration wird für den Nachrichtentyp „Queue" angewählt. Das Nachrichtenziel ist „jms/TestQueue" und die Resource Manager Connection Factory „jms/QueueConnectionFactory".

In dem Dialog mit den Security-Einstellungen erzeugen wir mit dem Button EDIT ROLES... eine neue Rolle mit dem Namen TestRoleMDB. Diese Rolle wird bei „Run As Specified Role" selektiert.

Die J2EE-Anwendung MyExampleMDB enthält bereits das Message Driven Bean Queue-MessageConsumerEJB, welches das gleiche Nachrichtenziel verwendet. Dieses MDB kann nur Textnachrichten verarbeiten. Nun kann es vorkommen, dass andere Nachrichtentypen empfangen werden. Damit die Nachrichten, die von dem Client aus diesem Kapitel gesendet werden, nur vom MDB QueueAdvancedJMSConsumerEJB verarbeitet werden, verwenden wir den Message Selector. Alle Nachrichten des Clients beinhalten das benutzerspezifische Feld „NachrichtenNr“. Im Register „Message“ des Message Driven Bean QueueMessageConsumerEJB wird bei dem Message-Selector der Text „NachrichtenNr IS NULL“ eingetragen.

Das Message Driven Bean kann nun geprüft werden. Falls keine Fehler auftreten, kann es installiert werden.

Client der Nachrichten versendet

Der Client stellt eine GUI zur Verfügung, mit der man die unterschiedlichen Nachrichtentypen senden kann. Die Nutzdaten der einzelnen Nachrichtentypen sind unterschiedlich. Jede Nachricht hat ein benutzerspezifisches Feld mit dem Namen „NachrichtenNr“. Der Wert von diesem Feld ist ein int. Der Client erhöht die Zahl jedes Mal, wenn ein Telegramm gesendet wird. Listing 6.20 zeigt den relevanten Teil vom Client.

Die Methode `jmsInit()` wird im Konstruktor der Klasse aufgerufen. In dieser Methode wird die Verbindung zum Message Server aufgebaut und alle JMS-Objekte, die für das Senden benötigt werden, erzeugt.

Beim Beenden der Applikation wird die Methode `jmsExit()` aufgerufen. Diese Methode beendet die Verbindung zum Message Server, so dass dort alle Ressourcen freigegeben werden.

Um eine Nachricht zu senden, muss ein Button betätigt werden. Dann wird jeweils eine Methode mit dem Namen `jbtn<MSG_TYPE>_actionPerformed` ausgeführt. In diesen Methoden wird eine Nachricht zum Message Server gesendet. Der Ablauf in diesen Methoden ist immer gleich. Zuerst wird die Nachricht erzeugt, dann werden die Felder aus dem Telegrammkopf und die benutzerspezifischen Daten in die Nachricht eingetragen. Anschließend werden die Nutzdaten eingetragen und die Nachricht wird gesendet.

```
package de.j2eeguru.example.jms.queue;

...

public class FrmAdvancedMessageProducer extends JFrame
{
  //--------------------------------------------------------------
  //    Instanzvariablen für JMS-Kommunikation deklarieren
  //--------------------------------------------------------------
  private Queue queue = null;
  private QueueConnection queueConnection = null;
  private QueueSession queueSession = null;
  private QueueSender queueSender = null;

  private final String TEST_MSG = "Testnachricht #";
  private int messageCnt = 0;

  ...
```

```
private void jmsInit() throws Exception
{
  InitialContext ctx = new InitialContext();

  queue = (Queue) ctx.lookup("jms/TestQueue");
  QueueConnectionFactory queueConnectionFactory =
        (QueueConnectionFactory)ctx.lookup(
              "jms/QueueConnectionFactory");

  queueConnection =
              queueConnectionFactory.createQueueConnection();

  queueSession = queueConnection.createQueueSession(
              false, Session.AUTO_ACKNOWLEDGE);

  queueSender = queueSession.createSender(queue);
}

private void jmsExit()
{
  try
  {
    if( queueConnection != null )
      queueConnection.close();
  }
  catch(JMSException ex)
  {
    SwingTools.showErrorMsg(this, ex);
  }
}

private void fillHeaderAndUserProperty(Message message)
             throws JMSException
{
  message.setJMSCorrelationID(jtxtfldCorrelationID.getText());
  message.setJMSType(jtxtfldType.getText());

  // benutzerdefinierte Felder einfügen:
  message.setIntProperty("NachrichtenNr", ++messageCnt);

  String properties = jtxtfldUserProperty.getText();

  int fromIdx = 0;

  while( true )
```

```
  {
    int endIdx = properties.indexOf(';', fromIdx);
    int valuePos = properties.indexOf('=', fromIdx);

    if( valuePos < 0 ) // kein Zuweisungsparameter -> Abbruch
      break;

    String propName = properties.substring(fromIdx, valuePos);
    String value;

    if( endIdx < 0 )
      value = properties.substring(valuePos + 1);
    else
      value = properties.substring(valuePos + 1, endIdx);

    message.setStringProperty(propName, value);

    if( endIdx < 0 ) // Kein Semikolon mehr gefunden
      break;

    fromIdx = endIdx + 1;
  }
}

private int getDeliveryMode()
{
  return jchckbxDeliveryMode.isSelected() ?
           DeliveryMode.PERSISTENT :
           DeliveryMode.NON_PERSISTENT;
}

private long getTimeToLive() throws NumberFormatException
{
  long val = Long.parseLong(jtxtfldTimeToLive.getText());

  if( val < 0 )
    val = 0;

  return val * 1000;
}

private int getPriority() throws NumberFormatException
{
  int val = Integer.parseInt(jtxtfldPriority.getText());
```

```
  if( val < 0 )
    val = 0;
  else if(val > 9)
    val = 9;

  return val;
}

private void jbtnMessage_actionPerformed(ActionEvent e)
{
  try
  {
    Message message = queueSession.createMessage();
    fillHeaderAndUserProperty(message);

    queueSender.send( message,
                      getDeliveryMode(),
                      getPriority(),
                      getTimeToLive());

    SwingTools.showInfoMsg(this,
                      "Nachricht ohne Nutzdaten gesendet.");
  }
  catch(Exception ex)
  {
    SwingTools.showErrorMsg(this, ex);
  }
}

void jbtnTextMessage_actionPerformed(ActionEvent e)
{
  try
  {
    TextMessage message = queueSession.createTextMessage();
    fillHeaderAndUserProperty(message);
    message.setText(TEST_MSG + messageCnt);

    queueSender.send( message,
                      getDeliveryMode(),
                      getPriority(),
                      getTimeToLive());

    SwingTools.showInfoMsg(this, "TextMessage gesendet.");
  }
  catch(Exception ex)
```

```
    {
      SwingTools.showErrorMsg(this, ex);
    }
  }

  void jbtnObjectMessage_actionPerformed(ActionEvent e)
  {
    try
    {
      ObjectMessage message = queueSession.createObjectMessage();
      fillHeaderAndUserProperty(message);
      message.setObject(new Date());

      queueSender.send( message,
                        getDeliveryMode(),
                        getPriority(),
                        getTimeToLive());

      SwingTools.showInfoMsg(this, "ObjectMessage gesendet.");
    }
    catch(Exception ex)
    {
      SwingTools.showErrorMsg(this, ex);
    }
  }

  void jbntMapMessage_actionPerformed(ActionEvent e)
  {
    try
    {
      MapMessage message = queueSession.createMapMessage();
      fillHeaderAndUserProperty(message);
      message.setString("Nachricht", TEST_MSG);
      message.setInt("Nummer", messageCnt);
      message.setString("Datum", new Date().toString());

      queueSender.send( message,
                        getDeliveryMode(),
                        getPriority(),
                        getTimeToLive());

      SwingTools.showInfoMsg(this, "MapMessage gesendet.");
    }
    catch(Exception ex)
    {
```

```
      SwingTools.showErrorMsg(this, ex);
    }
  }

  void jbtnStreamMessage_actionPerformed(ActionEvent e)
  {
    try
    {
      StreamMessage message = queueSession.createStreamMessage();
      fillHeaderAndUserProperty(message);
      message.writeString(TEST_MSG);
      message.writeInt(messageCnt);
      message.writeString(new Date().toString());

      queueSender.send( message,
                        getDeliveryMode(),
                        getPriority(),
                        getTimeToLive());

      SwingTools.showInfoMsg(this, "StreamMessage gesendet.");
    }
    catch(Exception ex)
    {
      SwingTools.showErrorMsg(this, ex);
    }
  }

  void jbtnBytesMessage_actionPerformed(ActionEvent e)
  {
    try
    {
      BytesMessage message = queueSession.createBytesMessage();
      fillHeaderAndUserProperty(message);
      message.writeInt(messageCnt);

      queueSender.send( message,
                        getDeliveryMode(),
                        getPriority(),
                        getTimeToLive());

      SwingTools.showInfoMsg(this, "BytesMessage gesendet.");
    }
    catch(Exception ex)
    {
      SwingTools.showErrorMsg(this, ex);
```

```
    }
  }

  ...
}
```

Listing 6.20: Swing-Applikation, die unterschiedliche JMS-Nachrichtentypen sendet

Abbildung 6.9 zeigt die GUI der Applikation. In den Textfeldern können die Eigenschaften der JMS-Nachricht beeinflusst werden. Die benutzerspezifischen Daten können beliebige Name-Wert-Kombinationen beinhalten, wobei ein Semikolon als Trennzeichen dient.

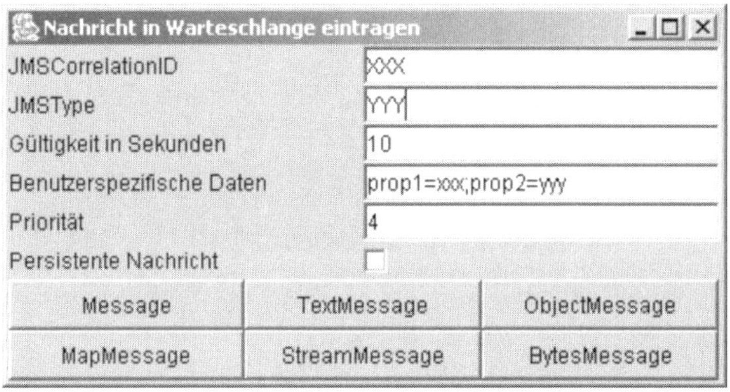

Abbildung 6.9: Swing-Applikation, die unterschiedliche JMS-Nachrichtentypen sendet

Testszenarien

In der Applikation können unterschiedliche Einstellungen vorgenommen und unterschiedliche Nachrichtentypen gesendet werden. Am Server können die Nachrichtenfelder überprüft werden.

Der Message-Selector des Message Driven Beans kann angepasst werden, so dass z.B. nur die Nachrichten empfangen werden, bei der die NachrichtenNr < 4 ist. Diese Änderung erfordert eine Neuinstallation des EJBs.

Es können beliebige benutzerspezifische Felder eingegeben werden. Diese können an der Serverkonsole überprüft werden. Die Reihenfolge der Felder beim Senden und Empfangen muss nicht übereinstimmen.

7 Transaktionsverwaltung

7.1 Einführung

In allen Anwendungen, in denen mehrere Clients zur gleichen Zeit auf eine gemeinsame Datenbasis sowohl lesend als auch schreibend zugreifen, spielen Transaktionen eine wichtige Rolle. Mit Transaktionen kann man den Datenbestand konsistent halten. Weil das Verständnis für Transaktionen eine wichtige Grundlage für das Transaktionskonzept der EJB ist, folgt als Nächstes ein kleiner Exkurs zum Thema Transaktionen.

Ein typisches Beispiel ist das Umbuchen eines Geldbetrages von einem Konto auf ein anderes. Dieser Vorgang läuft in mehreren Schritten ab. Zuerst wird der Betrag von dem einen Konto abgebucht. Der Betrag wird dann auf das zweite Konto eingezahlt und als Letztes wird die Umbuchung protokolliert. Entweder müssen alle Aktionen durchgeführt werden oder keine. Dieses Verhalten ist des Grundprinzip von Transaktionen.

Der Anfang einer Transaktion wird in der Regel mit BEGIN gekennzeichnet. Das Ende einer Transaktion wir im positiven Fall mit COMMIT und im negativen Fall mit ABORT oder ROLLBACK gekennzeichnet. Durch einen COMMIT werden die Daten dauerhaft gespeichert. Bei einem ROLLBACK werden alle durchgeführten Änderungen seit dem Start der Transaktion wieder rückgängig gemacht, so dass die Daten den Zustand haben, wie zu Beginn der Transaktion. Mit dieser Konvention können wir das oben beschriebene Beispiel in dem Pseudocode beschreiben, der in Listing 7.1 abgebildet ist.

```
BEGIN
  Betrag X vom Konto 1 subtrahieren
  Betrag X zum Konto 2 addieren
  Protokollierung: Betrag X von Konto 1 auf Konto 2 transferiert
IF ERROR
  ROLLBACK
ELSE
  COMMIT
```

Listing 7.1: Pseudocode einer Transaktion

Eine Transaktion kann man als eine zusammengehörende Arbeitseinheit beschreiben, die aus mehreren Arbeitsschritten besteht.

In einer Transaktion können mehrere Resource Manager verwendet werden. Diese Resource Manager können physikalisch unterschiedliche Systeme sein. So kann z.B. das Konto 1 im obigen Beispiel ein Bankrechner in Hamburg, das Konto 2 ein Bankrechner in New York sein. Für die Protokollierung könnte z.B. eine Message Server in Frankfurt verwendet werden. Der Transaktionsmanager muss sicherstellen, dass bei einem COMMIT alle modifizierten Daten auf den unterschiedlichen Resource Managern gespeichert bzw. bei einem Rollback rückgängig gemacht werden.

Dieses kleine Beispiel zeigt, wie komplex eine Transaktion sein kann. Dem Anwendungsentwickler wird diese Komplexität verborgen. Der Transaktionsmanager verwaltet die verwendeten Resource Manager.

7.1.1 Eigenschaften von Transaktionen

Transaktionen haben die folgenden Eigenschaften:

- Unteilbare Einheit (atomar)
  Transaktionen fassen mehrere Arbeitsschritte zu einem zusammen, so dass entweder alle oder kein Arbeitsschritt durchgeführt wird.
- Konsistent
  Transaktionen sorgen dafür, dass sich die Daten nach der Transaktion in einem konsistenten Zustand befinden, bzw. in dem Zustand, den das System hatte, als die Transaktion gestartet wurde. Wenn Datenbank Constraints während einer Transaktion verletzt werden, so teilt der Resource Manager der Datenbank dies dem Transaktionsmanager mit. Die Transaktion wird dann in jedem Fall mit ROLLBACK beendet. Ein Datenbank Constraint ist eine Bedingung, die auf Spalten einer Tabelle angewandt wird. Die Werte einer Spalte müssen z.B. alle unterschiedlich sein, oder dürfen nicht NULL sein usw. Nur wenn die Bedingung TRUE ist, sind die Daten gültig.
- Dauerhaft
  Diese Eigenschaft stellt sicher, dass Daten durch einen COMMIT dauerhaft gespeichert werden. Dies ist für Datenbanken wichtig. Dies wird in der Regel durch log-Dateien erreicht, die im Fehlerfall den Zustand von abgeschlossenen Transaktionen wiederherstellen können.
- Isolation
  Diese Eigenschaft ist für Systeme wichtig, in denen mehrere Clients gleichzeitig auf Daten zugreifen wollen. Der Resource Manager stellt sicher, das eine Dateneinheit, die sich in einer aktiven Transaktion befindet, von anderen Transaktionen nicht verändert oder ggf. gelesen werden darf. Die Isolationsstufe kann im Resource Manager definiert werden..

7.1.2 Isolationsstufen von Transaktionen

Die Eigenschaft der Isolation bzw. der Abschirmung von Datensätzen ist für eine Anwendung sehr wichtig, zumal der Entwickler diese Eigenschaft beeinflussen kann. Man kann unterschiedliche Stufen einstellen.

Die Programmierschnittstelle, wie die Isolationsstufe einer Transaktion eingestellt wird, ist vom Resource Manager abhängig. An dieser Stelle wird ein DBMS betrachtet. Bei Datenbanken kann man die Isolationsstufe mit der Methode `setTransactionIsolation(int level)` aus dem Interface `java.sql.Connection` einstellen bzw. mit der Methode `getTransactionIsolation()` ermitteln. Folgende Werte aus dem Interface `java.sql.Connection` sind gültige Übergabe- bzw. Rückgabeparameter für die Isolationsstufe.

- TRANSACTION_READ_UNCOMMITTED
- TRANSACTION_READ_COMMITTED
- TRANSACTION_REPEATABLE_READ
- TRANSACTION_SERIALIZABLE

Das Beispiel aus Listing 7.2 zeigt, wie man die Isolationsstufe in einem EJB anpassen kann. Dies ist bei einem Entity Bean mit CMP nicht möglich.

```
...
InitialContext initialContext = new InitialContext();
DataSource dataSource = (DataSource)
        initialContext.lookup("java:comp/env/jdbc/AccountDB");
Connection connection = dataSource.getConnection();
connection.setTransactionIsolation(
                        Connection.TRANSACTION_SERIALIZABLE );
...
```

Listing 7.2: Isolationsstufe einer Datenbankverbindung anpassen

Zu beachten ist, dass der Wert für die Isolationsstufe nicht mitten in einer laufenden Transaktion verändert werden darf. Außerdem unterstützt nicht jeder Resource Manager alle genannten Isolationsstufen. Mit der Methode `DatabaseMetaData.supports-TransactionIsolationLevel(int level)` kann man prüfen, ob der gewünschte Wert unterstützt wird.

Bei Entity Beans mit CMP kann man die Isolationsstufe nicht anpassen. Der Container verwendet den Defaultwert der Datenbank. Wenn eine andere Isolationsstufe benötigt wird, muss diese in der Datenbank konfiguriert werden. Bei allen anderen EJBs, die mit einer Datenbank kommunizieren, kann man die Isolationsstufe verändern.

Der Unterschied zwischen den oben genannten Isolationsstufen soll anhand von charakteristischen Fehlerbildern verdeutlicht werden.

- Dirty Read (unsauberes Lesen)
  Bei einem Dirty Read liest man modifizierte Daten einer anderen Transaktion, wobei die andere Transaktion die Änderung der Daten durch einen ROLLBACK rückgängig macht.

  Beispiel: Ein Administrator startet eine Transaktion und verändert den Preis von einem Artikel von 200 auf 25. Ein Kunde will den Artikel bestellen und bekommt den Artikel für den Preis von 25 angezeigt. Der Administrator erkennt seinen Fehler und ändert den Preis auf 250 und führt dann einen COMMIT durch. Der Kunde denkt sich „tolles Schnäppchen" und bestellt den Artikel, den er ja für 25 am Bildschirm sieht. Er bekommt ihn für einen Preis von 250.

  Dieser Fehler kann auftreten, wenn man die Isolationsstufe auf `TRANSACTION_READ_UNCOMMITTED` einstellt. Wie man sieht, ist dies sicherlich eine ungeeignete Wahl, wenn Daten von anderen Transaktionen modifiziert werden können. Die Isolationsstufe `TRANSACTION_READ_UNCOMMITTED` sollte man nur verwenden, wenn alle konkurrierenden Transaktionen nur lesend auf den Resource Manager zugreifen oder wenn nur eine einzige Transaktion auf die Daten lesend oder schreibend zugreift.

Da bei EJB diese beiden Kriterien nicht zutreffen, sollte man diese Stufe nicht verwenden. Dirty Reads können vermieden werden, indem man die Isolationsstufe auf `TRANSACTION_READ_COMMITTED` einstellt. Der Resource Manager stellt dann sicher, dass nur Daten gelesen werden, die Comitted sind. Diese Isolationsstufe ist typischerweise der Defaultwert bei Datenbankverbindungen.

- Non-Repeatable Read
  Dieses Fehlerbild beschreibt einen nicht wiederholbaren Lesevorgang. Es werden Daten von einer Transaktion gelesen. Eine andere Transaktion verändert die Daten und führt einen COMMIT aus. Die erste Transaktion liest die Daten erneut und kommt zu einem anderen Ergebnis.

  Beispiel: Ein Kunde startet eine Transaktion, um einen Artikel zu bestellen. Er bekommt den Artikel für den Preis von 200 angezeigt. Ein Administrator startet eine andere Transaktion, verändert den Preis auf 250 und führt einen COMMIT durch. Der Kunde, dessen Transaktion immer noch aktiv ist, aktualisiert die Ansicht und wundert sich, warum der Artikel teurer geworden ist. Dieser Fehler kann auftreten, wenn man die Isolationsstufe auf `TRANSACTION_READ_COMMITTED` einstellt. Abhilfe schafft das Transaktionsattribut `TRANSACTION_REPEATABLE_READ`. Der Resource Manager verhindert dann, dass Datensätze durch andere Transaktionen verändert werden, die von einer noch laufenden Transaktion gelesen wurden. Die Daten können erst verändert werden, wenn die erste Transaktion beendet wurde.

- Phantom Read
  Bei einem Phantom Read wird eine Datenmenge von einer Transaktion gelesen. Eine andere Transaktion fügt einen neuen Datensatz ein und führt einen COMMIT durch. Die erste Transaktion liest die Daten erneut und kommt zu einem anderen Ergebnis, weil nun die Datenmenge um einen Datensatz erweitert wurde. Dieses Verhalten ist ähnlich wie der „Non-Repeatable Read", nur dass hier die andere Transaktion Datensätze einfügt. Dieser Fehler kann auftreten, wenn man die Isolationsstufe auf `TRANSACTION_REPEATABLE_READ` einstellt. Abhilfe schafft das Transaktionsattribut `TRANSACTION_SERIALIZABLE`. Der Resource Manager lässt dann keine parallelen Datenzugriffe zu, sondern alle Transaktionen werden nacheinander abgearbeitet.

Je niedriger die Isolationsstufe, desto höher ist die Performance. Die Isolationsstufe `TRANSACTION_READ_COMMITTED` ist bei den meisten Datenbanken der Defaultwert. Man muss abwägen, ob die möglichen Fehlersituationen (Non-Repeatable Read bzw. Phantom Read) in der Anwendung problematisch sind oder nicht.

7.1.3 Arten von Transaktionen

Flache Transaktion

Eine flache Transaktion besteht aus mehreren Arbeitschritten. Während einer aktiven Transaktion wird keine neue Transaktion gestartet.

Verschachtelte Transaktion

Eine Transaktion, die eine neue Transaktion startet, die wiederum eine startet usw., wird als eine verschachtelten Transaktion bezeichnet. Jede der untergeordneten Transaktionen kann erfolgreich oder nicht erfolgreich abgeschlossen werden. Die übergelagerte Transaktion muss nicht unbedingt einen ROLLBACK auslösen, sondern kann je nach Anwendungsfall auch erfolgreich beendet werden.

Verschachtelte Transaktionen werden von EJB nicht unterstützt. Die EJB-Spezifikation definiert, dass die Exception `java.transaction.NotSupportedException` ausgelöst werden muss, wenn ein EJB an einer Transaktion beteiligt ist und an einer weiteren teilnehmen soll.

7.2 Transaktionen mit EJB

Die Transaktionen von EJB können vom Container oder vom Entwickler verwaltet werden. Wenn sie vom Container verwaltet werden, spricht man von Container Managed Transaction (CMT). Werden sie vom Entwickler bzw. vom Bean verwaltet, so spricht man von Bean Managed Transaction (BMT).

Die Transaktionen von Entity Beans (CMP und BMP) werden immer vom Container verwaltet. Die Transaktionen von Session und Message Driven Beans können entweder vom Container oder vom Bean verwaltet werden. Wenn sie vom Bean verwaltet werden, definiert der Entwickler im Quellcode den Anfang und das Ende der Transaktion. Transaktionen können nicht gleichzeitig vom Container und vom Bean verwaltet werden.

An einer Transaktion können mehrere EJBs aus unterschiedlichen Servern sowie unterschiedliche Resource Manager beteiligt sein. Die Abbildungen 7.1 und 7.2 zeigen solche Szenarien. Am Ende einer Transaktion werden entweder alle Änderungen rückgängig gemacht oder sie werden gespeichert.

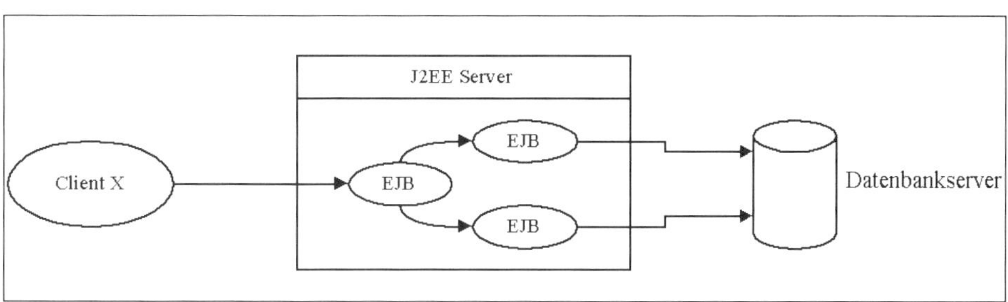

Abbildung 7.1: Transaktion innerhalb eines J2EE-Servers

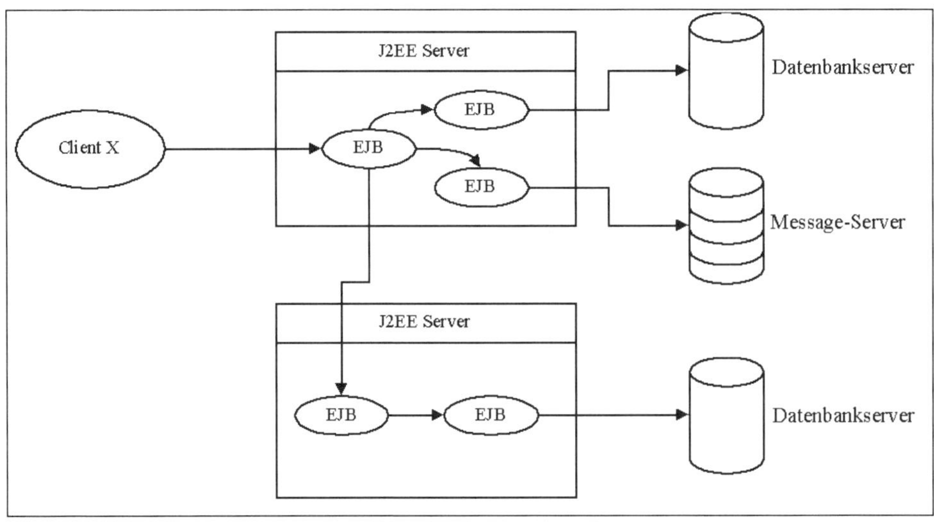

Abbildung 7.2: Transaktion mit mehreren J2EE-Servern

7.3 Transaktionsverwaltung vom Container (CMT)

7.3.1 Transaktionsattribute

Bei einem EJB mit CMT muss man definieren, wie der Container die Transaktion verwalten soll. Dies erfolgt mit den so genannten Transaktionsattributen, die das Transaktionsverhalten einer Methode definieren. Die Methoden, für die ein Transaktionsattribut deklariert werden muss, ist abhängig vom Typ des EJB und wird in Tabelle 7.1 dargestellt.

EJB	**Methoden mit Transaktionsattribut**
Session Bean	Alle Methoden in den Komponentenschnittstellen. Ausnahme: Alle Methoden von javax.ejb.EJBObject, javax.ejb.EJBLocalObject
Entity Bean	Alle Methoden in den Komponentenschnittstellen. Ausnahme: getEJBHome(), getEJBLocalHome(), getHandle(), getPrimaryKey(), isIdentical() Alle Methoden in den Home-Schnittstellen. Ausnahme: getEJBMetaData(), getHomeHandle()
Message Driven Bean	Nur die Methode onMessage()

Tabelle 7.1: Methoden mit Transaktionsattribut

Im Deployment Descriptor kann man für die oben genannten Methoden ein Transaktionsattribut deklarieren. Tabelle 7.2 beschreibt die Transaktionsattribute und ihre Besonderheiten.

Transaktionsattribut	**Beschreibung**
NotSupported	Die Methode unterstützt kein Transaktionsverhalten. Sie wird vom Container immer mit einem undefinierten Transaktionskontext aufgerufen. Falls der Client, der die Methode aufgerufen hat, an einer Transaktion beteiligt ist, wird diese Transaktion vor dem Aufruf der Methode angehalten und wieder fortgesetzt, wenn die Methode beendet wurde. Das Transaktionsattribut „NotSupported“ sollte immer dann verwendet werden, wenn die Methode auf Resourcen zugreift, die keine Transaktionen unterstützt.
Required	Das Transaktionsattribut „Required“ wird verwendet, wenn die Methode in einer Transaktion ausgeführt werden muss. Falls der Client, der die Methode aufgerufen hat, einen Transaktionskontext besitzt, wird die Methode mit diesem Kontext ausgeführt. Hat der Client einen undefinierten Transaktionskontext, startet der Container eine neue Transaktion. Die Methode wird dann unter diesem Transaktionskontext ausgeführt. Wenn von dem Container eine neue Transaktion gestartet wurde, wird ein COMMIT bzw. ROLLBACK durchgeführt, nachdem die Methode beendet wurde. Dieses Transaktionsattribut kann für alle Methoden voreingestellt werden. Es sollte immer dann verwendet werden, wenn die Methode Daten verändert.
Supports	Die Methode unterstützt Transaktionen. Der Container ruft die Methode mit dem aktuell vorhandenen Transaktionskontext auf. Falls dieser undefiniert ist, wird die Methode mit dem undefinierten Transaktionskontext aufgerufen.
RequiresNew	Der Container startet in jedem Fall eine neue Transaktion. Die Methode wird unter dem Transaktionskontext der neu gestarteten Transaktion aufgerufen. Wenn die Methode beendet wurde, wird die Transaktion mit COMMIT bzw. ROLLBACK beendet.
Mandatory	Dieses Attribut definiert, dass die Methode immer in einer Transaktion ausgeführt werden muss. Falls der Client keine hat, löst der Container eine Exception aus. Wenn die Methode über den Remote-Client-View aufgerufen wurde, wird die Exception

Transaktionsattribut	Beschreibung
	javax.transaction.TransactionRequiredException ausgelöst. Wurde die Methode über den Local-Client-View aufgerufen, wird die Exception javax.ejb.TransactionRequiredLocalException ausgelöst.
Never	Der Container ruft die Methode in jedem Fall mit einem undefinierten Transaktionskontext auf. Falls der Client an einer Transaktion teilnimmt, löst der Container eine Ausnahme aus. Wenn die Methode über den Remote Client View aufgerufen wurde, wird die Ausnahme java.rmi.RemoteException ausgelöst. Wurde die Methode über den Local Client View aufgerufen, wird die Ausnahme javax.ejb.EJBException ausgelöst.

Tabelle 7.2: Transaktionsattribute

Wenn eine Methode nicht in einer Transaktion ausgeführt wird, bezeichnet man dies als undefinierten Transaktionskontext. Dies kann bei den Transaktionsattributen `Never`, `Supports` oder `NotSupported` auftreten. In der EJB-Spezifikation ist nicht definiert, wie der Container eine solche Methode aufruft. Beim Zugriff auf eine Datenbank wird z.B. immer eine Transaktion benötigt. Der Container könnte die Methode mit einem unspezifizierten Transaktionskontext intern trotzdem in einer Transaktion ausführen.

Abhängig von dem Transaktionsattribut einer Methode und dem aktuellen Transaktionskontext des Clients, der die Methode aufruft, entscheidet der Container, wie der Methodenaufruf erfolgt. Die folgenden Möglichkeiten bestehen:

- Die Methode wird mit einem undefinierten Transaktionskontext ausgeführt.
- Die Methode wird in der Transaktion von dem Client ausgeführt.
- Der Container startet eine neue Transaktion. Die Methode wird in dieser Transaktion ausgeführt. Falls der Client an einer Transaktion beteiligt ist, wird diese Transaktion für die Dauer der neu gestarteten Transaktion angehalten und wieder fortgesetzt, wenn die Methode beendet wird.
- Der Container löst eine Exception aus, weil der Aufruf der Methode unter diesem Transaktionskontext nicht zulässig ist.

Tabelle 7.3 beschreibt die Abhängigkeit zwischen dem Transaktionsattribut, dem aktuellen Transaktionskontext vom Client und dem Transaktionskontext, unter dem die Methode ausgeführt wird.

Transaktionsattribut	Transaktion vom Client	Transaktion, in der die Methode ausgeführt wird
NotSupported	keine	keine
	T1	keine

Transaktionsattribut	**Transaktion vom Client**	**Transaktion, in der die Methode ausgeführt wird**
Required	keine	T2
	T1	T1
Supports	keine	keine
	T1	T1
RequiresNew	keine	T2
	T1	T2
Mandatory	keine	Exception
	T1	T1
Never	keine	keine
	T1	Exception

Tabelle 7.3: Transaktion einer Methode in Abhängigkeit vom Transaktionsattribut

Anmerkung zur Tabelle: T1 ist die Transaktion vom Client, der die EJB-Methode aufruft. T2 ist eine neue Transaktion, die vom EJB-Container gestartet wird.

Bei einigen EJB-Typen können nur bestimmte Transaktionsattribute für die Businessmethoden deklariert werden. Ein Message Driven Bean wird z.B. immer vom Container aufgerufen. Es macht keinen Sinn, ein Transaktionsattribut zu deklarieren, bei dem eine Abhängigkeit zum Client-Transaktionskontext besteht, wie z.B. „Supports“.

Gültige Transaktionsattribute für	**NotSupported**	**Required**	**Supports**	**RequiresNew**	**Mandatory**	**Never**
Session Beans	X	X	X	X	X	X
Entity Beans mit BMP	X	X	X	X	X	X
Entity Beans mit CMP 1.1	X	X	X	X	X	X
Entity Beans mit CMP 2.0		X		X	X	
Message Driven Beans	X	X				
Stateful Session Beans, die das Interface javax.ejb.SessionSynchronization implementiert haben		X		X	X	

Gültige Transaktionsattribute für	NotSupported	Required	Supports	RequiresNew	Mandatory	Never
Methoden die einen ROLLBACK durch Aufruf von `setRollbackOnly()` veranlassen.		X		X	X	

Tabelle 7.4: Gültige Transaktionsattribute

7.3.2 Deployment Descriptor

Im Deployment Descriptor wird das Transaktionsverhalten der Methoden definiert. Listing 7.3 zeigt einen Ausschnitt eines Deployment Descriptors.

```
<ejb-jar>
  ...
  <assembly-descriptor>
  ...
    <container-transaction>
      <method>                                        <!-- Typ 1 -->
        <ejb-name>BankEJB</ejb-name>
        <method-intf>Remote</method-intf>
        <method-name>*</method-name>
      </method>
      <trans-attribute>Required</trans-attribute>
    </container-transaction>
    <container-transaction>
      <method>                                        <!-- Typ 2 -->
        <ejb-name>BankEJB</ejb-name>
        <method-intf>Remote</method-intf>
        <method-name>deleteAccount</method-name>
      </method>
      <trans-attribute>RequiresNew</trans-attribute>
    </container-transaction>
    <container-transaction>
      <method>                                        <!-- Typ 3 -->
        <ejb-name>BankEJB</ejb-name>
        <method-intf>Remote</method-intf>
        <method-name>createAccount</method-name>
        <method-params>
          <method-param>java.lang.String</method-param>
        </method-params>
      </method>
```

```
      <trans-attribute>Supports</trans-attribute>
    </container-transaction>
  ...
  <assembly-descriptor>
  ...
</ejb-jar>
```

Listing 7.3: Transaktionsverhalten von Methoden

Das Element `<container-transaction>` beschreibt das Transaktionsverhalten von Methoden. Der Inhalt des Elements wird in Tabelle 7.5 beschrieben.

Element	**M**	**Beschreibung**
<description>	0..1	Kommentar bzw. Beschreibung für das Element
<method>	1..n	Hier werden die Methoden definiert, für die das Transaktionsverhalten definiert werden soll. Tabelle 7.6 beschreibt die zulässigen Elemente.
<trans-attribute>	1	In diesem Element wird das Transaktionsattribut für die angegebenen Methoden definiert. Die folgenden Werte sind gültig: NotSupported Required Supports RequiresNew Mandatory Never

Tabelle 7.5: Definitionen im Element <container-transaction>

Element	**M**	**Beschreibung**
<description>	0..1	Kommentar bzw. Beschreibung für das Element
<ejb-name>	1	In diesem Element muss der Name des EJBs angegeben werden, dessen Methoden beschrieben werden sollen. Der Name muss mit dem Wert aus dem Element <ejb-name> vom EJB übereinstimmen.
<method-intf>	0..1	Hier kann das Interface definiert werden, in dem die Methode deklariert wurde. Die Werte Home, Remote, Local oder LocalHome sind gültig.
<method-name>	1	In diesem Element wird der Methodenname definiert. Das Jokerzeichen „Stern" (*) kann verwendet werden, um alle

Element	M	Beschreibung
		Methoden anzusprechen.
<method-params>	0..1	In diesem Element werden die Typen der Übergabeparameter der Methode definiert. Tabelle 7.7 beschreibt die zulässigen Elemente.

Tabelle 7.6: Definitionen im Element <method>

Element	M	Beschreibung
<method-param>	0..n	In diesem Element wird der Typ eines Übergabeparameters angegeben. Falls die Methode drei Übergabeparameter hat, sind drei Elemente erforderlich. Der Typ muss den vollständigen Klassennamen beinhalten, d.h. das Package muss auch mit angegeben werden.

Tabelle 7.7: Definitionen im Element <method-params>

Das Element `<method>` kann man unterschiedlich anwenden. In dem Beispiel Deployment Descriptor sind die drei möglichen Typen dargestellt (durch Kommentare an der rechten Seite gekennzeichnet).

Beim Typ 1 wird der Methodenname mit dem Jokerzeichen „Stern“ (*) angegeben. Es werden keine Parameter angegeben. Dieser Typ bewirkt, dass alle Methoden von dem angegebenen EJB angesprochen werden. In unserem Beispiel bekommen alle Methoden aus dem Remote Interface das Transaktionsattribut „Required“ zugewiesen.

Beim Typ 2 wird der Methodenname ohne Parameter angegeben. Es werden alle Methoden von dem spezifizierten EJB mit diesem Namen berücksichtigt. Der Typ 2 überschreibt die Deklaration vom Typ 1. Man kann so spezielle Methoden auswählen und mit einem besonderen Transaktionsverhalten versehen.

Der Typ 3 beinhaltet den Methodennamen und dessen Parametertypen. Die Parametertypen müssen im Deployment Descriptor in der gleichen Reihenfolge angegeben werden, wie sie in der Methode deklariert sind. Mit diesem Typ kann das Transaktionsverhalten von überladenen Methoden konfiguriert werden. Der Typ 3 überschreibt die Deklaration vom Typ 2 und vom Typ 1.

In dem Beispiel sind Kommentare im Deployment Descriptor eingefügt, damit man die Typen in dem Listing besser findet. Diese Kommentare sind nicht erforderlich.

7.3.3 Transaktionsverhalten mit dem DeployTool konfigurieren

Das Installationsprogramm für EJB auf die J2EE-Referenzimplementierung von Sun haben wir bereits öfters verwendet. Mit diesem Programm kann man das Transaktionsverhalten eines EJB mit einer komfortablen Benutzerschnittstelle konfigurieren. Beim Speichern wird der Deployment Descriptor entsprechend angepasst.

Das DeployTool bietet zwei Möglichkeiten, das Transaktionsverhalten von EJB-Methoden zu bestimmen. Wenn ein EJB neu erstellt wird, erscheint ein Dialog, der für die Konfiguration verwendet wird. Man kann jedoch auch das Transaktionsverhalten eines bestehenden EJBs manipulieren. Dies erfolgt durch das Register „Transactions". Dieses Register kann angewählt werden, wenn ein EJB in der Baumdarstellung selektiert wird.

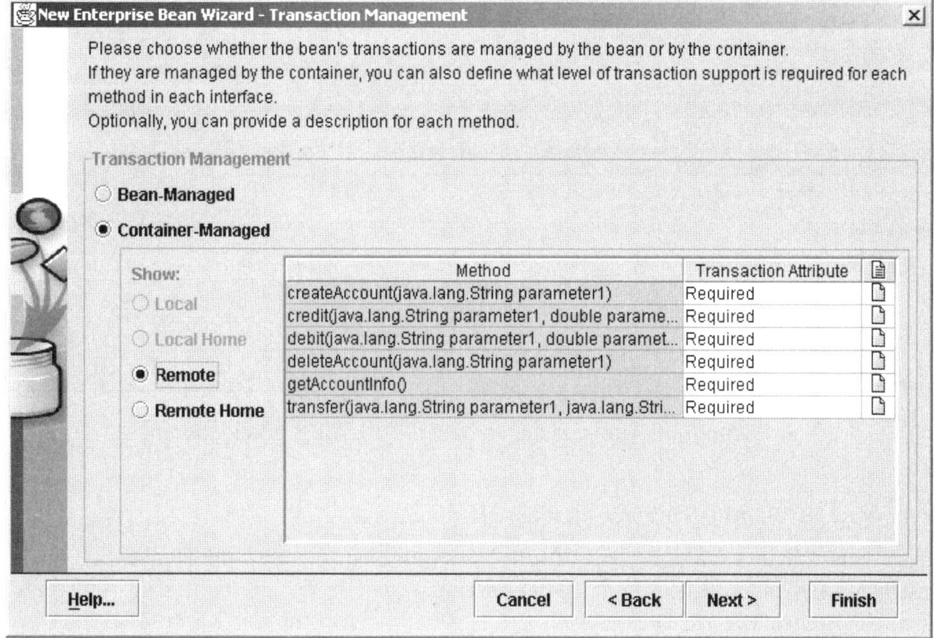

Abbildung 7.3: Transaktionsverhalten von einem neuen EJB konfigurieren

Beide Dialoge besitzen die gleiche Funktionalität. Als Erstes muss man definieren, wer die Transaktionsverwaltung durchführen soll: der Container oder das Bean. Wenn man sich für Bean Managed Transaction entscheidet, werden alle weiteren Elemente des Dialogs deaktiviert. Bei Container Managed Transaction kann man das Transaktionsverhalten der Methoden parametrisieren. Die Methoden werden für jede Schnittstelle, die das EJB zur Verfügung stellt, angezeigt. Durch Selektion eines Transaktionsattributes erscheint eine Liste mit den zulässigen Werten.

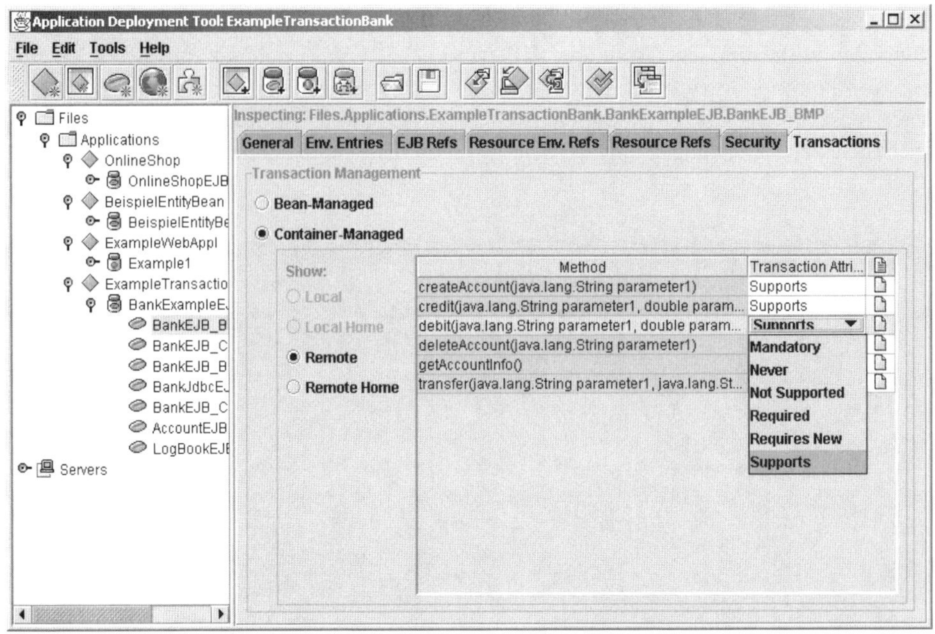

Abbildung 7.4: Transaktionsverhalten eines EJBs konfigurieren

7.3.4 Transaktionen kontrollieren

Bei einem EJB mit CMT besteht oft die Notwendigkeit, die aktuelle Transaktion abzubrechen, weil die Businesslogik einen Zustand feststellt, der so nicht konsistent bzw. nicht logisch richtig ist. Dies könnte z.B. der Fall sein, wenn der Kontostand eine bestimmte Grenze unterschreitet.

Es bestehen zwei Möglichkeiten dem Container mitzuteilen, dass die aktuelle Transaktion nicht mit einem COMMIT beendet werden darf. Entweder es wird die Exception `javax.ejb.EJBException` (bzw. eine davon abgeleiteten Exception) ausgelöst oder die Methode `setRollbackOnly()` vom Kontext des EJBs (`javax.ejb.EJBContext`) wird aufgerufen. Die Methode `setRollbackOnly()` darf nur aufgerufen werden, wenn ein definierter Transaktionskontext vorliegt.

Wenn eine EJB-Instanz eine `javax.ejb.EJBException` auslöst, wird diese Instanz vom Container nicht mehr verwendet. Man sollte diese Exception prinzipiell nur dann auslösen, wenn ein Zugriff auf benötigte Ressourcen fehlschlägt. Wenn gegen die Businesslogik verstoßen wird, sollte man die laufende Transaktion immer mit `setRollbackOnly()` kennzeichnen und eine anwendungsspezifische Exception auslösen, in der man den Aufrufenden über den Fehler informiert.

Eine anwendungsspezifische Exception veranlasst den Container nicht dazu, die Transaktion mit ROLLBACK zu beenden.

```
...
if( ... )
  throw new EJBException("Fehlermeldung...");
...
```

Listing 7.4: Rollback durch eine Exception auslösen

Der Client kann die Nachricht der Exception bzw. die Klasse der Exception auswerten, um den Anwender über die Ursache vom ROLLBACK zu informieren. Bei Verwendung von `setRollbackOnly()` erhält der Client lediglich die Meldung, dass ein ROLLBACK durchgeführt wurde. Aus diesem Grund sollte nach `setRollbackOnly()` eine anwendungsspezifische Exception ausgelöst werden.

```
...
if( ... )
{
  entityContext.setRollbackOnly();
  throw new InvalidBalanceException("Fehlermeldung...");
}
...
```

Listing 7.5: Rollback durch setRollbackOnly() auslösen

7.3.5 Besonderheiten von Entity Beans mit CMT

Transaktionen spielen für Entity Beans eine wichtige Rolle. Zu Beginn einer Transaktion müssen die Daten aus der Datenbank gelesen werden. Während der Transaktion können die Daten, die in der EJB-Instanz zwischengespeichert sind (Cache) gelesen bzw. beschrieben werden. Am Ende einer Transaktion müssen die Daten entweder in die Datenbank zurückgeschrieben werden (COMMIT) oder die EJB-Instanz muss mit den modifizierten Daten verworfen werden (ROLLBACK). Der EJB-Container ruft die Container Callback-Methoden `ejbLoad()`, `ejbStore()` oder `ejbPassivate()` auf, um die EJB-Instanz mit der Datenbank zu synchronisieren bzw. die gepufferten Daten zu verwerfen.

Seit der EJB-Spezifikation 2.0 müssen alle Entity Beans mit CMT in einer Transaktion ausgeführt werden, d.h. es sind nur die Transaktionsattribute Required, RequiresNew und Mandatory zulässig. Im ersten Moment hält man dies für eine Einschränkung. Bei genauerer Betrachtung ist dies aber der einzig richtige Weg, wie ein EJB-Container das Entity Bean mit der Datenbank synchronisieren kann. Prinzipiell sollte man auch bei Entity Beans mit BMP nur eines der oben genannten Transaktionsattribute verwenden, weil der EJB-Container beim Aufruf der Container Callback Methoden keinen Unterschied zwischen BMP und CMP macht.

Zu welchem Zeitpunkt sollte ein Container die Methode `ejbLoad()` von einem Entity Bean aufrufen, bei dem alle Methoden mit den Transaktionsattribut Never konfiguriert wurden? Sicherlich wenn das EJB das erste mal verwendet wird. Und dann? Angenommen ein anderes Programm verändert die entsprechende Datenbankzeile. Die Instanz hat immer noch den Wert, den sie beim ersten Aufruf hatte.

Weiterhin muss man sich die Frage stellen, zu welchem Zeitpunkt der Container die Methode `ejbStore()` aufrufen soll, wenn das EJB an keiner Transaktion teilnimmt? Nun spätestens dann, wenn die Instanz nicht mehr benötigt wird und vom Container wiederverwendet werden soll. Dies ist wiederum für andere Programme, die auf diesen Datensatz zugreifen wollen, ungeeignet, weil sich zwischen dem Aufruf einer Set-Methode auf die EJB-Instanz und dem Zeitpunkt, wann das EJB nicht mehr benötigt wird, eine undefinierte Zeitspanne befindet.

Bei folgenden Anwendungsfällen könnte man aus Performancegründen auf Transaktionen verzichten, was aber immer gut überdacht werden muss.

- Der Zugriff auf die Datenbanktabelle erfolgt nur über das Entity Bean und keinem externen Programm. Hier könnte man jedoch schon Probleme bekommen, wenn man mehrere parallele EJB-Server verwendet, da die Instanzen in den beiden Servern ggf. nicht synchron gehalten werden.
- Der Datenbestand ist konstant und wird von dem Entity Bean nur gelesen.

Die Schlussfolgerung aus diesem Problem ist, dass man bei Entity Beans immer mit Transaktionen arbeiten sollte.

7.3.6 Besonderheiten eines Stateless Session Beans mit CMT

Mehrere Methodenaufrufe von einem Stateless Session Bean, die in der gleichen Transaktion ablaufen, können von unterschiedlichen Instanzen ausgeführt werden. Es ist nicht garantiert, dass alle Methoden von der gleichen Instanz verarbeitet werden. Der Container kann auch eine Instanz verwenden, um Methoden aus unterschiedlichen Transaktionen auszuführen. Dies ist möglich, da ein Stateless Session Bean keinen clientspezifischen Zustand zwischen zwei Methodenaufrufen speichert.

7.3.7 Besonderheiten eines Stateful Session Beans mit CMT

Das Interface `javax.ejb.SessionSynchronization` kann von einem Stateful Session Bean mit CMT implementiert werden. Der Container informiert das EJB durch den Aufruf der Callback-Methoden über den Anfang und das Ende einer Transaktion. Im Fehlerfall müssen alle drei Methoden eine Exception vom Typ `javax.ejb.EJBException` auslösen. Die Methoden des Interfaces sind in Tabelle 7.8 beschrieben.

Methode	**Beschreibung**
afterBegin()	Diese Methode wird von dem Container aufgerufen, um dem EJB mitzuteilen, dass es an einer neuen Transaktion teilnimmt. Die Methode wird vor dem ersten Aufruf einer Businessmethode aufgerufen. In dieser Methode können Instanzvariablen vom Session Bean initialisiert werden. Falls Daten aus einer Datenbank

Methode	Beschreibung
	benötigt werden, können diese hier ermittelt und dann für die Dauer der Transaktion verwendet werden.
beforeCompletion()	Diese Methode wird vom Container aufgerufen, bevor die Transaktion durch einen COMMIT beendet wird. In dieser Methode können gepufferte Daten in die Datenbank zurückgeschrieben werden. Dies ist der letzte Zeitpunkt, an dem das Session Bean verhindern kann, dass die Transaktion durch einen COMMIT beendet wird. Dazu muss die Methode setRollbackOnly() aus dem Interface javax.ejb.EJBContext aufgerufen werden.
afterCompletion(boolean committed)	Diese Methode wird vom Container aufgerufen, wenn die Transaktion entweder durch einen COMMIT oder ROLLBACK beendet wurde. Der Übergabeparameter beinhaltet diese Information (true = COMMIT). Diese Methode wird mit einem undefinierten Transaktionskontext aufgerufen.

Tabelle 7.8: Methoden vom Interface javax.ejb.SessionSynchronization

Wenn ein EJB das Interface `javax.ejb.SessionSynchronization` implementiert, sind nur die Transaktionsattribute Required, RequiresNew und Mandatory zulässig.

7.3.8 Besonderheiten von Message Driven Beans mit CMT

Bei einem Message Driven Bean kann man nur für die Methode `onMessage(...)` das Transaktionsverhalten beeinflussen. Da diese Methode immer vom Container aufgerufen wird, ist nie ein Transaktionskontext vom Client vorhanden. Aus diesem Grund sind nur die beiden Transaktionsattribute Required und NotSupported zulässig. Bei Required wird die Methode in einer Transaktion ausgeführt.

Der EJB-Container führt die Methoden `setMessageDrivenContext(...)`, `ejbCreate()` und `ejbRemove()` immer mit einem undefinierten Transaktionskontext aus.

Ein Message Driven Bean darf eine Nachricht nicht mit der JMS API bestätigen. Die Bestätigung erfolgt immer durch den Container, wenn ein COMMIT durchgeführt wird.

7.3.9 Unzulässige Methoden bei CMT

Der Container übernimmt bei CMT die Transaktionsverwaltung, d.h. er führt einen ROLLBACK bzw. COMMIT durch. Es wäre sicherlich schlecht, wenn man die Datenbankverbindung, die in einem Entity Bean mit BMP und CMT verwendet wird, auf Autocommit einstellt. Der Container könnte so die Transaktionen nicht verwalten. Prinzipiell dürfen in allen EJB mit CMT keine Methoden aufgerufen werden, die zur Transaktionsverwaltung verwendet werden.

Folgende Aktionen dürfen bei einem EJB mit CMT nicht durchgeführt werden:

- Die Methode `getUserTransaction()` darf nicht von dem Interface `java.ejb.EJBContext` aufgerufen werden.
- Es darf keine Methode aus dem Interface `javax.transaction.UserTransaction` aufgerufen werden.
- Bei Datenbankverbindungen darf keine Methode aufgerufen werden, die das Transaktionsverhalten beeinflusst. Dies sind z.B. die folgenden Methoden des Interfaces `java.sql.Connection`:
  `setAutoCommit(boolean autoCommit)`
  `commit()`
  `rollback()`
  `setTransactionIsolation(int level)`
- Bei einer Verbindung zu einem Message Server darf keine Methode aufgerufen werden, die das Transaktionsverhalten beeinflusst. Dies sind z.B. die folgenden Methoden des Interfaces `javax.jms.Session`:
  `commit()`
  `rollback()`

7.3.10 Beispiel

In diesem Kapitel wollen wir eine Anwendung entwickeln, die eine Bank simuliert. Das Datenbankmodell ist sehr einfach. Es besteht aus einer Tabelle mit zwei Spalten, Benutzer-ID und Kontostand. Für diese Tabelle wird ein Entity Bean mit CMP verwendet. Da wir uns bei dem Entity Bean für CMP entschieden haben, muss der Container auch die Transaktionsverwaltung durchführen. Der Zugriff auf das Entity Bean erfolgt über ein Session Bean mit CMT.

Wir wollen ein weiteres Session Bean entwickeln, das direkt auf die Datenbank zugreift. Die Transaktionsverwaltung soll ebenfalls der Container übernehmen. Die beiden Session Beans verwenden den gleichen Remote Client View. Dies erspart etwas Codieraufwand im Client, da wir die gleichen Funktionalitäten von unterschiedlichen EJBs durchführen lassen wollen.

Die Session Beans werden von einer Swing-Applikation angesteuert. Hier kann man das Transaktionsverhalten testen.

Entity Bean mit CMT

Das Entity Bean stellt nur einen Local Client View zur Verfügung. Das Local Home Interface beinhaltet eine Methode zum Erzeugen von Instanzen und die zwei typischen Find-Methoden.

```
package de.j2eeguru.example.transaction.bank;

import java.util.Collection;
```

```
import javax.ejb.EJBLocalHome;
import javax.ejb.CreateException;
import javax.ejb.FinderException;

public interface AccountLocalHome extends EJBLocalHome
{
  public AccountLocal create( String id, double balance )
                      throws CreateException;
  public AccountLocal findByPrimaryKey(String id )
                      throws FinderException;
  public Collection   findAll() throws FinderException;
}
```

Listing 7.6: Local Home Interface für das Entity Bean AccountEJB

Das Local Interface beinhaltet lediglich die Zugriffsmethoden auf die Instanzvariablen.

```
package de.j2eeguru.example.transaction.bank;

import javax.ejb.EJBLocalObject;

public interface AccountLocal extends EJBLocalObject
{
  public String getId();
  public double getBalance();

  public void setBalance(double neuerWert);
}
```

Listing 7.7: Local Interface für das Entity Bean AccountEJB

Der EJB-Container ruft die Container-Callback-Methoden `ejbLoad()` und `ejbStore()` auf, um die EJB-Instanz mit der Datenbank zu synchronisieren. Dies geschieht am Anfang und am Ende einer Transaktion. Um dieses Verhalten zu visualisieren, werden in den entsprechenden Methoden Meldungen ausgegeben.

Die EJB-Implementierung beinhaltet eine Bedingung, dass keine negativen Kontostände in die Datenbank gespeichert werden dürfen. Diese Prüfung erfolgt in der Methode `ejbStore()`. Bei einem negativen Wert soll die Transaktion durch einen ROLLBACK beendet werden.

Da die Methode `ejbStore()` im Interface `javax.ejb.EntityBean` definiert ist, darf diese Methode keine anwendungsspezifische Exception auslösen. Bei der Installation des EJBs kann man mit der Umgebungsvariablen „param/rollbackWithSystemException“ definieren, ob der ROLLBACK durch das Auslösen einer System Exception oder durch den Aufruf der Methode `setRollbackOnly()` erfolgen soll. Das Auswerten der Umgebungsvariablen erfolgt in der Methode `setEntityContext(...)`.

In der Methode `setEntityContext(...)` wird der EntityContext gesichert, da dieser die Methode `setRollbackOnly()` zur Verfügung stellt.

```
package de.j2eeguru.example.transaction.bank;

import java.util.Collection;

import javax.ejb.EntityBean;
import javax.ejb.EntityContext;
import javax.ejb.EJBException;
import javax.ejb.CreateException;
import javax.ejb.FinderException;
import javax.ejb.RemoveException;

import javax.naming.InitialContext;

import de.j2eeguru.tools.LogBook;

public abstract class AccountEJB implements EntityBean
{
  //----------------------------------------------------------------
  //       Instanzvariable deklarieren
  //----------------------------------------------------------------
  private boolean rollbackWithSystemException = false;
  private EntityContext entityContext = null;

  //----------------------------------------------------------------
  //                  Getter-Methoden
  //----------------------------------------------------------------
  public abstract String getId();
  public abstract double getBalance();

  //----------------------------------------------------------------
  //                   Setter-Methoden
  //----------------------------------------------------------------
  public abstract void setId(String newValue);
  public abstract void setBalance(double newValue);

  //----------------------------------------------------------------
  //          Implementierung der create-Methode
  //----------------------------------------------------------------
  public String ejbCreate( String id, double balance
                         ) throws CreateException
  {
    logDebugMsg("AccountEJB.ejbCreate("+id+", "+balance+")" );
```

```
    setId( id );
    setBalance( balance );

    return(null);
  }

  public void ejbPostCreate( String id, double balance ) {  }

  //---------------------------------------------------------
  // Implementierung des Interfaces 'javax.ejb.EntityBean'
  //---------------------------------------------------------
  public void setEntityContext( EntityContext ec
                              ) throws EJBException
  {
    try
    {
      entityContext = ec;

      // Alle Meldungen sollen protokolliert werden.
      LogBook.setLogLevel(LogBook.LOG_LEVEL_DEBUG);

      logDebugMsg("AccountEJB.setEntityContext()");

      // JNDI Kontext ermitteln
      InitialContext ctx = new InitialContext();

      // Prüfen, ob bei der Installation definiert wurde,
      // dass ein Rollback durch eine System-Exception oder
      // durch setRollbackOnly() ausgelöst werden soll.
      Boolean rollbackObj = (Boolean)ctx.lookup(
              "java:comp/env/param/rollbackWithSystemException");

      if( rollbackObj != null )
        rollbackWithSystemException = rollbackObj.booleanValue();
    }
    catch(Exception ex)
    {
      throw new EJBException(LogBook.logException(ex));
    }
  }

  public void unsetEntityContext()
  {
    entityContext = null;
```

```
  logDebugMsg("AccountEJB.unsetEntityContext()");
}

public void ejbRemove() throws RemoveException
{
  logDebugMsg("AccountEJB.ejbRemove() - AccountId=" + getId());
}

public void ejbLoad()
{
  logDebugMsg("AccountEJB.ejbLoad() - AccountId=" + getId());
}

public void ejbStore() throws EJBException
{
  logDebugMsg("AccountEJB.ejbStore() - AccountId=" + getId());

  // Diese Methode wird vom Container verwendet, um am Ende
  // einer Transaktion die Daten in die Datenbank zu speichern.
  // Hier kann man also prüfen, ob der Zustand des Systems
  // konsistent  ist.
  // In diesem Fall wollen wir keinen negativen Kontostand am
  // Ende einer Transaktion zulassen. Es ist jedoch möglich,
  // dass der Kontostand im Laufe einer Transaktion negative
  // Werte annimmt. Die Transaktion wird entweder zum Rollback
  // markiert, so dass kein COMMIT mehr möglich ist oder es
  // wird eine EJBException ausgelöst, die den Container
  // dazu veranlasst, einen ROLLBACK durchzuführen.
  if( getBalance() < 0.0 )
  {
    if( rollbackWithSystemException )
      throw new EJBException(
                "Negativer Kontostand ist nicht zulässig.");
    else
      entityContext.setRollbackOnly();
  }
}

public void ejbActivate()
{
  // Der Container ruft die Methode ejbActivate() auf, um einer
  // EJB-Instanz aus seinem Pool mitzuteilen, dass sie jetzt
  // wieder verwendet wird.
  // Der Aufruf der Methode getId() ist an dieser Stelle
  // nicht sinnvoll, da man die AccountId erhält, den das
```

```
    // EJB mal hatte.
    logDebugMsg("AccountEJB.ejbActivate() - AccountId=" +
             entityContext.getPrimaryKey() + " (vorher=" +
             getId() + ")");
  }

  public void ejbPassivate()
  {
    logDebugMsg("AccountEJB.ejbPassivate() - AccountId="+getId());
  }

  //------------------------------------------------------------
  //                      Hilfsmethoden
  //------------------------------------------------------------
  private void logDebugMsg(String msg)
  {
    LogBook.logMsg(LogBook.LOG_LEVEL_DEBUG, msg);
  }
}
```

Listing 7.8: EJB-Implementierung vom Entity Bean AccountEJB

Alle Methoden bekommen das Transaktionsattribut Required. Eine neue Transaktion (RequiresNew) ist für keinen der Zugriffe erforderlich. Das Attribut Mandatory ist sicherlich auch eine gute Wahl für Entity Beans. In unserem Beispiel werden wir aber auch mit Session Beans auf das EJB zugreifen, die einen undefinierten Transaktionskontext haben, und das Verhalten analysieren. Das Entity Bean bekommt den JNDI Namen „de/j2eeguru/example/transaction/account“. Listing 7.9 zeigt den relevanten Teil vom Deployment Descriptor.

```
<ejb-jar>
  <display-name>MyBankExample</display-name>
  <enterprise-beans>
    <entity>
      <ejb-name>AccountEJB</ejb-name>
      <local-home>
        de.j2eeguru.example.transaction.bank.AccountLocalHome
      </local-home>
      <local>
        de.j2eeguru.example.transaction.bank.AccountLocal
      </local>
      <ejb-class>
        de.j2eeguru.example.transaction.bank.AccountEJB
      </ejb-class>
      ...
    </entity>
```

```
    ...
  </enterprise-beans>
  <assembly-descriptor>
    ...
    <container-transaction>
      <method>
        <ejb-name>AccountEJB</ejb-name>
        <method-intf>LocalHome</method-intf>
        <method-name>*</method-name>
      </method>
      <trans-attribute>Required</trans-attribute>
    </container-transaction>
    <container-transaction>
      <method>
        <ejb-name>AccountEJB</ejb-name>
        <method-intf>Local</method-intf>
        <method-name>*</method-name>
      </method>
      <trans-attribute>Required</trans-attribute>
    </container-transaction>
    ...
  </assembly-descriptor>
</ejb-jar>
```

Listing 7.9: Deployment Descriptor vom Entity Bean AccountEJB

Remote-Client-View auf die beiden Session Beans

Die Session Beans, die wir in diesem Beispiel entwickeln, sollen die gleiche Funktionalität mit unterschiedlicher Technologie implementieren. Aus diesem Grund wird der gleiche Remote Client View verwendet. Dies hat den Vorteil, dass der Client, der auf die Session Beans zugreift, weniger Code beinhaltet.

```
package de.j2eeguru.example.transaction.bank;

import javax.ejb.EJBHome;
import javax.ejb.CreateException;
import java.rmi.RemoteException;

public interface BankHome extends EJBHome
{
  public Bank create() throws CreateException, RemoteException;
}
```

Listing 7.10: Remote-Home-Interface für die Session Beans

Die folgenden Funktionen soll unsere virtuelle Bank zur Verfügung stellen:

- Neues Konto erstellen
- Bestehendes Konto löschen
- Überweisung von einem Konto auf ein anderes durchführen
- Einzahlung
- Auszahlung
- Alle Konten mit dessen Kontostand auflisten

Listing 7.11 zeigt das Remote Interface. Es beinhaltet die Methoden mit der geforderten Funktionalität.

```
package de.j2eeguru.example.transaction.bank;

import javax.ejb.EJBObject;
import java.rmi.RemoteException;

public interface Bank extends EJBObject
{
  public void createAccount(String accountId)
         throws RemoteException, BankException;

  public void deleteAccount(String accountId)
         throws RemoteException, BankException;

  public void transfer( String srcAccountId,
                        String destAccountId,
                        double amount
                      ) throws RemoteException, BankException;

  public void credit(String accountId, double amount)
         throws RemoteException, BankException;

  public void debit(String accountId, double amount)
         throws RemoteException, BankException;

  public String[][] getAccountInfo()
         throws RemoteException, BankException;
}
```

Listing 7.11: Remote Interface für die Session Beans

Session Bean mit CMT

In der Implementierung des Session Beans wird das Entity Bean AccountEJB verwendet, um auf die Datenbank zuzugreifen. Dies ist der einfachste Weg, um die erforderliche

Businesslogik zu implementieren. Man verwendet einfach die im Client View definierten Methoden eines EJB. Man muss sich bei der Implementierung keine Gedanken um SQL-Anweisungen oder Transaktionen machen.

In der Methode `ejbCreate()` wird die Referenz auf das Home Interface von dem Entity Bean ermittelt.

```
package de.j2eeguru.example.transaction.bank;

import javax.ejb.SessionBean;
import javax.ejb.SessionContext;
import javax.ejb.EJBException;
import javax.ejb.DuplicateKeyException;
import javax.ejb.RemoveException;
import javax.ejb.FinderException;
import javax.ejb.CreateException;

import javax.naming.InitialContext;

import java.util.Iterator;
import java.util.Collection;

import de.j2eeguru.tools.LogBook;

public class BankEJB implements SessionBean
{
  //-----------------------------------------------------------
  //       Instanzvariable deklarieren
  //-----------------------------------------------------------
  private AccountLocalHome accountLocalHome = null;

  //-----------------------------------------------------------
  //          Implementierung der Business-Methoden
  //-----------------------------------------------------------
  public void createAccount( String accountId
                           ) throws EJBException, BankException
  {
    logDebugMsg("BankEJB.createAccount(" + accountId + ")");
    try
    {
      // Neue Instanz vom Entity Bean AccountEJB erzeugen
      accountLocalHome.create(accountId, 0.0);
    }
    catch(DuplicateKeyException ex)
    {
      throw new BankException("Konto mit der ID=" + accountId +
```

```
                                    " ist bereits vorhanden.");
    }
    catch(Exception ex)
    {
      throw new EJBException(LogBook.logException(ex));
    }
  }

  public void deleteAccount( String accountId
                                   ) throws EJBException, BankException
  {
    logDebugMsg("BankEJB.deleteAccount(" + accountId + ")");
    try
    {
      // Instanz suchen und dann löschen
      AccountLocal accountLocal =
                    accountLocalHome.findByPrimaryKey(accountId);
      accountLocal.remove();
    }
    catch(FinderException fex)
    {
      throw new BankException("Konto mit der ID=" + accountId +
                                   " ist nicht vorhanden.");
    }
    catch(Exception ex)
    {
      throw new EJBException(LogBook.logException(ex));
    }
  }

  public void transfer( String srcAccountId,
                        String destAccountId,
                        double amount
                      ) throws EJBException, BankException
  {
    logDebugMsg("BankEJB.transfer(" + srcAccountId + ", " +
                              destAccountId + ", " + amount + ")");
    try
    {
      // Beide Konten ermitteln
      AccountLocal src  =
              accountLocalHome.findByPrimaryKey(srcAccountId);
      AccountLocal dest =
              accountLocalHome.findByPrimaryKey(destAccountId);
```

```
      // Betrag von dem einen Konto belasten und auf das andere
      // hinzufügen
      src.setBalance( src.getBalance() - amount );
      dest.setBalance( dest.getBalance() + amount );
    }
    catch(FinderException fex)
    {
      // Die FinderException wird von den Methoden
      // findByPrimaryKey ausgelöst. Zu diesem Zeitpunkt sind
      // noch keine Daten verändert worden. Desshalb muss die
      // Transaktion nicht zum ROLLBACK gekennzeichnet werden.
      // Eine anwendungsspezifische Exception führt nämlich
      // keinen impliziten ROLLBACK durch.
      throw new BankException( "Konto ist nicht vorhanden (" +
                               fex.getMessage() + ")");
    }
    catch(Exception ex)
    {
      throw new EJBException(LogBook.logException(ex));
    }
  }

  public void credit( String accountId, double amount
                    ) throws EJBException, BankException
  {
    logDebugMsg("BankEJB.credit("+accountId+", "+amount + ")");
    try
    {
      // Konto suchen und Betrag hinzufügen
      AccountLocal account  =
                    accountLocalHome.findByPrimaryKey(accountId);
      account.setBalance( account.getBalance() + amount );
    }
    catch(FinderException fex)
    {
      throw new BankException("Konto ist nicht vorhanden (" +
                              fex.getMessage() + ")");
    }
    catch(Exception ex)
    {
      throw new EJBException(LogBook.logException(ex));
    }
  }

  public void debit( String accountId, double amount
```

```
                          ) throws EJBException, BankException
  {
    logDebugMsg("BankEJB.debit("+accountId+", "+amount + ")");
    try
    {
      // Konto suchen und mit dem Betrag belasten
      AccountLocal account =
                     accountLocalHome.findByPrimaryKey(accountId);
      account.setBalance( account.getBalance() - amount );
    }
    catch(FinderException fex)
    {
      throw new BankException("Konto ist nicht vorhanden (" +
                                  fex.getMessage() + ")");
    }
    catch(Exception ex)
    {
      throw new EJBException(LogBook.logException(ex));
    }
  }

  public String[][] getAccountInfo( ) throws EJBException
  {
    logDebugMsg("BankEJB.getAccountInfo()");
    try
    {
      // Alle Konten suchen
      Collection collection = accountLocalHome.findAll();
      Iterator it = collection.iterator();

      String[][] ret = new String[collection.size()][];
      int i=0;

      // Schleife über alle Konten
      while( it.hasNext() )
      {
        // Typumwandlung von dem Konto durchführen, Attribute
        // auslesen und in das Rückgabeobjekt schreiben
        AccountLocal account = (AccountLocal)it.next();
        ret[i++] = new String[] { account.getId(), "" +
                                account.getBalance() };
      }

      return ret;
    }
```

```
  catch(Exception ex)
  {
    throw new EJBException(LogBook.logException(ex));
  }
}

//-------------------------------------------------------------
//          Implementierung der create-Methode
//-------------------------------------------------------------
public void ejbCreate() throws CreateException
{
  logDebugMsg("BankEJB.ejbCreate()");
  try
  {
    // JNDI Kontext ermitteln
    InitialContext ic = new InitialContext();

    // Local Home Schnittstelle von dem Entity Bean AccountEJB
    // über einen logischen Namen ermitteln.
    accountLocalHome =
        (AccountLocalHome)ic.lookup("java:comp/env/ejb/account");
  }
  catch(Exception ex)
  {
    throw new CreateException(LogBook.logException(ex));
  }
}

//-------------------------------------------------------------
// Implementierung des Interfaces 'javax.ejb.SessionBean'
//-------------------------------------------------------------
public void setSessionContext( SessionContext ctx )
{
  try { LogBook.setLogLevel(LogBook.LOG_LEVEL_DEBUG); }
  catch(Exception ex) { }

  logDebugMsg("BankEJB.setSessionContext()");
}

public void ejbRemove()
{
  logDebugMsg("BankEJB.ejbRemove()");
  accountLocalHome = null;
}
```

```
  public void ejbActivate()  { }
  public void ejbPassivate() { }

  //-------------------------------------------------------------
  //                       Hilfsmethoden
  //-------------------------------------------------------------
  private void logDebugMsg(String msg)
  {
    LogBook.logMsg(LogBook.LOG_LEVEL_DEBUG, msg);
  }
}
```

Listing 7.12: EJB-Implementierung vom Session Bean BankEJB

Dieses Stateless Session Bean wird zweimal auf dem EJB-Container installiert. Bei dem einen EJB werden alle Methoden mit dem Transaktionsattribut Required, bei dem anderen mit Supports deklariert. Beide EJB verwenden die gleiche EJB-Implementierung, nur die Transaktionsattribute und der JNDI-Name unterscheidet sich. Die folgenden JNDI Namen werden vom Client verwendet.

- de/j2eeguru/example/transaction/bank_cmt_required
- de/j2eeguru/example/transaction/bank_cmt_supports

Session Bean mit CMT und direktem Datenbankzugriff

Die Implementierung dieses Session Beans sieht im Vergleich zu dem vorherigen fast nach einer Strafarbeit aus. Anhand dieses Beispiels sollen aber einige wichtige Fähigkeiten der vom Container verwalteten Transaktionen dargestellt werden.

In der EJB-Implementierung sind nur die Methoden `transfer(...)` und `getAccountInfo()` mit der geforderten Funktionalität ausgestattet. Es ist eine Übungs- bzw. Fleißaufgabe, die anderen Methoden zu codieren.

Wieso sollte man eigentlich ein Session Bean so umständlich programmieren, wenn es doch wesentlich einfacher geht? Dies kann man an der Methode `getAccountInfo()` erkennen. Es sind wesentlich weniger Datenbankzugriffe erforderlich, um das gewünschte Ergebnis zu erzielen. Wenn man auf ein Entity Bean zugreift, muss die betreffende Datenbankzeile gelesen und anschließend wieder gespeichert werden. Das Speichern kann ein optimierter Container unterdrücken, wenn er feststellt, dass keine Set-Methode aufgerufen wurde. Es bleiben aber die Lesezugriffe. Für einhundert Konten wären also mindestens einhundert Datenbankzugriffe erforderlich. In unserem Fall wird nur ein einziges SQL-Statement ausgeführt – unabhängig von der Anzahl der Konten.

Session Beans mit direktem Datenbankzugriff bringen eine erhöhte Performance, wenn man auf sehr viele Datenbankzeilen entweder nur lesend oder nur schreibend zugreifen muss. Man erkauft sich diese Performance durch erhöhten Programmieraufwand und ggf. Inkompatibilität zu bestimmten Datenbanken. Bei meinen Tests habe ich zuerst versucht, den Wert eines ResultSet mit dem Spaltennamen zu ermitteln. Dies funktionierte bei der Cloudscape-Datenbank nicht. Wahrscheinlich haben die Anführungszeichen dieses seltsame Verhalten ausgelöst, in denen der Spaltenname bei der J2EE-Referenzimplementierung standardmäßig eingebettet ist.

Der Tabellenname und die beiden Spaltennamen müssen in Umgebungsvariablen vom Deployment Descriptor angegeben werden. Aus diesen Werten wird das SQL-Statement erzeugt. Durch solche einfachen Maßnahmen kann man die Portabilität des EJB erhöhen.

Jetzt wollen wir uns wieder dem Thema Transaktionsverhalten widmen und die Methode `transfer(...)` genauer untersuchen. In dieser Methode wird eine Datenbankverbindung aufgebaut und anschließend erfolgen Datenbankzugriffe, bei denen zwei Datenbankzeilen modifiziert werden. Am Ende der Methode wird die Verbindung abgebaut. Die folgenden Fragen fallen mit sofort ein:

1. Wenn man eine Datenbankverbindung vom Typ `java.sql.Connection` in einem Java Client verwendet, ist AUTOCOMMIT voreingestellt. Muss man den AUTOCOMMIT deaktivieren?
2. Wird ein COMMIT oder ein ROLLBACK bei dem Verbindungsabbau durchgeführt, so wie wir dass von JDBC-Zugriffen kennen?

Die erste Frage kann der aufmerksame Leser sofort beantworten. Bei einem EJB mit CMT darf man keinerlei Methoden aufrufen, die das Transaktionsverhalten von einem Resource Manager beeinflussen. Also darf man auch nicht das Attribut AUTOCOMMIT modifizieren. Die Eigenschaften der Verbindung werden von der Resource Manager Connection Factory beim Erzeugen der Verbindung voreingestellt.

Um die zweite Frage zu beantworten, muss man das Verhalten eines EJB-Containers in Bezug auf Resource Manager etwas genauer beschreiben. Der EJB-Container merkt sich alle Resource Manager Connections, die ein EJB über eine Resource Manager Connection Factory erzeugt und im Laufe einer Transaktion verwendet. Am Ende der Transaktion wird bei allen verwendeten Resource Manager Connections der COMMIT bzw. ROLLBACK durchgeführt.

Wenn man die Methode `transfer(...)` mehrmals hintereinander in der gleichen Transaktion ausführt, führt ein ROLLBACK dazu, dass alle Änderungen in dieser Transaktion verworfen werden. Voraussetzung für dieses Verhalten ist, dass die Methode nicht das Transaktionsattribut RequiresNew hat. Dann startet der Container für jeden Aufruf der Methode eine neue Transaktion. Die Transaktion wird nach erfolgreicher Ausführung der Methode vom Container mit COMMIT beendet.

```
package de.j2eeguru.example.transaction.bank;

import javax.ejb.SessionBean;
import javax.ejb.SessionContext;
import javax.ejb.EJBException;
import javax.ejb.CreateException;

import javax.naming.InitialContext;
```

```
import javax.sql.DataSource;
import java.sql.Connection;
import java.sql.DatabaseMetaData;
import java.sql.PreparedStatement;
import java.sql.Statement;
import java.sql.ResultSet;

import java.util.Vector;

import de.j2eeguru.tools.LogBook;

public class BankEJB_BMP implements SessionBean
{
  //--------------------------------------------------------------
  //        Instanzvariable deklarieren
  //--------------------------------------------------------------
  private SessionContext sctx;
  private String tableNameAccount;
  private String columnNameAccountId;
  private String columnNameBalance;

  //--------------------------------------------------------------
  //          Implementierung der Business-Methoden
  //--------------------------------------------------------------
  public void transfer( String srcAccountId,
                        String destAccountId,
                        double amount
                      ) throws EJBException, BankException
  {
    logDebugMsg("BankEJB_BMP.transfer(" + srcAccountId + ", " +
                destAccountId + ", " + amount + ")");

    Connection conn = null;
    PreparedStatement stmt = null;

    try
    {
      // Datenbankverbindung aufbauen
      InitialContext ctx = new InitialContext();
      DataSource dataSource = (DataSource)
                       ctx.lookup("java:comp/env/jdbc/AccountDB");
      conn = dataSource.getConnection();

      // SQL-Statement mit Variablen erzeugen
```

```
stmt = conn.prepareStatement(
  "UPDATE " + tableNameAccount +
  " SET " + columnNameBalance + "=" +
            columnNameBalance + "+ ? " +
  " WHERE " + columnNameAccountId + "= ?"  );

// Variablen vom SQL-Statement mit Werten belegen
stmt.setDouble(1, -amount );    // negativer Betrag !!!
stmt.setString(2, srcAccountId);

// Falls kein Datensatz aktualisiert wurde, wird eine
// Anwendungs-Exception ausgelöst. An dieser Stelle wurden
// noch keine Daten verändert, also ist kein ROLLBACK
// erforderlich.
if( stmt.executeUpdate() == 0 )
  throw new BankException("Das Konto mit der ID '" +
                srcAccountId + "' wurde nicht gefunden.");

// Variablen vom SQL-Statement mit neuen Werten belegen
stmt.setDouble(1, amount );
stmt.setString(2, destAccountId);

// Falls kein Datensatz aktualisiert wurde, muss die
// Transaktion zum ROLLBACK gekennzeichnet werden, so dass
// kein COMMIT mehr durchgeführt werden kann.
if( stmt.executeUpdate() == 0 )
{
  sctx.setRollbackOnly();
  throw new BankException("Das Konto mit der ID '" +
              destAccountId + "' wurde nicht gefunden.");
}
}
catch(BankException bex)
{
  throw bex;
}
catch(Exception ex)
{
  throw new EJBException(LogBook.logException(ex));
}
finally
{
  try
  { // Datenbankobjekte freigeben
    if( stmt != null ) stmt.close();
```

```
        if( conn != null ) conn.close();
      }
      catch(Exception ex) { LogBook.logException(ex); }
    }
  }

  public String[][] getAccountInfo( )throws BankException
  {
    logDebugMsg("BankEJB_BMP.getAccountInfo()");

    Connection conn = null;
    Statement stmt = null;
    ResultSet rs = null;

    try
    {
      // Datenbankverbindung aufbauen
      InitialContext ctx = new InitialContext();
      DataSource dataSource = (DataSource)
                      ctx.lookup("java:comp/env/jdbc/AccountDB");
      conn = dataSource.getConnection();

      // SQL-Statement ausführen und Ergebnismenge ermitteln
      stmt = conn.createStatement();
      rs = stmt.executeQuery(
        "SELECT " + columnNameAccountId  + ", " +
                    columnNameBalance +
        " FROM " + tableNameAccount );

      // Ergebnismenge in einen Vector zwischenspeichern
      Vector list = new Vector();
      while( rs.next() )
      {
        list.add( rs.getString(1) );
        list.add( "" + rs.getDouble(2) );
      }

      // Ergebnismenge in ein zweidimensionales Array kopieren
      String[][] ret = new String[list.size() / 2][];
      for( int i=0; i<list.size() / 2; i++)
        ret[i] = new String[] { (String)list.get(i * 2),
                                (String)list.get(i * 2 + 1) };

      return ret;
    }
```

```
  catch(Exception ex)
  {
    throw new EJBException(LogBook.logException(ex));
  }
  finally
  {
    try
    { // Datenbankobjekte freigeben
      if( rs != null )   rs.close();
      if( stmt != null ) stmt.close();
      if( conn != null ) conn.close();
    }
    catch(Exception ex) { LogBook.logException(ex); }
  }
}

public void createAccount(String accountId) throws BankException
{
  throw new BankException("Funktion ist nicht implementiert.");
}

public void deleteAccount(String accountId)throws BankException
{
  throw new BankException("Funktion ist nicht implementiert.");
}

public void credit(String accountId, double amount)
            throws BankException
{
  throw new BankException("Funktion ist nicht implementiert.");
}

public void debit(String accountId, double amount)
            throws BankException
{
  throw new BankException("Funktion ist nicht implementiert.");
}

//-----------------------------------------------------------
//          Implementierung der create-Methode
//-----------------------------------------------------------
public void ejbCreate() throws CreateException
{
  logDebugMsg("BankEJB_BMP.ejbCreate()");
  try
```

```
    {
      // JNDI Kontext ermitteln
      InitialContext ctx = new InitialContext();

      // Tabellennamen und Spaltennamen für den Account ermitteln.
      // Diese Werte müssen bei der Installation angegeben werden.
      tableNameAccount = (String)
          ctx.lookup("java:comp/env/param/tablename_account");

      columnNameAccountId = (String)
          ctx.lookup("java:comp/env/param/columnname_accountid");

      columnNameBalance = (String)
          ctx.lookup("java:comp/env/param/columnname_balance");
    }
    catch(Exception ex)
    {
      throw new CreateException(LogBook.logException(ex));
    }
  }

  //-------------------------------------------------------------
  // Implementierung des Interfaces 'javax.ejb.SessionBean'
  //-------------------------------------------------------------
  public void setSessionContext( SessionContext sctx )
  {
    try { LogBook.setLogLevel(LogBook.LOG_LEVEL_DEBUG); }
    catch(Exception ex) { }

    logDebugMsg("BankEJB_BMP.setSessionContext()");
    this.sctx = sctx;
  }

  public void ejbRemove()
  {
    logDebugMsg("BankEJB_BMP.ejbRemove()");
  }

  public void ejbActivate()  { }
  public void ejbPassivate() { }

  //-------------------------------------------------------------
  //                       Hilfsmethoden
  //-------------------------------------------------------------
  private void logDebugMsg(String msg)
```

```
  {
    LogBook.logMsg(LogBook.LOG_LEVEL_DEBUG, msg);
  }
}
```

Listing 7.13: EJB-Implementierung vom Session Bean mit JDBC-Zugriff

Das EJB wird als Stateless Session Bean installiert. Alle Transaktionsattribute werden auf Required parametrisiert. Das EJB bekommt den JNDI-Namen „de/j2eeguru/example/transaction/bank_cmt_bmp“. Listing 7.14 enthält den Deployment Descriptor von dem EJB. Dort sind alle erforderlich Informationen (Umgebungsvariablen, Resource Referenz) enthalten, um das Session Bean mit dem DeployTool in eine J2EE-Anwendung einzufügen.

```
<ejb-jar>
  <display-name>BankExample</display-name>
  <enterprise-beans>
    <session>
      <display-name>BankEJB_BMP</display-name>
      <ejb-name>BankEJB_BMP</ejb-name>
      <home>de.j2eeguru.example.transaction.bank.BankHome</home>
      <remote>de.j2eeguru.example.transaction.bank.Bank</remote>
      <ejb-class>
        de.j2eeguru.example.transaction.bank.BankEJB_BMP
      </ejb-class>
      <session-type>Stateful</session-type>
      <transaction-type>Container</transaction-type>
      <env-entry>
        <env-entry-name>param/tablename_account</env-entry-name>
        <env-entry-type>java.lang.String</env-entry-type>
        <env-entry-value>"AccountEJBTable"</env-entry-value>
      </env-entry>
      <env-entry>
        <env-entry-name>
          param/columnname_accountid
        </env-entry-name>
        <env-entry-type>java.lang.String</env-entry-type>
        <env-entry-value>"id"</env-entry-value>
      </env-entry>
      <env-entry>
        <env-entry-name>param/columnname_balance</env-entry-name>
        <env-entry-type>java.lang.String</env-entry-type>
        <env-entry-value>"balance"</env-entry-value>
      </env-entry>
      <resource-ref>
        <res-ref-name>jdbc/AccountDB</res-ref-name>
```

```
        <res-type>javax.sql.DataSource</res-type>
        <res-auth>Container</res-auth>
        <res-sharing-scope>Shareable</res-sharing-scope>
      </resource-ref>
      ...
    </session>
    ...
  </enterprise-beans>
  ...
<ejb-jar>
```

Listing 7.14: Deployment Descriptor des Stateful Session Beans mit BMT

Die Anführungszeichen bei den Werten der Tabellen- und Spaltennamen müssen angegeben werden. Falls eine andere Tabelle verwendet werden soll, müssen die Einstellungen entsprechend angepasst werden.

J2EE-Anwendung installieren

Die J2EE-Anwendung kann als Übung erstellt werden. Alle erforderlichen Informationen sind beschrieben worden. Die Anwendung sollte unter dem Namen *Projekte/TransactionExample/ear/MyExampleTransactionBank.ear* gespeichert werden. Das Projekt beinhaltet bereits eine J2EE-Anwendung. Die Datei *Projekte/TransactionExample/ear/ExampleTransactionBank.ear* kann mit dem DeployTool installiert werden. Da wir mit einer Swing-Anwendung auf die Session Beans zugreifen werden, benötigen wir das JAR-File vom Server mit den generierten Stubs. Diese Datei muss unter dem Namen *Projekte/TransactionExample/jar/ClientTransactionBank.jar* gespeichert werden.

Mit der Batchdatei *Projekte/TransactionExample/bin/deployBankExample.bat* kann die mitgelieferte J2EE-Anwendung auf den Server installiert werden.

Testapplikation

Um das Transaktionsverhalten der EJBs zu untersuchen, verwenden wir eine Swing Applikation. Mit der Batchdatei *Projekte/TransactionExample/bin/startBankExample.bat* kann sie gestartet werden. Um einen konkurrierenden Datenzugriff zu simulieren, kann man die Anwendung mehrfach starten.

Das Menü KONTO stellt die Funktionen der virtuellen Bank dem Benutzer zur Verfügung. Hier kann man ein Konto löschen, ein Konto neu erzeugen, Überweisungen, Ein- bzw. Auszahlungen durchführen und sich alle Kontostände auflisten.

In dem Menü EINSTELLUNG kann man das Session Bean auswählen, das die Funktion ausführen soll.

Mit dem Menü CLIENT-TRANSAKTION kann man im Client eine JTA-Transaktion verwalten. Wenn man eine Transaktion im Client startet, wird dieser Transaktionskontext vom EJB verwendet. Die Transaktion kann mit ROLLBACK oder COMMIT beendet werden. Der Timeout für eine Client-Transaktion ist auf 60 s eingestellt. Wenn die Transaktion länger dauert, wird ein ROLLBACK ausgelöst.

Der Menüpunkt SERVER-TRANSAKTION wird in dem folgenden Kapitel verwendet. Dort wird ein Stateful Session Bean mit Bean Managed Transaction entwickelt. Mit den einzelnen Befehlen in dem Menü kann die Transaktion von dem EJB verwaltet werden.

Testszenarien

Zugriff auf eine Methode mit dem Transaktionsattribut Required und Supports

Zuerst müssen wir mit dem Menü KONTO | NEU... ein neues Konto mit der Konto-ID XX einrichten. Wir vergewissern uns, dass in dem Menü EINSTELLUNG der Menüpunkt CMT – TRANSAKTIONSATTRIBUT 'REQUIRED' markiert ist. Danach zahlen wir einen Betrag mit dem Menübefehl KONTO | EINZAHLUNG... auf das Konto ein. Abbildung 7.5 zeigt die Meldungen der Serverkonsole.

```
Eingabeaufforderung
23.10.2001 11:16:53.686> BankEJB.credit(XX, 5.0)
23.10.2001 11:16:53.856> AccountEJB.ejbLoad() - AccountId=XX
23.10.2001 11:16:53.856> AccountEJB.ejbStore() - AccountId=XX
```

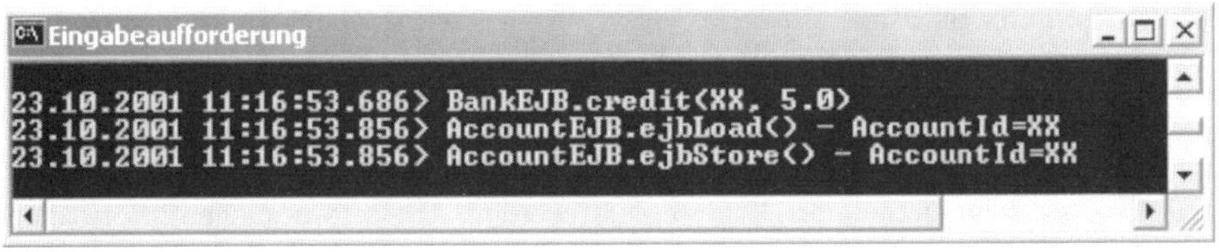

Abbildung 7.5: Meldungen der Serverkonsole bei Session Bean „Required“

Die erste Meldung protokolliert den Aufruf der Methode `credit()` vom Session Bean BankEJB. Die beiden anderen Methoden protokollieren die beiden Container Callback Methoden `ejbLoad()` und `ejbStore()` von dem Entity Bean.

Diese Meldungen nehmen wir zur Kenntnis und wollen nun einen Betrag mit einem anderen EJB einzahlen. Dazu führen wir den Menüpunkt EINSTELLUNG | CMT – TRANSAKTIONSATTRIBUT 'SUPPORTS' aus. Wir zahlen erneut einen Betrag mit dem Menübefehl KONTO | EINZAHLUNG... auf das Konto ein. An der Serverkonsole erscheinen die Meldungen aus Abbildung 7.6.

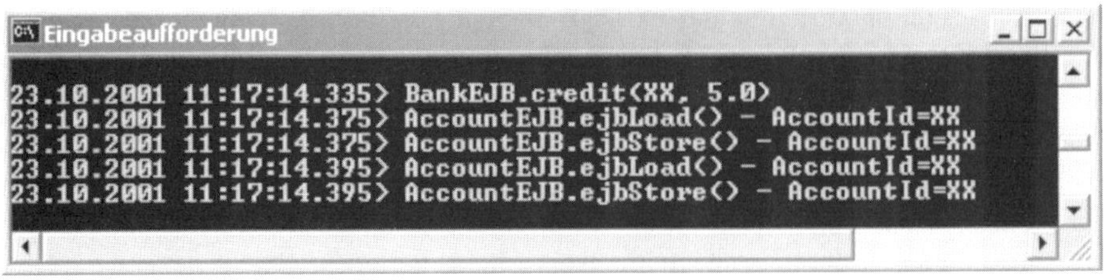

```
Eingabeaufforderung
23.10.2001 11:17:14.335> BankEJB.credit(XX, 5.0)
23.10.2001 11:17:14.375> AccountEJB.ejbLoad() - AccountId=XX
23.10.2001 11:17:14.375> AccountEJB.ejbStore() - AccountId=XX
23.10.2001 11:17:14.395> AccountEJB.ejbLoad() - AccountId=XX
23.10.2001 11:17:14.395> AccountEJB.ejbStore() - AccountId=XX
```

Abbildung 7.6: Meldungen der Serverkonsole beim Session Bean „Supports“

Wie an den Meldungen an der Serverkonsole zu sehen ist, werden die Container Callback Methoden `ejbLoad()` und `ejbStore()` nun zweimal aufgerufen, obwohl die gleiche Methode in der EJB-Implementierung aufgerufen wurde. Dieses Verhalten soll nun analysiert werden.

Die Methode `credit(...)` des Session Beans BankEJB ruft zwei Methoden vom Entity Bean Account auf, `getBalance()` und `setBalance(...)`. Die beiden Session Beans verwenden unterschiedliche Transaktionsattribute für die Businessmethoden. Die Meldungen am Server zeigen, dass die Container-Callback-Methoden vom Entity Bean unterschiedlich aufgerufen werden. Dies muss also mit den Transaktionsattributen zusammenhängen.

Wenn die Methode `credit(...)` mit dem Transaktionsattribut Required aufgerufen wird, startet der Container eine neue Transaktion (Annahme: Es soll ein undefinierter Transaktionskontext vorliegen) und führt die Methode in dieser Transaktion aus. Dieser Transaktionskontext wird verwendet, um auf das Entity Bean zuzugreifen. Die Methode `getBalance()` und `setBalance(...)` des Entity Beans werden in der gleichen Transaktion aufgerufen. Beim ersten Zugriff auf das Entity Bean sorgt der EJB-Container dafür, dass sich die Instanz mit der Datenbank synchronisiert (ejbLoad). Am Ende der Transaktion sorgt wiederum der Container dafür, dass sich das Entity Bean mit der Datenbank synchronisiert (ejbStore). Die Transaktion ist zu Ende, wenn die Methode `credit(...)` verlassen wird.

Wird die Methode `credit(...)` mit dem Transaktionsattribut Supports aufgerufen, dann startet der Container keine Transaktion. Da die Methoden `getBalance()` und `setBalance(...)` von dem Entity Bean das Transaktionsattribut Required haben, startet der Container für jeden Aufruf dieser Methoden eine eigene Transaktion. Es werden also zwei Transaktionen gestartet. Am Anfang einer Transaktion wird die Methode `ejbLoad()` und am Ende `ejbStore()` aufgerufen. Dies ist am Meldungsprotokoll zu sehen. Wenn zwei unterschiedliche Transaktionen gestartet werden, bedeutet dies, dass ein anderes Programm zwischen diesen beiden Transaktionen die entsprechende Zeile in der Datenbank modifizieren könnte. Die Methode `credit(...)` liest den Kontostand in der ersten Transaktion und überschreibt den Kontostand in der zweiten Transaktion.

Das folgende Szenario zeigt, dass das Transaktionsattribut Supports nicht verwendet werden darf. Der Kontostand vor Beginn aller Transaktionen soll einen Wert von 100 haben. Dieser Wert wird in der Methode `credit(...)` von der Methode `getBalance()` in der ersten Transaktion gelesen. Nun ist der Datensatz durch keine Transaktion mehr belegt. Also könnte ein anderes Programm eine weitere Einzahlung durchführen und den Kontostand auf 500 erhöhen. Nun verändert die Methode `setBalance(...)` in der Methode `credit(...)` den Datensatz. Der vorhin gelesene Betrag wird um die 5 erhöht und gespeichert. Nun beträgt der Kontostand also 105. Um einen solchen Fehler in einem produktiven System zu lokalisieren, bedarf es Zeit und Nerven. Das Transaktionsattribut Supports ist für diese Methode falsch.

Man sollte mindestens das Transaktionsattribut Required für Methoden verwenden, wenn mehr wie ein Methodenaufruf auf eine Entity Bean Instanz erfolgt.

Transaktionsgrenzen im Client steuern

Die J2EE-Referenzimplementierung von Sun berücksichtigt den Transaktionskontext von einem Client. Wenn im Client eine JTA-Transaktion gestartet und eine Businessmethode von einem EJB aufgerufen wird, verwendet der EJB-Container den Transaktionskontext vom Client. Dies wird nicht von jedem J2EE-Server unterstützt und sollte aus diesem

Grund nicht verwendet werden. Im Kapitel „Transaktionsverwaltung vom Bean“ wird gezeigt, wie man diese Anforderung mit einem Stateful Session Bean realisieren kann.

An dieser Stelle wollen wir jedoch eine Transaktion im Client starten, um das Verhalten von Entity Beans zu analysieren. Die Transaktion vom Client kann über das Menü CLIENT-TRANSAKTION verwaltet werden.

Für unseren ersten Test starten wir eine Transaktion mit dem Menü CLIENT-TRANSAKTION | BEGIN. Nun zahlen wir einen Betrag auf das Konto XX ein. An der Server-Konsole kann man sehen, dass der Container erst die Methode `ejbStore()` aufruft, wenn die Transaktion vom Client mit COMMIT beendet wird.

Wir wollen einen zweiten Test durchführen. Es soll erneut eine Transaktion gestartet werden und ein Betrag eingezahlt werden. Die Transaktion soll mit ROLLBACK beendet werden. Der Server führt dann die Methode `ejbPassivate()` vom Entity Bean aus. Die Instanz wird also nicht gespeichert.

Diese Beispiele sollen zeigen, dass der Container am Anfang und am Ende einer Transaktion die Container Callback Methoden von einem Entity Bean aufruft, um die Instanz mit der Datenbank zu synchronisieren. An dieser Stelle möchte ich darauf hinweisen, dass der Server die Transaktionskontrolle nicht über die Container Callback Methoden durchführt, wie man bei diesen einfachen Beispielen eventuell vermuten könnte. Der Container kann innerhalb einer Transaktion mehrmals die Methode `ejbStore()` von einem Entity Bean aufrufen und trotzdem die Transaktion mit ROLLBACK beenden.

Gleichzeitiger Zugriff von mehreren Clients

Session Bean mit JDBC-Zugriffen

Wir wollen jetzt das Verhalten analysieren, wenn innerhalb von zwei Transaktionen auf die gleichen Zeilen einer Datenbank zugegriffen wird. Dazu verwenden wir das Session Bean, das über JDBC auf die Datenbank zugreift. Die Anwendung wird zweimal gestartet und in beiden Anwendungen wird der Menüpunkt EINSTELLUNG | CMT – STATELESS SESSION BEAN (BMP) angewählt. Bei diesem Session Bean sind nur zwei Businessmethoden implementiert, die über die Menüpunkte KONTO | ÜBERWEISUNG... UND KONTO | KONTOSTÄNDE ANZEIGEN... ausgeführt werden können.

Wir starten in beiden Anwendungen eine Transaktion und führen dann eine Überweisung mit den gleichen Konten durch. Die Überweisung, die später angestoßen wurde, wird erst ausgeführt, wenn die Transaktion von der anderen Anwendung beendet wird. Die Datenbank ist für dieses Verhalten verantwortlich. Sie stellt sicher, dass eine Datenbankzeile nicht gleichzeitig von zwei Transaktionen bearbeitet werden kann.

Werden in den Anwendungen Überweisungen von unterschiedlichen Konten ausgeführt, beeinflussen sich die beiden Transaktionen nicht, d.h. keine Methode blockiert.

Session Bean mit Zugriffen auf ein Entity Bean

In diesem Beispiel wollen wir den gleichzeitigen Zugriff von mehreren Clients auf ein Entity Bean analysieren. Dazu starten wird die Anwendung zweimal. Mit dem Menü EINSTELLUNG | CMT – TRANSAKTIONSATTRIBUT 'REQUIRED' wird das Session Bean eingestellt, das verwendet werden soll. Von beiden Clients starten wir eine Transaktion. Wir führen von beiden Anwendungen ein Überweisung mit den gleichen Konten aus. Die Transaktionen von beiden Anwendungen sollen nun mit COMMIT beendet werden. Je nachdem, welcher Client den COMMIT zuletzt durchführt, dessen Kontostände werden am Ende von den beiden Transaktionen in der Datenbank stehen.

Das System verhält sich beim Zugriff über Entity Beans auf die Datenbank anders, wie wenn direkt auf die Datenbank zugegriffen wird. Üblicherweise überlässt ein EJB-Container die Verwaltung der Isolierungsstufe den Resoure Managern. Dies ist in unserem Fall die Datenbank.

In unserem Beispiel kann die Datenbank den zweiten Aufruf nicht blockieren, da die entsprechenden Zeilen in der Datenbank erst durch die Methode `ejbStore()` modifiziert werden. Diese Methode ruft der Container z.B. auf, wenn die Transaktion beendet wird. Durch das Zwischenspeichern der Datenbankzeile im Entity Bean wird der Schutzmechanismus von einer Datenbank ausgehebelt, eine Datenbankzeile gleichzeitig von mehreren Transaktionen zu modifizieren.

Wir wollen noch einmal mit den zwei Anwendungen Überweisungen durchführen. Dazu starten wir an beiden Clients eine Transaktion. In der ersten Anwendung führen wir die Überweisung aus und schauen uns danach die Kontostände an. An der Serverkonsole kann man erkennen, dass der Container dabei die Methode `ejbStore()` aller beteiligten Instanzen aufruft. Führt man nun mit der anderen Anwendung eine Überweisung mit den gleichen Konten aus, so blockiert der Aufruf solange, bis die Transaktion von der ersten Anwendung beendet wird. Die modifizierten Zeilen von der ersten Anwendung sind jetzt in der Datenbank gespeichert worden. Die Datenbank kann das Isolationsverhalten korrekt verwalten.

Anhand dieser Beispiele soll deutlich gemacht werden, dass das Zwischenspeichern von Daten im Container die Performance vom System steigert, aber ggf. Schutzmechanismen von den Resource Manager unwirksam werden. Gegebenfalls muss man die Isolationsstufe von dem Resource Manager anpassen, um die gewünschte Funktionalität zu erhalten.

An dieser Stelle wurde das Verhalten der J2EE-Referenzimplementierung von Sun analysiert. Bei anderen EJB-Containern ist das Verhalten bei CMP aber ähnlich. Am Anfang und am Ende einer Transaktion muss sich ein Entity Bean mit der Datenbank synchronisieren. Wie oft und wann dies innerhalb einer Transaktion erfolgt, ist nicht spezifiziert. Im Zweifelsfall muss man die Dokumentation vom EJB-Container nach entsprechenden Informationen durchsuchen.

Kontostände mit den Session Beans ermitteln

In diesem Beispiel werden wir mit den drei Session Beans mit CMT die Kontostände aller Konten ermitteln. Das Session Bean wird in dem Menü EINSTELLUNG ausgewählt. Die Kontostände kann man sich mit dem Menü KONTO | KONTOSTÄNDE ANZEIGEN... anzeigen lassen.

Zuerst wollen wir uns die Kontostände mit dem Session Bean anzeigen lassen, bei dem alle Methoden das Transaktionsattribut Required haben. Abbildung 7.7 zeigt die Meldungen an der Server-Konsole.

```
Eingabeaufforderung
23.10.2001 11:11:12.985 [DEBUG]   > BankEJB.getAccountInfo()
23.10.2001 11:11:12.985 [DEBUG]   > AccountEJB.setEntityContext()
23.10.2001 11:11:13.048 [DEBUG]   > AccountEJB.ejbLoad() - AccountId=XX
23.10.2001 11:11:13.063 [DEBUG]   > AccountEJB.ejbLoad() - AccountId=YY
23.10.2001 11:11:13.079 [DEBUG]   > AccountEJB.ejbLoad() - AccountId=ZZ
23.10.2001 11:11:13.095 [DEBUG]   > AccountEJB.ejbStore() - AccountId=XX
23.10.2001 11:11:13.095 [DEBUG]   > AccountEJB.ejbStore() - AccountId=YY
23.10.2001 11:11:13.095 [DEBUG]   > AccountEJB.ejbStore() - AccountId=ZZ
```

Abbildung 7.7: Meldungen vom Session Bean „Required" beim Ermitteln der Kontostände

Jede Datenbankzeile wird einmal von einem Entity Bean gelesen und gespeichert. Die Methode `getAccountInfo()` wird in einer Transaktion ausgeführt. Am Anfang der Methode wird die Transaktion gestartet und am Ende der Methode wird sie beendet. Das Speichern der Entity Beans wäre eigentlich nicht erforderlich, da wir kein Attribut von dem Entity Bean verändern.

Als nächstes wollen wir den Kontostand mit dem Session Bean ermitteln, bei dem die Businessmethoden das Transaktionsattribut „Supports" haben. Abbildung 7.8 zeigt die Meldungen an der Serverkonsole.

```
Eingabeaufforderung
23.10.2001 11:13:18.220 [DEBUG]   > BankEJB.getAccountInfo()
23.10.2001 11:13:18.376 [DEBUG]   > AccountEJB.ejbLoad() - AccountId=XX
23.10.2001 11:13:18.376 [DEBUG]   > AccountEJB.ejbStore() - AccountId=XX
23.10.2001 11:13:18.407 [DEBUG]   > AccountEJB.ejbLoad() - AccountId=XX
23.10.2001 11:13:18.407 [DEBUG]   > AccountEJB.ejbStore() - AccountId=XX
23.10.2001 11:13:18.438 [DEBUG]   > AccountEJB.ejbLoad() - AccountId=YY
23.10.2001 11:13:18.438 [DEBUG]   > AccountEJB.ejbStore() - AccountId=YY
23.10.2001 11:13:18.454 [DEBUG]   > AccountEJB.ejbLoad() - AccountId=YY
23.10.2001 11:13:18.454 [DEBUG]   > AccountEJB.ejbStore() - AccountId=YY
23.10.2001 11:13:18.485 [DEBUG]   > AccountEJB.ejbLoad() - AccountId=ZZ
23.10.2001 11:13:18.485 [DEBUG]   > AccountEJB.ejbStore() - AccountId=ZZ
23.10.2001 11:13:18.516 [DEBUG]   > AccountEJB.ejbLoad() - AccountId=ZZ
23.10.2001 11:13:18.516 [DEBUG]   > AccountEJB.ejbStore() - AccountId=ZZ
```

Abbildung 7.8: Meldungen vom Session Bean „Supports" beim Ermitteln der Kontostände

Hier wird jede Datenbankzeile zweimal von einem Entity Bean gelesen und gespeichert. Dies hängt damit zusammen, dass jetzt die Methode `getAccountInfo()` in einem undefinierten Transaktionskontext ausgeführt wird. Die Zugriffsmethoden von dem Entity Bean haben alle das Transaktionsattribut Required. Aus diesem Grund wird bei jedem Aufruf einer Get-Methode vom Entity Bean eine Transaktion gestartet. Bei jeder neuen Transaktion muss sich das Entity Bean mit der Datenbank synchronisieren, d.h. `ejbLoad()` und `ejbStore()` wird aufgerufen. Da die beiden Attribute „id" und „balance" vom Entity Bean gelesen werden, wird jedes Entity Bean zweimal synchronisiert. Das Transaktionsattribut „Supports" sollte man bei dieser Methode vermeiden.

Zum Schluss wollen wir uns die Kontostände mit dem Session Bean anzeigen lassen, das auf die Datenbank direkt über die Programmierschnittstelle JDBC zugreift. Die Konsolenmeldung am Server ist nicht sehr aussagefähig. Wenn man aber viele Konten anlegt, merkt man, dass diese Methode die Kontostände schneller ermittelt als die beiden anderen Session Beans. Dies liegt daran, dass nur eine einzige SQL-Anweisung ausgeführt wird. Das Ergebnis der Anweisung enthält alle erforderlichen Daten.

Dieses Beispiel sollte verdeutlichen, dass Session Beans mit direktem Datenbankzugriff Geschwindigkeitsvorteile gegenüber dem Zugriff über Entity Beans haben, wenn man auf sehr vielen Datenbankzeilen entweder nur lesend oder nur schreibend zugreifen muss. Der Nachteil ist der zusätzliche Programmieraufwand.

7.4 Transaktionsverwaltung vom Bean (BMT)

Session Beans und Message Driven Beans können Transaktionen selbst verwalten. Dies bezeichnet man als Bean Managed Transaction (BMT). Die Transaktionen werden mit der Programmierschnittstelle JTA (Java Transaction API) verwaltet.

Durch die Verwendung von BMT hat der Entwickler die Möglichkeit, den Beginn und das Ende einer Transaktion selbst zu definieren. Eine EJB-Instanz kann nur eine Transaktion auf einmal starten. Wenn eine zweite gestartet werden soll, muss die vorherige erst beendet werden. In einer Methode können mehrere Transaktionen hintereinander gestartet und beendet werden. Falls man eine Anwendung mit der Businesslogik aus dem Listing 7.15 hat, müsste man diese mit BMT realisieren.

```
BEGIN
Tabelle 1 aktualisieren
IF Bedingung 1 erfüllt
  Eintrag in Tabelle 2
  COMMIT
ELSE IF Bedingung 2 erfüllt
  Tabelle 3 aktualisieren
  COMMIT
ELSE
  ROLLBACK
  BEGIN
  Eintrag in Tabelle 4
  COMMIT
```

Listing 7.15: Pseudocode für eine Methode mit BMT

Die Transaktionen muss man vom Bean verwalten lassen, wenn man auf Resourcen zugreift, die keine Transaktionen unterstützen. Das Bean muss dann eine entsprechende Fehlerbehandlung durchführen.

Ein weiterer Grund für BMT ist, wenn mehrere Methodenaufrufe von einer externen Applikation in einer Transaktion ablaufen sollen. Dieses Verhalten kann mit einem Stateful Session Bean realisiert werden. Bei der J2EE-Referenzimplementierung kann man dieses Verhalten auch durch das Starten einer Transaktion in der Applikation realisieren. Laut EJB-Spezifikation braucht aber ein J2EE-Server seinen Transaktionsmanager nicht externen Prozessen zur Verfügung zu stellen. Aus diesem Grund sollte man das Design einer Anwendung so erstellen, dass eine Transaktion von einer externen Anwendung nicht erforderlich ist. Eine externe Anwendung ist ein beliebiger Prozess, der nicht im J2EE-Server läuft.

BMTs werden nicht von jedem EJB-Typ unterstützt. Man kann auch nicht in jeder Methode eines EJBs eine Transaktion starten. Tabelle 7.9 beschreibt die Besonderheiten der BMT der unterschiedlichen EJB-Typen

.

EJB-Typ	**Besonderheiten**
Entity Bean	BMT ist nicht zulässig.
Stateless Session Bean	Alle Methoden vom EJB, die über die Komponenten- und Home-Schnittstelle aufgerufen werden, können Transaktionen verwalten. Wenn in einer Methode eine Transaktion gestartet wird, muss sie durch einen COMMIT oder ROLLBACK beendet werden, bevor die Methode verlassen wird.
Stateful Session Bean	Alle Methoden vom EJB, die über die Komponenten- und Home-Schnittstelle aufgerufen werden, können Transaktionen verwalten. Eine Transaktion kann sich über mehrere Methodenaufrufe erstrecken, d.h. eine Transaktion kann in der Methode1 eines Stateful Session Beans gestartet werden. Die Methode 2 verwendet Resourcen, wobei die Transaktion aus Methode 1 verwendet wird. Die Transaktion wird schließlich in der Methode 3 durch einen COMMIT oder ROLLBACK beendet.
Message Driven Bean	Nur die Methode `onMessage()` kann Transaktionen verwalten. Wenn in der Methode eine Transaktion gestartet wird, muss sie durch einen COMMIT oder ROLLBACK beendet werden, bevor die Methode verlassen wird.

Tabelle 7.9: Besonderheiten bei BMT und den EJB-Typen

7.4.1 Transaktion mit JTA verwalten

Mit der Programmierschnittstelle JTA (Java Transaction API) kann man Transaktionen unabhängig von den beteiligten Resource Managern kontrollieren. Der Transaktionsmanager stellt die entsprechenden Dienste zur Verfügung. JTA darf man nicht mit den Java Transaction Services (JTS) verwechseln. JTS definiert eine Schnittstelle zur CORBA-Transaktionsverwaltung. Diese Schnittstelle wird von Transaktionsmanagern verwendet. Für Anwendungsentwickler ist nur die Programmierschnittstelle JTA relevant.

Das Interface `javax.transaction.UserTransaction` stellt Methoden zur Verfügung, mit denen man Transaktionen kontrollieren kann. Die Anwendung dieser Methoden ist sehr einfach.

Methode	Beschreibung
begin()	Startet eine neue Transaktion
commit()	Beendet die aktive Transaktion. Alle durchgeführten Aktionen werden gespeichert.
getStatus()	Ermittelt den Status der aktiven Transaktion. Der Rückgabewert ist ein Wert des Interfaces javax.transaction.Status.
rollback()	Beendet die aktive Transaktion und stellt den Zustand vor Beginn der Transaktion her.
setRollbackOnly()	Markiert die aktive Transaktion, so dass sie nur durch einen ROLLBACK beendet werden kann.
setTransactionTimeout(int seconds)	Definiert den Timeout für eine Transaktion.

Tabelle 7.10: Methoden vom Interface javax.transaction.UserTransaction

Man hat zwei Möglichkeiten, den Zugriff auf das Interface `UserTransaction` zu bekommen. Entweder über JNDI oder über den EJB-Kontext. Der EJB-Container muss das Objekt über JNDI zur Verfügung stellen.

```
...
InitialContext ctx = new InitialContext();
UserTransaction ut =
   (UserTransaction)ctx.lookup("java:comp/UserTransaction");
...
```

Listing 7.16: Zugriff auf das Interface UserTransaction über JNDI

```
...
UserTransaction ut = ejbContext.getUserTransaction();
...
```

Listing 7.17: Zugriff auf das Interface UserTransaction über den EJB-Kontext

Listing 7.18 zeigt, wie man mit der Programmierschnittstelle JTA Transaktionen verwalten kann. Zuerst muss das Interface `UserTransaction` angefordert werden. Dies erfolgt durch die Methode `getUserTransaction()` von Interface `javax.ejb.EJBContext`. Danach wird die Transaktion gestartet. In dem Beispiel werden zwei Entity Beans gesucht und Businessmethoden von ihnen aufgerufen. Die Methoden der Entity Beans werden in der Transaktion ausgeführt, die zuvor gestartet wurde. Falls keine Fehler auftreten, wird die Transaktion mit COMMIT beendet. Wird eine Exception ausgelöst, wird die Transaktion mit ROLLBACK beendet. Durch den Aufruf der Methode `commit()` von dem Interface `UserTransaction` werden alle Änderungen, die in dieser Transaktion durchgeführt wurden, von den beteiligten Resource Managern gespeichert. Wenn die Methode `rollback()` aufgerufen wird, werden die Änderungen innerhalb der Transaktion verworfen.

```
...
// Aktuelles Objekt UserTransaction ermitteln. Mit ihm
// können die Grenzen von Transaktionen definiert werden.
UserTransaction ut = sctx.getUserTransaction();

// Transaktion starten
ut.begin();
try
{
  // Beide Konten ermitteln
  AccountLocal src  =
                  accountLocalHome.findByPrimaryKey(srcAccountId);
  AccountLocal dest =
                  accountLocalHome.findByPrimaryKey(destAccountId);

  // Betrag von dem einen Konto belasten und auf das andere
  // hinzufügen
  src.setBalance( src.getBalance() - amount );
  dest.setBalance( dest.getBalance() + amount );

  // Alle Änderungen in der Transaktion speichern.
  ut.commit();
}
catch(Exception ex)
{
  // Alle Änderungen in der Transaktion rückgängig machen.
  ut.rollback();
}
...
```

Listing 7.18: Zugriff auf ein Entity Bean mit BMT

Innerhalb einer JTA-Transaktion können auch Resource Manager über die Programmierschnittstellen JDBC oder JMS angesprochen werden. Die Transaktion muss mit den JTA-Methoden gestartet und beendet werden. Die Methoden `commit()` und `rollback()` von den Schnittstellen `java.sql.Connection` bzw. `javax.jms.Session` dürfen nicht verwendet werden.

Es können mehrere Resource Manager an einer Transaktion beteiligt sein. So ist es z.B. möglich, auf mehrere Datenbanken und Message Server in einer Transaktion zuzugreifen. Listing 7.19 zeigt den Zugriff auf eine Datenbank über JDBC.

```
...
InitialContext ctx = new InitialContext();
DataSource dataSource =
        (DataSource)ctx.lookup("java:comp/env/jdbc/AccountDB");
Connection conn = dataSource.getConnection();

UserTransaction ut = sessionContext.getUserTransaction();
ut.begin();
try
{
  PreparedStatement stmt = conn.prepareStatement(
      "UPDATE Account SET balance=balance + ? WHERE id=?" );

  stmt.setDouble(1, -amount );
  stmt.setString(2, srcAccountId);

  if( stmt.executeUpdate() == 0 )
    throw new BankException("Unbekanntes Konto.");

  stmt.setDouble(1, amount );
  stmt.setString(2, destAccountId);

  if( stmt.executeUpdate() == 0 )
    throw new BankException("Unbekanntes Konto.");

  ut.commit();
  stmt.close();
}
catch(Exception ex)
{
  ut.rollback();
  throw ex;
}
finally
{
  conn.close();
}
...
```

Listing 7.19: Datenbankzugriff mit BMT

7.4.2 Besonderheiten von Stateful Session Beans mit BMT

Ein Stateful Session Bean mit BMT muss eine Transaktion nicht am Ende einer Methode beenden, sondern kann mehrer Methoden in dieser Transaktion aufrufen. Der Container merkt sich die Transaktion, die eine Instanz erzeugt hat. Alle Methoden dieses EJBs werden so lange in dieser Transaktion ausgeführt, bis sie beendet wird.

Diese Eigenschaft könnte man in einem Stateful Session Bean verwenden, mit dem man z.B. Daten aus einer Datenbank pflegen kann. Zu Begin wird eine Transaktion gestartet. Anschließend könnten beliebige Datensätze gepflegt werden. Der Client kann mit einem Button SPEICHERN alle veränderten Datensätze in die Datenbank übernehmen.

Listing 7.20 zeigt einen Ausschnitt einer Stateful Session Bean mit BMT. Mit der Methode `startTransaction()` wird eine Transaktion gestartet und der EJB-Instanz zugeordnet. Nun kann beliebig oft die Methode `accessDatabase(...)` aufgerufen werden. Alle Zugriffe von dieser EJB-Instanz auf beliebige Resource Manager werden unter der zuvor gestarteten Transaktion ausgeführt. Es können Nachrichten zu einem Message Server gesendet oder von ihm empfangen werden. Die Methode `endTransaction(...)` beendet die Transaktion, so dass alle beteiligten Resource Manager die Daten entweder speichern oder verwerfen.

Bei einem Stateful Session Bean mit BMT sollte man die Transaktion immer beenden, bevor eine System Exception ausgelöst wird. Nach einer System Exception verwirft der Container die Instanz. Man hat keine Möglichkeit, die Transaktion durch den Aufruf der Methode `endTransaction(...)` zu beenden.

Falls eine System Exception ausgelöst wird und die Transaktion noch nicht beendet ist, markiert der Container die Transaktion für einen ROLLBACK.

```
...
public class TestEJB implements SessionBean
{
  private SessionContext sctx;
  ...
  public void startTransaction() throws EJBException
  {
    try
    {
      UserTransaction ut = sctx.getUserTransaction();
      ut.begin(); // Transaktion starten
    }
    catch(Exception ex)
    {
      throw new EJBException( ex.getMessage() );
    }
  }

  public void accessDatabase(...) throws EJBException
  {
```

```
  try
  {
    InitialContext ctx = new InitialContext();
    DataSource dataSource =
        (DataSource)ctx.lookup("java:comp/env/jdbc/AccountDB");
    Connection conn = dataSource.getConnection();
    Statement stmt = conn.createStatement();

    stmt.executeUpdate(...);
    stmt.executeUpdate(...);

    stmt.close();
    conn.close();
  }
  catch(Exception ex)
  {
    // Vor dem Auslösen einer Systemexception sollte man die
    // Transaktion des Stateful Session Beans beenden, falls
    // eine gestartet wurde.
    rollbackActiveTransaction();
    throw new EJBException( ex.getMessage() );
  }
}

public void endTransaction(boolean commit) throws EJBException
{
  try
  {
    UserTransaction ut = sctx.getUserTransaction();

    if(commit)
      ut.commit();
    else
      ut.rollback();
  }
  catch(Exception ex)
  {
    throw new EJBException( ex.getMessage() );
  }
}

private void rollbackActiveTransaction()
{
  try
  {
```

```
        UserTransaction ut = sctx.getUserTransaction();

        switch( ut.getStatus() )
        {
          case Status.STATUS_ACTIVE :
          case Status.STATUS_MARKED_ROLLBACK :
            ut.rollback();
            break;
        }
      }
      catch(Exception ex)
      {
        ex.printStackTrace();
      }
    }
    ...
}
```

Listing 7.20: BMT in einem Stateful Session Bean

Der Container merkt sich den Transaktionskontext, den eine Instanz von einem Stateful Session Bean erzeugt hat. Alle Businessmethoden von dieser Instanz werden in dieser Transaktion ausgeführt.

Tabelle 7.11 beschreibt, mit welchem Transaktionskontext die Methode von einem Stateful Session Bean mit BMT ausgeführt wird. Der Transaktionskontext des Clients wird nicht berücksichtigt. Es wird immer die Transaktion verwendet, die von der Instanz gestartet wurde. Falls keine Transaktion gestartet wurde, wird die Methode in einem undefinierten Transaktionskontext ausgeführt.

Transaktion vom Client	**Transaktion, die der EJB-Instanz zugeordnet ist**	**Transaktion, in der die Methode ausgeführt wird**
keine	keine	keine
T1	keine	keine
keine	T2	T2
T1	T2	T2

Tabelle 7.11: Transaktion, in der eine EJB-Methode bei BMT ausgeführt wird

7.4.3 Besonderheiten von Message Driven Beans mit BMT

Bei einem Message Driven Bean kann man nur in der Methode `onMessage(...)` das Transaktionsverhalten beeinflussen. Wenn dort eine System Exception ausgelöst wird und die Transaktion noch nicht beendet ist, dann kennzeichnet sie der Container für einen ROLLBACK. Man sollte die Transaktion vor dem Auslösen einer Exception beenden.

Der EJB-Container führt die Methoden `setMessageDrivenContext(...)`, `ejbCreate()` und `ejbRemove()` immer mit einem undefinierten Transaktionskontext aus.

Ein MDB darf eine Nachricht nicht mit der JMS API bestätigen. Die Bestätigung der Nachricht wird immer vom Container durchgeführt. Im Deployment Descriptor kann man die Art der Bestätigung definieren. Im Element `<acknowledge-mode>` sind die beiden Werte AUTO_ACKNOWLEDGE oder DUPS_OK_ACKNOWLEDGE gültig. Falls das Element nicht angegeben wird, ist AUTO_ACKNOWLEDGE voreingestellt.

7.4.4 Verwaltung der Resourcen in einer Transaktion

Der Entwickler definiert bei einem EJB mit BMT den Beginn und das Ende einer Transaktion. Der EJB-Container merkt sich alle Resource Manager Connections (Datenbank, Messege-Queue), die das EJB über eine Resource Manager Connection Factory anfordert und im Laufe einer Transaktion verwendet. Am Ende der Transaktion wird bei allen verwendeten Resourcen der COMMIT bzw. ROLLBACK durchgeführt.

7.4.5 Unzulässige Methoden bei BMT

Folgende Aktionen dürfen bei einem EJB mit BMT nicht durchgeführt werden:

- Die Methoden `getRollbackOnly()` und `setRollbackOnly()` dürfen nicht vom Interface `java.ejb.EJBContext` aufgerufen werden. Diese Funktionalität stellt das Interface `javax.transaction.UserTransaction` zur Verfügung. Dieses enthält die beiden Methoden `getStatus()` und `rollback()`, die denen vom EJB-Kontext entsprechen.
- Bei Datenbankverbindungen darf keine Methode aufgerufen werden, die das Transaktionsverhalten beeinflusst. Dies sind z.B. die folgenden Methoden vom Interface `java.sql.Connection`:
  ```
  setAutoCommit(boolean autoCommit)
  commit()
  rollback()
  ```
- Bei einer Verbindung zu einem Message Queue Server darf keine Methode aufgerufen werden, die das Transaktionsverhalten beeinflusst. Dies sind z.B. die folgenden Methoden des Interfaces `javax.jms.Session`:
  ```
  commit()
  rollback()
  ```

7.4.6 Beispiel

An dieser Stelle sollen zwei Session Beans mit BMT entwickelt werden. Das erste soll ein Stateless Session Bean sein, das auf das Entity Bean AccountEJB zugreift. Der Client View soll der gleiche wie bei den Session Beans mit CMT sein.

Das zweite soll ein Stateful Session Bean sein. Dieses EJB bekommt einen eigenen Client View. Dieser stellt Methoden zur Verfügung, mit denen das Stateful Session Bean Transaktionen verwalten kann. Beide Session Beans sollen von der Bankanwendung angesteuert werden.

Stateless Session Bean mit BMT

Dieses Session Bean verwendet den gleichen Remote Client View wie die Session Beans mit CMT. Der Quellcode des Client Views ist in den Listings 7.10 und 7.11 abgebildet.

In der create-Methode wird das Home Interface des Entity Bean AccountEJBs über einen JNDI-Zugriff ermittelt. In den Businessmethoden wird eine Transaktion über die Programmierschnittstelle JTA gestartet. Danach erfolgen Zugriffe auf das Entity Bean AccountEJB. Falls ein Fehler auftritt, wird die Transaktion mit ROLLBACK, ansonsten mit COMMIT beendet.

```
package de.j2eeguru.example.transaction.bank;

import javax.ejb.SessionBean;
import javax.ejb.SessionContext;
import javax.ejb.EJBException;
import javax.ejb.DuplicateKeyException;
import javax.ejb.RemoveException;
import javax.ejb.FinderException;
import javax.ejb.CreateException;

import javax.transaction.UserTransaction;

import javax.naming.InitialContext;

import java.util.Iterator;
import java.util.Collection;

import de.j2eeguru.tools.LogBook;

public class BankEJB_BMT implements SessionBean
{
  //-----------------------------------------------------------------
  //        Instanzvariable deklarieren
  //-----------------------------------------------------------------
  private AccountLocalHome accountLocalHome = null;
  private SessionContext sctx = null;
```

```
//--------------------------------------------------------------
//          Implementierung der Businessmethoden
//--------------------------------------------------------------
public void createAccount( String accountId
                         ) throws EJBException, BankException
{
  try
  {
    // Neue Instanz vom Entity Bean erzeugen. Hier braucht
    // keine Transaktion gestartet werden, weil die Methode
    // vom EJB in einer eigenen Transaktion ausgeführt
    // wird. Der Container startet ggf. eine.
    accountLocalHome.create(accountId, 0.0);
  }
  catch(DuplicateKeyException ex)
  {
    throw new BankException("Konto mit der ID=" + accountId +
                            " ist bereits vorhanden.");
  }
  catch(Exception ex)
  {
    throw new EJBException(LogBook.logException(ex));
  }
}

public void deleteAccount( String accountId
                          ) throws EJBException, BankException
{
  try
  {
    // Vorhandene Instanz vom Entity Bean löschen. Hier braucht
    // keine Transaktion gestartet werden, weil die Methode
    // vom EJB in einer eigenen Transaktion ausgeführt
    // wird. Der Container startet ggf. eine.
    AccountLocal accountLocal =
                 accountLocalHome.findByPrimaryKey(accountId);
    accountLocal.remove();
  }
  catch(FinderException fex)
  {
    throw new BankException("Konto mit der ID=" + accountId +
                            " ist nicht vorhanden.");
  }
  catch(Exception ex)
```

```
    {
      throw new EJBException(LogBook.logException(ex));
    }
  }

  public void transfer( String srcAccountId,
                        String destAccountId,
                        double amount
                      ) throws EJBException, BankException
  {
    try
    {
      // Aktuelles Objekt UserTransaction ermitteln. Mit ihm
      // können die Grenzen von Transaktionen definiert werden.
      UserTransaction ut = sctx.getUserTransaction();

      // Transaktion starten
      ut.begin();
      try
      {
        // Beide Konten ermitteln
        AccountLocal src  =
                accountLocalHome.findByPrimaryKey(srcAccountId);
        AccountLocal dest =
                accountLocalHome.findByPrimaryKey(destAccountId);

        // Betrag von dem einen Konto belasten und auf das andere
        // hinzufügen
        src.setBalance( src.getBalance() - amount );
        dest.setBalance( dest.getBalance() + amount );
      }
      catch(Exception ex)
      {
        // Alle Änderungen in der Transaktion rückgängig machen.
        ut.rollback();
        throw ex;
      }

      ut.commit();// Alle Änderungen in der Transaktion speichern
    }
    catch(FinderException fex)
    {
      throw new BankException("Konto ist nicht vorhanden (" +
                              fex.getMessage() + ")");
    }
```

```
    catch(Exception ex)
    {
      throw new EJBException(LogBook.logException(ex));
    }
  }

  public void credit( String accountId, double amount
                    ) throws EJBException, BankException
  {
    try
    {
      // Aktuelles Objekt UserTransaction ermitteln
      UserTransaction ut = sctx.getUserTransaction();

      // Transaktion starten
      ut.begin();
      try
      {
        // Konto suchen und Betrag hinzufügen
        AccountLocal account  =
                   accountLocalHome.findByPrimaryKey(accountId);

        // Diese Codezeile muss in einer Transaktion ablaufen,
        // weil nach der Methode getBalance() die Datenbankzeile
        // modifiziert werden könnte.
        account.setBalance( account.getBalance() + amount );
      }
      catch(Exception ex)
      {
        // Alle Änderungen in der Transaktion rückgängig machen.
        ut.rollback();
        throw ex;
      }

      ut.commit();// Alle Änderungen in der Transaktion speichern
    }
    catch(FinderException fex)
    {
      throw new BankException("Konto mit der ID=" + accountId +
                              " ist nicht vorhanden.");
    }
    catch(Exception ex)
    {
      throw new EJBException(LogBook.logException(ex));
    }
```

```
}

public void debit( String accountId, double amount
                  ) throws EJBException, BankException
{
  try
  {
    // Aktuelles Objekt UserTransaction ermitteln
    UserTransaction ut = sctx.getUserTransaction();

    ut.begin();  // Transaktion starten
    try
    {
      // Konto suchen und mit dem Betrag belasten
      AccountLocal account  =
                  accountLocalHome.findByPrimaryKey(accountId);

      // Diese Codezeile muss in einer Transaktion ablaufen,
      // weil nach der Methode getBalance() die Datenbankzeile
      // modifiziert werden könnte.
      account.setBalance( account.getBalance() - amount );
    }
    catch(Exception ex)
    {
      // Alle Änderungen in der Transaktion rückgängig machen.
      ut.rollback();
      throw ex;
    }

    ut.commit();// Alle Änderungen in der Transaktion speichern
  }
  catch(FinderException fex)
  {
    throw new BankException("Konto mit der ID=" + accountId +
                            " ist nicht vorhanden.");
  }
  catch(Exception ex)
  {
    throw new EJBException(LogBook.logException(ex));
  }
}

public String [][] getAccountInfo( ) throws EJBException
{
  try
```

```
  {
    String[][] ret = null; // Rückgabewert

    // Aktuelles Objekt UserTransaction ermitteln
    UserTransaction ut = sctx.getUserTransaction();

    ut.begin();  // Transaktion starten
    try
    {
      // Alle Konten suchen
      Collection collection = accountLocalHome.findAll();
      Iterator it = collection.iterator();

      ret = new String[collection.size()][];
      int i=0;

      // Schleife über alle Konten
      while( it.hasNext() )
      {
        AccountLocal account = (AccountLocal)it.next();
        ret[i++] = new String[] { account.getId(),
                                  "" + account.getBalance() };
      }
    }
    catch(Exception ex)
    {
      // Alle Änderungen in der Transaktion rückgängig machen.
      ut.rollback();
      throw ex;
    }

    ut.commit();// Alle Änderungen in der Transaktion speichern
    return ret;
  }
  catch(Exception ex)
  {
    throw new EJBException(LogBook.logException(ex));
  }
}

//---------------------------------------------------------------
//          Implementierung der create-Methode
//---------------------------------------------------------------
public void ejbCreate() throws CreateException
{
```

```
    try
    {
      // JNDI-Kontext ermitteln
      InitialContext ic = new InitialContext();

      // Local Home Schnittstelle von dem Entity Bean AccountEJB
      // über einen logischen Namen ermitteln.
      accountLocalHome =
         (AccountLocalHome)ic.lookup("java:comp/env/ejb/account");
    }
    catch(Exception ex)
    {
      throw new CreateException(LogBook.logException(ex));
    }
  }

  //---------------------------------------------------------------
  // Implementierung des Interfaces 'javax.ejb.SessionBean'
  //---------------------------------------------------------------
  public void setSessionContext( SessionContext sctx )
  {
    this.sctx = sctx;
  }

  public void ejbRemove()     { accountLocalHome = null; }
  public void ejbActivate()   {  }
  public void ejbPassivate()  {  }
}
```

Listing 7.21: EJB-Implementierung des Session Beans BankEJB_BMT

Listing 7.22 enthält den Deployment Descriptor des Session Beans. Dort sind alle erforderlichen Informationen enthalten, um das Session Bean mit dem DeployTool in eine J2EE-Anwendung einzufügen. Das Session Bean muss den JNDI-Namen de/j2eeguru/example/transaction/bank_bmt_cmp bekommen, da die Swing-Anwendung diesen verwendet.

```
<ejb-jar>
  <display-name>BankExample</display-name>
  <enterprise-beans>
    <session>
      <display-name>BankEJB_BMT</display-name>
      <ejb-name>BankEJB_BMT</ejb-name>
      <home>de.j2eeguru.example.transaction.bank.BankHome</home>
      <remote>de.j2eeguru.example.transaction.bank.Bank</remote>
      <ejb-class>
```

```
        de.j2eeguru.example.transaction.bank.BankEJB_BMT
      </ejb-class>
      <session-type>Stateless</session-type>
      <transaction-type>Bean</transaction-type>
      <ejb-local-ref>
        <ejb-ref-name>ejb/account</ejb-ref-name>
        <ejb-ref-type>Entity</ejb-ref-type>
        <local-home>
          de.j2eeguru.example.transaction.bank.AccountLocalHome
        </local-home>
        <local>
          de.j2eeguru.example.transaction.bank.AccountLocal
        </local>
        <ejb-link>ejb-jar-ic.jar#AccountEJB</ejb-link>
      </ejb-local-ref>
      ...
    </session>
    ...
  </enterprise-beans>
  ...
<ejb-jar>
```

Listing 7.22: Deployment Descriptor des Stateless Session Beans mit BMT

Stateful Session Bean mit BMT

Remote Home Interface

Das Home Interface enthält eine create-Methode. Diese hat einen Übergabeparameter, mit dem man einstellen kann, ob die UserTransaction über den SessionContext oder über JNDI ermittelt wird.

```
package de.j2eeguru.example.transaction.bank;

import javax.ejb.EJBHome;
import javax.ejb.CreateException;
import java.rmi.RemoteException;

public interface BankJdbcHome extends EJBHome
{
  public BankJdbc create(boolean jndiAccess)
         throws CreateException, RemoteException;
}
```

Listing 7.23: Remote Home Interface von dem Stateful Session Bean BankJdbcEJB

Remote Interface

Das Remote Interface definiert zwei Methoden, die wir von dem oben verwendeten Client View schon kennen. Eine, um eine Überweisung durchzuführen, und eine, um sich alle Kontostände anzusehen.

Das Interface stellt außerdem Methoden zur Verfügung, mit denen man eine Transaktion starten und beenden sowie den aktuellen Status der Transaktion ermitteln kann. Es werden auch Methoden deklariert, mit denen man die Isolationsstufe der Datenbankverbindung beeinflussen kann.

```
package de.j2eeguru.example.transaction.bank;

import javax.ejb.EJBObject;
import java.rmi.RemoteException;

public interface BankJdbc extends EJBObject
{
  public void transfer( String srcAccountId,
                        String destAccountId,
                        double amount
                      ) throws RemoteException, BankException;

  public String[][] getAccountInfo( )
         throws RemoteException;

  public void startTransaction()
         throws RemoteException;

  public void endTransaction(boolean commit)
         throws RemoteException;

  public int getTransactionStatus()
         throws RemoteException;

  public String getSupportedIsolationLevel()
         throws RemoteException;

  public int getIsolationLevel()
         throws RemoteException;

  public void setIsolationLevel(int level)
         throws RemoteException;
}
```

Listing 7.24: Remote Interface des Stateful Session Beans BankJdbcEJB mit BMT

EJB-Implementierung

Der Client kann in dem Übergabeparameter der create-Methode angeben, ob das aktuelle UserTransaction-Objekt über einen JNDI-Zugriff oder von dem SessionContext ermittelt werden soll. Die Methode `getUserTransaction()` wertet dies aus und liefert das Objekt als Rückgabewert zurück.

Das Stateful Session Bean stellt die beiden Methoden `startTransaction()` und `endTransaction(...)` zur Verfügung, mit der eine Transaktion im EJB-Container gestartet bzw. beendet wird. Die Methode `getTransactionStatus()` liefert den aktuellen Status der Transaktion. Die Transaktion kann für mehrere Methodenaufrufe verwendet werden. Der Client hat keinen direkten Zugriff auf den Transaktionskontext.

Die Methode `transfer(...)` muss in einer Transaktion ausgeführt werden. Dies wird in der Methode überprüft und ggf. wird eine Exception ausgelöst. Die aktuellen Kontostände werden mit der Methode `getAccountInfo()` ermittelt. Diese Methode kann auch ohne Transaktion ausgeführt werden.

In der Methode `getConnection()` wird eine Verbindung zur Datenbank aufgebaut. Falls das Attribut isolationLevel von dem Session Bean verändert wurde, wird die Isolationsstufe der Datenbankverbindung angepasst. Das Attribut isolationLevel sollte nur verändert werden, wenn keine Transaktion aktiv ist, da die Datenbank ggf. einen COMMIT durchführt, wenn die Isolationsstufe einer Datenbankverbindung verändert wird. In diesem Beispiel kann sie auch innerhalb einer Transaktion verändert werden, weil wir das Verhalten analysieren wollen. Die zulässigen Isolationsstufen der Datenbank können mit der Methode `getSupportedIsolationLevel()` ermittelt werden.

Die Methode `rollbackActiveTransaction()`kann vor dem Auslösen einer EJBException aufgerufen werden. In dieser Methode wird überprüft, ob derzeit eine Transaktion aktiv ist. Falls dies der Fall ist, wird die Transaktion mit einem ROLLBACK beendet. Wenn eine EJB-Instanz eine EJBException auslöst, wird der Container diese Instanz löschen, so dass der Client die Methode `endTransaction()` nicht mehr für diese Instanz aufrufen kann. Dies kann dazu führen, dass die Datenbank noch Objekte gelockt hat. Der Container würde eine noch aktive Transaktion zwar für einen ROLLBACK markieren, wann diese aber beendet wird, ist nicht definiert – spätestens wenn der Garbage Collector seine Arbeit verrichtet.

```
package de.j2eeguru.example.transaction.bank;

import javax.ejb.SessionBean;
import javax.ejb.SessionContext;
import javax.ejb.EJBException;

import javax.naming.InitialContext;
import javax.transaction.UserTransaction;
import javax.transaction.Status;

import java.sql.Connection;
import java.sql.DatabaseMetaData;
```

```
import javax.sql.DataSource;
import java.sql.PreparedStatement;
import java.sql.Statement;
import java.sql.ResultSet;

import java.util.Vector;

import de.j2eeguru.tools.LogBook;

public class BankJdbcEJB implements SessionBean
{
  //----------------------------------------------------------------
  //       Instanzvariable deklarieren
  //----------------------------------------------------------------
  private String tableNameAccount;
  private String columnNameAccountId;
  private String columnNameBalance;
  private int isolationLevel = Connection.TRANSACTION_NONE;
  private SessionContext sctx;
  private boolean jndiAccess;

  //----------------------------------------------------------------
  //          Implementierung der Businessmethoden
  //----------------------------------------------------------------
  public void transfer( String srcAccountId,
                        String destAccountId,
                        double amount
                      ) throws BankException
  {
    Connection conn = null;
    PreparedStatement stmt = null;

    try
    {
      // UserTransaction ermitteln
      UserTransaction ut = getUserTransaction();

      // Die Methode muss in einer Transaktion ausgeführt werden.
      if( ut.getStatus() != Status.STATUS_ACTIVE )
        throw new BankException("Ungültiger Transaktionsstatus.");

      // Datenbankverbindung aufbauen und SQL-Statement erzeugen
      conn = getConnection();
      stmt = conn.prepareStatement(
        "UPDATE " + tableNameAccount +
```

```
        " SET " + columnNameBalance + "=" +
                   columnNameBalance + "+ ? " +
        " WHERE " + columnNameAccountId + "= ?"  );

      // Variablen vom SQL-Statement mit Werten belegen
      stmt.setDouble(1, -amount );
      stmt.setString(2, srcAccountId);

      // SQL-Statement ausführen. Falls keine Zeile modifiziert
      // wurde, ist die Kontonummer nicht vorhanden und es wird
      // eine Exception ausgelöst. Da an dieser Stelle noch
      // keine Datensätze modifiziert wurden, ist kein ROLLBACK
      // erforderlich.
      if( stmt.executeUpdate() == 0 )
        throw new BankException("Das Konto mit der ID '" +
                       srcAccountId + "' wurde nicht gefunden.");

      // Variablen vom SQL-Statement mit neuen Werten belegen
      stmt.setDouble(1, amount );
      stmt.setString(2, destAccountId);

      // SQL-Statement ausführen. Falls das Empfängerkonto nicht
      // existiert, muss die aktuelle Transaktion für einen
      // ROLLBACK markiert werden.
      if( stmt.executeUpdate() == 0 )
      {
        // Transaktion für ROLLBACK kennzeichnen
        ut.setRollbackOnly();
        throw new BankException("Das Konto mit der ID '" +
                       destAccountId + "' wurde nicht gefunden.");
      }
    }
    catch(BankException bex)
    {
      throw bex;
    }
    catch(Exception ex)
    {
      rollbackActiveTransaction();
      throw new EJBException(LogBook.logException(ex));
    }
    finally
    {
      try
      { // Datenbankobjekte freigeben
```

```
      if( stmt != null ) stmt.close();
      if( conn != null ) conn.close();
    }
    catch(Exception ex) { LogBook.logException(ex); }
  }
}

public String[][] getAccountInfo( ) throws EJBException
{
  Connection conn = null;
  Statement stmt = null;
  ResultSet rs = null;

  try
  {
    // Datenbankverbindung aufbauen und SQL-Statement erzeugen
    conn = getConnection();
    stmt = conn.createStatement();

    // SQL-Statement ausführen und Ergebnismenge ermitteln
    rs = stmt.executeQuery(
      "SELECT "+ columnNameAccountId +", "+ columnNameBalance +
      " FROM " + tableNameAccount );

    // Ergebnismenge in einen Vector zwischenspeichern
    Vector list = new Vector();
    while( rs.next() )
    {
      list.add( rs.getString(1) );
      list.add( "" + rs.getDouble(2) );
    }

    // Ergebnismenge in ein zweidimensionales Array kopieren
    String[][] ret = new String[list.size() / 2][];
    for( int i=0; i<list.size() / 2; i++)
      ret[i] = new String[] { (String)list.get(i * 2),
                              (String)list.get(i * 2 + 1) };
    return ret;
  }
  catch(Exception ex)
  {
    rollbackActiveTransaction();
    throw new EJBException(LogBook.logException(ex));
  }
  finally
```

```
    {
      try
      { // Datenbankobjekte freigeben
        if( rs != null )   rs.close();
        if( stmt != null ) stmt.close();
        if( conn != null ) conn.close();
      }
      catch(Exception ex) { LogBook.logException(ex); }
    }
  }

  public void startTransaction() throws EJBException
  {
    try
    {
      UserTransaction ut = getUserTransaction();
      ut.begin(); // Transaktion starten
    }
    catch(Exception ex)
    {
      rollbackActiveTransaction();
      throw new EJBException(LogBook.logException(ex));
    }
  }

  public void endTransaction(boolean commit) throws EJBException
  {
    try
    {
      // Die aktuelle Transaktion wird entweder mit einem COMMIT
      // oder ROLLBACK beendet.
      if(commit)
        getUserTransaction().commit();
      else
        getUserTransaction().rollback();
    }
    catch(Exception ex)
    {
      rollbackActiveTransaction();
      throw new EJBException(LogBook.logException(ex));
    }
  }

  public int getTransactionStatus() throws EJBException
  {
```

```
  try
  {
    // Aktuellen Status der Transaktion ermitteln. Der
    // Rückgabewert ist vom Typ 'javax.transaction.Status'.
    return getUserTransaction().getStatus();
  }
  catch(Exception ex)
  {
    rollbackActiveTransaction();
    throw new EJBException(LogBook.logException(ex));
  }
}

public String getSupportedIsolationLevel() throws EJBException
{
  try
  {
    StringBuffer ret = new StringBuffer();

    // Datenbankverbindung aufbauen
    Connection conn = getConnection();

    // Metadaten der Datenbank ermitteln. Mit dieser
    // Schnittstelle können herstellerspezifische Eigenschaften
    // von der Datenbank ermittelt werden.
    DatabaseMetaData metaData = conn.getMetaData();

    if( metaData.supportsTransactionIsolationLevel(
                   Connection.TRANSACTION_READ_COMMITTED) )
      ret.append("TRANSACTION_READ_COMMITTED\n");
    if( metaData.supportsTransactionIsolationLevel(
                   Connection.TRANSACTION_READ_UNCOMMITTED)
      ret.append("TRANSACTION_READ_UNCOMMITTED\n");
    if( metaData.supportsTransactionIsolationLevel(
                   Connection.TRANSACTION_REPEATABLE_READ) )
      ret.append("TRANSACTION_REPEATABLE_READ\n");
    if( metaData.supportsTransactionIsolationLevel(
                   Connection.TRANSACTION_SERIALIZABLE) )
      ret.append("TRANSACTION_SERIALIZABLE\n");

    conn.close();

    return(ret.toString());
  }
  catch(Exception ex)
```

```
    {
      rollbackActiveTransaction();
      throw new EJBException(LogBook.logException(ex));
    }
  }

  public int getIsolationLevel()
  {
    return isolationLevel;
  }

  public void setIsolationLevel(int level)
  {
    isolationLevel = level;
  }

  //------------------------------------------------------------
  //          Implementierung der create-Methode
  //------------------------------------------------------------
  public void ejbCreate( boolean jndiAccess
                       ) throws CreateException
  {
    try
    {
      this.jndiAccess = jndiAccess;

      InitialContext ctx = new InitialContext();

      // Tabellennamen und Spaltennamen für den Account ermitteln.
      // Diese Werte müssen bei der Installation angegeben werden.
      tableNameAccount = (String)ctx.lookup(
                   "java:comp/env/param/tablename_account");
      columnNameAccountId = (String)ctx.lookup(
                   "java:comp/env/param/columnname_accountid");
      columnNameBalance = (String)ctx.lookup(
                   "java:comp/env/param/columnname_balance");

      // Datenbankverbindung aufbauen und Isolationsstufe
      // ermitteln
      Connection conn = getConnection();
      isolationLevel = conn.getTransactionIsolation();
      conn.close();
    }
    catch(Exception ex)
    {
```

```
    throw new EJBException(LogBook.logException(ex));
  }
}

//--------------------------------------------------------------
// Implementierung des Interfaces 'javax.ejb.SessionBean'
//--------------------------------------------------------------
public void setSessionContext( SessionContext sctx )
{
  this.sctx = sctx;
}

public void ejbRemove()    {  }
public void ejbActivate() {  }
public void ejbPassivate(){  }

//--------------------------------------------------------------
//                      Hilfsmethoden
//--------------------------------------------------------------
private Connection getConnection() throws Exception
{
  // JNDI Kontext ermitteln
  InitialContext ctx = new InitialContext();

  // Resource Manager Connection Factory über einen logischen
  // Namen ermitteln
  DataSource dataSource = (DataSource)ctx.lookup(
                              "java:comp/env/jdbc/AccountDB");

  // Datenbankverbindung aufbauen
  Connection conn = dataSource.getConnection();

  // Isolationsstufe der Transaktion anpassen
  // Achtung, wenn das Attribut mitten in einer Transaktion
  // verändert wurde, kann es sein, dass die Datenbank
  // einen COMMIT durchführt.
  if( isolationLevel != Connection.TRANSACTION_NONE  &&
      isolationLevel != conn.getTransactionIsolation() )
    conn.setTransactionIsolation( isolationLevel );

  return conn;
}

private UserTransaction getUserTransaction()
       throws NamingException
```

```
  {
    // Ein EJB mit BMT hat zwei Möglichkeiten, um das aktuelle
    // UserTransaktion Objekt zu ermitteln. Entweder über den
    // EJBContext oder über einen JNDI-Zugriff. Die beiden
    // Varainten sind äquivalent.
    if( jndiAccess )
    {
      // JNDI-Kontext ermitteln
      InitialContext ctx = new InitialContext();
      return (UserTransaction)ctx.lookup(
                                "java:comp/UserTransaction");
    }
    else
      return sctx.getUserTransaction();
  }

  private void rollbackActiveTransaction()
  {
    try
    {
      UserTransaction ut = sctx.getUserTransaction();

      switch( ut.getStatus() )
      {
        case Status.STATUS_ACTIVE :
        case Status.STATUS_MARKED_ROLLBACK :
          ut.rollback();
          break;
      }
    }
    catch(Exception ex)
    {
      ex.printStackTrace();
    }
  }
}
```

Listing 7.25: EJB-Implementierung des Session Beans BankJdbcEJB

Listing 7.26 enthält den Deployment Descriptor des Stateful Session Beans BankJdbcEJB. Dort sind alle erforderlich Informationen enthalten, um das Session Bean mit dem DeployTool in eine J2EE-Anwendung einzufügen. Das Session Bean muss den JNDI Namen de/j2eeguru/example/transaction/bank_bmt_bmp bekommen, da die Swing-Anwendung diesen verwendet.

```
<ejb-jar>
  <display-name>BankExample</display-name>
  <enterprise-beans>
    <session>
      <display-name>BankJdbcEJB</display-name>
      <ejb-name>BankJdbcEJB</ejb-name>
      <home>
        de.j2eeguru.example.transaction.bank.BankJdbcHome
      </home>
      <remote>
        de.j2eeguru.example.transaction.bank.BankJdbc
      </remote>
      <ejb-class>
        de.j2eeguru.example.transaction.bank.BankJdbcEJB
      </ejb-class>
      <session-type>Stateful</session-type>
      <transaction-type>Bean</transaction-type>
      <env-entry>
        <env-entry-name>param/tablename_account</env-entry-name>
        <env-entry-type>java.lang.String</env-entry-type>
        <env-entry-value>"AccountEJBTable"</env-entry-value>
      </env-entry>
      <env-entry>
        <env-entry-name>
          param/columnname_accountid
        </env-entry-name>
        <env-entry-type>java.lang.String</env-entry-type>
        <env-entry-value>"id"</env-entry-value>
      </env-entry>
      <env-entry>
        <env-entry-name>param/columnname_balance</env-entry-name>
        <env-entry-type>java.lang.String</env-entry-type>
        <env-entry-value>"balance"</env-entry-value>
      </env-entry>
      <resource-ref>
        <res-ref-name>jdbc/AccountDB</res-ref-name>
        <res-type>javax.sql.DataSource</res-type>
        <res-auth>Container</res-auth>
        <res-sharing-scope>Shareable</res-sharing-scope>
      </resource-ref>
      ...
    </session>
    ...
  </enterprise-beans>
```

```
...
<ejb-jar>
```

Listing 7.26: Deployment Descriptor des Stateful Session Beans mit BMT

J2EE-Anwendung installieren

Wenn die J2EE-Anwendung mit den CMT Session Beans selbst erstellt wurde, muss diese nun um die beiden Session Beans mit BMT erweitert werden. Alle erforderlichen Informationen sind beschrieben worden. Wurde die mitgelieferte J2EE-Applikation installiert, sind die beiden Session Beans bereits installiert. Man kann sie mit der Batchdatei *Projekte/TransactionExample/bin/deployBankExample.bat* erneut auf den Server installieren.

Testapplikation

Um das Transaktionsverhalten der EJBs zu untersuchen, verwenden wir die gleiche Anwendung wie bei den Session Beans mit CMT. Die Anwendung kann mit der Batchdatei *Projekte/TransactionExample/bin/startBankExample.bat* gestartet werden. Die Anwendung kann ggf. mehrmals gestartet werden.

Testszenarien

Stateless Session Bean mit Bean Managed Transaction

Mit dem Menü EINSTELLUNG | BMT – STATELESS SESSION BEAN wird das EJB ausgewählt, das die Funktionen ausführen soll. Falls die J2EE-Anwendung neu installiert wurde, sind die bestehenden Konten ggf. nicht mehr vorhanden. Dann müssen neue Konten angelegt werden und einige Einzahlungen durchgeführt werden.

Wir wollen nun eine Überweisung durchführen. Der Betrag, der überwiesen werden soll, soll kleiner wie das aktuelle Guthaben sein, so dass kein negativer Kontostand entsteht. Abbildung 7.9 zeigt die Meldungen an der Serverkonsole.

```
Eingabeaufforderung
23.10.2001 19:21:09.828 [DEBUG]   > BankEJB_BMT.transfer(X, Y, 1.0)
23.10.2001 19:21:09.838 [DEBUG]   > BankEJB_BMT.transfer(...): ut.begin()
23.10.2001 19:21:09.969 [DEBUG]   > AccountEJB.ejbLoad() - AccountId=X
23.10.2001 19:21:09.989 [DEBUG]   > AccountEJB.ejbLoad() - AccountId=Y
23.10.2001 19:21:09.989 [DEBUG]   > BankEJB_BMT.transfer(...): vor ut.commit()
23.10.2001 19:21:09.989 [DEBUG]   > AccountEJB.ejbStore() - AccountId=X
23.10.2001 19:21:09.989 [DEBUG]   > AccountEJB.ejbStore() - AccountId=Y
23.10.2001 19:21:10.059 [DEBUG]   > BankEJB_BMT.transfer(...): nach ut.commit()
```

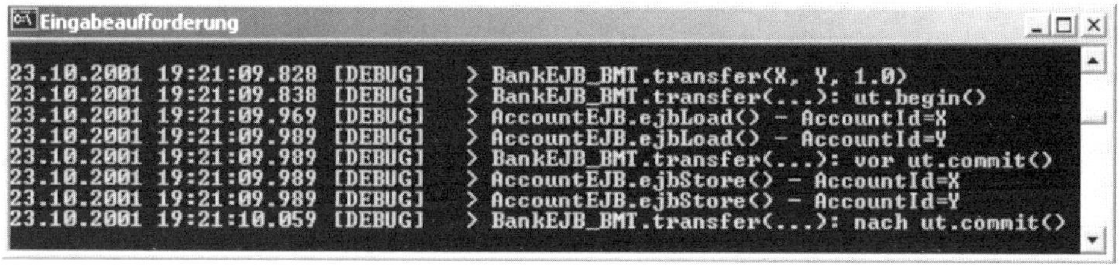

Abbildung 7.9: Meldungen an der Serverkonsole bei einer erfolgreichen Überweisung

Im Quelltext des Session Beans werden zu Beginn und am Ende der Transaktion Meldungen an der Serverkonsole ausgegeben. Die Methode `transfer(...)` greift auf zwei Instanzen des Entity Beans AccountEJB zu. An den Meldungen ist zu erkennen, dass in der Methode `commit()` die Methoden `ejbStore()` von den beteiligten Entity

Beans aufgerufen werden, d.h. am Ende einer Transaktion werden die Entity Beans mit der Datenbank synchronisiert.

Abbildung 7.10 zeigt die Meldungen an der Serverkonsole, wenn das Konto nach der Überweisung einen negativen Betrag hätte. Die Methode `ejbStore()` des Entity Beans AccountEJB markiert die aktuelle Transaktion für einen ROLLBACK. Die Methode `commit()` löst eine Exception aus und beendet die Transaktion mit ROLLBACK.

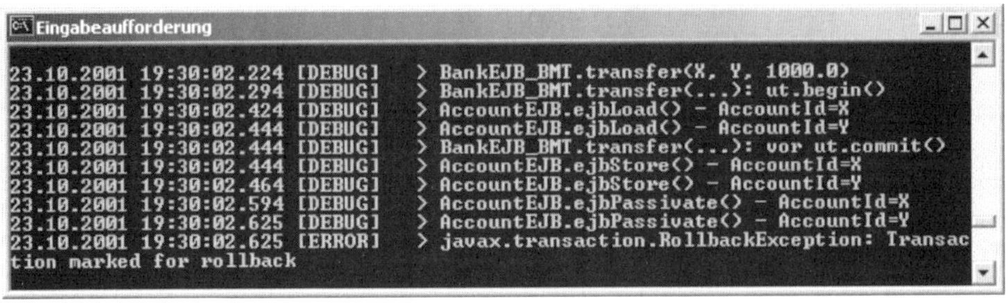

```
Eingabeaufforderung
23.10.2001 19:30:02.224 [DEBUG]   > BankEJB_BMT.transfer(X, Y, 1000.0)
23.10.2001 19:30:02.294 [DEBUG]   > BankEJB_BMT.transfer(...): ut.begin()
23.10.2001 19:30:02.424 [DEBUG]   > AccountEJB.ejbLoad() - AccountId=X
23.10.2001 19:30:02.444 [DEBUG]   > AccountEJB.ejbLoad() - AccountId=Y
23.10.2001 19:30:02.444 [DEBUG]   > BankEJB_BMT.transfer(...): vor ut.commit()
23.10.2001 19:30:02.444 [DEBUG]   > AccountEJB.ejbStore() - AccountId=X
23.10.2001 19:30:02.464 [DEBUG]   > AccountEJB.ejbStore() - AccountId=Y
23.10.2001 19:30:02.594 [DEBUG]   > AccountEJB.ejbPassivate() - AccountId=X
23.10.2001 19:30:02.625 [DEBUG]   > AccountEJB.ejbPassivate() - AccountId=Y
23.10.2001 19:30:02.625 [ERROR]   > javax.transaction.RollbackException: Transac
tion marked for rollback
```

Abbildung 7.10: Meldungen an der Serverkonsole bei einer fehlerhaften Überweisung

Als Nächstes wollen wir untersuchen, ob eine Transaktion, die am Client gestartet wurde, einen Einfluss auf die Transaktion vom Session Bean hat. Dazu starten wir mit dem Menü CLIENT-TRANSAKTION | BEGIN eine Transaktion. Danach führen wir eine Überweisung durch und beenden dann die Transaktion mit dem Menü CLIENT-TRANSAKTION | ROLLBACK. Ein Blick auf die Kontostände zeigt, dass die Überweisung durchgeführt wurde. Der Transaktionskontext von dem Aufrufenden einer Businessmethode mit BMT wird nicht berücksichtigt.

Stateful Session Bean mit Bean Managed Transaction

Mit dem Menü EINSTELLUNG | BMT – STATEFUL SESSION BEAN (BMP) wird das EJB ausgewählt. In dem Menü KONTO stehen nur die zwei Menüpunkte zur Verfügung, um eine Überweisung durchzuführen und die Kontostände anzuzeigen. Das Menü SERVER-TRANSAKTION wird aktiviert, mit dem man die Transaktion von dem Stateful Session Bean und die Isolationsstufe von der Datenbankverbindung verwalten kann.

Transaktion im Stateful Session Bean starten

Wir wollen mehrere Businessmethoden innerhalb einer Transaktion ausführen. Die Transaktion soll einmal mit COMMIT und bei einem zweiten Test mit ROLLBACK beendet werden. Die folgenden Aktionen sollten durchgeführt werden .

- Mit dem Menü SERVER-TRANSAKTION | BEGIN eine Transaktion im Stateful Session Bean starten
- Eine oder mehrere Überweisungen ausführen
- Kontostände anzeigen lassen
- Transaktion entweder mit COMMIT oder mit ROLLBACK beenden. Der entsprechende Befehl muss aus dem Menü SERVER-TRANSAKTION gestartet werden.

- Kontostände anzeigen lassen und überprüfen, ob die Überweisung durchgeführt wurde oder nicht

Je nachdem, ob die Transaktion im Server mit COMMIT oder ROLLBACK beendet wurde, werden die Änderungen innerhalb der Transaktion gespeichert oder verworfen. Das Verhalten der Anwendung ist prinzipiell ähnlich wie bei den Testszenarien mit CMT Session Beans, wo eine Transaktion im Client gestartet wurde. Da ein EJB-Container keine externen Transaktionen unterstützen muss, sollte man immer ein Stateful Session Bean verwenden, wenn man mehrere Businessmethoden in einer Transaktion ausführen muss.

Gleichzeitiger Zugriff von mehreren Clients

Dieses Szenario haben wir prinzipiell bei den Session Beans mit CMT analysiert. An dieser Stelle verwenden wir eine Transaktion im Stateful Session Bean und erwarten das gleiche Ergebnis. Für den Test müssen wir die Anwendung zweimal starten.

In beiden Anwendungen wird das Stateful Session Bean im Menü EINSTELLUNG angewählt, eine Transaktion im Server gestartet und dann eine Überweisung mit den gleichen Konten durchgeführt. Die Überweisung, die später angestoßen wurde, wird erst ausgeführt, wenn die Transaktion von der anderen Anwendung beendet wird. Die andere Transaktion wird auch beendet.

Wir starten nun erneut von beiden Anwendungen aus eine Transaktion im Stateful Session Bean. Nun sehen wir uns in einer Anwendung die Kontostände an. In der anderen Anwendung führen wir eine Überweisung aus und beenden die Transaktion mit COMMIT. Wir sehen uns in der ersten Anwendung erneut die Kontostände an. Die Werte haben sich innerhalb der Transaktion verändert. Die Transaktion beenden wir nun ebenfalls. Die Datenbankzugriffe wurden mit der Isolationsstufe READ_COMMITED durchgeführt.

Isolationsstufe REPEATABLE_READ verwenden

Wir stellen nun bei einem Client die Isolationsstufe auf REPEATABLE_READ ein, starten eine Transaktion und lassen uns die Kontostände anzeigen. Mit einem zweiten Client wird ebenfalls eine Transaktion gestartet und dann eine Überweisung angestoßen. Die Überweisung wird erst ausgeführt, wenn die Transaktion vom anderen Client beendet wird. Die Datenbank stellt sicher, dass die Daten von keiner anderen Transaktion verändert werden, die der erste Client innerhalb der Transaktion gelesen hat. Bei der Isolationsstufe READ_COMMITED war das Verhalten anders.

Mit dem Menü SERVER-TRANSACTION | ZULÄSSIGE ISOLATIONSSTUFEN ANZEIGEN kann man sich die Isolationsstufen anzeigen lassen, die von der Datenbank unterstützt werden. Die Cloudscape-Datenbank, die bei der J2EE-Referenzimplementierung mitgeliefert wird, listet die Isolationsstufen READ_COMMITED, REPEATABLE_READ und SERIALIZABLE auf.

Wir führen das Szenario erneut aus. Anstatt eine Überweisung auszuführen, erzeugen wir ein neues Konto („Stateless Session Bean“ verwenden). Diese Funktion wird von der Datenbank ebenfalls solange blockiert, bis die andere Transaktion beendet wurde. Dieses

Verhalten sollte bei der Isolationsstufe REPEATABLE_READ eigentlich nicht auftreten, sondern nur bei SERIALIZABLE. Bei dem Versuch, die Isolationsstufe auf Connection.TRANSACTION_NONE einzustellen wird eine Fehlermeldung ausgegeben, die aussagt, dass nur die beiden Isolationsstufen READ_COMMITTED und SERIALIZABLE unterstützt werden. Dies bestätigt unsere Beobachtung. Der JDBC-Treiber arbeitet scheinbar nicht korrekt, wenn eine nicht unterstützte Isolationsstufe eingestellt wird, bzw. wenn die unterstützten Isolationsstufen abgefragt werden. Wenn die Isolationsstufe REPEATABLE_READ eingestellt wird, arbeitet die Datenbank mit SERIALIZABLE. Da die Isolationsstufe SERIALIZABLE eine höhere Sicherheit gewährleistet, ist das Verhalten akzeptabel.

Isolationsstufe mitten in einer Transaktion ändern

Dieses Testszenario soll zeigen, dass durch eine Änderung der Isolationsstufe mitten in einer Transaktion, von der Datenbank ein COMMIT durchgeführt werden kann. Dieses Verhalten ist datenbankspezifisch. An dieser Stelle wird die Cloudscape-Datenbank analysiert.

Wir stellen die Isolationsstufe auf READ_COMMITED und starten eine Transaktion im Server. Nun führen wir eine Überweisung aus und sehen uns die Kontostände an. Die Beträge der beteiligten Konten merken wir uns. Danach ändern wir die Isolationsstufe auf SERIALIZABLE, führen erneut eine Überweisung aus und sehen uns die Kontostände an. Bis jetzt sieht alles ganz normal aus. Wir beenden die Transaktion mit ROLLBACK und sehen uns erneut die Kontostände an. Die erste Überweisung ist in die Datenbank gespeichert worden, obwohl die Transaktion mit ROLLBACK beendet wurde. Dies ist durch das Ändern der Isolationsstufe verursacht worden.

8 Ausnahmebehandlung (Exceptions)

8.1 Begriffsdefinition

8.1.1 Anwendungsspezifische Ausnahme

Eine Exception ist eine Ausnahme. Eine anwendungsspezifische Ausnahme wird verwendet, um den Client über einen Anwendungsfehler zu informieren. Dies kann ein Verstoß gegen die Businesslogik sein, wenn z.B. in einer Bankanwendung eine nichtvorhandene Kontonummer angegeben wird oder wenn ein höherer Betrag wie der Kontostand von einem Konto abgehoben werden soll.

Der EJB-Container leitet anwendungsspezifische Ausnahmen unverändert zum Client weiter. In der Regel erstellt man mehrere Ausnahmeklassen, die von einer Basisklasse abgeleitet werden. Der Client kann so durch spezielle catch-Anweisungen eine geeignete Ausnahmebehandlung durchführen.

Anwendungsspezifische Ausnahmen werden in der Methodendeklaration der Businessmethoden eines EJB in der throws-Anweisung angegeben. Die Businessmethoden eines EJBs sind die Methoden, die im Client View deklariert werden. Die beiden Klassen `javax.ejb.EJBException` und `java.rmi.RemoteException` sind keine anwendungsspezifische Ausnahmen.

Die folgenden Regeln gelten für anwendungsspezifische Ausnahmen:

- Die Klasse muss von `java.lang.Exception` oder einer davon abgeleiteten Klasse abgeleitet sein.
- Die Klasse darf nicht von `java.lang.RuntimeException` und `java.rmi.RemoteException` oder von einer davon abgeleiteten Klasse abgeleitet sein.
- Sie dürfen nicht verwendet werden, um Systemfehler zu melden.
- Container-Callback-Methoden können keine anwendungsspezifischen Ausnahmen auslösen.

Der EJB-Container führt bei einer anwendungsspezifischen Ausnahme keinen Rollback durch. Der Entwickler eines EJBs muss darauf achten, dass die Daten vor dem Auslösen einer anwendungsspezifischen Ausnahme konsistent sind und dass das EJB weitere Methodenaufrufe durchführen kann. Falls die Daten nicht gespeichert werden sollen, muss vor dem Auslösen der Exception die Methode `setRollbackOnly()` aufgerufen werden, so dass die Transaktion nicht durch einen COMMIT beendet werden kann.

8.1.2 Systemspezifische Ausnahme

Eine systemspezifische Ausnahme wird verwendet, um dem Client und dem EJB-Container mitzuteilen, dass ein schwerwiegendes Problem aufgetreten ist. Dies ist z.B. der Fall, wenn eine Datenbankverbindung nicht hergestellt werden kann oder man keinen Zugriff auf ein Objekt über JNDI bekommt.

Systemspezifische Ausnahmen können sowohl von Businessmethoden als auch von Container-Callback-Methoden ausgelöst werden. Wenn eine Methode eine System Exception auslöst, protokolliert der Container den Fehler. Die EJB-Instanz, die die Exception ausgelöst hat, wird vom Container nicht mehr verwendet. Es wird keine Methode mehr von dieser Instanz aufgerufen. Falls die Methode in einer Transaktion ausgeführt wurde, führt der Container einen ROLLBACK durch bzw. ruft die Methode `setRollbackOnly()` auf.

Die folgenden Regeln gelten für das Abfangen und Weiterleiten von systemspezifischen Ausnahmen:

- Ausnahmen vom Typ `java.lang.RuntimeException` und `java.lang.Error` sollten nicht abgefangen werden. Der Container sollte diese verarbeiten.
- Alle anderen Ausnahmen sollten abgefangen und als `javax.ejb.EJBException` an den Container weitergeleitet werden. Treten sonstige Fehler in der Methode auf, sollte ebenfalls eine EJBException ausgelöst werden.

Die Ausnahme `javax.ejb.EJBException` ist eine Unterklasse von `java.lang.RuntimeException` und muss daher nicht in der throws-Anweisung der Methodendeklaration angegeben werden.

8.2 Ausnahmebehandlung bei CMT

8.2.1 Anwendungsspezifische Ausnahme bei CMT

Alle Methoden eines EJBs können eine anwendungsspezifische Ausnahme auslösen, die über den Client View angesprochen werden können. Diese Methoden nennt man auch Businessmethoden. Tabelle 8.1 beschreibt, welche Aktionen der Container durchführt, wenn eine Exception ausgelöst wird und wie er den Client darüber informiert.

Ablaufbedingung für die Methode	**Maßnahmen vom Container**	**Auswirkung für den Client**
Die Methode wird in dem Transaktionskontext vom Client ausgeführt.	Die anwendungsspezifische Ausnahme wird erneut ausgelöst.	Der Client empfängt die anwendungsspezifische Ausnahme.
Die Methode wird in einer Transaktion ausgeführt, die der Container gestartet hat.	Falls die Businessmethode die Transaktion zum ROLLBACK gekennzeichnet hat, wird ein ROLLBACK, ansonsten ein COMMIT durchgeführt. Danach wird die anwendungsspezifische Ausnahme erneut ausgelöst.	Der Client empfängt die anwendungsspezifische Ausnahme. Falls der Client eine aktive Transaktion hat, wird diese durch den ROLLBACK nicht beeinflusst.

Ablaufbedingung für die Methode	Maßnahmen vom Container	Auswirkung für den Client
Die Methode wird mit einem undefinierten Transaktionskontext ausgeführt.	Die anwendungsspezifische Ausnahme wird erneut ausgelöst.	Der Client empfängt die anwendungsspezifische Ausnahme.

Tabelle 8.1: Anwendungsspezifische Ausnahme einer Businessmethode mit CMT

8.2.2 Systemspezifische Ausnahme bei CMT

Businessmethode löst eine systemspezifische Ausnahme aus

Ablaufbedingung für die Methode	Maßnahmen vom Container	Auswirkung für den Client
Die Methode wird im Transaktionskontext vom Client ausgeführt.	*1) *2.1) *3) *4.1)	Der Client empfängt die Exception, die der Container ausgelöst hat. Die Transaktion vom Client ist für einen ROLLBACK gekennzeichnet.
Die Methode wird in einer Transaktion ausgeführt, die der Container gestartet hat.	*1) *2.2) *3) *4.2)	Der Client empfängt die Exception, die der Container ausgelöst hat. Falls der Client eine Transaktion gestartet hat, kann es sein, dass diese für einen ROLLBACK gekennzeichnet ist oder nicht.
Die Methode wird mit einem undefinierten Transaktionskontext ausgeführt.	*1) *3) *4.2)	

Tabelle 8.2: System Exception einer Businessmethode mit CMT

Abkürzung	Beschreibung
*1)	Der Container protokolliert den Fehler bzw. die Exception.
*2.1)	Die Transaktion wird für einen ROLLBACK gekennzeichnet.
*2.2)	Die Transaktion, die der Container gestartet hat, wird mit einem ROLLBACK beendet.

Abkürzung	Beschreibung
*3)	Die EJB-Instanz wird verworfen. Der Container ruft keine Methode mehr von der Instanz auf.
*4.1)	Wenn die Methode vom Local Client View aufgerufen wurde, löst der Container eine javax.ejb.TransactionRolledbackLocalException aus, ansonsten eine javax.transaction.TransactionRolledbackException.
*4.2)	Wenn die Methode vom Local View aufgerufen wurde, löst der Container eine javax.ejb.EJBException aus, ansonsten wird eine java.rmi.RemoteException ausgelöst.

Tabelle 8.3: Beschreibung der verwendeten Abkürzungen

Container-Callback-Methode löst eine systemspezifische Ausnahme aus

Der Container führt die folgenden Aktivitäten aus, wenn in einer Container Callback Methode eine Exception ausgelöst wird.

- Der Container protokolliert den Fehler bzw. die Exception.
- Wenn die Container-Callback-Methode in einer Transaktion ausgeführt wird, kennzeichnet der Container die Transaktion für einen ROLLBACK.
- Der Container verwirft die EJB-Instanz. Es werden keine Methoden mehr von der Instanz aufgerufen.
- Wenn der Aufruf der Container Callback Methode aufgrund eines Methodenaufrufs vom Client erfolgt ist, wird eine Exception zum Client ausgelöst. Die Art der Exception ist abhängig davon, ob die Methode in der Transaktion vom Client ausgeführt wurde bzw. ob der Aufruf über den Remote oder Local Client View erfolgte. Die Tabelle 8.4 beschreibt, welche Exception an den Client weitergeleitet wird.

Client View	Transaktion	Ausnahme, die der Client erhält
Local	ja	javax.ejb.TransactionRolledbackLocalException
Local	nein	javax.ejb.EJBException
Remote	ja	javax.transaction. TransactionRolledbackException
Remote	nein	java.rmi.RemoteException

Tabelle 8.4: Exception für Client bei einer Ausnahme in Container-Callback-Methode

Message Driven Bean löst eine systemspezifische Ausnahme aus

Der Container führt die folgenden Aktivitäten aus, wenn in einem Message Driven Bean mit CMT eine systemspezifische Ausnahme ausgelöst wird.

- Der Container protokolliert den Fehler bzw. die Ausnahme.
- Falls eine Transaktion vom Container gestartet wurde (Transaktionsattribut Required), wird sie mit ROLLBACK beendet.
- Der Container verwirft die EJB-Instanz. Es werden keine Methoden mehr von der Instanz aufgerufen.

8.3 Ausnahmebehandlung bei BMT

8.3.1 Anwendungsspezifische Ausnahme bei BMT

Wenn in einem Session Bean mit BMT eine anwendungsspezifische Ausnahme ausgelöst wird, leitet der Container diese direkt weiter an den Client. Der Client kann für diese Ausnahme eine geeignete Fehlerbehandlung durchführen.

8.3.2 Systemspezifische Ausnahme bei BMT

Businessmethode löst eine systemspezifische Ausnahme aus

Der Container führt die folgenden Aktivitäten aus, wenn in einer Businessmethode eine systemspezifische Ausnahme ausgelöst wird.

- Der Container protokolliert den Fehler bzw. die Ausnahme.
- Falls eine Transaktion gestartet und noch nicht beendet wurde, wird sie für einen ROLLBACK gekennzeichnet.
- Der Container verwirft die EJB-Instanz. Es werden keine Methoden mehr von der Instanz aufgerufen.
- Wenn die Methode vom Local Client View aufgerufen wurde, löst der Container eine `javax.ejb.EJBException` aus. Erfolgte der Aufruf über den Remote Client View, so wird eine `java.rmi.RemoteException` ausgelöst.

Container-Callback-Methode löst eine systemspezifische Ausnahme aus

Der Container führt die folgenden Aktivitäten aus, wenn in einer Container-Callback-Methode eine Exception ausgelöst wird.

- Der Container protokolliert den Fehler bzw. die Exception.
- Falls eine Transaktion gestartet und noch nicht beendet wurde, wird sie für einen ROLLBACK gekennzeichnet.
- Der Container verwirft die EJB-Instanz. Es werden keine Methoden mehr von der Instanz aufgerufen.
- Wenn der Aufruf der Container-Callback-Methode aufgrund eines Methodenaufrufs vom Client erfolgt ist, wird eine Exception zum Client ausgelöst. Wenn die Methode vom Local Client View aufgerufen wurde, löst der Container eine `javax.ejb.EJBException` aus, erfolgte der Aufruf über den Remote Client View, so wird eine `java.rmi.RemoteException` ausgelöst.

Message Driven Bean löst eine systemspezifische Ausnahme aus

Der Container führt die folgenden Aktivitäten aus, wenn in einem Message Driven Bean mit BMT eine systemspezifische Ausnahme ausgelöst wird.

- Der Container protokolliert den Fehler bzw. die Ausnahme.
- Falls eine Transaktion gestartet und noch nicht beendet wurde, wird sie für einen ROLLBACK gekennzeichnet.
- Der Container verwirft die EJB-Instanz. Es werden keine Methoden mehr von der Instanz aufgerufen.

9 Servlet

9.1 Einführung

In den vorherigen Kapiteln wurden die Benutzeroberflächen der Anwendungen mit Java-Swing realisiert. Auf jedem Rechner, auf dem die Anwendung ausgeführt werden soll, muss eine Java-virtuelle Maschine in der richtigen Version sowie das Java-Archiv der Anwendung vorhanden sein. Wenn es sich um tausend Anwendungen handelt, ist der Verwaltungsaufwand sehr groß. Neue Technologien wie z.B. Java WEB Start reduzieren den administrativen Aufwand. Die Ladezeit für eine solche Anwendung über das Internet ist aber relativ hoch.

In diesem und dem folgenden Kapitel sollen die Benutzeroberflächen auf dem Server in Form von HTML-Code erzeugt werden. Auf dem Client muss dann nur noch eine Anwendung zur Verfügung stehen, die HTML-Seiten darstellen kann. Diese Anwendungen sind standardmäßig bei jedem Betriebssystem vorhanden (Microsoft Internet Explorer, Netscape Navigator, ...), d.h. man kann diese Anwendungen von jedem Rechner aus ausführen, ohne eine Installation vor Ort durchzuführen.

Auf dem Server kann man die HTML-Seiten mit unterschiedlichen Programmiersprachen erzeugen. Die Server unterstützen z.B. das Common Gateway Interface (CGI). Über diese Schnittstelle kann ein Server einen externen Prozess starten, der die Anfrage bearbeitet und die HTML-Seite generiert. Dem Prozess werden die Parameter in Form von Umgebungsvariablen übergeben oder sie können über STDIN gelesen werden. Die Ausgabe muss der Prozess über STDOUT erzeugen. Mit dem CGI können alle denkbaren Programmiersprachen genutzt werden, um eine Anfrage zu bearbeiten. Die Programmier- bzw. Skriptsprachen Perl, Phyton, C, Pascal werden z.B. dafür verwendet.

Ein großer Nachteil des CGIs ist, dass für jede Anfrage vom Client ein eigener Prozess am Server gestartet wird. Dies macht das CGI für einen Server mit sehr vielen Abfragen uninteressant, da ein Prozess sehr viele Ressourcen benötigt. Für das Betriebssystem Windows werden häufig Active Server Pages verwendet, um dynamische HTML-Seiten zu generieren. Diese Technologie basiert nicht auf CGI.

Da für das Starten eines Java-Programms zunächst die virtuelle Maschine gestartet werden muss, ist das CGI ein ungünstiger Weg, um mit der Programmiersprache Java eine dynamisch generierte HTML-Seite zu erstellen. Aus diesem Grund sind Servlets entwickelt worden. Ein Servlet ist ein Java-Programm, das auf dem Server ausgeführt wird. Die Servlets werden in einem Container, dem so genannten Web-Container ausgeführt. Dieser Container ist in Java programmiert und wird in einer virtuellen Maschine ausgeführt. Die Servlets werden ebenfalls in dieser virtuellen Maschine ausgeführt. Es muss also nicht für jede Anfrage eine virtuelle Maschine bzw. ein eigener Prozess gestartet werden. Dies macht ein Servlet sehr performant und es werden nicht so viele Ressourcen benötigt.

Ein weiterer Vorteil von Servlets gegenüber dem CGI besteht darin, dass man Ressourcen einmalig anfordern und für unterschiedliche Anfragen verwenden kann. Wenn man z.B. in jedem Prozess eine Datenbankverbindung aufbauen muss, dauert dies in der Regel länger wie die restliche Verarbeitung.

Da ein Servlet eine Java-Klasse ist, können in dieser Klasse alle Java Bibliotheken verwendet werden. Dies macht diese Technologie sehr produktiv, da bestehende und bereits getestete Module verwenden, werden können. So können z.B. Datenbankzugriffe über JDBC durchgeführt werden oder Methoden von einem Session Bean aufgerufen werden.

Die Definition von einem Servlet ist sehr allgemein. Es bearbeitet eine Anfrage (*Request*) von einem Client und erzeugt eine Antwort (*Acknowledge* bzw. *Response*). Im Internet wird das Hypertext Transfer Protocol (HTTP) verwendet, um eine HTML-Seite von einem Server anzufordern. In diesem Buch wollen wir uns ausschließlich mit diesen Anfragen beschäftigen, obwohl ein Servlet auch für andere Protokolle zwischen einem Client und Server eingesetzt werden kann.

9.1.1 Zustandsdiagramm

Eine Instanz von einem Servlet kennt zwei Zustände: Es ist entweder nicht vorhanden oder bereit. Der Web-Container verwaltet alle Servlet-Instanzen. Wenn eine Instanz von einer Servlet-Klasse benötigt wird, erzeugt der Container eine und initialisiert diese, indem er die Methode `init(sc)` aufruft. Diese Methode wird ein einziges Mal pro Instanz aufgerufen. Sie hat einen Übergabeparameter vom Typ `javax.servlet.ServletConfig`, mit dem man Informationen über die Umgebung des Servlets anfordern kann. Wenn die Methode `init(sc)` ohne Fehler (ServletException, UnavailableException) und ohne Timeout beendet wurde, kann die Instanz Anforderungen bearbeiten.

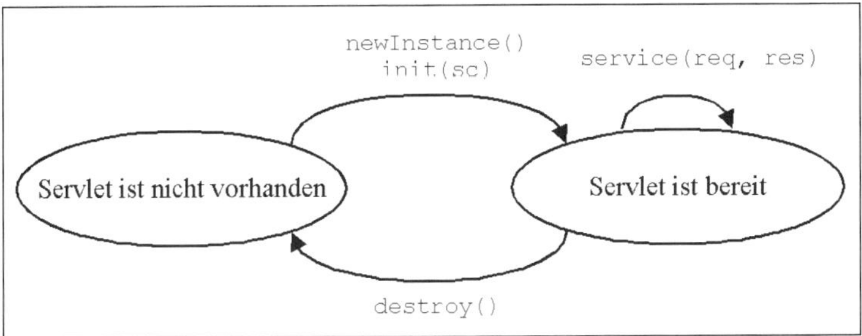

Abbildung 9.1: Zustandsdiagramm Servlet

Nach dem erfolgreichen Aufruf der Methode `init(sc)` ist die Servlet-Instanz in dem Zustand „Servlet ist bereit". In diesem Zustand kann der Container die Methode `service(req, res)` aufrufen, wenn die Instanz eine Anforderung bearbeiten soll. Der Methode werden zwei Parameter übergeben, mit der man Zugriff auf die Anfrage (*Request*) und auf die Antwort (*Response*) hat. Innerhalb der Methode muss die Antwort erzeugt werden.

Die Methode `service()` kann mehrmals von einer Instanz aufgerufen werden. Da ein Servlet multithreadingfähig ist, kann eine Servlet-Instanz zur gleichen Zeit unterschiedliche Anfragen bearbeiten. Diese Methode muss also Thread-sicher sein, z.B. müssen Zugriffe auf Instanzvariablen synchronisiert werden.

Der Web-Container ruft die Methode `destroy()` auf, wenn die Servlet-Instanz nicht mehr benötigt wird. Es ist zu beachten, dass in anderen Threads ggf. noch `service()`-Methoden ausgeführt werden. Nach dem Aufruf der Methode kann die Instanz vom Garbage Collector entsorgt werden.

9.1.2 Container-Callback-Methoden

Ein Servlet muss das Interface `javax.servlet.Servlet` implementieren. In diesem Interface werden die Methoden definiert, die der Web-Container aufruft, um die Instanz über bestimmte Ereignisse zu informieren. In Tabelle 9.1 werden die Methoden beschrieben.

Methode	Beschreibung
init	Diese Methode wird von dem Container aufgerufen, nachdem er die Servlet-Instanz erzeugt hat. Sie wird ein einziges Mal aufgerufen. Die Methode hat einen Parameter, den ServletContext. Falls das Servlet diesen benötigt, muss er in einer Instanzvariablen gesichert werden. In dieser Methode kann die Instanz initialisiert werden. Es können z.B. Ressourcen (Datenbankverbindung, Referenz auf ein EJB, usw.) angefordert werden oder Konfigurationsdaten ermittelt werden. Falls in der Methode ein Fehler auftritt, sollte die Exception javax.servlet.UnavailableException ausgelöst werden.
destroy	Diese Methode wird vom Container aufgerufen, wenn die Servlet-Instanz nicht mehr benötigt wird. Das Servlet muss hier alle angeforderten Ressourcen freigeben. Die Methode kann aufgerufen werden, während andere Threads noch die Methode service() abarbeiten. Dies kann auftreten, wenn die Methode service() sehr lange dauert. In der Regel ruft der Web-Container die Methode destroy() erst auf, wenn entweder alle service-Methoden beendet wurden oder ein Web-Container-spezifischer Timeout abgelaufen ist.
service	Diese Methode wird vom Container aufgerufen, wenn die Servlet-Instanz eine Anfrage bearbeiten soll. Eine Instanz kann zur gleichen Zeit mehrere Anfragen bearbeiten. Die Methode hat zwei Parameter, der erste beinhaltet die Anfrage, in dem zweiten muss das Servlet die Antwort schreiben. Falls in der Methode ein Fehler auftritt, sollte die Exception javax.servlet.ServletException ausgelöst werden.

Tabelle 9.1: Methoden von Interface javax.servlet.Servlet

Wenn man ein Servlet benötigt, das eine HTTP-Anfrage bearbeiten soll, implementiert man nicht direkt das Interface `javax.servlet.Servlet`, sondern man erzeugt eine Unterklasse der abstrakten Klasse `javax.servlet.http.HttpServlet`. Diese

Klasse implementiert die Methode `service(req, resp)` und ruft abhängig vom Typ der Anfrage die HTTP-spezifischen Methoden auf. Diese Methoden kann man überschreiben, um die erforderliche Funktionalität zu implementieren. Die Standardimplementierung dieser Methoden liefert den Fehlercode 405 (HTTP-Methode wird durch diese URL nicht unterstützt).

Die Methode `service(req, sesp)`, `doTrace()` und `doOptions()` aus der Klasse `HttpServlet` müssen in der Regel nicht überschrieben werden, weil dort das Standardverhalten von HTTP bereits implementiert wurde.

Tabelle 9.2 listet die Methoden der Klasse `HttpServlet` auf, die typischerweise überschrieben werden. In der Regel wird die Methode `doGet()` und `doPost()` überschrieben. Diese beiden Methoden fordern eine neue HTML-Seite an.

Methode	**Beschreibung**
doPost	Diese Methode wird aufgerufen, wenn eine HTTP-POST-Anfrage bearbeitet werden soll.
doGet	Diese Methode wird aufgerufen, wenn eine HTTP-GET-Anfrage bearbeitet werden soll.
doDelete	Diese Methode wird aufgerufen, wenn eine HTTP-DELETE-Anfrage bearbeitet werden soll.
doPut	Diese Methode wird aufgerufen, wenn eine HTTP-PUT-Anfrage bearbeitet werden soll.

Tabelle 9.2: Wichtige Methoden der Klasse javax.servlet.http.HttpServlet

Ein Browser führt einen HTTP GET aus, wenn eine URL eingegeben wird. Ein HTTP POST wird z.B. durchgeführt, wenn in einem HTML-Formular die Anfrage mit POST versendet wird.

In der HTTP Anfrage werden die Übergabeparameter bei einem GET und POST unterschiedlich übertragen. Die maximale Länge der Parameter ist bei einem GET begrenzt, bei einem POST nicht. Die Übergabeparameter werden bei einem GET in der URL-Zeile vom Browser dargestellt. Man sollte also keine Passwörter mit einem GET übertragen, da man sie beim Absenden in der URL sehen kann.

In folgenden Fällen sollte die Anfrage mit POST durchgeführt werden:

- Die Parameter sollen nicht in der URL-Zeile vom Browser erscheinen, weil die Parameterwerte z.B. nicht modifiziert werden sollen oder bestimmte Parameter nicht sichtbar sein sollen (z.B. Passwort).
- Wenn mit der Anfrage Daten in eine Datenbank gespeichert werden. Dies verhindert ein unbeabsichtigtes mehrfaches Senden der Daten (z.B. Seite aktualisieren).
- Wenn sehr viele Parameter der Anfrage übergeben werden (> 1000 Bytes).
- Bei einem mailto-Formular.

9.1.3 Servlet installieren

Um ein Servlet in einen Web-Container zu installieren, muss es in ein Java-Archiv eingefügt werden. Das Archiv, das Web-Komponenten beinhaltet, nennt man Web-Archiv. Es hat die Dateierweiterung **.war*. Die Struktur und der Inhalt eines Web-Archivs sind definiert (siehe Tabelle 9.3).

Pfad	**Beschreibung**
/	Statische Dateien (HTML-Seiten, Grafikdateien, Sound- oder Videodateien, usw.); sie können auch in Unterverzeichnissen gespeichert werden.
/	Java Server Pages; sie können auch in Unterverzeichnissen gespeichert werden.
/WEB-INF/web.xml	Installationsinformationen für die Web-Anwendung (Deployment Descriptor)
/WEB-INF/classes	Java-Klassen (Servlets, Event Listener, Filter, Hilfsklassen, ...)
/WEB-INF/lib/*.jar	Java-Archive (Servlets, Event Listener, Filter, Hilfsklassen, JDBC-Treiber, ...)
/WEB-INF/	Dateien, die kein Client sehen darf, z.B. Konfigurationsdaten

Tabelle 9.3: Verzeichnisstruktur von einem Web-Archiv

Das Web-Archiv beinhaltet eine Datei (*/WEB-INF/web.xml*), mit der die Anwendung beschrieben wird. Diese Datei nennt man Deployment Descriptor. Sie kann als Installationsanleitung für die Anwendung angesehen werden, die der Web-Container bei der Installation auswertet. Die einzelnen Elemente der Datei werden in den Beispielen in diesem Kapitel erläutert.

Wenn eine Klasse in einer Web-Anwendung geladen wird, wird zuerst das Unterverzeichnis „/WEB-INF/classes“ und danach „/WEB-INF/lib“ nach der entsprechenden Klasse durchsucht.

Die Dateien in dem Verzeichnis WEB-INF sind für einen Client nicht sichtbar, d.h. sie können außerhalb vom Web-Container nicht gesehen bzw. angesprochen werden. Innerhalb einer Java-Klasse, z.B. einem Servlet, kann man auf dieses Verzeichnis zugreifen. An dieser Stelle können Dateien abgelegt werden, mit denen die Anwendung z.B. parametrisiert werden kann.

9.1.4 Servlet im Web-Archiv konfigurieren

Ein Servlet wird im Deployment Descriptor in dem Element `<servlet>` definiert. Tabelle 9.4 beschreibt dieses Element:

Element	M	Beschreibung
<icon>	0..1	Grafik für die Visualisierung
<servlet-name>	1	Hier wird der Name des Servlets bzw. der JSP definiert. Dieser Name muss innerhalb vom Deployment Descriptor eindeutig sein und wird verwendet, um auf dieses Servlet/JSP zu referenzieren.
<display-name>	0..1	Name der Visualisierung
<description>	0..1	Kommentar bzw. Beschreibung des Elements
<servlet-class>	1	Hier wird die Klasse des Servlets angegeben. In dem Element <servlet> muss entweder <servlet-class> oder <jsp-file> definiert werden.
<jsp-file>		Hier wird der Name der Java Server Page angegeben. In dem Element <servlet> muss entweder <servlet-class> oder <jsp-file> definiert werden.
<init-param>	0..n	Mit diesem Element können Parameter definiert werden, die das Servlet für die Initialisierung benötigt.
<load-on-startup>	0..1	In diesem Element kann definiert werden, ob das Servlet nach der Installation bzw. nach dem Start von dem Container geladen werden soll. In dem Element wird ein Integerwert eingegeben. Wenn der Wert negativ ist oder das Element nicht vorhanden ist, kann der Server das Servlet zu einer beliebigen Zeit laden. Wurde ein Wert größer gleich null eingegeben, dann wird das Servlet nach der Installation bzw. nach dem Start des Container geladen. Der Server muss die Servlets mit dem niedrigeren Wert vor denen mit einem höheren Wert laden. Die Reihenfolge von Servlets mit gleichem Wert ist zufällig.
<run-as>	0..1	In diesem Element kann ein logisches Gruppenrecht definiert werden, unter dem die Methoden ausgeführt werden, die das Servlet aufruft.

Element	M	Beschreibung
<security-role-ref>	0..n	In diesem Element kann ein Gruppenrecht (security role) definiert werden, das im Quelltext durch einen logischen Namen angesprochen wird. Der logische Name kann z.B. in der Methode isCallerInRole(String roleName) vom EJBContext als Parameter übergeben werden.

Tabelle 9.4: Definitionen im Element <servlet>

Element	M	Beschreibung
<servlet-name>	1	Hier muss der Name des Servlets angegeben werden, für den die URL definiert werden soll.
<url-pattern>	1	Pfadangabe, bei der das Servlet aufgerufen wird. Der Pfad kann das Zeichen Stern (*) als Wildcard enthalten.

Tabelle 9.5: Definitionen im Element <servlet-mapping>

Das Element URL-Pattern beinhaltet einen logischen Namen für das Servlet, d.h. wenn in der URL der Anfrage der logische Name angesprochen wird, wird das Servlet ausgeführt. Bei der Definition des logischen Namens kann das Zeichen Stren (*) als Wildcard vergeben werden. Der Container versucht nach den folgenden Schritten, das Ziel für eine Anfrage zu ermitteln:

1. Der Container versucht, die Ressource mit dem exakten Namen, der in der Anfrage angegeben ist, zu verwenden.
2. Der Container versucht die Ressource zu verwenden, die das längste Pfad-Präfix hat.
3. Wenn die Wildcard eine Dateierweiterung beinhaltet (z.B. **.jsp*), versucht der Container eine Ressource mit diesem Namen zu ermitteln.
4. Der Container verwendet das Default-Servlet, sofern eins definiert wurde.

Falls danach immer noch keine Ressource für die Anfrage gefunden wurde, wird eine Fehlermeldung generiert.

9.1.5 Beispiele

Servlet, das die aktuelle Uhrzeit zurückgibt

In diesem Beispiel wird ein Servlet entwickelt, das eine HTML-Seite mit der aktuellen Serveruhrzeit generiert. Da das Servlet HTTP-Anfragen bearbeiten soll, leiten wir die Klasse von `javax.servlet.http.HttpServlet` ab. In dieser Klasse ist die Methode `service(req, resp)` bereits implementiert, so dass z.B. bei einem HTTP GET die Methode `doGet(req, resp)` aufgerufen wird.

Listing 9.1 zeigt den Quellcode des Servlets. Das Servlet verarbeitet nur HTTP-GET-Anfragen, weil nur die Methode `doGet(req, resp)` von der Klasse `HttpServlet` überschrieben ist. Gibt man in einem Browser die URL des Servlets ein, so wird die Methode `doGet(req, resp)` vom Servlet ausgeführt. In dieser Methode muss als Erstes der MIME-Typ der Antwort definiert werden. Dies geschieht durch den Aufruf der Methode `setContentType("text/html")` von dem Parameter „response“ . Der MIME-Typ ist `text/html`, weil eine HTML-Seite erzeugt wird.

Die HTML-Seite wird über einen PrintWriter in den Ausgabestrom geschrieben. Der PrintWriter wird von dem Response-Objekt angefordert.

In einem Servlet kann die komplette Java-Klassenbibliothek verwendet werden. In unserem Beispiel wird die Klasse `java.util.Date` verwendet, um die aktuelle Uhrzeit am Server zu ermitteln und mit der Methode `toString()` in den Ausgabekanal zu schreiben.

Ein Hinweis zum Verständnis: Die Klasse des Servlets befindet sich auf dem Server. Dort werden die Methoden ausgeführt. Der Client bekommt als Antwort eine HTML-Seite. Für den Client ist nicht erkennbar, ob die Seite durch ein Servlet bzw. ein Perlskript erzeugt wurde, oder ob sich die HTML Datei statisch auf dem Server befindet.

```
package de.j2eeguru.example.servlet;

import java.io.IOException;
import java.io.PrintWriter;

import java.util.Date;

import javax.servlet.ServletException;
import javax.servlet.http.HttpServlet;
import javax.servlet.http.HttpServletRequest;
import javax.servlet.http.HttpServletResponse;

public class AktDateServlet extends HttpServlet
{
  public void doGet( HttpServletRequest request,
                     HttpServletResponse response
                   ) throws ServletException, IOException
  {
    response.setContentType("text/html");
    PrintWriter out = response.getWriter();
    out.println(
      "<html>" +
      "  <head>" +
      "    <title>Aktuelle Datum/Uhrzeit vom Server</title>" +
      "  </head>" +
      "  <body>" +
      "    <p>" +
      "      Aktuelles Datum und Uhrzeit: " + new Date() +
      "    </p>" +
```

```
        "  </body>" +
        "</html>" );
    }
}
```

Listing 9.1: Servlet, das die aktuelle Uhrzeit ermittelt

HTML-Seiten müssen nicht formatiert werden. Die Lesbarkeit wird aber erhöht, wenn man die Blöcke ausrichtet.

Nachteile eines Servlets kann man im Quelltext erkennen. Der Entwickler muss sowohl Kenntnisse von HTML und Java besitzen, um eine HTML-Seite dynamisch zu erzeugen. Ein weiterer Nachteil ist, dass das Servlet neu compiliert werden muss, wenn die HTML-Seite verändert werden soll.

Listing 9.2 zeigt den Deployment Decriptor des Web-Archivs. In dem Element `<servlet>` wird ein Servlet definiert. Der Klassenname und ein eindeutiger Name muss dort angegeben werden. In dem Element `<servlet-mapping>` kann man einem Servlet einen Namen vergeben, so dass es über eine URL aufgerufen werden kann. Die Tabellen 9.4 und 9.5 beschreiben die einzelnen Elemente.

```
<web-app>
  ...
  <servlet>
    <servlet-name>AktDateServlet</servlet-name>
    <display-name>AktDateServlet</display-name>
    <servlet-class>
      de.j2eeguru.example.servlet.AktDateServlet
    </servlet-class>
  </servlet>
  <servlet-mapping>
    <servlet-name>AktDateServlet</servlet-name>
    <url-pattern>/aktdate</url-pattern>
  </servlet-mapping>
  ...
</web-app>
```

Listing 9.2: Deployment Descriptor für das Servlet

Web-Anwendung erstellen

An dieser Stelle soll nun beschrieben werden, wie ein Servlet auf den J2EE Server der Referenzimplementierung von Sun installiert wird. Dazu muss der Server und das DeployTool gestartet werden. Servlets werden in einem Web-Archiv gespeichert. Das Web-Archiv ist in einem Enterprise-Archive enthalten. Ein Enterprise-Archive wird als J2EE-Applikationen bezeichnet.

Alle Beispiele in diesem Kapitel sollen in einem Web-Archiv gespeichert werden. Wir müssen zuerst eine neue J2EE-Anwendung erzeugen. Über das Menü FILE | NEW | APPLICATION... vom DeployTool wird ein Dialog gestartet, in dem man den Dateinamen und eine Bezeichnung für die Applikation angeben muss. Wir navigieren zu unserem Projektverzeichnis und speichern die Datei unter *ear\MyExampleServlet.ear*. Der Displayname wird mit dem Dateinamen vorbelegt.

Nachdem wir die Applikation erzeugt haben, können wir nun ein neues Web-Archiv der Applikation hinzufügen. Dies erfolgt über das Menü FILE | NEW | WEB COMPONENT... Es erscheint der Assistent, mit dem eine neue Web-Komponente erzeugt werden kann. Die erste Seite enthält eine kurze Einführung. Mit dem Button NEXT blättern wir zum nächsten Dialog weiter.

In diesem Dialog müssen wir das Web-Archiv angeben, in das die Komponente eingefügt werden soll. Wir erzeugen ein neues Archiv in der Applikation MyExampleServlet. Für den Displaynamen geben wir „MyWebApp“ ein. Nun müssen die Klassen in das Archiv eingefügt werden, die von der Web-Komponente benötigt werden. Dazu betätigen wir den Button EDIT... Es erscheint der Dialog „Edit Contents of MyWebApp“. Wir navigieren das „Starting Directory“ zu unserem Projektverzeichnis. In der Baumdarstellung „Available Files“ müssen wir jetzt in das Verzeichnis *classes* navigieren. Dort selektieren wir nacheinander die folgenden Klassen und fügen sie mit dem Button ADD unserem Archiv hinzu.

- de.j2eeguru.example.servlet.AktDateServlet

Jetzt können wir den Dialog beenden. Das Archiv enthält jetzt alle Klassen, die wir für unser Servlet benötigen. Mit dem Button NEXT> gelangen wir zum nächsten Dialog.

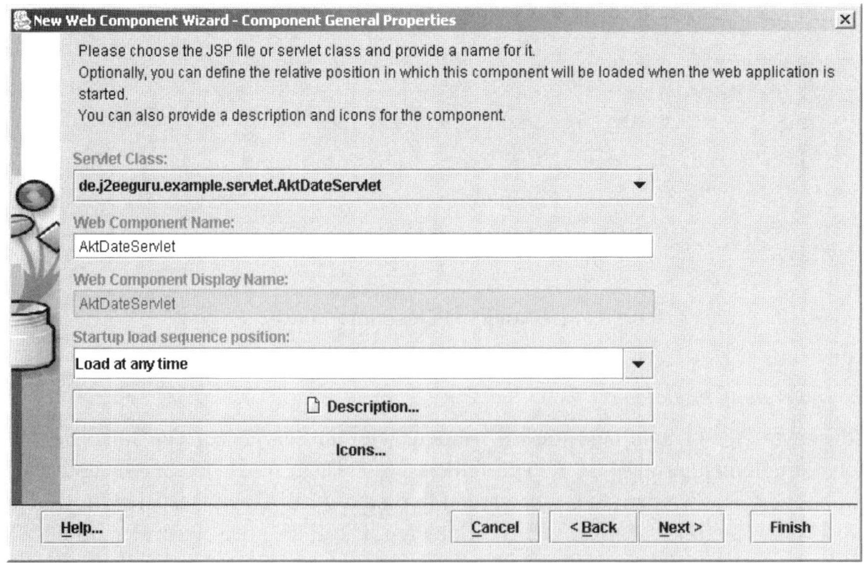

Abbildung 9.2: Klasse eines Servlets mit dem DeployTool konfigurieren

In dem Dialog „Choose Component Type“ muss der Typ der Web-Komponente definiert werden. Wir wählen das Servlet aus und blättern mit dem Button NEXT> weiter. Es erscheint der Dialog aus Abbildung 9.2, in dem die Klasse von dem Servlet definiert werden muss.

Im übernächsten Dialog vergeben wir für das Servlet den Alias „/aktdate“ und beenden den Assistenten mit dem Button FINISH.

Web-Anwendung installieren

Um eine Applikation auf die J2EE-Referenzimplementierung von Sun zu installieren, muss das DeployTool mit dem Server verbunden sein. Falls beide Systeme auf einem Rechner laufen, geschieht das in der Regel beim Starten des DeployTools. Ansonsten muss man das Menü FILE | ADD SERVER... anwählen und in dem Dialog den Rechnernamen oder die TCP/IP-Adresse eingeben. Beim Verlassen des Dialogs mit OK wird die Verbindung zum J2EE-Server aufgebaut. Der Server wird in der Baumdarstellung im Knoten „Server“ dargestellt. Wählt man einen Server an, werden alle installierten Anwendungen dargestellt.

Um eine Anwendung zu installieren, muss man diese in der Baumdarstellung selektieren und dann das Menü TOOLS | DEPLOY... anwählen. Es erscheint ein Dialog, in dem man die Anwendung und den Server für die Installation auswählen muss. In dem folgenden Dialog muss der ROOT-Kontextname von der Anwendung angegeben werden. Wir wollen ihn „/servletexample“ nennen. Mit dem Button FINISH startet die Installation.

Wenn man die Web-Anwendung auf einen Standalone Apache Tomcat Server installieren will, kann man das Web-Archiv mit dem DeployTool separat speichern. Dazu muss man das Web-Archiv in der Baumdarstellung selektieren und dann das Menü FILE | SAVE AS... ausführen. Der Name des Web-Archivs ist der ROOT-Kontextname. Dieses Web-Archiv kopiert man in das Verzeichnis *webapps* im Tomcat-Installationsverzeichnis. Beim Starten des Servers wird das Archiv ausgepackt und die Anwendung installiert.

Web-Komponente testen

Das Servlet kann getestet werden, indem die folgende URL mit einem Browser aufgerufen wird. Jedes Mal, wenn die Seite aktualisiert wird, wird sie vom Server neu erzeugt und das Datum angezeigt. Die einzelnen Bestandteile der URL werden in Tabelle 9.6 beschrieben.

```
http://localhost:8000/servletexample/aktdate
```

Bestandteil	**Beschreibung**
http	definiert das Protokoll, das verwendet wird, um die Anfrage zum Server zu senden.
localhost	Server, der die Anfrage bearbeiten soll

Bestandteil	Beschreibung
:8000	Port vom Serverdienst, der die Anfrage bearbeiten soll. Der Standardport 80 eines Webservers muss nicht angegeben werden. Der Standardport vom Tomcat der J2EE-Referenzimplementierung ist 8000. Wird der Tomcat separat installiert, ist der Standardport 8080.
servletexample	ROOT-Kontextname von der Web-Anwendung
aktdate	Alias, unter dem das Servlet angesprochen werden kann

Tabelle 9.6: Bestandteile einer URL

Die allgemeine Syntax einer URL lautet wie folgt:

```
protocol://[user[:password]@]host[:port]/requestPath
```

Der requestPath einer HTTP URL setzt sich wie folgt zusammen:

```
requestPath = contextPath + servletPath + pathInfo
```

Das Interface `javax.servlet.http.HttpServletRequest` stellt für diese Werte Methoden zur Verfügung. Der Wert pathInfo ist optional, d.h. er kann `null` sein. Die oben genannten URL setzt sich wie folgt zusammen:

- contextPath =/servletexample
- servletPath =/aktdate
- pathInfo =null

Beim Hypertext Transfer Protokoll können in der URL Parameter angegeben werden. Diese werden an der URL, getrennt durch ein Fragezeichen, angehängt. Ein Parameter besteht immer aus einem Namen und einem Wert. Die Zuweisung erfolgt mit dem Gleichzeichen. Mehrere Parameter werden durch das Zeichen Und (&) voneinander getrennt. Die folgende Liste enthält einige Beispiele:

- http://localhost:8000/servletexample/session?ADD_PROD=Produkt_4
- http://localhost:8000/servletexample/session?DEL_PROD=Produkt_3&ADD_PROD =Produkt_2
- http://localhost:8000/servletexample/test?Para1=Space%20&Para2=X%20Y%20Z

Die reservierten Zeichen (z.B. & , ; SPACE = %) oder nicht darstellbare Zeichen müssen numerisch codiert in der URL dargestellt werden. Dies geschieht durch das Prozent-Zeichen, gefolgt von dem hexadezimalen Wert des Zeichens.

Single-Thread Servlet

Ein Servlet ist standardmäßig multithreadingfähig, d.h. eine Servlet-Instanz kann von mehreren Threads gleichzeitig verwendet werden, um Anfragen zu bearbeiten. Falls eine Servlet-Instanz nur von einem Thread verwendet werden soll, muss die Servlet-Klasse das Interface `javax.servlet.SingleThreadModel` implementieren. Dieses

Interface definiert keine Methode. Der Container stellt dann sicher, dass die Methode `service()` von der Instanz nicht von mehreren Threads gleichzeitig aufgerufen wird.

Man sollte das SingleThreadModel nur in Ausnahmefälle verwenden, da die Performance der Anwendung dadurch verringert wird. Mit einem entsprechenden Design kann man ein Servlet so codieren, dass es Multithreading unterstützt.

In Listing 9.3 ist ein Servlet abgebildet, das nicht von mehreren Threads gleichzeitig verwendet werden darf. Die Instanzvariable „headerNames" wird in der Methode `doGet()` verwendet, um alle Werte aus dem Telegrammkopf zu lesen. Dieses Beispiel ist sicherlich nicht nachahmenswert. Es soll lediglich das Problem verdeutlicht werden.

Die Methode `doGet()` definiert als Erstes den MIME-Typ der Antwort. Danach wird die Ausgabe erzeugt. Dabei handelt es sich um eine Tabelle, die alle Daten aus dem Telegrammkopf enthält. Um einen gleichzeitigen Zugriff von mehreren Clients testen zu können, wird in der Schleife über alle Telegrammkopfelemente eine Zeit gewartet.

```
package de.j2eeguru.example.servlet;

import java.io.IOException;
import java.io.PrintWriter;

import java.util.Enumeration;

import javax.servlet.ServletException;
import javax.servlet.SingleThreadModel;
import javax.servlet.http.HttpServlet;
import javax.servlet.http.HttpServletRequest;
import javax.servlet.http.HttpServletResponse;

public class SingleThreadServlet
       extends HttpServlet
       implements SingleThreadModel
{
  private Enumeration headerNames = null;

  public void doGet( HttpServletRequest request,
                     HttpServletResponse response
                   ) throws ServletException, IOException
  {
    response.setContentType("text/html");
    PrintWriter out = response.getWriter();
    out.println(
      "<html>" +
      "  <head>" +
      "    <title>Single-Thread-Servlet</title>" +
      "    <meta http-equiv=\"expires\" content=\"0\">" +
      "  </head>" +
```

```
        "  <body>" +
        "    <h1>Elemente vom Telegrammheader</h1>" +
        "    <table border>" +
        "      <thead>" +
        "        <tr>" +
        "          <th>Name</th>" +
        "          <th>Wert</th>" +
        "        </tr>" +
        "      </thead>" +
        "      <tbody>");

    headerNames = request.getHeaderNames();

    while( headerNames.hasMoreElements() )
    {
      String headerName = (String)headerNames.nextElement();
      String headerValue = request.getHeader(headerName);

      out.println(
        "        <tr>" +
        "          <th>" + headerName +  "</th>" +
        "          <th>" + headerValue + "</th>" +
        "        </tr>" );

      // Eine Wartezeit einbauen, damit zwei parallele Aufrufe
      // durchgeführt werden können
      try { Thread.sleep(1000); }
      catch (InterruptedException ex) { }
    }

    out.println(
      "      </tbody>" +
      "    </table>" +
      "  </body>" +
      "</html>" );
  }
}
```

Listing 9.3: Single Thread Servlet

Listing 9.4 zeigt den Deployment Descriptor des Servlets. Mit diesen Daten kann das Servlet in die vorhin erzeugte Web-Anwendung hinzugefügt werden.

```
<web-app>
  <display-name>TestWebApp</display-name>
  <servlet>
```

```
    <servlet-name>SingleThreadServlet</servlet-name>
    <display-name>SingleThreadServlet</display-name>
    <servlet-class>
      de.j2eeguru.example.servlet.SingleThreadServlet
    </servlet-class>
  </servlet>
  <servlet-mapping>
    <servlet-name>SingleThreadServlet</servlet-name>
    <url-pattern>/header</url-pattern>
  </servlet-mapping>
  ...
</web-app>
```

Listing 9.4: Deployment Descriptor für das Servlet

Um das Servlet zu testen, können mehrere Browser gestartet und gleichzeitig die URL „http://localhost:8000/servletexample/header“ angefordert werden. Alle Anfragen werden nun nacheinander ausgeführt.

Bei einem Web-Container kann man die maximale Anzahl von Servlet-Instanzen konfigurieren. Bei der J2EE Referenzimplementierung von Sun wird standardmäßig nur eine Instanz erzeugt.

9.2 Client-Zustand verwalten (Session-Handling)

Das Hypertext Transfer Protocol (HTTP) verwaltet keinen Zustand, d.h. wenn zweimal hintereinander die gleiche Anfrage gesendet wird, bekommt man die gleiche Antwort vom Server. Wenn die Anfrage eine statische Web-Komponente (z.B. eine HTML-Seite) anfordert, ist dies kein Problem. Für diesen Zweck wurde HTTP entwickelt.

Bei den meisten Business-Anwendungen müssen jedoch Zustände von einem Client gespeichert werden. Dies können der Benutzername, Selektionsdaten oder der Inhalt eines Warenkorbes sein.

Um den Client-Zustand im Server verwalten zu können, muss der Server feststellen können, ob zwei Anfragen vom gleichen Client gesendet wurden. Das HTTP bietet keine Möglichkeit, um dies festzustellen. Der Server muss also in die Lage versetzt werden, über die Anfrage eine eindeutige Kennung vom Client zu bekommen. Die folgenden Möglichkeiten bestehen, um dies zu erreichen:

- Alle Links in einer HTML-Seite werden mit einem Parameter versehen, der eine eindeutige Client-Kennung enthält. Diese Kennung wird einmalig vom Server vergeben. Wenn am Server eine Anfrage eintrifft, die bereits eine Client-Kennung enthält, kann man im Server den Client identifizieren und zu dieser Kennung Daten speichern.
- Der Server speichert Daten im Client. So kann der Server z.B. eine eindeutige Kennung im Client speichern. Sendet der Client eine Anfrage an den Server, so kann dieser auf die gespeicherten Daten im Client zugreifen und so einen clientspezifischen Zustand verwalten. Die Daten können in so genannten Cookies gespeichert werden.

Am Client kann konfiguriert werden, ob Cookies verwendet werden oder nicht, d.h. wenn man auf diese Art den Client-Zustand verwalten will, muss man damit rechnen, dass die Anwendung nicht von allen Benutzern verwendet werden kann.

Bei einem Servlet kann man den Client-Zustand sehr einfach verwalten. Das Interface `javax.servlet.http.HttpServletRequest` stellt die Methode `getSession()` zur Verfügung, mit der eine Session (Client-Sitzung) erzeugt bzw. eine vorhandene Session ermittelt werden kann. Der Rückgabewert dieser Methode ist das Interface `javax.servlet.http.HttpSession`. Eine HttpSession ist einem Client bzw. einer Browser Instanz zugeordnet. So kann der Server einen clientspezifischen Zustand im Server speichern.

Der Entwickler muss sich keine Gedanken machen, wie die Client Sitzung verwaltet wird. Sie wird standardmäßig über Cookies verwaltet. Falls Cookies am Client deaktiviert sind, wird sie über eine Umwandlung von Links verwaltet. Der Parameter, der eine Client-Sitzung identifiziert, hat den Namen „jsessionid“. Damit dieser Parameter in den Links automatisch eingebunden wird, müssen alle Links, die in einer Session verwendet werden, durch den Aufruf der Methode `encodeURL()` vom Interface `javax.servlet.http.HttpServletResponse` konvertiert werden. Diese Methode überprüft, ob in dem Client Cookies zugelassen sind. Wenn nicht, wird in dem Link der Parameter „jsessionid“ eingefügt, mit dem die Session bzw. der Client identifiziert werden kann.

Da die Methode `getSession()` die Daten in dem Telegrammkopf der Antwort modifizieren kann, muss sie vor den Methoden `getWriter()` oder `getOutputStream()` aufgerufen werden.

Zu einer Session können beliebige Objekte als Attribute hinzugefügt bzw. entfernt werden. Die Objekte werden über einen Namen (Attributname) angesprochen. Auf diese Objekte kann jeder zugreifen, der sich in dem Web-Kontext befindet und der eine Anfrage zu der Session bearbeitet.

Eine Session ist solange gültig, bis entweder ein Timeout abläuft oder die Methode `invalidate()` aufgerufen wird. Wenn eine Session beendet wird, wird die Referenz auf alle Objekte, die als Attribute zu der Session gespeichert wurden, entfernt. Der Timeout einer Session wird in dem Deployment Descriptor vom Web-Archiv oder über die Methode `setMaxInactiveInterval(int sec)` eingestellt. Zu beachten ist, dass der Methode die Zeit in Sekunden übergeben wird und im Deployment Descriptor die Zeit in Minuten angegeben wird.

Eine Session wird typischerweise durch die Methode `invalidate()` beendet, wenn sich ein Benutzer von einer Web-Anwendung abmeldet (LOGOUT). So werden alle gespeicherten Daten zu der Session gelöscht.

9.2.1 Beispiel

Das Beispiel in Listing 9.5 enthält ein Servlet, das einen einfachen Warenkorb verwaltet. Es wird eine Tabelle mit vorhandenen Produkten und eine Tabelle mit den Produkten im Warenkorb dargestellt. Wählt man ein Produkt im Warenkorb an, wird es aus dem Warenkorb entfernt. Wenn ein Produkt aus der Produktliste angewählt wird, wird es in den Warenkorb hinzugefügt.

Das Servlet unterstützt nur die HTTP-GET-Methode. Am Anfang wird die Session ermittelt, die dem Client zugeordnet ist. Falls es der erste Aufruf von dem Client ist, wird ein Objekt vom Typ `HttpSession` erzeugt. In dem Session-Objekt wird eine Liste (`java.util.Vector`) mit dem Attributnamen „SHOPPING_CART“ gespeichert. Diese Liste stellt den Warenkorb dar. In unserem einfachen Beispiel werden in der Liste nur die Bezeichnungen der Produkte gespeichert. Falls die Liste nicht in dem Session Objekt enthalten ist, wird sie hinzugefügt. Dies ist der Fall, wenn die Session neu erzeugt wurde, d.h. beim ersten Zugriff von einem Client.

Nachdem das Session-Objekt initialisiert ist, werden die Parameter aus der Anfrage ausgewertet und ggf. wird die Session beendet, ein Produkt in den Warenkorb hinzugefügt oder entfernt. Danach wird die Antwort an den Client gesendet.

Die lokale Hilfsmethode `createLink()` erzeugt den HTML-Code für einen Verweis (Link) auf das eigene Servlet mit einem Parameter. Der Parameter „ADD_PROD“ veranlasst das Servlet, das angegebene Produkt in den Warenkorb einzufügen. Mit dem Parameter „DEL_PROD“ wird das Produkt aus dem Warenkorb entfernt. Die URL wird mit der Methode `encodeURL()` konvertiert, so dass das Servlet auch mit einem Browser funktioniert, bei dem keine Cookies zugelassen sind.

```
package de.j2eeguru.example.servlet;

import java.io.IOException;
import java.io.PrintWriter;

import java.util.Vector;

import javax.servlet.ServletException;
import javax.servlet.ServletConfig;
import javax.servlet.http.HttpServlet;
import javax.servlet.http.HttpSession;
import javax.servlet.http.HttpServletRequest;
import javax.servlet.http.HttpServletResponse;

public class SessionServlet extends HttpServlet
{
  private static String products[] =
  {
    "Produkt_1",     "Produkt_2",     "Produkt_3",
    "Produkt_4",     "Produkt_5",     "Produkt_6",
    "Produkt_7",     "Produkt_8",     "Produkt_9"
  };

  private static final String PARAM_ADD = "ADD_PROD";
  private static final String PARAM_DEL = "DEL_PROD";
```

```
private static final String PARAM_DEL_SESSION = "DEL_SESSION";
private static final String ATTR_CART = "SHOPPING_CART";

public void doGet( HttpServletRequest request,
                   HttpServletResponse response
                 ) throws ServletException, IOException
{
  // Session Objekt erzeugen
  HttpSession session = request.getSession();

  response.setContentType("text/html");
  PrintWriter out = response.getWriter();

  // In der Session wird ein Vector mit Strings verwendet,
  // um den aktuellen Inhalt des Warenkorbes zu realisieren
  Vector productsInCart =
                    (Vector)session.getAttribute(ATTR_CART);

  // Wenn der Vector noch nicht vorhanden ist, wird er erzeugt
  if( productsInCart == null )
  {
    productsInCart = new Vector();
    session.setAttribute(ATTR_CART, productsInCart);
  }

  // Prüfen, ob ein Produkt in den Warenkorb hinzugefügt werden
  // soll
  String addProduct = request.getParameter(PARAM_ADD);

  if( addProduct != null )
    productsInCart.add(addProduct);

  // Prüfen, ob ein Produkt aus dem Warenkorb entfernt werden
  // soll
  String delProduct = request.getParameter(PARAM_DEL);

  if( delProduct != null )
    productsInCart.remove(delProduct);

  // Prüfen, ob die Session zurückgesetzt werden soll
  if( request.getParameter(PARAM_DEL_SESSION) != null )
    session.invalidate();

  // Nun erfolgt die Ausgabe der HTML-Seite.
  out.println(
```

```
    "<html>" +
    "  <head>" +
    "    <title>Sessions verwalten</title>" +
    "    <meta http-equiv=\"expires\" content=\"0\">" +
    "  </head>" +
    "  <body>" +
    "    <h1>Liste aller Produkte</h1>" );

  // Tabelle mit allen Produkten ausgeben
  insertTable(request, response, true);

  // Tabelle mit allen Produkten im Warenkorb ausgeben
  out.println("<h1>Inhalt vom Warenkorb</h1>" );
  insertTable(request, response, false);

  out.println(
    "    <p>" +
    "      <a href=\"" +
           response.encodeURL(request.getRequestURI() + "?" +
           PARAM_DEL_SESSION + "=true" ) + "\">" +
    "      Session löschen</a>" +
    "    </p>" +
    "  </body>" +
    "</html>" );
}

/**
 * Diese Methode schreibt eine Tabelle in den Ausgabepuffer.
 * Abhängig vom Übergabeparameter 'productTable' wird die
 * Tabelle mit allen Produkten oder der Inhalt des Warenkorbes
 * eingefügt.
 */
private void insertTable( HttpServletRequest req,
                          HttpServletResponse resp,
                          boolean productTable
                        ) throws IOException
{
  PrintWriter out = resp.getWriter();

  out.println(
    "    <table border>" +
    "      <thead>" +
    "        <tr>" +
    "          <th>Produktname</th>" +
    "        </tr>" +
```

```
    "      </thead>" +
    "      <tbody>");

  // Entweder die Produkte oder den Warenkorb ausgeben
  if( productTable )
  {
    for( int i=0; i<products.length; i++)
      out.println("<tr><td>" +
                  createLink(req, resp, products[i], true) +
                  "</td></tr>" );
  }
  else
  {
    HttpSession session = req.getSession(false);
    if( session != null )
    {
      Vector cart = (Vector)session.getAttribute(ATTR_CART);
      if( cart != null )
      {
        Object cartObj[] = cart.toArray();
        for( int i=0; i<cartObj.length; i++)
          out.println("<tr><td>" +
             createLink(req, resp, (String)cartObj[i], false) +
                    "</td></tr>" );
      }
    }
  }

  out.println(
    "      </tbody>" +
    "    </table>");
}

/**
 * Diese Methode erzeugt einen HTML-Link auf das Servlet mit
 * einem Übergabeparameter
 */
private String createLink( HttpServletRequest request,
                           HttpServletResponse response,
                           String product,
                           boolean add )
{
  return "<a href=\"" +
         response.encodeURL(request.getRequestURI() + "?" +
         (add ? PARAM_ADD : PARAM_DEL) + // Parametername
```

```
        "=" + product) +                    // Parameterwert
        "\">" +
          product +
        "</a>";
  }
}
```

Listing 9.5: Servlet, das Daten in einer Session speichert

Der Deployment Descriptor des Servlets ist in Listing 9.6 dargestellt. Mit diesen Informationen kann das Servlet dem Web-Archiv hinzugefügt werden.

Um die Session zu konfigurieren, muss man das Web-Archiv in der Baumdarstellung selektieren und das Register „General" anwählen. Der Button ADVANCED SETTINGS... startet einen Dialog, mit dem die Session konfiguriert werden kann.

```
<web-app>
  <servlet>
    <servlet-name>SessionServlet</servlet-name>
    <display-name>SessionServlet</display-name>
    <servlet-class>
      de.j2eeguru.example.servlet.SessionServlet
    </servlet-class>
  </servlet>
  ...
  <servlet-mapping>
    <servlet-name>SessionServlet</servlet-name>
    <url-pattern>/session</url-pattern>
  </servlet-mapping>
  ...
  <session-config>
    <session-timeout>30</session-timeout>
  </session-config>
</web-app>
```

Listing 9.6: Deployment Descriptor mit einer Sessionkonfiguration

In dem Deployment Descriptor ist das Element `<session-config>` enthalten, mit dem die Session konfiguriert werden kann. Tabelle 9.7 beschreibt das Element:

Element	M	Beschreibung
<session-timeout>	0..1	In diesem Element kann die Zeit in Minuten eingestellt werden, die eine Session nach dem letzten Zugriff existiert. Bei einem Wert kleiner gleich null wird die Session nie durch einen Timeout beendet.

Tabelle 9.7: Definitionen im Element <session-config>

Das Servlet kann getestet werden, indem man in einem Browser die URL „http://localhost:8000/servletexample/session" aufruft. Durch die Selektion von einem Produktnamen (Link) wird entweder ein Produkt dem Warenkorb hinzugefügt oder entfernt. Der Verweis „Session löschen" beendet die aktuelle Sitzung, so dass der Warenkorb wieder leer ist.

Das Servlet soll nur das Prinzip verdeutlichen, mit dem eine Session in einem Servlet verwendet wird. Es beinhaltet einige Schwachstellen, die man in einer produktiven Anwendung nicht verwenden würde.

- Es können Produktnamen in der URL eingegeben werden, die nicht in der Produktliste vorhanden ist, aber trotzdem in den Warenkorb eingefügt werden. Die Parameter aus der Anfrage müssen geprüft werden.
- Wenn man ein Produkt in den Warenkorb einfügt und dann in dem Browser die Seite aktualisiert, wird die gleiche Anfrage noch einmal ausgeführt. Dies führt dazu, dass das Produkt erneut in den Warenkorb eingefügt wird. Eine bessere Lösung ist, die Daten in einem Formular mit der Methode `POST` zu senden oder einen zusätzlichen Link zu implementieren, mit dem die Seite aktualisiert werden kann.

9.3 Servlet verwendet ein Cookie

In dem vorherigen Kapitel wurde bereits erwähnt, dass ein Web-Container in einem Cookie Daten im Client zwischenspeichern kann. An dieser Stelle soll nun beschrieben werden, wie man ein Cookie erzeugen bzw. auswerten kann. Prinzipiell sollte man Cookies nur einsetzen, wenn sie unbedingt erforderlich sind. In den meisten Fällen ist es einfacher, eine Session zu verwenden. Man sollte auch bedenken, dass nicht alle Clients Cookies unterstützen.

Ein Cookie wird in dem Telegrammkopf vom Hypertext Transfer Protokoll übertragen. Wenn ein Servlet ein Cookie erzeugt, wird dies in dem Telegrammkopf der Antwort eingefügt und zum Client gesendet. Der Client, im Allgemeinen ein Browser, speichert die Cookies. Sendet der Client erneut eine Anfrage an den gleichen Server, genauer gesagt an den gleichen Web-Kontext, fügt er alle Cookies dieses Servers in den Telegrammkopf der Anfrage ein. Das Servlet kann dann die Felder aus der Anfrage lesen. Dies ist eine sehr vereinfachte Darstellung eines Cookies. In einem Cookie können noch weitere Einstellungen vorgenommen werden, wie z.B. eine Pfadangabe, so dass es nur bei bestimmten Anfragen zum Server übertragen wird. Diese einfache Beschreibung soll an dieser Stelle ausreichend sein.

Ein Cookie wird durch die Klasse `javax.servlet.http.Cookie` in einem Servlet abgebildet. Ein Cookie hat immer einen Namen und einen Wert. Beide Variablen sind

Strings. Man sollte nur gültige Bezeichner sowohl für den Namen als auch für den Wert verwenden, d.h. keine Whitespaces, Komma, Dollarzeichen, Backslash, Slash, Prozent oder Semikolon. In der neueren Version der Cookies können zwar auch binäre Daten codiert übertragen werden; da aber nicht alle Clients dies unterstützen, ist davon abzuraten. Die maximale Länge des Namens und des Werts sind begrenzt. Die maximale Anzahl von Cookies in einem Client ist ebenfalls begrenzt. Da die Cookies in der Anfrage vom Client enthalten sind, ist es nicht sinnvoll, dort mehrere KBytes an Daten einzufügen.

Das Servlet in Listing 9.7 erzeugt eine Tabelle mit allen Cookies, die in der Anfrage enthalten sind. Unterhalb der Tabelle wird ein Formular dargestellt, mit dem ein Cookie erzeugt werden kann. Wird ein Cookie erzeugt, wird es erst bei der nächsten Anfrage dargestellt, da das Cookie erst in der Antwort zum Client gesendet wird und bei der nächsten Anfrage im Telegrammkopf enthalten ist.

Das Cookie wird mit der Methode `addCookie()` vom Interface `javax.servlet.http.HttpServletResponse` in den Telegrammkopf der Antwort eingefügt. Dieser Methode muss eine Instanz der Klasse `javax.servlet.http.Cookie` übergeben werden. Dem Konstruktor der Klasse muss der Name und Wert von dem Cookie übergeben werden. Der Name kann nachträglich nicht mehr geändert werden. Es besteht keine Möglichkeit, ein Cookie aus einer Anfrage zu entfernen, man kann aber den Wert ändern.

```
package de.j2eeguru.example.servlet;

import java.io.IOException;
import java.io.PrintWriter;

import java.util.Enumeration;

import javax.servlet.ServletException;
import javax.servlet.http.Cookie;
import javax.servlet.http.HttpServlet;
import javax.servlet.http.HttpServletRequest;
import javax.servlet.http.HttpServletResponse;

public class CookieServlet extends HttpServlet
{
  private static final String PARAM_COOKIE_NAME  = "COOKIE_NAME";
  private static final String PARAM_COOKIE_VALUE = "COOKIE_VALUE";

  public void doGet( HttpServletRequest request,
                     HttpServletResponse response
                   ) throws ServletException, IOException
  {
    processRequest(request, response);
  }
```

```
public void doPost( HttpServletRequest request,
                    HttpServletResponse response
                  ) throws ServletException, IOException
{
  processRequest(request, response);
}

private void processRequest(
                   HttpServletRequest request,
                   HttpServletResponse response
                 ) throws ServletException, IOException
{
  response.setContentType("text/html");

  String cookieName  = request.getParameter(PARAM_COOKIE_NAME);
  String cookieValue = request.getParameter(PARAM_COOKIE_VALUE);

  if( cookieName != null && cookieValue != null )
    response.addCookie(new Cookie(cookieName, cookieValue));

  PrintWriter out = response.getWriter();
  out.println(
    "<html>" +
    "  <head>" +
    "    <title>Liste aller Cookies</title>" +
    "    <meta http-equiv=\"expires\" content=\"0\">" +
    "  </head>" +
    "  <body>" +
    "    <h1>Liste aller Cookies</h1>" +
    "    <table border>" +
    "      <thead>" +
    "        <tr>" +
    "          <th>Name</th>" +
    "          <th>Wert</th>" +
    "        </tr>" +
    "      </thead>" +
    "      <tbody>"  );

  Cookie cookies[] = request.getCookies();

  for(int i=0; cookies != null && i<cookies.length; i++)
  {
    out.println(
      "          <tr>" +
```

```
"           <td>" + cookies[i].getName() +  "</td>" +
"           <td>" + cookies[i].getValue() +  "</td>" +
"         </tr>" );
}

out.println(
  "     </tbody>" +
  "   </table>" +
  "   <table>" +
  "     <form action=\"" +
             response.encodeURL(request.getRequestURI()) +
             "\" method=\"post\">" +
  "       <tr>" +
  "         <td>Name vom Cookie</td>" +
  "         <td><input name=\"" + PARAM_COOKIE_NAME +
                                "\" size=\"20\"></td>" +
  "       </tr>" +
  "       <tr>" +
  "         <td>Wert vom Cookie</td>" +
  "         <td><input name=\"" + PARAM_COOKIE_VALUE +
                                "\" size=\"20\"></td>" +
  "       </tr>" +
  "       <tr>" +
  "         <td colspan=\"2\" align=\"center\">" +
  "     <input type=\"submit\" value=\"Cookie erzeugen\">" +
  "         </td>" +
  "       </tr>" +
  "     </form>" +
  "     <form action=\"" +
             response.encodeURL(request.getRequestURI()) +
             "\" method=\"post\">" +
  "       <tr>" +
  "         <td colspan=\"2\" align=\"center\">" +
  "       <input type=\"submit\" value=\"Aktualisieren\">" +
  "         </td>" +
  "       </tr>" +
  "     </form>" +
  "   </table>" +
  "  </body>" +
  "</html>" );
}
}
```

Listing 9.7: Servlet, das Cookies verwendet

Das Servlet unterstützt die beiden HTTP-Methoden `GET` und `POST`. Da beide Methoden die gleiche Antwort generieren sollen, rufen die Methoden `doGet()` und `doPost()` die lokale Hilfsmethode `processRequest()` auf. Die Parameter einer Anfrage werden bei den Methoden GET und POST unterschiedlich in dem HTTP übertragen. In dem Servlet muss man dies nicht berücksichtigen. Die Methode `getParameter()` des Interfaces `javax.servlet.http.HttpServletRequest` berücksichtigt dies.

Der Deployment Descriptor des Servlets ist in Listing 9.8 dargestellt. Mit diesen Informationen kann man das Servlet in das Web-Archiv hinzufügen.

```
<web-app>
  <servlet>
    <servlet-name>CookieServlet</servlet-name>
    <display-name>CookieServlet</display-name>
    <servlet-class>
      de.j2eeguru.example.servlet.CookieServlet
    </servlet-class>
  </servlet>
  ...
  <servlet-mapping>
    <servlet-name>CookieServlet</servlet-name>
    <url-pattern>/cookie</url-pattern>
  </servlet-mapping>
  ...
</web-app>
```

Listing 9.8: Deployment Descriptor des CookieServlets

Um das Servlet zu testen, muss die URL „http://localhost:8000/servletexample/cookie“ in einem Browser eingegeben werden. Der Browser muss so konfiguriert sein, dass Cookies unterstützt werden. Mit dem Formular auf der generierten Seite können Cookies erzeugt werden.

Wenn man mit dem Browser ein Servlet anwählt, das eine Session erzeugt, erscheint das Cookie „JSESSIONID“ in der Tabelle. Der Wert dieses Cookies ist die eindeutige Kennung, die in dem Kapitel „Session-Handling“ beschrieben wurde.

9.4 Gemeinsamer Zugriff auf Daten

9.4.1 Initialisierungsparameter einer Web-Anwendung

In dem Deployment Descriptor einer Web-Anwendung können Parameter definiert werden, auf die alle Komponenten der Anwendung Zugriff haben. Die Werte von diesen Parametern müssen vom Typ `java.lang.String` sein. Die Parameter werden verwendet, um die Web-Anwendung zu initialisieren oder an eine andere Ablaufumgebung anzupassen. Dort könnte z.B. der Klassenname von einem JDBC-Treiber und die URL einer Datenbankverbindung hinterlegt werden. Ein Parameter wird in dem Element `<context-param>` definiert. Tabelle 9.8 beschreibt dieses Element.

Element	M	Beschreibung
<param-name>	1	Name des Parameters
<param-value>	1	Wert des Parameters
<description>	0..1	Kommentar bzw. Beschreibung des Elements

Tabelle 9.8: Definitionen im Element <context-param>

Die Initialisierungsparameter einer Web-Anwendung können nur gelesen werden. Das Interface `javax.servlet.ServletContext` deklariert Methoden, mit denen man auf die Parameter zugreifen kann. Die Methoden werden in Tabelle 9.9 beschrieben.

Rückgabewert	Methode	Beschreibung
java.util. Enumeration	getInitParameterNames()	Alle Namen der Initialisierungsparameter werden ermittelt.
String	getInitParameter(String name)	Die Methode ermittelt den Wert von dem angegebenen Initialisierungsparameter.

Tabelle 9.9: Methoden, um die Initialisierungsparameter einer Web-Anwendung zu lesen

9.4.2 Initialisierungsparameter von einem Servlet

Zu einem Servlet können ebenfalls Initialisierungsparameter definiert werden. Auf diese Parameter kann nur das Servlet zugreifen. Die Parameter werden verwendet, um das Servlet zu initialisieren. Dies geschieht typischerweise in der Methode `init(...)` des Servlets (siehe Zustandsdiagramm „Servlet“). Der Übergabeparameter der Methode ist vom Typ `javax.servlet.ServletConfig`. Dieses Interface definiert Methoden, mit denen man auf die Initialisierungsparameter zugreifen kann. Die Methoden werden in Tabelle 9.10 beschrieben.

Rückgabewert	Methode	Beschreibung
java.util. Enumeration	getInitParameterNames()	Alle Namen der Initialisierungsparameter werden ermittelt.
String	getInitParameter(String name)	Die Methode ermittelt den Wert des angegebenen Initialisierungsparameters

Tabelle 9.10: Methoden, um die Initialisierungsparameter von einem Servlet zu lesen

Die Werte der Parameter sind vom Typ `java.lang.String;` sie können nur gelesen werden. Man kann mit diesen Parametern z.B. einen Debug Schalter verwalten, eine Datenbankverbindung parametrisieren, sofern sie nur von dem Servlet benötigt wird, usw.

Die Initialisierungsparameter eines Servlets werden im Deployment Descriptor in dem Element `<init-param>` definiert. Tabelle 9.11 beschreibt dieses Element.

Element	M	Beschreibung
<param-name>	1	Name des Parameters
<param-value>	1	Wert des Parameters
<description>	0..1	Kommentar bzw. Beschreibung des Elements

Tabelle 9.11: Definitionen im Element <init-param>

9.4.3 Parameter in einer Anfrage von einem Client

Ein Client kann in einer Anfrage Parameter übergeben. In dem Interface `javax.servlet.ServletRequest` sind die Methoden definiert, mit denen man die Parameter aus der Anfrage ermitteln kann. Tabelle 9.12 beschreibt die einzelnen Methoden. Die Parameter werden bei einem HTTP GET und POST unterschiedlich übertragen. Die Zugriffsmethoden berücksichtigen dies, d.h. der Entwickler muss sich keine Gedanken darüber machen, wie die Parameter übertragen wurden.

Rückgabewert	Methode	Beschreibung
java.util.Enumeration	getParameterNames()	Diese Methode liefert alle Namen der Parameter, die sich in der Anfrage befinden.
String[ ]	getParameterValues(String name)	Diese Methode liefert alle Werte des angegebenen Parameters.
String	getParameter(String name)	Diese Methode liefert den ersten Wert des angegebenen Parameters.
java.util.Map	getParameterMap()	Diese Methode liefert eine Map, mit der man die Parameter ermitteln kann. Der Schlüssel ist der Parametername, der Typ von den Objekten ist String[ ].

Tabelle 9.12: Methoden, um die Parameter aus einer Anfrage zu lesen

Der Wert eines Parameters aus der Anfrage kann immer aus mehreren Strings bestehen. Mehrere Werte werden z.B. von einem Formular erzeugt, in dem eine Auswahlliste enthalten ist. Werden in der Liste fünf Einträge selektiert, so enthält das String-Array fünf Einträge.

9.4.4 Attribute in Sichtbarkeitsbereichen verwalten

Ein Servlet kann Objekte in unterschiedlichen Sichtbarkeitsbereichen speichern, so dass mehrere und unterschiedliche Servlets auf die gleichen Objekte zugreifen können. Tabelle 9.13 listet alle Sichtbarkeitsbereiche auf und beschreibt sie:

Sichtbarkeitsbereich	Beschreibung
Web-Anwendung	Alle Komponenten der Web-Anwendung können auf diese Objekte zugreifen. Dies kann z.B. verwendet werden, um eine Datenbankverbindung zur Verfügung zu stellen, die von allen anderen Komponenten genutzt werden soll. Hier können aber auch Konfigurationsdaten gespeichert werden, die für alle Komponenten gelten.
Client-Sitzung	Alle Komponenten innerhalb der Sitzung können auf diese Objekte zugreifen. Eine Sitzung ist an einen Client gebunden, d.h. hier können benutzerspezifische Daten gespeichert werden.
Anfrage	Alle Komponenten, die eine Anfrage (Request) bearbeiten, können auf diese Objekte zugreifen.
Java Server Page	Auf die Objekte kann nur innerhalb der Java Server Page zugegriffen werden.

Tabelle 9.13: Sichtbarkeitsbereiche von Objekten

Die Sichtbarkeitsbereiche werden durch die folgenden Schnittstellen bzw. Klassen abgebildet, die die Methoden aus Tabelle 9.14 definieren.

- javax.servlet.ServletContext (Web-Anwendung)
- javax.servlet.http.HttpSession (Client-Sitzung)
- javax.servlet.ServletRequest (Anfrage)
- javax.servlet.jsp.PageContext (Java Server Page)

In dem Kapitel „Session-Handling“ wurde bereits ein Objekt zu einer `HttpSession` gespeichert. Auf die gleiche Art und Weise ist dies für die anderen Sichtbarkeitsbereiche möglich. Tabelle 9.14 beschreibt die Methoden, mit denen die Attribute der einzelnen Sichtbarkeitsbereiche verwaltet werden können.

Rückgabewert	Methode	Beschreibung
java.util. Enumeration	getAttributeNames()	Alle Attributnamen werden ermittelt.

Rückgabewert	Methode	Beschreibung
void	setAttribute(String name, Object object)	Die Methode speichert ein Objekt unter dem angegeben Namen. Wenn als Objekt null übergeben wird, wird das Attribut entfernt.
Object	getAttribute(String name)	Die Methode ermittelt das Objekt mit dem angegebenen Attributnamen.
void	removeAttribute(String name)	Die Methode entfernt das Attribut.

Tabelle 9.14: Methoden zur Verwaltung von Objekten in den Sichtbarkeitsbereichen

Da der Web-Container und Servlets multithreadingfähig sind, müssen geeignete Maßnahmen getroffen werden (Thread-Synchronisierung), wenn von mehreren Threads gleichzeitig auf Objekte zugegriffen wird. Der Zugriff auf die folgenden Objekte muss geschützt werden:

- Zugriff auf Instanzvariablen eines Servlets, wobei die Servlet-Klasse nicht das Interface `SingleThreadModel` implementiert hat.
- Bei dem Zugriff auf statische Instanzvariablen von einem Servlet
- Bei dem Zugriff auf Attribute von dem Interface `ServletContext`, d.h. Objekte im Sichtbarkeitsbereich Web-Anwendung.
- Bei dem Zugriff auf Attribute von dem Interface `HttpSession`, d.h. Objekte im Sichtbarkeitsbereich Client-Sitzung.

9.4.5 Attribute in einer JSP verwalten

Die Java Server Pages werden in einem späteren Kapitel beschrieben. An dieser Stelle sollen jedoch zusätzliche Zugriffsmethoden beschrieben werden, mit denen man die Attribute in den unterschiedlichen Sichtbarkeitsbereichen verwalten kann. Diese Methoden sind in der abstrakten Klasse `javax.servlet.jsp.PageContext` definiert und werden in Tabelle 9.14 beschrieben.

Rückgabewert	Methode	Beschreibung
Object	findAttribute(String name)	Die Methode ermittelt das angegebene Attribut aus einem Sichtbarkeitsbereich. Dabei werden die Sichtbarkeitsbereiche in der Reihenfolge PAGE, REQUEST, SESSION, APPLICATION durchsucht.
Object	getAttribute(String name, int scope)	Die Methode ermittelt das angegebene Attribut aus dem Sichtbarkeitsbereich.
java.util. Enumeration	getAttributeNamesInScope(int scope)	Die Methode ermittelt alle Attributnamen aus dem angegebenen Sichtbarkeitsbereich.

Rückgabewert	Methode	Beschreibung
int	getAttributesScope(String name)	Die Methode liefert den Sichtbarkeitsbereich von dem Attribut.
void	removeAttribute(String name, int scope)	Die Methode entfernt das angegebene Attribut aus dem Sichtbarkeitsbereich.
void	setAttribute(String name, Object o, int scope)	Die Methode fügt das angegebene Attribut zu dem Sichtbarkeitsbereich hinzu.

Tabelle 9.15: Methoden zur Verwaltung von Objekten in einer JSP

Die Besonderheit bei diesen Methoden ist, dass ein Sichtbarkeitsbereich angegeben werden muss. Die Sichtbarkeitsbereiche sind in der Klasse `PageContext` definiert.

- APPLICATION_SCOPE
- SESSION_SCOPE
- REQUEST_SCOPE
- PAGE_SCOPE

Die Methoden aus der Tabelle 9.15 implementieren keine neue Funktionalität, sondern sie kapseln nur den Zugriff auf die bereits besprochenen Bereiche. Diese Methoden wurden in der Tabelle 9.14 beschrieben. Der Vorteil bei diesen Methoden ist, dass man ggf. nicht den Sichtbarkeitsbereich eines Attributs kennen muss.

9.5 Kommunikation zwischen Servlets

Damit eine Web-Anwendung leichter zu pflegen ist, ist es sinnvoll, die erforderlichen Funktionalitäten in Teilbereiche zu untergliedern. Ein Teilbereich könnte z.B. ein Servlet sein, das alle Anfragen entgegennimmt und überprüft. Abhängig von bestimmten Eigenschaften (Attribute in der Session oder Parameter aus der Anfrage) könnte dieses Servlet dann ein anderes Servlet beauftragen, die Anfrage weiter zu bearbeiten. Das zweite Servlet könnte wiederum einen Teil der Anfrage bearbeiten.

Ein Servlet hat zwei Möglichkeiten, eine andere Komponente aufzurufen: entweder mit der Methode `include()` oder mit der Methode `forward()`. Beide Methoden werden in dem Interface `javax.servlet.RequestDispatcher` definiert. Dieses Interface kann mit den Methoden aus Tabelle 9.16 ermittelt werden.

Die Methode `include()` wird aufgerufen, wenn das aufgerufenen Servlet einen Teil der Antwort für den Client generieren soll. Dies könnte z.B. der Werbeblock einer HTML-Seite sein. Da die Komponente nur diese Funktionalität zur Verfügung stellt, kann sie leicht durch eine andere ersetzt bzw. erweitert werden.

Wird die Methode `forward()` aufgerufen, wird die Antwort vollständig von der aufgerufenen Komponente erzeugt. Das Servlet, das die Methode aufruft, darf keine Zeichen zu dem Client senden. Die Methode `forward()` wird eingesetzt, wenn man mit einem zentralen Servlet alle Anfragen entgegennehmen will, um dann abhängig von einem internen Zustand, der angeforderten URL und ggf. Parametern, die Anfrage weiterzuleiten. Dies hat den Vorteil, dass Prüfungen an einer zentralen Stelle gepflegt werden können. Die Web-Anwendung kann z.B. durch eine XML-Datei konfiguriert werden. Das zentrale Servlet kann diese Datei bei der Initialisierung auswerten und die dort konfigurierten Seiten abhängig von den oben genannten Variablen aufrufen.

Schnittstelle	Methode	Beschreibung
javax.servlet. ServletContext	getRequestDispatcher(String path)	Der Parameter muss mit Schrägstrich (/) beginnen. Die Pfadangabe ist relativ zum Root-Kontext der Web Anwendung. Die Komponente, die eingebunden werden soll, muss über eine URL erreichbar sein (public).
	getNamedDispatcher(String name)	Der Methode muss der Name von einem Servlet oder JSP übergeben werden. Dieser Name wird im Deployment Descriptor definiert. Die Komponente muss nicht über eine URL erreichbar sein (private).
javax.servlet. ServletRequest	getRequestDispatcher(String path)	Wenn der Parameter mit Schrägstrich (/) beginnt, ist die Pfadangabe relativ zum Root-Kontext der Web Anwendung, ansonsten relativ zur aktuellen Anfrage. Die Komponente, die eingebunden werden soll, muss über eine URL erreichbar sein (public).

Tabelle 9.16: RequestDispatcher ermitteln

Der Rückgabewert aller Methoden aus der Tabelle 9.16 ist vom Typ `javax.servlet.RequestDispatcher`. Die Methoden können auch `null` zurückliefern, wenn die angeforderte Komponente nicht vorhanden ist. Dieser Fall sollte im Quelltext abgefangen werden. Listing 9.9 zeigt ein Anwendungsbeispiel:

```
...
RequestDispatcher dispatcher =
        getServletContext().getRequestDispatcher("/header");

if( dispatcher == null )
{
  ... // geeignete Fehlerbehandlung
}
else
{
  request.setAttribute("aAttrName", aObj);
  ...
  dispatcher.include(request, response);
```

```
}
...
```

Listing 9.9: RequestDispatcher verwenden

Der aufgerufenen Web-Komponente können Informationen in Form von Attributen übergeben werden. Diese Informationen betreffen meistens nur die aktuelle Anfrage. Aus diesem Grund werden sie in dem Kontext der Anfrage gespeichert.

9.5.1 include

Wie bereits erwähnt, wird die Methode `include()` verwendet, um einen Teil der Antwort für den Client zu generieren. Die Web-Komponenten, die eingebunden werden, können auch statische HTML-Seiten oder JSP (Java Server Page) sein.

Das aufgerufene Servlet kann auf die Anfrage vom Client zugreifen und so z.B. Parameter von dem Client oder anwendungsspezifische Attribute auswerten. Der Zugriff auf das Antwort-Objekt (Response) ist nur eingeschränkt zulässig. Es können z.B. keine Daten im Telegrammkopf oder der Status-Code der Antwort modifiziert werden.

Da die von Servlet erzeugte Antwort nur einen Teil des Datenstromes zum Client ist, darf in der Regel keine vollständige HTML-Seite (mit den Elementen `<html>` und `</html>`) generiert werden.

Wenn die Web-Komponente sowohl durch ein HTML-GET- und POST-Kommando erreichbar ist, muss das mit `include()` aufgerufene Servlet die beiden Methoden `doGet(req, resp)` und `doPost(req, resp)` implementieren. Die Methoden könnten prinzipiell auch unterschiedliche Antworten generieren.

Ruft man innerhalb des aufgerufenen Servlets die Methode `getRequestURI()` von dem Parameter `javax.servlet.http.HttpServletRequest` auf, so wird die URI geliefert, die von dem Client angefordert wurde.

Beispiel

Das folgende Beispiel beinhaltet eine Web-Anwendung, deren Bildschirmaufbau immer gleich sein soll (Abbildung 9.3). Im oberen Bereich soll eine Überschrift erscheinen, die abhängig von dem dargestellten Thema ist. An der linken Seite soll eine Liste mit den Themengebieten der Anwendung erscheinen. Die Inhalte der Liste verweisen auf die entsprechenden Themengebiete, d.h. bei Anwahl eines Themengebietes wird dieser Inhalt rechts daneben dargestellt.

Abbildung 9.3: Ausgabe der Web-Anwendung

Tabelle 9.17 beschreibt die Servlets der Anwendung. Alle Klassen befinden sich in dem Package `de.j2eeguru.example.servlet.include`.

Servlet	**Beschreibung**
IncludeServlet (Listing 9.10)	Dieses Servlet wird von dem Client aufgerufen und definiert die Struktur der Bildschirmdarstellung. Dies geschieht in Form einer Tabelle mit zwei Zeilen und ein bzw. zwei Spalten. In jeder Tabellenzelle wird der Inhalt von einem anderen Servlet mit der Methode include(...) eingefügt.
HeaderServlet (Listing 9.11)	Dieses Servlet erzeugt abhängig von den Parametern in der Anfrage eine Seitenüberschrift.
NavigationServlet (Listing 9.12)	Dieses Servlet erzeugt eine Liste mit Verweisen zu allen Themengebieten.
BodyServlet (Listing 9.13)	Dieses Servlet stellt abhängig von den Parametern in der Anfrage den Inhalt eines Themengebietes dar.

Tabelle 9.17: Servlets der Web-Anwendung

```
package de.j2eeguru.example.servlet.include;

import java.io.IOException;
import java.io.PrintWriter;

import javax.servlet.ServletException;
import javax.servlet.ServletContext;
import javax.servlet.RequestDispatcher;
```

```
import javax.servlet.http.HttpServlet;
import javax.servlet.http.HttpServletRequest;
import javax.servlet.http.HttpServletResponse;

public class IncludeServlet extends HttpServlet
{
  public void doGet( HttpServletRequest request,
                     HttpServletResponse response
                   ) throws ServletException, IOException
  {
    response.setContentType("text/html");
    PrintWriter out = response.getWriter();
    RequestDispatcher dispatcher = null;

    out.println(
      "<html>" +
      "  <head>" +
      "    <title>Beispiel</title>" +
      "  </head>" +
      "  <body>" +
      "    <table width=\"100%\">" +
      "      <tr>" +
      "        <td colspan=\"2\">" );

    // Komponente mit relativem Pfad zum Web-Kontext ermitteln
    dispatcher = getServletContext().getRequestDispatcher(
                                                  "/header");
    if( dispatcher != null )
      dispatcher.include(request, response);

    out.println(
      "        </td>" +
      "      </tr>" +
      "      <tr>" +
      "        <td width=\"20%\" valign=\"top\">" );

    // Komponente mit Namen ermitteln
    dispatcher = getServletContext().getNamedDispatcher(
                                         "NavigationServlet");
    if( dispatcher != null )
      dispatcher.include(request, response);

    out.println(
      "        </td>" +
      "        <td width=\"80%\" valign=\"top\">" );
```

```
    // Komponente mit relativem Pfad zur aktuellen Anfrage
    // ermitteln
    dispatcher = request.getRequestDispatcher("body");
    if( dispatcher != null )
      dispatcher.include(request, response);

    out.println(
      "        </td>" +
      "      </tr>" +
      "    </table>" +
      "  </body>" +
      "</html>");
  }
}
```

Listing 9.10: Servlet, das andere Web-Komponente mit import() einfügt

Die Servlets, die mit `include(...)` aufgerufen werden, generieren keine vollständige HTML-Seite. Sie definieren auch nicht den MIME-Typ der Antwort. Jedes Servlet generiert nur einen Teil der HTML-Seite. Dies macht eine Web-Anwendung wartbarer.

```
package de.j2eeguru.example.servlet.include;

import java.io.IOException;
import java.io.PrintWriter;

import javax.servlet.ServletException;
import javax.servlet.http.HttpServlet;
import javax.servlet.http.HttpServletRequest;
import javax.servlet.http.HttpServletResponse;

public class HeaderServlet extends HttpServlet
{
  public void doGet( HttpServletRequest request,
                     HttpServletResponse response
                   ) throws ServletException, IOException
  {
    PrintWriter out = response.getWriter();

    String navigation = request.getParameter(
                            NavigationServlet.PARAM_NAVIGATION);

    if( navigation == null )
      out.println("<h1><center>Willkommen</center></h1>");
    else
```

```
      out.println("<h1><center>" + navigation + "</center></h1>");
  }
}
```

Listing 9.11: Servlet, das die Seitenüberschrift generiert

In dem Servlet NavigationServlet wird die Methode `request.getRequestURI()` aufgerufen. Diese Methode liefert die URI, die vom Client angefordert wurde und nicht die vom NavigationServlet.

Um das Servlet einfacher zu gestalten, ist die Liste der Themengebiete in dem Servlet definiert (NAVIGATION_LIST[ ]). In der Praxis könnte man diese Liste in einem Attribut vom Web-Kontext speichern.

```
package de.j2eeguru.example.servlet.include;

import java.io.IOException;
import java.io.PrintWriter;

import javax.servlet.ServletException;
import javax.servlet.http.HttpServlet;
import javax.servlet.http.HttpServletRequest;
import javax.servlet.http.HttpServletResponse;

 public class NavigationServlet extends HttpServlet
{
  public  final static String PARAM_NAVIGATION = "NAVIG";
  private final static String NAVIGATION_LIST[] =
  {
    "Support",
    "Download",
    "Contact"
  };

  public void doGet( HttpServletRequest request,
                     HttpServletResponse response
                   ) throws ServletException, IOException
  {
    PrintWriter out = response.getWriter();

    out.println( "<table>" );

    String uri = request.getRequestURI();

    for( int i=0; i<NAVIGATION_LIST.length; i++ )
```

```
      out.println( "<tr><td><a href=\"" +
           response.encodeURL(uri + "?" +
           PARAM_NAVIGATION +             // Paramenetrname
           "=" + NAVIGATION_LIST[i]) +    // Parameterwert
           "\">" +  NAVIGATION_LIST[i] +  "</a></td></tr>" );

    out.println( "</table>" );
  }
}
```

Listing 9.12: Servlet, das die Liste mit den Themengebieten generiert

Der Text von einem Themengebiet könnte prinzipiell auch eine statische HTML-Seite sein. Diese Seite müsste dann in dem Web-Archiv enthalten sein. Wenn der Client diese HTML-Seite nicht über eine URL aufrufen soll, müssen sie in dem Unterverzeichnis /WEB-INF gespeichert werden. Ein Servlet kann auf Dateien in dem Verzeichnis /WEB-INF mit der Methode `getResource(String path)` von der Schnittstelle `javax.servlet.ServletContext` zugreifen.

```
package de.j2eeguru.example.servlet.include;

import java.io.IOException;
import java.io.PrintWriter;

import javax.servlet.ServletException;
import javax.servlet.http.HttpServlet;
import javax.servlet.http.HttpServletRequest;
import javax.servlet.http.HttpServletResponse;

public class BodyServlet extends HttpServlet
{
  public void doGet( HttpServletRequest request,
                     HttpServletResponse response
                   ) throws ServletException, IOException
  {
    PrintWriter out = response.getWriter();

    String navigation = request.getParameter(
                            NavigationServlet.PARAM_NAVIGATION);

    if( navigation == null )
      out.println( " " );
    else
      out.println( "<p>Hier kann irgend ein Text zum Thema " +
                   navigation + " stehen</p>" );
```

```
  }
}
```

Listing 9.13: Servlet, das den Seiteninhalt generiert

Der Deployment Descriptor von den Servlets ist in Listing 9.14 dargestellt. Mit diesen Informationen kann das Web-Archiv erweitert werden. Da in dem Quelltext der Name des NavigationServlets und die Pfadangaben des BodyServlets und HeaderServlets verwendet werden, müssen diese Angaben mit denen aus dem Deployment Descriptor übereinstimmen. Das NavigationServlet bekommt keinen logischen Namen (Alias) zugewiesen.

```
<web-app>
  ...
  <servlet>
    <servlet-name>HeaderServlet</servlet-name>
    <display-name>HeaderServlet</display-name>
    <servlet-class>
      de.j2eeguru.example.servlet.include.HeaderServlet
    </servlet-class>
  </servlet>
  <servlet>
    <servlet-name>BodyServlet</servlet-name>
    <display-name>BodyServlet</display-name>
    <servlet-class>
      de.j2eeguru.example.servlet.include.BodyServlet
    </servlet-class>
  </servlet>
  <servlet>
    <servlet-name>NavigationServlet</servlet-name>
    <display-name>NavigationServlet</display-name>
    <servlet-class>
      de.j2eeguru.example.servlet.include.NavigationServlet
    </servlet-class>
  </servlet>
  <servlet>
    <servlet-name>IncludeServlet</servlet-name>
    <display-name>IncludeServlet</display-name>
    <servlet-class>
      de.j2eeguru.example.servlet.include.IncludeServlet
    </servlet-class>
  </servlet>
  ...
  <servlet-mapping>
    <servlet-name>HeaderServlet</servlet-name>
    <url-pattern>/header</url-pattern>
```

```
  </servlet-mapping>
  <servlet-mapping>
    <servlet-name>BodyServlet</servlet-name>
    <url-pattern>/body</url-pattern>
  </servlet-mapping>
  <servlet-mapping>
    <servlet-name>IncludeServlet</servlet-name>
    <url-pattern>/include</url-pattern>
  </servlet-mapping>
  ...
</web-app>
```

Listing 9.14: Deployment Descriptor von den Servlets

Die URL des Servlets ist „http://localhost:8000/servletexample/include". Auf der linken Seite kann man ein Themengebiet anwählen. Wenn man sich den Quelltext der HTML-Datei ansieht, die der Server generiert hat, dann erkennt man, dass die Ausgabe von den aufgerufenen Servlets in die Ausgabe eingefügt wurde.

Ruft man die URL „http://localhost:8000/servletexample/header" auf, so erscheint nur die Überschrift im Browser. Der Quelltext, der vom Server zurückgeliefert wurde, ist keine vollständige HTML-Seite. Es fehlen z.B. die <html>-Elemente. Die Servlets, die mit `include()` aufgerufen werden, dürfen in der Regel nicht direkt angesprochen werden. Aus diesem Grund sollte man diesen Servlets keinen logischen Namen (Alias) geben, damit sie nur innerhalb der Web-Anwendung verwendet werden können.

9.5.2 forward

Die Methode `forward(req, resp)` des Interfaces `javax.servlet.RequestDispatcher` wird verwendet, wenn die Anfrage von einer anderen Web-Komponente verarbeitet werden soll. Vor dem Aufruf der Methode dürfen keine Daten zum Client gesendet oder der MIME-Typ der Antwort beschrieben werden.

Ein Servlet, das die Methode `forward(req, resp)` aufruft, kann verwendet werden, um bestimmte Aktionen zentral zu verwalten. So können z.B. Parameter in einer Anfrage überprüft und ggf. Daten modifiziert werden.

Beispiel

Das Beispiel aus Listing 9.15 stellt einen zentralen Einstiegspunkt für eine Web-Anwendung dar. In dem einfachen Fall wird nur ein Servlet verwendet, das die weitere Verarbeitung der Anfrage übernehmen soll. Es könnte z.B. in Abhängigkeit von einem Parameter oder der „pathInfo" aus der Anfrage ein bestimmtes Servlet ausgewählt werden. Diese Zuordnung könnte in einer XML-Datei definiert werden, so dass man das Verhalten der Web-Anwendung über eine Datei konfigurieren kann.

```
package de.j2eeguru.example.servlet.forward;

import java.io.IOException;

import javax.servlet.ServletException;
import javax.servlet.RequestDispatcher;
import javax.servlet.http.HttpServlet;
import javax.servlet.http.HttpServletRequest;
import javax.servlet.http.HttpServletResponse;

public class ForwardServlet extends HttpServlet
{
  public final static String ATTR_URI = "MY_URI";

  public void doGet( HttpServletRequest request,
                     HttpServletResponse response
                   ) throws ServletException, IOException
  {
    // An dieser Stelle können Parameter vom Request ausgewertet
    // werden und z.B. weitere Attribute in den Request gespei-
    // chert werden, die von anderen Komponenten ausgewertet
    // werden.

    // Orginal URI der Anfrage in einem Attribut sichern, da
    // diese durch den 'forward' nicht mehr vorhanden ist.
    request.setAttribute(ATTR_URI, request.getRequestURI());

    RequestDispatcher dispatcher =
            getServletContext().getRequestDispatcher("/include");
    if (dispatcher != null)
       dispatcher.forward(request, response);
  }
}
```

Listing 9.15: Servlet, das die Anfrage an eine andere Web-Komponente weiterleitet

Ein Servlet, das durch die Methode `forward(req, resp)` aufgerufen wird, hat ggf. keinen Zugriff auf die URI, die vom Client angefordert wurde. Die Methode `getRequestURI()` von dem Interface `HttpServletRequest` liefert die URI zurück, die der Methode `getRequestDispatcher(...)` übergeben wurde. Falls das Servlet von einem `RequestDispatcher` aufgerufen wird, der mit der Methode `getNamedDispatcher(...)` erzeugt wurde, dann ist die URL von dem Client verfügbar.

Das Servlet `ForwardServlet` speichert die URI, die vom Client angefordert wurde, in einem anwendungsspezifischen Attribut in der Anfrage. Das Servlet `Navigation-`

Servlet aus dem vorherigen Beispiel erzeugt Verweise innerhalb der Anwendung. Damit alle Anfragen wirklich über das ForwardServlet abgewickelt werden, muss das oben genannte Attribut in diesem Servlet ausgewertet werden. Listing 9.16 beinhaltet den modifizierten Quelltext.

```
package de.j2eeguru.example.servlet.include;
...
public class NavigationServlet extends HttpServlet
{
  ...
  public void doGet( HttpServletRequest request,
                     HttpServletResponse response
                   ) throws ServletException, IOException
  {
    PrintWriter out = response.getWriter();

    out.println( "<table>" );

    String uri = (String)request.getAttribute(
                                        ForwardServlet.ATTR_URI);
    if( uri == null )
      uri = request.getRequestURI();

    for( int i=0; i<NAVIGATION_LIST.length; i++ )
      out.println( "<tr><td><a href=\"" +
           response.encodeURL(uri + "?" +
           PARAM_NAVIGATION +             // Paramenetrname
           "=" + NAVIGATION_LIST[i]) +   // Parameterwert
           "\">" +  NAVIGATION_LIST[i] +  "</a></td></tr>" );

    out.println( "</table>" );
  }
}
```

Listing 9.16: Modifiziertes Servlet, das die Liste mit den Themengebiete generiert

Der Deployment Descriptor des Servlets ist in Listing 9.17 dargestellt. Mit diesen Informationen kann das Web-Archiv erweitert werden. Die Anwendung kann mit der URL „http://localhost:8000/servletexample/forward" getestet werden. Wählt man ein Themengebiet an, so wird die Anfrage an das ForwardServlet gesendet.

```
<web-app>
  ...
  <servlet>
    <servlet-name>ForwardServlet</servlet-name>
    <display-name>ForwardServlet</display-name>
```

```
    <servlet-class>
      de.j2eeguru.example.servlet.forward.ForwardServlet
    </servlet-class>
  </servlet>
  <servlet-mapping>
    <servlet-name>ForwardServlet</servlet-name>
    <url-pattern>/forward</url-pattern>
  </servlet-mapping>
  ...
</web-app>
```

Listing 9.17: Deployment Descriptor des ForwardServlets

9.5.3 Model-View-Control mit Servlets

In der Praxis hat sich das Model-View-Control Paradigma bewährt, d.h. die Darstellung von Daten, die Programmlogik, um Daten zu modifizieren, und der Zugriff auf die Daten werden entkoppelt. Dies führt dazu, dass sich eine Anwendung leichter pflegen und erweitern lässt, da jede Komponente ihren definierten Verantwortungsbereich hat. Tabelle 9.18 beschreibt die Eigenschaften der einzelnen Komponenten.

Komponente	**Beschreibung**
Model	Das Modell stellt eine Schnittstelle zur Verfügung, um auf die Daten der Anwendung sowohl lesend als auch schreibend zuzugreifen.
View	Der View stellt die Daten des Modells dar. Der Zugriff auf die Daten erfolgt nur lesend. Es können unterschiedliche Ansichten für das gleiche Datenmodell definiert werden. In dem View werden Benutzereingaben entgegengenommen.
Control	Der Control verarbeitet die Eingaben von dem Benutzer. Abhängig von den Eingaben wird ggf. das Datenmodell modifiziert und ein View aktualisiert.

Tabelle 9.18: Komponenten vom Model-View-Control Paradigma

Dieses Modell lässt sich auch auf eine Web-Anwendung anwenden. Abbildung 9.4 zeigt, wie eine Anfrage von einem Client nach diesem Modell verarbeitet wird. Die Anfrage wird von der Komponente `Control` entgegengenommen. Diese Komponente wertet die Anfrage aus und modifiziert ggf. das Datenmodell. Das Datenmodell kann nur von Control verändert werden. Nachdem das Datenmodell angepasst wurde, leitet die Control-Komponente abhängig von der Anfrage die Verarbeitung an einen View weiter. Der View erzeugt die Bildschirmdarstellung in Form einer HTML-Seite und greift dabei lesend auf das DatenModel zu.

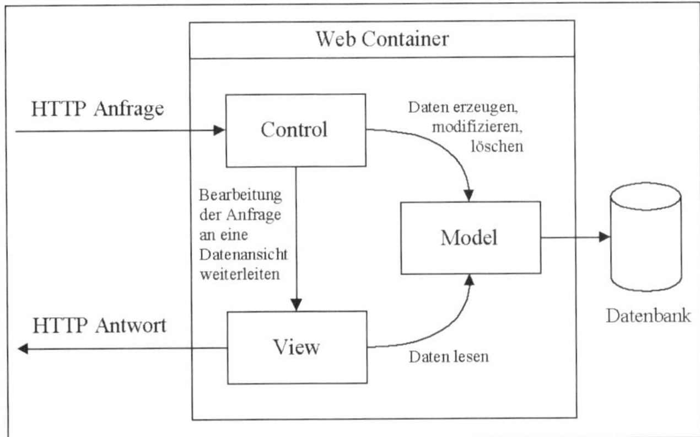

Abbildung 9.4 Model-View-Control in einer Web-Anwendung

In einer Web-Anwendung kann das Modell durch Java Beans oder Session Beans, der Control durch Servlets oder Java Server Pages und der View durch Java Server Pages oder statische HTML-Seiten realisiert werden.

9.6 Ereignisse verarbeiten (Event-Listener)

In einem Web-Archiv kann man Objekte bzw. Klassen definieren, die über bestimmte Ereignisse informiert werden sollen. Diese Objekte nennt man Ereignisempfänger bzw. Event-Listener. Ein Ereignis wird von einer Ereignisquelle (*Event-Source*) erzeugt. Tritt ein Ereignis auf, dann informiert die Ereignisquelle alle registrierten Ereignisempfänger über dieses Ereignis. Die Ereignisquelle ist bei einer Web-Anwendung der Container. Die Ereignisempfänger sind anwendungsspezifische Klassen.

Die Klasse des Ereignisempfängers muss ein Interface implementieren, in dem die Methoden definiert sind, die von der Ereignisquelle aufgerufen werden. Diesen Methoden wird ein Parameter übergeben, der Informationen zu dem Ereignis enthält.

Ein Ereignisempfänger wird eingesetzt, um auf bestimmte Ereignisse zu reagieren und die entsprechenden Aktionen durchzuführen. Der Ereignisempfänger ist dann dafür verantwortlich, diese Aktionen durchzuführen. Man könnte z.B. einen Ereignisempfänger verwenden, der beim Erzeugen einer Client Sitzung (*Session*) informiert werden soll. Diese Klasse ist dann dafür verantwortlich, dass alle erforderlichen Objekte (z.B. Warenkorb) erzeugt und in der Sitzung als Attribute angemeldet werden. Dies vereinfacht den Quellcode der Klassen, die auf diese Attribute zugreifen, weil sie davon ausgehen können, dass sie vorhanden sind.

In einem Web-Archiv können Ereignisse für die Web-Anwendung und für eine Client Sitzung definiert werden. Die Tabellen 9.19, 9.21 und 9.22 beschreiben die einzelnen Interfaces, die von einer Klasse implementiert werden müssen, damit Ereignisse empfangen werden können.

9.6.1 Ereignisse einer Web-Anwendung

In einer Web-Anwendung kann man über die folgenden Ereignisse informiert werden:

- Die Web-Anwendung wurde gestartet.
- Die Web-Anwendung wurde beendet.
- Ein Attribut wurde dem Servlet-Kontext hinzugefügt.
- Ein Attribut wurde vom Servlet-Kontext entfernt.
- Ein Attribut im Servlet-Kontext wurde ersetzt.

In Tabelle 9.19 werden die Interfaces beschrieben, die von der Klasse des Ereignisempfängers implementiert werden müssen, um über die genannten Ereignisse informiert zu werden.

Listener Interface	**Beschreibung**
javax.servlet. ServletContextListener	Wenn die Web-Anwendung gestartet bzw. beendet wurde.
javax.servlet. ServletContextAttributesListener	Wenn ein Attribut zum Servlet-Kontext hinzugefügt, entfernt oder ersetzt wurde.

Tabelle 9.19: Ereignisse einer Web-Anwendung

Im Deployment Descriptor eines Web-Archivs muss die Klasse vom Ereignisempfänger definiert werden. Dies erfolgt in dem Element `<listener>`, das in der Tabelle 9.20 beschrieben wird. Der Container erzeugt beim Start der Anwendung eine Instanz und registriert sie bei der Ereignisquelle. Dies unterscheidet sich von dem EreignisModel von Swing. Dort ist der Entwickler für das Erzeugen und Registrieren der Ereignisempfänger verantwortlich.

Element	**M**	**Beschreibung**
<listener-class>	1	Vollständiger Klassenname von dem Ereignisempfänger.

Tabelle 9.20: Definitionen im Element <listener>

9.6.2 Ereignisse einer Client-Sitzung

In einer Web-Anwendung kann man über die folgenden Ereignisse einer Client Sitzung (Session) informiert werden:

- Die Sitzung wurde erzeugt.
- Die Sitzung wurde beendet.
- Ein Attribut wurde der Sitzung (Session-Kontext) hinzugefügt.
- Ein Attribut wurde von der Sitzung entfernt.
- Ein Attribut in der Sitzung wurde ersetzt.

In Tabelle 9.21 werden die Interfaces beschrieben, die von der Klasse des Ereignisempfängers implementiert werden müssen, um über die genannten Ereignisse informiert zu werden. Im Deployment Descriptor des Web-Archivs muss die Klasse vom Ereignisempfänger definiert werden. Dies erfolgt in dem Element `<listener>`, das in Tabelle 9.20 beschrieben wird. Der Container erzeugt beim Start der Anwendung eine Instanz und registriert sie bei der Ereignisquelle.

Listener Interface	**Beschreibung**
javax.servlet.http. HttpSessionListener	Wenn eine Sitzung (Session) erzeugt oder beendet wurde
javax.servlet.http. HttpSessionAttributesListener	Wenn ein Attribut von einer Sitzung hinzugefügt, entfernt oder ersetzt wurde

Tabelle 9.21: Ereignisse einer Client-Sitzung

Die bisher besprochenen Ereignisempfänger wurden vom Container verwaltet, d.h. er erzeugt die erforderlichen Instanzen und registriert diese bei der Ereignisquelle. Die Servlet-Spezifikation bietet auch die Möglichkeit, dass eine Instanz darüber informiert wird, wenn sie als Attribut einer Sitzung hinzugefügt oder entfernt wird, bzw. wenn eine Sitzung von einer anderen VM verarbeitet werden soll.

In diesem Fall werden die Instanzen vom Entwickler erzeugt. Die Registrierung erfolgt prinzipiell automatisch. Der Container überprüft beim Aufruf der Methoden `setAttribute(...)` bzw. `removeAttribute(...)` von einer `HttpSession`, ob das Objekt das Interface `HttpSessionBindingListener` implementiert hat. Ist dies der Fall, wird es über die entsprechenden Ereignisse informiert. Diese Ereignisempfänger müssen nicht im Deployment Descriptor definiert werden.

Listener Interface	**Beschreibung**
javax.servlet.http. HttpSessionBindingListener	Wenn das Objekt zu einer Sitzung hinzugefügt oder entfernt wurde
javax.servlet.http. HttpSessionActivationListener	Wenn die Sitzung, zu der das Objekt hinzugefügt wurde, passiv bzw. aktiv wird. Dies ist der Fall, wenn eine Session von einer Virtuellen Maschine zu einer anderen verschoben wird bzw. wenn eine Sitzung mit allen Attributen in einen sekundären Speicher gesichert bzw. daraus geladen werden soll.

Tabelle 9.22: Ereignisse für Objekte, die Attribute einer Sitzung sind

9.6.3 Beispiel

In diesem Beispiel soll das Servlet SessionServlet so verändert werden, dass der Warenkorb und die Liste der Produkte über einen Ereignisempfänger zur Verfügung gestellt werden. Listing 9.18 stellt den Ereignisempfänger dar. Die Klasse implementiert die beiden Interfaces `ServletContextListener` und `HttpSessionListener` und stellt Methoden zur Verfügung, mit denen man den Warenkorb und die Produktliste ermitteln kann.

Die Methode `contextInitialized(event)` wird vom Container aufgerufen, wenn die Web-Anwendung gestartet wurde. In ihr wird die Liste mit den Produkten initialisiert und als Attribut zum ServletContext hinzugefügt. Dieses Attribut wird in der Methode `contextDestroyed(event)` vom ServletContext entfernt. Der Container ruft die Methode auf, wenn die Web-Anwendung beendet wird. Dies ist der Fall, wenn der Server heruntergefahren wird oder wenn die Anwendung vom Server entfernt wird.

Die Methode `sessionCreated(event)` wird vom Container aufgerufen, wenn eine neue Client-Sitzung erzeugt wird. In ihr wird eine Instanz von der Klasse `ShoppingCart` erzeugt und als Attribut zur HttpSession hinzugefügt. Dieses Attribut wird in der Methode `sessionDestroyed(event)` von der HttpSession entfernt. Der Container ruft diese Methode auf, wenn eine Client Sitzung gelöscht wird.

Durch Ereignisempfänger kann eine Web-Anwendung übersichtlicher gestaltet und die Verantwortlichkeiten von Komponenten besser strukturiert werden. Ein weiterer Vorteil besteht darin, dass man vom Container informiert wird, wenn eine Session oder eine Web-Anwendung nicht mehr verwendet wird. In diesen Methoden können externe Ressourcen wieder freigegeben werden (Datenbankverbindung beenden, Stateful Session Bean löschen, ...).

```
package de.j2eeguru.example.servlet.event;

import java.util.Vector;

import javax.servlet.ServletContext;
import javax.servlet.ServletContextEvent;
import javax.servlet.ServletContextListener;
import javax.servlet.http.HttpSession;
import javax.servlet.http.HttpServletRequest;
import javax.servlet.http.HttpSessionListener;
import javax.servlet.http.HttpSessionEvent;

public class EventListener
       implements ServletContextListener,
                  HttpSessionListener
{
  private static final String ATTR_PROD = "PRODUCT_LIST_EV";
  private static final String ATTR_CART = "SHOPPING_CART_EV";
  private static final String PRODUCTS[] =
```

```
{
  "Produkt_1",    "Produkt_2",    "Produkt_3",
  "Produkt_4",    "Produkt_5",    "Produkt_6",
  "Produkt_7",    "Produkt_8",    "Produkt_9"
};

/**
 * Diese Methode ermittelt die Liste aller Produkte.
 */
public static Vector getProductList(ServletContext sc)
{
  if( sc == null )
    return null;
  else
    return (Vector)sc.getAttribute(ATTR_PROD);
}

/**
 * Diese Methode ermittelt den Warenkorb der angegebenen
 * Session.
 */
public static ShoppingCart getShoppingCart(
                                   HttpServletRequest req)
{
  if( req == null )
    return null;

  HttpSession session = req.getSession(false);

  if( session == null )
    return null;
  else
    return (ShoppingCart)session.getAttribute(ATTR_CART);
}

//-----------------------------------------------------------
//        javax.servlet.ServletContextListener
//-----------------------------------------------------------
/**
 * Die Methode wird vom Container aufgerufen, wenn eine
 * Web-Anwendung gestartet wurde.
 * Diese Methode speichert einen Vector als Attribut im
 * ServletContext. In dem Vector werden alle Produkte
 * gespeichert. Die Daten könnten z.B. aus der Datenbank
 * ermittelt werden, oder statt eines Vectors könnte ein
```

```
 * Session Bean als Attribut gespeichert werden, das die
 * Funktionalität übernimmt.
 */
public void contextInitialized(ServletContextEvent event)
{
  Vector list = new Vector();

  for( int i=0; i<PRODUCTS.length; i++)
    list.add(PRODUCTS[i]);

  event.getServletContext().setAttribute(ATTR_PROD, list);
}

/**
 * Die Methode wird vom Container aufgerufen, wenn eine
 * Web-Anwendung beendet wurde.
 * Diese Methode entfernt das Attribut mit dem Vector von dem
 * ServletContext.
 */
public void contextDestroyed(ServletContextEvent event)
{
  event.getServletContext().removeAttribute(ATTR_PROD);
}

//-----------------------------------------------------------
//         javax.servlet.http.HttpSessionListener
//-----------------------------------------------------------
/**
 * Die Methode wird vom Container aufgerufen, wenn eine neue
 * HttpSession erzeugt wurde.
 * Diese Methode speichert eine Instanz der Klasse ShoppingCart
 * als Attribut in der Session. In dem Objekt werden die
 * ausgewählten Waren gespeichert.
 */
public void sessionCreated(HttpSessionEvent event)
{
  event.getSession().setAttribute(ATTR_CART,new ShoppingCart());
}

/**
 * Die Methode wird vom Container aufgerufen, wenn eine
 * HttpSession beendet wurde.
 * Diese Methode entfernt das Attribut mit der ShoppingCart
 * Instanz.
 */
```

```
  public void sessionDestroyed(HttpSessionEvent event)
  {
    event.getSession().removeAttribute(ATTR_CART);
  }
}
```

Listing 9.18: Event Listener in einer WEB Anwendung

Die Klasse `ShoppingCart` (Listing 9.19) stellt die Funktionalität eines Warenkorbes zur Verfügung. Die Klasse implementiert die beiden Interfaces `HttpSessionActivationListener` und `HttpSessionBindingListener` und wird dadurch zu einem Ereignisempfänger. Im Quelltext sind die Methoden der Schnittstellen beschrieben.

Die Klasse implementiert außerdem noch die Schnittstelle `Serializable`, damit die Instanzen zwischen Virtuellen Maschinen ausgetauscht werden können bzw. in einen sekundären Speicher ausgelagert werden können.

```
package de.j2eeguru.example.servlet.event;

import java.util.Vector;
import java.io.Serializable;

import javax.servlet.http.HttpSessionEvent;
import javax.servlet.http.HttpSessionActivationListener;
import javax.servlet.http.HttpSessionBindingListener;
import javax.servlet.http.HttpSessionBindingEvent;

public class ShoppingCart
       implements HttpSessionActivationListener,
                  HttpSessionBindingListener,
                  Serializable
{
  private Vector cart = null;

  //----------------------------------------------------------------
  //                   Businessmethoden
  //----------------------------------------------------------------
  public Vector getCart()           { return cart; }
  public void   add(Object obj)     { cart.add(obj); }
  public void   remove(Object obj)  { cart.remove(obj); }

  //----------------------------------------------------------------
  //       javax.servlet.http.HttpSessionBindingListener
  //----------------------------------------------------------------
  /**
   * Diese Methode wird aufgerufen, wenn die Instanz als Attribut
```

```
 * zu einer HttpSession hinzugefügt wird. An dieser Stelle
 * können Daten initialisiert werden.
 * Die Daten könnten z.B. in einem Stateful Session Bean anstatt
 * in einem Vector gespeichert werden. Dann müsste in dieser
 * Methode das Session Bean erzeugt werden.
 */
public void valueBound(HttpSessionBindingEvent event)
{
  cart = new Vector();
}

/**
 * Diese Methode wird aufgerufen, wenn die Instanz als Attribut
 * von einer HttpSession entfernt wird.
 * Wenn die Daten in einem Stateful Session Bean anstatt
 * in einem Vector gespeichert werden, müsste in dieser
 * Methode das Stateful Session Bean gelöscht werden.
 */
public void valueUnbound(HttpSessionBindingEvent event)
{
  cart = null;
}

//-------------------------------------------------------------
//     javax.servlet.http.HttpSessionActivationListener
//-------------------------------------------------------------
/**
 * Diese Methode wird aufgerufen, wenn die HttpSession, in der
 * die Instanz als Attribut gespeichert wurde, in einen
 * sekundären Speicher ausgelagert oder von einer anderen
 * Virtuellen Maschine (VM) verwendet werden soll.
 * In dieser Methode müssen allen Instanzvariablen Werte
 * zugewiesen werden, damit sie gespeichert werden können.
 * Bei einem Stateful Session Bean könnte z.B. das Handle
 * gespeichert werden. Die Referenz auf das Bean kann nicht
 * gespeichert werden. An dieser Stelle müsste z.B. auch die
 * Verbindung zu einer Datenbank beendetet werden.
 */
public void sessionWillPassivate(HttpSessionEvent event)
{
}

/**
 * Diese Methode wird aufgerufen, wenn die HttpSession, in der
 * die Instanz als Attribut gespeichert ist, aus einem
```

```
     * sekundären Speicher geladen oder von einer anderen
     * Virtuellen Maschine (VM) verwendet wird.
     * In dieser Methode müssen allen Instanzvariablen Werte
     * zugewiesen werden, damit sie wieder verwendet werden
     * können.
     * Bei einem Stateful Session Bean könnte z.B. mit dem Handle
     * die Referenz auf das Bean ermittelt werden, oder die
     * Verbindung zu einer Datenbank muss aufgebaut werden.
     */
   public void sessionDidActivate(HttpSessionEvent event)
   {
   }
}
```

Listing 9.19: Event Listener in einer WEB-Anwendung

Listing 9.20 zeigt einen Ausschnitt des Servlets, das die Objekte verwendet, die von dem Ereignisempfänger aus Listing 9.19 erzeugt wurden. Die Funktionalität des Servlets ist identisch mit dem aus Listing 9.5. Weil für das Erzeugen der Objekte eine andere Klasse verantwortlich ist, wird der Quelltext übersichtlicher.

```
package de.j2eeguru.example.servlet;

...

import de.j2eeguru.example.servlet.event.EventListener;
import de.j2eeguru.example.servlet.event.ShoppingCart;

public class SessionEventServlet extends HttpServlet
{
  private static final String PARAM_ADD = "ADD_PROD";
  private static final String PARAM_DEL = "DEL_PROD";
  private static final String PARAM_DEL_SESSION = "DEL_SESSION";

  public void doGet( HttpServletRequest request,
                     HttpServletResponse response
                   ) throws ServletException, IOException
  {
    // HttpSession erzeugen
    HttpSession session = request.getSession();

    // Prüfen, ob die Session zurückgesetzt werden soll
    if( request.getParameter(PARAM_DEL_SESSION) != null )
      session.invalidate();// HttpSession löschen
    else
    {
```

```
      // Warenkorb aus der Session
      ShoppingCart cart = EventListener.getShoppingCart(request);

      // Der Zugriff auf Attribute einer Session bzw. vom
      // SessionContext sollte immer synchronisiert werden.
      synchronized(cart)
      {
        // Produkt in den Warenkorb hinzufügen?
        String addProduct = request.getParameter(PARAM_ADD);
        if( addProduct != null )
          cart.add(addProduct);

        // Produkt aus dem Warenkorb entfernen?
        String delProduct = request.getParameter(PARAM_DEL);
        if( delProduct != null )
          cart.remove(delProduct);
      }
    }

    // Nun erfolgt die Ausgabe der HTML-Seite.
    response.setContentType("text/html");
    PrintWriter out = response.getWriter();
    ...
  }
}
```

Listing 9.20: Objekte im Servlet verwenden, die vom Event Listener erzeugt wurden

Listing 9.21 zeigt den relevanten Teil vom Deployment Descriptor. Dort werden der Ereignisempfänger und das Servlet definiert.

```
<web-app>
  ...
  <listener>
    <listener-class>
      de.j2eeguru.example.servlet.event.EventListener
    </listener-class>
  </listener>
  <servlet>
    <servlet-name>SessionEventServlet</servlet-name>
    <display-name>SessionEventServlet</display-name>
    <servlet-class>
      de.j2eeguru.example.servlet.SessionEventServlet
    </servlet-class>
  </servlet>
  ...
```

```
  <servlet-mapping>
    <servlet-name>SessionEventServlet</servlet-name>
    <url-pattern>/sessionEvent</url-pattern>
  </servlet-mapping>
  ...
</web-app>
```

Listing 9.21: Event Listener in einer WEB-Anwendung

9.6.4 Ereignisempfänger installieren

Der Event Listener kann mit dem DeployTool von der Referenzimplementierung von Sun in ein Web-Archiv eingefügt werden. Über das Menü FILE | NEW | WEB COMPONENT... wird der Assistent gestartet. Die erste Seite enthält eine kurze Einführung. Mit dem Button NEXT blättern wir zum nächsten Dialog.

In diesem Dialog müssen wir das Web-Archiv angeben, in dem die Komponente eingefügt werden soll. Wir wählen unser Beispielarchiv „MyWebApp (MyExampleServlet)" aus. Nun müssen die erforderlichen Klassen dem Archiv hinzugefügt werden. Dazu betätigen wir den Button EDIT.... Es erscheint der Dialog „Edit Contents of MyWebApp". Wir navigieren das „Starting Directory" zu unserem Projektverzeichnis. In der Baumdarstellung „Available Files" müssen wir jetzt in das Verzeichnis *classes* navigieren. Dort selektieren wir nacheinander die folgenden Klassen und fügen sie mit dem Button ADD zu unserem Archiv hinzu.

- de.j2eeguru.example.servlet.event.EventListener
- de.j2eeguru.example.servlet.event.ShoppingCart

Jetzt können wir den Dialog beenden. Das Archiv enthält jetzt alle Klassen, die wir für den Event Listener benötigen. Mit dem Button NEXT> gelangen wir zu dem nächsten Dialog.

In dem Dialog „Choose Component Type" muss der Typ der Web-Komponente definiert werden. Wir wählen „No Component" und „Event Listener" aus. Im nachfolgenden Dialog muss die Klasse vom Ereignisempfänger definiert werden. Mit dem Button ADD fügt man eine Zeile in der Tabelle ein. Durch Selektion der Tabellenzeile erscheint eine Liste aller Ereignisempfänger, in der wir unsere Klasse auswählen. Abbildung 9.5 zeigt diesen Dialog.

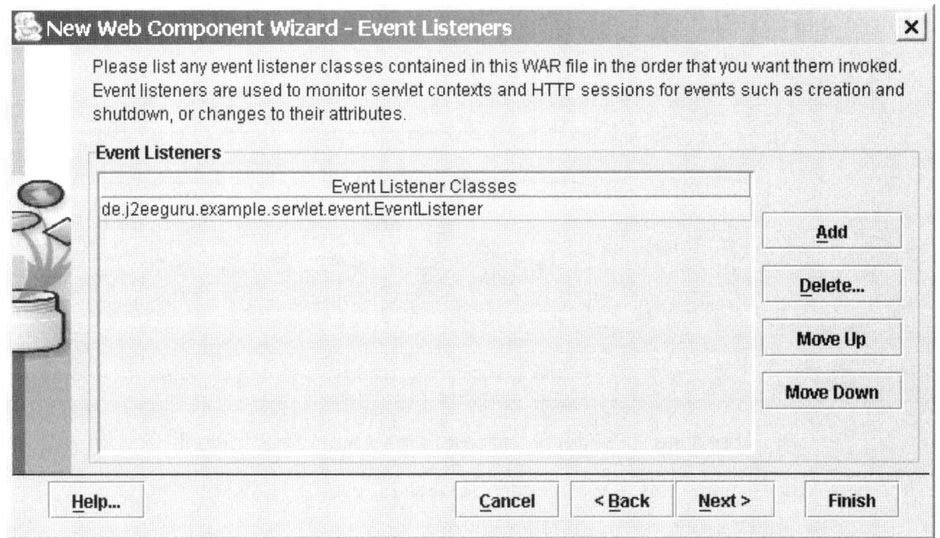

Abbildung 9.5: Klasse eines Ereignisempfängers mit dem DeployTool konfigurieren

In diesem Dialog können nur Ereignisempfänger definiert werden, bei denen der Container die Instanzen verwaltet, d.h. die Klasse muss eines der folgenden Interfaces implementieren.

- javax.servlet.ServletContextListener
- javax.servlet.ServletContextAttributesListener
- javax.servlet.http.HttpSessionListener
- javax.servlet.http.HttpSessionAttributesListener

Dies trifft für die Klasse `ShoppingCart` nicht zu. Der Container erzeugt für diese Klasse auch keine Instanzen. Der Ereignisempfänger ist nun in dem Web-Archiv definiert und der Dialog kann mit dem Button FINISH beendet werden.

Jetzt muss noch das Servlet dem Web-Archiv hinzugefügt werden, das die Objekte verwendet, die der Ereignisempfänger erzeugt. Die erforderlichen Daten sind im Deployment Descriptor aus dem Listing 9.21 dargestellt. Mit diesen Informationen kann das Servlet in das Web-Archiv eingefügt werden.

Mit der URL „http://localhost:8000/servletexample/sessionEvent" kann man das Servlet testen. Um zu sehen, wann der Container die Ereignisempfänger informiert, können im Quelltext Meldungen an der Serverkonsole ausgegeben werden.

9.7 Filter verwenden

Ein Filter wird verwendet, um die Anfrage von einem Client entgegenzunehmen, bevor die Web-Komponente sie verarbeitet, und/oder um die Antwort von der Komponente entgegenzunehmen, bevor sie zum Client gesendet wird. Eine Anfrage kann von mehreren Filtern nacheinander bearbeitet werden. Die Reihenfolge, in der die Filter aufgerufen werden, kann konfiguriert werden. Abbildung 9.6 zeigt den prinzipiellen Ablauf, wie eine Anfrage von einem Client von mehreren Filtern verarbeitet wird.

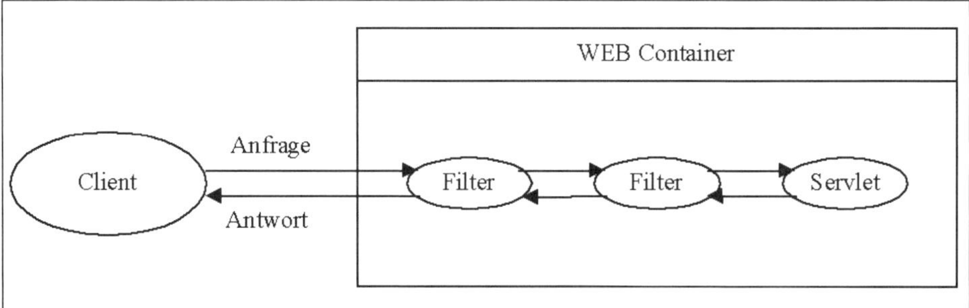

Abbildung 9.6: Filter verarbeitet eine Anfrage vom Client

Mit einem Filter können z.B. die folgenden Anwendungsfälle realisiert werden:

- Zugriffe auf Ressourcen protokollieren
- Zugriffe auf Ressourcen prüfen und ggf. verweigern
- Daten konvertieren (z.B. komprimieren, verschlüsseln)
- Datentyp konvertieren (z.B. BMP nach JPG)
- Authentifizierung von Benutzern

Die Klasse eines Filters implementiert das Interface `javax.servlet.Filter`. Im Deployment Descriptor muss definiert werden, bei welchen Anfragen der Filter verwendet werden soll.

9.7.1 Zustandsdiagramm

Das Zustandsdiagramm eines Filters ähnelt dem eines Servlets. Eine Instanz eines Filter kennt zwei Zustände: nicht vorhanden oder bereit. Der Container verwaltet alle Filter-Instanzen. Wenn eine Instanz benötigt wird, erzeugt der Container eine und initialisiert sie, indem er die Methode `init(fc)` aufruft. Diese Methode wird ein einziges Mal pro Instanz aufgerufen. Sie hat einen Parameter vom Typ `javax.servlet.FilterConfig`, mit dem man Zugriff auf die Initialisierungsparameter und den Servlet Kontext hat. Wenn die Methode `init(fc)` ohne Fehler (ServletException) und ohne Timeout beendet wurde, kann die Instanz Anforderungen bearbeiten und wechselt in den Zustand „Filter ist bereit".

In dem Zustand „Filter ist bereit" kann der Container die Methode `doFilter(req, res, chain)` aufrufen. Der Methode werden drei Parameter übergeben, mit der man Zugriff auf die Anfrage (*Request*), auf die Antwort (*Response*) und auf die Liste der Filter für die Anfrage hat.

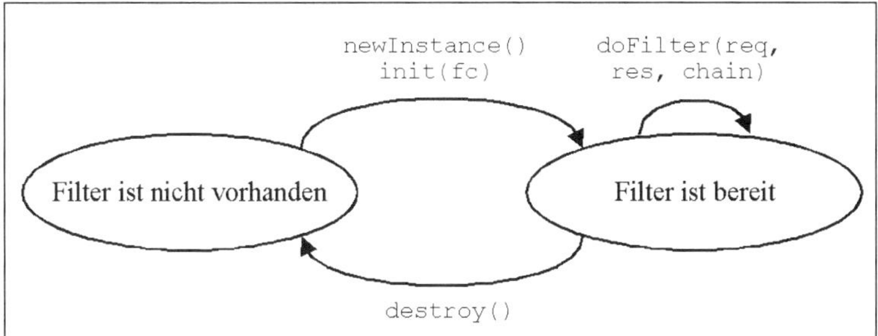

Abbildung 9.7: Zustandsdiagramm Filter

Die Methode `doFilter()` kann mehrmals von einer Instanz aufgerufen werden. Ein Filter ist wie ein Servlet multithreadingfähig, d.h. eine Instanz kann zur selben Zeit unterschiedliche Anfragen bearbeiten. Diese Methode muss also Thread sicher sein.

In der Methode `doFilter()` ist die Businesslogik von dem Filter enthalten. In ihr kann die Anfrage vom Client bzw. die Antwort für den Client ausgewertet/modifiziert werden. Mit der Methode `chain.doFilter(req, resp)` wird der nächste Filter bzw. wenn es der letzte Filter war, die Web-Komponente aufgerufen.

Der Container ruft die Methode `destroy()` auf, wenn die Instanz nicht mehr benötigt wird. Nach dem Aufruf der Methode kann die Instanz vom Garbage Collector entsorgt werden.

9.7.2 Container-Callback-Methoden

Die Klasse eines Filters muss das Interface `javax.servlet.Filter` implementieren. In diesem Interface werden die Methoden definiert, die der Web-Container aufruft, um die Instanz über bestimmte Ereignisse zu informieren. In Tabelle 9.23 werden die Methoden beschrieben.

Methode	**Beschreibung**
init	Diese Methode wird vom Container aufgerufen, nachdem er die Instanz erzeugt hat. Sie wird ein einziges Mal aufgerufen. In dieser Methode können Ressourcen angefordert werden, die in der Methode doFilter() benötigt werden. Die Methode hat einen Parameter. Mit ihm hat man Zugriff auf Initialisierungsparameter und den Servlet Kontext.
doFilter	Diese Methode wird vom Container aufgerufen, wenn eine Anfrage von dem Filter verarbeitet werden soll. Eine Instanz kann zur selben Zeit mehrere Anfragen bearbeiten.
destroy	Diese Methode wird vom Container aufgerufen, wenn die Instanz nicht mehr benötigt wird. Alle angeforderten Ressourcen müssen freigegeben werden. Diese Methode wird ein einziges Mal aufgerufen.

Tabelle 9.23: Methoden vom Interface javax.servlet.Filter

9.7.3 Filter im Web-Archiv konfigurieren

Ein Filter wird im Deployment Descriptor des Web-Archivs definiert. Dies geschieht mit dem Element `<filter>`, das in Tabelle 9.24 beschrieben wird. Mit dem Element `<filter-mapping>` kann man ein Servlet bzw. einen URI-Pfad definieren, bei dem der Filter verwendet wird. Dieses Element wird in Tabelle 9.25 beschrieben.

Element	**M**	**Beschreibung**
<icon >	0..1	Grafik für die Visualisierung
<filter-name>	1	Hier muss der Name des Filters angegeben werden. Der Name muss im Deployment Descriptor eindeutig sein.
<display-name>	0..1	Name für die Visualisierung
<description>	0..1	Kommentar bzw. Beschreibung für das Element
<filter-class>	1	Hier wird der vollständige Klassenname des Filters angegeben.
<init-param>	0..n	Mit diesem Element können Parameter definiert werden, die der Filter für die Initialisierung benötigt.

Tabelle 9.24: Definitionen im Element <filter>

<table>
<tr><th>Element</th><th>M</th><th>Beschreibung</th></tr>
<tr><td><filter-name></td><td>1</td><td>Hier muss der Name des Filters angegeben werden, für den diese Definition gilt.</td></tr>
<tr><td><servlet-name></td><td rowspan="2">1</td><td>In diesem Feld muss der Name des Servlets eingetragen werden, für das der Filter verwendet werden soll.

Es muss entweder das Element <servlet-name> oder <url-pattern> definiert werden.</td></tr>
<tr><td><url-pattern></td><td>In diesem Feld muss eine Pfadangabe eingetragen werden, für die der Filter verwendet werden soll. Das Zeichen Stern (*) kann als Wildcard verwendet werden.

Es muss entweder das Element <servlet-name> oder <url-pattern> definiert werden.</td></tr>
</table>

Tabelle 9.25: Definitionen im Element <filter-mapping>

9.7.4 Beispiele

Filter, der eine Anforderungen protokolliert

In diesem Beispiel soll ein Filter entwickelt werden, der den Aufruf von Web-Komponenten protokolliert. Die IP-Adresse des Clients, die URI und die Dauer der Bearbeitung soll in der Log-Datei vom Web-Server protokolliert werden.

Listing 9.22 stellt den Quellcode des Filters dar. Die Methode `doFilter(req, resp, chain)` enthält die geforderte Funktionalität. In ihr wird die aktuelle Zeit zwischengespeichert und anschließend die Anfrage vom Client weitergeleitet. Dies geschieht durch den Aufruf der Methode `doFilter(req, res)` des Interfaces `javax.servlet.FilterChain`. In dieser Methode wird die Anfrage der nächsten Komponente weiterverarbeitet. Dies ist entweder ein weiterer Filter oder die angeforderte Komponente. Wenn die Methode ausgeführt worden ist, wurde die Anfrage bearbeitet und die Antwort für den Client erzeugt. Es wird erneut die Systemzeit ermittelt und die Differenz in Millisekunden berechnet. Danach werden die Daten in die Log-Datei vom Web-Server protokolliert.

```
package de.j2eeguru.example.servlet.filter;

import java.io.IOException;
import java.util.Date;

import javax.servlet.ServletException;
import javax.servlet.Filter;
import javax.servlet.FilterChain;
import javax.servlet.FilterConfig;
import javax.servlet.ServletRequest;
import javax.servlet.ServletResponse;
import javax.servlet.http.HttpServletRequest;

public class LogFilter implements Filter
{
  private FilterConfig filterConfig;

  /**
   * Filter initialisieren und ggf. Ressourcen anfordern.
   */
  public void init(FilterConfig filterConfig)
  {
    this.filterConfig = filterConfig;
  }

  /**
   * Diese Methode wird aufgerufen, wenn eine Anfrage bearbeitet
   * werden soll. Mit der Methoden filterChain.doFilter(request,
```

```
   * response) wird der nächste Filter oder die Web-Komponente
   * aufgerufen. Nach dem Aufruf der Methode enthält das
   * response-Objekt die Antwort für den Client.
   * Die Methode dieses Filters protokolliert den Aufruf der
   * Web-Komponente und die Zeit, die der Aufruf gedauert hat.
   */
  public void doFilter( ServletRequest request,
                        ServletResponse response,
                        FilterChain filterChain
                      ) throws IOException, ServletException
  {
    // Zeit zwischenspeichern, um die Dauer zu berechnen
    long startTime = System.currentTimeMillis();

    // Anfrage weiterleiten bzw. ausführen
    filterChain.doFilter(request, response);

    String logMsg = "LogFilter: " + new Date().toString() +
        " - " + request.getRemoteHost() +
        " - " + ((HttpServletRequest)request).getRequestURI() +
        " - " + (System.currentTimeMillis() - startTime) + "msec";

    // Aufruf protokollieren
    filterConfig.getServletContext().log( logMsg );
  }

  /**
   * Filter wird nicht mehr verwendet, angeforderte Ressourcen
   * müssen wieder freigegeben werden.
   */
  public void destroy()
  {
    filterConfig = null;
  }
}
```

Listing 9.22: Filter, der eine Anfrage protokolliert

Listing 9.23 enthält den Deployment Descriptor von dem Filter. In dem Element `<filter-mapping>` wird definiert, dass der Filter für alle Anfragen in dieser Web-Anwendung verwendet werden soll.

```
<web-app>
  ...
  <filter>
    <filter-name>LogFilter</filter-name>
```

```
    <display-name>LogFilter</display-name>
    <filter-class>
      de.j2eeguru.example.servlet.filter.LogFilter
    </filter-class>
  </filter>
  ...
  <filter-mapping>
    <filter-name>LogFilter</filter-name>
    <url-pattern>/*</url-pattern>
  </filter-mapping>
  ...
</web-app>
```

Listing 9.23: Deployment Descriptor eines Filters

Filter installieren

Der Filter kann mit dem DeployTool der Referenzimplementierung von Sun in ein Web-Archiv eingefügt werden. Über das Menü FILE | NEW | WEB COMPONENT... wird der Assistent gestartet. Die erste Seite enthält eine kurze Einführung. Mit dem Button NEXT blättern wir zum nächsten Dialog.

In diesem Dialog muss das Web-Archiv definiert werden, in dem die Komponente eingefügt werden soll. Wir wählen unser Beispielarchiv „MyWebApp (MyExampleServlet)“ aus. Nun müssen die erforderlichen Klassen in das Archiv hinzugefügt werden. Dazu betätigen wir den Button EDIT.... Es erscheint der Dialog „Edit Contents of MyWebApp“. Wir navigieren das „Starting Directory“ zu unserem Projektverzeichnis. In der Baumdarstellung „Available Files“ müssen wir jetzt in das Verzeichnis *classes* navigieren. Dort selektieren wir nacheinander die folgenden Klassen und fügen sie mit dem Button ADD unserem Archiv hinzu.

- de.j2eeguru.example.servlet.filter.LogFilter

Jetzt können wir den Dialog beenden. Das Archiv enthält jetzt alle Klassen, die der Filter benötigt. Mit dem Button NEXT> gelangen wir zum nächsten Dialog.

In dem Dialog „Choose Component Type“ muss der Typ der Web-Komponente definiert werden. Wir wählen „No Component“ und „Servlet Filters“ aus. Im nachfolgenden Dialog muss die Klasse von dem Filter definiert werden. Mit dem Button ADD fügt man eine Zeile in der Tabelle ein. Durch Selektion der Tabellenzelle in der Spalte „Filter Class“ erscheint eine Liste aller Filter, in der wir unsere Klasse auswählen. Abbildung 9.8 zeigt diesen Dialog.

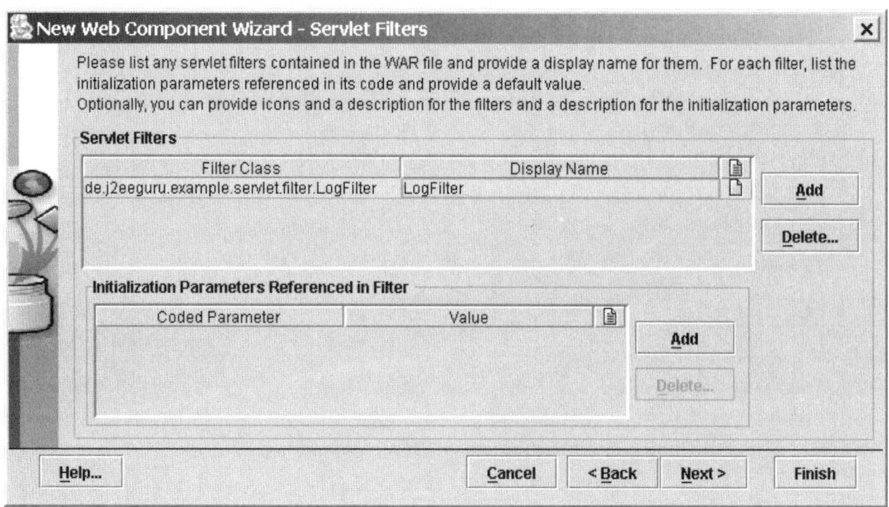

Abbildung 9.8: Klasse von einem Filter mit dem DeployTool konfigurieren

Mit dem Button NEXT> gelangen wir zu dem nächsten Dialog, in dem das Servlet bzw. der URL-Pfad definiert wird, für den der Filter aufgerufen wird. Abbildung 9.9 zeigt die erforderlichen Einstellungen. Unser Filter soll alle Aufrufe protokollieren.

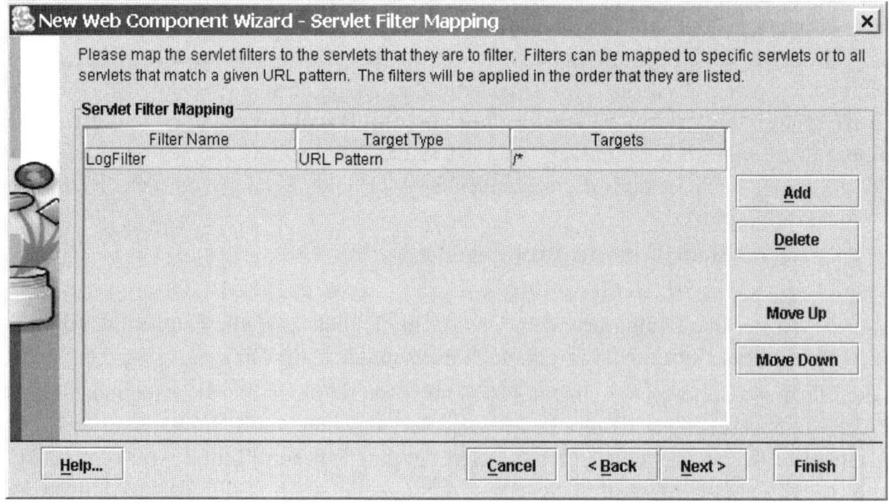

Abbildung 9.9: Filter Mapping mit dem DeployTool konfigurieren

Um den Filter zu testen, kann man ein beliebiges Servlet aus der Webanwendung aufrufen, z.B. mit der URL „http://localhost:8000/servletexample/sessionEvent“. In der Log-Datei des Web-Servers werden nun die Anforderungen protokolliert. Diese Datei befindet sich in dem folgenden Pfad.

```
J2EE_HOME/logs/HOST_NAME/web/catalina.xxxx-xx-xx.log
```

Filter, der in den Antworten zum Client einen Werbetext einblendet

In diesem Beispiel soll ein Filter entwickelt werden, der in der Antwort zum Client einen Werbetext einblendet. Dadurch könnte man eine bestehende Anwendung recht einfach erweitern. Der Quelltext ist in Listing 9.24 abgebildet.

Die Methode `doFilter()` enthält wiederum die eigentliche Logik. In ihr wird ein Wrapper-Objekt erzeugt, in das die Web-Komponente die Antwort für den Client schreiben soll. Dieses Objekt wird der Methode `doFilter()` von dem Interface `FilterChain` übergeben. Nach dem Aufruf der Methode steht in dem Wrapper-Objekt die Antwort für den Client. Diese wird um den Werbetext erweitert und dann zum Client gesendet.

```
package de.j2eeguru.example.servlet.filter;

import java.io.IOException;
import java.io.PrintWriter;
import java.io.StringWriter;

import javax.servlet.ServletException;
import javax.servlet.Filter;
import javax.servlet.FilterChain;
import javax.servlet.FilterConfig;
import javax.servlet.ServletRequest;
import javax.servlet.ServletResponse;
import javax.servlet.http.HttpServletResponse;
import javax.servlet.http.HttpServletResponseWrapper;

public class AdvertisingFilter implements Filter
{
  static final String bodyStartTag = "<body>";

  static final String advertisingMsg[] =
  {
    "Bayern München ist die beste Mannschaft.",
    "Borussia Dortmund ist die beste Mannschaft.",
    "SV Antrefftal ist die beste Mannschaft.",
    "Schalke 04 ist die beste Mannschaft."
  };

  private int advertisingMsgCnt = 0;
  private FilterConfig filterConfig;

  /**
   * Filter initialisieren und ggf. Ressourcen anfordern.
   */
  public void init(FilterConfig filterConfig)
```

```
{
  this.filterConfig = filterConfig;
}

/**
 * Dies Methode wird aufgerufen, wenn eine Anfrage bearbeitet
 * werden soll. Mit der Methoden filterChain.doFilter(request,
 * response) wird der nächste Filter oder die Web-Komponente
 * aufgerufen. Nach dem Aufruf der Methode enthält das
 * response-Objekt die Antwort für den Client.
 * Die Methode von diesem Filter übergibt dem nächsten Filter
 * bzw. der angeforderten Komponente ein Wrapper-Objekt, in das
 * die Antwort für den Client gespeichert werden soll. Nachdem
 * die Anfrage bearbeitet wurde, wird die Antwort um einen
 * Werbetext erweitert und dann zum Client gesendet.
 */
public void doFilter( ServletRequest request,
                      ServletResponse response,
                      FilterChain filterChain
                    ) throws IOException, ServletException
{
  // Wrapper erzeugen, in den die Antwort für den Client
  // hineingeschrieben werden soll.
  MyResponseWrapper wrapper =
          new MyResponseWrapper((HttpServletResponse)response);

  // Anfrage weiterleiten. Die Antwort wird in den erzeugten
  // Wrapper geschrieben.
  filterChain.doFilter(request, wrapper);

  // An dieser Stelle wird die Antwort für den Client
  // modifiziert. In unserem Beispiel wird ein Werbetext
  // eingeblendet.
  StringBuffer buf = wrapper.getStringBuffer();

  int pos = buf.toString().indexOf(bodyStartTag);
  if( pos >= 0 )
    buf.insert( pos + bodyStartTag.length(),
                "<p style=\"text-align:center; " +
                            "background-color:yellow\">" +
                  getAdvertisingMsg() +
                "</p>");

  response.setContentLength(buf.length());
```

```
    // Antwort an den Client senden
    PrintWriter out = response.getWriter();
    out.write(buf.toString());
    out.close();
  }

  /**
   * Filter wird nicht mehr verwendet, angeforderte Ressourcen
   * müssen wieder freigegeben werden.
   */
  public void destroy()
  {
    filterConfig = null;
  }

  /**
   * Diese Methode liefert den nächsten Werbetext.
   */
  private synchronized String getAdvertisingMsg()
  {
    if( ++advertisingMsgCnt >= advertisingMsg.length )
      advertisingMsgCnt = 0;

    return advertisingMsg[advertisingMsgCnt];
  }
}
```

Listing 9.24: Filter, der eine Antwort modifiziert

Listing 9.25 enthält den Quelltext von der Wrapperklasse. Die Klasse erweitert die Klasse `javax.servlet.http.HttpServletResponseWrapper`. In ihr sind die erforderlichen Methoden implementiert. Die Methode `getWriter()` wird überschrieben, so dass die Web-Komponente die Antwort für den Client in die Instanzvariable `stringWriter` schreibt. Aus ihr kann die Antwort dann gelesen werden.

```
class MyResponseWrapper extends HttpServletResponseWrapper
{
  private StringWriter stringWriter;

  public MyResponseWrapper(HttpServletResponse response)
  {
    super(response);
    stringWriter = new StringWriter();
  }

  /**
```

```
    * Methode getWriter() von HttpServletResponse überschreiben
    */
  public PrintWriter getWriter()
  {
    return new PrintWriter(stringWriter);
  }

  public StringBuffer getStringBuffer()
  {
    return stringWriter.getBuffer();
  }
}
```

Listing 9.25: Hilfsklasse MyResponseWrapper

Der Deployment Descriptor des Filters ist in Listing 9.26 dargestellt. Mit diesen Informationen kann das Web-Archiv erweitert werden. Um den Filter zu testen, können die Servlets ausgeführt werden, die in den Elementen `<filter-mapping>` angegeben sind.

```
<web-app>
  ...
  <filter>
    <filter-name>AdvertisingFilter</filter-name>
    <display-name>AdvertisingFilter</display-name>
    <filter-class>
      de.j2eeguru.example.servlet.filter.AdvertisingFilter
    </filter-class>
  </filter>
  ...
  <filter-mapping>
    <filter-name>AdvertisingFilter</filter-name>
    <servlet-name>SessionEventServlet</servlet-name>
  </filter-mapping>
  <filter-mapping>
    <filter-name>AdvertisingFilter</filter-name>
    <servlet-name>CookieServlet</servlet-name>
  </filter-mapping>
  ...
</web-app>
```

Listing 9.26: Deployment Descriptor für den Filter

9.8 Datenbankzugriff mit einem Servlet

In einem Servlet können alle Java-Bibliotheken verwendet werden wie in jeder anderen Java-Klasse. Der Zugriff auf eine Datenbank kann also mit einem JDBC Treiber erfolgen.

Listing 9.27 zeigt den Quellcode eines Servlets, das Daten aus einer Datenbanktabelle liest und tabellarisch darstellt. Die Datenbankverbindung wird über eine Connection Factory hergestellt. Die Connection Factory wird über einen JNDI-Lookup ermittelt. Dabei wird ein logischer Name für die Datenbankverbindung verwendet. Im Deployment Descriptor muss dieser logische Name definiert werden. Man bezeichnet dies als Resource Manager Connection Factory Reference. Im Kapitel „Session Beans" wurde auf die gleiche Art auf eine Datenbank zugegriffen.

```
package de.j2eeguru.example.servlet;

import java.io.IOException;
import java.io.PrintWriter;

import javax.naming.InitialContext;

import javax.sql.DataSource;
import java.sql.Connection;
import java.sql.Statement;
import java.sql.ResultSet;

import javax.servlet.ServletException;
import javax.servlet.http.HttpServlet;
import javax.servlet.http.HttpServletRequest;
import javax.servlet.http.HttpServletResponse;

public class DatabaseServlet extends HttpServlet
{
  private static final String JNDI_JDBC_NAME =
          "java:comp/env/jdbc/TeamDB";

  private static final String SQL_SELECT =
          "SELECT name, city FROM Team";

  public void doGet( HttpServletRequest request,
                     HttpServletResponse response
                   ) throws ServletException, IOException
  {
    response.setContentType("text/html");
    PrintWriter out = response.getWriter();

    out.println(
      "<html>" +
```

```
"  <head>" +
"    <title>Daten aus Datenbank ermitteln</title>" +
"    <meta http-equiv=\"expires\" content=\"0\">" +
"  </head>" +
"  <body>" +
"    <h1>Liste aller Teams</h1>" +
"    <table border>" +
"      <thead>" +
"        <tr>" +
"          <th>Name</th>" +
"          <th>Stadt</th>" +
"        </tr>" +
"      </thead>" +
"      <tbody>");

try
{
  // JNDI Kontext ermitteln
  InitialContext ctx = new InitialContext();

  // Connection Factory über JNDI mit dem logischen Namen
  // für die Datenbank ermitteln
  DataSource ds = (DataSource)ctx.lookup(JNDI_JDBC_NAME);

  // Von der Connection Factory eine Verbindung anfordern.
  // Diese Verbindung wird aus einem Pool entnommen. Der
  // Verbindungsaufbau wurde bereits durchgeführt.
  // Die Verbindungsparameter, der Benutzername und das
  // Passwort für die Datenbank werden bei der Installation
  // definiert.
  Connection conn = ds.getConnection();

  // SQL-Statement ausführen
  Statement stmt = conn.createStatement();
  ResultSet rs = stmt.executeQuery(SQL_SELECT);

  // Die Ergebnismenge von dem SQL-Statement in einer Tabelle
  // ausgeben
  while(rs.next())
  {
    out.println(
      "    <tr>" +
      "      <td>" + rs.getString(1) + "</td>" +
      "      <td>" + rs.getString(2) + "</td>" +
      "    </tr>");
```

```
        }

        conn.close();
      }
      catch(Exception ex)
      {
        throw new ServletException( ex.getMessage() );
      }

      out.println(
        "        </tbody>" +
        "      </table>" +
        "  </body>" +
        "</html>" );
    }
}
```

Listing 9.27: Servlet mit Datenbankzugriff

Der logische Name für die Datenbankverbindung muss im Deployment Descriptor in dem Element `<resource-ref>` definiert werden, das in Tabelle 9.26 beschrieben wird. Bei der Installation des Servlets müssen alle Resource Manager Connection Factory References mit physikalisch vorhandenen Objekten verknüpft werden.

Mit dem DeployTool können diese Einstellungen in dem Register „Resource Ref" konfiguriert werden, wenn in der Baumdarstellung das Web-Archiv selektiert wird.

Element	**M**	**Beschreibung**
<description>	0..1	Hier kann ein Kommentar bzw. eine Beschreibung eingegeben werden.
<res-ref-name>	1	Logischer Name, der im Code verwendet wird, um eine Resource Manager Connection Factory zu ermitteln. Das Präfix java:comp/env/ darf nicht angegeben werden.
<res-type>	1	Hier wird die Klasse bzw. das Interface von der Resource Manager Connection Factory definiert. Der Wert ist abhängig vom Resource Manager (Datenbank, Message Server, ...). Die folgende Werte sind gültig (Liste ist nicht vollständig): javax.sql.DataSource javax.jms.TopicConnectionFactory javax.jms.QueueConnectionFactory javax.mail.Session java.net.URL

Element	M	Beschreibung
<res-auth>	1	In diesem Feld kann definiert werden, ob der Container oder das Bean die Authentifizierung beim Resource Manager durchführt. In der Regel wird dies vom Container durchgeführt. Gültige Werte sind Container oder Application.
<res-sharing-scope>	0..1	Mit diesem Element kann man definieren, ob die Resource Manager Connection, die erzeugt wird, im gleichen Transaktionskontext von anderen EJBs mitverwendet werden kann. Gültige Werte sind Shareable oder Unshareable. Der Defaultwert ist Shareable.

Tabelle 9.26: Definitionen im Element <resource-ref>

Listing 9.28 zeigt den relevanten Teil des Deployment Descriptors. Mit diesen Informationen kann das Servlet dem Web-Archiv hinzugefügt werden.

```
<web-app>
  <servlet>
    <servlet-name>DatabaseServlet</servlet-name>
    <display-name>DatabaseServlet</display-name>
    <servlet-class>
      de.j2eeguru.example.servlet.DatabaseServlet
    </servlet-class>
  </servlet>
  ...
  <servlet-mapping>
    <servlet-name>DatabaseServlet</servlet-name>
    <url-pattern>/team</url-pattern>
  </servlet-mapping>
  ...
  <resource-ref>
    <res-ref-name>jdbc/TeamDB</res-ref-name>
    <res-type>javax.sql.DataSource</res-type>
    <res-auth>Container</res-auth>
  </resource-ref>
</web-app>
```

Listing 9.28: Deployment Descriptor mit einer Datenbankverbindung

Der Zugriff auf eine Datenbank kann auch ohne Connection Factory und JNDI-Lookup realisiert werden. Man sollte jedoch darauf achten, dass die Verbindungsdaten für die Datenbank (Klasse für den JDBC-Treiber und URL zur Datenbank) nicht im Quellcode stehen. Diese Daten sollten entweder in den Initialisierungsparametern des Servlets oder in den Kontext-Parametern der Web-Anwendung angegeben werden.

Eine Datenbankverbindung könnte z.B. von einem Event Listener beim Start der Web-Anwendung hergestellt werden. Die Verbindung könnte als Attribut im Servlet-Kontext gespeichert werden. So könnte sie von allen Komponenten verwendet werden. Beim Beenden der Web-Anwendung kann der Event Listener die Datenbankverbindung abbauen.

Bei allen Datenbankzugriffen sollte man darauf achten, dass ein Servlet multithreadingfähig ist. Bei lesenden Zugriffen ist dies unproblematisch. Wenn eine Datenbankverbindung jedoch von mehreren Threads verwendet wird, um Daten in die Datenbank zu speichern, ist das Transaktionsverhalten ohne geeignete Synchronisation undefiniert. Für wichtige Geschäftsprozesse sollte man diese Zugriffe immer über Session bzw. Entity Beans abwickeln, da dort das Transaktionsverhalten einfacher zu handhaben ist.

9.9 EJB in einem Servlet ansprechen

Ein Servlet kann die Funktionalitäten eines EJBs in Anspruch nehmen. In diesem Fall ist das Servlet der Client. Die Programmierung sieht prinzipiell genauso aus, als ob das EJB von einer Swing-Anwendung angesprochen wird.

Listing 9.29 zeigt den Quelltext von einem Servlet, das ein Entity Bean ansteuert. Die Funktionalitäten von einem Entity Bean sollten eigentlich über ein Session Bean gekapselt werden. In dem Beispiel soll nur das Prinzip gezeigt werden, wie ein EJB angesteuert werden kann; dabei ist es egal, ob es sich um ein Session oder Entity Bean handelt.

Das Remote Home Interface des Entity Beans wird über einen JNDI Lookup mit einem logischen Namen ermittelt. Der Typ dieses Interfaces muss mit der Methode `narrow(...)` von der Klasse `javax.rmi.PortableRemoteObject` umgewandelt werden. Danach werden alle Entity-Bean-Instanzen mit der Methode `findAll()` gesucht und in einer Tabelle dargestellt.

```
package de.j2eeguru.example.servlet;

import java.io.IOException;
import java.io.PrintWriter;

import javax.naming.InitialContext;
import javax.rmi.PortableRemoteObject;

import java.util.Collection;
import java.util.Iterator;

import javax.servlet.ServletException;
import javax.servlet.http.HttpServlet;
import javax.servlet.http.HttpServletRequest;
import javax.servlet.http.HttpServletResponse;

import de.j2eeguru.example.entitybean.ejb.coach.CoachHome;
import de.j2eeguru.example.entitybean.ejb.coach.Coach;
```

```
import de.j2eeguru.example.entitybean.ejb.team.Team;

public class EjbServlet extends HttpServlet
{
  public static final String JNDI_NAME_EJB_COACH =
                                      "java:comp/env/ejb/coach";

  public void doGet( HttpServletRequest request,
                     HttpServletResponse response
                   ) throws ServletException, IOException
  {
    response.setContentType("text/html");
    PrintWriter out = response.getWriter();

    out.println(
      "<html>" +
      "  <head>" +
      "    <title>Daten von einem EJB ermitteln</title>" +
      "    <meta http-equiv=\"expires\" content=\"0\">" +
      "  </head>" +
      "  <body>" +
      "    <h1>Liste aller Trainer</h1>" +
      "    <table border>" +
      "      <thead>" +
      "        <tr>" +
      "          <th>Name</th>" +
      "          <th>Team</th>" +
      "        </tr>" +
      "      </thead>" +
      "      <tbody>");

    try
    {
      // JNDI Kontext ermitteln
      InitialContext ctx = new InitialContext();

      // Home Interface über JNDI mit einem logischen Namen
      // ermitteln
      Object ref = ctx.lookup(JNDI_NAME_EJB_COACH);
      CoachHome coachHome = (CoachHome)
            PortableRemoteObject.narrow( ref, CoachHome.class);

      // Alle Trainer suchen
      Collection list = coachHome.findAll();
      Iterator it = list.iterator();
```

```
      while(it.hasNext())
      {
        Coach coach = (Coach)
            PortableRemoteObject.narrow(it.next(), Coach.class);

        Team team = coach.getTeam();
        out.println(
          "    <tr>" +
          "      <td>" + coach.getName() + "</td>" +
          "      <td>" +
                  (team == null ? " " : team.getName()) +
          "      </td>" +
          "    </tr>");
      }
    }
    catch(Exception ex)
    {
      throw new ServletException( ex.getMessage() );
    }

    out.println(
      "        </tbody>" +
      "      </table>" +
      "   </body>" +
      "</html>" );
  }
}
```

Listing 9.29: Servlet mit Zugriff auf ein EJB

Der logische Name für das Enterprise Java Bean muss im Deployment Descriptor in dem Element `<ejb-ref>` definiert werden. Dieses Element wird in Tabelle 9.27 beschrieben.

Element	M	Beschreibung
<description>	0..1	In diesem Element kann eine Beschreibung bzw. ein Kommentar zu dem Element gespeichert werden.
<ejb-ref-name>	1	Hier muss der logische Name eingetragen werden, der im Quelltext verwendet wird. Das Präfix java:comp/env/ darf nicht angegeben werden.
<ejb-ref-type>	1	Dieses Element definiert, ob das referenzierte EJB ein Session oder ein Entity Bean ist. Die Werte Entity und

Element	M	Beschreibung
		Session sind erlaubt.
<home>	1	In diesem Element muss das Remote Home Interface von dem referenzierten EJB angegeben werden.
<remote>	1	In diesem Element muss das Remote Interface von dem referenzierten EJB angegeben werden.
<ejb-link>	0..1	Dieses Element kann dazu verwendet werden, um ein EJB im gleichen EJB Archiv bzw. in der gleichen J2EE-Applikation zu referenzieren.

Tabelle 9.27: Definitionen im Element <ejb-ref>

Bei der Installation des Servlets muss die EJB-Referenz mit einem vorhandenen Objekt verknüpft werden. Mit dem DeployTool können diese Einstellungen in dem Register „EJB Refs“ konfiguriert werden, wenn in der Baumdarstellung das Web-Archiv selektiert wird. Dort muss der JNDI-Name „de/j2eeguru/example/entitybean/coach“ für das Entity Bean angegeben werden.

Listing 9.30 enthält den relevanten Teil vom Deployment Descriptor. Wenn das Servlet installiert wird, müssen die folgenden Klassen dem Web-Archiv hinzugefügt werden. Das Servlet arbeitet natürlich nur, wenn das Entity Bean auf dem J2EE-Server installiert ist.

- de.j2eeguru.example.servlet.EjbServlet
- de.j2eeguru.example.entitybean.ejb.coach.CoachHome
- de.j2eeguru.example.entitybean.ejb.coach.Coach
- de.j2eeguru.example.entitybean.cjb.team.Team
- de.j2eeguru.example.entitybean.ejb.league.League

```
<web-app>
  <servlet>
    <servlet-name>EjbServlet</servlet-name>
    <display-name>EjbServlet</display-name>
    <servlet-class>
      de.j2eeguru.example.servlet.EjbServlet
     </servlet-class>
  </servlet>
  ...
  <servlet-mapping>
    <servlet-name>EjbServlet</servlet-name>
    <url-pattern>/coach</url-pattern>
  </servlet-mapping>
  ...
  <ejb-ref>
    <ejb-ref-name>ejb/coach</ejb-ref-name>
```

```
    <ejb-ref-type>Entity</ejb-ref-type>
    <home>
      de.j2eeguru.example.entitybean.ejb.coach.CoachHome
     </home>
    <remote>
      de.j2eeguru.example.entitybean.ejb.coach.Coach
    </remote>
  </ejb-ref>
</web-app>
```

Listing 9.30: Deployment Descriptor mit einer EJB-Referenz

10 Java Server Page

10.1 Einführung

Im vorherigen Kapitel wurde gezeigt, wie man HTML-Seiten mit einem Servlet erzeugen kann. Ein Nachteil dieser Technologie ist, dass der Entwickler sowohl Java- als auch HTML-Kenntnisse besitzen muss. Eine Java Server Page (JSP) erzeugt genau wie ein Servlet eine HTML-Seite. Der Quellcode einer JSP sieht allerdings einer HTML-Seite ähnlicher als einer Java-Klasse. In diesem Kapitel werden nur HTML-Seiten mit Java Server Pages erzeugt. Prinzipiell können beliebige Textdateien (z.B. XML, SVG, ...) mit einer JSP erzeugt werden.

Eine Java Server Page besteht aus statischem HTML-Code und JSP-Elementen. Die JSP-Elemente werden mit der Zeichenkombination `<% ... %>` eingeschlossen. Die JSP-Elemente dürfen nicht verschachtelt werden, d.h. innerhalb eines JSP-Elements darf kein weiteres JSP-Element definiert werden.

In einem JSP-Element kann Java-Code einfügt werden. Dort können alle Java-Bibliotheken verwendet werden. Zur Laufzeit wird der Java-Code in den JSP-Elementen ausgeführt und ggf. in die HTML-Seite eingefügt.

Die Performance einer JSP wäre nicht sehr gut, wenn die Seite bei jeder Anfrage nach JSP-Elementen durchsucht würde. Dies würde einer Skriptsprache entsprechen, die interpretiert wird. Eine Java Server Page wird vom Web-Container in Java-Code für ein Servlet umgewandelt und kompiliert. Dieser Vorgang geschieht einmalig, in der Regel wenn die JSP zum ersten Mal von einem Client angefordert wird, oder wenn die JSP neuer ist als die generierte Servlet-Klasse. Der Container erzeugt dann eine Instanz dieser Klasse. Diese Instanz bearbeitet die Anfrage und erzeugt die Antwort für den Client. Das Kompilieren ist der Grund, wieso der erste Aufruf von einer JSP länger dauert als bei einem Servlet. Alle weiteren Anfragen werden von der erzeugten Instanz bearbeitet.

Eine JSP hat während der Entwicklung den Vorteil gegenüber einem Servlet, dass man Änderungen an der JSP durchführen kann, ohne diese neu zu kompilieren. Der Container prüft jedes Mal, wenn die JSP angefordert wird, ob die erzeugte Klasse älter als die JSP ist. Wenn dies der Fall ist, erstellt der Container eine neue Klasse und eine neue Instanz.

10.2 Zustandsdiagramm

Das Zustandsdiagramm einer JSP ist praktisch identisch mit dem von einem Servlet. Eine Instanz von einer JSP kennt zwei Zustände: nicht vorhanden oder sie ist bereit und kann Anfragen bearbeiten.

Der Container erzeugt bei Bedarf eine Instanz und ruft die Methode `jspInit()` auf. In dieser Methode können z.B. erforderliche Ressourcen angefordert werden (z.B. Datenbankverbindung aufbauen). Wenn die Methode erfolgreich ausgeführt wird, kann die Instanz Anfragen bearbeiten. Sie befindet sich im Zustand „JSP ist bereit".

Die JSP Instanz ist multithreading-fähig und kann zur gleichen Zeit mehrere Anfragen bearbeiten. Der Zugriff auf Instanzvariablen muss synchronisiert werden. Grundsätzlich gelten für eine JSP die gleichen Bedingungen bezüglich des Zugriffs auf gemeinsam verwendete Objekte (statische Instanzvariablen, Attribute im Gültigkeitsbereich Anwendung und Session) wie bei einem Servlet.

Der Container ruft die Methode `jspDestroy()` auf, wenn die Instanz nicht mehr verwendet wird. Danach kann sie vom Garbage Collector entsorgt werden. In dieser Methode müssen angeforderte Ressourcen wieder freigegeben werden.

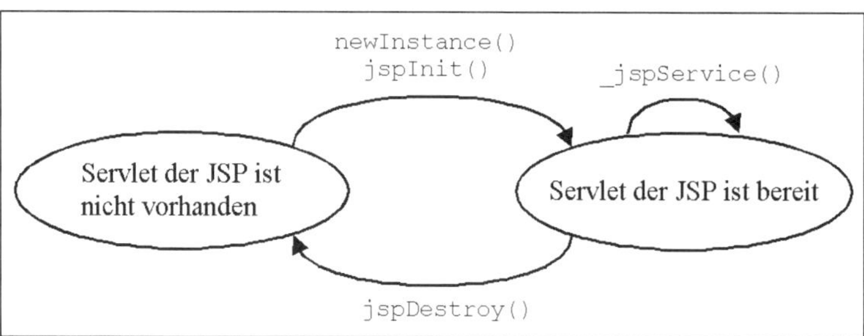

Abbildung 10.1: Zustandsdiagramm Java Server Page

Die Container-Callback-Methoden `jspInit()` und `jspDestroy()` werden in dem Interface `javax.servlet.jsp.JspPage` und die Methode `_jspService(req, res)` wird in dem Interface `javax.servlet.jsp.HttpJspPage` deklariert. Die Service-Methode ist nicht in dem allgemeinen Interface deklariert, da die Parameter der Methode anwendungsspezifisch sind. Für ein anderes Protokoll wie HTTP kann eine andere Schnittstelle definiert werden.

Die Methoden `jspInit()` und `jspDestroy()` können in einer JSP überschrieben werden. In ihr können z.B. erforderliche Ressourcen angefordert bzw. freigegeben werden. Die Methode `_jspService()` darf nicht überschrieben werden. Der Container implementiert diese Methode.

10.3 Bestandteile einer JSP

In einer Java Server Page können unterschiedliche JSP-Elemente verwendet werden. Tabelle 10.1 listet die JSP-Elemente auf und beschreibt sie:

JSP-Element	**Syntax**	**Beschreibung**
Kommentar	<%-- ... --%>	JSP-Kommentare werden im Gegensatz zu HTML-Kommentaren nicht an den Client gesendet
Direktive	<%@ ... %>	z.B. Klasse importieren, Bibliothek mit benutzerspezifischen Elementen (Tag Lib) einbinden, usw.
Deklaration	<%! ... %>	Methoden und Instanzvariablen deklarieren
Skriptlet	<% ... %>	Java-Code ausführen

JSP-Element	Syntax	Beschreibung
Ausdrücke	<%= ... %>	Inhalt einer Variablen oder Rückgabewert einer Methode in die Antwort eintragen

Tabelle 10.1: JSP-Elemente

10.3.1 Direktive

Mit einer Direktive können verschiedene Steueranweisungen für den Container definiert werden, die bei der Generierung vom Servlet Code berücksichtigt werden. Die allgemeine Syntax lautet wie folgt:

```
<% @ directive { attr="value" }* %>
```

Derzeit gibt es die Direktiven `page`, `taglib` und `include`.

page-Direktive

Mit der Direktive `page` können diverse Eigenschaften der JSP beeinflusst werden. Die Eigenschaften gelten immer für die komplette Seite. Deshalb ist die Position dieser Elemente innerhalb der JSP nicht relevant. Der Übersichtlichkeit halber sollten jedoch alle Anweisungen an einer zentralen Stelle definiert werden, z.B. in dem Element `<head>` einer HTML-Seite.

In einer page-Direktive können mehrere Attribute gleichzeitig definiert werden. Jedes Attribut darf in einer JSP nur einmal angegeben werden (Ausnahme: `import`). Da der Container abhängig von den page-Direktiven den Sourcecode für das Servlet erzeugt, werden in der Regel Compilerfehler auftreten, wenn Attribute mehrmals angegeben werden bzw. einen ungültigen Inhalt haben.

import

Mit dem Attribut `import` können die erforderlichen Klassen definiert werden, die in den Quelltext importiert werden müssen. Es können mehrere durch ein Komma getrennte Klassennamen angegeben werden. Die Klassen `java.lang.*`, `javax.servlet.*`, `javax.servlet.jsp.*` und `javax.servlet.http.*` werden standardmäßig importiert und müssen nicht zusätzlich angegeben werden.

```
<%@ page import="java.util.Date" %>
<%@ page import="java.util.Vector, java.util.Iterator" %>
```

contentType

Der MIME-Typ der erzeugten Seite kann mit dem Attribut `contentType` definiert werden. Default ist "text/html; charset=ISO-8859-1".

```
<%@ page contentType="text/html; charset=UTF-8" %>
```

pageEncoding

Der Zeichensatz der JSP kann mit dem Attribut `pageEncoding` definiert werden. Der Default ist der Zeichensatz, der in dem Attribut `contentType` definiert wurde, bzw. ISO-8859-1, falls dort keiner angegeben wurde.

```
    <%@ page pageEncoding="charset=UTF-8" %>
```

errorPage

Mit dem Attribut `errorPage` kann eine Ressource angegeben werden, die im Fehlerfall die Anfrage weiter bearbeitet und eine Fehlermeldung zum Client sendet. Die Ressource kann eine statische HTML-Seite, ein Servlet oder eine JSP sein. Die Definition dieser Fehlerbehandlung hat eine höhere Priorität wie die Fehlerbehandlung, die im Web-Archiv mit dem Element `<error-page>` konfiguriert wird.

```
    <%@ page errorPage="errorpage.jsp"%>
```

isErrorPage

Wird in einer JSP das Attribut `isErrorPage` auf `true` gesetzt, dann ist das implizite Objekt `exception` verfügbar. Der Defaultwert ist `false`, so dass ein Zugriff auf das Objekt eine Exception auslöst.

```
    <%@ page isErrorPage="true" %>
```

session

Mit dem Attribut `session` kann definiert werden, ob die JSP an einer HTTP-Session teilnehmen soll. Bei `false` löst ein Zugriff auf das implizite Objekt `session` eine Exception aus. Der Defaultwert ist `true`, so dass diese Direktive nur verwendet werden muss, wenn die JSP nicht an einer Session teilnehmen soll.

```
    <%@ page session="false" %>
```

buffer

Die Größe des Puffers für die Antwort wird mit dem Attribut `buffer` definiert. Es sind nur Werte in KB zulässig oder `none`, falls die Ausgabe nicht gepuffert, sondern direkt zum Client gesendet werden soll. Der Defaultwert beträgt 8 kb. Der angegebene Wert ist die Mindestgröße, die der Container zur Verfügung stellen muss, d.h. bei der Angabe von 8 kb kann der Container auch einen vorhandenen Puffer von 20 kb verwenden.

```
    <%@ page buffer="none" %>
oder
    <%@ page buffer="20kb" %>
```

autoFlush

Wurde eine Puffergröße für die Antwort eingestellt, dann kann das Systemverhalten definiert werden, wenn die Antwort die angegeben Größe überschreitet. Wird dem Attribut `autoFlash` der Wert `false` zugewiesen, dann wird eine Exception ausgelöst, wenn der Puffer überlaufen würde. Default ist `true`. Der Container leert dann den Puffer und sendet die Antwort zum Client.

```
<%@ page autoFlush="false" %>
```

isThreadSafe

Mit dem Attribut `isThreadSafe` kann definiert werden, ob die Servlet-Klasse das Interface `javax.servlet.SingleThreadModel` implementieren soll. Bei `false` wird das Interface implementiert und damit ein Single Thread Servlet aus der JSP generiert. Der Default ist `true`.

```
<%@ page isThreadSafe="false" %>
```

info

Wenn das Attribut `info` in einer JSP angegeben wird, überschreibt der Container die Methode `getServletInfo()` aus dem Interface `javax.servlet.Servlet`. Der Rückgabewert der Methode ist der Text des Attributs `info`.

```
<%@ page info="Dies ist ein Infotext." %>
```

language

Mit dem Attribut `language` kann die Sprache definiert werden, die in der JSP verwendet wird. Der Default ist `"java"`. Derzeit gibt es keinen JSP Container, der einen anderen Wert unterstützt.

extends

Mit dem Attribut `extends` kann definiert werden, von welcher Klasse das generierte Servlet abgeleitet werden soll. Der Defaultwert ist containerspezifisch. Beim Tomcat wird das Servlet z.B. von der Klasse `org.apache.jasper.runtime.HttpJspBase` abgeleitet. Definiert man hier eine andere Klasse, muss man die JSP mit mehreren Containern testen. Dieses Attribut wird in der Regel nicht verwendet.

include-Direktive

Mit der Direktive `include` können andere Dateien in die JSP eingefügt werden. Der Container fügt die Seite ein und erzeugt aus dieser Seite dann den Quellcode für das Servlet. Diese Direktive wird also nicht für jede Anfrage vom Client bearbeitet, sondern einmalig beim Erzeugen der Servlet-Klasse. Der Container kann bei jedem Aufruf der JSP prüfen, ob sich eine Datei verändert hat, die mit `include` eingefügt wurde. Falls dies der Fall ist, kann der Container die JSP neu kompilieren. Dieses Verhalten ist containerspezifisch.

Die importierten Dateien können sowohl HTML- als auch JSP-Elemente enthalten. Wenn JSP Dateien eingefügt werden, können dort Instanzvariablen oder auch Methoden deklariert werden. Enthält die eingefügte JSP ein Skriptlet, dann wird dieser Code bei jeder Anfrage ausgeführt.

Die allgemeine Syntax für die Direktive `include` lautet wie folgt:

```
<%@ include file="relativeURLspec" %>
```

taglib-Direktive

Mit der Direktive `taglib` wird in der JSP eine Bibliothek eingebunden, in der benutzerdefinierte Actions definiert sind. Diese Actions können in der JSP verwendet werden. Dies wird in Kapitel 10.8 ausführlicher beschrieben. Die allgemeine Syntax für die Direktive `taglib` lautet wie folgt:

```
<%@ taglib uri="tagLibraryURI" prefix="tagPrefix" %>
```

In dem Attribut `uri` muss die URL bzw. der Pfad von der Datei angegeben werden, in der die benutzerspezifischen Elemente beschrieben werden. Diese Datei wird Tag Library Descriptor genannt. Der Dateiname lautet meistens **.tld*. Die Pfadangabe kann relativ oder absolut sein.

Die Actions in der Bibliothek können in der JSP verwendet werden. Bei einer Action muss ein Präfix und der Tag-Name angegeben werden, z.B. `<myPrefix:myTag>`. Das Präfix von einer Action wird in dem Attribut `prefix` der Direktive `taglib` definiert und kann in jeder JSP einen anderen Namen haben. Der Container erkennt am Präfix, in welchem Tag Library Descriptor sich die weiteren Informationen für die Action befinden.

```
    <%@ taglib uri="/WEB-INF/myTagLib.tld" prefix="MyTagLib" %>
oder
    <%@ taglib uri="http://www.j2eeguru.de/tld/htmltools.tld"
               prefix="htmltools" %>
```

10.3.2 Deklaration

Wie der Name dieses JSP-Elements vermuten lässt, werden mit diesem Element Methoden oder Variablen deklariert. Die deklarierten Methoden werden in der erzeugten Servlet-Klasse eingefügt. Die deklarierten Variablen sind Instanzvariablen der erzeugten Klasse. Auf sie kann in jeder Methode bzw. in jedem Skriptlet zugegriffen werden. Der Zugriff muss synchronisiert werden, da eine JSP multithreading-fähig ist.

Methode deklarieren:

```
<%!
  private void testMethod()
  {
    i++;
  }
%>
```

Instanzvariable deklarieren:

```
<%! private int i=0; %>
```

Methode `jspInit()` aus dem Interface `javax.servlet.jsp.JspPage` überschreiben:

```
<%!
  public void jspInit()
  {
    super.jspInit();
    ...
  }
%>
```

10.3.3 Skriptlet

Ein Skriptlet kann beliebigen Java-Code (Schleifen, Instanzen erzeugen, Methoden aufrufen usw.) enthalten. Dieser Code wird immer ausgeführt, wenn die JSP angefordert wird. Es können alle Java-Bibliotheken sowie benutzerspezifische Klassen verwendet werden. Innerhalb eines Skriptlets kann man auf Methoden oder Variablen zugreifen, die in einer JSP-Deklaration definiert wurden.

Der Java-Code in einem Skriptlet wird in die Methode `_jspService(req, resp)` eingefügt. Alle Variablen, die deklariert und erzeugt werden, sind nur in dieser Methode sichtbar. Der Zugriff auf diese Variablen muss nicht synchronisiert werden. Die Reihenfolge, in der der Code ausgeführt wird, ist von oben nach unten, d.h. man kann erst auf eine Variable in einem Skriptlet zugreifen, wenn sie erzeugt wurde. Wenn eine Variable in einer JSP-Deklaration erzeugt wird, ist die Position innerhalb der JSP egal. Man kann in jedem Skriptlet auf sie zugreifen, da es sich um eine Instanzvariable handelt.

Variable `i` inkrementieren und die Testmethode aufrufen:

```
<%
  i++;
```

```
    testMethod();
  %>
```

Instanz einer Klasse erzeugen, die nur innerhalb der Anfrage und der JSP zur Verfügung steht:

```
<% TestClass c = new TestClass(); %>
```

10.3.4 Ausdruck

Ein Ausdruck wird verwendet, um den Inhalt einer Variablen oder den Rückgabewert von einer Methode in die Antwort zum Client einzufügen. In dem Ausdruck kann beliebiger Java-Code stehen, der einen Wert beinhaltet. Bei einem Ausdruck darf am Ende kein Semikolon angegeben werden.

Inhalt der Variablen `i` in die Antwort einfügen:

```
<%= i %>
```

Rückgabewert der Methode in die Antwort einfügen:

```
<%= c.getAnyValue() %>
```

10.3.5 Kommentar

In einer Java Server Page können drei Arten von Kommentaren eingegeben werden. Der Kommentar kann in einem separaten JSP-Element angegeben werden und wird nicht in die Antwort zum Client eingetragen. Sie dienen ausschließlich zur Dokumentation innerhalb der JSP.

```
<%-- Dies ist ein JSP Kommentar --%>
```

Innerhalb einer JSP mit HTML-Code kann man einen HTML-Kommentar eingeben. Dieser Kommentar wird in die Antwort eingefügt, so dass man ihn im Browser sehen kann, wenn man sich den Quelltext ansieht.

```
<!-- Dies ist ein HTML Kommentar -->
```

Eine weitere Möglichkeit, Kommentare einzugeben, ist in einem Skriptlet oder in einer Deklaration Java-Kommentare zu verwenden. Dies ist bei längeren Code-Stücken sinnvoll. Diese Kommentare werden nicht in die Antwort zum Client gesendet.

```
<%
  // Dies ist ein Kommentar in einem Skriptlet
  ...
%>
```

10.3.6 Beispiel

Wir wollen uns einem kleinen Beispiel widmen. Listing 10.1 zeigt eine JSP, die alle Felder aus dem Telegrammkopf in einer Tabelle darstellt.

Die Namen der Felder im Telegrammkopf werden als `java.util.Enumeration` ermittelt. Diese Klasse wird mit der Direktive `<%@ page import="java.util.Enumeration" %>` importiert. Die Import-Direktive kann an einer beliebigen Stelle im Quellcode stehen. Damit die Definitionen leichter zu finden sind, sollte man sie immer an der gleichen Stelle definieren, z.B. innerhalb des Elements `<head>` in einer HTML-Seite.

In der JSP wird eine while-Schleife über alle Felder vom Telegrammkopf durchlaufen. Diese Schleife befindet sich in einem Skriptlet. Der Java-Code in einem Skriptlet wird jedes Mal ausgeführt, wenn die JSP angefordert wird. In der Schleife werden die einzelnen Zeilen der Tabelle erzeugt. Der Zelleninhalt wird jeweils mit einem JSP-Ausdruck erzeugt. Der Name des Felds steht in einer Variablen, und der Inhalt des Felds wird über eine Methode ermittelt und in die HTML-Seite eingefügt.

```
<html>      <%-- header.jsp --%>
  <head>
    <%@ page import="java.util.Enumeration" %>
    <title>Felder im Telegrammkopf</title>
  </head>
  <body>
    <h1>Felder im Telegrammkopf</h1>
    <table border>
      <thead>
        <tr>  <th>Name</th>  <th>Wert</th>  </tr>
      </thead>
      <tbody>
        <%
          Enumeration headerNames = request.getHeaderNames();
          while( headerNames.hasMoreElements() )
          {
            String headerName = (String)headerNames.nextElement();
        %>

        <tr>
          <td> <%= headerName %> </td>
          <td> <%= request.getHeader(headerName) %> </td>
        </tr>
```

```
        <%
          }  // end of while(..)
        %>
      </tbody>
    </table>
  </body>
</html>
```

Listing 10.1: JSP, die alle Felder vom Telegrammkopf darstellt

10.4 JSP installieren

Eine Java Server Page hat sehr viel mit einem Servlet gemeinsam. Dies trifft auch auf die Installation zu. Sowohl eine JSP als auch ein Servlet werden mit dem Element `<servlet>` im Deployment Descriptor von einem Web-Archiv definiert. Das Element Servlet wurde bereits in dem Kapitel „Servlet" beschrieben.

In einem Web-Archiv befinden sich die Java Server Pages in dem Root-Verzeichnis oder in vorhandenen Unterverzeichnissen. Sie befinden sich nicht in dem Verzeichnis *WEB-INF*. Ein Client kann sie also direkt aufrufen, indem die URL von der JSP angefordert wird.

Eine JSP kann mit dem DeployTool der J2EE-Referenzimplementierung von Sun einem Web-Archiv hinzugefügt werden. Dazu muss der J2EE-Server und das DeployTool gestartet werden. Alle Beispiele in diesem Kapitel sollen in einem Web-Archiv gespeichert werden. Dazu müssen wir zuerst eine neue J2EE-Anwendung erzeugen. Über das Menü FILE | NEW | APPLICATION... vom DeployTool wird ein Dialog gestartet, in dem man den Dateinamen und eine Bezeichnung für die Applikation angeben muss. Wir navigieren zu unserem Projektverzeichnis und speichern die Datei unter *ear/MyExampleJsp.ear*. Der Displayname wird mit dem Dateinamen vorbelegt.

Nachdem wir die Applikation erzeugt haben, können wir nun ein neues Web-Archiv der Applikation hinzufügen. Dies erfolgt über das Menü FILE | NEW | WEB COMPONENT... Es erscheint der Assistent, mit dem eine neue Web-Komponente erzeugt werden kann. Die erste Seite enthält eine kurze Einführung. Mit dem Button NEXT blättern wir zum nächsten Dialog weiter.

In diesem Dialog müssen wir das Web-Archiv angeben, in das die Komponente eingefügt werden soll. Wir erzeugen ein neues Archiv in der Applikation MyExampleJsp. Für den Displaynamen geben wir „MyJspApp" ein. Nun muss die Java Server Page dem Web-Archiv hinzugefügt werden. Dazu betätigen wir den Button EDIT... Es erscheint der Dialog „Edit Contents of MyJspApp". Wir navigieren das „Starting Directory" zu unserem Projektverzeichnis. In der Baumdarstellung „Available Files" müssen wir jetzt in das Verzeichnis *webapps/JspExample* navigieren. Dort selektieren wir die Datei *header.jsp* und beenden den Dialog. Das DeployTool erkennt den Dateityp und fügt die Datei in das Rootverzeichnis ein.

Mit dem Button NEXT blättern wir zu dem folgenden Dialog. Dort muss „JSP" als Typ der Web-Komponente definiert werden. Danach kann erneut weiter geblättert werden. In diesem Dialog muss der Name der JSP angegeben werden. Der Assistent kann nun mit dem Button FINISH beendet werden.

Listing 10.2 zeigt den Deployment Descriptor des Web-Archivs. Die JSP wird in dem Element `<servlet>` beschrieben. Bei einer JSP wird der Dateiname in dem Element `<jsp-file>` angegeben. Bei einem Servlet war das Element `<servlet-class>` vorhanden. Es darf entweder das Element `<jsp-file>` oder `<servlet-class>` in dem Element `<servlet>` enthalten sein.

```
<web-app>
  <display-name>MyJspApp</display-name>
  <servlet>
    <servlet-name>header</servlet-name>
    <display-name>header</display-name>
    <jsp-file>/header.jsp</jsp-file>
  </servlet>
  ...
</web-app>
```

Listing 10.2: Deployment Descriptor eines Web-Archivs mit einer JSP

Bei einer JSP können die gleichen Konfigurationen durchgeführt werden wie bei einem Servlet. Es kann z.B. ein logischer Namen (Alias) vergeben werden, unter der die JSP aufgerufen werden kann. Wenn die JSP auf eine Datenbank zugreifen soll, kann dies über eine Ressourcen-Referenz erfolgen, es können Initialisierungsparameter definiert werden, usw.

Damit die J2EE-Anwendung auf dem Server installiert werden kann, muss zum Web-Archiv der Root-Kontextname angegeben werden. Dazu muss die J2EE-Anwendung in der Baumdarstellung vom DeployTool selektiert werden. In dem Register „Web Context" kann man diese Namen für alle Web-Archive in der Anwendung pflegen. Für unser Web-Archiv soll der Root-Kontextname „myjspexample" verwendet werden. Danach kann die Anwendung gespeichert werden und mit dem Menü TOOLS | DEPLOY... installiert werden.

Mit der URL *http://localhost:8000/myjspexample/header.jsp* kann die JSP von einem Browser aufgerufen werden. Der erste Aufruf der Seite dauert etwas länger, weil der Container aus der JSP den Java-Code von einem Servlet generiert und dann kompiliert.

10.4.1 Beispiel

Wir wollen uns nun ein weiteres Beispiel ansehen. Listing 10.3 zeigt den Quellcode einer JSP, die das aktuelle Datum und das Datum des ersten Aufrufes einer JSP darstellt. Die einzelnen JSP-Elemente werden durch Kommentare beschrieben.

Mit dem JSP-Element `<%! Date creationDate = new Date(); %>` wird eine Instanzvariable deklariert. Da eine JSP wie ein Servlet multithreading-fähig ist, d.h. eine Instanz mehrere Anfragen gleichzeitig bearbeiten kann, muss der Zugriff auf Instanzvariablen synchronisiert werden. Dies geschieht in diesem Beispiel durch die page-Direktive mit dem Attribut `isThreadSafe`. Diesem Attribut wird der Wert `false` zugewiesen. Der Container erzeugt aus der JSP ein Single Thread Servlet und stellt sicher, dass eine Instanz dieser Klasse zur gleichen Zeit nur eine Anfrage bearbeitet. In der Praxis sollte man Instanzvariablen nur einsetzen, wenn sie wirklich erforderlich sind und den Zugriff mit `synchronized` schützen.

Die Variable `aktDate` wird innerhalb eines Skriptlets deklariert. Ein Skriptlet wird jedes Mal ausgeführt, wenn eine Anfrage vom Client bearbeitet wird. Dies führt dazu, dass die Variable in der Methode `_jspService(req, resp)` deklariert wird.

Mit den beiden JSP-Elementen `<%= aktDate %>` und `<%= creationDate %>` wird der Inhalt der beiden Variablen in die HTML-Seite eingefügt.

```
<html>      <%-- aktdate.jsp --%>
  <head>
    <%-- Klassen importieren --%>
    <%@ page import="java.util.Date" %>
    <%@ page isThreadSafe="false" %>

    <title>Aktuelle Datum/Uhrzeit vom Server</title>

    <!-- HTML-Kommentare werden zum Client gesendet -->
    <%-- JSP-Kommentare werden nicht zum Client gesendet --%>
  </head>
  <body>
    <%-- Instanzvariable im Servlet deklarieren --%>
    <%! Date creationDate = new Date(); %>

    <%-- Code ausführen, d.h. Variable in der Methode
         _jspService() deklarieren --%>
    <% Date aktDate = new Date(); %>

    <p>
      Servletinstanz von der JSP erzeugt am:

      <%-- Wert der Variablen 'creationDate' ausgeben --%>
      <%= creationDate %>
    </p>
    <p>
      Aktuelles Datum und Uhrzeit:

      <%-- Wert der Variablen 'aktDate' ausgeben --%>
      <%= aktDate %>
    </p>
  </body>
</html>
```

Listing 10.3: JSP, die das aktuelle Datum mit Uhrzeit darstellt

Die JSP befindet sich im Projektverzeichnis *webapps/JspExample/aktdate.jsp* und kann mit dem DeployTool dem Web-Archiv hinzugefügt und dann installiert werden. Der Deployment Descriptor der JSP ist in Listing 10.4 dargestellt.

```
<web-app>
  <display-name>MyJspApp</display-name>
  <servlet>
    <servlet-name>aktdate</servlet-name>
    <display-name>aktdate</display-name>
    <jsp-file>/aktdate.jsp</jsp-file>
  </servlet>
  ...
</web-app>
```

Listing 10.4: Deployment Descriptor einer JSP

Mit der URL *http://localhost:8000/myjspexample/aktdate.jsp* kann die JSP von einem Browser aufgerufen werden. Durch erneutes Anfordern der JSP aktualisiert sich das aktuelle Datum, d.h. die Variable `aktDate` ist neu erzeugt worden. Die Variable `creationDate` bleibt unverändert. Startet man einen zweiten Browser und fordert die JSP an, dann ist das Erstelldatum immer das gleiche, d.h. die Antwort auf alle Anfragen wird von derselben Instanz erzeugt.

Die JSP enthält sowohl HTML- als auch JSP-Kommentare. Wenn man sich den Quelltext der HTML-Seite im Browser ansieht, stellt man fest, dass der HTML-Kommentar zum Client gesendet wurde, der JSP-Kommentar bzw. alle JSP-Elemente nicht.

10.4.2 Generierter Code der Servlet-Klasse

Der J2EE-Server speichert den generierten Servlet Source Code in der Datei *%J2EE_HOME%/repository/HOSTNAME/web/myjspexample/aktdate$jsp.java* ab. Diese Datei ist in Listing 10.5 dargestellt. Am rechten Rand sind Kommentare eingefügt worden, um den Sourcecode in Tabelle 10.2 zu kommentieren.

Falls sich eine JSP nicht so verhält wie erwartet, ist es sehr hilfreich, den generierten Sourcecode anzusehen. Da diese Datei kompiliert wird und eine Instanz von dieser Klasse die Antwort der Anfrage erzeugt, kann man so sehr oft Probleme beheben. Die Datei darf nicht editiert werden, da sie vom Container überschrieben wird.

```
package org.apache.jsp;

import java.util.Date;                                    //(1)
import javax.servlet.*;
import javax.servlet.http.*;
import javax.servlet.jsp.*;
import org.apache.jasper.runtime.*;
```

```
public class aktdate$jsp extends HttpJspBase
                        implements SingleThreadModel       //(2)
{
  Date creationDate = new Date();                            //(3)

  static {  }
  public aktdate$jsp( ) {  }
  private static boolean _jspx_inited = false;

  public final void _jspx_init()
        throws org.apache.jasper.runtime.JspException {  }

  public void _jspService( HttpServletRequest  request,
                          HttpServletResponse response
                        ) throws java.io.IOException,
                                ServletException
  {
    JspFactory _jspxFactory = null;
    PageContext pageContext = null;                          //(4)
    HttpSession session = null;
    ServletContext application = null;
    ServletConfig config = null;
    JspWriter out = null;
    Object page = this;                                      //(5)
    String  _value = null;

    try
    {
      if (_jspx_inited == false)
      {
        synchronized (this)
        {
          if (_jspx_inited == false)
          {
            _jspx_init();
            _jspx_inited = true;
          }
        }
      }

      _jspxFactory = JspFactory.getDefaultFactory();
      response.setContentType("text/html;charset=ISO-8859-1");

                                                             //(6)
      pageContext = _jspxFactory.getPageContext(this, request,
```

```
                                response, "", true, 8192, true);

        application = pageContext.getServletContext();
        config = pageContext.getServletConfig();
        session = pageContext.getSession();
        out = pageContext.getOut();

        out.write("<html>        ");                                    //(7)
        out.write("\r\n  <head>\r\n    ");
        out.write("\r\n      ");
        out.write("\r\n\r\n      <title>Aktuelle Datum/Uhrzeit vom" +
            " Server</title>\r\n\r\n      <!-- HTML-Kommentare" +
            " werden zum Client gesendet -->\r\n      ");
        out.write("\r\n  </head>\r\n  <body>\r\n    ");
        out.write("\r\n      ");
        out.write("\r\n\r\n      ");
        out.write("\r\n      ");

        Date aktDate = new Date();                                      //(8)

        out.write("\r\n\r\n      <p>\r\n      Servletinstanz von der" +
            " JSP erzeugt am:\r\n\r\n        ");
        out.write("\r\n      ");
        out.print( creationDate );                                      //(9)
        out.write("\r\n      </p>\r\n      <p>\r\n      " +
            "     Aktuelles Datum und Uhrzeit:\r\n\r\n           ");
        out.write("\r\n      ");
        out.print( aktDate );
        out.write("\r\n      </p>\r\n   </body>\r\n</html>\r\n");
      }
      catch (Throwable t)
      {
        if (out != null && out.getBufferSize() != 0)
          out.clearBuffer();
        if (pageContext != null)
          pageContext.handlePageException(t);
      }
      finally
      {
        if (_jspxFactory != null)
          _jspxFactory.releasePageContext(pageContext);
      }
    }
}
```

Listing 10.5: Servlet Code, der aus der JSP generiert wurde

In der Java Server Page sind alle JSP-Elemente (Kommentar, Direktive, Skriptlet, Ausdruck, Deklaration) enthalten. Im Sourcecode des Servlets sieht man, wie der Container die einzelnen Elemente in die Quelldatei einfügt.

Kommentar	**Beschreibung**
//(1)	In der JSP wird die Klasse java.util.Date mit dem Attribut import einer page-Direktive angegeben.
//(2)	Die JSP enthält die page-Direktive mit dem Attribut isThreadSafe.
//(3)	Die Variable creationDate wird in der JSP in einer Deklaration erzeugt. Der Container erzeugt eine Instanzvariable in der Klasse.
//(4)	Die impliziten Objekte werden deklariert.
//(5)	Dem impliziten Objekt page wird ein Wert zugewiesen.
//(6)	Den impliziten Objekten werden Werte zugewiesen.
//(7)	Der Inhalt der JSP wird in die Antwort zum Client eingetragen.
//(8)	Die Variable aktDate wird in der JSP in einem Skriptlet erzeugt. Der Container erzeugt die Variable in der Methode _jspService(req, resp).
//(9)	Die Variable creationDate steht in der JSP in einem Ausdruck. Sie wird mit der Methode out.print() in die Antwort eingefügt.

Tabelle 10.2: Beschreibung von erzeugtem Sourcecode

Nach der Installation speichert der J2EE-Server das Web-Archiv im Verzeichnis *%J2EE_HOME%/public_htm/myjspexample* ab. Ändert man nun in diesem Verzeichnis die Datei *aktdate.jsp* und fordert die JSP erneut an, dann stellt der Web-Container fest, dass die JSP neuer als die generierte Servlet-Klasse ist und aktualisiert sie. Dies kann in der Entwicklungsphase nützlich sein, da man Änderungen schneller testen kann.

10.5 Vordefinierte Objekte einer JSP

In einer Java Server Page gibt es Objekte, die der Container zur Verfügung stellt. Diese Objekte nennt man implizite Objekte. Sie können innerhalb einer JSP verwendet werden, ohne dass sie zuvor deklariert wurden. Im Quelltext des Servlets (Listing 10.5) kann man erkennen, wie der Container diese Objekte zur Verfügung stellt. Tabelle 10.3 listet die Variabelennamen, die Typen sowie eine kurze Beschreibung der impliziten Objekte auf. In der JSP dürfen keine Variablen deklariert werden, die den gleichen Namen wie ein implizites Objekt haben.

Variable	Typ	Beschreibung
application	javax.servlet.ServletContext	Dieses Objekt enthält Informationen zu der Web-Anwendung. Es können z.B. Initialisierungsparameter oder Attribute ermittelt werden oder ein RequestDispatcher erzeugt werden, der eine Anfrage an ein andere Web-Komponente weiterleitet.
config	javax.servlet.ServletConfig	Dieses Objekt enthält Informationen über die JSP. Wird die Methode jspInit() überschrieben, können dort z.B. die Initialisierungsparameter der JSP ausgewertet werden.
exception	java.lang.Throwable	Dieses Objekt ist nur verfügbar, wenn in der JSP das Attribut isErrorPage einer page-Direktive auf true gesetzt wurde. Es enthält die Exception, die von einer anderen JSP ausgelöst wurde. Diese Exception kann ausgewertet werden, um dann eine entsprechende Fehlermeldung an den Client zu senden.
out	javax.servlet.jsp.JspWriter	In dieses Objekt wird die Antwort der Anfrage geschrieben.
page	java.lang.Object	Dieses Objekt beinhaltet eine Referenz auf die Instanz, die die Anfrage bearbeitet.
pageContext	javax.servlet.jsp.PageContext	Dieses Objekt stellt Funktionen für die aktuelle Anfrage und JSP zur Verfügung. Man kann z.B. die impliziten Objekte ermitteln, Attribute der unterschiedlichen Gültigkeitsbereiche verwalten, die Anfrage an eine andere Web Komponente weiterleiten oder den Inhalt einer anderen Web Komponente in die Antwort einfügen. In dem vorherigen Kapitel wurden bereits Methoden vom pageContext beschrieben, mit denen Attribute verwaltet werden können (Tabelle 9.15).
request	javax.servlet.ServletRequest	Dieses Objekt kapselt die Anfrage vom Client. Es ist ein Übergabeparameter der Methode _jspService().
response	javax.servlet.ServletResponse	Dieses Objekt kapselt die Antwort für den

Variable	Typ	Beschreibung
		Client. Es ist ein Übergabeparameter der Methode _jspService().
session	javax.servlet.http.HttpSession	Dieses Objekt kapselt eine Client-Sitzung. Es ist nicht verfügbar, wenn in der JSP das Attribut session einer page-Direktive auf false gesetzt wurde.

Tabelle 10.3 : Implizite Objekte einer Java Server Page

10.5.1 Fehlerbehandlung

Innerhalb einer JSP kann eine Web-Komponente definiert werden, die aufgerufen wird, wenn eine Exception ausgelöst wird. Dies erfolgt mit der JSP Direktive page, wobei im Attribut `errorPage` der Namen der Web-Komponente angegeben wird. Typischerweise wird hier ebenfalls eine JSP verwendet, die den Fehler abfängt und eine Antwort für den Client generiert.

Listing 10.6 stellt den Quellcode einer JSP dar, in der eine Fehlerseite angegeben wird. Die JSP beinhaltet ein HTML-Formular mit einer Checkbox und einem Button, um die Anfrage zu senden. Wenn die Checkbox angewählt und der Button betätigt wird, dann wird die gleiche JSP erneut aufgerufen. In der URL der Anfrage wird der Parameter "throwEx=on" eingefügt. In der JSP wird eine `NumberFormatException` ausgelöst, wenn der Parameter "throwEx" in der Anfrage enthalten ist. Die Anfrage wird dann an die definierte Fehlerseite weitergeleitet (*forward*). In ihr kann die Exception ausgewertet und eine geeignete Fehlermeldung generiert werden.

```
<html>      <%-- useErrorPage.jsp --%>
  <head>
    <%@ page errorPage="errorPage.jsp" %>
    <title> ErrorPage </title>
  </head>
  <body>
    <h1> ErrorPage verwenden </h1>

    <p>
      <form action="useErrorPage.jsp">
        <p>
          <input type="checkbox" name="throwEx">
          Exception auslösen
        </p>
        <p>
          <input type="submit" value="Senden">
        </p>
      </form>
```

```
    </p>

    <%
      String throwException = request.getParameter("throwEx");

      if( throwException != null )
        Integer.parseInt("Exception auslösen...");
    %>
  </body>
</html>
```

Listing 10.6: JSP, die eine Exception auslösen kann

Die JSP aus Listing 10.7 ist die Fehlerseite, die in Listing 10.6 für den Fehlerfall angegeben wurde. In einer page Direktive wird das Attribut `isErrorPage` auf `true` gesetzt. Dies führt dazu, dass das implizite Objekt `exception` innerhalb dieser JSP verfügbar ist. In diesem Objekt wird eine Referenz auf die Exception gespeichert, die aufgrund des Fehlers ausgelöst wurde.

In der JSP wird die Methode `getStackTrace()` deklariert, die den Stack-Trace einer Exception in einen String schreibt. Die JSP generiert eine HTML-Seite mit orangefarbenem Hintergrund und einer Tabelle. In der ersten Zeile der Tabelle wird die Nachricht der Exception und in der zweiten Zeile der Stack-Trace ausgegeben. In einer Web-Anwendung sollte man Fehlermeldungen erzeugen, die für den Anwender aussagekräftig sind.

```
<html>        <%-- errorPage.jsp --%>
  <head>
    <title> Fehler aufgetreten </title>
    <%@ page isErrorPage="true" %>
    <%@ page import="java.io.CharArrayWriter" %>
    <%@ page import="java.io.PrintWriter" %>
    <%!
      private String getStackTrace( java.lang.Throwable ex )
      {
        CharArrayWriter chryWrtr = new CharArrayWriter();
        PrintWriter     prntWrtr = new PrintWriter(chryWrtr,true);
        ex.printStackTrace(prntWrtr);
        return( chryWrtr.toString() );
      }
    %>
  </head>
  <body bgcolor="orange">
    <% if(exception != null) { %>
    <h1> Fehler aufgetreten </h1>
```

```
    <table border>
      <tr>
        <td>Fehlermeldung:</td>
        <td><%= exception.getMessage()%> </td>
      </tr>
      <tr>
        <td>Stacktrace: </td>
        <td><code><%= getStackTrace(exception)%></code></td>
      </tr>
    </table>
    <% } %>
  </body>
</html>
```

Listing 10.7: JSP, die aufgerufen wird, wenn eine Exception ausgelöst wird

10.6 Benutzerdefinierte Objekte

In einer Java Server Page hat man die gleichen Möglichkeiten wie in einem Servlet, d.h. man kann auch benutzerdefinierte Objekte erzeugen. Bisher haben wir Instanzen in einer JSP-Deklaration und in einem JSP-Skriptlet erzeugt. Die Instanzen, die in einer JSP-Deklaration erzeugt wurden, sind Instanzvariablen der Servlet-Klasse und in allen Methoden verfügbar. Der Zugriff auf Instanzvariablen muss synchronisiert werden. Wenn eine Variable in einem Skriptlet deklariert wird, ist sie nur innerhalb der Methode `_jspService()` verfügbar, d.h. nur für diese Anfrage innerhalb dieser JSP.

Beim Servlet haben wir auch benutzerdefinierte Objekte als Attribut zu der Anwendung, Session oder Anfrage gespeichert. Dies ist bei einer JSP auch möglich. Falls die Objekte Java Beans (Konstruktor ohne Parameter, Setter-Methoden für beschreibbare Attribute, Getter-Methoden für lesbare Attribute) sind, kann man auf diese Objekte mit so genannten Actions zugreifen.

10.7 Standard Action

Eine Action ist ein Element innerhalb einer JSP, das aus einem Präfix und einem Namen besteht. Das Präfix und der Name werden durch einen Doppelpunkt getrennt. Die Syntax der Elemente stimmt ansonsten mit XML überein, d.h. diesen Elementen können Attribute übergeben werden und sie können einen Body haben.

```
<prefix:tagname { attr="value" }* >
  body
</prefix:tagname>
```

Das Besondere an einer Action ist, dass an ihrer Position in der JSP Java-Code ausgeführt wird. Es gibt Standard- und benutzerspezifische Actions. Die erstgenannten haben immer das Präfix `jsp`. Bei den benutzerspezifischen Actions kann das Präfix innerhalb einer JSP definiert werden.

Der Name einer Action definiert die gewünschte Funktionalität. Die Funktionalitäten der Standard-Actions werden in den folgenden Abschnitten beschrieben. Benutzerspezifische Actions werden in einer Datei definiert, dem so genannten Tag Library Descriptor. In ihm sind die Namen der Actions und die zulässigen Attribute definiert.

Die Syntax einer Action stimmt mit der von XML-Elementen überein. Dies führt dazu, dass eine Java Server Page ohne JSP-Elemente bzw. Java-Code gestaltet werden kann. Der Designer einer solchen Seite benötigt also keine Java-, sondern nur HTML- und XML-Kenntnisse. Dies ist eine wichtige Eigenschaft, um Design und Logik voneinander zu trennen.

10.7.1 <jsp:useBean>

Mit der Action <jsp:useBean> kann ein Java Bean aus einem Attribut des angegebenen Gültigkeitsbereichs ermittelt werden. Falls das Objekt in dem Gültigkeitsbereich nicht vorhanden ist, kann eine Instanz erzeugt und als Attribut in dem Gültigkeitsbereich gespeichert werden.

Die Referenz auf dieses Objekt wird in einer lokalen Variablen gespeichert und ist in dem aktuellen Block ({...}) verfügbar.

Syntax

```
<jsp:useBean id="name"
             scope="page|request|session|application"
             typeSpec />


typeSpec ::= class="className" |
             class="className" type="typeName" |
             type="typeName" class="className" |
             beanName="beanName" type="typeName" |
             type="typeName" beanName="beanName" |
             type="typeName"
```

Attribut	Beschreibung
id	Dieses Attribut definiert den Namen der Variablen, der vom Container in der Methode _jspService(req, resp) für das Objekt vergeben wird. Gleichzeitig definiert es auch den Namen des Attributs in dem Gültigkeitsbereich.
scope	Mit diesem Attribut wird definiert, in welchem Gültigkeitsbereich das Objekt gesucht bzw. eingefügt werden soll.
class	Vollständiger Klassenname des Objekts, das erzeugt werden soll.
type	Hier kann der Typ der Variablen angegeben werden, die der Container in

Attribut	Beschreibung
	der Methode _jspService(req, resp) deklariert. Dies kann z.B. ein Interface sein, das von dem referenzierten Objekt implementiert wird. Falls das Attribut nicht angegeben wird, wird der Typ der Variablen aus dem Attribut class ermittelt.
beanName	Hier kann der vollständige Klassenname des Beans angegeben werden, von dem eine Instanz erzeugt werden soll. Die Instanz wird mit der Methode instantiate() von der Klasse java.beans.Beans erzeugt. Das Attribut kann zur Laufzeit durch einen JSP-Ausdruck bestimmt werden.

Tabelle 10.4: Attribute der Action <jsp:useBean>

Das Element kann einen Body haben, muss aber nicht. Falls ein Body vorhanden ist, wird dieser nur berücksichtigt, wenn das Objekt neu erzeugt wird. Falls bereits eine Instanz mit dem angegebenen Namen in dem Gültigkeitsbereich vorhanden ist, wird eine Referenz auf dieses Objekt der Variablen zugewiesen, und der Body wird ignoriert.

Es ist nicht zulässig, die beiden Attribute `class` und `beanName` in einer Action zu verwenden. Wenn keines der beiden Attribute `class` oder `beanName` in der Action definiert wird, dann erzeugt die Action keine neue Instanz. In dem angegebenen Gültigkeitsbereich muss dann ein Objekt mit dem angegebenen Namen vorhanden sein, ansonsten wird zur Laufzeit eine Exception ausgelöst.

Beispiele

Das Attribut "`user`" wird aus der Anfrage ermittelt und der lokalen Variablen `user` zugewiesen. Die Variable ist vom Typ `de.j2eeguru.example.jsp.bean.User`. Falls das Attribut in der Anfrage nicht vorhanden ist, wird eine neue Instanz erzeugt und unter dem Attribut in der Anfrage gespeichert.

```
<jsp:useBean id="user"
             scope="request"
             class="de.j2eeguru.example.jsp.bean.User"/>
```

Das folgende JSP-Skriptlet ist äquivalent zu der Action.

```
<%
  User user = (User)request.getAttribute("user");
  if( user == null )
  {
    user = new User();
    request.setAttribute("user", user);
  }
%>
```

Die Funktionalität der folgenden Action ist identisch mit dem zuvor genannten Beispiel. Wenn jedoch eine neue Instanz erzeugt wird, werden die beiden Eigenschaften `name` und `password` mit Werten initialisiert. Falls das Objekt bereits als Attribut vorhanden war, wird der Body der Action ignoriert, d.h. die beiden Eigenschaften werden nicht zugewiesen.

```
<jsp:useBean id="user"
             scope="request"
             class="de.j2eeguru.example.jsp.bean.User">
  <jsp:setProperty name="user" property="name" value="Scott"/>
  <jsp:setProperty name="user" property="password" value="tiger"/>
</jsp:useBean>
```

Im folgenden Beispiel wird das Attribut "`user`" aus der Anfrage ermittelt und der lokalen Variablen `user` zugewiesen. Die Variable ist vom Typ `de.j2eeguru.example.jsp.bean.User`. Falls das Attribut in der Anfrage nicht vorhanden ist, wird eine Exception ausgelöst.

```
<jsp:useBean id="user"
             scope="request"
             type="de.j2eeguru.example.jsp.bean.User"/>
```

10.7.2 <jsp:setProperty>

Mit der Action <jsp:setProperty> können Eigenschaften von einem Java Bean modifiziert werden. Dies geschieht durch den Aufruf der Setter-Methode. Es besteht die Möglichkeit, den neuen Wert der Eigenschaft als konstanter String oder als JSP-Ausdruck anzugeben. Der Wert kann auch von einem Parameter aus der Anfrage übernommen werden.

Syntax

```
<jsp:setProperty name="beanName" prop_expr />
```

```
prop_expr ::= property="*" |
              property="propertyName" |
              property="propertyName" param="parameterName" |
              property="propertyName" value="propertyValue"
```

Attribut	Beschreibung
name	Dieses Attribut definiert den Namen der Variablen, die zuvor durch die Action <jsp:useBean id="name" ...> erzeugt wurde. Der Name der Variablen wird in dieser Action durch das Attribut id festgelegt.

Attribut	Beschreibung
property	Dieses Attribut gibt den Namen der Eigenschaft vom Bean an, die verändert werden soll. Falls das Zeichen Stern (*) angegeben wird, werden alle Eigenschaften des Beans modifiziert, dessen Namen mit einem Parameter aus der Anfrage übereinstimmt.
param	In diesem Attribut wird der Parametername aus der Anfrage angegeben, dessen Wert der Setter-Methode übergeben werden soll. Falls kein Parameter mit diesem Namen in der Anfrage enthalten ist oder der Parameter einen Leerstring enthält, dann wird die Setter-Methode nicht aufgerufen.
value	Dieser Wert wird der Setter-Methode übergeben. Er kann durch einen JSP-Ausdruck ermittelt werden.

Tabelle 10.5: Attribute der Action <jsp:setProperty>

Es ist nicht zulässig, die beiden Attribute `param` und `value` gleichzeitig in der Action <jsp:setProperty> zu verwenden. Wenn keines der beiden Attribute angegeben wird, wird der Parametername aus der Anfrage von dem Attribut `property` verwendet. Der Wert des Parameters wird dann der Setter-Methode übergeben.

Beispiele

In den folgenden Beispielen wird vorausgesetzt, dass zuvor eine Variable mit dem Namen `"user"` durch die folgende Action erzeugt bzw. ermittelt wurde.

```
<jsp:useBean id="user"
             scope="page"
             class="de.j2eeguru.example.jsp.bean.User"/>
```

Konstanter String

Das Attribut `value` kann einen String enthalten. Dieser Wert wird dann der Setter-Methode übergeben. Der JSP Container führt aufgrund der folgenden Action den Java-Code `user.setName("Scott")` aus.

```
<jsp:setProperty name="user"
                 property="name"
                 value="Scott" />
```

JSP-Ausdruck

Der Wert des Attributs `value` kann durch einen JSP-Ausdruck zur Laufzeit ermittelt werden. In dem Beispiel erhält das Passwort den gleichen Wert wie der Benutzername.

```
<jsp:setProperty name="user"
                 property="password"
                 value="<%= user.getName() %>"/>
```

Parameter aus der Anfrage

Wenn in der Anfrage ein Parameter mit dem Namen `"USER_NAME"` vorhanden ist, wird dessen Wert dem Namen vom Benutzer zugewiesen.

```
<jsp:setProperty name="user"
                 property="name"
                 param="USER_NAME"/>
```

Parameter aus der Anfrage bei dem der Attributname übereinstimmt

Wenn in der Anfrage ein Parameter mit dem Namen `"name"` vorhanden ist, wird dessen Wert dem Namen vom Benutzer zugewiesen.

```
<jsp:setProperty name="user" property="name"/>
```

Alle Parameter aus der Anfrage, bei denen der Attributname übereinstimmt

Alle Parameter aus der Anfrage, bei denen der Parametername mit dem Namen einer Eigenschaft des Beans `"user"` übereinstimmt, bekommen dessen Wert zugewiesen.

```
<jsp:setProperty name="user" property="*"/>
```

10.7.3 <jsp:getProperty>

Mit der Action <jsp:getProperty> wird der Wert einer Eigenschaft von dem Bean in die Antwort zum Client eingefügt. Der Wert wird ggf. mit der Methode `toString()` konvertiert.

Syntax

```
<jsp:getProperty name="name" property="propertyName" />
```

Attribut	Beschreibung
name	Dieses Attribut definiert den Namen der Variablen, von der die Getter-Methode aufgerufen werden soll. Die Variable muss zuvor durch die Action <jsp:useBean id="name" ...> erzeugt worden sein. Der Name von der Variablen wird in dieser Action durch das Attribut id festgelegt.

Attribut	Beschreibung
property	Dieses Attribut gibt den Namen der Eigenschaft des Beans an, die ermittelt werden soll.

Tabelle 10.6: Attribute der Action <jsp:getProperty>

Beispiel

Der Wert der Eigenschaft `"password"` wird in die Antwort zum Client eingefügt.

```
<jsp:getProperty name="user" property="password"/>
```

10.7.4 <jsp:include>

Mit der Action <jsp:include> kann eine Ressource in die Antwort zum Client eingefügt werden. Im Gegensatz zu der JSP Direktive `include`, kann bei der Action der Dateiname der Ressource zur Laufzeit durch einen JSP-Ausdruck ermittelt werden. Der Inhalt der Ressource, die eingefügt wird, kann sowohl statisch (z.B. HTML-Datei) als auch dynamisch (JSP, Servlet) sein. Die JSP, die eingefügt wird, hat einen eingeschränkten Zugriff auf den Response. Es dürfen z.B. keine Felder im Telegrammkopf modifiziert werden, d.h. es darf kein Cookie erzeugt werden, oder der MIME-Typ darf nicht verändert werden.

Syntax

```
<jsp:include page="urlSpec" flush="true|false"/>
```

Wenn zusätzliche Parameter in die Anfrage eingefügt werden sollen, lautet die Syntax wie folgt:

```
<jsp:include page="urlSpec" flush="true|false"/>
  { <jsp:param name="paramName" value="paramValue" /> }+
</jsp:include>
```

Attribut	Beschreibung
page	Relativer Pfad der Ressource, die eingefügt werden soll, zu der aktuellen JSP. Der Wert des Attributs kann zur Laufzeit durch einen JSP-Ausdruck ermittelt werden.
flush	Dieses Attribut ist optional. Wenn der Wert des Attributs true ist, wird der Puffer mit der Antwort geleert, d.h. zum Client gesendet, bevor der Inhalt der Ressource eingefügt wird. Der Defaultwert ist false.

Tabelle 10.7: Attribute der Action <jsp:include>

10.7.5 <jsp:forward>

Mit der Action <jsp:forward> kann die Verarbeitung einer Anfrage an eine andere Web-Komponente delegiert werden. Der Name dieser Komponente kann zur Laufzeit durch einen JSP-Ausdruck ermittelt werden. Vor dem Aufruf der Komponente können z.B. Daten in einer Datenbank modifiziert werden oder Attribute zu der Client-Sitzung, Anfrage oder Anwendung gespeichert werden. Die aufgerufene Komponente stellt in der Regel diese Daten dar. Prinzipiell kann mit dieser Action eine Web-Anwendung so gestaltet werden, dass sie dem Model-View-Control-Paradigma entspricht. Im Kapitel „Servlet“ wurde dies beschrieben. Dort wurde ein Servlet als Control verwendet. Mit der Action <jsp:forward> kann eine JSP ebenfalls als Control verwendet werden.

Der Puffer, der die Daten für den Client beinhaltet, wird vor dem Aufruf der anderen Web Komponente gelöscht. Falls schon Daten zum Client gesendet wurden, wird eine Exception ausgelöst. Dies ist z.B. der Fall, wenn die JSP nicht gepuffert wird.

Syntax

```
<jsp:forward page="relativeURLspec" />
```

Wenn zusätzliche Parameter in die Anfrage eingefügt werden sollen, lautet die Syntax wie folgt:

```
<jsp:forward page="relativeURLspec">
  { <jsp:param name="paramName" value="paramValue" /> }+
</jsp:forward>
```

Attribut	Beschreibung
page	Relativer Pfad der Ressource, die eingefügt werden soll, zu der aktuellen JSP. Der Wert des Attributs kann zur Laufzeit durch einen JSP-Ausdruck ermittelt werden.

Tabelle 10.8: Attribute der Action <jsp:forward>

10.7.6 <jsp:param>

Diese Action ist nur in den beiden Standard-Actions <jsp:include> und <jsp:forward> zulässig. Mit ihr werden zusätzliche Parameter in der Anfrage eingefügt. Diese Parameter sind nur für die Dauer der Action (include bzw. forward) gültig. Falls der Parametername bereits in der Anfrage vorhanden ist, bekommt dieser Parameter eine höhere Priorität, d.h. er steht als erstes in der Liste der Parameterwerte.

Syntax

```
<jsp:param name="xxx" value="yyy" />
```

Attribut	Beschreibung
name	Hier wird der Name des Parameters angegeben.
value	Dieses Attribut enthält den Wert des Parameters. Der Wert muss ein String sein und kann von einem JSP-Ausdruck ermittelt werden.

Tabelle 10.9: Attribute der Action <jsp:param>

10.7.7 <jsp:plugin>

Mit der Action <jsp:plugin> kann man ein Applet in eine JSP einfügen. Diese Action generiert abhängig vom Browser, der die HTML-Seite anfordert, den erforderlichen HTML-Code.

Syntax

```
<jsp:plugin type="bean|applet"
            code="objectCode"
            codebase="objectCodebase"
            { align="alignment" }
            { archive="archiveList" }
            { height="height" }
            { hspace="hspace" }
            { jreversion="jreversion" }
            { name="componentName" }
            { vspace="vspace" }
            { width="width" }
            { nspluginurl="url" }
            { iepluginurl="url" } >
    { <jsp:params>
        { <jsp:param name="paramName" value="paramValue" /> }+
      </jsp:params> }
    { <jsp:fallback> arbitrary_text </jsp:fallback> }
</jsp:plugin>
```

Attribut	Beschreibung
type	Mit diesem Attribut kann definiert werden, ob es sich um ein Applet oder um ein Java Bean handelt.
code	Dieses Attribut enthält den vollständigen Klassenamen des Applets bzw. Beans. Die Dateiextension .class muss mit angegeben werden. Falls sich die Klasse in einem Unterverzeichnis befindet, darf dieses nicht angegeben werden.

Attribut	Beschreibung
codebase	In diesem Attribut kann man das Verzeichnis angeben, in dem sich die Klasse befindet. Dies kann auch eine URL auf einem anderen Server sein.
archive	Hier kann eine Liste von Archiven angegeben werden, in der nach Klassen gesucht werden soll. Die einzelnen Namen werden durch ein Komma voneinander getrennt.
align	Ausrichtung der Komponente in der HTML-Seite
height	Höhe der Komponente in der HTML-Seite
width	Breite der Komponente in der HTML-Seite
hspace	Horizontaler Abstand zwischen dem Applet bzw. Java Bean und den umliegenden HTML-Komponenten
vspace	Vertikaler Abstand zwischen dem Applet bzw. Java Bean und den umliegenden HTML-Komponenten
jreversion	Erforderliche Version des Java Plugins. Default ist „1.2".
name	Mit diesem Attribut kann man dem Applet bzw. Java Bean einen Namen geben. Über diesen Namen kann man mit JavaScript auf die Komponente zugreifen.
nspluginurl	URL, von dem das JRE-Plugin für den Netscape Navigator geladen werden kann
iepluginurl	URL, von dem das JRE-Plugin für den Internet Explorer geladen werden kann

Tabelle 10.10: Attribute der Action <jsp:plugin>

10.7.8 <jsp:params>

Die Standard Action <jsp:params> darf nur im Body der Action <jsp:plugin> verwendet werden. Mit ihr können dem Applet bzw. dem Bean Parameter übergeben werden.

10.7.9 <jsp:fallback>

Die Standard Action <jsp:fallback> darf nur im Body der Action <jsp:plugin> verwendet werden. Mit dieser Action kann ein Text angegeben werden, den der Browser darstellt, wenn das Applet bzw. Bean nicht gestartet werden kann.

10.7.10 Beispiel

Gültigkeitsbereich von Variablen

In Listing 10.8 wird der Quellcode des Java Beans `MyDateFormater` dargestellt. Dieses Bean hat nur eine Getter-Methode für die Eigenschaft `date`. Diese Eigenschaft enthält das Datum und die Uhrzeit, wann die Instanz erzeugt wurde. Mit Hilfe von dieser Klasse sollen nun die unterschiedlichen Gültigkeitsbereiche untersucht werden, die in dem Attribut `scope` von der Action <jsp:useBean> angegeben werden können.

```
package de.j2eeguru.example.jsp.bean;

import java.util.Date;
import java.text.DateFormat;

public class MyDateFormater
{
  String date = "";

  public MyDateFormater()
  {
    date = DateFormat.getDateTimeInstance().format( new Date() );
  }

  public String getDate()  { return date; }
}
```

Listing 10.8: Java Bean, das die Zeit speichert, zu der die Instanz erzeugt wurde

Listing 10.9 zeigt den Inhalt der JSP *scopeTest.jsp*. In dieser Datei wird eine Instanzvariable (mit einer JSP-Deklaration) und für alle Gültigkeitsbereiche Instanzen der Klasse `MyDateFormater` erzeugt. Die Instanzen werden mit der Action <jsp:useBean> in den Gültigkeitsbereichen nur dann angelegt, wenn sie noch nicht vorhanden sind. Der Inhalt der Variablen wird in einer Tabelle mit der Action <jsp:getProperty> bzw. einem JSP-Ausdruck ausgegeben.

```
<html>    <%-- scopeTest.jsp --%>
  <head>
    <title> Gültigkeitsbereich von Variablen testen </title>

    <%-- Klassen importieren --%>
    <%@ page import="java.util.Date" %>
    <%@ page import="java.text.DateFormat" %>

    <%-- Für jeden Gueltigkeitsbereich eine Instanz erzeugen --%>
    <jsp:useBean
```

```
      id="dateAppl"
      class="de.j2eeguru.example.jsp.bean.MyDateFormater"
      scope="application" />

    <jsp:useBean
      id="dateSession"
      class="de.j2eeguru.example.jsp.bean.MyDateFormater"
      scope="session" />

    <jsp:useBean
      id="dateRequest"
      class="de.j2eeguru.example.jsp.bean.MyDateFormater"
      scope="request" />

    <jsp:useBean
      id="datePage"
      class="de.j2eeguru.example.jsp.bean.MyDateFormater"
      scope="page" />

    <%-- Instanzvariable in der JSP erzeugen --%>
    <%! Date dateInstanz = new Date(); %>
  </head>
  <body>
    <h1> Gültigkeitsbereich von Variablen testen </h1>
    ...
    <p>  Werte der Variablen: </p>

    <table border>
      <thead align="center">
        <tr>
          <th> Gültigkeitsbereich </th>
          <th> Wert </th>
        </tr>
      </thead>
      <tbody>
        <tr>
          <td> application </td>
          <td>
            <jsp:getProperty name="dateAppl" property="date" />
          </td>
        </tr>
        <tr>
          <td> session </td>
          <td>
            <jsp:getProperty name="dateSession" property="date" />
```

```
          </td>
        </tr>
        <tr>
          <td> request </td>
          <td>
            <jsp:getProperty name="dateRequest" property="date" />
          </td>
        </tr>
        <tr>
          <td> page </td>
          <td>
            <jsp:getProperty name="datePage" property="date" />
          </td>
        </tr>
        <tr>
          <td> Instanzvariable </td>
          <td>
            <%= DateFormat.getDateTimeInstance().format(
                                              dateInstanz ) %>
          </td>
        </tr>
      </tbody>
    </table>
    ...
  </body>
</html>
```

Listing 10.9: JSP, mit der die Gültigkeitsbereiche untersucht werden

Die JSP sollte von mehreren Browsern aufgerufen und die Seiten mehrmals aktualisiert werden. Anhand des Datums und der Uhrzeit stellt man fest, dass alle Browser Zugriff auf das gleiche Anwendungsobjekt (scope="application") haben. Für jeden Browser wird eine eigene Client-Sitzung (scope="session") gestartet. An diesem Objekt erkennt man, wann von einem Browser zum ersten Mal die JSP angefordert wurde. Für jede neue Anfrage wird ein neues Page- und Request-Objekt angelegt.

Die Instanzvariablen teilen sich scheinbar auch alle Browser. Dies ist jedoch vom Container abhängig, wie viele Instanzen von dem Servlet angelegt werden. Mehrere Instanzen werden in der Regel angelegt, wenn dass Servlet nicht multithreading-fähig ist.

Ändern Sie die JSP *%J2EE_HOME%/public_html/jspexample/scopeTest.jsp*, die vom Server verwendet wird, und aktualisieren Sie die Seite im Browser. Der Container stellt fest, wenn sich eine JSP aktualisiert hat. Er generiert eine neue Klasse und erzeugt eine Instanz von dieser Klasse. Die Instanzvariablen werden also auch neu angelegt. Die Variablen in dem Gültigkeitsbereich "session" und "application" werden nicht neu erzeugt.

Zugriff auf ein Java Bean mit den Standard-Actions

Listing 10.10 stellt den Sourcecode des Java Beans `User` dar. Dieses Bean hat die beiden Eigenschaften `name` und `password`. Weiterhin wird eine Businessmethode deklariert, die das Passwort überprüft. In unserem Beispiel liefert die Methode `true`, wenn der Benutzername gleich dem Passwort ist. Von dieser Klasse soll nun in einer JSP eine Instanz erzeugt und dessen Methoden aufgerufen werden.

```
package de.j2eeguru.example.jsp.bean;

public class User
{
  String name = "";
  String password = "";

  public User()  { }

  public String getName()      { return name; }
  public String getPassword() { return password; }

  public void setName(String name)     { this.name = name;     }
  public void setPassword(String pwd) { this.password = pwd; }

  /**
   * Falls der Benutzername Gleich dem Passwort ist soll die
   * Authentifizierung O.K. sein.
   */
  public boolean checkPassword()
  {
    return name.length() > 0 && name.equals(password);
  }
}
```

Listing 10.10: Java Bean, das Benutzerdaten beinhaltet

Die JSP *login.jsp* stellt ein Formular dar, in dem der Benutzername und das Passwort eingegeben werden können. Mit der Action <jsp:useBean> wird eine neue Instanz des Java Beans erzeugt und als Attribut zur aktuellen Anfrage (scope="request") gespeichert. Da diese JSP von keiner anderen Komponente aufgerufen wird, ist nie das Attribut `"user"` in der Anfrage vorhanden. Deshalb wird immer eine neue Instanz erzeugt.

Mit der Action <jsp:setProperty> werden alle Eigenschaften von dem Java Beans mit den Parameterwerten aus der Anfrage überschrieben, bei denen der Name übereinstimmt. Das heißt, falls in der Anfrage der Parameter `"name"` oder `"password"` enthalten ist, wird der Wert des Parameters der entsprechenden Eigenschaft vom Bean zugewiesen.

In einem Skriptlet wird die Methode `checkPassword()` des Benutzerobjekts aufgerufen. Der Variabelenname des Benutzerobjekts wird mit dem Attribut `id` in der Action

<jsp:useBean> definiert. Wenn das Passwort übereinstimmt, wird die Anfrage an die JSP *userdata.jsp* weitergeleitet. Jede JSP wird standardmäßig gepuffert. Dies trifft auch für diese Seite zu, da keine page-Directive mit dem Attribut buffer="none" angegeben ist. Dieser Puffer wird gelöscht, bevor die JSP *userdate.jsp* aufgerufen wird.

In dem HTML-Formular verweist das Attribut `action` auf die eigene Seite. Die URL wird codiert, damit eine Client-Sitzung verwaltet werden kann. Dies ist für dieses Beispiel nicht unbedingt erforderlich. Dabei wird auf die beiden impliziten Objekte `request` und `response` zugegriffen. Die Eingabefelder in dem Formular bekommen die gleichen Namen wie die Eigenschaften des Java Beans. Beim Senden des Formulars werden die Eingabefelder als Parameter in der Anfrage gesendet und können so den Eigenschaften des Java Beans zugewiesen werden.

```
<html>      <%-- login.jsp --%>
  <head>
    <title>Benutzerauthentifizierung</title>
  </head>
  <body>
    <jsp:useBean id="user" scope="request"
                 class="de.j2eeguru.example.jsp.bean.User"/>
    <jsp:setProperty name="user" property="*"/>

    <%
      if( user.checkPassword() )
      {
    %>
        <jsp:forward page="/userdata.jsp" />
    <%
      }
    %>

    <form action=
            "<%= response.encodeURL(request.getRequestURI()) %>"
          method="post">
      <table>
        <tr>
          <td>Benutzername</td>
          <td>
            <input name="name" size="20"
                   value="<%= user.getName() %>">
          </td>
        </tr>
        <tr>
          <td>Passwort</td>
          <td>
            <input name="password" size="20" type="password">
```

```
          </td>'
        </tr>
        <tr>
          <td colspan="2" align="center">
            <input type="submit" value="Login">
          </td>
        </tr>
      </table>
    </form>
  </body>
</html>
```

Listing 10.11: JSP mit einem Formular für die Benutzerdaten

Im Quelltext der JSP *userdata.jsp* sind keine JSP-Elemente enthalten (<%...%>). Der Zugriff auf die Daten erfolgt über Standard-Actions. Diese JSP kann von einer Person gestaltet werden, die nur HTML- und XML-Kenntnisse besitzt. Die Actions entsprechen der Anwendung von HTML- bzw. XML-Elementen. Der Ersteller muss somit keine Java Kenntnisse haben.

In der JSP werden die Daten des Benutzerobjekts dargestellt, das als Attribut zu der Anfrage (scope="request") gespeichert ist. In der Action <jsp:useBean> ist keines der beiden Attribute `class` oder `beanName` enthalten. Dies bedeutet, dass eine Exception ausgelöst wird, falls das Attribut `"user"` nicht gefunden wird. Diese JSP kann also nur über die JSP *login.jsp* aufgerufen werden.

Die Benutzerdaten werden in einer Tabelle dargestellt. In der oberen Zeile wird ein Applet eingefügt. Dies erfolgt durch die Action <jsp:plugin>. Im Quellcode der JSP muss nicht berücksichtigt werden, welcher Browser die Anfrage gesendet hat. Dieses Wissen ist in der Implementierung der Action gekapselt.

```
<html>      <%-- userdata.jsp --%>
  <head>
    <title>Benutzerauthentifizierung</title>
  </head>
  <body>
    <jsp:useBean id="user" scope="request"
                 type="de.j2eeguru.example.jsp.bean.User"/>

    <table border width="300">
      <tr>
        <td colspan="2" align="center">
        <jsp:plugin type="applet"
          code="de.j2eeguru.example.jsp.applet.AnimateText.class"
                    codebase="."
                    archive="applets/animate.zip"
                    width="100%"
```

```
                    height="50">
          <jsp:params>
            <jsp:param name="MSG_TEXT" value="Benutzerdaten" />
            <jsp:param name="Y_KOOR" value="30" />
          </jsp:params>
          <jsp:fallback>
            Fehler beim Starten vom Applet
          </jsp:fallback>
        </jsp:plugin>
        </td>
      </tr>
      <tr>
        <td width="50%">Name</td>
        <td><jsp:getProperty name="user" property="name" /></td>
      </tr>
      <tr>
        <td width="50%">Passwort</td>
        <td>
          <jsp:getProperty name="user" property="password"/>
        </td>
      </tr>
    </table>
    </p>
  </body>
</html>
```

Listing 10.12: JSP mit einem Applet und das Benutzerdaten darstellt

Das Applet AnimateText stellt einen Text dar, der sich horizontal bewegt. Der Quelltext des Applets soll an dieser Stelle nicht analysiert werden. Es soll nur gezeigt werden, wie man ein Applet mit der Action <jsp:plugin> in einer JSP einfügen kann.

Das Klasse des Applets muss in das Web-Archiv eingefügt werden. Da der Client diese Datei anfordert, darf sie nicht in dem Verzeichnis */WEB-INF* gespeichert werden. Das DeployTool von Sun speichert automatisch alle Klassen (**.classes*) in dem Verzeichnis */WEB-INF/classes*. Aus diesem Grund wird die Klasse in ein Archiv gepackt. Prinzipiell ist es immer sinnvoll, ein Applet mit allen benötigten Dateien in ein gepacktes Archiv zu speichern. Da das DeployTool Archive mit der Endung **.jar* in das Verzeichnis */WEB-INF/lib* speichert, nennen wir das Archiv *animate.zip* und speichern es im Verzeichnis *applets*.

Das Archiv mit dem Applet befindet sich im Projektverzeichnis unter *webapps/JspExample/applets/animate.zip*. Um es in das Web-Archiv einzufügen, muss im DeployTool das Web-Archiv in der Baumdarstellung selektiert werden. Im Register „General" kann man den Inhalt des Archivs ändern, indem der Button EDIT... betätigt wird. In der oberen Verzeichnisstruktur muss das Verzeichnis *applets* selektiert und hinzugefügt werden. In der unteren Verzeichnisstruktur wird der Inhalt des Web-Archivs dargestellt. Dort muss das Verzeichnis *applets* im ROOT liegen, damit das Applet vom Browser gefunden wird.

10.8 Benutzerdefinierte Action

In einer benutzerdefinierten Action können komplexe Funktionalitäten gekapselt werden, so dass der Designer einer JSP nur die Schnittstelle dieser Action kennen muss. Die Schnittstelle wird in einer XML-Datei definiert, dem so genannten Tag Library Descriptor (TLD). Der Name dieser Datei hat die Endung **.tld*. In dem TLD können mehrere Actions definiert werden. Diese Datei kann in mehreren Web-Archiven verwendet werden, so dass die Actions in anderen Anwendungen wiederverwendet werden können.

Eine benutzerdefinierte Action wird wie eine Standard-Action angewandt. Die Syntax lautet wie folgt:

```
<prefix:tagname { attr="value" }* >
  body
</prefix:tagname>
```

Das Präfix wird in der JSP Direktive `taglib`, der Tagname im Tag Library Descriptor definiert. Der Action können Attribute übergeben werden. Die Attribute müssen im Start-Element definiert werden. Der Teil zwischen dem Start- und Ende-Element wird Body genannt. Eine Action kann Zugriff auf den Body haben, so dass dieser modifiziert werden kann. Die Attribute und der Body sind optional. Die Syntax der JSP Direktive `taglib` lautet wie folgt:

```
<%@ taglib uri="tagLibraryURI" prefix="tagPrefix" %>
```

In dem Attribut `uri` muss der Pfad zu dem Tag Library Descriptor angegeben werden. Das Attribut `prefix` beinhaltet den Präfixnamen, mit dem die Actions aus diesem TLD angegeben werden.

In dem folgenden Beispiel wird der Tag Library Descriptor mit dem Namen *jspExample.tld* aus dem Verzeichnis *WEB-INF* verwendet. Die Actions aus dieser Datei werden mit dem Präfix `"myPrefix"` angesprochen. Dieser Name ist frei wählbar. In dem TLD gibt es eine Action mit dem Namen `"if"`. Sie hat ein Attribut mit dem Namen `condition`.

```
...
<%@ taglib uri="/WEB-INF/jspExample.tld" prefix="myPrefix" %>
...
<myPrefix:if condition="<%= user.checkPassword() %>">
  ...
</myPrefix:if>
...
```

In einer benutzerdefinierten Action können beliebige Funktionalitäten realisiert werden. Diese müssen in einer Klasse codiert werden, die eines der folgenden Interfaces implementiert. Instanzen dieser Klasse werden Tag Handler genannt.

- `javax.servlet.jsp.tagext.Tag`
- `javax.servlet.jsp.tagext.IterationTag`
- `javax.servlet.jsp.tagext.BodyTag`

Das Interface `Tag` wird für Actions verwendet, die den Body nicht modifizieren und nicht vervielfältigen. Das Interface `IterationTag` erweitert das Interface `Tag`. Die Actions können ebenfalls nicht den Body modifizieren. Wie man aus dem Namen IterationTag jedoch schon erkennen kann, können diese Actions einen Body mehrmals ausgeben. Dies kann z.B. für eine Schleife über alle Elemente in einer Liste erfolgen, wobei im Body von der Action jedes Listenelement ausgegeben wird. Das Interface `BodyTag` erweitert das Interface `IterationTag`. Diese Actions können den Body nicht nur mehrmals ausgeben, sondern sie können ihn vollständig modifizieren. In den folgenden Abschnitten sollen die drei Arten von Actions näher beschrieben werden.

Ein Tag Handler kann auf Objekte der JSP zugreifen, wie z.B. die Anfrage, die Antwort, Attribute im Page Kontext usw. Benutzerdefinierte Actions können verschachtelt sein, d.h. in dem Body einer Action kann eine andere Action definiert werden. Der Tag Handler von der inneren Action bekommt den Tag Handler der äußeren Action mitgeteilt, so dass er dessen Methoden aufrufen kann.

Der Container erzeugt bei der ersten Anfrage aus einer Java Server Page den Java-Code für ein Servlet. In diesem Quellcode fügt er die Methodenaufrufe des Tag Handlers ein. Der Quellcode wird kompiliert und eine Instanz von der Klasse bearbeitet dann die Anfrage. Die Methoden des Tag Handlers werden also nicht direkt vom Container aufgerufen.

10.8.1 Action mit dem Interface Tag

Das Interface `javax.servlet.jsp.tagext.Tag` definiert den einfachsten Fall eines Tag Handlers. Es definiert das Protokoll, wie eine JSP einen Tag Handler aufruft. Nachdem das Tag initialisiert und alle Attribute zugewiesen wurden, wird die Methode `doStartTag()` und anschließend `doEndTag()` aufgerufen. Zwischen diesen Aufrufen speichert der Tag Handler seinen Zustand. Die Methode `release()` wird aufgerufen, wenn der Tag Handler nicht mehr benötigt wird, d.h. bevor der Garbage Collector die Instanz löscht.

Ein Tag Handler, der das Interface `Tag` implementiert, kann nicht den Body der Action manipulieren. Entweder wird er komplett ausgegeben oder nicht. Damit man nicht alle Methoden des Interfaces implementieren muss, gibt es die Klasse `javax.servlet.jsp.tagext.TagSupport`. Diese Klasse implementiert das Interface, so dass man die eigene Klasse davon ableiten kann und die erforderlichen Methoden überschreibt.

Zustandsdiagramm

Abbildung 10.2 zeigt das Zustandsdiagramm eines Tag Handlers, der das Interface `javax.servlet.jsp.tagext.Tag` implementiert hat. Wenn eine Instanz von dem

Tag Handler erzeugt wird, befindet sie sich in dem Zustand „Attribute haben Default-Werte".

Dem Tag Handler wird durch den Aufruf der Methode `setPageContext()` die Umgebung der aktuellen JSP übergeben, so dass in der Klasse auf die gleichen Objekte wie in der JSP zugegriffen werden kann. Anschließend wird die Methode `setParent()` aufgerufen. Falls die Action innerhalb einer anderen Action steht, wird dieser Methode der Tag Handler von der übergeordneten Action übergeben. Dadurch können die Tag Handler von verschachtelten Actions miteinander kommunizieren.

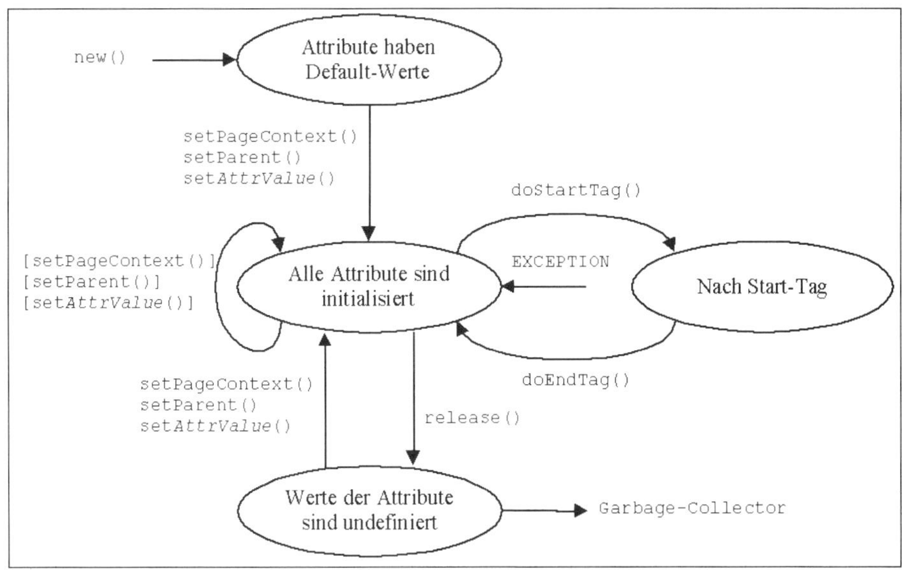

Abbildung 10.2: Zustandsdiagramm Tag

Wenn in dem Start-Element von der Action Attribute angegeben wurden, dann werden die Setter-Methoden für diese Attribute aufgerufen. Danach befindet sich der Tag Handler im Zustand „Alle Attribute sind initialisiert". In diesem Zustand kann die Methode `doStartTag()` aufgerufen werden. Der Rückgabewert dieser Methode entscheidet, ob der Body von dem Element ausgegeben werden soll oder nicht. Der Tag Handler befindet sich nun in dem Zustand „Nach Start-Tag". Falls der Body ausgegeben werden soll, wird er in die Antwort zum Client eingefügt.

Wenn das Ende-Element von der Action erreicht wird, wird die Methode `doEndTag()` vom Tag Handler aufgerufen. Der Rückgabewert dieser Methode entscheidet, ob die Bearbeitung der JSP fortgesetzt werden soll oder nicht.

Die Action ist nun vollständig bearbeitet. Die Instanz des Tag Handlers kann für die Verarbeitung von Actions in dieser oder anderen Java Server Pages bzw. für andere Anfragen wiederverwendet werden. Dazu können erneut die Methoden `setPageContext()` und `setParent()` aufgerufen werden. Falls in dem Start-Element der Action Attribute angegeben werden, können die Setter-Methoden von dem Tag Handler aufgerufen werden. Der Container merkt sich, welche Attribute von einer Tag-Handler-Instanz initialisiert wurden. Dies kann dazu führen, dass nicht alle Setter-Methoden für die Attribute aufgerufen werden, die in dem Start-Element der Action definiert wurden. Dieses Verhalten wird in einem späteren Kapitel detaillierter analysiert.

Die Methode `release()` wird aufgerufen, bevor die Instanz der Garbage Collection übergeben wird. In ihr können Ressourcen freigegeben werden. Die Methode wird nicht nach jeder Bearbeitung einer Action aufgerufen. In ihr sollten die optionalen Attribute auf ihre Defaultwerte zurückgesetzt werden.

Ablaufdiagramm

Abbildung 10.3 zeigt das Ablaufdiagramm eines Tag Handlers, der das Interface `javax.servlet.jsp.tagext.Tag` implementiert. In diesem Diagramm erkennt man die zulässigen Rückgabewerte der beiden Methoden `doStartTag()` und `doEndTag()` und wie darauf reagiert wird. In dem Ablaufdiagramm wird nicht berücksichtigt, dass eine Instanz mehrmals verwendet werden kann. Zu Beginn wird eine Instanz erzeugt und am Ende wird die Methode `release()` aufgerufen. Dies ist übrigens das Standardverhalten des Apache Tomcat Servlets bzw. des JSP-Containers. Er verwendet die Tag-Handler-Instanzen nur für eine einzige Action.

Wenn der Rückgabewert der Methode `doEndTag()` `SKIP_PAGE` ist, wird die Bearbeitung der Anfrage bzw. der JSP abgebrochen. Falls die JSP von einem Servlet bzw. einer anderen JSP mit `forward()` bzw. `include()` aufgerufen wurde, dann wird nur die Bearbeitung der aktuellen JSP abgebrochen.

Beispiel

Wir wollen uns nun einem Beispiel widmen. Es soll ein Tag Handler für eine Action entwickelt werden, mit der man zur Laufzeit definieren kann, ob der Body von der Action ausgegeben werden soll oder nicht. Dies soll mit einem Attribut in der Action gesteuert werden.

Listing 10.13 zeigt den Quelltext der Klasse. Damit nicht alle Methoden von dem Interface `Tag` codiert werden müssen, wird die Klasse `TagSupport` erweitert. Diese Klasse implementiert bereits alle Methoden aus dem Interface `Tag`. In der Klasse wird eine Setter-Methode für die Instanzvariable `condition` deklariert. Diese Methode wird vom Servlet aufgerufen, wenn in dem Start-Element der Action das Attribut `condition` angegeben wird.

Der Rückgabewert der Methode `doStartTag()` ist abhängig von der Instanzvariablen `condition`. Bei `true` ist der Rückgabewert `EVAL_BODY_INCLUDE`, d.h. der Body von der Action soll ausgegeben werden. Bei `false` ist der Rückgabewert `SKIP_BODY`, d.h. der Body soll nicht ausgegeben werden.

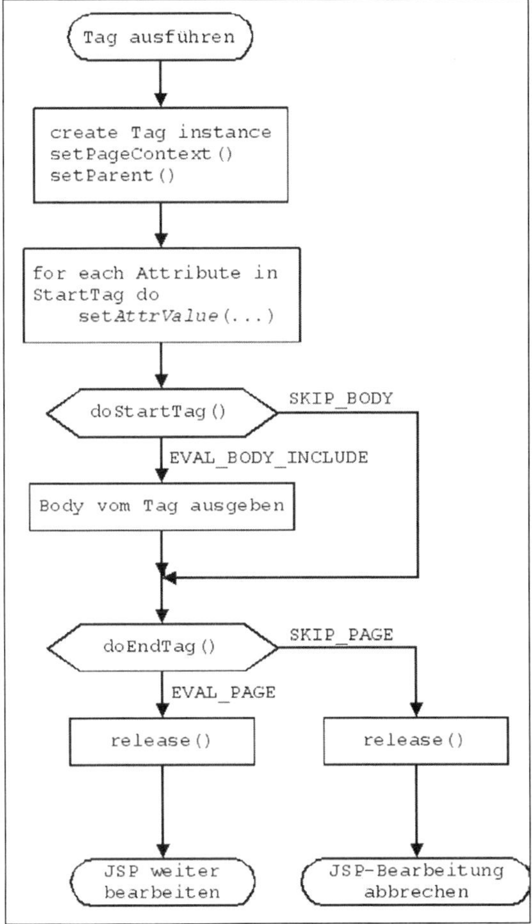

Abbildung 10.3: Ablaufdiagramm Tag

Die Methode `doEndTag()` beinhaltet keine Funktionalität. Ihr Rückgabewert ist immer `EVAL_PAGE`, so dass die JSP immer weiter bearbeitet wird. Prinzipiell müsste diese Methode nicht überschrieben werden, da die Implementierung der Methode in der Klasse `TagSupport` auch den Wert `EVAL_PAGE` zurückliefert.

```
package de.j2eeguru.example.jsp.taghandler;

import javax.servlet.jsp.JspException;
import javax.servlet.jsp.tagext.TagSupport;

public class ConditionTag extends TagSupport
{
  private boolean condition = true;
```

```
  public int doStartTag() throws JspException
  {
    if( condition )
      return EVAL_BODY_INCLUDE;

    return SKIP_BODY;
  }

  public int doEndTag() throws JspException
  {
    return EVAL_PAGE;
  }

  /**
   * Setter-Methode für die Eigenschaft 'condition'. Wenn sie
   * true ist, wird der Body vom Tag ausgegeben, ansonsten nicht.
   */
  public void setCondition(boolean val) { condition = val; }
}
```

Listing 10.13: Benutzerspezifische Action mit dem Interface Tag

Eine Action wird in dem Element `<tag>` von einem Tag Library Descriptor definiert. Listing 10.14 beinhaltet den TLD für den Tag Handler. Die Elemente `<tag>` und `<attribute>` werden in den Tabellen 10.11 und 10.12 beschrieben.

```
<taglib>
  <tlib-version>1.0</tlib-version>
  <jsp-version>1.2</jsp-version>
  <short-name>logic</short-name>
  <description>
    Diese TagLib beinhaltet Beispiel Tag-Handler.
  </description>

  <tag>
    <name>if</name>
    <tag-class>
      de.j2eeguru.example.jsp.taghandler.ConditionTag
    </tag-class>
    <body-content>JSP</body-content>
    <description>
      Mit diesem Tag kann man abhaengig vom Attribut
      condition den Body des Tags ausfuehren oder nicht.
      Wenn das Attribut condition=true ist, wird der Body
      ausgewertet.
    </description>
```

```
    <attribute>
      <name>condition</name>
      <required>true</required>
      <rtexprvalue>true</rtexprvalue>
    </attribute>
  </tag>
</taglib>
```

Listing 10.14: Tag Lib Descriptor von einer benutzerspezifischen Action if

Element	**M**	**Beschreibung**
<name>	1	Hier wird der Name des Tags bzw. der Action definiert. Der Name muss innerhalb des Tag Library Descriptors eindeutig sein.
<tag-class>	1	Dieses Element beinhaltet den vollständigen Klassennamen des Tag Handlers. Diese Klasse muss direkt oder indirekt das Interface javax.servlet.jsp.tagext.Tag implementieren.
<tei-class>	0..1	Dieses Element beinhaltet den vollständigen Klassennamen der Klasse mit zusätzlichen Informationen zum Tag Handler (Tag Extra Info). Diese Klasse muss das Interface javax.servlet.jsp.tagext.TagExtraInfo direkt oder indirekt implementieren.
<body-content>	0..1	In diesem Element wird der Inhalt des Bodys definiert. Die Werte tagdependent, JSP und empty sind zulässig. JSP ist der Defaultwert und bedeutet, dass der Body JSP Anweisungen enthalten kann. Bei empty darf das Tag keinen Body haben. Mit dem Wert tagdependent wird definiert, dass der Tag Handler den Body auswerten soll. Dies ist z.B. der Fall, wenn zusätzliche Daten an den Tag Handler übergeben werden (z.B. SQL Anweisung).
<display-name>	0..1	Name für die Visualisierung
<small-icon>	0..1	Grafik für die Visualisierung
<large-icon>	0..1	Grafik für die Visualisierung
<description>	0..1	Kommentar bzw. Beschreibung für das Element
<variable>	0..n	Falls die Action Skript-Variablen verwaltet, können diese hier definiert werden.
<attribute>	0..n	Mit diesen Elementen werden die Attribute des Tags bzw.

Element	M	Beschreibung
		der Action definiert.
<example>	0..1	Hier kann eine Beispielanwendung des Tags angegeben werden.

Tabelle 10.11: Definitionen im Element <tag>

Element	M	Beschreibung
<name>	1	In diesem Element wird der Name des Attributs definiert.
<required>	0..1	Hier wird definiert, ob das Attribut immer angegeben werden muss. Die Werte true, false, yes und no sind zulässig. Der Defaultwert ist false, d.h. das Attribut ist optional.
<rtexprvalue>	0..1	Mit diesem Element wird definiert, ob der Wert des Attributs statisch oder mit einem JSP-Ausdruck zur Laufzeit ermittelt werden kann. Die Werte true, false, yes und no sind zulässig. Der Defaultwert ist false, d.h. der Wert ist statisch.
<type>	0..1	Der Typ des Attributs kann mit diesem Element definiert werden. Der vollständige Klassenname muss angegeben werden. Falls das Attribut rtexprvalue=false ist, ist der Typ immer java.lang.String. Der Default ist ebenfalls java.lang.String.
<description>	0..1	Kommentar bzw. Beschreibung für das Element

Tabelle 10.12: Definitionen im Element <attribute>

Die Action soll nun in einer Java Server Page (Listing 10.15) verwendet werden. In der JSP wird der Tag Library Descriptor mit der JSP Direktive taglib angegeben. Dort wird definiert, dass innerhalb dieser JSP alle Actions aus diesem TLD das Präfix "logic" bekommen.

Die Funktionalität stimmt mit der aus Listing 10.11 überein. Die benutzerdefinierte Action `<logic:if ...>` wird verwendet, um den Java-Code mit der if-Anweisung aus der JSP zu entfernen. Dem Attribut `condition` der Action wird der Rückgabewert von der Methode `user.checkPassword()` zugewiesen. Diese Methode liefert `true` zurück, wenn das Passwort des Benutzers korrekt ist. Dies ist der Fall, wenn der Benutzername gleich dem Passwort ist. Der Tag Handler wertet das Attribut `condition` aus. Wenn es `true` ist, wird der Body von der Action ausgeführt. In unserem Beispiel wird die Bearbeitung der Anfrage mit `<jsp:forward ...>` an eine andere Web-Komponente weitergeleitet. Nach diesem Aufruf wird die JSP nicht mehr weiter verarbeitet.

Falls das Passwort des Benutzers nicht korrekt ist, d.h. das Attribut `condition` von der benutzerdefinierten Action `false` ist, wird der Body von der Action nicht ausgeführt. In diesem Fall wird ein HTML-Formular erzeugt, bei dem der Benutzername und das Passwort eingegeben werden kann. Wenn das Formular gesendet wird, wird diese JSP erneut aufgerufen.

```
<html>      <%-- loginTag.jsp --%>
  <head>
    <title>Benutzerauthentifizierung</title>

    <%@ taglib uri="/WEB-INF/jspExample.tld" prefix="logic" %>
  </head>
  <body>
    <jsp:useBean id="user" scope="request"
                 class="de.j2eeguru.example.jsp.bean.User"/>
    <jsp:setProperty name="user" property="*"/>

    <logic:if condition="<%= user.checkPassword() %>">
        <jsp:forward page="/userdata.jsp" />
    </logic:if>

    <form action=
             "<%= response.encodeURL(request.getRequestURI())%>"
          method="post">
      <table>
        <tr>
          <td>Benutzername</td>
          <td>
            <input name="name" size="20"
                   value="<%= user.getName() %>">
          </td>
        </tr>
        <tr>
          <td>Passwort</td>
          <td>
            <input name="password" size="20" type="password">
          </td>
        </tr>
        <tr>
          <td colspan="2" align="center">
            <input type="submit" value="Login">
          </td>
        </tr>
      </table>
    </form>
```

```
  </body>
</html>
```

Listing 10.15: JSP mit einem Formular für die Benutzerdaten

Listing 10.16 stellt den Quelltext dar, der vom Apache Tomcat aus der JSP (Listing 10.15) erzeugt worden ist. Man erkennt, wie zur Laufzeit eine Tag-Handler-Instanz erzeugt und initialisiert wird. Abhängig vom Rückgabewert der Methode `doStartTag()` wird der Body von der Action eingefügt oder nicht.

```
...
//  <logic:if condition="<%= user.checkPassword() %>">
//    <jsp:forward page="/userdata.jsp" />
//  </logic:if>
ConditionTag tagHandler = new ConditionTag();
tagHandler.setPageContext(pageContext);
tagHandler.setParent(null);
tagHandler.setCondition( user.checkPassword() );
try
{
  if( tagHandler.doStartTag() != Tag.SKIP_BODY )
  {
    out.clear();
    pageContext.forward("/userdata.jsp");
    return;
  }

  if( tagHandler.doEndTag() == Tag.SKIP_PAGE )
    return;
}
finally
{
  tagHandler.release();
}
...
```

Listing 10.16: Generierter Quelltext für den Aufruf der Action if

Tag Library dem Web-Archiv hinzufügen

Eine Bibliothek mit benutzerspezifischen Actions besteht mindestens aus zwei Dateien, dem Tag Lib Descriptor und der Tag-Handler-Klasse. In den meisten Fällen werden mehrere Tag-Handler-Klassen mit den benötigten Hilfsklassen in einem Java-Archiv zusammengefasst. Diese Dateien müssen alle dem Web-Archiv hinzugefügt werden. Die Dateien werden nur am Server benötigt, d.h. der Client soll keinen Zugriff auf diese Dateien haben. Aus diesem Grund werden die Dateien dem Verzeichnis *WEB-INF* des Web-Archivs hinzugefügt.

Mit dem DeployTool der J2EE-Referenzimplementierung von Sun kann das Web-Archiv erweitert werden. Dazu selektiert man das Web-Archiv in der Baumdarstellung. In dem Register „General“ sieht man die Dateien, die sich in dem Archiv befinden. Mit dem Button EDIT... wird ein Dialog gestartet, mit dem Dateien dem Archiv hinzugefügt werden können. Die folgenden Dateien aus dem Projektverzeichnis müssen hinzugefügt werden:

- *webapps/JspExample/WEB-INF/jspExample.tld*

Die folgenden Klassen aus dem Verzeichnis *classes* im Projektverzeichnis müssen dem Archiv hinzugefügt werden. Danach kann die Web-Anwendung gespeichert und auf den J2EE-Server installiert werden.

- de.j2eeguru.example.jsp.bean.User
- de.j2eeguru.example.jsp.taghandler. ConditionTag

In der JSP aus Listing 10.15 wurde der Pfad zum Tag Library Descriptor in der JSP Direktive taglib angegeben.

```
<%@ taglib uri="/WEB-INF/jspExample.tld" prefix="logic" %>
```

Eine solche Angabe hat den Nachteil, dass die JSP in einer anderen Web Anwendung ggf. nicht wiederverwendet werden kann, weil der Tag Library Descriptor nicht an der angegeben Position zu finden ist. Dort könnte sich der TLD z.B. in dem Verzeichnis */WEB-INF/tld/jspExample.tld* befinden.

Um dieses Problem zu lösen, kann man in der JSP Direktive taglib einen logischen Namen für den TLD angegeben. In dem Deployment Descriptor der Web-Anwendung wird dem logischen Namen ein tatsächlich vorhandener Dateiname zugeordnet.

```
<%@ taglib uri="/jspExample" prefix="logic" %>
```

Listing 10.17 zeigt den relevanten Teil des Deployment Descriptors aus dem Web-Archiv. Tabelle 10.13 beschreibt die definierten Elemente.

```
<web-app>
  ...
  <taglib>
    <taglib-uri>/jspExample</taglib-uri>
    <taglib-location>/WEB-INF/jspExample.tld</taglib-location>
  </taglib>
  ...
</web-app>
```

Listing 10.17: Definition einer Tag Library Description im Web-Archiv

Element	**M**	**Beschreibung**
<taglib-uri>	1	Dieses Element enthält die URI, die in der JSP verwendet wird. Dies entspricht einem logischen Namen.
<taglib-location>	1	In diesem Element wird der Pfad zur Tag Library Description innerhalb des Web-Archivs angegeben.

Tabelle 10.13: Element <taglib> im Deployment Descriptor des Web-Archivs

Mit dem DeployTool können die Elemente `<taglib>` in den Deployment Descriptor des Web-Archivs eingefügt werden. Dazu muss das Web-Archiv in der Baumstruktur selektiert werden. In dem Register „File Refs" gibt es die Tabelle mit der Überschrift „JSP Tag Libraries". Dort kann man mit dem Button ADD ein Element `<taglib>` dem Deployment Descriptor hinzufügen. In der Spalte „Coded Reference" gibt man den Wert des Elements `<taglib-uri>` und in der Spalte „Tag Library" den Wert des Elements `<taglib-location>` ein.

10.8.2 Action mit dem Interface IterationTag

Das Interface `javax.servlet.jsp.tagext.IterationTag` definiert das Protokoll eines Tag Handlers, bei dem der Body von der Action 0..n mal in die Antwort zum Client eingefügt wird. Mit diesem Tag Handler können also Schleifen realisiert werden. Der Tag Handler hat keinen Zugriff auf den Body der Action.

Zustandsdiagramm

Das Interface `javax.servlet.jsp.tagext.IterationTag` erweitert das Interface `javax.servlet.jsp.tagext.Tag`. Die Methode `doAfterBody()` wird zusätzlich definiert.

Abbildung 10.4 zeigt das Zustandsdiagramm eines Tag Handlers, der das Interface `IterationTag` implementiert. Der Initialisierungsvorgang der Instanz ist identisch dem eines Tag Handlers, der das Interface `Tag` implementiert. Zuerst wird eine Instanz erzeugt. Danach werden die Methoden `setPageContext()` und `setParent()` aufgerufen. Falls das Startelement der Action Attribute beinhaltet, werden die entsprechenden Setter-Methoden vom Tag Handler aufgerufen.

Nachdem die Initialisierung des Tag Handlers abgeschlossen ist, wird die Methode `doStartTag()` aufgerufen. Der Rückgabewert der Methode definiert, ob der Body von der Action ausgegeben werden soll oder nicht. Bis zu diesem Zeitpunkt ist das Zustandsdiagramm identisch mit dem eines Tag Handlers, der das Interface `javax.servlet.jsp.tagext.Tag` implementiert. Falls der Rückgabewert der Methode `doStartTag()` `EVAL_BODY_INCLUDE` ist, dann wird der Body von der Action ausgewertet und in die Antwort zum Client eingefügt.

Der Tag Handler befindet sich nun in dem Zustand „Nach Body-Auswertung". Diesen Zustand gab es bei dem Interface `Tag` nicht. In diesem Zustand wird die Methode `doAfterBody()` aufgerufen. Der Rückgabewert dieser Methode bestimmt, ob der Body erneut ausgewertet werden soll oder nicht. Zulässige Werte sind

EVAL_BODY_AGAIN und SKIP_BODY. Nach dem Aufruf dieser Methode befindet sich der Tag Handler in dem Zustand „Nach doAfterBody()“. Abhängig vom Rückgabewert der Methode doAfterBody() wird nun der Body von der Action erneut ausgewertet oder es wird die Methode doEndTag() aufgerufen.

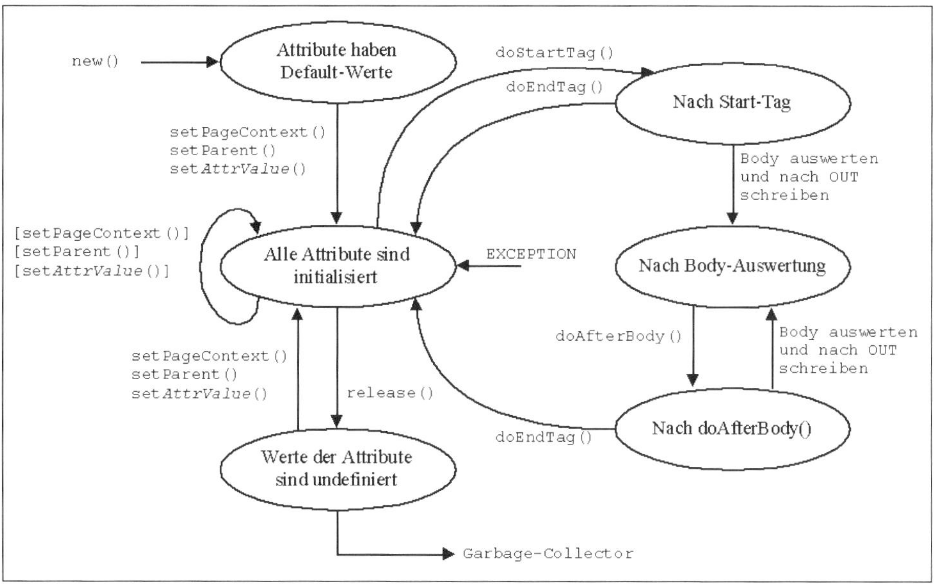

Abbildung 10.4: Zustandsdiagramm IterationTag

Falls die Instanz nicht mehr benötigt wird, wird die Methode release() aufgerufen. Danach kann sie von der Garbage Collection entsorgt werden.

Ablaufdiagramm

Abbildung 10.5 zeigt das Ablaufdiagramm eines Tag Handlers, der das Interface javax.servlet.jsp.tagext.IterationTag implementiert hat. Dieses Diagramm berücksichtigt nicht, dass der Tag Handler wiederverwendet werden kann. Zu Beginn wird eine Instanz erzeugt und am Ende wird die Methode release() aufgerufen, so dass die Instanz vom Garbage Collector entsorgt werden kann.

In der Regel wird in der Methode doStartTag() ein Objekt initialisiert, über das eine Schleife durchlaufen werden soll. Wir wollen annehmen, dass in dieser Methode eine SQL-SELECT-Anweisung ausgeführt wird. Die SQL-Anweisung könnte z.B. als Attribut übergeben werden. Wenn die Ergebnismenge von der Anweisung keinen Datensatz enthält, liefert die Methode SKIP_BODY zurück, ansonsten EVAL_BODY_INCLUDE. Der Body der Action kann nun ausgegeben werden. Nachdem der Body ausgegeben wurde, wird die Methode doAfterBody() aufgerufen. In dieser Methode wird die Ergebnismenge zum nächsten Datensatz geblättert. Falls dies möglich ist, muss der Rückgabewert der Methode EVAL_BODY_AGAIN sein. Der Body wird dann erneut ausgegeben.

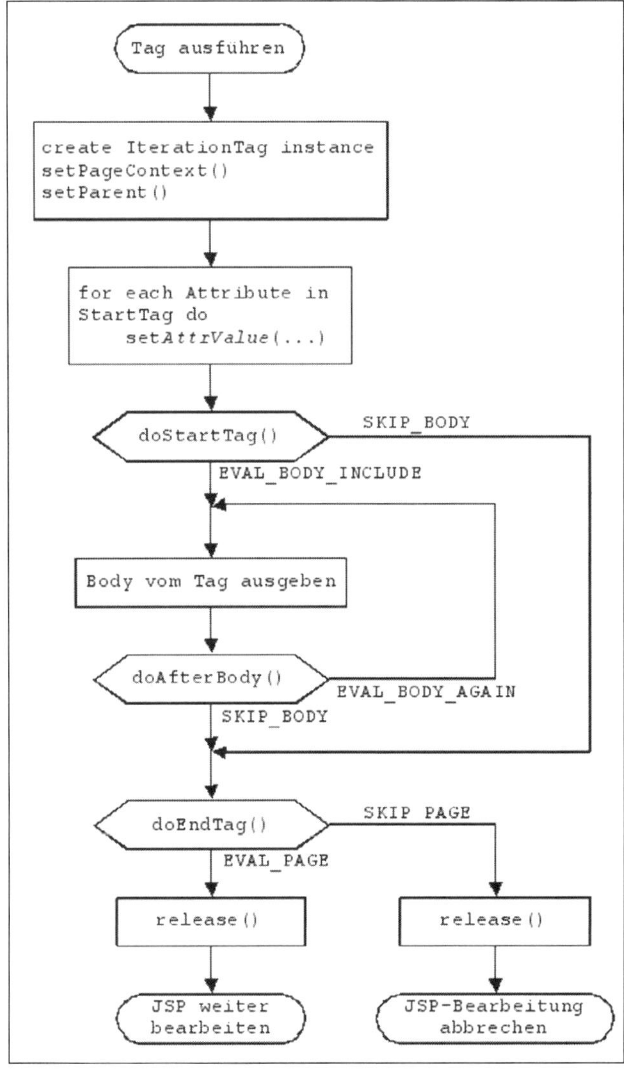

Abbildung 10.5: Ablaufdiagramm IterationTag

Diese Schleife wird so lange durchlaufen, bis das Ende der Ergebnismenge erreicht wurde. Die Methode `doAfterBody()` liefert dann den Wert `SKIP_BODY` zurück. Daraufhin wird die Methode `doEndTag()` aufgerufen. In dieser Methode kann das SQL Statement geschlossen werden.

Der Body der Action wird 0..n mal ausgewertet und in die Antwort eingefügt. Dies ist natürlich nur dann sinnvoll, wenn innerhalb des Bodys auf das aktuelle Schleifenobjekt zugegriffen werden kann. Bei unserem SQL-Beispiel müsste man im Body der Action Zugriff auf die Ergebnismenge haben. Dann könnten beliebige Spalten des aktuellen Datensatzes gelesen und in die Antwort für den Client eingefügt werden. Dies ist mit so genannten Skriptvariablen möglich.

Skriptvariable

Eine Skriptvariable ist ein Objekt, das vom Tag Handler einer Action erzeugt wird. Innerhalb der JSP kann auf dieses Objekt zugegriffen werden. Um in der JSP auf das Objekt zugreifen zu können, sind die folgenden Informationen erforderlich.

- Name der Variablen
- Typ der Variablen
- Ab welchem Zeitpunkt und wie lange steht die Variable zur Verfügung.

Diese Informationen benötigt sowohl der Container, der die Variable in dem generierten Servlet zur Verfügung stellen muss, als auch der JSP-Entwickler, der diesen Namen für den Zugriff verwendet.

Wir haben bereits eine Action kennen gelernt, die eine Skriptvariable erzeugt. Dies ist die Standard Action `<jsp:useBean id=...>`. Mit ihr kann ein Objekt aus einem Attribut eines Gültigkeitsbereichs ermittelt werden. Falls das Objekt in dem Gültigkeitsbereich nicht vorhanden ist, kann eine Instanz erzeugt und als Attribut in dem Gültigkeitsbereich gespeichert werden. In dem generierten Servlet wird eine Variable deklariert, die z.B. in einem Ausdruck angesprochen werden kann. Dieser Variablen wird die Referenz auf das Objekt zugewiesen. Der Variablen- und der Attributname der JSP-Umgebung sind identisch und werden durch das Attribut `id` im Startelement der Action angegeben.

Für die Attributnamen einer Action sollte man sich an die folgenden Regeln halten:

- Ein Attribut mit dem Namen `id` erzeugt immer ein Objekt. Der Name des Objekts wird in dem Attribut angegeben.
- Ein Attribut mit dem Namen `name` referenziert immer ein vorhandenes Objekt. Der Wert dieses Attributs wird verwendet, um in einem Gültigkeitsbereich (page, request, session, application) nach einem entsprechenden Objekt zu suchen.
- Ein Attribut mit dem Namen `property` referenziert immer eine Eigenschaft von einem Objekt, auf die über eine Setter- bzw. Getter-Methode zugegriffen werden kann.

Es gibt zwei Möglichkeiten, um eine Skriptvariable für eine Action zu definieren. Entweder man definiert die erforderlichen Informationen im Tag Library Descriptor oder man stellt eine zusätzliche Klasse zur Verfügung, die diese Informationen beinhaltet.

Skriptvariable mit einer Klasse definieren

Die Informationen für eine Skriptvariable können in einer Klasse definiert werden, die von der Klasse `javax.servlet.jsp.tagext.TagExtraInfo` abgeleitet ist. Die Methode `getVariableInfo(TagData data)` muss überschrieben werden. Der Parameter vom Typ `javax.servlet.jsp.tagext.TagData` enthält alle Attribute aus dem Startelement der Action. Der Rückgabewert dieser Methode ist ein Array vom Typ `javax.servlet.jsp.tagext.VariableInfo`. Jedes Element beinhaltet die Informationen für eine Skriptvariable.

Listing 10.18 zeigt eine Klasse, die eine Skriptvariable beschreibt. Der erste Parameter des Konstruktors `VariableInfo()` enthält den Namen der Skriptvariablen. Dieser

Name wird zur Laufzeit aus dem Attribut mit dem Namen `id` ausgelesen. Der Typ der Klasse ist konstant. Die Skriptvariable wird neu erzeugt und ist nur innerhalb vom Body der Action gültig.

```
package de.j2eeguru.example.jsp.taghandler;

import javax.servlet.jsp.tagext.VariableInfo;
import javax.servlet.jsp.tagext.TagExtraInfo;
import javax.servlet.jsp.tagext.TagData;

public class LoopExtraInfo extends TagExtraInfo
{
  public VariableInfo[] getVariableInfo(TagData data)
  {
    VariableInfo[] ret =
    {
      new VariableInfo(
        (String)data.getAttribute("id"), // Variablen-Name
        "java.lang.Object",               // Klasse
        true,                             // neue Instanz
        VariableInfo.NESTED)              // Gültigkeitsbereich
    };

    return( ret );
  }
}
```

Listing 10.18: Skriptvariable mit TagExtraInfo beschreiben

Die Klasse mit den Informationen für die Skriptvariable muss im Tag Library Descriptor definiert werden. Dies geschieht in dem Element `<tei-class>`, das innerhalb vom Element `<tag>` angegeben werden muss. Listing 10.19 enthält den relevanten Teil vom TLD.

```
<taglib>
  ...
  <tag>
    <name>forEachTEI</name>
    <tag-class>
      de.j2eeguru.example.jsp.taghandler.LoopTag
    </tag-class>
    <tei-class>
      de.j2eeguru.example.jsp.taghandler.LoopExtraInfo
    </tei-class>
    ...
```

```
    </tag>
</taglib>
```

Listing 10.19: Skriptvariable im TLD mit dem Element <tei-class> definieren

Die Klasse `javax.servlet.jsp.tagext.TagExtraInfo` bietet noch eine zusätzliche Funktionalität, um die Attribute einer Action zur Laufzeit zu prüfen. Dazu muss die Methode `isValid(TagData)` überschrieben werden. Der Übergabeparameter beinhaltet die Attribute aus dem Startelement der Action. Wenn die Parameter in Ordnung sind muss die Methode `true` zurückliefern.

Der Container ruft die Methode `isValid(TagData)` auf, wenn er den Servlet Quellcode aus der JSP erzeugt. Wenn der Rückgabewert der Methode `false` ist, kann die JSP nicht ausgeführt werden.

Skriptvariable im TLD definieren

Seit der JSP-Spezifikation 1.2 hat man die Möglichkeit, eine Skriptvariable im Tag Library Descriptor zu definieren. Die Definition erfolgt mit dem Element `<variable>` (siehe Tabelle 10.14), das innerhalb des Elements `<tag>` definiert wird.

<table>
<tr><th>Element</th><th>M</th><th>Beschreibung</th></tr>
<tr><td><name-given></td><td rowspan="2">1</td><td>Name der Variablen als konstanter String
Es muss entweder das Element <name-from-attribute> oder <name-given> definiert werden.</td></tr>
<tr><td><name-from-attribute></td><td>Name eines Attributs, dessen Wert den Variablennamen beinhaltet
Es muss entweder das Element <name-from-attribute> oder <name-given> definiert werden.</td></tr>
<tr><td><variable-class></td><td>0..1</td><td>Vollständiger Klassenname der Variablen. Der Defaultwert ist java.lang.String.</td></tr>
<tr><td><declare></td><td>0..1</td><td>Definiert, ob die Variable deklariert wird oder nicht.
Der Defaultwert ist true.</td></tr>
<tr><td><scope></td><td>0..1</td><td>In diesem Element wird der Gültigkeitsbereich der Variablen definiert. Die Werte NESTED, AT_BEGIN und AT_END sind zulässig. Der Defaultwert ist NESTED.</td></tr>
<tr><td><description></td><td>0..1</td><td>Kommentar bzw. Beschreibung des Elements</td></tr>
</table>

Tabelle 10.14: Definitionen im Element <variable>

Listing 10.20 zeigt den relevanten Teil des TLDs. Das Element `<tei-class>` ist nicht erforderlich, da die Informationen zu der Skriptvariablen in dem Element `<variable>` enthalten sind.

```
<taglib>
  ...
  <tag>
    <name>forEach</name>
    <tag-class>
      de.j2eeguru.example.jsp.taghandler.LoopTag
    </tag-class>
    ...
    <variable>
      <name-from-attribute>id</name-from-attribute>
      <variable-class>java.lang.Object</variable-class>
      <declare>true</declare>
      <scope>NESTED</scope>
    </variable>
    ...
  </tag>
</taglib>
```

Listing 10.20: Skriptvariable im TLD mit dem Element <variable> definieren

Gültigkeitsbereich einer Skriptvariablen

Eine Skriptvariable hat immer einen Gültigkeitsbereich, unabhängig davon, ob die Informationen zu der Skriptvariablen mit dem Element `<tei-class>` oder `<variable>` zur Verfügung gestellt werden. Dieser Gültigkeitsbereich darf nicht mit dem von Attributen in der Session, Anfrage, usw. verwechselt werden.

Der Gültigkeitsbereich einer Skriptvariablen definiert, in welchem Bereich der Action die Variable verwendet werden darf. Tabelle 10.15 beschreibt die Bereiche in Abhängigkeit zu der Action, von der die Skriptvariable erzeugt wird.

Gültigkeitsbereich	Beschreibung
NESTED	Die Skriptvariable steht nur innerhalb des Bodys der Action zur Verfügung.
AT_BEGIN	Die Skriptvariable steht ab dem Start Element der Action bis zum Ende des aktuellen Blocks (}) zur Verfügung. Falls keine Blöcke gebildet wurden, kann die Variable bis zum Ende der JSP verwendet werden.
AT_END	Die Skriptvariable steht ab dem Ende Element der Action bis zum Ende des aktuellen Blocks (}) zur Verfügung. Falls keine Blöcke

Gültigkeitsbereich	Beschreibung
	gebildet wurden, kann die Variable bis zum Ende der JSP verwendet werden.

Tabelle 10.15: Gültigkeitsbereich von Skriptvariablen

Abbildung 10.6 zeigt den grafischen Verlauf des Gültigkeitsbereichs der Skriptvariablen. Die Pfeile unterhalb der zulässigen Gültigkeitsbereiche (NESTED, AT_BEGIN, AT_END) geben an, wie lange eine Skriptvariable zur Verfügung steht.

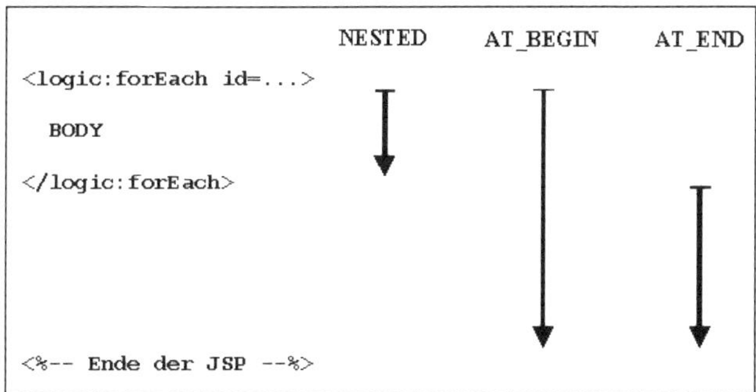

Abbildung 10.6: Gültigkeitsbereich von Skriptvariablen

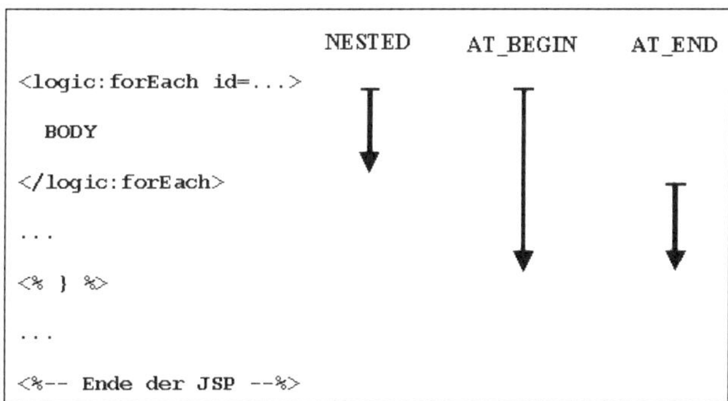

Abbildung 10.7: Gültigkeitsbereich von Skriptvariablen mit einem Block

Abbildung 10.7 zeigt den Gültigkeitsbereich einer Skriptvariablen, wenn innerhalb der JSP Blöcke definiert wurden.

Beispiel

Wir wollen nun einen Tag Handler für eine Action entwickeln, mit der alle Elemente einer `java.util.Collection` oder von einem `java.util.Iterator` durchlaufen werden können. Dieses Objekt wird der Action entweder in dem Attribut `list` übergeben, oder man übergibt der Action in dem Attribut `name` den Attributnamen eines Objektes aus der Umgebung (Page, Request, Session oder Application). In dem Attribut property kann man eine Eigenschaft des Objekts aus der Umgebung angeben, dessen Getter-Methode dann das Listenobjekt liefert.

Der Name der Skriptvariablen wird der Action in dem Attribut id übergeben. Die Zugriffsmethoden und die Instanzvariable ist bereits in der Klasse TagSupport deklariert, von der unser Tag Handler abgeleitet wird. Diese Klasse haben wir bereits im vorherigen Beispiel verwendet. Sie implementiert das Interface javax.servlet.jsp.tagext.IterationTag und somit auch das Interface Tag.

Die Methode doStartTag() wird aufgerufen, nachdem der Tag Handler initialisiert wurde. In der Methode werden die Instanzvariablen nach einem geeignetem Listenobjekt durchsucht. Falls kein Objekt gefunden wurde, wird eine Exception ausgelöst, ansonsten werden die Elemente aus der Liste in einer Instanzvariablen (Vector) gespeichert. Dies ist erforderlich, wenn auf die Liste mehrere Threads zugreifen können (z.B. Attribut vom Servlet-Kontext).

Wenn das Listenobjekt kein Iterator oder keine Collection ist, dann wird eine Exception ausgelöst. Falls die Liste keine Objekte enthält, wird die Methode doStartTag() mit SKIP_BODY verlassen. Ansonsten wird das erste Element von der Liste als Attribut vom PageContext gespeichert. Der Attributname wird mit der Methode getId() ermittelt, die Laufvariable idx wird erhöht und die Methode wird mit dem Rückgabewert EVAL_BODY_INCLUDE beendet.

Nun kann in der JSP die Skriptvariable initialisiert werden. Sie muss ihren Wert aus dem gespeicherten Attribut vom PageContext ermitteln, so dass innerhalb vom Body auf sie zugegriffen werden kann.

Wurde der Body vollständig bearbeitet, wird die Methode doAfterBody() aufgerufen. In dieser Methode wird überprüft, ob ein weiteres Objekt in der Liste vorhanden ist. Wenn dies der Fall ist, wird dieses Objekt im PageContext gespeichert, die Laufvariable wird erhöht, und die Methode wird mit dem Rückgabewert EVAL_BODY_AGAIN beendet.

Befindet sich kein weiteres Objekt mehr in der Liste, dann wird die Methode doAfterBody() mit SKIP_BODY beendet. Danach wird die Methode doEndTag() aufgerufen. In ihr wird das Attribut vom PageContext entfernt und die Liste wird geleert. Der Rückgabewert der Methode ist immer EVAL_PAGE. In der Methode release() werden die optionalen Attribut des Tag Handlers initialisiert.

```
package de.j2eeguru.example.jsp.taghandler;

import javax.servlet.jsp.PageContext;
import javax.servlet.jsp.JspException;
import javax.servlet.jsp.JspTagException;
import javax.servlet.jsp.tagext.TagSupport;

import java.util.Vector;
import java.util.Collection;
import java.util.Iterator;

import de.j2eeguru.example.jsp.util.BeanTools;
```

```
public class LoopTag extends TagSupport
{
  // Eigenschaften, die durch die Attribute einer Action
  // modifiziert werden können
  private String name = null;
  private Object list = null;
  private String property = null;

  // Variablen mit dem der Zustand vom Tag Handler verwaltet wird
  private int    idx = 0;
  private Vector data = new Vector();

  public int doStartTag() throws JspException
  {
    data.clear(); // interne Liste initialisieren
    idx = 0;      // Laufvariable initialisieren

    Object loopElement = null;

    if( list == null )
    {
      if( name == null )
        throw new JspTagException("Ungültige Attribute");

      Object obj = pageContext.findAttribute(name);

      if( obj != null && property != null )
        loopElement = BeanTools.getProperty(obj, property);
      else
        loopElement = obj;
    }
    else
      loopElement = list;

    if( loopElement == null )
      throw new JspTagException("Ungültige Attribute");

    // Weil die Liste während der Abarbeitung von dem Tag ggf.
    // von einem anderen Thread modifiziert werden könnte, werden
    // die Inhalte der Liste in einen lokalen Vector kopiert.
    synchronized(loopElement)
    {
      if( loopElement instanceof Collection )
        data.addAll((Collection)loopElement);
```

```
    else if( loopElement instanceof Iterator )
    {
      Iterator i = (Iterator)loopElement;
      while(i.hasNext())
        data.add(i.next());
    }
    else   // Kein Objekt für eine Schleife angegeben
      throw new JspTagException("Ungültige Attribute");
  }

  // Prüfen ob Daten in dem Vector vorhanden sind
  if( idx < data.size() )
  {
    // Skriptvariable als Attribut vom PageContext einfügen.
    // Der Name der Variablen wird in dem Attribut id
    // definiert. Das Objekt wird aus der Liste entnommen
    // und die Laufvariable idx erhöht.
    pageContext.setAttribute(getId(), data.elementAt(idx++));
    return( EVAL_BODY_INCLUDE );
  }

  // Keine Daten vorhanden, also muss der Body nicht
  // durchlaufen werden
  return SKIP_BODY;
}

public int doAfterBody() throws JspException
{
  // Falls ein weiteres Objekt in der Liste vorhanden ist,
  // wird dieses als Attribut vom PageContext gespeichert
  // und der Body vom Tag wird erneut ausgewertet.
  if( idx < data.size() )
  {
    pageContext.setAttribute(getId(), data.elementAt(idx++));
    return( EVAL_BODY_AGAIN );
  }

  // Das Ende der Liste wurde erreicht, der Body wird nicht
  // nochmal ausgwertet.
  return( SKIP_BODY );
}

public int doEndTag() throws JspException
{
  // Die Skriptvariable wird aus dem PageContext entfernt,
```

```
    // da sie nur im Body vom Tag verwendet werden darf.
    pageContext.removeAttribute(getId(),PageContext.PAGE_SCOPE);

    data.clear(); // Objekte aus dem lokalen Vector entfernen

    return EVAL_PAGE; // Die Seite soll immer ausgegeben werden
  }

  public void release()
  {
    name = null;
    list = null;
    property = null;
    super.release();
  }

  // Setter-Methoden für die Attribute
  public void setList(Object list)     {this.list = list;}
  public void setName(String name)     {this.name = name;}
  public void setProperty(String prop){this.property = prop;}
}
```

Listing 10.21: Benutzerspezifische Action mit dem Interface IterationTag

Listing 10.22 stellt den Tag Library Descriptor der Action dar. Die Skriptvariable wird mit dem Element `<variable>` definiert.

```
<taglib>
  <tlib-version>1.0</tlib-version>
  <jsp-version>1.2</jsp-version>
  <short-name>JSP-Example-Taglib</short-name>
  <description>
    Diese TagLib beinhaltet Beispiel Tag-Handler.
  </description>
  ...
  <tag>
    <name>forEach</name>
    <tag-class>
      de.j2eeguru.example.jsp.taghandler.LoopTag
    </tag-class>
    <body-content>JSP</body-content>
    <description>
      Mit diesem Tag kann eine Schleife ueber alle Elemente in
      einer Collection oder einem Iterator durchlaufen werden.
      Im Body des Tags kann auf das aktuelle Objekt
```

```
        zugegriffen werden.
      </description>
      <variable>
        <name-from-attribute>id</name-from-attribute>
        <variable-class>java.lang.Object</variable-class>
        <declare>true</declare>
        <scope>NESTED</scope>
      </variable>
      <attribute>
        <name>id</name>
        <required>true</required>
        <rtexprvalue>true</rtexprvalue>
      </attribute>
      <attribute>
        <name>list</name>
        <required>false</required>
        <rtexprvalue>true</rtexprvalue>
        <type>java.lang.Object</type>
      </attribute>
      <attribute>
        <name>name</name>
        <required>false</required>
        <rtexprvalue>true</rtexprvalue>
      </attribute>
      <attribute>
        <name>property</name>
        <required>false</required>
        <rtexprvalue>true</rtexprvalue>
      </attribute>
    </tag>
  </taglib>
```

Listing 10.22: Tag Lib Descriptor der Action forEach

In Listing 10.23 ist eine Java Server Page abgebildet, die die Action verwendet. Der Tag Library Descriptor wird in der JSP Direktive taglib angegeben. Dort wird definiert, dass alle Actions aus diesem TLD das Präfix `"logic"` haben. Die Java Server Page beinhaltet bis auf die JSP Direktive nur XML-Elemente.

Mit der Standard-Action <jsp:useBean> wird ein Objekt ermittelt, das für alle Komponenten in der Anwendung verfügbar ist (scope="application"). Es handelt sich um einen Vector, der Objekte vom Typ `de.j2eeguru.example.jsp.bean.Product` beinhaltet. Die Produktliste wird von einem Event Listener initialisiert (`de.j2eeguru.example.jsp.event.InitAppl`).

Die JSP stellt alle Produkte aus der Liste in einer Tabelle dar. Dabei wird die Action <logic:forEach> verwendet, um auf alle Produkte zuzugreifen. Der Name der Skriptvariablen, die innerhalb des Bodys verwendet wird, wird mit dem Attribut `id` angegeben. Auf diese Variable wird innerhalb vom Body mit den Standard Action <jsp:getProperty> zugegriffen, um die Eigenschaften zu ermitteln und in die Antwort zum Client einzufügen.

```
<html>      <%-- shop/products.jsp --%>
  <head>
    <title>Tabelle mit Produkten</title>
    <%@ taglib uri="/WEB-INF/jspExample.tld" prefix="logic" %>
  </head>
  <body>
    <jsp:useBean id="productList" scope="application"
                 class="java.util.Vector"/>
    <h1>Liste aller Produkte</h1>
    <table border>
      <thead>
        <tr>
          <th>Nummer</th>
          <th>Name</th>
          <th>Preis</th>
        </tr>
      </thead>
      <tbody>
        <logic:forEach id="product" name="productList">
          <tr>
            <td>
              <jsp:getProperty name="product" property="number"/>
            </td>
            <td>
              <jsp:getProperty name="product" property="name"/>
            </td>
            <td>
              <jsp:getProperty name="product" property="price"/>
            </td>
          </tr>
        </logic:forEach>
      </tbody>
    </table>
  </body>
</html>
```

Listing 10.23: JSP mit der Action forEach

Listing 10.24 stellt den Quelltext dar, der vom Apache Tomcat aus der JSP (Listing 10.23) erzeugt worden ist. Man erkennt, wie zur Laufzeit eine Tag-Handler-Instanz erzeugt und initialisiert wird. Abhängig vom Rückgabewert der Methode `doStartTag()` wird der Body von der Action eingefügt oder nicht.

Der Body wird mit einer do-while-Schleife solange durchlaufen, wie der Rückgabewert der Methode `doAfterBody()` `EVAL_BODY_AGAIN` ist. In der Schleife ist die Skriptvariable deklariert. Am Anfang der Schleife wird die Variable jedes Mal mit dem Attribut "product" vom `PageContext` initialisiert.

Wenn die Schleife verlassen wird, wird die Methode `doEndTag()` aufgerufen. Da der Apache Tomcat die Tag Handler nicht wiederverwendet, wird die Methode `release()` aufgerufen.

```
...
//  <logic:forEach id="product" name="productList">
LoopTag tagHandler = new LoopTag();
tagHandler.setPageContext(pageContext);
tagHandler.setParent(null);
tagHandler.setId("product");
tagHandler.setName("productList");
try
{
  if (tagHandler.doStartTag() != Tag.SKIP_BODY)
  {
    do
    {
      java.lang.Object product = null;
      product = (java.lang.Object)
                          pageContext.findAttribute("product");
      ...
    }
    while(tagHandler.doAfterBody() == BodyTag.EVAL_BODY_AGAIN);
  }
  if( tagHandler.doEndTag() == Tag.SKIP_PAGE )
    return;
}
finally
{
  tagHandler.release();
}
//  </logic:forEach>
...
```

Listing 10.24: Generierter Quelltext für den Aufruf der Action forEach

10.8.3 Action mit dem Interface BodyTag

Das Interface `javax.servlet.jsp.tagext.BodyTag` definiert das Protokoll eines Tag Handlers, bei dem dieser Zugriff auf den Body der Action hat. Der Body kann in einen Puffer geschrieben werden. Der Inhalt des Puffers wird nicht automatisch in die Antwort zum Client eingefügt. Der Tag Handler muss dies explizit veranlassen.

Zustandsdiagramm

Das Interface `javax.servlet.jsp.tagext.BodyTag` erweitert das Interface `javax.servlet.jsp.tagext.IterationTag`. Die Methoden `setBodyContent()` und `doInitBody()` werden zusätzlich definiert.

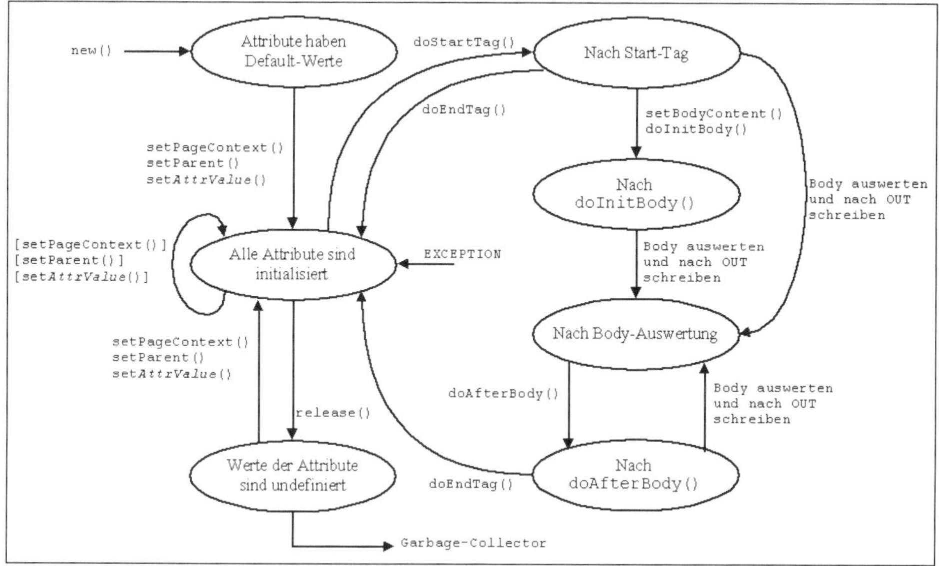

Abbildung 10.8: Zustandsdiagramm BodyTag

Abbildung 10.8 zeigt das Zustandsdiagramm eines Tag Handlers, der das Interface `BodyTag` implementiert. Der Initialisierungsvorgang der Instanz ist identisch mit dem Interface `javax.servlet.jsp.tagext.Tag`. Zuerst wird eine Instanz erzeugt. Danach werden die Methoden `setPageContext()` und `setParent()` aufgerufen. Falls das Startelement der Action Attribute beinhaltet, werden die entsprechenden Setter-Methoden vom Tag Handler aufgerufen.

Nachdem die Instanz initialisiert wurde, wird die Methode `doStartTag()` aufgerufen. Bei dem `BodyTag` ist zusätzlich der Rückgabewert `EVAL_BODY_BUFFERED` definiert, der gleich noch etwas detaillierter beschrieben wird. Wenn der Rückgabewert der Methode `SKIP_BODY` oder `EVAL_BODY_INCLUDE` ist, dann stimmt das Zustandsdiagramm und das Ablaufdiagramm mit dem `IterationTag` überein.

Die Methode `doStartTag()` liefert den Wert `EVAL_BODY_BUFFERED` zurück, wenn der Body von der Action nicht direkt zum Client gesendet werden soll. Der Body wird in einen Puffer eingefügt. Dieser ist unbegrenzt lang und kann jederzeit wieder gelöscht werden. Der Tag Handler kann die Daten im Puffer modifizieren oder als zusätzliche Argumente verwenden. Dies könnte z.B. eine SQL Anweisung sein, die ausgeführt werden soll.

Der Puffer wird nicht vom Tag Handler verwaltet. Das Servlet, das aus der JSP generiert wird, beinhaltet den Quelltext, der den Puffer erzeugt. Dies geschieht durch den Aufruf der Methode `pageContext.pushBody()`. Die Methode erzeugt ein neues Objekt vom Typ `javax.servlet.jsp.tagext.BodyContent`, speichert den aktuellen `JspWriter out` in einem Stack und überschreibt das neu erzeugte Objekt mit dem Attributnamen `"out"` im Page-Kontext. Der Rückgabewert der Methode liefert eine Referenz auf das neu erzeugt Objekt. Diese Referenz wird dem impliziten Objekt `out` zugewiesen. Durch die Stack-Architektur können die Actions verschachtelt sein.

Dem Tag Handler wird in der Methode `setBodyContent()` das neu erzeugte Objekt übergeben. Danach wird die Methode `doInitBody()` aufgerufen. Diese beiden Methoden werden einmalig aufgerufen, bevor der Body zum ersten Mal ausgewertet wird. In ihnen können Initialisierungen durchgeführt werden. Danach wird der Body ausgewertet und in das implizite Objekt `out` geschrieben (dies ist ggf. der Puffer). Mit der Methode `doAfterBody()` kann der Body mehrmals ausgewertet werden. Der Ablauf stimmt mit dem `IterationTag` überein. Wenn die Methode `doAfterBody()` den Wert `SKIP_BODY` zurückliefert, wird die Schleife beendet.

Wenn die Ausgabe gepuffert wurde, ruft das Servlet die Methode `pageContext.popBody()` auf. Diese Methode stellt den ursprüngliche Zustand wieder her, d.h. der JspWriter wird vom Stack geholt und mit dem Attributnamen `"out"` im Page Kontext gespeichert. Der Rückgabewert dieser Methode ist eine Referenz auf den ursprünglichen JspWriter. Diese Referenz wird dem impliziten Objekt `out` zugewiesen.

Danach wird die Methode `doEndTag()` aufgerufen. In ihr kann nun der Puffer ausgewertet werden. Der Tag Handler kann mit dem folgenden Befehl den Inhalt des Puffers in die Antwort zum Client einfügen:

```
...
// Daten des Bodys ermitteln
String body = getBodyContent().getString().trim();

... // der Body kann modifiziert werden, z.B. UPPERCASE

// Daten in den Ausgabestrom von der übergeordneten Action
// schreiben.
getPreviousOut().write( body );
...
```

Die Methode `getPreviousOut()` ermittelt den `JspWriter` der übergeordneten Action bzw. von der JSP. Wenn die Daten aus dem Puffer nicht zum Client gesendet werden sollen, dann darf die Methode nicht aufgerufen werden.

Ablaufdiagramm

Abbildung 10.9 zeigt das Ablaufdiagramm eines Tag Handlers, der das Interface `javax.servlet.jsp.tagext.BodyTag` implementiert hat. Dieses Diagramm berücksichtigt nicht, dass der Tag Handler wiederverwendet werden kann. Zu Beginn wird eine Instanz erzeugt, und am Ende wird die Methode `release()` aufgerufen, so dass die Instanz vom Garbage Collector entsorgt werden kann.

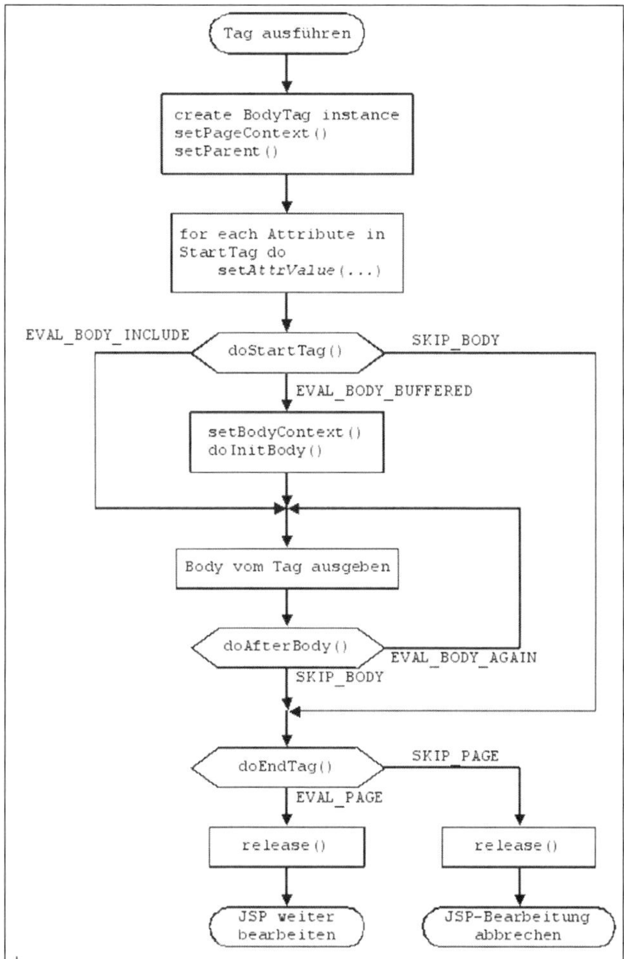

Abbildung 10.9: Ablaufdiagramm BodyTag

Die Methode `doStartTag()` kann zusätzlich den Wert `EVAL_BODY_BUFFERED` zurückliefern. Ist dies der Fall, dann werden die beiden Methoden `setBodyContent()` und `doInitBody()` aufgerufen. Ansonsten stimmt das Ablaufdiagramm mit dem vom `IterationTag` überein.

Ein Tag Handler, der den Body einer Action auswertet und ggf. modifiziert, kann die Klasse `javax.servlet.jsp.tagext.BodyTagSupport` erweitern, anstatt das Interface `javax.servlet.jsp.tagext.BodyTag` zu implementieren. Ansonsten kann die Klasse `javax.servlet.jsp.tagext.TagSupport` erweitert werden. Diese Klasse implementiert das Interface `javax.servlet.jsp.tagext.IterationTag`. In Tabelle 10.16 werden die Default Rückgabewerte der Methoden aus den Klassen beschrieben.

	TagSupport	**BodyTagSupport**
doStartTag()	SKIP_BODY	EVAL_BODY_BUFFERED
doAfterBody()	SKIP_BODY	SKIP_BODY
doEndTag()	EVAL_PAGE	EVAL_PAGE

Tabelle 10.16: Default-Rückgabewerte der Methoden von den Klassen TagSupport und BodyTagSupport

Beispiel

In diesem Beispiel (Listing 10.25) soll ein Tag Handler entwickelt werden, mit dem ein Verweis (Link) zu einer URL in die Antwort zum Client eingefügt werden soll. Damit ein Web-Container eine HTTP Sitzung verwalten kann, wenn am Client Cookies ausgeschaltet sind, müssen alle URLs mit der Methode `response.encodeURL(url)` konvertiert werden. Diesen Aufruf soll der Tag Handler auch durchführen.

Der Tag Handler hat drei Attribute, die alle optional sind. Falls kein Attribut angegeben wird, soll ein Verweis auf die aktuelle Seite erzeugt werden. Mit dem Attribut `url` kann die URL direkt angegeben werden, `urlName` enthält den Attributnamen von einem Objekt, dass in der Umgebung von der JSP gesucht wird. Dieses Objekt beinhaltet die URL, die verwendet wird. Das Attribut `form` definiert das HTML-Element, das für den Verweis verwendet wird. Hat es den Wert `false` (Default), dann wird ein Verweis mit dem HTML-Element `<a href=...>` erzeugt. Bei `true` wird ein HTML-Formular verwendet.

In der URL können Parameter angegeben werden. Diese können entweder im dem Attribut `url` enthalten sein, oder man kann sie mit der Methode `addParameter()` hinzufügen. Die letztere Variante wird im nachfolgenden Kapitel besprochen.

Der Body der Action soll in einen Puffer gespeichert werden. Dies wird über den Rückgabewert der Methode `doStartTag()` veranlasst. In ihr wird auch der interne Zustand zurückgesetzt, d.h. die Liste der Parameter für die URL wird gelöscht.

In der Methode `doEndTag()` wird der Puffer ausgewertet und die entsprechenden HTML Elemente erzeugt. Mit der Methode `getPreviousOut()` wird der JspWriter von der übergeordneten Action bzw. von der JSP ermittelt. In dieses Objekt werden die Daten aus dem Puffer geschrieben.

Die optionalen Attribute der Action werden in der Methode `release()` auf ihren Defaultwert gesetzt. Dies ist erforderlich, damit der JSP Container die Instanz wiederverwenden kann.

```
package de.j2eeguru.example.jsp.taghandler;

import java.io.IOException;
import java.util.Vector;

import javax.servlet.http.HttpServletRequest;
import javax.servlet.http.HttpServletResponse;
import javax.servlet.jsp.JspException;
import javax.servlet.jsp.tagext.BodyTagSupport;
import javax.servlet.jsp.tagext.Tag;

public class EncodeUrlTag extends BodyTagSupport
{
  // Eigenschaften, die durch die Attribute einer Action
  // modifiziert werden können
  private boolean form = false;
  private String  url = null;
  private String  urlName = null;

  // Variablen, mit dem der Zustand vom Tag Handler verwaltet wird
  private Vector  param = new Vector();

  public int doStartTag() throws JspException
  {
    param.clear(); // Liste mit Parameter initialisieren
    return EVAL_BODY_BUFFERED;
  }

  public int doEndTag() throws JspException
  {
    String theUrl = null;
    StringBuffer buf = new StringBuffer();

    if( url != null && url.length() >= 0 )
      theUrl = url;
    else
    {
      if( urlName != null )
        theUrl = (String)pageContext.findAttribute(urlName);

      if( theUrl == null ) // aktuelle URI ist Defaultwert
```

```
    theUrl = ((HttpServletRequest)pageContext.getRequest()).
                                            getRequestURI();
}

// URL mit Parameter erzeugen:
for( int i=0; i<param.size();)
{
  buf.append( i>0 ? "&" : "");
  buf.append( param.elementAt(i++) + "=" +
              param.elementAt(i++));
}

// Parameter an die URL anhängen
if( buf.length() > 0 )
{
  // beinhaltet die URL schon Parameter
  if( theUrl.indexOf("?") >= 0 )
    theUrl += "&" + buf.toString();
  else
    theUrl += "?" + buf.toString();
}

theUrl = ((HttpServletResponse)pageContext.getResponse()).
                                            encodeURL(theUrl);

buf.setLength(0);  // Puffer löschen

if( form )
{
  buf.append("<form action=\""+theUrl+"\" method=\"post\">");
  buf.append(getBodyContent().getString());
  buf.append("</form>");
}
else
{
  buf.append("<a href=\"" + theUrl + "\">");
  buf.append(getBodyContent().getString());
  buf.append("</a>");
}

try
{
  // Antwort zum Client senden
  getPreviousOut().write( buf.toString() );
}
```

```
    catch(IOException ex)
    {
      new JspException("Fehler beim Schreiben aufgetreten.");
    }

    return EVAL_PAGE;
  }

  public void release()
  {
    form = false;
    url = null;
    urlName = null;
    super.release();
  }

  public void addParameter(String name, String value)
  {
    if( name == null  || name.length() == 0 )
      return;

    param.add(name);
    param.add(value == null ? "" : value);
  }

  public void setForm(boolean form) { this.form = form;  }
  public void setUrl(String url)    { this.url = url;    }
  public void setUrlName(String url){ this.urlName = url;}
}
```

Listing 10.25: Benutzerspezifische Action mit dem Interface BodyTag

Listing 10.26 stellt den Tag Library Descriptor der Action dar. Die Attribute von der Action sind alle optional.

```
<taglib>
  ...
  <tag>
    <name>encodeUrl</name>
    <tag-class>
      de.j2eeguru.example.jsp.taghandler.EncodeUrlTag
    </tag-class>
    <body-content>JSP</body-content>
    <description>
      Mit diesem Tag kann man entweder einen Link oder ein
      Formular erzeugen, bei dem die URL codiert wird.
```

```
    </description>
    <attribute>
      <name>url</name>
      <required>false</required>
      <rtexprvalue>true</rtexprvalue>
    </attribute>
    <attribute>
      <name>urlName</name>
      <required>false</required>
      <rtexprvalue>true</rtexprvalue>
    </attribute>
    <attribute>
      <name>form</name>
      <required>false</required>
      <rtexprvalue>true</rtexprvalue>
    </attribute>
  </tag>
  ...
</taglib>
```

Listing 10.26: Tag Lib Descriptor von der Action encodeUrl

Listing 10.27 zeigt eine JSP, in der die Action `encodeUrl` verwendet wird. Zweimal wird ein normaler Verweis und einmal ein Formular erzeugt.

```
<html>      <%-- urlTest1.jsp --%>
  <head>
    <title>Test mit URL Decodieren</title>

    <%-- TAG-Library mit dem Prefix 'logic' verwenden --%>
    <%@ taglib uri="/WEB-INF/jspExample.tld" prefix="logic" %>
  </head>
  <body>
    <p>
      <logic:encodeUrl url="aktdate.jsp">
        Aktuelle Uhrzeit
      </logic:encodeUrl>
    </p>

    <p>
      <% pageContext.setAttribute("varName", "scopeTest.jsp"); %>

      <logic:encodeUrl urlName="varName">
        Gültigkeitsbereich von Variablen
      </logic:encodeUrl>
    </p>
```

```
    <p>
      <logic:encodeUrl form="true" url="header.jsp">
        <input type="submit" value="Telegrammkopf ansehen">
      </logic:encodeUrl>
    </p>
  </body>
</html>
```

Listing 10.27: JSP mit der Action encodeUrl

In Listing 10.28 ist ein Teil vom Quelltext dargestellt, der vom Container aus der JSP generiert worden ist. Wenn die Methode `doStartTag()` den Wert `EVAL_BODY_BUFFERED` zurückliefert, dann wird in dem impliziten Objekt `out` die Referenz auf das neu erzeugte Objekt vom Typ `BodyContent` gespeichert. Dies entspricht dem Puffer, in dem die Ausgabe umgeleitet wird. Danach werden die beiden Methoden `setBodyContent()` und `doInitBody()` von dem Tag Handler aufgerufen.

Der Body von der Action wird in einer Schleife ausgewertet. Der Rückgabewert der Methode `doAfterBody()` liefert die Abbruchbedingung für die Schleife – d.h. ungleich `EVAL_BODY_AGAIN`. Wenn die Schleife verlassen wurde, wird überprüft, ob die Ausgabe gepuffert wurde. Dann muss nämlich der ursprüngliche Zustand wiederhergestellt werden, wie er vor dem Aufruf des Tag Handlers war. Dazu wird die Methode `pageContext.popBody()` aufgerufen. In ihr wird der JspWriter vom Stack geholt und mit dem Attributnamen `"out"` im Page-Kontext gespeichert. Der JspWriter ist der Rückgabewert der Methode. Die Referenz auf ihn wird in dem impliziten Objekt `out` gespeichert.

Nachdem der ursprüngliche Zustand wiederhergestellt wurde, wird die Methode `doEndTag()` aufgerufen und abhängig von dessen Rückgabewert die Bearbeitung der JSP abgebrochen oder fortgesetzt. Da die Tag-Handler-Instanz nicht wiederverwendet werden soll, wird die Methode `release()` aufgerufen.

```
...
// erzeugter Code aus der folgenden Action:
// <logic:encodeUrl url="aktdate.jsp">
//   Aktuelle Uhrzeit
// </logic:encodeUrl>
EncodeUrlTag tagHandler = new EncodeUrlTag();
tagHandler.setPageContext(pageContext);
tagHandler.setParent(null);
tagHandler.setUrl("aktdate.jsp");
try
{
  int retDoStart = tagHandler.doStartTag();
  if( retDoStart != Tag.SKIP_BODY )
  {
```

```
      try
      {
        if( retDoStart == Tag.EVAL_BODY_BUFFERED )
        {
           out = pageContext.pushBody();
           tagHandler.setBodyContent((BodyContent) out);
           tagHandler.doInitBody();
        }

        do
        {
          out.write("Aktuelle Uhrzeit");
        }
        while(tagHandler.doAfterBody()==BodyTag.EVAL_BODY_AGAIN);
      }
      finally
      {
        if( retDoStart == Tag.EVAL_BODY_BUFFERED )
          out = pageContext.popBody();
      }
    }

    if (tagHandler.doEndTag() == Tag.SKIP_PAGE)
      return;
  }
  finally
  {
    tagHandler.release();
  }
  ...
```

Listing 10.28: Generierter Quelltext für den Aufruf der Action encodeUrl

10.8.4 Kommunikation zwischen Tag Handler

Es gibt prinzipiell zwei Möglichkeiten, wie zwei Tag-Handler-Instanzen miteinander kommunizieren können. Eine Möglichkeit haben wir bereits kennen gelernt. Dabei wird beiden Instanzen ein Attributname von einem Objekt in der Umgebung von der JSP übergeben. Dieses Objekt dient als Schnittstelle zwischen den beiden Tag Handlern. Listing 10.29 zeigt ein einfaches Beispiel, indem die erste Action ein Objekt erzeugt und unter dem Attributamen `"newObject"` im PageContext speichert. Die nachfolgende Action bekommt den Namen in einem Attribut übergeben, so dass der Tag Handler auf das Objekt zugreifen kann.

```
...
<prefix:createObject id="newObject" />
<prefix:useObject name="newObject" />
...
```

Listing 10.29: Kommunikation zwischen Tag Handler über Objekte in der Umgebung

Eine weitere Möglichkeit, wie zwei Tag-Handler-Instanzen miteinander kommunizieren können, besteht bei verschachtelten Actions. Dies bedeutet, dass im Body einer Action eine weitere Action vorhanden ist. Der Tag Handler der Action, die sich in dem Body der anderen Action befindet, kann über die Methode `getParent()` den übergeordneten Tag Handler ermitteln. Falls die Klasse dieses Tag Handlers bekannt ist, kann eine Typumwandlung durchgeführt und dessen Methoden aufgerufen werden.

Die Methode `getParent()` kann iterativ aufgerufen werden, bis ein Objekt vom gesuchten Typ gefunden wird. Die statische Methode `findAncestorWithClass()` aus der Klasse `javax.servlet.jsp.tagext.TagSupport` stellt diese Funktionalität zur Verfügung. Ihr werden zwei Parameter übergeben, eine Referenz auf den Tag Handler und die Klasse des gesuchten Tag Handlers.

Beispiel

In Listing 10.30 ist ein Tag Handler abgebildet, mit dem man einen Parameter für eine URL definieren kann. Der Name des Parameters wird als Attribut übergeben. Der Wert des Parameters steht im Body der Action.

Die Klasse ist von `javax.servlet.jsp.tagext.BodyTagSupport` abgeleitet. Der Rückgabewert der Methode `doStartTag()` ist in dieser Klasse standardmäßig `EVAL_BODY_BUFFERED`. Da kein interner Zustand zurückgesetzt werden muss, wird diese Methode in dem Tag Handler nicht überschrieben. Die Methode `doAfterBody()` muss ebenfalls nicht implementiert werden, weil der Body nur einmal ausgewertet werden soll.

Der Tag Handler besteht nur aus einer Setter-Methode und der Methode `doEndTag()`. In der letztgenannten Methode erfolgt die Kommunikation mit dem übergeordneten Tag Handler. Dieser muss vom Typ `EncodeUrlTag` sein. Die Referenz auf den Tag Handler wird mit der Methode `findAncestorWithClass()` ermittelt. Wenn keine Instanz gefunden wird, löst die Methode eine Exception aus. Ansonsten wird die Methode `addParameter()` von dem Tag Handler aufgerufen. Dieser Methode wird der Name und der Wert des URL-Parameters übergeben. Der Body wird nicht in die Antwort zum Client eingefügt, sondern nur für die Kommunikation mit dem übergeordneten Tag Handler verwendet.

```
package de.j2eeguru.example.jsp.taghandler;

import javax.servlet.jsp.JspException;
import javax.servlet.jsp.JspTagException;
import javax.servlet.jsp.tagext.BodyTagSupport;
```

```
public class UrlParameterTag extends BodyTagSupport
{
  private String paraName = null;

  public int doEndTag() throws JspException
  {
    String body = getBodyContent().getString().trim();
    EncodeUrlTag urlTag = (EncodeUrlTag)findAncestorWithClass(
                                    this, EncodeUrlTag.class);

    if( urlTag == null )
      throw new JspTagException("UrlParameterTag darf nur " +
           "innerhalb von einem EncodeUrlTag definiert werden");

    urlTag.addParameter(paraName, body);

    return EVAL_PAGE;
  }

  // Setter-Methoden für die Attribute
  public void setParaName(String name) {this.paraName = name;}
}
```

Listing 10.30: Kommunikation zwischen Tag Handler

Listing 10.31 zeigt den Tag Lib Descriptor der Action.

```
<taglib>
  ...
  <tag>
    <name>urlParameter</name>
    <tag-class>
      de.j2eeguru.example.jsp.taghandler.UrlParameterTag
    </tag-class>
    <body-content>JSP</body-content>
    <description>
      Mit diesem Tag kann ein Parameter für die URL in dem Tag
       encodeUrl hinzugefügt werden.
    </description>
    <attribute>
      <name>paraName</name>
      <required>true</required>
      <rtexprvalue>true</rtexprvalue>
    </attribute>
  </tag>
```

```
  ...
</taglib>
```

Listing 10.31: Tag Lib Descriptor von der Action urlParameter

In Listing 10.32 ist eine JSP abgebildet, in der die beiden Actions `encodeUrl` und `urlParameter` verwendet werden. Wenn man die JSP mit einem Browser aufruft und den Cursor über den Link navigiert, wird die URL mit den Parametern angezeigt.

```
<html>      <%-- urlTest2.jsp --%>
  <head>
    <title>Test mit URL Decodieren</title>

    <%-- TAG-Library mit dem Prefix 'logic' verwenden --%>
    <%@ taglib uri="/WEB-INF/jspExample.tld" prefix="logic" %>
  </head>
  <body>
    <p>
      <logic:encodeUrl>
        <logic:urlParameter paraName="para1">
          value1
        </logic:urlParameter>
        <logic:urlParameter paraName="para2">
          value2
        </logic:urlParameter>
        Seite aktualisieren
      </logic:encodeUrl>
    </p>

    <p>
      <logic:encodeUrl url="header.jsp?para1=value1">
        <logic:urlParameter paraName="para2">
          value2
        </logic:urlParameter>
        <logic:urlParameter paraName="para3">
          value3
        </logic:urlParameter>
        Telegrammkopf ansehen
      </logic:encodeUrl>
    </p>
  </body>
</html>
```

Listing 10.32: JSP mit der Action encodeUrl und urlParameter

Die folgenden Testszenarien können durchgeführt werden:

- Die JSP kann so modifiziert werden, dass sich die Action `urlParameter` nicht im Body einer encodeUrl Action befindet. Wenn die JSP aufgerufen wird, löst der Tag Handler `UrlParameterTag` eine Exception aus.
- In der JSP kann die Action `urlParameter` ohne das erforderliche Attribut `paraName` angegeben werden. Beim Aufruf der JSP löst der Compiler ein Exception aus, weil in dem TLD das Attribut als erforderlich (*required*) definiert wurde.

10.8.5 Action mit dem Interface TryCatchFinally

Das Interface `javax.servlet.jsp.tagext.TryCatchFinally` kann von einem Tag Handler implementiert werden, wenn innerhalb einer Action auf eine Ressource zugegriffen wird und am Ende der Action sichergestellt werden muss, dass die Ressource wieder freigegeben wird. Die beiden Methoden `doEndTag()` und `release()` sind dafür nicht geeignet, `doEndTag()` wird z.B. nicht aufgerufen, wenn im Body der Action eine Exception ausgelöst wird, und `release()` wird nicht nach jeder Action aufgerufen.

Das Interface `TryCatchFinally` definiert die beiden Methoden `doCatch()` und `doFinally()`. Die Methode `doCatch()` wird aufgerufen, wenn in einer Methode vom Tag Handler oder innerhalb vom Body der Action eine Exception ausgelöst wird. Die Exception wird der Methode als Parameter übergeben. Dort kann nun entschieden werden, ob die Exception erneut ausgelöst wird oder ob eine Fehlerbehandlung durchgeführt werden kann. Die Methode `doFinally()` wird immer am Ende einer Action aufgerufen, auch wenn eine Exception aufgetreten ist. In dieser Methode können Ressourcen freigegeben werden.

Beispiel

In dem folgenden Beispiel (Listing 10.33) wird ein Tag Handler entwickelt, der eine SQL-Anweisung ausführt. Das Objekt mit der Ergebnismenge wird als Skriptvariable der JSP zur Verfügung gestellt. Im Body der Action hat man Zugriff auf einen Datensatz. Der Body wird für jeden Datensatz einmal durchlaufen.

In der Methode `doStartTag()` wird eine Datenbankverbindung aufgebaut und die SQL Anweisung ausgeführt. Die Ergebnismenge wird als Attribut im Page Kontext gespeichert. Falls sie mindestens einen Datensatz enthält, liefert die Methode den Wert `EVAL_BODY_INCLUDE`, ansonsten `SKIP_BODY` zurück.

Die Methode `doAfterBody()` wird nach jeder Auswertung vom Body aufgerufen. In ihr wird zum nächsten Datensatz in der Ergebnismenge geblättert. Falls ein weiterer Datensatz vorhanden ist, liefert die Methode den Wert `EVAL_BODY_AGAIN`, ansonsten `SKIP_BODY` zurück.

Die Datenbankressourcen (Verbindung, Ergebnismenge) werden in der Methode `doFinally()` freigegeben. Diese Methode wird nach jeder Action aufgerufen.

```
package de.j2eeguru.example.jsp.taghandler;

import javax.servlet.jsp.JspException;
```

```
import javax.servlet.jsp.JspTagException;
import javax.servlet.jsp.tagext.TagSupport;
import javax.servlet.jsp.tagext.TryCatchFinally;

import javax.naming.InitialContext;
import javax.sql.DataSource;
import java.sql.Connection;
import java.sql.Statement;
import java.sql.ResultSet;

public class SqlTag extends TagSupport implements TryCatchFinally
{
  // Eigenschaften, die durch die Attribute einer Action
  // modifiziert werden können
  private String jndiDb = null;
  private String sqlStatement = null;

  // Variablen, mit dem der Zustand vom Tag Handler verwaltet wird
  private Connection conn = null;
  private Statement  stmt = null;
  private ResultSet  rs = null;

  public int doStartTag() throws JspException
  {
    try
    {
      // JNDI Kontext ermitteln
      InitialContext ctx = new InitialContext();

      // Connection Factory über JNDI ermitteln
      DataSource ds = (DataSource)ctx.lookup(jndiDb);

      // Von der Connection Factory eine Verbindung anfordern.
      conn = ds.getConnection();

      // SQL Anweisung ausführen
      stmt = conn.createStatement();
      rs = stmt.executeQuery(sqlStatement);

      // ResultSet als Attribut im PageContext speichern
      pageContext.setAttribute(getId(), rs);

      if( rs.next() )
        return( EVAL_BODY_INCLUDE );
```

```
      // Keine Daten vorhanden, also muss der Body nicht
      // durchlaufen werden
      return SKIP_BODY;
    }
    catch(Exception ex)
    {
      throw new JspException(ex.getMessage());
    }
  }

  public int doAfterBody() throws JspException
  {
    try
    {
      // Falls eine weiterer Datensatz in der Ergebnismenge
      // vorhanden ist, wird der Body vom Tag erneut ausgewertet.
      if( rs.next() )
        return( EVAL_BODY_AGAIN );

      return( SKIP_BODY );
    }
    catch(Exception ex)
    {
      throw new JspException(ex.getMessage());
    }
  }

  public void doCatch(Throwable ex) throws Throwable
  {
    throw ex; // Exception erneut auslösen
  }

  public void doFinally()
  {
    try
    {
      // Attribut aus dem PageContext entfernen
      pageContext.removeAttribute(getId());

      // Zustand vom Tag Handler zurücksetzen
      if( rs != null )
        rs.close();
      rs = null;

      if( stmt != null )
```

```
        stmt.close();
      stmt = null;

      if( conn != null )
        conn.close();
      conn = null;
    }
    catch(Exception ex)
    {
      ex.printStackTrace();
    }
  }

  // Setter-Methoden für die Attribute
  public void setSqlStatement(String sqlStatement)
  {
    this.sqlStatement = sqlStatement;
  }
  public void setJndiDb(String jndiDb) {this.jndiDb = jndiDb;}
}
```

Listing 10.33: Tag Handler mit dem Interface TryCatchFinally

Listing 10.34 stellt den Tag Library Descriptor der Action dar. Die Skriptvariable wird mit dem Element `<variable>` definiert und ist vom Typ `java.sql.ResultSet`. Im Body der Action kann auf die Variable zugegriffen werden. Dies wird mit dem Element `<scope>NESTED</scope>` definiert. Das Attribut vom Page-Kontext, das die Ergebnismenge beinhaltet, muss im Tag Handler gelöscht werden.

Die Action `execSql` hat keine optionalen Parameter, d.h. in dem Start-Element müssen immer alle drei Attribute angegeben werden. Mit dem Attribut `id` wird der Name der Skriptvariablen definiert, mit `jndiDb` muss der JNDI-Name von einer Resource Manager Connection Factory angegeben werden. Diese muss vom Typ `javax.sql.DataSource` sein. In dem Attribut `sqlStatement` wird die SQL-Anweisung angegeben, die ausgeführt werden soll.

```
<taglib>
  ...
  <tag>
    <name>execSql</name>
    <tag-class>
      de.j2eeguru.example.jsp.taghandler.SqlTag
    </tag-class>
    <body-content>JSP</body-content>
    <description>
      Mit diesem Tag wird eine SQL Anweisung ausgefueht und das
```

```
        ResultSet als Attribut im PageContext gespeichert.
      </description>
      <variable>
        <name-from-attribute>id</name-from-attribute>
        <variable-class>java.sql.ResultSet</variable-class>
        <declare>true</declare>
        <scope>NESTED</scope>
      </variable>
      <attribute>
        <name>id</name>
        <required>true</required>
        <rtexprvalue>true</rtexprvalue>
      </attribute>
      <attribute>
        <name>jndiDb</name>
        <required>true</required>
        <rtexprvalue>true</rtexprvalue>
      </attribute>
      <attribute>
        <name>sqlStatement</name>
        <required>true</required>
        <rtexprvalue>true</rtexprvalue>
      </attribute>
    </tag>
    ...
</taglib>
```

Listing 10.34: Tag Lib Descriptor von der Action execSql

In Listing 10.35 ist der Quellcode einer Java Server Page abgebildet. In ihr wird die Action <xx:execSql> verwendet. Die SELECT-Anweisung ermittelt alle Zeilen aus der Tabelle „Team“. Dies wurde im Kapitel „Entity Beans“ erzeugt. Im Body der Action werden die einzelnen Spalten mit JSP-Ausdrücken ermittelt und in die Antwort zum Client eingefügt.

```
<html>      <%-- teams.jsp --%>
  <head>
    <title>Liste aller Teams</title>
    <%@ taglib uri="/WEB-INF/jspExample.tld" prefix="logic" %>
  </head>
  <body>
    <h1>Liste aller Teams</h1>
    <table border>
      <thead>
        <tr>
          <th>Name</th>
```

```
          <th>Stadt</th>
        </tr>
      </thead>
      <tbody>
        <logic:execSql id="rs" jndiDb="jdbc/Cloudscape"
                       sqlStatement="SELECT name, city FROM Team">
          <tr>
            <td> <%= rs.getString("name") %> </td>
            <td> <%= rs.getString("city") %> </td>
          </tr>
        </logic:execSql>
      </tbody>
    </table>
  </body>
</html>
```

Listing 10.35: JSP mit der Action execSql

Listing 10.36 stellt den Quelltext dar, der von einem JSP Container aus der JSP (Listing 10.35) erzeugt werden könnte. Man erkennt, wie zur Laufzeit eine Tag-Handler-Instanz erzeugt und initialisiert wird. Abhängig vom Rückgabewert der Methode `doStartTag()` wird der Body von der Action eingefügt oder nicht.

Der Body wird mit einer do-while-Schleife solange durchlaufen, wie der Rückgabewert der Methode `doAfterBody()` `EVAL_BODY_AGAIN` ist. In der Schleife wird die Skriptvariable `rs` deklariert, weil sie im TLD als NESTED angegeben wurde. Zu Beginn der Schleife wird die Variable jedes Mal mit dem Attribut `"rs"` vom `PageContext` initialisiert. Wenn die Schleife verlassen wird, wird die Methode `doEndTag()` aufgerufen.

Die Aufrufe der Methoden `doStartTag()`, `doAfterBody()` und `doEndTag()` sowie die Bearbeitung des Bodys sind in einem try-catch-finally-Block integriert. Dies ist der Fall, weil der Tag Handler das Interface `TryCatchFinally` implementiert. In dem catch-Block wird die Methode `doCatch()` vom Tag Handler aufgerufen und in dem finally-Block `doFinally()`.

In dem Quellcode ist angedeutet, dass die Tag-Handler-Instanz erneut verwendet werden könnte, d.h. die Methode `release()` wird nicht nach jeder Action aufgerufen.

```
...
// erzeugter Code aus der folgenden Action:
// <logic:execSql id="rs" jndiDb="jdbc/Cloudscape"
//                sqlStatement="SELECT name, city FROM Team">
//   ...
// </logic:execSql>
SqlTag tagHandler = new SqlTag();
tagHandler.setPageContext(pageContext);
tagHandler.setParent(null);
tagHandler.setId("rs");
```

```
tagHandler.setJndiDb("jdbc/Cloudscape");
tagHandler.setSqlStatement("SELECT name, city FROM Team");
try
{
  int retDoStartTag = tagHandler.doStartTag();
  if( retDoStartTag != Tag.SKIP_BODY )
  {
    do
    {
      java.sql.ResultSet rs = null;
      rs = (java.sql.ResultSet)pageContext.findAttribute("rs");
      out.write("<tr><td>");
      out.print( rs.getString("name") );
      ...
    } while(tagHandler.doAfterBody()==BodyTag.EVAL_BODY_AGAIN);
  }
  if (tagHandler.doEndTag() == Tag.SKIP_PAGE)
    return;
}
catch (Throwable _jspx_exception)
{
  tagHandler.doCatch(_jspx_exception);
}
finally
{
  tagHandler.doFinally();
}

... // der Tag Handler könnte hier wieder verwendet werden

tagHandler.release();
...
```

Listing 10.36: Generierter Quelltext für den Aufruf der Action execSql

10.8.6 Programmierrichtlinien für Tag Handler

Eine Action sollte immer einfach anzuwenden sein. Zu viele Attribute, mit denen man das Verhalten einer Action beeinflussen kann, sind unübersichtlich. Man sollte dann lieber mehrere Actions definieren.

In dem Tag Library Descriptor sollte die Action immer dokumentiert und ggf. ein Beispiel im Element `<example>` angeben werden. Diese Information könnte z.B. von einer Programmierumgebung bzw. ein JSP-Editor als kontextbezogene Hilfe angezeigt werden.

Eine Instanz eines Tag Handlers kann vom JSP-Container mehrmals verwendet werden, um eine Action auszuführen. Dies verringert den Verbrauch an Ressourcen (Speicher). Dadurch kann auch eine bessere Performance erreichet werden, wenn z.B. das Erzeugen einer Tag-Handler-Instanz sehr lange dauert. Damit eine Instanz vom Container wiederverwendet werden kann, müssen bestimmte Bedingungen an die Codierung des Tag Handlers erfüllt werden.

- Die Setter-Methoden von Attributen, sollten nur den Wert des Attributs in einer Instanzvariablen speichern und keine Logik enthalten, d.h. es darf keinen Unterschied machen, ob die Methode einmal oder mehrmals aufgerufen wird.
- Die Setter-Methoden von Attributen dürfen nicht innerhalb der Tag-Handler-Klasse aufgerufen werden.
- Die Instanzvariablen der entsprechenden Attribute einer Action dürfen nicht innerhalb der Tag-Handler-Klasse modifiziert werden.
- Ein Tag Handler darf keine Referenz auf sich selbst als Attribut in der JSP Umgebung speichern bzw. als Skriptvariable verwenden, so dass die Instanz nach dem Ende der Action referenziert werden kann.
- Instanzvariablen von optionalen Attributen müssen beim Erzeugen einer Instanz und in der Methode `release()` mit ihrem Defaultwert initialisiert werden. Diese Werte dürfen danach nicht verändert werden. Der Container ruft die entsprechenden Setter-Methoden auf.
- Instanzvariablen von optionalen Attributen dürfen nicht in der Methode `doEndTag()`, `doCatch()` oder `doFinally()` mit ihren Defaultwerten initialisiert werden.
- In der Methode `doStartTag()` müssen Instanzvariablen initialisiert werden, in denen ein Zustand gespeichert wird, der nicht über Attribute der Action modifiziert werden kann. Die Methoden `release()` und `doEndTag()` sind dafür nicht geeignet.
- In der Methode `doEndTag()` müssen die erzeugten Skriptvariablen aus der Umgebung entfernt werden, die den Gültigkeitsbereich `NESTED` haben.
- In der Methode `doFinally()` aus dem Interface `TryCatchFinally` können Ressourcen am Ende einer Action freigegeben werden.
- In der Methode `release()` können Ressourcen freigegeben werden, die in mehreren Actions verwendet werden.

10.8.7 Wiederverwendung einer Tag-Handler-Instanz

Um die Wiederverwendung einer Tag-Handler-Instanz zu beschreiben, soll an dieser Stelle ein Ausschnitt einer JSP analysiert werden. Dort wird eine Action zweimal hintereinander mit identischen Werten aufgerufen.

```
...
<prefix:reuse attr1="xxx" attr2="<%= obj.getValue() %>" />
<prefix:reuse attr1="xxx" attr2="<%= obj.getValue() %>" />
...
```

Listing 10.37: Ausschnitt einer JSP mit zwei Actions

Listing 10.38 stellt den Quellcode dar, der von einem JSP-Container erzeugt werden könnte, wenn Tag-Handler-Instanzen wiederverwendet werden. Zu Beginn wird entweder eine neue Instanz erzeugt oder eine vorhandene aus einem Pool entnommen.

Die Instanz wird durch den Aufruf der Methoden `setPageContext()` und `setParent()` initialisiert. Danach werden die Setter-Methoden von den Attributen aufgerufen, die in dem Start-Element der Action definiert wurden. Nun können die beiden Methoden `doStartTag()` und `doEndTag()` vom Tag Handler aufgerufen werden.

Danach wird die zweite Action bearbeitet. Der Container hat Code generiert, um die Instanz des Tag Handlers wiederzuverwenden. Da sich die Action in der gleichen JSP und nicht im Body einer anderen Action befindet, müssen die beiden Methoden `setPageContext()` und `setParent()` nicht aufgerufen werden.

Selbst der Aufruf der Setter-Methode des Attributs `attr1` entfällt, da dieser konstante Wert der Instanz bereits übergeben wurde. Die Setter-Methode für das Attribut `attr2` muss aufgerufen werden, da der Ausdruck nicht das gleiche Ergebnis liefern muss. Der Tag Handler ist nun initialisiert und die Methoden `doStartTag()` und `doEndTag()` werden aufgerufen.

```
...
// Tag Handler neu erzeugen oder eine Instanz aus dem Pool holen
Tag tagHandler = ...

// Die Tag-Handler-Instanz wird verwendet um zwei Actions zu
// bearbeiten.
tagHandler.setPageContext(pc);
tagHandler.setParent(null);
tagHandler.setAttr1("xxx");

// Verarbeitung der ersten Action
tagHandler.setAttr2( obj.getValue() );

if( tagHandler.doStartTag() == EVAL_BODY_INCLUDE )
{
  // kein Body vorhanden
}

if( tagHandler.doEndTag() == SKIP_PAGE )
{
  return;
}

// Verarbeitung der zweiten Action. Es wird nur die Setter-
// Methode von dem Attribut 'Attr2' aufgerufen. Das Attribut
// 'Attr1' hat bereits den Wert bei der Verarbeitung der ersten
// Action zugewiesen bekommen.
tagHandler.setAttr2( obj.getValue() );
```

```
if( tagHandler.doStartTag()) == EVAL_BODY_INCLUDE )
{
  // kein Body vorhanden
}

if( tagHandler.doEndTag() == SKIP_PAGE )
{
  return;
}
...
```

Listing 10.38: Generierter Quellcode, bei dem ein Tag Handler wiederverwendet wird

Der Container kann eine Tag-Handler-Instanz nur dann wiederverwenden, wenn die gleichen Attribute in einer Action definiert werden. Wenn in der ersten Action z.B. die Attribute `attr1` und `attr2` definiert wären und in der zweiten Action die Attribute `attr1` und `attr3`, dann könnte die Tag-Handler-Instanz nicht für den Verarbeitung der zweiten Action verwendet werden. Das Attribut `attr2` wurde von der ersten Action modifiziert, in der zweiten Action muss das Attribut jedoch den Defaultwert haben.

11 Sicherheit

11.1 Einführung

In diesem Kapitel wollen wir uns mit dem Thema Sicherheit einer J2EE-Anwendung beschäftigen. Damit ist gemeint, dass der Zugriff auf Ressourcen nur durch definierte Benutzer zugelassen wird und dass die übertragenen Daten zwischen Client und Server nicht von einem Dritten (man in the middle) verändert bzw. gelesen werden können.

Damit ein Benutzer eine geschützte Ressource aufrufen kann, muss dieser sich am System anmelden. Dies bezeichnet man als Authentifizieren. Im einfachsten Fall gibt der Benutzer seinen Benutzernamen und Passwort ein. Die Authentifizierung kann auch mit biometrischen Verfahren (z.B. Fingerabdruck), mit einem Kartenleser (z.B. Chipkarte) oder mit einem Zertifikat erfolgen. Ein Zertifikat ist ein verschlüsselter Datensatz, der den Anwender eindeutig identifiziert.

Nachdem sich ein Benutzer authentifiziert hat, kann er auf geschützte Ressourcen zugreifen. Der Container prüft bei jedem Zugriff, ob der Benutzer die erforderlichen Berechtigungen hat. Falls nicht, wird eine Exception ausgelöst. Dies bezeichnet man als Autorisieren. Damit sich der Benutzer nicht bei jedem Zugriff erneut anmelden muss, werden die Benutzerdaten nach einer erfolgreichen Authentifizierung in einem so genannten Principal gespeichert. Sicherheitsrelevante Daten, z.B. ein Key für eine Verschlüsselung, werden in so genannten Credentials gespeichert. Mit einem Credential kann eine Authentifizierung mit einem anderen System, z.B. einem anderen J2EE-Server, durchgeführt werden, so dass auch dort auf geschützte Ressourcen zugegriffen werden kann, ohne dass sich der Benutzer erneut anmelden muss.

In einer J2EE-Anwendung kann der Zugriff auf Ressourcen deklarativ oder programmtechnisch geschützt werden. Bei der deklarativen Sicherheit beinhaltet der Deployment Descriptor vom Web-Archiv bzw. vom EJB-Archiv die Informationen, wer eine Web-Komponente bzw. die Methoden von einem EJB aufrufen darf. Die Komponenten selbst beinhalten keinen Quelltext, um den Zugriff zu schützen. Dies hat den Vorteil, dass sich der Entwickler nicht mit dem Thema Sicherheit auseinandersetzen muss. Die fertigen Komponenten können nachträglich vor unberechtigtem Zugriff geschützt werden.

Bei der programmtechnischen Sicherheit enthält der Quelltext der Komponenten die Logik, um in Abhängigkeit vom aktuellen Benutzer bzw. einer logischen Benutzergruppe bestimmte Funktionalitäten durchzuführen.

Der Entwickler einer J2EE-Anwendung (EJB, Web-Archiv) kennt nicht die Benutzer bzw. die Benutzergruppen, die später auf die Anwendung zugreifen werden. Er kennt aber die Anwendung und weiß, welche Methoden bzw. Web-Komponenten geschützt werden sollten. Um dieses Problem zu lösen, definiert der Entwickler Rollen. Eine Rolle ist eine logische Benutzergruppe. Mit diesen Rollen werden die Web-Komponenten und EJBs geschützt. Im Deployment Descriptor kann der Entwickler definieren, welcher Rolle ein Benutzer angehören muss, damit er eine geschützte Methode bzw. Web-Komponente aufrufen darf.

Tabelle 11.1 enthält die Sicherheitsrichtlinien für eine J2EE-Anwendung, die Artikel in einem Lager verwaltet. Der Entwickler hat die drei Rollen A, B und C definiert. Die Anwendung stellt die Funktionalitäten zur Verfügung, die in der ersten Spalte der Tabelle aufgelistet sind. Durch ein X ist gekennzeichnet, welche Rolle erforderlich ist, um eine bestimmte Funktionalität auszuführen. Um z.B. einen Artikel einzulagern, muss der Benutzer der Rolle B angehören. Diese Information, die hier tabellarisch dargestellt ist, wird in den Deployment Descriptoren vom Web-Archiv und EJB-Archiv definiert.

	Rolle A	**Rolle B**	**Rolle C**
Lagerbestand ansehen	X	X	X
Artikel bestellen	X		
Artikel einlagern		X	
Artikel auslagern			X

Tabelle 11.1: Sicherheitsdefinitionen in der J2EE-Anwendung vom Entwickler

Bei der Installation der J2EE-Anwendung müssen den logischen Benutzergruppen (Rollen) physikalisch vorhandene Gruppen bzw. Benutzer zugewiesen werden. Diese Konfiguration ist abhängig von der Benutzerverwaltung auf dem Zielsystem und vom Hersteller des J2EE-Servers. Die Benutzer und Gruppen werden vom Systemadministrator verwaltet.

Tabelle 11.2 listet die Benutzer und die Gruppen auf, die in einem Unternehmen vorhanden sein könnten. Die erste Spalte beinhaltet die Gruppen, und in der ersten Zeile werden die Benutzer dargestellt. Eine Gruppe entspricht in dem Beispiel einer Abteilung in einem Unternehmen. Durch ein X ist gekennzeichnet, zu welcher Abteilung bzw. Gruppe ein Benutzer gehört.

	e1	**e2**	**v1**	**v2**	**w1**	**w2**
Einkauf	X	X				
Versand			X	X		
Warenannahme					X	X

Tabelle 11.2: Benutzer und Gruppen eines Systems

Bei der Installation der J2EE-Anwendung muss definiert werden, welcher Benutzer bzw. welche Gruppe zu einer Rolle gehört. In unserem Beispiel ist dies recht einfach: Tabelle 11.3 zeigt die Konfiguration, bei der sich die Benutzer der drei genannten Abteilungen den Lagerbestand eines Artikels ansehen können. Die Mitarbeiter der Abteilung Einkauf dürfen Artikel bestellen, die der Abteilung Versand dürfen Artikel aus dem Lager entnehmen, und die Mitarbeiter der Warenannahme dürfen die Artikel einlagern.

Es besteht auch die Möglichkeit, einer Rolle mehrere Gruppen zuzuweisen. Wenn in der Warenannahme die Artikel auch ausgelagert werden sollen, dann müsste der Rolle C zusätzlich die Gruppe Warenannahme zugewiesen werden.

Den Rollen können prinzipiell auch Benutzer zugewiesen werden. Dies ist z.B. dann erforderlich, wenn in der Benutzerverwaltung keine Gruppen unterstützt werden. In einem solchen Fall müsste man definieren, dass die Benutzer e1 und e2 zur Rolle A gehören. Dies bedeutet jedoch einen erheblichen Mehraufwand beim Anlegen von neuen Benutzern. Dort muss immer die entsprechende Zuweisung zu den Rollen erfolgen. Falls mehrere J2EE-Anwendungen vorhanden sind, kann der Aufwand erheblich sein. Aus diesem Grund ist die Verwendung von Gruppen empfehlenswert.

	Rolle A	**Rolle B**	**Rolle C**
Einkauf	X		
Versand			X
Warenannahme		X	

Tabelle 11.3: Definition der Rollen und Gruppen bei der Installation

Ein J2EE-Server kann mehrere Systeme mit Benutzerverwaltungen haben. So könnten sich z.B. die Benutzerdaten für bestimmte Anwendungen in einer relationalen Datenbank befinden, und eine andere Anwendung benötigt den Zugriff auf Benutzerdaten in einem LDAP-Verzeichnis. Das Betriebssystem besitzt ebenfalls eine Benutzerverwaltung. Ein System, das Benutzerdaten verwaltet, wird als Realm bezeichnet.

Bei der Installation einer J2EE-Anwendung muss das Verfahren definiert werden, wie sich ein Benutzer am System anmeldet und welche Realm verwendet werden soll, um die Benutzerdaten zu prüfen (authentifizieren). Das Anmeldeverfahren definiert prinzipiell, wie sicher die übertragenen Daten sind, d.h. ob die Benutzerdaten (z.B. Benutzername und Passwort) während der Übertragung von einem dritten gelesen oder modifiziert werden können.

Ein Benutzer kann in einem System mehrere Principals haben. In jedem Principal werden die Authentifizierungsdaten für ein System gespeichert. Der Benutzername im System X kann z.B. anders sein als im System Y. Angenommen ein Benutzer hat gleichzeitigen Zugriff auf ein Telefon- und auf ein Personalverwaltungssystem: In dem erstgenannten System könnte die Telefonnummer und in dem zweiten die Personalnummer als Benutzername verwendet werden. Wenn sich der Benutzer an einem System authentifiziert, werden die Daten in einem Principal gespeichert. Sofern er an beiden Systemen angemeldet ist, sind zwei Principals vorhanden. Diese Principals und die dazugehörigen Credentials werden von einem so genannten Subject verwaltet. Ein Benutzer kann nur ein Subject haben.

In Tabelle 11.4 sind die wichtigsten Begriffe zum Thema Sicherheit noch einmal erklärt:

Begriff	Erklärung
Rolle	Eine logische Gruppierung von Benutzern, die vom Entwickler verwendet wird, um den Zugriff auf Web-Komponenten bzw. Methoden von einem EJB einer J2EE-Anwendung vor unberechtigtem Zugriff zu schützen.
Benutzer	Benutzer in einem System
Gruppe	Gruppierung von Benutzern, die in einem System die gleichen Berechtigungen haben
Realm	Eine Realm ist ein System, das Benutzer verwaltet. Ein Betriebssystem hat z.B. eine Benutzerverwaltung. Eine weitere Benutzerverwaltung könnte z.B. in einer relationalen Datenbank vorhanden sein, die von einem J2EE-Server verwendet wird. Beides sind Realms.
Authentifizierung	Prüfen, ob es sich tatsächlich um den angegebenen Benutzer handelt. Dies geschieht z.B. dadurch, dass der Benutzer seinen Benutzernamen und sein Passwort eingibt. Das System prüft diese Daten und führt so die Authentifizierung durch.
Autorisierung	Der Zugriff auf geschützte Ressourcen darf nur erfolgen, wenn der Benutzer die erforderlichen Zugriffsrechte besitzt. Diese Prüfung mit der anschließenden Genehmigung wird als Autorisierung bezeichnet.
Principal	In einem Principal werden in einer Java-Anwendung (JAAS) die Benutzerdaten des authentifizierten Benutzers gespeichert.
Credential	In einem Credential werden in einer Java-Anwendung (JAAS) die sicherheitsrelevanten Benutzerdaten des authentifizierten Benutzers gespeichert. Dies kann z.B. das Passwort oder ein Key für eine Verschlüsselung sein. Mit einem Credential kann eine Authentifizierung zwischen zwei Servern stattfinden.
Subject	In einem Subject werden in einer Java-Anwendung (JAAS) die Principals und Credentials des authentifizierten Benutzers gespeichert. Ein Subject kann mehrere Principals verwalten.

Tabelle 11.4: Begriffsdefinitionen

11.2 Sicherheit in einer Web-Anwendung

Abbildung 11.1 zeigt den Ablauf, wie ein Benutzer mit einem Browser eine geschützte Web-Komponente anfordert. Die Anfrage wird vom Browser mit einem HTTP-Telegramm zum Web-Container gesendet. Dieser erkennt anhand der URL, dass eine geschützte Ressource angefordert wird. Unter der Annahme, dass der Benutzer noch nicht authentifiziert ist, fordert der Web-Server nun vom Client die Benutzerdaten an.

Der Browser öffnet z.B. einen Dialog, in dem der Benutzername und das Passwort eingegeben werden muss. Nach Eingabe dieser Daten sendet der Browser diese Daten zum Web-Server.

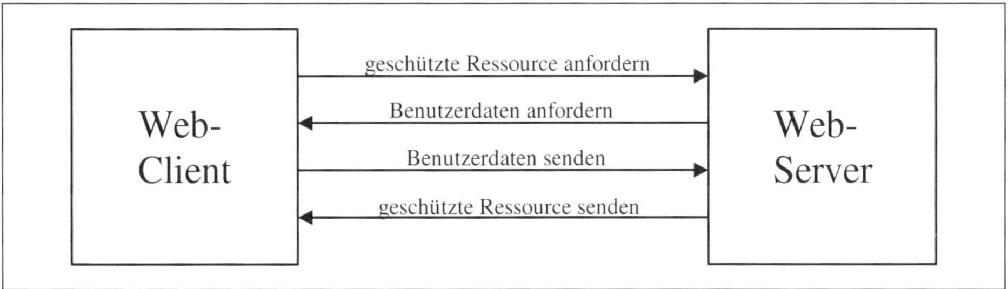

Abbildung 11.1: Benutzer fordert eine geschützte Web-Komponente an

Der Web-Container führt nun die Authentifizierung durch, d.h. er prüft den Benutzernamen und das angegebene Passwort. Wenn die Daten nicht korrekt sind, wird eine Fehlermeldung erzeugt, ansonsten ist die Authentifizierung erfolgreich abgeschlossen. Der Container überprüft nun, ob der angemeldete Benutzer die erforderlichen Berechtigungen für die geschützte Ressource hat. Wenn er sie nicht hat, wird eine Fehlermeldung zum Client gesendet (HTTP-Fehlercode 403). Ansonsten wird die Anfrage an die angeforderte Web-Komponente weitergeleitet. Diese erzeugt die Antwort für den Client.

Ein Benutzer muss sich nur einmal pro Browser-Instanz anmelden, d.h. wenn eine geschützte Web-Komponente erneut angefordert wird, dann muss sich der Benutzer nicht noch einmal anmelden. Startet ein Anwender seinen Browser mehrmals und fordert mit jedem Start eine geschützte Ressource an, dann muss er sich mit jedem Browser einmal authentifizieren.

Der Web-Container führt immer eine Autorisierung durch, wenn eine geschützte Web-Komponente aufgerufen wird. Das heißt, er überprüft immer die entsprechenden Berechtigungen des Benutzers, unabhängig davon, ob er sich gerade angemeldet hat oder ob er bereits angemeldet war.

11.2.1 Rollen

In einer Web-Anwendung definiert der Entwickler logische Benutzergruppen für die Anwendung. Dies geschieht mit dem Element `<security-role>`, das in Tabelle 11.5 beschrieben wird. Diese Rollen werden verwendet, um Web-Komponenten vor unberechtigtem Zugriff zu schützen.

Element	**M**	**Beschreibung**
<description>	0..1	Kommentar bzw. Beschreibung für das Element
<role-name>	1	In diesem Element wird eine logische Gruppe definiert.

Tabelle 11.5: Definitionen im Element <security-role>

Bei der Installation der Web-Anwendung müssen den logischen Benutzergruppen tatsächlich vorhandenen Gruppen oder Benutzern zugewiesen werden.

```
<web-app>
  ...
  <security-role>
    <description>
      Dieses Recht müssen alle Mitarbeiter haben um die Web
      Anwendung zu verwenden.
    </description>
    <role-name>useWebApplication</role-name>
  </security-role>
  ...
</web-app>
```

Listing 11.1: Deployment Descriptor von einem Web-Archiv mit Rollen

11.2.2 Deklarative Sicherheit

Im Deployment Descriptor vom Web-Archiv können Web-Komponenten vor unberechtigtem Zugriff geschützt werden. Dies geschieht mit dem Element `<security-constraint>`. Die einzelnen Web-Komponenten beinhalten keine Angaben darüber, ob sie geschützt sind oder nicht. Dies hat den Vorteil, dass eine Web-Anwendung nachträglich vor unberechtigten Zugriff geschützt werden kann. Ein weiterer Vorteil ist, dass das Sicherheitsverhalten durch Modifizieren vom Deployment Descriptor einfach angepasst werden kann.

Listing 11.2 enthält den relevanten Teil eines Deployment Descriptors, der alle Komponenten einer Web-Anwendung schützt. Die Angabe der URL erfolgt mit dem Element `<url-pattern>`. Die geschützten Komponenten dürfen nur von Benutzern angefordert werden, die mindestens zu einer der angegebenen Rollen (useWebApplication) gehören.

Falls ein Servlet oder eine JSP einen Alias hat, der mit dem im Element `<url-pattern>` angegebenen Pfad übereinstimmt, dann sind diese Komponenten ebenfalls geschützt. Wenn die Bearbeitung einer Anfrage an eine andere Web-Komponente weitergeleitet wird, d.h. in einem Servlet wird die Methode `include()` oder `forward()` von dem Interface `javax.servlet.RequestDispatcher` aufgerufen, dann erfolgt für die aufgerufenen Komponenten keine Autorisierung.

Im Deployment Descriptor ist angegeben, dass die Datenübertragung zwischen Client und Server ungeschützt erfolgen soll (`transport-guarantee=NONE`). Die Daten können von einem Dritten gelesen und sogar modifiziert werden.

```
<web-app>
  ...
  <security-constraint>
    <web-resource-collection>
```

```
      <web-resource-name>WRCollection</web-resource-name>
      <url-pattern>/*</url-pattern>
    </web-resource-collection>
    <auth-constraint>
      <role-name>useWebApplication</role-name>
    </auth-constraint>
    <user-data-constraint>
      <transport-guarantee>NONE</transport-guarantee>
    </user-data-constraint>
  </security-constraint>
  ...
</web-app>
```

Listing 11.2: Deployment Descriptor des Web-Archivs mit Rollen

Tabelle 11.6 beschreibt das Element `<security-constraint>`. Die darin enthaltenen Elemente `<web-resource-collection>`, `<auth-constraint>` und `<user-data-constraint>` werden in den Tabellen 11.7, 11.8 und 11.9 beschrieben.

Element	M	Beschreibung
<display-name>	0..1	Name der Visualisierung
<web-resource-collection>	1..n	In diesen Elementen werden Web-Komponenten und ggf. die HTTP-Befehle angegeben, deren Zugriff geschützt werden soll.
<auth-constraint>	0..1	In diesem Element werden die Rollen angegeben, deren Rechte ein Benutzer haben muss, damit er auf die oben definierten Web-Komponenten zugreifen kann.
<user-data-constraint>	0..1	In diesem Element kann definiert werden, wie sicher die Kommunikation zwischen dem Client und dem Container stattfinden soll.

Tabelle 11.6: Definitionen im Element <security-constraint>

Element	M	Beschreibung
<web-resource-name>	1	In diesem Element muss ein Name angegeben werden.
<description>	0..1	Kommentar bzw. Beschreibung des Elements
<url-pattern>	0..n	Pfadangabe, für welche Web-Komponenten die Definitionen gelten.

Element	M	Beschreibung
		Der Pfad kann das Stern-Zeichen (*) als Wildcard enthalten.
<http-method>	0..n	In diesen Elementen können HTTP-Kommandos angegeben werden, für die die Definitionen gelten. Falls kein Element angegeben wird, gelten die Einstellungen für alle HTTP-Kommandos. Gültige Werte sind z.B. GET und POST.

Tabelle 11.7: Definitionen im Element <web-resource-collection>

Element	M	Beschreibung
<description>	0..1	Kommentar bzw. Beschreibung für das Element
<role-name>	0..n	In diesen Elementen können Rollennamen angegeben werden. Sie müssen mit denen aus dem Element <security-role> übereinstimmen. Das Stern-Zeichen (*) kann als Wildcard verwendet werden und beinhaltet alle Rollen aus dem Web-Archiv. Falls keine Rolle angegeben wird, können die Web-Komponenten von keinem Benutzer aufgerufen werden.

Tabelle 11.8: Definitionen im Element <auth-constraint>

Element	M	Beschreibung
<description>	0..1	Kommentar bzw. Beschreibung für das Element
<transport-guarantee>	1	In diesem Element wird definiert, wie sicher die Kommunikation zwischen Client und Container sein muss. Gültige Werte sind NONE, INTEGRAL oder CONFIDENTIAL. NONE bedeutet, dass keinerlei Sicherheit benötigt wird. INTEGRAL stellt sicher, dass die Daten während der Übertragung nicht modifiziert werden können. Bei CONFIDENTIAL werden die Daten verschlüsselt, so dass der Inhalt nicht von einem Dritten ausgewertet werden kann. In der Regel wird SSL verwendet, wenn der Wert nicht NONE ist.

Tabelle 11.9: Definitionen im Element <user-data-constraint>

11.2.3 Programmierte Sicherheit

In einer Web-Komponente kann eine Programmierschnittstelle verwendet werden, um Daten über den aktuellen Benutzer zu erhalten. Tabelle 11.10 listet Methoden aus dem Interface `javax.servlet.http.HttpServletRequest` auf, die dazu verwendet werden, um eine Web-Komponente programmtechnisch zu sichern.

Methode	Beschreibung
getRemoteUser()	Diese Methode liefert den Namen, mit dem sich der Benutzer authentifiziert hat. Falls kein Benutzer authentifiziert ist, ist der Rückgabewert null.
getUserPrincipal()	Diese Methode liefert das Objekt, in dem die Benutzerdaten gespeichert sind. Das Objekt ist vom Typ java.security.Principal. Falls kein Benutzer authentifiziert ist, ist der Rückgabewert null.
isUserInRole(String role)	Mit dieser Methode kann überprüft werden, ob der authentifizierte Benutzer zu der angegebenen Rolle gehört. Der Rückgabewert ist false, wenn kein Benutzer angemeldet ist oder der angemeldete Benutzer nicht zu der angegebenen Rolle gehört.

Tabelle 11.10: Methoden für programmierte Sicherheit einer Web-Komponente

Der Methode `isUserInRole(String role)` wird der Name von einer Rolle übergeben. Damit die Web-Komponente wiederverwendet werden kann, sollte man im Quelltext einen logischen Rollennamen angeben. Im Deployment Descriptor vom Web-Archiv kann diesem logischen Rollennamen eine existierende Rolle zugewiesen werden. Diese Zuweisung erfolgt in dem Element `<security-role-ref>`, das zu einem Servlet und einer JSP definiert werden kann. Tabelle 11.11 beschreibt das Element `<security-role-ref>`.

Element	M	Beschreibung
<description>	0..1	Kommentar bzw. Beschreibung des Elements
<role-name>	1	In diesem Element wird der Rollenname angegeben, der im Quelltext verwendet wird.
<role-link>	0..1	In diesem Element wird die Rolle definiert, die verwendet werden soll. Der Name muss mit einer Rolle übereinstimmen, die in dem Element <security-role> definiert wurde. Falls das Element im Deployment Descriptor nicht angegeben wird, muss bei der Installation eine Rolle angegeben werden.

Tabelle 11.11: Definitionen im Element <security-role-ref>

Beim Aufruf der Methode `isUserInRole(String role)` überprüft der Web-Container zuerst, ob der angegebene Rollenname in einem `<security-role-ref>`-Element im Web-Archiv definiert ist. Wenn dort kein Element mit diesem Namen gefunden wird, geht der Web-Container davon aus, dass es sich nicht um einen logischen Rollennamen handelt und führt keine Umwandlung durch.

11.2.4 Authentifizierung

In einer Web-Anwendung gibt es die folgenden Verfahren, mit denen sich ein Benutzer beim Web-Server anmelden kann.

- HTTP-Basic-Authentifizierung
- HTTP-Digest-Authentifizierung
- formularbasierte Authentifizierung
- HTTPS-Client-Authentifizierung

Die HTTP-Basic- und formularbasierte Authentifizierung übertragen den Benutzernamen und das Passwort unverschlüsselt. Um diese beiden Verfahren sicherer zu machen, kann HTTPS für die Übertragung verwendet werden. Bei HTTPS werden die HTTP-Telegramme über eine verschlüsselte Socketverbindung übertragen (SSL).

Im Deployment Descriptor des Web-Archivs wird das Authentifizierungsverfahren in dem Element `<login-config>` (siehe Tabelle 11.12) definiert.

Element	**M**	**Beschreibung**
<auth-method>	0..1	In diesem Element wird das Verfahren der Authentifizierung definiert. Gültige Werte sind BASIC, DIGEST, FORM oder CLIENT-CERT. Das Verfahren definiert, wie sich der Benutzer gegenüber dem Container authentifizieren soll. Die beiden Verfahren BASIC und FORM übertragen den Benutzernamen und das Passwort unverschlüsselt, so dass die Daten ohne SSL von einem Dritten ausgewertet werden können.
<realm-name>	0..1	In diesem Element muss die Realm angegeben werden, die für die Authentifizierung des Benutzers verwendet werden soll.
<form-login-config>	0..1	Wenn das Element <auth-method> den Wert FORM hat, dann werden in diesem Element die Web-Komponenten definiert, die aufgerufen werden, wenn sich der Benutzer anmelden muss bzw. wenn ein Fehler bei der Anmeldung aufgetreten ist.

Tabelle 11.12: Definitionen im Element <login-config>

HTTP-Basic-Authentifizierung

Die HTTP-Basic-Authentifizierung ist die einfachste Art für einen Benutzer, sich gegenüber dem Web-Server zu identifizieren. Der Web-Server fordert beim Client die Benutzerdaten an und übergibt ihm den Namen der Realm, die verwendet werden soll. Der Browser erzeugt einen Dialog, mit dem der Benutzernamen und das Passwort eingeben werden kann. Wird der Dialog mit OK beendet, dann sendet der Browser die Daten zum Web-Server. Dieser führt dann in der angegebenen Realm die Authentifizierung durch.

Die Übertragung der Daten ist bei der HTTP-Basic-Authentifizierung nicht sicher, d.h. die Daten können von einem Dritten sowohl gelesen als auch modifiziert werden. Um dieses Verfahren sicher zu machen, muss HTTPS verwendet werden.

Der Dialog, mit dem der Benutzer Namen und Passwort eingibt, ist abhängig von dem Betriebssystem und dem verwendeten Browser. Die Abbildungen 11.2, 11.3 und 11.4 zeigen einige Möglichkeiten für den Anmeldedialog. In einigen Web-Anwendungen ist es unerwünscht, dass der Anmeldedialog nicht das gleiche Design wie die anderen HTML-Seiten hat. Dann wird die formularbasierte Authentifizierung verwendet.

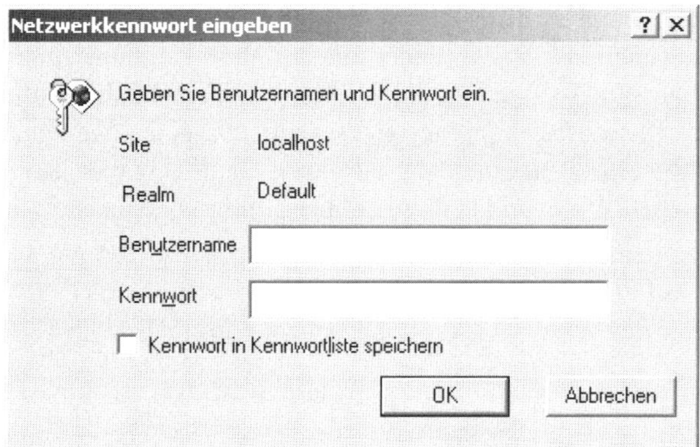

Abbildung 11.2: HTTP-Basic-Anmeldedialog vom Microsoft Internet Explorer

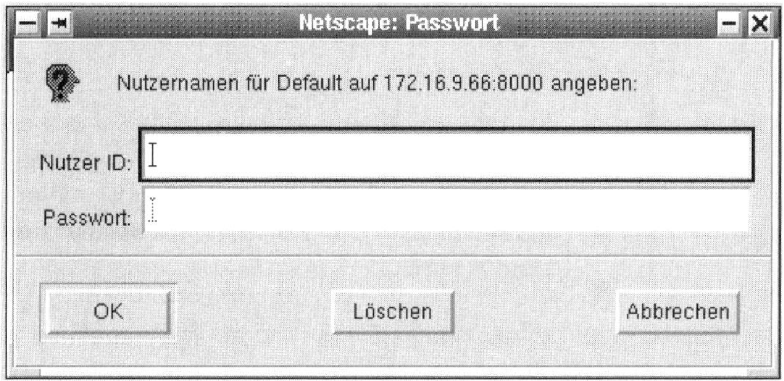

Abbildung 11.3: HTTP-Basic-Anmeldedialog vom Netscape Communicator

Abbildung 11.4: HTTP-Basic-Anmeldedialog vom Konqueror der KDE

Formularbasierte Authentifizierung

Die formularbasierte Authentifizierung wird verwendet, wenn der Anmeldedialog das gleiche Design haben soll wie die restlichen Web-Komponenten. Die Eingabe der Benutzerdaten, die für eine Authentifizierung erforderlich sind, werden in einer HTML-Seite eingegeben. Diese Seite wird im Deployment Descriptor angegeben. Der Web-Container ruft diese Seite auf, wenn sich der Benutzer authentifizieren muss. Die Benutzerdaten werden zu einer definierten URL gesendet, die der Web-Container entgegennimmt. Der Web-Container überprüft die Benutzerdaten. Wenn sie korrekt sind, ruft er die ursprünglich angeforderte Ressource auf, ansonsten ruft er eine benutzerdefinierte Web-Komponente auf, die eine Fehlermeldung ausgeben kann. Die Web-Komponente mit der Fehlermeldung wird ebenfalls im Deployment Descriptor angegeben.

Die Definition der beiden Web-Komponenten für die Benutzeranmeldung und für die fehlerhafte Authentifizierung erfolgt im Element `<form-login-config>` im Deployment Descriptor des Web-Archivs. Das Element wird in Tabelle 11.13 beschrieben.

Element	**M**	**Beschreibung**
<form-login-page>	1	In diesem Element wird die Web-Komponente definiert, die aufgerufen wird, wenn eine Benutzeranmeldung erforderlich ist. Der Wert beginnt immer mit einem Schrägstrich (/). Die Angabe ist relativ zum Root vom Web-Archiv.
<form-error-page>	1	In diesem Element wird die Web-Komponente definiert, die aufgerufen wird, wenn ein Fehler bei der Anmeldung aufgetreten ist. Der Wert beginnt immer mit einem Schrägstrich (/). Die Angabe ist relativ zum Root vom Web-Archiv.

Tabelle 11.13: Definitionen im Element <form-login-config>

Bei der formularbasierten Authentifizierung sollten in den Clients immer Cookies zugelassen sein. Wenn eine Client-Sitzung (HTTP-Session) über die URL verwaltet wird, können Probleme auftreten, weil in dem HTML-Formular mit den Benutzerdaten eine definierte Action angegeben werden muss.

Die Benutzerdaten werden in einer HTTP-Session gespeichert, d.h. ein Beenden der Session entspricht einem Abmelden des aktuellen Benutzers. Die Session kann durch einen Timeout oder durch den Aufruf der Methode `invalidate()` beendet werden.

Die Übertragung der Daten ist bei der formularbasierten Authentifizierung nicht sicher, d.h. die Daten können von einem Dritten sowohl gelesen als auch modifiziert werden. Um dieses Verfahren sicher zu machen, muss HTTPS verwendet werden.

HTML-Seite mit Anmeldeformular

Listing 11.3 stellt den Quelltext einer HTML-Seite dar, die durch das Element `<form-login-page>` referenziert werden kann. Die Seite enthält ein HTML-Formular. Die beiden Eingabefelder mit den Namen `j_username` und `j_password` müssen in dem Formular vorhanden sein. Dort muss der Benutzername und das Passwort eingegeben werden. Das Attribut `action` in dem Formular muss den Wert `j_security_check` haben. Der Web-Container nimmt diese Anfrage entgegen, um die Authentifizierung durchzuführen.

```
<html>
  <head>
    <title>Benutzerdaten eingeben</title>
  </head>
  <body>
    <p>
      Bitte geben Sie Ihre Benutzerdaten ein.
    </p>
    <form method="post" action="j_security_check" >
      <table>
        <tr>
          <td>Benutzername </td>
          <td><input name="j_username"></td>
        </tr>
        <tr>
          <td>Passwort</td>
          <td><input type="password" name="j_password"></td>
        </tr>
        <tr>
          <td colspan="2">
            <input type="submit" value="Anmelden">
          </td>
        </tr>
      </table>
    </form>
  </body>
</html>
```

Listing 11.3: Anmeldedialog für eine formularbasierte Authentifizierung

HTML-Seite für eine fehlerhafte Anmeldung

Listing 11.4 stellt den Quelltext einer HTML-Seite dar, die durch das Element `<form-error-page>` referenziert werden kann. Sie wird vom Web-Container aufgerufen, wenn die Authentifizierung fehlschlägt. Die HTML-Seite enthält einen Verweis auf die Anmeldeseite. In dem Beispiel wird davon ausgegangen, dass die HTML-Seite *login.html* in dem Element `<form-login-page>` referenziert wird.

```
<html>
  <head>
    <title>Fehlerhafte Anmeldung</title>
  </head>
  <body>
    <p>
      Ungültiger Benutzernamen bzw. falsches Passwort.
    </p>
    <a href="login.html">
      Anmeldung wiederholen...
    </a>
  </body>
</html>
```

Listing 11.4: Fehler bei der Anmeldung

Deployment Descriptor mit formularbasierter Authentifizierung

Listing 11.5 stellt den Deployment Descriptor eines Web-Archivs dar, bei dem die formularbasierte Anmeldung verwendet werden soll:

```
<web-app>
  ...
  <login-config>
    <auth-method>FORM</auth-method>
    <realm-name>Default</realm-name>
    <form-login-config>
      <form-login-page>/login.html</form-login-page>
      <form-error-page>/error.html</form-error-page>
    </form-login-config>
  </login-config>
  ...
</web-app>
```

Listing 11.5: Deployment Descriptor mit formularbasierter Authentifizierung

HTTP-Digest-Authentifizierung

Die HTTP-Digest-Authentifizierung stimmt prinzipiell mit der HTTP-Basic-Authentifizierung überein, d.h. der Web-Server fordert vom Browser die Benutzerdaten an. Der Browser überträgt das Passwort jedoch verschlüsselt, so dass es nicht von einem Dritten gelesen oder verändert werden kann. Diese Art der Authentifizierung wird nicht von jedem Browser und auch nicht von jedem Web-Server unterstützt.

HTTPS-Client-Authentifizierung

Bei der HTTPS-Client-Authentifizierung erfolgt die Kommunikation immer über SSL (Secure Socket Layer). Die Daten, die über eine SSL Verbindung gesendet werden, können von einem Dritten nicht ausgewertet oder verändert werden.

Die Authentifizierung des Benutzers erfolgt mit einem Public-Key-Zertifikat. Dieses muss auf dem Client installiert werden. Danach kann auf den Server zugegriffen werden. Dieses Authentifizierungsverfahren ist am sichersten. Es hat jedoch den Nachteil, dass am Client das Zertifikat installiert werden muss.

11.3 Sicherheit in EJB

11.3.1 Rollen

In dem Deployment Descriptor eines EJB-Archivs definiert der Entwickler logische Benutzergruppen (Rollen). Dies geschieht mit dem Element `<security-role>`, das in Tabelle 11.14 beschrieben wird. Die Rollen werden verwendet, damit die Methoden des EJBs nur von autorisierten Benutzern bzw. Diensten aufgerufen werden können. Bei der Installation des EJB-Archivs müssen den logischen Benutzergruppen tatsächlich vorhandenen Gruppen oder Benutzer zugewiesen werden.

Element	M	Beschreibung
<description>	0..1	Kommentar bzw. Beschreibung des Elements
<role-name>	1	In diesem Element wird eine logische Gruppe definiert.

Tabelle 11.14: Definitionen im Element <security-role>

Listing 11.6 beinhaltet den Deployment Descriptor eines EJB-Archivs. In ihm werden drei logische Benutzergruppen (Rollen) definiert. Diese Rollen können in anderen Elementen referenziert werden.

```
<ejb-jar>
  ...
  <assembly-descriptor>
    <security-role>
      <description>Mitarbeiter der Warenannahme</description>
      <role-name>ReceivingDepartment</role-name>
    </security-role>
```

```
    <security-role>
      <description>Mitarbeiter vom Einkauf</description>
      <role-name>PurchaseDepartment</role-name>
    </security-role>
    <security-role>
      <description>Mitarbeiter vom Versand</description>
      <role-name>ShippingDepartment</role-name>
    </security-role>
    ...
  </assembly-descriptor>
</ejb-jar>
```

Listing 11.6: Deployment Descriptor eines EJBs mit Rollen

11.3.2 Deklarative Sicherheit

Im Deployment Descriptor eines EJB-Archivs können die Methoden der Home- und Komponentenschnittstelle eines EJBs geschützt werden. Dies geschieht mit dem Element `<method-permission>`. In der EJB-Implementierung müssen keine sicherheitsrelevanten Methoden aufgerufen werden. Dies hat den Vorteil, dass ein EJB nachträglich vor unberechtigtem Zugriff geschützt werden kann. Ein weiterer Vorteil ist, dass das Sicherheitsverhalten durch Modifizieren des Deployment Descriptors einfach angepasst werden kann.

Listing 11.7 enthält den relevanten Teil eines Deployment Descriptors, der die beiden Methoden `getInventoryCount(String x)` und `putItemToInventory(String x)` des Remote Interfaces des Session Beans InventoryEJB vor unberechtigtem Zugriff schützt. Der Benutzer bzw. derjenige, der die Methode aufruft, muss der Rolle ReceivingDepartment angehören.

```
<ejb-jar>
  ...
  <enterprise-beans>
    <session>
      <ejb-name>InventoryEJB</ejb-name>
      ...
    </session>
      ...
  </enterprise-beans>
  <assembly-descriptor>
    <security-role>
      <role-name>ReceivingDepartment</role-name>
    </security-role>
    ...
    <method-permission>
      <role-name>ReceivingDepartment</role-name>
```

```
      <method>
        <ejb-name>InventoryEJB</ejb-name>
        <method-intf>Remote</method-intf>
        <method-name>getInventoryCount</method-name>
        <method-params>
          <method-param>java.lang.String</method-param>
        </method-params>
      </method>
      <method>
        <ejb-name>InventoryEJB</ejb-name>
        <method-intf>Remote</method-intf>
        <method-name>putItemToInventory</method-name>
        <method-params>
          <method-param>java.lang.String</method-param>
        </method-params>
      </method>
    </method-permission>
    ...
  </assembly-descriptor>
</ejb-jar>
```

Listing 11.7: Deployment Descriptor eins EJBs mit Rollen

Das Element `<method-permission>` wird in Tabelle 11.15 beschrieben:

Element	**M**	**Beschreibung**
<description>	0..1	Kommentar bzw. Beschreibung des Elements
<role-name>	1..n	Entweder wird das Element <role-name> oder das Element <unchecked> verwendet. Falls <role-name> verwendet wird, können Rollennamen angegeben werden. Der Container führt für die definierten Methoden eine Autorisierung durch, so dass nur Anwender die Methode ausführen dürfen, die mindestens einer der genannten Rollen zugeordnet sind. Der Rollenname muss mit einem Wert in dem Element <security-role> übereinstimmen.
<unchecked>	1	Entweder wird das Element <role-name> oder das Element <unchecked> verwendet. Falls <unchecked> verwendet wird, führt der Container für die definierten Methoden keine Autorisierung durch.
<method>	1..n	In diesem Element werden die Methoden definiert, für die das Sicherheitsverhalten definiert werden soll.

Tabelle 11.15: Definitionen im Element <method-permission>

Element	M	Beschreibung
<description>	0..1	Kommentar bzw. Beschreibung des Elements
<ejb-name>	1	In diesem Element muss der Name des EJBs angegeben werden, dessen Methoden beschrieben werden sollen. Der Name muss mit dem Wert aus dem Element <ejb-name> vom EJB übereinstimmen.
<method-intf>	0..1	Hier kann das Interface definiert werden, in dem die Methode deklariert wurde. Die Werte Home, Remote, LocalHome oder Local sind gültig.
<method-name>	1	In diesem Element wird der Methodenname definiert. Das Jokerzeichen Stern (*) kann verwendet werden, um alle Methoden anzusprechen.
<method-params>	0..1	In diesem Element werden die Typen der Übergabeparameter der Methode definiert.

Tabelle 11.16: Definitionen im Element <method>

Element	M	Beschreibung
<method-param>	0..n	In diesem Element wird der Typ eines Übergabeparameters angegeben. Falls die Methode drei Übergabeparameter hat, sind drei Elemente erforderlich. Der Typ muss den vollständigen Klassennamen beinhalten, d.h. das Package muss auch mit angegeben werden.

Tabelle 11.17: Definitionen im Element <method-params>

Das Element `<method>` kann unterschiedlich angewendet werden. Beim Typ 1 wird der Methodenname mit dem Jokerzeichen Stern (*) angegeben. Es werden keine Parameter angegeben. Dieser Typ bewirkt, dass alle Methoden von dem angegebenen EJB angesprochen werden.

Beim Typ 2 wird der Methodenname ohne Parameter angegeben. Es werden alle Methoden von dem spezifizierten EJB mit diesem Namen berücksichtigt. Der Typ 2 überschreibt die Deklaration vom Typ 1. Man kann so spezielle Methoden auswählen und mit einem besonderen Sicherheitsverhalten versehen.

Der Typ 3 beinhaltet den Methodennamen und dessen Parametertypen. Die Parametertypen müssen im Deployment Descriptor in der gleichen Reihenfolge angegeben werden, wie sie in der Methode deklariert sind. Mit diesem Typ kann das Sicherheitsverhalten von überladenen Methoden konfiguriert werden. Der Typ 3 überschreibt die Deklaration vom Typ 2 und vom Typ 1.

11.3.3 Programmierte Sicherheit

In einem EJB ist eine ähnliche Programmierschnittstelle verfügbar, um Daten über den aktuellen Benutzer zu erhalten wie bei einer Web-Komponente. Tabelle 11.18 listet Methoden aus dem Interface `javax.ejb.EJBContext` auf, die dazu verwendet werden, ein EJB programmtechnisch zu sichern. Diese Methoden können in einem Entity Bean oder Session Bean verwendet werden. Es ist nicht sinnvoll, diese Methoden in einem Message Driven Bean zu verwenden, da die Methode `onMessage()` immer vom Container aufgerufen wird, d.h. dort kann kein unberechtigter Zugriff erfolgen.

Methode	**Beschreibung**
getCallerPrincipal()	Diese Methode liefert das Objekt, in dem die Benutzerdaten gespeichert sind. Das Objekt ist vom Typ java.security.Principal. Der Rückgabewert ist niemals null.
isCallerInRole(String role)	Mit dieser Methode kann überprüft werden, ob der authentifizierte Benutzer zu der angegebenen Rolle gehört. Der Rückgabewert ist false, wenn der angemeldete Benutzer nicht zu der angegebenen Rolle gehört.

Tabelle 11.18: Methoden für programmierte Sicherheit in einer Web-Komponente

Der Methode `isCallerInRole(String role)` wird der Name einer Rolle übergeben. Damit das EJB wiederverwendet werden kann, muss im Quelltext ein logischer Rollennamen angeben werden. Im Deployment Descriptor kann diesem logischen Rollennamen eine existierende Rolle zugewiesen werden. Diese Zuweisung erfolgt im Element `<security-role-ref>`, das für ein Entity Bean und Session Bean definiert werden kann. Tabelle 11.19 beschreibt das Element `<security-role-ref>`.

Element	**M**	**Beschreibung**
<description>	0..1	Kommentar bzw. Beschreibung des Elements
<role-name>	1	In diesem Element wird der Rollenname angegeben, der im Quelltext verwendet wird.
<role-link>	0..1	In diesem Element wird die Rolle definiert, die verwendet werden soll. Der Name muss mit einer Rolle übereinstimmen, die in dem Element <security-role> definiert wurde. Falls das Element im Deployment Descriptor nicht angegeben wird, muss bei der Installation eine Rolle angegeben werden.

Tabelle 11.19: Definitionen im Element <security-role-ref>

Die beiden Methoden `getCallerPrincipal()` und `isCallerInRole(String role)` dürfen nur aufgerufen werden, wenn ein gültiger Security-Kontext vorhanden ist. Dies bedeutet, dass die Methode von einem Client aufgerufen wurde. In welchen Methoden der Aufruf zulässig ist, hängt von dem EJB-Typ ab. In den folgenden Tabellen sind die zulässigen Methodenaufrufe für die entsprechenden EJB-Typen beschrieben.

- Tabelle 4.2: Zulässige Operationen in den Methoden vom Stateless Session Bean
- Tabelle 4.6: Zulässige Operationen in den Methoden vom Stateful Session Bean
- Tabelle 5.3: Zulässige Operationen in den Methoden vom Entity Bean

11.4 Benutzeridentität einer Komponente definieren

Bei einer Web-Anwendung muss sich ein Benutzer nur dann authentifizieren, wenn er auf geschützte Ressourcen zugreift. Der Web-Container muss also den Zugriff auf Ressourcen ermöglichen, ohne dass ein Benutzer angemeldet ist. Der Rückgabewert der Methode `getUserPrincipal()` des Interfaces `HttpServletRequest` ist dann `null`.

Bei dem Zugriff auf ein EJB ist dies anders. Der Rückgabewert der Methode `getCallerPrincipal()` des Interfaces `EJBContext` ist niemals `null`. Wenn eine Methode von einem EJB aufgerufen wird, wenn kein Benutzer authentifiziert ist, dann wird dem aufrufenden Objekt (Web-Komponente oder Java-Anwendung) eine Benutzeridentität vom J2EE-Server zugewiesen. Wie diese Zuweisung erfolgt, ist herstellerspezifisch.

Im Deployment Descriptor einer Web-Komponente und eines EJBs kann eine Benutzeridentität definiert werden, mit der alle Methoden, die in dieser Komponente aufgerufen werden, ausgeführt werden. Dies geschieht mit dem Element `<run-as>`.

Auf diese Art und Weise können von einer Komponente geschützte Methoden von einem EJB aufgerufen werden, obwohl kein Benutzer authentifiziert ist.

11.4.1 Benutzeridentität einer Web-Komponente definieren

Bei einem Servlet bzw. einer JSP kann in dem Element `<run-as>` eine Rolle (logische Gruppe) angegeben werden. Bei der Installation der Web-Anwendung muss für diese Komponente ein Benutzer definiert werden, der dieser Rolle angehört. Wird nun innerhalb des Servlets eine Methode von einem EJB aufgerufen, dann wird diese unter der definierten Benutzeridentität ausgeführt. Wenn in dem EJB die Methode `getCallerPrincipal().getName()` aufgerufen wird, dann liefert diese Methode den bei der Installation definierten Benutzernamen.

Tabelle 11.20 beschreibt das Element `<run-as>`. Es wird innerhalb des Elements `<servlet>` im Deployment Descriptor von einer Web-Anwendung angegeben.

Element	M	Beschreibung
<description>	0..1	Kommentar bzw. Beschreibung des Elements
<role-name>	1	In diesem Element wird eine logische Gruppe (Rolle) angegeben. Bei der Installation muss ein Benutzer definiert werden, der dieser Rolle angehört. Die Identität von diesem Benutzer wird verwendet, um

Element	M	Beschreibung
		Methoden innerhalb des Servlets bzw. JSP aufzurufen.

Tabelle 11.20: Definitionen im Element <run-as>

Listing 11.8 beinhaltet den relevanten Teil eines Deployment Descriptors, bei dem die Benutzeridentität von einem Servlet angegeben ist. Der Name der Rolle im Element `<run-as>` muss mit einem Rollennamen im Element `<security-role>` übereinstimmen.

```
<web-app>
  ...
  <servlet>
    ...
    <run-as>
      <role-name>servletTestRole</role-name>
    </run-as>
    ...
  </servlet>
  ...
  <security-role>
    <role-name>servletTestRole</role-name>
  </security-role>
  ...
</web-app>
```

Listing 11.8: Deployment Descriptor einer Web-Komponente mit run-as

11.4.2 Benutzeridentität eines EJBs definieren

Im Deployment Descriptor eines EJBs kann in dem Element `<security-identity>` definiert werden, mit welcher Benutzeridentität die Methoden ausgeführt werden, die von dem EJB aufgerufen werden.

Listing 11.9 beinhaltet den relevanten Teil eines Deployment Descriptors, bei dem die Benutzeridentitäten von zwei Session Beans konfiguriert werden. Das erste Session Bean verwendet dabei die Identität des Aufrufenden. Dies geschieht durch das Element `<use-caller-identity>`. Dieses Element ist bei einem Message Driven Bean nicht zulässig, da die Methode `onMessage()` immer vom Container aufgerufen wird.

Beim zweiten Session Bean sollen die Methoden, die von dem EJB aufgerufen werden, unter einer vordefinierten Benutzeridentität ausgeführt werden. Dazu wird in dem Element `<run-as>` eine logische Benutzergruppe (Rolle) angegeben. Diese muss mit einer Rolle aus dem Element `<security-role>` übereinstimmen. Bei der Installation des EJBs muss ein Benutzer angegeben werden, der dieser Rolle angehört. Diese Benutzeridentität wird verwendet, um Methoden innerhalb des EJBs aufzurufen. Wie diese Zuweisung erfolgt, ist herstellerspezifisch.

```
<ejb-jar>
  ...
  <enterprise-beans>
    <session>
      ...
      <security-identity>
        <use-caller-identity></use-caller-identity>
      </security-identity>
    </session>
    ...
    <session>
      ...
      <security-identity>
        <run-as>ejbTestRole</run-as>
      </security-identity>
    </session>
  </enterprise-beans>
  <assembly-descriptor>
    <security-role>
      <role-name>ejbTestRole</role-name>
    </security-role>
    ...
  </assembly-descriptor>
</ejb-jar>
```

Listing 11.9: Benutzeridentität im Deployment Descriptor eines EJBs definieren

Tabelle 11.21 beschreibt das Element `<security-identity>`. Es wird innerhalb der Elemente `<session>`, `<entity>` und `<message-driven>` im Deployment Descriptor eines EJB-Archivs angegeben.

Element	M	Beschreibung
<description>	0..1	Kommentar bzw. Beschreibung des Elements
<use-caller-identity>	1	Das EJB wird mit der Identität von dem Aufrufenden ausgeführt. Dieses Element darf nicht bei einem Message Driven Bean verwendet werden.
<run-as>		Das EJB wird nicht mit der Identität von dem Aufrufenden, sondern einer vordefinierten Identität ausgeführt.

Tabelle 11.21: Definitionen im Element <security-identity>

Element	M	Beschreibung
<description>	0..1	Kommentar bzw. Beschreibung für das Element
<role-name>	1	In diesem Element wird eine logische Gruppe (Rolle) angegeben. Bei der Installation muss ein Benutzer definiert werden, der dieser Rolle angehört. Die Identität von diesem Benutzer wird verwendet, um Methoden innerhalb des EJBs aufzurufen.

Tabelle 11.22: Definitionen im Element <run-as>

Mit dem Element `<run-as>` wird nicht die Identität des aufrufenden Benutzers geändert, sondern alle Methoden, die von dem angegebenen EJB aufgerufen werden, werden unter der definierten Identität ausgeführt. Die Methode `getCallerPrincipal()` liefert in dem EJB das Principal des angemeldeten Benutzers. Wird in dem EJB die Methode eines anderen EJBs aufgerufen, so liefert die Methode `getCallerPrincipal()` in dem anderen EJB das Principal von dem Benutzer, der bei der Installation definiert wurde.

11.5 Authentifizierung in einer Java-Anwendung

In den bisherigen Kapiteln haben wir mit Java-Swing-Anwendungen Methoden von Enterprise Java Beans aufgerufen. Diese Methoden waren nicht vor unberechtigtem Zugriff geschützt. Der Client, d.h. die Java-Anwendung, hat sich nicht gegenüber dem EJB-Container authentifiziert.

Bei einer Java-Anwendung, die auf geschützte Methoden eines EJBs zugreift, muss sich der Benutzer bzw. der Dienst bei dem EJB-Container authentifizieren. In der J2EE-Spezifikation 1.3 ist definiert, wie die Authentifizierung von einem Client gegenüber dem EJB-Container erfolgen soll. Dies geschieht mit einer Klasse, die das Interface `javax.security.auth.callback.CallbackHandler` implementiert. In diesem Interface ist die Methode `handle(Callback[] callbacks)` definiert. Diese Methode wird aufgerufen, wenn Nachrichten für den Benutzer (z.B. eine Fehlermeldung) dargestellt werden sollen oder wenn Daten von dem Benutzer (z.B. Benutzername und Passwort) abgefragt werden sollen.

Nun stellt man sich natürlich die Frage, wer die Methode `handle()` aufruft. Eigentlich muss sie vom EJB-Container aufgerufen werden, weil nur er das Wissen hat, bei welchen Methodenaufrufen eine Authentifizierung erforderlich ist. Der EJB-Container läuft aber in einem anderen Prozess auf einem anderen Rechner, d.h. dieser kann die Methode nicht aufrufen. Dieses Problem löst man, indem die Java-Anwendung ebenfalls in einem Container ausgeführt wird. Der Client-Container wird in dem gleichen Prozess ausgeführt wie die Anwendung. Die Methode `handle()` wird bei Bedarf vom Client-Container aufgerufen.

Eine Java-Anwendung, die in einem Client-Container ausgeführt wird, hat ebenfalls einen Deployment Descriptor. In ihm wird z.B. die Klasse definiert, die das Interface `CallbackHandler` implementiert. Das Archiv mit der Anwendung und dem Deployment Descriptor wird wie ein Web-Archiv oder EJB-Archiv in einem Enterprise-Archiv gespeichert. In diesem Enterprise-Archiv sind dann alle Komponenten vorhanden, die für die Anwendung erforderlich sind.

Diese Architektur bietet zusätzliche Vorteile in Bezug auf die Wiederverwendbarkeit einer Java-Anwendung. Bisher hatten wir den JNDI-Namen der EJBs fest in der Java Anwendung codiert. Bei einer Anwendung, die in einem Client-Container ausgeführt wird, kann ein logischer Name verwendet werden, so wie wir dies innerhalb von J2EE-Komponenten gewohnt sind. Im Deployment Descriptor wird der logische Name angegeben. Dem Client-Container muss mitgeteilt werden, welcher JNDI-Name dem logischen Namen zugewiesen werden soll. Dies muss spätestens bei der Installation erfolgen.

Eine Anwendung für einen Client Container wird im Element `<application-client>` definiert. Dieses Element wird in Tabelle 11.23 beschrieben. Die Elemente `<env-entry>`, `<ejb-ref>`, `<resource-ref>` und `<resource-env-ref>` sind im Anhang beschrieben. Sie sind prinzipiell identisch mit den gleichnamigen Elementen im Deployment Descriptor eines EJB-Archivs. In dem Element `<application-client>` wird nicht die Main-Klasse der Anwendung angegeben. Diese Klasse kann in der Datei *meta-inf/Manifest.mf* angegeben werden.

Element	**M**	**Beschreibung**
<icon>	0..1	Grafik der Visualisierung
<display-name>	1	Name der Visualisierung
<description>	0..1	Kommentar bzw. Beschreibung des Elements
<env-entry>	0..n	In diesem Element kann eine Umgebungsvariable definiert werden.
<ejb-ref>	0..n	Mit diesem Element kann eine Referenz auf einen Remote Client View eines EJBs definiert werden.
<resource-ref>	0..n	Hier kann eine Resource Manager Connection Factory definiert werden, die im Quelltext durch einen logischen Namen angesprochen wird.
<resource-env-ref>	0..n	Mit diesem Element können Objekte definiert werden, die von einem Administrator verwaltet werden und die zu einem Resource Manager gehören. Dies sind z.B. Nachrichtenziele (Destination) von JMS. Im Quelltext wird ein logischer Name verwendet, um das Objekt über JNDI zu ermitteln. In diesem Element wird dem logischen Namen ein konkretes Objekt zugewiesen.
<callback-handler>	0..1	In diesem Element wird der vollständige Klassenname von einer benutzerdefinierten Klasse angegeben, die das Interface javax.security.auth.callback.CallbackHandler implementiert. Der Konstruktor der Klasse darf keinen Parameter haben. Der Client-Container erzeugt bei Be-

Element	M	Beschreibung
		darf eine Instanz von dieser Klasse und ruft die entsprechenden Methoden auf, um z.B. die Benutzerdaten zu ermitteln.

Tabelle 11.23: Definitionen im Element <application-client>

Jeder Hersteller eines J2EE-Servers stellt seinen eigenen Client-Container für eine Java-Anwendung zur Verfügung. Das Starten der Anwendung ist ebenfalls herstellerspezifisch. Bei der J2EE-Referenzimplementierung von Sun geschieht dies durch das Skript *runclient.sh* bzw. der Batchdatei *runclient.bat*.

Listing 11.10 zeigt einen CallbackHandler für eine Swing-Anwendung. In der Methode `handle(Callback[] callbacks)` werden Meldungen für den Benutzer und die Eingabe von Benutzernamen und Passwort verarbeitet. Auf die gleiche Art können die anderen Callback-Typen verarbeitet werden. Die Klasse verwendet der Einfachheit halber die Standardfunktionalität der Klasse `JOptionPane`.

Im Callback Handler sind keine anwendungsspezifischen Funktionalitäten implementiert, so dass diese Klasse für alle J2EE-Client-Anwendungen verwendet werden kann.

```
package de.j2eeguru.example.security.client;

import java.io.IOException;

import java.awt.GridLayout;
import javax.swing.JPanel;
import javax.swing.JLabel;
import javax.swing.JTextField;
import javax.swing.JPasswordField;
import javax.swing.JOptionPane;

import javax.security.auth.callback.Callback;
import javax.security.auth.callback.TextOutputCallback;
import javax.security.auth.callback.NameCallback;
import javax.security.auth.callback.PasswordCallback;
import javax.security.auth.callback.CallbackHandler;
import javax.security.auth.callback.UnsupportedCallbackException;

public class MyCallbackHandler implements CallbackHandler
{
  // Konstruktor darf keinen Parameter haben.
  public MyCallbackHandler()
  {
  }

  public void handle(Callback[] callbacks)
```

```
        throws IOException, UnsupportedCallbackException
  {
    // Benutzerauthentifizierung besonders behandeln
    if( callbacks.length == 2 &&
        callbacks[0] instanceof NameCallback    &&
        callbacks[1] instanceof PasswordCallback  )
    {
      NameCallback nc = (NameCallback)callbacks[0];
      PasswordCallback pc = (PasswordCallback)callbacks[1];

      JPanel jpnlMain = new JPanel();
      GridLayout grdlytMain = new GridLayout();
      JLabel jlblUsernamePrompt = new JLabel(nc.getPrompt());
      JLabel jlblPasswordPrompt = new JLabel(pc.getPrompt());
      JTextField txtfld = new JTextField(10);
      JPasswordField pwdfld = new JPasswordField(10);
      jpnlMain.setLayout(grdlytMain);
      grdlytMain.setRows(2);
      jpnlMain.add(jlblUsernamePrompt, null);
      jpnlMain.add(txtfld, null);
      jpnlMain.add(jlblPasswordPrompt, null);
      jpnlMain.add(pwdfld, null);

      int ret = JOptionPane.showConfirmDialog(
                  null, jpnlMain, "Benutzerdaten eingeben",
                  JOptionPane.OK_CANCEL_OPTION,
                  JOptionPane.PLAIN_MESSAGE );

      if( ret == JOptionPane.OK_OPTION )
      {
        nc.setName( txtfld.getText() );
        pc.setPassword( pwdfld.getPassword() );
      }
      else
        nc.setName( nc.getDefaultName() );

      return;
    }

    // Ansonsten werden die callbacks sequentiell abgearbeitet.
    for( int i = 0; i < callbacks.length; i++ )
    {
      if( callbacks[i] instanceof TextOutputCallback )
      {
        // Abhängig vom Nachrichtentyp eine Meldung ausgeben
```

```
    TextOutputCallback toc = (TextOutputCallback)callbacks[i];

    switch( toc.getMessageType() )
    {
      case TextOutputCallback.INFORMATION:
           JOptionPane.showMessageDialog(null,
                       toc.getMessage(), "Information",
                       JOptionPane.INFORMATION_MESSAGE);
           break;

      case TextOutputCallback.ERROR:
           JOptionPane.showMessageDialog(null,
                       toc.getMessage(), "Fehler",
                       JOptionPane.ERROR_MESSAGE);
           break;

      case TextOutputCallback.WARNING:
           JOptionPane.showMessageDialog(null,
                       toc.getMessage(), "Warnung",
                       JOptionPane.WARNING_MESSAGE);
           break;

      default:
           throw new UnsupportedCallbackException(
                                         callbacks[i]);
    }
  }
  else if( callbacks[i] instanceof NameCallback )
  {
    // Benutzername abfragen
    NameCallback nc = (NameCallback)callbacks[i];
    JTextField txtfld = new JTextField(10);

    int ret = JOptionPane.showConfirmDialog(
                null, txtfld, nc.getPrompt(),
                JOptionPane.OK_CANCEL_OPTION,
                JOptionPane.PLAIN_MESSAGE );

    if( ret == JOptionPane.OK_OPTION )
      nc.setName( txtfld.getText() );
    else
      nc.setName( nc.getDefaultName() );
  }
  else if( callbacks[i] instanceof PasswordCallback )
  {
```

```
          // Passwort abfragen
          PasswordCallback pc = (PasswordCallback)callbacks[i];

          JPasswordField pwdfld = new JPasswordField(10);

          int ret = JOptionPane.showConfirmDialog(
                        null, pwdfld, pc.getPrompt(),
                        JOptionPane.OK_CANCEL_OPTION,
                        JOptionPane.PLAIN_MESSAGE );

          if( ret == JOptionPane.OK_OPTION )
            pc.setPassword( pwdfld.getPassword() );
        }
        else
          throw new UnsupportedCallbackException(callbacks[i]);
      }
    }
}
```

Listing 11.10: Benutzerspezifischer CallbackHandler einer J2EE-Client-Anwendung

In Listing 11.11 ist der Deployment Descriptor einer J2EE-Client-Anwendung dargestellt. Dort wird der vollständige Klassenname in dem Element `<callback-handler>` angegeben. Der Client-Container erzeugt eine Instanz von der dort spezifizierten Klasse und ruft die Methode `handle(...)` auf, sofern dies erforderlich ist.

```
<application-client>
  ...
  <callback-handler>
    de.j2eeguru.example.security.client.MyCallbackHandler
  </callback-handler>
</application-client>
```

Listing 11.11: Deployment Descriptor einer J2EE-Client-Anwendung

Abbildung 11.5 zeigt den Anmeldedialog vom CallbackHandler. Die beiden Texte „Enter Username:“ und „Enter Password:“ werden vom Container vorgegeben.

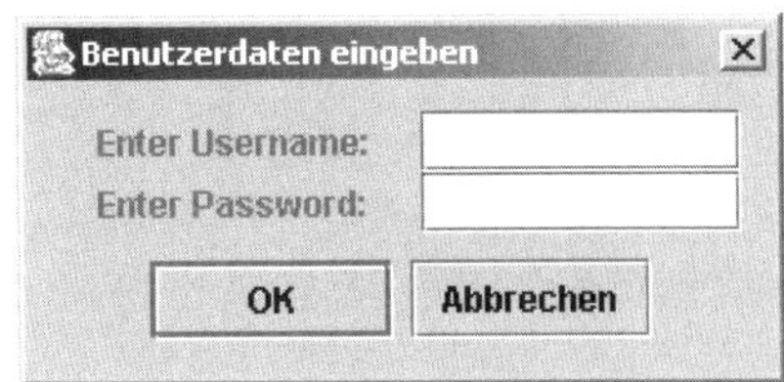

Abbildung 11.5: Anmeldedialog vom Callback Handler

11.6 Beispielanwendung

In diesem Beispiel soll eine Anwendung entwickelt werden, mit der Artikel in einem Lager verwaltet werden. Die Anwendung soll über einen Browser bedient werden. Für einen Teilbereich der Anwendung soll die Bedienung zusätzlich über eine Java Applikation möglich sein. Die folgende Funktionalität ist gefordert.

- Lagerbestand von einem Artikel anzeigen
- Artikel aus dem Lager entnehmen
- Artikel in das Lager aufnehmen
- Artikel bei einem Lieferanten bestellen

Die einzelnen Funktionen werden von Mitarbeitern genutzt, die in unterschiedlichen Abteilungen angesiedelt sind. Die Artikel dürfen nur von Mitarbeitern der Versand-Abteilung aus dem Lager entnommen werden, die Artikel dürfen nur von Mitarbeitern der Abteilung Einkauf bestellt werden, und die Artikel dürfen nur von Mitarbeitern der Abteilung Warenannahme eingelagert werden. Den Lagerbestand sollen sich alle Mitarbeiter aus den genannten Abteilungen ansehen können.

Die Anwendung soll nach dem Model View Control Paradigma realisiert werden. Das Model wird durch ein Session Bean, der View durch mehrere JSP und der Control mit einem Servlet implementiert.

11.6.1 Modell der Anwendung (Session Bean)

Die Funktionalität der Anwendung wird von einem Stateless Session Bean gekapselt. Listing 11.12 zeigt das Remote Home Interface:

```
package de.j2eeguru.example.security.ejb.inventory;

import java.rmi.RemoteException;

import javax.ejb.EJBHome;
import javax.ejb.CreateException;

public interface InventoryHome extends EJBHome
{
  public Inventory create()
                   throws CreateException, RemoteException;
}
```

Listing 11.12: Remote Home Interface des Session Bean InventoryEJB

In der Komponentenschnittstelle des Session Beans (Listing 11.13) sind die Methoden für die geforderte Funktionalität definiert. Jeder Artikel hat eine eindeutige Kennung vom Typ String. Diese Kennung muss immer angegeben werden.

```
package de.j2eeguru.example.security.ejb.inventory;

import java.rmi.RemoteException;
import javax.ejb.EJBObject;

public interface Inventory extends EJBObject
{
  /** Lagerbestand eines Artikels ermitteln */
  public int      getInventoryCount(String id)
                  throws RemoteException;

  /** Artikel aus dem Lager entnehmen */
  public boolean getItemFromInventory(String id)
                  throws RemoteException;

  /** Artikel in das Lager aufnehmen */
  public void     putItemToInventory(String id)
                  throws RemoteException;

  /** Artikel bestellen */
  public void     orderItem(String id)
                  throws RemoteException;
}
```

Listing 11.13: Remote Interface des Session Bean InventoryEJB

Listing 11.14 zeigt die Implementierung des Stateless Session Beans. Die Verwaltung der Artikel wird von der Klasse `InventoryManager` durchgeführt, so dass in den Methoden des Session Beans nur die entsprechenden Methoden dieser Klasse aufgerufen werden. In der Praxis würden die Artikel in einer Datenbank gespeichert werden, so dass vom Session Bean die Methoden von ein bzw. mehreren Entity Beans gekapselt würden.

Die Bestellung eines Artikels wird von der Methode `orderItem(id)` durchgeführt. In dem Beispiel ist der Methodenrumpf leer, da die eigentliche Funktionalität an dieser Stelle nebensächlich ist.

Die EJB-Implementierung beinhaltet keine Methodenaufrufe, die die Anwendung vor unbefugten Zugriffen schützt. Dieser Schutz soll deklarativ im Deployment Descriptor des EJB-Archivs erfolgen.

```
package de.j2eeguru.example.security.ejb.inventory;

import javax.ejb.SessionBean;
import javax.ejb.CreateException;
import javax.ejb.SessionContext;

public class InventoryEJB implements SessionBean
```

```
{
  //----------------------------------------------------------------
  //            Implementierung der Businessmethoden
  //----------------------------------------------------------------
  /** Lagerbestand eines Artikels ermitteln */
  public int getInventoryCount(String id)
  {
    return InventoryManager.getInventoryCount(id);
  }

  /** Artikel aus dem Lager entnehmen */
  public boolean getItemFromInventory(String id)
  {
    return InventoryManager.getItemFromInventory(id);
  }

  /** Artikel in das Lager aufnehmen */
  public void putItemToInventory(String id)
  {
    InventoryManager.putItemToInventory(id);
  }

  /** Artikel bestellen */
  public void orderItem(String id)
  {
    // nichts tun ...
  }

  //----------------------------------------------------------------
  //            Implementierung der create-Methode
  //----------------------------------------------------------------
  public void ejbCreate() throws CreateException  { }

  //----------------------------------------------------------------
  //    Implementierung des Interfaces 'javax.ejb.SessionBean'
  //----------------------------------------------------------------
  public void setSessionContext( SessionContext sctx )  { }
  public void ejbRemove()      { }
  public void ejbActivate()    { }
  public void ejbPassivate()   { }
}
```

Listing 11.14: Implementierung des Session Bean InventoryEJB

Wie bereits erwähnt, verwaltet die Klasse `InventoryManager` die Artikel. Die Artikelkennung wird in einem Vector gespeichert. Falls ein Artikel mehrmals im Vector enthalten ist, ist der Lagerbestand entsprechend hoch. Die Klasse besitzt nur statische Methoden, damit alle Session Beans auf die gleichen Daten zugreifen.

```
package de.j2eeguru.example.security.ejb.inventory;

import java.util.Vector;

public class InventoryManager
{
  private static Vector inventoryItems = null;

  private static synchronized Vector getInvetoryItems()
  {
    if( inventoryItems == null )
      inventoryItems = new Vector();

    return inventoryItems;
  }

  /** Lagerbestand eines Artikels ermitteln */
  public static synchronized int getInventoryCount(String id)
  {
    int cnt = 0;
    for( int i=0; i<getInvetoryItems().size(); i++ )
      if( getInvetoryItems().elementAt(i).equals(id) )
        cnt++;

    return cnt;
  }

  /** Artikel aus dem Lager entnehmen */
  public static synchronized boolean getItemFromInventory(
                                                    String id)
  {
    for( int i=0; i<getInvetoryItems().size(); i++ )
      if( getInvetoryItems().elementAt(i).equals(id) )
      {
        getInvetoryItems().remove(i);
        return true;
      }

    return false;
  }

  /** Artikel in das Lager hinzufügen */
```

```
  public static synchronized void putItemToInventory(String id)
  {
    getInvetoryItems().add(id);
  }
}
```

Listing 11.15: Verwaltung der Artikel

11.6.2 View-Komponente der Web-Anwendung

Die Java Server Page *index.jsp* (Listing 11.16) erzeugt immer die Antwort für den Client. Die erzeugte Seite besteht aus drei Bereichen. Im oberen Teil wird eine Überschrift erzeugt. Diese ist in der Anwendung immer konstant. Unterhalb der Überschrift wird an der linken Seite eine Liste mit Verweisen dargestellt. Dies geschieht durch das Einbinden der Datei *linklist.jsp*. Rechts von der Verweisliste wird eine weitere JSP eingebunden. Der Name dieser JSP wird aus dem Attribut `"mainpage"` der Anfrage ermittelt. Dieses Attribut wird vom Control-Servlet gepflegt.

```
<html>    <%-- index.jsp --%>
  <head>
    <title>Artikelverwaltung</title>
  </head>
  <body>
    <table width="100%">
      <tbody>
        <tr>
          <td colspan="2">
            <h1 align="center">Artikelverwaltung</h1>
          </td>
        </tr>
        <tr>
          <td width="20%" valign="top">
            <jsp:include page="linkList.jsp"/>
          </td>
          <td valign="top">
            <%
              String url = (String)
                                   request.getAttribute("mainpage");
              if(url != null)
              {
            %>
                <jsp:include page="<%= url %>"/>
            <%
              }
            %>
```

```
        </td>
      </tr>
    </tbody>
  </table>
 </body>
</html>
```

Listing 11.16: View Komponente der Web-Anwendung

Im Listing 11.17 ist die JSP *linklist.jsp* abgebildet. Sie erzeugt eine Liste mit Verweisen, mit der die Funktionalitäten der Anwendung angesprochen werden. Der Verweis zeigt immer auf das Control-Servlet. In dem Parameter `action` wird dem Servlet mitgeteilt, welche Funktion ausgewählt wurde. In unserem Fall entspricht es dem Namen der JSP ohne Dateierweiterung, die aufgerufen werden soll.

In der JSP wird die Methode `getUrl()` deklariert. Mit ihr wird die URL konvertiert, so dass die Anwendung von Browsern verwendet werden kann, bei denen keine Cookies erlaubt sind.

```
<%-- linkList.jsp --%>

<%!
  // Methodendeklaration mit der man eine URL codieren kann.
  private String getUrl(HttpServletResponse res, String action)
  {
    return res.encodeURL("control?action=" + action);
  }
%>

<%
  String userName = (request.getUserPrincipal() == null ? "" :
                      request.getUserPrincipal().getName() );
%>

<table>
  <tr>
    <td>
      <a href="<%= getUrl(response, "showInventar") %>">
        Inventar anzeigen
      <a>
    </td>
  </tr>
  <tr>
    <td>
      <a href="<%= getUrl(response, "orderItem") %>">
        Artikel bestellen
      <a>
```

```
      </td>
    </tr>
    <tr>
      <td>
        <a href="<%= getUrl(response, "getItem") %>">
          Artikel auslagern
        <a>
      </td>
    </tr>
    <tr>
      <td>
        <a href="<%= getUrl(response, "putItem") %>">
          Artikel einlagern
        <a>
      </td>
    </tr>
    <tr>
      <td>
        <a href="<%= getUrl(response, "doLogout") %>">
          <%= userName %> Abmelden
        <a>
      </td>
    </tr>
  </table>
```

Listing 11.17: View-Komponente mit den Verweisen zu den Funktionalitäten

Die Datei `getItem.jsp` ist in Listing 11.18 dargestellt. In ihr wird ein HTML-Formular erzeugt, mit dem ein Artikel aus dem Lager entnommen werden soll. Das Formular besteht aus einem Eingabefeld für die Artikelnummer, einem versteckten Feld, das den Parameter `action` beinhaltet und einem Button zum Senden des Formulars. Das Formular wird an die Control-Komponente gesendet. Wie bereits erwähnt, nimmt sie alle Anfragen entgegen.

```
<%-- getItem.jsp --%>
<form action='<%=response.encodeURL("control")%>' method="post">
  <input type="hidden" name="action" value="doGetItem">
  <table>
    <tr>
      <th colspan="3">Artikel aus Lagerbestand entnehmen</th>
    </tr>
    <tr>
      <td>Artikelnummer:</td>
      <td><input name="itemId" size="10"></td>
      <td><input type="submit" value="Artikel entnehmen"></td>
    </tr>
```

```
  </table>
</form>
```

Listing 11.18: View-Komponente mit dem Formular, um einen Artikel auszulagern

Die Dateien *orderItem.jsp*, *putItem.jsp* und *showInventar.jsp* sind nicht abgebildet, weil sie prinzipiell genauso aufgebaut sind wie die Datei *getItem.jsp*. Der wichtigste Unterschied ist der Wert des versteckten Felds mit dem Namen `action`. Mit diesem Parameter wird beim Versenden des Formulars die Funktion im Control-Servlet ausgewählt.

Zu der JSP *showResult.jsp* (Listing 11.19) muss nicht viel gesagt werden. Sie stellt den Inhalt des Attributs `"result"` aus der Anfrage dar. Das Control-Servlet pflegt dieses Attribut, um den Benutzer über das Ergebnis einer Aktion zu informieren.

```
<%-- showResult.jsp --%>
<p>
  <b><%= request.getAttribute("result") %></b>
</p>
```

Listing 11.19: View-Komponente, um das Ergebnis einer Aktion darzustellen

11.6.3 Control-Komponente der Web-Anwendung

Listing 11.20 beinhaltet den Quellcode des Servlets, das die Control-Komponente der Web-Anwendung ist. Das Servlet nimmt alle Anfragen entgegen, führt ggf. Änderungen am Model durch (Aufruf der Session-Bean-Methoden und Attribute in der Anfrage einfügen) und leitet dann die Anfrage an die View-Komponente *index.jsp* weiter.

Die Methode `init()` wird vom Container aufgerufen, um die Servlet-Instanz zu initialisieren. In ihr wird die Referenz auf das Remote Interface des InventoryEJB ermittelt und in einer Instanzvariablen gespeichert. Das Remote Home Interface des EJBs wird über JNDI ermittelt. Dabei wird ein logischer Name verwendet. Im Deployment Descriptor des Web-Archivs muss dieser Name in dem Element `<ejb-ref>` angegeben werden. Bei der Installation muss dem logischen Namen ein vorhandener JNDI-Name zugewiesen werden. Bei einem Fehler löst die Methode `init()` eine Exception aus. Das Servlet kann dann keine Anfragen bearbeiten.

Das Servlet soll die beiden HTTP-Kommandos POST und GET bearbeiten. Beide Anfragen sollen gleich verarbeitet werden. Aus diesem Grund ruft die Methode `doGet(req, resp)` die Methode `doPost(req, resp)` auf.

Die Methode `doPost(req, resp)` ermittelt über den Parameter `action` aus der Anfrage, welche Aktion durchgeführt werden soll. Wenn die Aktion das Präfix `do` hat, dann wird sie von der Methode `handleRequest(req, resp)` weiter bearbeitet. Ansonsten wird der Wert des Parameters `action` als Dateiname einer JSP interpretiert (ohne Extension). Dieser Dateiname wird in dem Attribut `mainpage` von der Anfrage gespeichert, so dass die View-Komponente darauf zugreifen kann. Danach wird die Anfrage mit der Methode `forward()` an die View-Komponente *index.jsp* weitergeleitet. In ihr wird die Antwort für den Client erzeugt.

Die Methode `handleRequest(req, resp)` führt die definierten Aktionen durch, die von einem Anwender ausgeführt werden. In dem Parameter `itemId` von der Anfrage wird die Artikelnummer übertragen. Sie ist für den Aufruf der Methoden vom Session Bean erforderlich. Das Servlet prüft die Artikelnummer nicht. Falls eine Prüfung erforderlich wäre, müsste sie vom Session Bean durchgeführt werden. Das Ergebnis der Aktion wird in dem Attribut `result` der Anfrage gespeichert. In dem Attribut `mainpage` der Anfrage wird der Dateiname *showResult.jsp* gespeichert. In dieser JSP wird das Ergebnis der Aktion ausgegeben.

```
package de.j2eeguru.example.security.servlet;

import java.io.IOException;

import javax.naming.InitialContext;
import javax.rmi.PortableRemoteObject;

import javax.servlet.ServletConfig;
import javax.servlet.ServletException;
import javax.servlet.http.HttpServlet;
import javax.servlet.http.HttpServletRequest;
import javax.servlet.http.HttpServletResponse;

import de.j2eeguru.example.security.ejb.inventory.Inventory;
import de.j2eeguru.example.security.ejb.inventory.InventoryHome;

public class ControlServlet extends HttpServlet
{
  private Inventory inventoryEjb = null;

  /**
   * Die Methode ermittelt die Referenz auf das Remote Interface
   * von dem InventoryEJB. Bei einem Fehler wird eine Exception
   * ausgelöst.
   */
  public void init(ServletConfig conf) throws ServletException
  {
    super.init(conf);

    try
    {
      // JNDI-Kontext ermitteln
      InitialContext ctx = new InitialContext();

      // JNDI-Namen nachschlagen
      Object ref = ctx.lookup("java:comp/env/ejb/inventory");
```

```
    // in Home-Interface umwandeln
    InventoryHome inventoryHome = (InventoryHome)
         PortableRemoteObject.narrow(ref, InventoryHome.class);

    // EJB erzeugen und Referenz auf Remote-Interface ermitteln
    inventoryEjb = inventoryHome.create();
  }
  catch(Exception ex)
  {
    ex.printStackTrace();
    throw new ServletException(ex.getMessage());
  }
}

/**
 * Die Methode ruft nur doPost() auf. Dort wird die Anfrage
 * bearbeitet.
 */
public void doGet( HttpServletRequest request,
                   HttpServletResponse response
                 ) throws ServletException, IOException
{
  doPost(request, response);
}

/**
 * Die Methode ermittelt anhand von dem Parameter 'action' in
 * der Anfrage, welche Seite dargestellt werden soll und
 * leitet die Anfrage an eine andere Web-Komponente weiter.
 */
public void doPost( HttpServletRequest request,
                    HttpServletResponse response
                  ) throws ServletException, IOException
{
  // Action ermitteln, die ausgeführt werden soll
  String cmd = request.getParameter("action");

  if( cmd != null )
  {
    // wenn die Action mit dem Präfix "do" beginnt, dann
    // wird die Anfrage von der Methode handleRequest() weiter
    // ausgewertet und Attribute zu der Anfrage hinzugefügt.
    if( cmd.startsWith("do") )
      handleRequest(request, response);
```

```
    else
      request.setAttribute("mainpage", cmd + ".jsp");
    }

    // Antwort wird von einer JSP erzeugt
    getServletContext().getRequestDispatcher("/index.jsp").
                                    forward(request, response);
  }

  /**
   * Die Methode ermittelt anhand des Parameters 'action' aus
   * der Anfrage, welche Aktion durchgeführt werden soll. Das
   * Ergebnis der Aktion wird in einem Attribut der Anfrage
   * gespeichert.
   * Die Methode ist synchronisiert, weil in ihr auf die Instanz-
   * variable inventoryEjb zugegriffen wird.
   */
  public synchronized void handleRequest(
                             HttpServletRequest request,
                             HttpServletResponse response
                           ) throws ServletException, IOException
  {
    // Parameter aus der Anfrage ermitteln
    String action = request.getParameter("action");
    String itemId = request.getParameter("itemId");
    String resultMsg = null;

    try
    {
      // Je nach Inhalt des Parameters 'action' wird eine
      // unterschiedliche Businessmethode des InventoryEJB
      // aufgerufen.

      if( action == null )
        ; // kann keine Action duchgeführen
      else if( action.compareToIgnoreCase("doGetItem") == 0 )
      {
        if( inventoryEjb.getItemFromInventory(itemId) )
          resultMsg = "Artikel " + itemId + " wurde ausgelagert.";
        else
          resultMsg = "Artikel ist nicht im Lager vorhanden.";
      }
      else if( action.compareToIgnoreCase("doPutItem") == 0 )
      {
        inventoryEjb.putItemToInventory(itemId);
```

```
        resultMsg = "Artikel " + itemId + " wurde eingelagert.";
      }
      else if( action.compareToIgnoreCase("doShowInventar") == 0 )
      {
        resultMsg = "Lagerbestand vom Artikel " + itemId + ": " +
                    inventoryEjb.getInventoryCount(itemId);
      }
      else if( action.compareToIgnoreCase("doOrderItem") == 0 )
      {
        inventoryEjb.orderItem(itemId);
        resultMsg = "Artikel " + itemId + " wurde bestellt.";
      }
      else if( action.compareToIgnoreCase("doLogout") == 0 )
      {
        request.getSession().invalidate();
        resultMsg = "Benutzer abgemeldet.";
      }
    }
    catch(Exception ex)
    {
      // Bei einem Fehler wird eine Meldung ausgegeben. Dies
      // geschieht z.B. wenn der Anwender nicht die erforderlichen
      // Rechte für eine Businessmethode hat.
      ex.printStackTrace();
      resultMsg = "Aktion konnte nicht durchgeführt werden. (" +
                  ex.getMessage() + ")";
    }

    if( resultMsg == null )
      resultMsg = "Action konnte nicht ausgeführt werden.";
    else
    {
      // Definieren, welche JSP verwendet werden soll
      request.setAttribute("result", resultMsg);
      request.setAttribute("mainpage", "showResult.jsp");
    }
  }
}
```

Listing 11.20: Control-Servlet der Web-Anwendung

11.6.4 Java-Applikation greift auf EJB zu

Die Mitarbeiter aus der Abteilung Versand sollen mit einer Java-Applikation den Lagerbestand eines Artikels ansehen und einen Artikel aus dem Lager entnehmen können. Abbildung 11.6 zeigt die GUI der Anwendung. Sie enthält ein Textfeld, in dem die Artikelnummer eingetragen werden muss, und zwei Buttons, mit denen die beiden Funktionen ausgeführt werden. Das Ergebnis der Funktionen wird über einen separaten Dialog dargestellt.

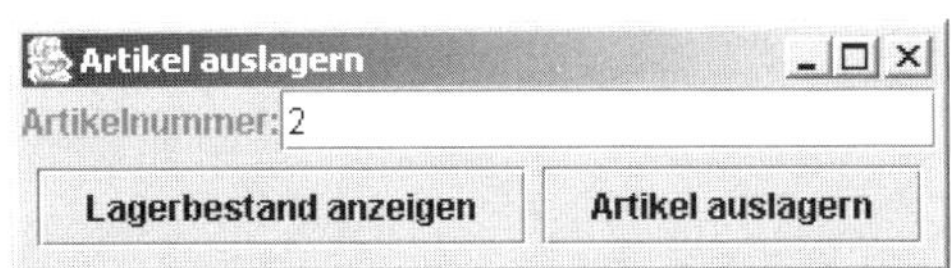

Abbildung 11.6: Java-Anwendung für die Abteilung Versand

Listing 11.21 enthält den relevanten Teil vom Quelltext. Die Methode `ejbInit()` wird im Konstruktor der Klasse aufgerufen. In ihr wird eine Referenz auf die Komponentenschnittstelle des EJBs ermittelt und in einer Instanzvariablen gespeichert. Das Home Interface des EJBs wird über JNDI ermittelt, wobei ein logischer Name verwendet wird. Im Deployment Descriptor der Anwendung wird dieser logische Name in dem Element `<ejb-ref>` angegeben. Bei der Installation der J2EE-Anwendung wird diesem logischen Namen ein gültiger JNDI-Name zugeordnet. Bei einer Java-Anwendung, die nicht in einem Client Container ausgeführt wird, können keine logischen JNDI-Namen verwendet werden.

Die beiden Methoden `jbtn<XXX>_actionPerformed()` werden aufgerufen, wenn die Buttons betätigt werden. In ihnen werden die entsprechenden Methoden von der Komponentenschnittstelle aufgerufen und das Ergebnis in einem separaten Dialog dargestellt.

```
package de.j2eeguru.example.security.client;

...
import de.j2eeguru.example.security.ejb.inventory.Inventory;
import de.j2eeguru.example.security.ejb.inventory.InventoryHome;
import de.j2eeguru.tools.swing.SwingTools;

public class FrmShippingDept extends JFrame
{
  ...
  private JTextField jtxtfldItemNo = new JTextField();
  private Inventory inventoryEjb = null;

  public FrmShippingDept()
  {
    enableEvents(AWTEvent.WINDOW_EVENT_MASK);
```

```
    try
    {
      jbInit();
      ejbInit();
    }
    catch(Exception ex)
    {
      SwingTools.showErrorMsg(this, ex);
      ex.printStackTrace();
      System.exit(0);
    }
  }

  private void jbInit() throws Exception
  {
    ... // GUI initialisieren
  }

  private void ejbInit() throws Exception
  {
    // JNDI-Kontext ermitteln
    InitialContext ctx = new InitialContext();

    // JNDI-Namen nachschlagen
    Object ref = ctx.lookup("java:comp/env/ejb/inventory");

    // in Home-Interface umwandeln
    InventoryHome inventoryHome = (InventoryHome)
       PortableRemoteObject.narrow(ref, InventoryHome.class);

    // EJB erzeugen und Referenz auf Remote-Interface ermitteln
    inventoryEjb = inventoryHome.create();
  }

  protected void processWindowEvent(WindowEvent e)
  {
    super.processWindowEvent(e);
    if (e.getID() == WindowEvent.WINDOW_CLOSING)
      System.exit(0);
  }

  private void jbtnInventoryCount_actionPerformed(ActionEvent e)
  {
    try
    {
```

```
      String itemNo = jtxtfldItemNo.getText();
      String msg = "Lagerbestand vom Artikel " + itemNo + ": " +
                   inventoryEjb.getInventoryCount(itemNo);
      SwingTools.showInfoMsg(this, msg);
    }
    catch(Exception ex)
    {
      SwingTools.showErrorMsg(this, ex);
      ex.printStackTrace();
    }
  }

  private void jbtnGetItem_actionPerformed(ActionEvent e)
  {
    try
    {
      String itemNo = jtxtfldItemNo.getText();
      if( inventoryEjb.getItemFromInventory(itemNo) )
        SwingTools.showInfoMsg(this, "Artikel " + itemNo +
                                     " wurde ausgelagert.");
      else
        SwingTools.showInfoMsg(this, "Artikel " + itemNo +
                                     " wurde nicht ausgelagert.");
    }
    catch(Exception ex)
    {
      SwingTools.showErrorMsg(this, ex);
      ex.printStackTrace();
    }
  }

  public static void main(String[] args)
  {
    FrmShippingDept frm = new FrmShippingDept();
    SwingTools.showAndCenterFrame(frm);
  }
}
```

Listing 11.21: Java-Anwendung für die Abteilung Versand

Die Anwendung beinhaltet keinen Code, um einen Benutzer zu authentifizieren oder um eine bestimmte Funktionalität zu autorisieren. Dies soll der EJB-Container übernehmen. Der Client-Container ruft den Callback Handler auf, wenn sich der Benutzer authentifizieren muss. Der Benutzer soll sich mit seinen Benutzerdaten (Name und Passwort) identifizieren. Diese Daten werden in einem Dialog eingegeben. In Listing 11.10 wurde bereits ein Callback Handler beschrieben, der die geforderte Funktionalität beinhaltet.

Diese Klasse wird nun im Deployment Descriptor in dem Element <callback-handler> angegeben. Listing 11.22 zeigt den Deployment Descriptor der Client-Anwendung:

```
<application-client>
  <display-name>ShippingDeptClientApp</display-name>
  <ejb-ref>
    <ejb-ref-name>ejb/inventory</ejb-ref-name>
    <ejb-ref-type>Session</ejb-ref-type>
    <home>
      de.j2eeguru.example.security.ejb.inventory.InventoryHome
    </home>
    <remote>
      de.j2eeguru.example.security.ejb.inventory.Inventory
    </remote>
  </ejb-ref>
  <callback-handler>
    de.j2eeguru.example.security.client.MyCallbackHandler
  </callback-handler>
</application-client>
```

Listing 11.22: Deployment Descriptor der Client-Anwendung für die Abteilung Versand

11.6.5 J2EE-Anwendung installieren

Am besten erstellt und testet man die Anwendung zuerst ohne Sicherheitseinstellungen. Wenn diese Tests erfolgreich waren, fügt man die Sicherheitseinstellungen hinzu und testet erneut mit allen Benutzern bzw. allen Benutzergruppen.

In dem Projektverzeichnis befindet sich die Datei *ear/ExampleSecurity.ear*. Dort sind bereits alle Komponenten mit den entsprechenden Sicherheitseinstellungen konfiguriert. Als Übung kann die Anwendung neu erstellt werden. Dabei sollte eine neue J2EE-Anwendung unter dem Namen *ear/MyExampleSecurity.ear* erzeugt werden. In diese Anwendung sollte dann ein Archiv mit dem Session Bean, ein Archiv mit der Web-Anwendung und ein weiteres Archiv mit der Client-Anwendung hinzugefügt werden. Das Erstellen eines Web- und EJB-Archivs wurde bereits detailliert besprochen. An dieser Stelle werden nur kurz die wichtigsten Informationen angegeben. Wie das Client-Archiv erstellt wird, wird etwas ausführlicher beschrieben.

EJB installieren

Die folgenden Klassen werden für das Stateless Session Bean benötigt und müssen dem EJB-Archiv hinzugefügt werden:

- de.j2eeguru.example.security.ejb.inventory.InventoryHome
- de.j2eeguru.example.security.ejb.inventory.Inventory
- de.j2eeguru.example.security.ejb.inventory.InventoryEJB
- de.j2eeguru.example.security.ejb.inventory.InventoryManager

Der JNDI-Name für das EJB lautet de/j2eeguru/example/security/inventory.

Web-Anwendung installieren

Die folgenden Klassen und Java Server Pages müssen dem Web-Archiv hinzugefügt werden:

- de.j2eeguru.example.security.ejb.inventory.InventoryHome
- de.j2eeguru.example.security.ejb.inventory.Inventory
- de.j2eeguru.example.security.servlet.ControlServlet
- login.jsp
- error.jsp
- index.jsp
- linkList.jsp
- getItem.jsp
- putItem.jsp
- orderItem.jsp
- showInventar.jsp
- showResult.jsp

Dem InventoryEJB muss eine EJB-Referenz hinzugefügt werden. Für den codierten Namen muss 'ejb/inventory' angegeben werden. Der verwendete JNDI-Name lautet 'de/j2eeguru/example/security/inventory'. Das ControlServlet muss den Alias '/control' erhalten. Der Context Root Name des Web-Archivs lautet 'inventory'.

Client-Anwendung installieren

Mit dem DeployTool der J2EE-Referenzimplementierung von Sun kann eine J2EE-Client-Anwendung über das Menü FILE | NEW | APPLICATION CLIENT... erzeugt werden. Es erscheint ein Assistent, mit dem die erforderlichen Informationen eingegeben werden können. Dieser erzeugt dann das Archiv mit dem Deployment Descriptor.

Die folgenden Klassen werden für die Client-Anwendung benötigt und müssen dem Client-Application-Archiv hinzugefügt werden:

- de.j2eeguru.example.security.client.FrmShippingDept
- de.j2eeguru.example.security.client.FrmShippingDept$1
- de.j2eeguru.example.security.client.FrmShippingDept$2
- de.j2eeguru.example.security.client.MyCallbackHandler
- de.j2eeguru.example.security.ejb.inventory.InventoryHome
- de.j2eeguru.example.security.ejb.inventory.Inventory
- de.j2eeguru.tools.swing.SwingTools

Abbildung 11.7 zeigt die erforderlichen Einstellungen für den Assistenten. Für das InventoryEJB muss eine EJB-Referenz hinzugefügt werden. Für den codierten Namen muss 'ejb/inventory' angegeben werden. Der verwendete JNDI-Name lautet 'de/j2eeguru/example/security/inventory'.

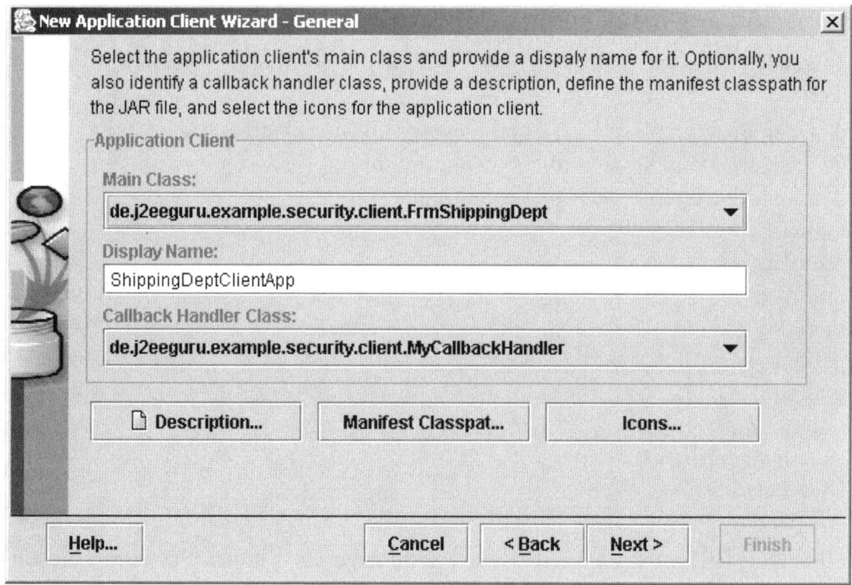

Abbildung 11.7: Application-Client-Assistent vom DeployTool

Anwendung auf die J2EE-Referenzimplementierung installieren

Die Installation der J2EE-Anwendung erfolgt über das Menü TOOLS | DEPLOY... vom DeployTool. Da eine Client-Anwendung ausgeführt werden soll, muss der J2EE-Server die Stub-Klassen des EJBs erzeugen und diese in einem JAR File zurückliefern. Dies konfiguriert man mit der CheckBox RETURN CLIENT JAR. Der Dateiname für das Archiv muss im Projektverzeichnis unter *jar/SecurityExampleClient.jar* gespeichert werden. Diese Datei muss im Klassenpfad vorhanden sein, wenn die Client-Anwendung ausgeführt wird.

11.6.6 J2EE-Anwendung ausführen

Web-Anwendung ausführen

Die Web-Anwendung kann durch Eingabe der folgenden URL in einem Browser gestartet werden:

```
http://localhost:8000/inventory/index.jsp
```

Client-Anwendung ausführen

Die Client-Anwendung kann mit der Datei *bin/startFrmShippingDept.bat* bzw. *bin/startFrmShippingDept.sh* aus dem Projektverzeichnis gestartet werden. Das Starten einer Anwendung in einem Client Container ist herstellerspezifisch, d.h. es funktioniert nur für die J2EE-Referenzimplementierung von Sun. Falls die Anwendung auf einen anderen J2EE-Server installiert wird, muss das Kommando entsprechend angepasst werden.

Die folgenden Befehle befinden sich prinzipiell in den oben genannten Startdateien. Um die Anwendung auszuführen, müssen also das J2EESDK, das Archiv mit der J2EE-Anwendung und das Archiv mit den vom Server generierten Dateien vorhanden sein.

```
set APPCPATH=..\jar\SecurityExampleClient.jar
%J2EE_HOME%\bin\runclient -client ..\ear\ExampleSecurity.ear -name
ShippingDeptClientApp
```

11.6.7 Zugriff auf die Anwendung schützen

Authentifizierungsverfahren für die Web-Anwendung

Nachdem die ungeschützte Anwendung getestet wurde, können nun die Sicherheitseinstellungen vorgenommen werden. Als erstes soll der Zugriff auf die Web-Anwendung geschützt werden, so dass sich der Benutzer authentifizieren muss. Abbildung 11.8 zeigt den Dialog vom DeployTool, mit dem die sicherheitsrelevanten Parameter von einem Web-Archiv konfiguriert werden.

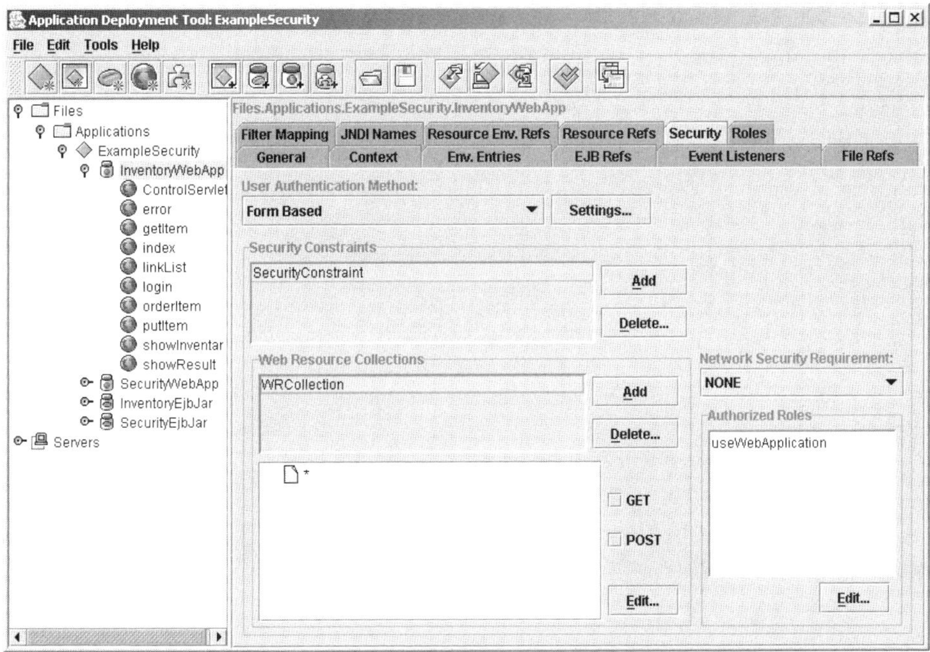

Abbildung 11.8: Web-Anwendung schützen

Die Anmeldung soll formularbasiert erfolgen. Die beiden Dateien *login.jsp* und *error.jsp* wurden bereits dem Web-Archiv hinzugefügt. Sie sind in den Listings 11.23 und 11.24

abgebildet. Diese beiden Dateien müssen im Deployment Descriptor angegeben werden. Dies geschieht mit dem Dialog, der in Abbildung 11.9 dargestellt ist. Dieser Dialog wird mit den Button SETTINGS... gestartet.

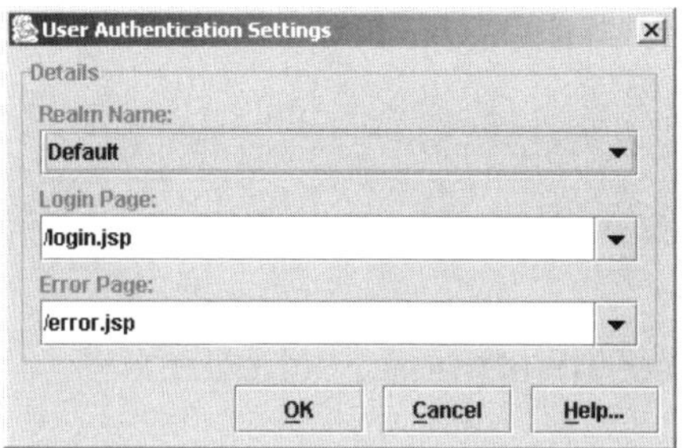

Abbildung 11.9: Formularbasierte Authentifizierung konfigurieren

Die Web-Anwendung beinhaltet einen Security Constraint. Alle Dateien im Web-Archiv sind geschützt. Der angemeldete Benutzer muss der Rolle useWebApplication angehören, damit eine Seite angefordert werden kann. Die angegebene Rolle muss zuvor in dem Register „Roles“ für das Web-Archiv definiert werden.

Die Datei *login.jsp* wird vom Container aufgerufen, wenn sich der Benutzer authentifizieren muss. Die Namen der Eingabefelder und der Name der Action sind fest definiert.

```
<html>  <%-- login.jsp --%>
  <head>
    <title>Anmeldedialog für Artikelverwaltung</title>
  </head>
  <body>
    <p>
      Bitte geben Sie Ihre Benutzerdaten ein.
    </p>
    <% String url = response.encodeURL("j_security_check"); %>
    <form method="post" action="<%= url %>" >
      <table>
        <tr>
          <td>Benutzername </td>
          <td><input name="j_username"></td>
          <td rowspan="2">
            <input type="submit" value="Anmelden">
          </td>
        </tr>
        <tr>
          <td>Passwort</td>
          <td><input type="password" name="j_password"></td>
        </tr>
      </table>
```

```
    </form>
  </body>
</html>
```

Listing 11.23: Anmeldedialog für die Web-Anwendung

Bei einer fehlerhaften Anmeldung ruft der Container die Datei *error.jsp* auf, um den Benutzer über die fehlerhafte Anmeldung zu informieren.

```
<html>  <%-- error.jsp --%>
  <head>
    <title>Fehlerhafte Anmeldung</title>
  </head>
  <body>
    <p>
      Ungültiger Benutzernamen bzw. falsches Passwort.
    </p>
    <% String url = response.encodeURL("login.jsp"); %>
    <a href="<%= url %>">
      Anmeldung wiederholen...
    </a>
  </body>
</html>
```

Listing 11.24: Fehler bei der Anmeldung

In Listing 11.25 sind die sicherheitsrelevanten Elemente des Deployment Descriptors des Web-Archivs aufgelistet, wie er von dem DeployTool erzeugt wurde.

```
<web-app>
  <display-name>InventoryWebApp</display-name>
  ...
  <security-constraint>
    <web-resource-collection>
      <web-resource-name>WRCollection</web-resource-name>
      <url-pattern>/*</url-pattern>
    </web-resource-collection>
    <auth-constraint>
      <role-name>useWebApplication</role-name>
    </auth-constraint>
    <user-data-constraint>
      <transport-guarantee>NONE</transport-guarantee>
    </user-data-constraint>
  </security-constraint>

  <login-config>
```

```
    <auth-method>FORM</auth-method>
    <realm-name>Default</realm-name>
    <form-login-config>
      <form-login-page>/login.jsp</form-login-page>
      <form-error-page>/error.jsp</form-error-page>
    </form-login-config>
  </login-config>

  <security-role>
    <description>
      Dieses Recht müssen alle Mitarbeiter haben um die Web
      Anwendung zu verwenden.
    </description>
    <role-name>useWebApplication</role-name>
  </security-role>
  ...
</web-app>
```

Listing 11.25: Deployment Descriptor des Web-Archivs mit Rollen

Methoden vom Session Bean schützen

Abbildung 11.10 zeigt den Dialog vom DeployTool, mit dem die sicherheitsrelevanten Einstellungen für eine EJB konfiguriert werden können. Mit dem Button EDIT ROLES... müssen zuvor die Rollen PurchaseDepartment, ReceivingDepartment und ShippingDepartment angelegt werden. Danach können die einzelnen Methoden von der Komponentenschnittstelle wie abgebildet geschützt werden.

Die Einstellung ist so zu interpretieren, dass z.B. die Methode `orderItem()` nur von einem Benutzer aufgerufen werden darf, wenn dieser der Rolle PurchaseDepartment angehört. Falls mehrere Rollen für eine Methode angewählt sind, muss der Benutzer mindestens einer der angegebenen Rollen zugehören, damit er sie ausführen darf.

Mit dem Button DEPLOYMENT SETTINGS... wird ein Dialog gestartet, mit dem definiert werden kann, wie sich ein Client authentifizieren soll. Dort muss „Password" angewählt werden, wenn von einer Anwendung aus einem Client Container geschützte Methoden eines EJBs aufgerufen werden.

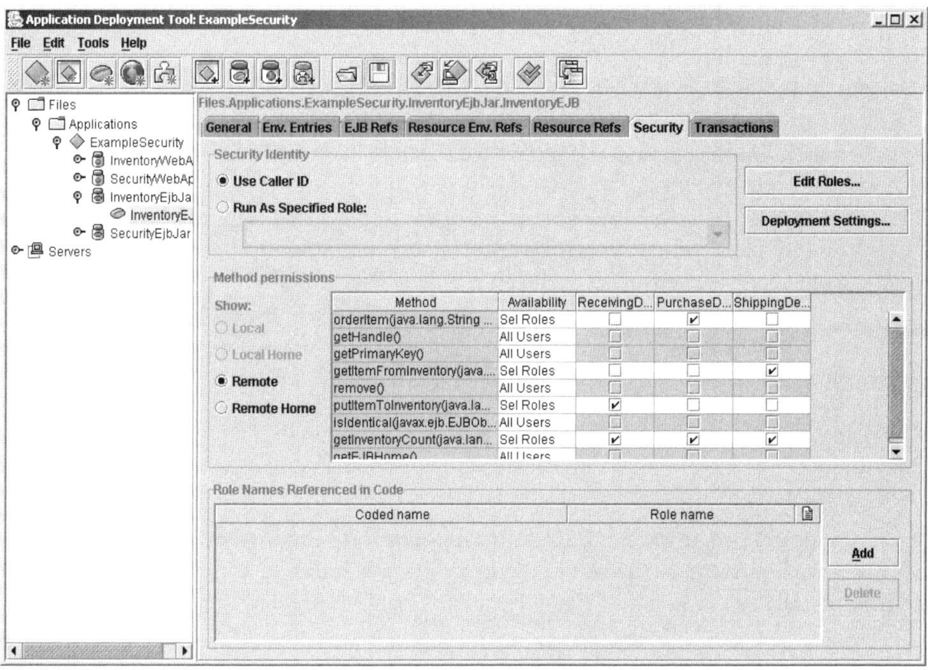

Abbildung 11.10: Methoden eines EJBs schützen

In Listing 11.26 sind die sicherheitsrelevanten Elemente des Deployment Descriptor des EJB-Archivs aufgelistet, wie er von dem DeployTool erzeugt wurde.

```
<ejb-jar>
  <display-name>InventoryEjbJar</display-name>
  <enterprise-beans>
    <session>
      <display-name>InventoryEJB</display-name>
      <ejb-name>InventoryEJB</ejb-name>
      <home>
        de.j2eeguru.example.security.ejb.inventory.InventoryHome
      </home>
      <remote>
        de.j2eeguru.example.security.ejb.inventory.Inventory
      </remote>
      <ejb-class>
        de.j2eeguru.example.security.ejb.inventory.InventoryEJB
      </ejb-class>
      <session-type>Stateless</session-type>
      <transaction-type>Container</transaction-type>
      <security-identity>
        <description></description>
        <use-caller-identity></use-caller-identity>
```

```
    </security-identity>
  </session>
</enterprise-beans>

<assembly-descriptor>
  <security-role>
    <description>Mitarbeiter der Warenannahme</description>
    <role-name>ReceivingDepartment</role-name>
  </security-role>

  <security-role>
    <description>Mitarbeiter vom Einkauf</description>
    <role-name>PurchaseDepartment</role-name>
  </security-role>

  <security-role>
    <description>Mitarbeiter vom Versand</description>
    <role-name>ShippingDepartment</role-name>
  </security-role>

  <method-permission>
    <role-name>ReceivingDepartment</role-name>
    <method>
      <ejb-name>InventoryEJB</ejb-name>
      <method-intf>Remote</method-intf>
      <method-name>getInventoryCount</method-name>
      <method-params>
        <method-param>java.lang.String</method-param>
      </method-params>
    </method>
    <method>
      <ejb-name>InventoryEJB</ejb-name>
      <method-intf>Remote</method-intf>
      <method-name>putItemToInventory</method-name>
      <method-params>
        <method-param>java.lang.String</method-param>
      </method-params>
    </method>
  </method-permission>

  <method-permission>
    <role-name>ShippingDepartment</role-name>
    <method>
      <ejb-name>InventoryEJB</ejb-name>
      <method-intf>Remote</method-intf>
```

```
        <method-name>getInventoryCount</method-name>
        <method-params>
          <method-param>java.lang.String</method-param>
        </method-params>
      </method>
      <method>
        <ejb-name>InventoryEJB</ejb-name>
        <method-intf>Remote</method-intf>
        <method-name>getItemFromInventory</method-name>
        <method-params>
          <method-param>java.lang.String</method-param>
        </method-params>
      </method>
    </method-permission>

    <method-permission>
      <role-name>PurchaseDepartment</role-name>
      <method>
        <ejb-name>InventoryEJB</ejb-name>
        <method-intf>Remote</method-intf>
        <method-name>getInventoryCount</method-name>
        <method-params>
          <method-param>java.lang.String</method-param>
        </method-params>
      </method>
      <method>
        <ejb-name>InventoryEJB</ejb-name>
        <method-intf>Remote</method-intf>
        <method-name>orderItem</method-name>
        <method-params>
          <method-param>java.lang.String</method-param>
        </method-params>
      </method>
    </method-permission>
    ...
  </assembly-descriptor>
</ejb-jar>
```

Listing 11.26: Deployment Descriptor des EJBs mit Rollen

Benutzer und Gruppen einrichten

Das Einrichten von Benutzern und Gruppen ist nicht standardisiert. Jeder Web- bzw. J2EE-Server hat seine eigene Benutzerverwaltung bzw. benutzt eine vorhanden Benutzerverwaltung.

Mit dem DeployTool der J2EE-Referenzimplementierung von Sun können Benutzer und Gruppen verwaltet werden. Der Dialog aus Abbildung 11.11 kann über das Menü TOOLS | SERVERCONFIGURATION... aufgerufen werden. Wählt man in der Baumdarstellung den Knoten J2EE SERVER | USERS an, dann erscheinen an der rechten Seite des Dialogs alle Benutzer mit den dazugehörigen Gruppen. Oberhalb der Tabelle kann ein Benutzerverwaltungssystem (Realm) ausgewählt werden. Dort sollte das Defaultsystem selektiert werden.

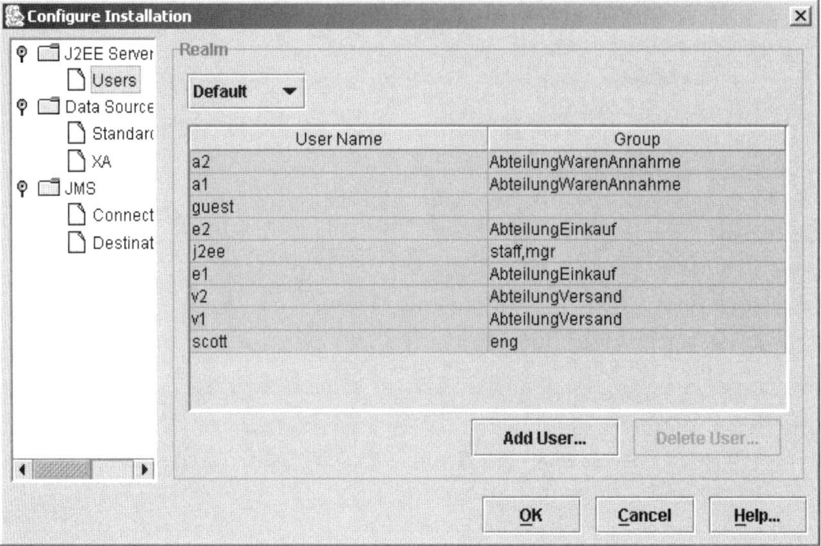

Abbildung 11.11: Benutzer und Gruppen

Unsere Anwendung soll nun auf dem Rechner einer Firma installiert werden. Die Mitarbeiter der Abteilungen Versand, Einkauf und Warenannahme sollen mit der Anwendung arbeiten. Mit dem Button ADD USER... starten wir einen Dialog, mit dem Benutzer neu erzeugt werden können. In diesem Dialog sind alle vorhandenen Benutzergruppen aufgelistet. Wir erzeugen nun für die drei Abteilungen jeweils eine Gruppe. Dazu starten wir mit dem Button EDIT GROUPS... den entsprechenden Dialog und erzeugen die drei Gruppen AbteilungWarenAnnahme, AbteilungEinkauf und AbteilungVersand. Anschließend beenden wird den Dialog für die Gruppen. Den neu erzeugten Gruppen können nun Benutzer zugewiesen werden.

Für jede Abteilung sollen nun zwei Mitarbeiter erzeugt werden, wobei das Passwort dem Benutzername entspricht. Die Gruppe AbteilungEinkauf wird den Mitarbeitern (e1, e2) der Abteilung Einkauf zugewiesen. Mit den Mitarbeitern der anderen Gruppen muss entsprechend verfahren werden. Nachdem die Benutzer und Gruppen vollständig konfiguriert wurden, muss der J2EE-Server neu gestartet werden, damit die Benutzer und die Gruppen verfügbar sind.

Benutzer bzw. Gruppen den Rollen aus der Anwendung zuweisen

Abbildung 11.12 zeigt den Dialog, mit denen die Zuordnung der logischen Gruppen (Rollen) zu vorhandenen Gruppen bzw. Benutzern mit dem DeployTool konfiguriert wird. Durch Selektion einer Rolle können mit dem Button ADD Benutzer und Gruppen angegeben werden, die dieser Rolle angehören sollen. Zum Beispiel sollen alle Benutzer der Gruppe AbteilungVersand der Rolle ShippingDepartment angehören. Der Rolle useWebApplication müssen die drei Gruppen AbteilungWarenAnnahme, AbteilungEinkauf und AbteilungVersand zugewiesen werden.

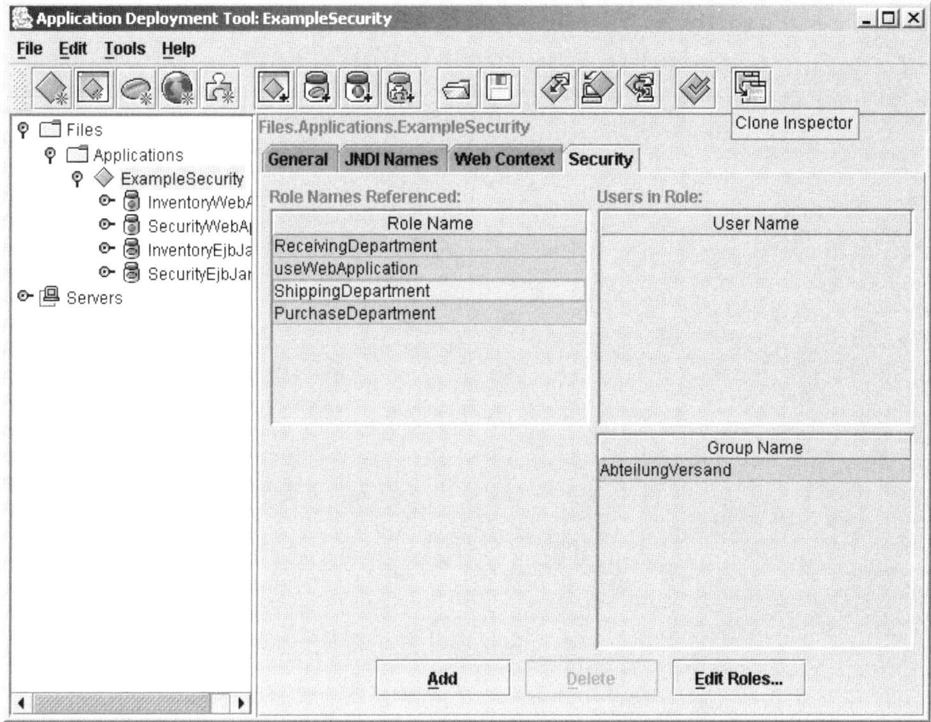

Abbildung 11.12: Benutzer und Gruppen

Die J2EE-Anwendung kann nun erneut installiert werden. Beim ersten Zugriff auf die Web-Anwendung wird das Anmeldeformular dargestellt. Es können mehrere Browser-Instanzen gestartet werden. An jedem Browser muss sich ein Benutzer anmelden. So kann sich z.B. aus jeder Abteilung ein Benutzer anmelden, damit Artikel ein- und ausgelagert werden können. Wird eine Methode eines Session Beans aufgerufen, für die der angemeldete Benutzer keine Berechtigung hat, dann erscheint eine Fehlermeldung.

12 Anhang

12.1 Anhang A: Deployment Descriptoren

12.1.1 Deployment Descriptor einer J2EE-Anwendung

In Listing A.1 ist die XML-Datei des Deployment Descriptors einer J2EE-Anwendung abgebildet. Sie enthält die Angabe der verwendeten Document Type Definition (DTD).

Der Dateiname des Deployment Descriptors muss immer *application.xml* sein und sich im Verzeichnis */meta-inf* des Application-Archivs befinden.

```
<?xml version="1.0" encoding="UTF-8"?>

<!DOCTYPE application
  PUBLIC '-//Sun Microsystems, Inc.//DTD J2EE Application 1.3//EN'
  'http://java.sun.com/dtd/application_1_3.dtd'>

<application>
  ...
</application>
```

Listing A.1: XML-Datei mit Verweis zur DTD vom Deployment Descriptor einer J2EE-Anwendung

application

Das Element `<application>` ist das Root-Element vom Deployment Descriptor einer J2EE-Anwendung. In den folgenden Tabellen werden die Elemente vom Deployment Descriptor beschrieben. Die Spalte M gibt an, wie oft ein Element vorkommen kann.

Element	M	Beschreibung
<icon>	0..1	Grafik der Visualisierung
<display-name>	1	Name der Visualisierung
<description>	0..1	Kommentar bzw. Beschreibung des Elements
<module>	1..n	In diesen Elementen werden die einzelnen Module der J2EE-Anwendung beschrieben.
<security-role>	0..n	In diesen Elementen können logische Gruppen für die Anwendung definiert werden.

Tabelle A.1: Definitionen im Element <application>

module

Element	M	Beschreibung
<connector>	1	Dieses Element enthält die URI zu einem Ressourcen-Adapter-Archiv.
<ejb>		Dieses Element enthält die URI zu einem EJB-Archiv.
<java>		Dieses Element enthält die URI zu einem Archiv mit einem J2EE Application Client.
<web>		Dieses Element enthält die URI zu einem Web-Archiv.
<alt-dd>	0..1	In diesem Element kann die URI von einem Deployment Descriptor für das Modul angegeben werden. Falls das Element nicht vorhanden ist, wird der Default Deployment Descriptor des Moduls verwendet.

Tabelle A.2: Definitionen im Element <module>

security-role

Element	M	Beschreibung
<description>	0..1	Kommentar bzw. Beschreibung des Elements
<role-name>	1	In diesem Element wird eine logische Gruppe definiert.

Tabelle A.3: Definitionen im Element <security-role>

12.1.2 EJB Deployment Descriptor

In Listing A.2 ist die XML-Datei des Deployment Descriptors eines EJB-Archivs abgebildet. Sie enthält die Angabe der verwendeten Document Type Definition (DTD). Diese Angabe muss in der XML-Datei vorhanden sein. In diesem Buch ist bei allen Deployment Descriptoren von EJB-Archiven jeweils nur das Element `<ejb-jar>` mit dessen Subelementen abgebildet.

Der Dateiname des Deployment Descriptors muss immer *ejb-jar.xml* sein und sich in dem Verzeichnis */meta-inf* des EJB-Archivs befinden.

```
<?xml version="1.0" encoding="UTF-8"?>

<!DOCTYPE ejb-jar
  PUBLIC
  '-//Sun Microsystems, Inc.//DTD Enterprise JavaBeans 2.0//EN'
  'http://java.sun.com/dtd/ejb-jar_2_0.dtd'>
```

```
<ejb-jar>
  ...
</ejb-jar>
```

Listing A.2: XML-Datei mit Verweis zur DTD vom Deployment Descriptor eines EJB-Archivs

ejb-jar

Das Element `<ejb-jar>` ist das Root-Element eines EJB Deployment Descriptors. In den folgenden Tabellen werden die Elemente vom Deployment Descriptor beschrieben. Die Spalte M gibt an, wie oft ein Element vorkommen kann.

Element	**M**	**Beschreibung**
<description>	0..1	Beschreibung des EJB-Archivs
<display-name>	0..1	Name der Visualisierung
<small-icon>	0..1	Grafik der Visualisierung
<large-icon>	0..1	Grafik der Visualisierung
<enterprise-beans>	1	In diesem Element werden die EJBs des Archivs definiert.
<relationships>	0..1	In diesem Element werden Beziehungen von EJBs definiert, die vom Container verwaltet werden.
<assembly-descriptor>	0..1	In diesem Element werden Einstellungen bezüglich Transaktionsverwaltung und Autorisierung vorgenommen.
<ejb-client-jar>	0..1	In diesem Element kann der Name eines Archiv angegeben werden, das den Code von einem Client beinhaltet.

Tabelle A.4: Definitionen im Element <ejb-jar>

assembly-descriptor

Element	**M**	**Beschreibung**
<security-role>	0..n	In diesen Elementen können logische Gruppen für die Anwendung definiert werden.
<method-permission>	0..n	Mit diesen Elementen können die Methoden der EJBs geschützt werden, so dass sie nur von definierten Benut-

Element	M	Beschreibung
		zern bzw. Clients aufgerufen werden können.
<container-transaction>	0..n	In diesem Element werden die Definitionen für Container Managed Transaction vorgenommen.
<exclude-list>	0..1	In diesem Element können Methoden definiert werden, die nicht aufgerufen werden dürfen.

Tabelle A.5: Definitionen im Element <assembly-descriptor>

cmp-field

Element	M	Beschreibung
<description>	0..1	In diesem Element kann eine Beschreibung bzw. ein Kommentar zu dem Element gespeichert werden.
<field-name>	1	Name der Instanzvariablen, die der Container verwalten soll

Tabelle A.6: Definitionen im Element <cmp-field>

cmr-field

Element	M	Beschreibung
<description>	0..1	In diesem Element kann eine Beschreibung bzw. ein Kommentar zu dem Element gespeichert werden.
<cmr-field-name>	1	Name von der Instanzvariablen, für die der Container die Beziehung verwalten soll
<cmr-field-type>	0..1	Typ der Variablen (vollständiger Klassenname)

Tabelle A.7: Definitionen im Element <cmr-field>

container-transaction

Element	M	Beschreibung
<description>	0..1	Kommentar bzw. Beschreibung des Elements
<method>	1..n	In diesem Element werden die Methoden definiert, für die das Transaktionsverhalten definiert werden soll.

Element	M	Beschreibung
<trans-attribute>	1	In diesem Element muss das Transaktionsattribut eingetragen werden. Die folgenden Werte sind gültig: NotSupported, Supports, Required, RequiresNew, Mandatory, Never

Tabelle A.8: Definitionen im Element <container-transaction>

ejb-local-ref

Element	M	Beschreibung
<description>	0..1	In diesem Element kann eine Beschreibung bzw. ein Kommentar zu dem Element gespeichert werden.
<ejb-ref-name>	1	Hier muss der logische Name eingetragen werden, der im Quelltext verwendet wird. Das Präfix java:comp/env/ darf nicht angegeben werden.
<ejb-ref-type>	1	Dieses Element definiert, ob das referenzierte EJB ein Session oder ein Entity Bean ist. Die Werte Entity und Session sind erlaubt.
<local-home>	1	In diesem Element muss das Local Home Interface von dem referenzierten EJB angegeben werden.
<local>	1	In diesem Element muss das Local Interface von dem referenzierten EJB angegeben werden.
<ejb-link>	0..1	Dieses Element kann dazu verwendet werden, um ein EJB im gleichen EJB-Archiv bzw. in der gleichen J2EE-Applikation zu referenzieren. Dies geschieht durch den Namen vom EJB. Falls sich das EJB in einem anderen Archiv innerhalb der J2EE-Applikation befindet, muss der relative Pfad zu diesem EJB angegeben werden. Dies geschieht durch die Angabe vom EJB-JAR-File und dem Namen vom EJB. Das Trennzeichen zwischen EJB und JAR-File ist das Hash-Zeichen (#).

Tabelle A.9: Definitionen im Element <ejb-local-ref>

ejb-ref

Element	M	Beschreibung
<description>	0..1	In diesem Element kann eine Beschreibung bzw. ein Kommentar zu dem Element gespeichert werden.
<ejb-ref-name>	1	Hier muss der logische Name eingetragen werden, der im Quelltext verwendet wird. Das Präfix java:comp/env/ darf nicht angegeben werden.
<ejb-ref-type>	1	Dieses Element definiert, ob das referenzierte EJB ein Session oder ein Entity Bean ist. Die Werte Entity und Session sind erlaubt.
<home>	1	In diesem Element muss das Remote Home Interface des referenzierten EJBs angegeben werden.
<remote>	1	In diesem Element muss das Remote Interface des referenzierten EJBs angegeben werden.
<ejb-link>	0..1	Dieses Element kann dazu verwendet werden, um ein EJB im gleichen EJB-Archiv bzw. in der gleichen J2EE-Applikation zu referenzieren. Dies geschieht durch den Namen vom EJB. Falls sich das EJB in einem anderen Archiv innerhalb der J2EE-Applikation befindet, muss der relative Pfad zu diesem EJB angegeben werden. Dies geschieht durch die Angabe vom EJB-JAR-File und dem Namen vom EJB. Das Trennzeichen zwischen EJB und JAR-File ist das Hash-Zeichen (#).

Tabelle A.10: Definitionen im Element <ejb-ref>

ejb-relation

Element	M	Beschreibung
<description>	0..1	Kommentar bzw. Beschreibung für das Element
<ejb-relation-name>	0..1	In diesem Element kann ein eindeutiger Name für die Relation definiert werden.
<ejb-relationship-role>	1	Definiert die Beziehung vom ersten EJB zum zweiten EJB.
<ejb-relationship-role>	1	Definiert die Beziehung vom zweiten EJB zum ersten EJB.

Tabelle A.11: Definitionen im Element <ejb-relation>

ejb-relationship-role

Element	M	Beschreibung
<description>	0..1	Kommentar bzw. Beschreibung für das Element
<ejb-relationship-role-name>	0..1	Hier kann ein Name für die Relation definiert werden.
<multiplicity>	1	In diesem Element wird die Vielfalt Relation definiert. Gültige Werte sind One oder Many.
<cascade-delete>	0..1	Dieses Element ist nur gültig, wenn in dem Feld <multiplicity> von dem anderen Element <ejb-relationship-role> One eingetragen ist. Letztendlich wird mit diesem Element eine Abhängigkeit von den beiden EJB definiert, d.h. wenn die eine Instanz gelöscht wird, muss die andere Instanz auch gelöscht werden.
<relationship-role-source>	1	Hier wird das EJB angegeben, für das die Relation definiert wird.
<cmr-field>	0..1	Attributname des Entity Beans, für das der Container die Relation verwalten soll. Bei einer bidirektionalen Relation müssen in beiden <ejb-relationship-role>-Elemente einer <ejb-relation> die Elemente <cmr-field> vorhanden sein, bei einer unidirektionalen Relation nur in einem.

Tabelle A.12: Definitionen im Element <ejb-relationship-role>

enterprise-beans

Element	M	Beschreibung
<session>	1..n	Definition eines Session Beans
<entity>		Definition eines Entity Beans
<message-driven>		Definition eines Message Drive Beans

Tabelle A.13: Definitionen im Element <enterprise-beans>

entity

Element	M	Beschreibung
<description>	0..1	Kommentar bzw. Beschreibung des Entity Beans

Element	M	Beschreibung
<display-name>	0..1	Name der Visualisierung
<small-icon>	0..1	Grafik der Visualisierung
<large-icon>	0..1	Grafik der Visualisierung
<ejb-name>	1	Hier wird der Name des EJBs definiert. Dieser Name muss innerhalb vom Deployment Descriptor eindeutig sein und wird verwendet, um auf dieses EJB zu referenzieren.
<home>	0..1	Remote Home Interface vom Entity Bean
<remote>	0..1	Remote Interface vom Entity Bean
<local-home>	0..1	Local Home Interface vom Entity Bean
<local>	0..1	Local Interface vom Entity Bean
<ejb-class>	1	Klasse mit der EJB-Implementierung
<persistence-type>	1	Hier wird definiert, wer für die Daten speichern soll. Gültige Werte sind Bean und Container.
<prim-key-class>	1	Klasse des Primary Keys
<reentrant>	1	Hier kann definiert werden, ob die Methoden des EJBs reentrant-fähig sind. Gültige Werte sind True oder False.
<cmp-version>	0..1	Version der EJB Spezifikation, die verwendet werden soll. Gültige Werte sind 1.x oder 2.x . Der Defaultwert ist 2.x.
<abstract-schema-name>	0..1	In diesem Element kann ein Name spezifiziert werden, der in einer EJB QL verwendet wird, um ein Entity Bean von diesem Typ zu referenzieren. Dieses Element kann nur bei cmp-version=2.x und persistence-type=Container verwendet werden.
<cmp-field>	0..n	In diesen Elementen werden die Namen der Instanzvariablen angegeben, bei denen der Container die Persistenz verwalten soll.
<primkey-field>	0..1	In diesem Element kann der Name der Instanzvariablen definiert werden, die den Primärschlüssel des Entity Beans beinhaltet.
<env-entry>	0..n	In diesem Element kann eine Umgebungsvariable definiert werden.
<ejb-ref>	0..n	Mit diesem Element kann eine Referenz auf einen Remote Client View von einem EJB definiert werden.

Element	M	Beschreibung
<ejb-local-ref>	0..n	Mit diesem Element kann eine Referenz auf einen Local Client View von einem EJB definiert werden.
<security-role-ref>	0..n	In diesem Element kann eine logische Gruppe (security role) definiert werden, die im Quelltext durch einen logischen Namen angesprochen wird. Der logische Name kann z.B. der Methode isCallerInRole(String roleName) vom EJBContext als Parameter übergeben werden.
<security-identity>	0..1	Mit diesem Element kann man festlegen, ob das EJB unter der Identität vom Benutzer oder einer fest definierten Benutzergruppe ausgeführt werden soll.
<resource-ref>	0..n	Hier kann eine Resource Manager Connection Factory definiert werden, die im Quelltext durch einen logischen Namen angesprochen wird.
<resource-env-ref>	0..n	Mit diesem Element können Objekte definiert werden, die von einem Administrator verwaltet werden und die zu einem Resource Managergehören. Dies sind z.B. Nachrichtenziele (Destination) von JMS. Im Quelltext wird ein logischer Name verwendet, um das Objekt über JNDI zu ermitteln. In diesem Element wird dem logischen Namen ein konkretes Objekt zugewiesen.
<query>	0..n	In diesem Element kann eine EJB QL definiert werden. Dieses Element kann nur bei cmp-version=2.x und persistence-type=Container verwendet werden.

Tabelle A.14: Definitionen im Element <entity>

env-entry

Element	M	Beschreibung
<description>	0..1	Kommentar bzw. Beschreibung der Umgebungsvariablen
<env-entry-name>	1	Hier muss der logische Name eingetragen werden, der im Quelltext für den Zugriff auf die Umgebungsvariable verwendet wird. Das Präfix java:comp/env/ darf nicht angegeben werden.
<env-entry-type>	1	Hier wird der Typ der Umgebungsvariablen definiert. Die folgende Werte sind gültig: java.lang.Boolean java.lang.Byte

Element	M	Beschreibung
		java.lang.Character java.lang.String java.lang.Short java.lang.Integer java.lang.Long java.lang.Float java.lang.Double
<env-entry-value>	0..1	In diesem Element kann der Wert für die Umgebungsvariable vorbelegt werden. Falls dieser Eintrag nicht vorhanden ist, muss der Wert bei der Installation eingegeben werden. Der Wert wird als String dem Konstruktor der definierten Klasse übergeben. Es sind nur solche Werte zulässig, die der entsprechende Konstruktor verarbeiten kann.

Tabelle A.15: Definitionen im Element <env-entry>

exclude-list

Element	M	Beschreibung
<description>	0..1	Kommentar bzw. Beschreibung für das Element
<method>	1..n	In diesem Element werden Methoden definiert, die nicht aufgerufen werden dürfen.

Tabelle A.16: Definitionen im Element <exclude-list>

message-driven

Element	M	Beschreibung
<description>	0..1	Kommentar bzw. Beschreibung des Message Driven Beans
<display-name>	0..1	Name der Visualisierung
<small-icon>	0..1	Grafik der Visualisierung
<large-icon>	0..1	Grafik der Visualisierung
<ejb-name>	1	Hier wird der Name des EJBs definiert. Dieser Name muss innerhalb vom Deployment Descriptor eindeutig sein und wird verwendet, um auf dieses EJB zu referen-

Element	M	Beschreibung
		zieren.
<ejb-class>	1	Klasse mit der EJB-Implementierung
<transaction-type>	1	Mit diesem Element wird definiert, wer die Transaktionen verwaltet. Gültige Werte sind Container und Bean.
<message-selector>	0..1	In diesem Element kann ein JMS Message Selector definiert werden. Das Message Driven Bean empfängt nur die Nachrichten, auf die die Beschreibung zutrifft.
<acknowledge-mode>	0..1	Dieses Element ist nur bei Bean Managed Transaction relevant. Hier kann definiert werden, wie der Container die Nachrichten quittieren soll. Gültige Werte sind: Auto-acknowledge Dups-ok-acknowledge
<message-driven-destination>	0..1	In diesem Element wird der Typ des Nachrichtenziels definiert (Topic oder Queue).
<env-entry>	0..n	In diesem Element kann eine Umgebungsvariable definiert werden.
<ejb-ref>	0..n	Mit diesem Element kann eine Referenz auf einen Remote Client View eines EJBs definiert werden.
<ejb-local-ref>	0..n	Mit diesem Element kann eine Referenz auf einen Local Client View eines EJBs definiert werden.
<security-identity>	0..1	Mit diesem Element kann man festlegen, ob das EJB unter der Identität vom Benutzer oder einer fest definierten Benutzergruppe ausgeführt werden soll.
<resource-ref>	0..n	Hier kann eine Resource Manager Connection Factory definiert werden, die im Quelltext durch einen logischen Namen angesprochen wird.
<resource-env-ref>	0..n	Mit diesem Element können Objekte definiert werden, die von einem Administrator verwaltet werden und die zu einem Resource Managergehören. Dies sind z.B. Nachrichtenziele (Destination) von JMS. Im Quelltext wird ein logischer Name verwendet, um das Objekt über JNDI zu ermitteln. Bei der Installation wird dem logischen Namen ein konkretes Objekt zugewiesen.

Tabelle A.17: Definitionen im Element <message-driven>

message-driven-destination

Element	M	Beschreibung
destination-type	1	Hier wird der Typ von dem Nachrichtenziel (Destination) definiert, von dem das Message Driven Bean Nachrichten empfängt. Gültige Werte sind javax.jms.Topic oder javax.jms.Queue.
subscription-durability	0..1	Falls bei dem Typ javax.jms.Topic definiert wurde, kann in diesem Element angegeben werden, ob das Abonnement dauerhaft sein soll oder nicht. Gültige Werte sind NonDurable und Durable. Bei Durable gehen keine Nachrichten verloren, wenn der Container nicht verfügbar ist

Tabelle A.18: Definitionen im Element <message-driven-destination>

method

Element	M	Beschreibung
<description>	0..1	Kommentar bzw. Beschreibung des Elements
<ejb-name>	1	In diesem Element muss der Name des EJBs angegeben werden, dessen Methoden beschrieben werden sollen. Der Name muss mit dem Wert aus dem Element <ejb-name> vom EJB übereinstimmen.
<method-intf>	0..1	Hier kann das Interface definiert werden, in dem die Methode deklariert wurde. Die Werte Home, Remote, LocalHome oder Local sind gültig.
<method-name>	1	In diesem Element wird der Methodenname definiert. Das Jokerzeichen Stern (*) kann verwendet werden, um alle Methoden anzusprechen.
<method-params>	0..1	In diesem Element werden die Typen der Übergabeparameter der Methode definiert.

Tabelle A.19: Definitionen im Element <method>

method-params

Element	M	Beschreibung
<method-param>	0..n	In diesem Element wird der Typ eines Übergabepara-

Element	M	Beschreibung
		meters angegeben. Falls die Methode drei Übergabeparameter hat, sind drei Elemente erforderlich. Der Typ muss den vollständigen Klassennamen beinhalten, d.h. das Package muss auch mit angegeben werden.

Tabelle A.20: Definitionen im Element <method-params>

method-permission

Element	M	Beschreibung
<description>	0..1	Kommentar bzw. Beschreibung des Elements
<role-name>	1..n	Entweder wird das Element <role-name> oder das Element <unchecked> verwendet. Falls <role-name> verwendet wird, können Rollennamen angegeben werden. Der Container führt für die definierten Methoden eine Autorisierung durch, so dass nur Anwender die Methode ausführen dürfen, die mindestens einer der genannten Rollen zugeordnet sind. Der Rollenname muss mit einem Wert in dem Element <security-role> übereinstimmen.
<unchecked>	1	Entweder wird das Element <role-name> oder das Element <unchecked> verwendet. Falls <unchecked> verwendet wird, führt der Container für die definierten Methoden keine Autorisierung durch.
<method>	1..n	In diesem Element werden die Methoden definiert, für die das Sicherheitsverhalten definiert werden soll.

Tabelle A.21: Definitionen im Element <method-permission>

query

Element	M	Beschreibung
<description>	0..1	In diesem Element kann eine Beschreibung bzw. ein Kommentar zu dem Element gespeichert werden.
<query-method>	1	In diesem Element wird die Methode im EJB definiert, für das die EJB QL verwendet werden soll.
<result-type-mapping>	0..1	Dieses Element darf nur bei einer ejbSelect-Methode verwendet werden, wenn sie ein Entity Bean zurückliefert. Dem Container wird hier mitgeteilt, ob die Local-

Element	M	Beschreibung
		oder Remote-Komponentenschnittstelle ermittelt werden soll. Die Werte Local und Remote sind gültig, wobei Local der Defaultwert ist.
<ejb-ql>	1	In diesem Element wird die EJB QL angegeben.

Tabelle A.22: Definitionen im Element <query>

query-method

Element	M	Beschreibung
<method-name>	1	Name der Methode
<method-params>	1	Liste der Typen der Übergabeparameter

Tabelle A.23: Definitionen im Element <query-method>

relationship-role-source

Element	M	Beschreibung
<description>	0..1	Kommentar bzw. Beschreibung des Elements
<ejb-name>	1	Hier muss der Name des Entity Beans angegeben werden, für das die Relation definiert wird.

Tabelle A.24: Definitionen im Element <relationship-role-source>

relationships

Element	M	Beschreibung
<description>	0..1	Kommentar bzw. Beschreibung des Elements
<ejb-relation>	1..n	In diesem Element wird eine Beziehung von zwei EJBs definiert.

Tabelle A.25: Definitionen im Element <relationships>

resource-env-ref

Element	M	Beschreibung
<description>	0..1	Hier kann ein Kommentar bzw. eine Beschreibung eingegeben werden.
<resource-env-ref-name>	1	Logischer Name, der im Code verwendet wird, um ein Objekt zu ermitteln. Das Präfix java:comp/env/ darf nicht angegeben werden.
<resource-env-ref-type>	1	Hier wird die Klasse bzw. das Interface des Objekts definiert. Der Wert ist abhängig vom Resource Manager (Datenbank, Message Server,...). Die folgende Werte sind gültig (Liste ist nicht vollständig): javax.jms.Queue javax.jms.Topic

Tabelle A.26: Definitionen im Element <resource-env-ref>

resource-ref

Element	M	Beschreibung
<description>	0..1	Hier kann ein Kommentar bzw. eine Beschreibung eingegeben werden.
<res-ref-name>	1	Logischer Name, der im Code verwendet wird, um eine Resource Manager Connection Factory zu ermitteln. Das Präfix java:comp/env/ darf nicht angegeben werden.
<res-type>	1	Hier wird die Klasse bzw. das Interface von der Resource Manager Connection Factory definiert. Der Wert ist abhängig vom Resource Manager (Datenbank, Message Server,...). Die folgende Werte sind gültig (Liste ist nicht vollständig): javax.sql.DataSource javax.jms.TopicConnectionFactory javax.jms.QueueConnectionFactory javax.mail.Session java.net.URL javax.resource.cci.ConnectionFactory
<res-auth>	1	In diesem Feld kann definiert werden, ob der Container oder das Bean die Authentifizierung beim Resource Manager durchführt. In der Regel wird dies vom Container durchge-

Element	M	Beschreibung
		führt. Gültige Werte sind Container oder Application.
<res-sharing-scope>	0..1	Mit diesem Element kann man definieren, ob die Resource ManagerConnection, die erzeugt wird, im gleichen Transaktionskontext von anderen EJBs mitverwendet werden kann. Gültige Werte sind Shareable oder Unshareable. Der Defaultwert ist Shareable.

Tabelle A.27: Definitionen im Element <resource-ref>

run-as

Element	M	Beschreibung
<description>	0..1	Kommentar bzw. Beschreibung des Elements
<role-name>	1	In diesem Element wird eine logische Gruppe (Rolle) angegeben. Bei der Installation muss ein Benutzer definiert werden, der dieser Rolle angehört. Die Identität dieses Benutzers wird verwendet, um Methoden innerhalb des EJBs aufzurufen.

Tabelle A.28: Definitionen im Element <run-as>

security-identity

<table>
<tr><th>Element</th><th>M</th><th>Beschreibung</th></tr>
<tr><td><description></td><td>0..1</td><td>Kommentar bzw. Beschreibung des Elements</td></tr>
<tr><td><use-caller-identity></td><td rowspan="2">1</td><td>Das EJB wird mit der Identität des Aufrufenden ausgeführt.</td></tr>
<tr><td><run-as></td><td>Das EJB wird nicht mit der Identität des Aufrufenden, sondern einer vordefinierten Identität ausgeführt.</td></tr>
</table>

Tabelle A.29: Definitionen im Element <security-identity>

security-role

Element	M	Beschreibung
<description>	0..1	Kommentar bzw. Beschreibung des Elements

Element	M	Beschreibung
<role-name>	1	In diesem Element wird eine logische Gruppe definiert.

Tabelle A.30: Definitionen im Element <security-role>

security-role-ref

Element	M	Beschreibung
<description>	0..1	Kommentar bzw. Beschreibung des Elements
<role-name>	1	In diesem Element wird der Rollenname angegeben, der im Quelltext verwendet wird.
<role-link>	0..1	In diesem Element wird die Rolle definiert, die verwendet werden soll. Der Name muss mit einer Rolle übereinstimmen, die in dem Element <security-role> definiert wurde. Falls das Element im Deployment Descriptor nicht angegeben wird, muss bei der Installation eine Rolle angegeben werden.

Tabelle A.31: Definitionen im Element <security-role-ref>

session

Element	M	Beschreibung
<description>	0..1	Kommentar bzw. Beschreibung des Session Beans
<display-name>	0..1	Name der Visualisierung
<small-icon>	0..1	Grafik der Visualisierung
<large-icon>	0..1	Grafik der Visualisierung
<ejb-name>	1	Hier wird der Name des EJBs definiert. Dieser Name muss innerhalb vom Deployment Descriptor eindeutig sein und wird verwendet, um auf dieses EJB zu referenzieren.
<home>	0..1	Definition vom Remote Home Interface
<remote>	0..1	Definition vom Remote Interface
<local-home>	0..1	Definition vom Local Home Interface
<local>	0..1	Definition vom Local Interface

Element	M	Beschreibung
<ejb-class>	1	Hier wird die Klasse der EJB-Implementierung angegeben.
<session-type>	1	Mit diesem Element wird der Typ vom Session Bean definiert. Gültige Werte sind Stateless und Stateful.
<transaction-type>	1	Mit diesem Element wird definiert, wer die Transaktionen verwaltet. Gültige Werte sind Container und Bean.
<env-entry>	0..n	In diesem Element kann eine Umgebungsvariable definiert werden.
<ejb-ref>	0..n	Mit diesem Element kann eine Referenz auf einen Remote Client View eines EJBs definiert werden.
<ejb-local-ref>	0..n	Mit diesem Element kann eine Referenz auf einen Local Client View eines EJBs definiert werden.
<security-role-ref>	0..n	In diesem Element kann ein Gruppenrecht (security role) definiert werden, das im Quelltext durch einen logischen Namen angesprochen wird. Der logische Name kann z.B. der Methode isCallerInRole(String roleName) vom EJB-Context als Parameter übergeben werden.
<security-identity>	0..1	Mit diesem Element kann man festlegen, ob das EJB unter der Identität des Benutzers oder einer fest definierten Benutzergruppe ausgeführt werden soll.
<resource-ref>	0..n	Hier kann eine Resource Manager Connection Factory definiert werden, die im Quelltext durch einen logischen Namen angesprochen wird.
<resource-env-ref>	0..n	Mit diesem Element können Objekte definiert werden, die von einem Administrator verwaltet werden und die zu einem Resource Manager gehören. Dies sind z.B. Nachrichtenziele (Destination) von JMS. Im Quelltext wird ein logischer Name verwendet, um das Objekt über JNDI zu ermitteln. In diesem Element wird dem logischen Namen ein konkretes Objekt zugewiesen.

Tabelle A.32: Definitionen im Element <session>

12.1.3 Web Deployment Descriptor

In Listing A.3 ist die XML-Datei des Deployment Descriptors eines Web-Archivs abgebildet. Sie enthält die Angabe von der verwendeten Document Type Definition (DTD). Diese Angabe muss in der XML-Datei vorhanden sein. In diesem Buch ist bei allen

Deployment Descriptoren von Web-Archiven jeweils nur das Element `<web-app>` mit dessen Subelementen abgebildet.

Der Dateiname des Deployment Descriptors muss immer *web.xml* sein und sich im Verzeichnis */WEB-INF* des Web-Archivs befinden.

```
<?xml version="1.0" encoding="UTF-8"?>

<!DOCTYPE web-app
  PUBLIC '-//Sun Microsystems, Inc.//DTD Web Application 2.3//EN'
         'http://java.sun.com/dtd/web-app_2_3.dtd'>

<web-app>
  ...
</web-app>
```

Listing A.3: XML-Datei mit Verweis zur DTD des Deployment Descriptors eines Web-Archivs

web-app

Das Element `<web-app>` ist das Root-Element eines WEB Deployment Descriptors. In den folgenden Tabellen werden die Elemente beschrieben. Die Spalte M gibt an, wie oft ein Element vorkommen kann.

Element	M	Beschreibung
<icon>	0..1	Grafik der Visualisierung
<display-name>	0..1	Name der Visualisierung
<description>	0..1	Kommentar bzw. Beschreibung des Elements
<distributable>	0..1	In diesem Element kann definiert werden, ob die Web-Anwendung auf mehrere Container installiert werden kann.
<context-param>	0..n	In diesem Element werden Parameter vom Servlet Context definiert.
<filter>	0..n	Mit diesem Element wird ein Filter definiert.
<filter-mapping>	0..n	Mit diesem Element wird definiert, bei welchen Komponenten ein Filter verwendet wird.
<listener>	0..n	Mit diesem Element wird ein Event-Listener definiert.
<servlet>	0..n	Mit diesem Element wird ein Servlet definiert.
<servlet-mapping>	0..n	Mit diesem Element können Namen (Aliases) für ein

Element	M	Beschreibung
		Servlet vergeben werden, unter denen man es ansprechen kann. Die Namen können das Zeichen Stern (*) als Wildcard enthalten.
<session-config>	0..1	In diesem Element können die Parameter einer Session definiert werden.
<mime-mapping>	0..n	Mit diesen Element kann einer Dateierweiterung ein MIME Typ zugeordnet werden.
<welcome-file-list>	0..1	Wenn ein Client eine Anfrage auf ein Verzeichnis sendet, sucht der Container in dem Verzeichnis nach Dateien mit den Namen, die in diesem Element definiert sind, und sendet die erste gefundene Datei an den Client.
<error-page>	0..n	In diesem Element kann eine HTML Seite angegeben werden, die zum Client gesendet wird, wenn ein definierter HTTP-Fehlercode in der Antwort enthalten ist oder eine definierte Exception ausgelöst wird.
<taglib>	0..n	Mit diesen Elementen können Tag-Bibliotheken definiert werden.
<resource-env-ref>	0..n	Mit diesem Element können Objekte definiert werden, die von einem Administrator verwaltet werden und die zu einem Resource Managergehören. Dies sind z.B. Nachrichtenziele (Destination) von JMS. Im Quelltext wird ein logischer Name verwendet, um das Objekt über JNDI zu ermitteln. In diesem Element wird dem logischen Namen ein konkretes Objekt zugewiesen.
<resource-ref>	0..n	Hier kann eine Resource Manager Connection Factory definiert werden, die im Quelltext durch einen logischen Namen angesprochen wird.
<security-constraint>	0..n	Mit diesen Elementen kann der Zugriff auf Web Komponenten geschützt werden, so dass nur definierte Benutzer darauf zugreifen können.
<login-config>	0..1	Falls eine Web-Komponente nur bestimmten Benutzern zur Verfügung steht, dann wird in diesem Element definiert, wie sich der Benutzer anmelden muss.
<security-role>	0..n	In diesen Elementen können logische Gruppen für die Anwendung definiert werden.
<env-entry>	0..n	In diesem Element kann eine Umgebungsvariable definiert werden.

Element	M	Beschreibung
<ejb-ref>	0..n	Mit diesem Element kann eine Referenz auf einen Remote Client View eines EJBs definiert werden.
<ejb-local-ref>	0..n	Mit diesem Element kann eine Referenz auf einen Local Client View eines EJBs definiert werden.

Tabelle A.33: Definitionen im Element <web-app>

auth-constraint

Element	M	Beschreibung
<description>	0..1	Kommentar bzw. Beschreibung des Elements
<role-name>	0..n	In diesen Elementen können Rollennamen angegeben werden. Sie müssen mit denen aus dem Element <security-role> übereinstimmen. Das Zeichen Stern (*) kann als Wildcard verwendet werden und beinhaltet alle Rollen aus dem Web-Archiv. Falls keine Rolle angegeben wird, können die Web-Komponenten von keinem Benutzer aufgerufen werden.

Tabelle A.34: Definitionen im Element <auth-constraint>

context-param

Element	M	Beschreibung
<param-name>	1	Name des Parameters
<param-value>	1	Wert des Parameters
<description>	0..1	Kommentar bzw. Beschreibung des Elements

Tabelle A.35: Definitionen im Element <context-param>

ejb-local-ref

Element	M	Beschreibung
<description>	0..1	In diesem Element kann eine Beschreibung bzw. ein Kommentar zu dem Element gespeichert werden.
<ejb-ref-name>	1	Hier muss der logische Name eingetragen werden, der im

Element	M	Beschreibung
		Quelltext verwendet wird. Das Präfix java:comp/env/ darf nicht angegeben werden.
<ejb-ref-type>	1	Dieses Element definiert, ob das referenzierte EJB ein Session oder ein Entity Bean ist. Die Werte Entity und Session sind erlaubt.
<local-home>	1	In diesem Element muss das Local Home Interface des referenzierten EJBs angegeben werden.
<local>	1	In diesem Element muss das Local Interface des referenzierten EJBs angegeben werden.
<ejb-link>	0..1	Dieses Element kann dazu verwendet werden, um ein EJB in der gleichen J2EE-Applikation zu referenzieren. Dies geschieht durch den Namen vom EJB. Falls sich das EJB in einem anderen Archiv innerhalb der J2EE-Applikation befindet, muss der relative Pfad zu diesem EJB angegeben werden. Dies geschieht durch die Angabe vom EJB-JAR-File und dem Namen vom EJB. Das Trennzeichen zwischen EJB und JAR-File ist das HashZeichen (#).

Tabelle A.36: Definitionen im Element <ejb-local-ref>

ejb-ref

Element	M	Beschreibung
<description>	0..1	In diesem Element kann eine Beschreibung bzw. ein Kommentar zu dem Element gespeichert werden.
<ejb-ref-name>	1	Hier muss der logische Name eingetragen werden, der im Quelltext verwendet wird. Das Präfix java:comp/env/ darf nicht angegeben werden.
<ejb-ref-type>	1	Dieses Element definiert, ob das referenzierte EJB ein Session oder ein Entity Bean ist. Die Werte Entity und Session sind erlaubt.
<home>	1	In diesem Element muss das Remote Home Interface des referenzierten EJBs angegeben werden.
<remote>	1	In diesem Element muss das Remote Interface des referenzierten EJBs angegeben werden.
<ejb-link>	0..1	Dieses Element kann dazu verwendet werden, um ein

Element	M	Beschreibung
		EJB in der gleichen J2EE-Applikation zu referenzieren. Dies geschieht durch den Namen des EJBs. Falls sich das EJB in einem anderen Archiv innerhalb der J2EE-Applikation befindet, muss der relative Pfad zu diesem EJB angegeben werden. Dies geschieht durch die Angabe vom EJB-JAR-File und dem Namen des EJBs. Das Trennzeichen zwischen EJB und JAR-File ist das Hash-Zeichen (#).

Tabelle A.37: Definitionen im Element <ejb-ref>

env-entry

Element	M	Beschreibung
<description>	0..1	In diesem Element kann eine Beschreibung bzw. ein Kommentar zu dem Element gespeichert werden.
<env-entry-name>	1	Hier muss der logische Name eingetragen werden, der im Quelltext für den Zugriff auf die Umgebungsvariable verwendet wird. Das Präfix java:comp/env/ darf nicht angegeben werden.
<env-entry-value>	0..1	In diesem Element kann der Wert für die Umgebungsvariable vorbelegt werden. Falls dieser Eintrag nicht vorhanden ist, muss der Wert bei der Installation eingegeben werden. Der Wert wird als String dem Konstruktor der definierten Klasse übergeben. Es sind nur solche Werte zulässig, die der entsprechende Konstruktor verarbeiten kann.
<env-entry-type>	1	Hier wird der Typ der Umgebungsvariablen definiert. Die folgende Werte sind gültig: java.lang.Boolean java.lang.Byte java.lang.Character java.lang.String java.lang.Short java.lang.Integer java.lang.Long java.lang.Float java.lang.Double

Tabelle A.38: Definitionen im Element <env-entry>

error-page

Element	M	Beschreibung
<error-code>	1	In diesem Element kann ein HTTP-Fehlercode angegeben werden, z.B. „404“. Bei diesem Fehlercode wird die definierte Fehlerseite zum Client gesendet. Es kann entweder das Element <error-code> oder <exception-type> verwendet werden.
<exception-type>		In diesem Element kann der vollständige Klassenname einer Exception angegeben werden. Wenn diese Exception ausgelöst wird, wird die definierte Fehlerseite zum Client gesendet. Es kann entweder das Element <error-code> oder <exception-type> verwendet werden.
<location>	0..1	In diesem Element wird die Web-Komponente definiert, die aufgerufen wird. Der Wert beginnt immer mit einem Schrägstrich (/). Die Angabe ist relativ zum Root des Web-Archivs.

Tabelle A.39: Definitionen im Element <error-page>

filter

Element	M	Beschreibung
<icon >	0..1	Grafik für die Visualisierung
<filter-name>	1	Hier muss der Name des Filters angegeben werden. Der Name muss in dem Deployment Descriptor eindeutig sein.
<display-name>	0..1	Name für die Visualisierung
<description>	0..1	Kommentar bzw. Beschreibung für das Element
<filter-class>	1	Hier wird der vollständige Klassenname des Filters angegeben.
<init-param>	0..n	Mit diesem Element können Parameter definiert werden, die der Filter für die Initialisierung benötigt.

Tabelle A.40: Definitionen im Element <filter>

filter-mapping

<table>
<tr><th>Element</th><th>M</th><th>Beschreibung</th></tr>
<tr><td><filter-name></td><td>1</td><td>Hier muss der Name des Filters angegeben werden, für den diese Definition gilt.</td></tr>
<tr><td><servlet-name></td><td rowspan="2">1</td><td>In diesem Feld muss der Name des Servlets eingetragen werden, für das der Filter verwendet werden soll.

Es muss entweder das Element <servlet-name> oder <url-pattern> definiert werden.</td></tr>
<tr><td><url-pattern></td><td>In diesem Feld muss eine Pfadangabe eingetragen werden, für die der Filter verwendet werden soll.

Es muss entweder das Element <servlet-name> oder <url-pattern> definiert werden.</td></tr>
</table>

Tabelle A.41: Definitionen im Element <filter-mapping>

form-login-config

Element	M	Beschreibung
<form-login-page>	1	In diesem Element wird die Web-Komponente definiert, die aufgerufen wird, wenn eine Benutzeranmeldung erforderlich ist. Der Wert beginnt immer mit einem Schrägstrich (/). Die Angabe ist relativ zum Root des Web-Archivs.
<form-error-page>	1	In diesem Element wird die Web-Komponente definiert, die aufgerufen wird, wenn ein Fehler bei der Anmeldung aufgetreten ist. Der Wert beginnt immer mit einem Schrägstrich (/). Die Angabe ist relativ zum Root des Web-Archivs.

Tabelle A.42: Definitionen im Element <form-login-config>

icon

Element	M	Beschreibung
<small-icon>	0..1	Grafik der Visualisierung
<large-icon>	0..1	Grafik der Visualisierung

Tabelle A.43: Definitionen im Element <icon>

init-param

Element	M	Beschreibung
<param-name>	1	Name des Parameters
<param-value>	1	Wert des Parameters
<description>	0..1	Kommentar bzw. Beschreibung des Elements

Tabelle A.44: Definitionen im Element <init-param>

listener

Element	M	Beschreibung
<listener-class>	1	Vollständiger Klassenname des Ereignisempfängers

Tabelle A.45: Definitionen im Element <listener>

login-config

Element	M	Beschreibung
<auth-method>	0..1	In diesem Element wird das Verfahren der Authentifizierung definiert. Gültige Werte sind BASIC, DIGEST, FORM oder CLIENT-CERT. Das Verfahren definiert, wie sich der Benutzer gegenüber dem Container authentifizieren soll. Die beiden Verfahren BASIC und FORM übertragen den Benutzernamen und das Passwort unverschlüsselt, so dass die Daten ohne SSL von einem Dritten ausgewertet werden können.
<realm-name>	0..1	In diesem Element muss die Realm angegeben werden, die für die Authentifizierung des Benutzers verwendet

Element	M	Beschreibung
		werden soll.
<form-login-config>	0..1	Wenn das Element <auth-method> den Wert FORM hat, dann werden in diesem Element die Web-Komponenten definiert, die aufgerufen werden, wenn sich der Benutzer anmelden muss bzw. wenn ein Fehler bei der Anmeldung aufgetreten ist.

Tabelle A.46: Definitionen im Element <login-config>

mime-mapping

Element	M	Beschreibung
<extension>	1	In diesem Element muss der Name der Dateierweiterung angegeben werden, z.B. „gif“.
<mime-type>	1	In diesem Element muss der MIME Typ angegeben werden, z.B. „text/plain“.

Tabelle A.47: Definitionen im Element <mime-mapping>

resource-env-ref

Element	M	Beschreibung
<description>	0..1	In diesem Element kann eine Beschreibung bzw. ein Kommentar zu dem Element gespeichert werden.
<resource-env-ref-name>	1	Logischer Name, der im Code verwendet wird, um ein Objekt zu ermitteln. Das Präfix java:comp/env/ darf nicht angegeben werden.
<resource-env-ref-type>	1	Hier wird die Klasse bzw. das Interface des Objekts definiert. Der Wert ist abhängig vom Resource Manager (Datenbank, Message Server,...). Die folgenden Werte sind gültig (Liste ist nicht vollständig): javax.jms.Queue javax.jms.Topic

Tabelle A.48: Definitionen im Element <resource-env-ref>

resource-ref

Element	M	Beschreibung
<description>	0..1	Hier kann ein Kommentar bzw. eine Beschreibung eingegeben werden.
<res-ref-name>	1	Logischer Name, der im Code verwendet wird, um eine Resource Manager Connection Factory zu ermitteln. Das Präfix java:comp/env/ darf nicht angegeben werden.
<res-type>	1	Hier wird die Klasse bzw. das Interface der Resource Manager Connection Factory definiert. Der Wert ist abhängig vom Resource Manager (Datenbank, Message Server,...). Die folgende Werte sind gültig (Liste ist nicht vollständig): javax.sql.DataSource javax.jms.TopicConnectionFactory javax.jms.QueueConnectionFactory javax.mail.Session java.net.URL
<res-auth>	1	In diesem Feld kann definiert werden, ob der Container oder das Bean die Authentifizierung beim Resource Manager-durchführt. In der Regel wird dies vom Container durchgeführt. Gültige Werte sind Container oder Application.
<res-sharing-scope>	0..1	Mit diesem Element kann man definieren, ob die Resource Manager Connection, die erzeugt wird, im gleichen Transaktionskontext von anderen EJBs mitverwendet werden kann. Gültige Werte sind Shareable oder Unshareable. Der Defaultwert ist Shareable.

Tabelle A.49: Definitionen im Element <resource-ref>

run-as

Element	M	Beschreibung
<description>	0..1	Kommentar bzw. Beschreibung des Elements
<role-name>	1	In diesem Element wird eine logische Gruppen (Rolle) angegeben. Bei der Installation muss ein Benutzer definiert werden, der dieser Rolle angehört. Die Identität dieses Benutzers wird verwendet, um Methoden innerhalb des Servlets bzw. JSP aufzurufen.

Tabelle A.50: Definitionen im Element <run-as>

security-constraint

Element	M	Beschreibung
<display-name>	0..1	Name der Visualisierung
<web-resource-collection>	1..n	In diesen Elementen werden Web-Komponenten und ggf. die HTTP-Befehle angegeben, deren Zugriff geschützt werden soll.
<auth-constraint>	0..1	In diesem Element werden die Rollen angegeben, dessen Rechte ein Benutzer haben muss, damit er auf die oben definierten Web-Komponenten zugreifen kann.
<user-data-constraint>	0..1	In diesem Element kann definiert werden, wie sicher die Kommunikation zwischen dem Client und dem Container stattfinden soll.

Tabelle A.51: Definitionen im Element <security-constraint>

security-role

Element	M	Beschreibung
<description>	0..1	Kommentar bzw. Beschreibung für das Element
<role-name>	1	In diesem Element wird ein Gruppenrecht definiert.

Tabelle A.52: Definitionen im Element <security-role>

security-role-ref

Element	M	Beschreibung
<description>	0..1	Kommentar bzw. Beschreibung für das Element
<role-name>	1	In diesem Element wird der Rollenname angegeben, der im Quelltext verwendet wird.
<role-link>	0..1	In diesem Element wird die Rolle definiert, die verwendet werden soll. Der Name muss mit einer Rolle übereinstimmen, die in dem Element <security-role> definiert wurde. Falls das Element im Deployment Descriptor nicht angegeben wird, muss bei der Installation eine Rolle angegeben werden.

Tabelle A.53: Definitionen im Element <security-role-ref>

servlet

Element	M	Beschreibung
<icon>	0..1	Grafik für die Visualisierung
<servlet-name>	1	Hier wird der Name des Servlets bzw. der JSP definiert. Dieser Name muss innerhalb vom Deployment Descriptor eindeutig sein und wird verwendet, um auf dieses Servlet/JSP zu referenzieren.
<display-name>	0..1	Name der Visualisierung
<description>	0..1	Kommentar bzw. Beschreibung des Elements
<servlet-class>	1	Hier wird die Klasse des Servlets angegeben. In dem Element <servlet> muss entweder <servlet-class> oder <jsp-file> definiert werden.
<jsp-file>		Hier wird der Name der Java Server Page angegeben. In dem Element <servlet> muss entweder <servlet-class> oder <jsp-file> definiert werden.
<init-param>	0..n	MIt diesem Element können Parameter definiert werden, die das Servlet für die Initialisierung benötigt.
<load-on-startup>	0..1	In diesem Element kann definiert werden, ob das Servlet nach der Installation bzw. nach dem Start von dem Container geladen werden soll. In dem Element wird ein Integerwert eingegeben. Wenn der Wert negativ ist oder das Element nicht vorhanden ist, kann der Server das Servlet zu einer beliebigen Zeit laden. Wurde ein Wert größer gleich null eingegeben, dann wird das Servlet nach der Installation bzw. nach dem Start des Containers geladen. Der Server muss die Servlets mit dem niedrigeren Wert vor denen mit einem höheren Wert laden. Die Reihenfolge von Servlets mit gleichem Wert ist zufällig.
<run-as>	0..1	In diesem Element kann ein logisches Gruppenrecht definiert werden, unter dem die Methoden ausgeführt werden, die das Servlet aufruft.
<security-role-ref>	0..n	In diesem Element kann eine logische Gruppe (security role) definiert werden, die im Quelltext durch einen logischen Namen angesprochen wird. Der logische Name

Element	M	Beschreibung
		kann z.B. der Methode isUserInRole(String roleName) vom HTTPServletRequest als Parameter übergeben werden.

Tabelle A.54: Definitionen im Element <servlet>

servlet-mapping

Element	M	Beschreibung
<servlet-name>	1	Hier muss der Name des Servlets angegeben werden, für den die URL definiert werden soll.
<url-pattern>	1	Pfadangabe, bei der das Servlet aufgerufen wird. Der Pfad kann das Zeichen Stern (*) als Wildcard enthalten.

Tabelle A.55: Definitionen im Element <servlet-mapping>

session-config

Element	M	Beschreibung
<session-timeout>	0..1	In diesem Element kann die Zeit in Minuten eingestellt werden, die eine Session nach dem letzten Zugriff existiert. Bei einem Wert kleiner gleich null wird die Session nie durch einen Timeout beendet.

Tabelle A.56: Definitionen im Element <session-config>

taglib

Element	M	Beschreibung
<taglib-uri>	1	Dieses Element enthält die URI, die in der JSP verwendet wird. Dies entspricht einem logischen Namen.
<taglib-location>	1	In diesem Element wird der Pfad zum Tag Library Descriptor in dem Web-Archiv angegeben.

Tabelle A.57: Definitionen im Element <taglib>

user-data-constraint

Element	M	Beschreibung
<description>	0..1	Kommentar bzw. Beschreibung des Elements
<transport-guarantee>	1	In diesem Element wird definiert, wie sicher die Kommunikation zwischen Client und Container sein muss. Gültige Werte sind NONE, INTEGRAL oder CONFIDENTIAL. NONE bedeutet, dass keinerlei Sicherheit benötigt wird. INTEGRAL stellt sicher, dass die Daten während der Übertragung nicht modifiziert werden können. Bei CONFIDENTIAL werden die Daten verschlüsselt, so dass der Inhalt nicht von einem Dritten ausgewertet werden kann. In der Regel wird SSL verwendet, wenn der Wert nicht NONE ist.

Tabelle A.58: Definitionen im Element <user-data-constraint>

web-resource-collection

Element	M	Beschreibung
<web-resource-name>	1	In diesem Element muss ein Name angegeben werden.
<description>	0..1	Kommentar bzw. Beschreibung für das Element
<url-pattern>	0..n	Pfadangabe, für welche Web-Komponenten die Definitionen gelten. Der Pfad kann das Zeichen Stern (*) als Wildcard enthalten.
<http-method>	0..n	In diesen Elementen können HTTP-Kommandos angegeben werden, für die die Definitionen gelten. Falls kein Element angegeben wird, gelten die Einstellungen für alle HTTP Kommandos. Gültige Werte sind z.B. GET und POST.

Tabelle A.59: Definitionen im Element <web-resource-collection>

welcome-file-list

Element	M	Beschreibung
<welcome-file>	1..n	Dieses Element enthält einen Dateinamen.

Tabelle A.60: Definitionen im Element <welcome-file-list>

12.1.4 Tag Library Descriptor

In dem Listing A.4 ist die XML-Datei des Tag Library Descriptors einer Tag-Bibliothek abgebildet. Sie enthält die Angabe von der verwendeten Document Type Definition (DTD). Diese Angabe muss in der XML-Datei vorhanden sein. In diesem Buch ist bei allen Tag Library Descriptoren jeweils nur das Element <taglib> mit dessen Subelementen abgebildet.

```
<?xml version="1.0" encoding="UTF-8"?>

<!DOCTYPE taglib
  PUBLIC '-//Sun Microsystems, Inc.//DTD JSP Tag Library 1.2//EN'
         'http://java.sun.com/dtd/web-jsptaglibrary_1_2.dtd'>

<taglib>
  ...
</taglib>
```

Listing A.4: XML-Datei mit Verweis zur DTD von einem Tag Library Descriptor

taglib

Das Element <taglib> ist das Root-Element von einem Tag Library Descriptor. In den folgenden Tabellen werden die Elemente beschrieben. Die Spalte M gibt an, wie oft ein Element vorkommen kann.

Element	M	Beschreibung
<tlib-version>	1	Version des Tag Lib Descriptors
<jsp-version>	1	Version der JSP-Spezifikation, nach der die Tag Handler codiert wurden
<short-name>	1	In diesem Element wird ein Name angegeben, der in einer JSP als Präfix für diesen TLD verwendet werden kann. Dieser Wert kann von Tools ausgewertet werden, mit denen der Support von TLD unterstützt wird. So könnte z.B. das Präfix in der taglib-Direktive und in den

Element	M	Beschreibung
		Actions automatisch verwendet werden.
<uri>	0..1	In diesem Element kann eine eindeutige URL angegeben werden, die diese Tag Library identifiziert.
<display-name>	0..1	Name der Visualisierung
<small-icon>	0..1	Grafik der Visualisierung
<large-icon>	0..1	Grafik der Visualisierung
<description>	0..1	Kommentar bzw. Beschreibung für das Element
<validator>	0..1	In diesem Element kann eine Klasse sowie Initialisierungsparameter definiert werden, die vor dem Kompilieren von einem Servlet aufgerufen wird, um die JSP zu überprüfen.
<listener>	0..n	Mit diesem Element können Ereignisempfänger definiert werden. Der Container erzeugt Instanzen und registriert sie automatisch.
<tag>	1..n	Mit diesen Elementen werden die Tags bzw. Actions von der Tag Library definiert.

Tabelle A.61: Definitionen im Element <taglib>

validator

Element	M	Beschreibung
<validator-class>	1	Vollständiger Klassenname
<init-param>	0..n	An dieser Stelle können Initialisierungsparameter angegeben werden.
<description>	0..1	Kommentar bzw. Beschreibung des Elements

Tabelle A.62: Definitionen im Element <validator>

init-param

Element	M	Beschreibung
<param-name>	1	Name des Parameters
<param-value>	1	Wert des Parameters

Element	M	Beschreibung
<description>	0..1	Kommentar bzw. Beschreibung des Elements

Tabelle A.63: Definitionen im Element <init-param>

listener

Element	M	Beschreibung
<listener-class>	1	Vollständiger Klassenname des Ereignisempfängers

Tabelle A.64: Definitionen im Element <listener>

tag

Element	M	Beschreibung
<name>	1	Hier wird der Name des Tags bzw. der Action definiert. Der Name muss innerhalb des Tag Library Descriptors eindeutig sein.
<tag-class>	1	Dieses Element beinhaltet den vollständigen Klassennamen des Tag Handlers. Diese Klasse muss direkt oder indirekt das Interface javax.servlet.jsp.tagext.Tag implementieren.
<tei-class>	0..1	Dieses Element beinhaltet den vollständigen Klassennamen der Klasse mit zusätzlichen Informationen zum Tag Handler (Tag Extra Info). Diese Klasse muss das Interface javax.servlet.jsp.tagext.TagExtraInfo direkt oder indirekt implementieren.
<body-content>	0..1	In diesem Element wird der Inhalt des Bodys definiert. Die Werte tagdependent, JSP und empty sind zulässig. JSP ist der Defaultwert und bedeutet, dass der Body JSP-Anweisungen enthalten kann. Bei empty darf das Tag keinen Body haben. Mit dem Wert tagdependent wird definiert, dass der Tag Handler den Body auswerten soll. Dies ist z.B. der Fall, wenn zusätzliche Daten an den Tag Handler übergeben werden (z.B. SQL Anweisung).
<display-name>	0..1	Name der Visualisierung
<small-icon>	0..1	Grafik der Visualisierung
<large-icon>	0..1	Grafik der Visualisierung

Element	M	Beschreibung
<description>	0..1	Kommentar bzw. Beschreibung des Elements
<variable>	0..n	Falls die Action Skript-Variable verwaltet, werden diese hier definiert.
<attribute>	0..n	Mit diesen Elementen werden die Attribute des Tags bzw. der Action definiert.
<example>	0..1	Hier kann eine Beispielanwendung des Tags angegeben werden.

Tabelle A.65: Definitionen im Element <tag>

attribute

Element	M	Beschreibung
<name>	1	In diesem Element wird der Name des Attributs definiert.
<required>	0..1	Hier wird definiert, ob das Attribut immer angegeben werden muss. Die Werte true, false, yes und no sind zulässig. Der Defaultwert ist false, d.h. das Attribut ist optional.
<rtexprvalue>	0..1	Mit diesem Element wird definiert, ob der Wert des Attributs statisch oder mit einem JSP-Ausdruck zur Laufzeit ermittelt werden kann. Die Werte true, false, yes und no sind zulässig. Der Defaultwert ist false, d.h. der Wert ist statisch.
<type>	0..1	Der Typ des Attributs kann mit diesem Element definiert werden. Der vollständige Klassenname muss angegeben werden. Falls das Attribut rtexprvalue=false ist, ist der Typ immer java.lang.String. Der Default ist ebenfalls java.lang.String.
<description>	0..1	Kommentar bzw. Beschreibung für das Element

Tabelle A.66: Definitionen im Element <attribute>

variable

Element	M	Beschreibung
<name-given>	1	Name der Variablen als konstanter String: Es muss entweder das Element <name-from-attribute> oder <name-given> definiert werden.

Element	M	Beschreibung
<name-from-attribute>	1	Name eines Attributs, dessen Wert den Variablennamen beinhaltet: Es muss entweder das Element <name-from-attribute> oder <name-given> definiert werden.
<variable-class>	0..1	Vollständiger Klassenname der Variablen. Der Defaultwert ist java.lang.String.
<declare>	0..1	definiert, ob die Variable deklariert wird oder nicht. Der Defaultwert ist true.
<scope>	0..1	In diesem Element wird der Gültigkeitsbereich der Variablen definiert. Die Werte NESTED, AT_BEGIN und AT_END sind zulässig. Der Defaultwert ist NESTED.
<description>	0..1	Kommentar bzw. Beschreibung des Elements

Tabelle A.67: Definitionen im Element <variable>

12.1.5 Deployment Descriptor vom Application Client

In Listing A.5 ist die XML-Datei des Deployment Descriptors eines Application-Client-Archivs abgebildet. Sie enthält die Angabe der verwendeten Document Type Definition (DTD). Diese Angabe muss in der XML-Datei vorhanden sein. In diesem Buch ist bei allen Deployment Descriptoren von Appliction-Client-Archiven jeweils nur das Element `< application-client >` mit dessen Subelementen abgebildet.

Der Dateiname des Deployment Descriptors muss immer *application-client.xml* sein und sich im Verzeichnis */meta-inf* des Application-Client-Archivs befinden.

```
<?xml version="1.0" encoding="UTF-8"?>

<!DOCTYPE application-client
  PUBLIC
  '-//Sun Microsystems, Inc.//DTD J2EE Application Client 1.3//EN'
  'http://java.sun.com/dtd/application-client_1_3.dtd'>

<application-client>
  ...
</application-client>
```

Listing A.5: XML-Datei mit Verweis zur DTD des Deployment Descriptors einer Client-Anwendung

application-client

Das Element <application-client> ist das Root-Element des Deployment Descriptors einer J2EE-Client-Anwendung. In den folgenden Tabellen werden die Elemente beschrieben. Die Spalte M gibt an, wie oft ein Element vorkommen kann.

Element	M	Beschreibung
<icon>	0..1	Grafik der Visualisierung
<display-name>	1	Name der Visualisierung
<description>	0..1	Kommentar bzw. Beschreibung des Elements
<env-entry>	0..n	In diesem Element kann eine Umgebungsvariable definiert werden.
<ejb-ref>	0..n	Mit diesem Element kann eine Referenz auf einen Remote Client View eines EJBs definiert werden.
<resource-ref>	0..n	Hier kann eine Resource Manager Connection Factory definiert werden, die im Quelltext durch einen logischen Namen angesprochen wird.
<resource-env-ref>	0..n	Mit diesem Element können Objekte definiert werden, die von einem Administrator verwaltet werden und die zu einem Resource Managergehören. Dies sind z.B. Nachrichtenziele (Destination) von JMS. Im Quelltext wird ein logischer Name verwendet, um das Objekt über JNDI zu ermitteln. In diesem Element wird dem logischen Namen ein konkretes Objekt zugewiesen.
<callback-handler>	0..1	In diesem Element wird der vollständige Klassenname von einer benutzerdefinierten Klasse angegeben, die das Interface javax.security.auth.callback.CallbackHandler implementiert. Der Konstruktor der Klasse darf keinen Parameter haben. Der Client Container erzeugt bei Bedarf eine Instanz dieser Klasse und ruft die entsprechenden Methoden auf, um die Benutzerdaten zu ermitteln.

Tabelle A.68: Definitionen im Element <application-client>

env-entry

Element	M	Beschreibung
<description>	0..1	Kommentar bzw. Beschreibung der Umgebungsvariablen
<env-entry-name>	1	Hier muss der logische Name eingetragen werden, der im

Element	M	Beschreibung
		Quelltext für den Zugriff auf die Umgebungsvariable verwendet wird. Das Präfix java:comp/env/ darf nicht angegeben werden.
<env-entry-type>	1	Hier wird der Typ der Umgebungsvariablen definiert. Die folgenden Werte sind gültig: java.lang.Boolean java.lang.Byte java.lang.Character java.lang.String java.lang.Short java.lang.Integer java.lang.Long java.lang.Float java.lang.Double
<env-entry-value>	0..1	In diesem Element kann der Wert für die Umgebungsvariable vorbelegt werden. Falls dieser Eintrag nicht vorhanden ist, muss der Wert bei der Installation eingegeben werden. Der Wert wird als String dem Konstruktor der definierten Klasse übergeben. Es sind nur solche Werte zulässig, die der entsprechende Konstruktor verarbeiten kann.

Tabelle A.69: Definitionen im Element <env-entry>

ejb-ref

Element	M	Beschreibung
<description>	0..1	In diesem Element kann eine Beschreibung bzw. ein Kommentar zu dem Element gespeichert werden.
<ejb-ref-name>	1	Hier muss der logische Name eingetragen werden, der im Quelltext verwendet wird. Das Präfix java:comp/env/ darf nicht angegeben werden.
<ejb-ref-type>	1	Dieses Element definiert, ob das referenzierte EJB ein Session oder ein Entity Bean ist. Die Werte Entity und Session sind erlaubt.
<home>	1	In diesem Element muss das Remote Home Interface von dem referenzierten EJB angegeben werden.
<remote>	1	In diesem Element muss das Remote Interface von dem referenzierten EJB angegeben werden.

Element	M	Beschreibung
<ejb-link>	0..1	Dieses Element kann dazu verwendet werden, um ein EJB in der gleichen J2EE-Applikation zu referenzieren. Dies geschieht durch den Namen vom EJB. Falls sich das EJB in einem anderen Archiv innerhalb der J2EE-Applikation befindet, muss der relative Pfad zu diesem EJB angegeben werden. Dies geschieht durch die Angabe vom EJB-JAR-File und dem Namen vom EJB. Das Trennzeichen zwischen EJB und JAR-File ist das Hash-Zeichen (#).

Tabelle A.70: Definitionen im Element <ejb-ref>

resource-ref

Element	M	Beschreibung
<description>	0..1	Hier kann ein Kommentar bzw. eine Beschreibung eingegeben werden.
<res-ref-name>	1	Logischer Name, der im Code verwendet wird, um eine Resource Manager Connection Factory zu ermitteln. Das Präfix java:comp/env/ darf nicht angegeben werden.
<res-type>	1	Hier wird die Klasse bzw. das Interface der Resource Manager Connection Factory definiert. Der Wert ist abhängig vom Resource Manager (Datenbank, Message Server,...). Die folgenden Werte sind gültig (Liste ist nicht vollständig): javax.sql.DataSource javax.jms.TopicConnectionFactory javax.jms.QueueConnectionFactory javax.mail.Session java.net.URL
<res-auth>	1	In diesem Feld kann definiert werden, ob der Container oder das Bean die Authentifizierung beim Resource Manager durchführt. In der Regel wird dies vom Container durchgeführt. Gültige Werte sind Container oder Application.
<res-sharing-scope>	0..1	Mit diesem Element kann man definieren, ob die Resource ManagerConnection, die erzeugt wird, im gleichen Transaktionskontext von anderen Objekten mitverwendet werden kann. Gültige Werte sind Shareable oder Unshareable. Der Defaultwert ist Shareable.

Tabelle A.71: Definitionen im Element <resource-ref>

resource-env-ref

Element	M	Beschreibung
<description>	0..1	Hier kann ein Kommentar bzw. eine Beschreibung eingegeben werden.
<resource-env-ref-name>	1	Logischer Name, der im Code verwendet wird, um ein Objekt zu ermitteln. Das Präfix java:comp/env/ darf nicht angegeben werden.
<resource-env-ref-type>	1	Hier wird die Klasse bzw. das Interface des Objekts definiert. Der Wert ist abhängig von dem Resource Manager (Datenbank, Message Server,...). Die folgenden Werte sind gültig (Liste ist nicht vollständig): javax.jms.Queue javax.jms.Topic

Tabelle A.72: Definitionen im Element <resource-env-ref>

12.2 Anhang B: EJB QL BNF

```
EJB QL ::= select_clause from_clause [where_clause]

from_clause ::= FROM identification_variable_declaration
    [, identification_variable_declaration]*

identification_variable_declaration ::=
    collection_member_declaration |
    range_variable_declaration

collection_member_declaration ::=
    IN (collection_valued_path_expression) [AS] identifier

range_variable_declaration ::=
    abstract_schema_name [AS] identifier

single_valued_path_expression ::=
    {single_valued_navigation |
     identification_variable
    }.cmp_field |
    single_valued_navigation
```

```
single_valued_navigation ::=
    identification_variable.[single_valued_cmr_field.]*
    single_valued_cmr_field

collection_valued_path_expression ::=
    identification_variable.[single_valued_cmr_field.]*
    collection_valued_cmr_field

select_clause ::= SELECT [DISTINCT]
    { single_valued_path_expression |
      OBJECT (identification_variable)}

where_clause ::= WHERE conditional_expression

conditional_expression ::=
    conditional_term |
    conditional_expression OR conditional_term

conditional_term ::=
    conditional_factor |
    conditional_term AND conditional_factor

conditional_factor ::= [NOT] conditional_test

conditional_test ::= conditional_primary

conditional_primary ::=
    simple_cond_expression | (conditional_expression)

simple_cond_expression ::=
    comparison_expression |
    between_expression |
    like_expression |
    in_expression |
    null_comparison_expression |
    empty_collection_comparison_expression |
    collection_member_expression

between_expression ::=
    arithmetic_expression [NOT] BETWEEN
    arithmetic_expression AND arithmetic_expression

in_expression ::=
    single_valued_path_expression [NOT] IN
    (string_literal [, string_literal]* )
```

```
like_expression ::=
    single_valued_path_expression [NOT] LIKE pattern_value
    [ESCAPE escape-character]

null_comparison_expression ::=
    single_valued_path_expression IS [NOT] NULL

empty_collection_comparison_expression ::=
    collection_valued_path_expression IS [NOT] EMPTY

collection_member_expression ::=
    {single_valued_navigation |
     identification_variable |
     input_parameter
    } [NOT] MEMBER [OF] collection_valued_path_expression

comparison_expression ::=
    string_value { =|<>} string_expression |
    boolean_value { =|<>} boolean_expression} |
    datetime_value { = | <> | > | < } datetime_expression |
    entity_bean_value { = | <> } entity_bean_expression |
    arithmetic_value comparison_operator single_value_designator

arithmetic_value ::=
    single_valued_path_expression | functions_returning_numerics

single_value_designator ::= scalar_expression

comparison_operator ::=
    = | > | >= | < | <= | <>

scalar_expression ::= arithmetic_expression

arithmetic_expression ::=
    arithmetic_term |
    arithmetic_expression { + | - } arithmetic_term

arithmetic_term ::=
    arithmetic_factor |
    arithmetic_term { * | / } arithmetic_factor

arithmetic_factor ::= { + |- } arithmetic_primary

arithmetic_primary ::=
```

```
    single_valued_path_expression |
    literal |
    (arithmetic_expression) |
    input_parameter |
    functions_returning_numerics

string_value ::=
    single_valued_path_expression | functions_returning_strings

string_expression ::= string_primary | input_expression

string_primary ::=
    single_valued_path_expression |
    literal |
    (string_expression) |
    functions_returning_strings

datetime_value ::= single_valued_path_expression

datetime_expression ::= datetime_value | input_parameter

boolean_value ::= single_valued_path_expression

boolean_expression ::=
    single_valued_path_expression | literal | input_parameter

entity_bean_value ::=
    single_valued_navigation | identification_variable

entity_bean_expression ::= entity_bean_value | input_parameter

functions_returning_strings ::=
    CONCAT(string_expression, string_expression) |
    SUBSTRING(string_expression,
              arithmetic_expression, arithmetic_expression)

functions_returning_numerics ::=
    LENGTH(string_expression) |
    LOCATE(string_expression, string_expression
           [, arithmetic_expression]) |
    ABS(arithmetic_expression) |
    SQRT(arithmetic_expression)
```

Listing B.1: Vollständige EJB QL BNF

12.3 Anhang C: Begriffe

Begriff	Beschreibung
BMP	Bean Managed Persistence
	Ein EJB verwaltet die eigene Beständigkeit, z.B. das Speichern in einer relationalen Datenbank.
BMT	Bean Managed Transaction
	Ein EJB ist für die Verwaltung von Transaktionen zuständig.
BNF	Backus Naur Form; Sprache zum definieren einer Syntax
CGI	Common Gateway Interface
CMP	Container Managed Persistence
	Der EJB-Container verwaltet die Beständigkeit eines EJBs, z.B. das Speichern in einer relationalen Datenbank.
CMR	Container Managed Relationship
	Der EJB-Container verwaltet die Beziehung zwischen EJBs.
CMT	Container Managed Transaction
	Der EJB-Container ist für die Verwaltung von Transaktionen zuständig.
EJB	Enterprise Java Bean
FK	Foreign Key
IIOP	Internet Inter-ORB Protocol
JDBC	Java Database Connectivity
JMS	Java Message Service
JNDI	Java Naming and Directory Service
JAAS	Java Authentication and Authorization Service
JSP	Java Server Page
JTA	Java Transaction API
JTS	Java Transaction Service
JVM	Java Virtuelle Maschine
J2SE	Java 2 Standard Edition
J2EE	Java 2 Enterprise Edition
MDB	Message Driven Bean

Begriff	Beschreibung
MOM	Message oriented Middleware
ORB	Object Request Broker
RMI	Remote Method Invocation
	Methode auf einem anderen Rechner aufrufen
PK	Primary Key

12.4 Anhang D: Beispiele vom Buch

Package	Beschreibung
de.j2eeguru.example. entitybean	In diesem Package sind Klassen definiert, die von den Entity Beans und von den entsprechenden Client Anwendungen benötigt werden.
de.j2eeguru.example. entitybean.client.populate	Dieses Package enthält eine Client-Anwendung, mit denen Instanzen der Sport Entity Beans erzeugt werden.
de.j2eeguru.example. entitybean.client.user	Dieses Package enthält eine Client-Anwendung, welche die Funktionalität des Entity Beans UserEJB verwendet.
de.j2eeguru.example. entitybean.dao	In diesem Package sind die allgemeinen Klassen für ein Data Access Object (DAO) definiert.
de.j2eeguru.example. entitybean.dao.league	In diesem Package sind die speziellen Klassen für das Data Access Object LEAGUE definiert.
de.j2eeguru.example. entitybean.dao.team	In diesem Package sind die speziellen Klassen für das Data Access Object TEAM definiert.
de.j2eeguru.example. entitybean.dao.user	In diesem Package sind die speziellen Klassen für das Data Access Object USER definiert.
de.j2eeguru.example. entitybean.ejb.coach	In diesem Package sind die Klassen für das Entity Bean CoachEJB definiert (BMP). Besonderheit: Bean Managed Relation (BMR) einer 1:1-Beziehung
de.j2eeguru.example. entitybean.ejb.game	In diesem Package sind die Klassen für das Entity Bean GameEJB definiert (CMP 2.0). Besonderheit: Primärschlüssel über mehrere Zeilen, Container Managed Relation (CMR) mit einer n:m-Beziehung

Package	Beschreibung
de.j2eeguru.example. entitybean.ejb.league	In diesem Package sind die Klassen für das Entity Bean LeagueEJB definiert (BMP mit DAO). Besonderheit: Entity Bean kann auch als CMP 2.0 installiert werden.
de.j2eeguru.example. entitybean.ejb.playday	In diesem Package sind die Klassen für das Entity Bean PlayDayEJB'definiert (CMP 1.x). Besonderheit: Primärschlüssel über mehrere Zeilen
de.j2eeguru.example. entitybean.ejb.player	In diesem Package sind die Klassen für das Entity Bean PlayerEJB definiert (CMP 2.0). Besonderheit: Container Managed Relation (CMR) mit einer n:m-Beziehung
de.j2eeguru.example. entitybean.ejb.populate	In diesem Package sind die Klassen für das Session Bean PopulateEJB definiert, mit dem Instanzen von den Sport-Entity Beans mit den entsprechenden Relationen erzeugt werden.
de.j2eeguru.example. entitybean.ejb.referee	In diesem Package sind die Klassen für das Entity Bean RefereeEJB definiert (CMP 2.0). Besonderheit: Primärschlüssel wird vom Container verwaltet. Container Managed Relation (CMR) mit einer n:m-Beziehung
de.j2eeguru.example. entitybean.ejb.team	In diesem Package sind die Klassen für das Entity Bean TeamEJB definiert (BMP mit DAO). Besonderheit: EJB muss reentrant sein, Bean Managed Relation (BMR) einer n:1-Beziehung
de.j2eeguru.example. entitybean.ejb.user	In diesem Package ist das Remote Home und Remote Interface von dem Entity Bean UserEJB definiert.
de.j2eeguru.example. entitybean.ejb.user.bmp	In diesem Package ist die Klasse mit der EJB-Implementierung von Entity Bean UserEJB definiert. Das Entity Bean ist mit Bean Managed Persistence (BMP) realisiert.
de.j2eeguru.example. entitybean.ejb.user.bmp_dao	In diesem Package ist die Klasse mit der EJB-Implementierung von Entity Bean UserEJB definiert. Das Entity Bean ist mit Bean Managed Persistence (BMP) realisiert und verwendet ein Data Access Object (DAO).
de.j2eeguru.example.	In diesem Package ist die Klasse mit der EJB-

Package	Beschreibung
entitybean.ejb.user.cmp11	Implementierung des Entity Beans 'UserEJB' definiert. Das Entity Bean ist mit Container Managed Persistence nach der EJB Spezifikation 1.x (CMP 1.x) realisiert.
de.j2eeguru.example. entitybean.ejb.user.cmp20	In diesem Package ist die Klasse mit der EJB-Implementierung von Entity Bean UserEJB definiert. Das Entity Bean ist mit Container Managed Persistence nach der EJB-Spezifikation 2.0 (CMP 2.0) realisiert und enthält zusätzlich noch einen Local Client View.
de.j2eeguru.example. entitybean.exception	In diesem Package sind Klassen mit Exceptions definiert.
de.j2eeguru.example. jms	In diesem Package sind allgemeine Klassen definiert, die von den Client-Anwendungen benötigt werden, die die JMS-API verwenden.
de.j2eeguru.example. jms.queue	Dieses Package enthält Client-Anwendungen mit denen über die JMS-API eine Queue angesteuert wird.
de.j2eeguru.example. jms.topic	Dieses Package enthält Client-Anwendungen mit denen über die JMS-API eine Topic angesteuert wird.
de.j2eeguru.example. jsp.applet	Dieses Package enthält Java-Applet-Klassen.
de.j2eeguru.example. jsp.bean	Dieses Package enthält Klassen mit Java Beans, die in JSPs verwendet werden.
de.j2eeguru.example. jsp.event	Dieses Package enthält Klassen mit Event-Listener für die Web-Anwendung.
de.j2eeguru.example. jsp.taghandler	Dieses Package enthält TagHandler-Klassen.
de.j2eeguru.example. jsp.util	Dieses Package enthält allgemeine Klassen.
de.j2eeguru.example. mdb.client	Dieses Package enthält eine Client-Anwendungen mit denen eine Queue/Topic über ein Session Bean angesteuert wird.
de.j2eeguru.example. mdb.ejb	In diesem Package sind Session Beans und ein Message Driven Bean enthalten: QueueMessageTransferEJB: Stateless Session Bean das über die JMS-API eine Queue angesteuert wird. TopicMessageTransferEJB: Stateless Session Bean das

Package	Beschreibung
	über die JMS-API eine Topic angesteuert wird MessageConsumerEJB: Message Driven Bean das Text-Nachrichten empfängt und an der Server-Konsole ausgibt. AdvancedJMSConsumerEJB.java: Message Driven Bean das unterschiedliche Nachrichtentypen empfängt und die Nachricht und Teile vom JMS-Telegramm an der Server-Konsole ausgibt.
de.j2eeguru.example. security.bean	Dieses Package enthält Klassen mit Java Beans, die in JSPs verwendet werden.
de.j2eeguru.example. security.client	In diesem Package sind Klassen mit Java-Swing-Anwendungen enthalten, mit denen die einzelnen Session Beans getestet werden können. Die Authentifizierung erfolgt mit einem Callback-Handler.
de.j2eeguru.example. security.ejb.inventory	In diesem Package sind die folgenden Session Beans enthalten: InventoryEJB: Stateless Session Bean, welches die Funktionalität einer Artikelverwaltung simuliert und dessen Methoden geschützt sind
de.j2eeguru.example. security.ejb.secure	In diesem Package sind die folgenden Session Beans enthalten: SecureEJB: Stateless Session Bean mit geschützten Methoden SecureRunAsEJB: Stateless Session Bean, bei dem die Methoden in der EJB-Implementierung unter einer definierten Benutzeridentität aufgerufen werden.
de.j2eeguru.example. security.servlet	In diesem Package sind Klassen mit Servlets enthalten, die in der Web-Anwendung verwendet werden.
de.j2eeguru.example. servlet	Dieses Package enthält einfache Servlets, mit denen das Prinzip verdeutlicht wird.
de.j2eeguru.example. servlet.event	Dieses Package enthält Klassen mit Event-Listener für die Web-Anwendung.
de.j2eeguru.example. servlet.filter	Dieses Package enthält Klassen mit Filtern für die Web-Anwendung.
de.j2eeguru.example. servlet.forward	Dieses Package enthält Servlets, die andere Web-Komponenten mit forward aufrufen.

Package	Beschreibung
de.j2eeguru.example. servlet.include	Dieses Package enthält Servlets, die andere Web-Komponenten mit include aufrufen.
de.j2eeguru.example. sessionbean	In diesem Package sind Klassen definiert, die von den Session Beans und von den entsprechenden Client-Anwendungen benötigt werden.
de.j2eeguru.example. sessionbean.client	In diesem Package sind Klassen mit Java-Swing-Anwendungen enthalten, mit denen die einzelnen Session Beans getestet werden können.
de.j2eeguru.example. sessionbean.ejb	In diesem Package sind die folgenden Session Beans enthalten: ConverterEJB: Stateless Session Bean das eine Umrechnung Euro–Dollar durchführt TrafficLightEJB: Stateful Session Bean, das die Zustände einer Ampel verwaltet LogBookEJB: Stateless Session Bean mit JDBC-Zugriff auf eine Datenbank
de.j2eeguru.example. transaction.bank	In diesem Package sind Session Beans und ein Entity Bean enthalten, mit der eine Bank-Anwendung simuliert wird. AccountEJB: Entity Bean das die Bank-Konten verwaltet BankEJB: Stateless Session Bean mit Container Managed Transaction (CMT) BankEJB_BMT: Stateless Session Bean mit Bean Managed Transaction (BMT) BankEJB_BMP: Stateless Session Bean mit Container Managed Transaction (CMT) und direktem Datenbankzugriff über JDBC BankJdbcEJB: Stateful Session Bean mit Bean Managed Transaction (BMT) und direktem Datenbankzugriff über JDBC, wobei sich eine Transaktion über mehrere Methodenaufrufe erstrecken kann
de.j2eeguru.example. transaction.client	Dieses Package enthält eine Client Anwendungen, mit denen die Session Beans BankEJB_XXX angesteuert werden. Durch einen Menüpunkt können Transaktionen im Client verwaltet werden oder unterschiedliche Session Beans

Package	Beschreibung
	angesteuert werden, die wiederum unterschiedliche Transaktionsverhalten besitzen.
de.j2eeguru.tools	Dieses Package enthält allgemeine Klassen, die von unterschiedlichen Beispielen verwendet werden.
de.j2eeguru.tools.ejb	Dieses Package enthält allgemeine Klassen für den Zugriff auf EJBs, die von unterschiedlichen Beispielen verwendet werden.
de.j2eeguru.tools.servlet	Dieses Package enthält allgemeine Klassen für Servlets, die von unterschiedlichen Beispielen verwendet werden.
de.j2eeguru.tools.sql	Dieses Package enthält allgemeine Klassen für JDBC-Zugriffe, die von unterschiedlichen Beispielen verwendet werden.
de.j2eeguru.tools.swing	Dieses Package enthält allgemeine Klassen für Swing, die von unterschiedlichen Beispielen verwendet werden.
de.j2eeguru.tools.transaction	Dieses Package enthält allgemeine Klassen für Transaktionen (JTA), die von unterschiedlichen Beispielen verwendet werden.

12.5 Anhang E: Literaturverweise

The Java 2 Enterprise Edition Developers Guide von Sun

Writing Enterprise Applications with Java 2 SDK, Enterprise Edition von Monica Pawlan

J2EE Blueprints Design Patterns von Sun

J2EE Spezifikation 1.3 von Sun

EJB Spezifikation 2.0 von Sun

Servlet Spezifikation 2.3 von Sun

JSP Spezifikation 1.2 von Sun

J2EE Tutorial von Sun

Index

<

2

A

F

G

H

I

J

K

L

M

N

P

Q

R

S

T

U

V

W

Z